Josef Schmid

Wohlfahrtsstaaten im Vergleich

Josef Schmid

Wohlfahrtsstaaten im Vergleich

Soziale Sicherung in Europa: Organisation, Finanzierung, Leistungen und Probleme

3., aktualisierte und erweiterte Auflage

VS VERLAG

Bibliografische Information der Deutschen Nationalbibliothek
Die Deutsche Nationalbibliothek verzeichnet diese Publikation in der Deutschen Nationalbibliografie; detaillierte bibliografische Daten sind im Internet über <http://dnb.d-nb.de> abrufbar.

1. Auflage 1996
2. Auflage 2002
Unveränderter Nachdruck der 2. Auflage 2006
3., aktualisierte und erweiterte Auflage 2010

Lektorat: Frank Schindler

VS Verlag für Sozialwissenschaften ist eine Marke von Springer Fachmedien.
Springer Fachmedien ist Teil der Fachverlagsgruppe Springer Science+Business Media.
www.vs-verlag.de

Umschlaggestaltung: KünkelLopka Medienentwicklung, Heidelberg
Druck und buchbinderische Verarbeitung: Ten Brink, Meppel
Gedruckt auf säurefreiem und chlorfrei gebleichtem Papier
Printed in the Netherlands

ISBN 978-3-531-17481-5

Inhaltsverzeichnis

Verzeichnis der Schaubilder

Vorwort zur 1. Auflage

Das vorliegende Buch basiert weitgehend auf einem Forschungsprojekt zum Thema „Stand, Perspektiven und Probleme der Finanzierung von sozialen Sicherungssystemen in anderen EG-Ländern in komparativer Perspektive", das von der Hans-Böckler-Stiftung finanziert und durch Frau Dr. Erika Mezger betreut wurde. Bei dieser Studie ist es im Wesentlichen darum gegangen, die einschlägige Literatur auszuwerten und a) eine knappe Übersicht über zentrale theoretische Ansätze zu geben, b) die grundlegenden Strukturen von sozialen Sicherungssystemen vergleichend darzustellen und c) ausgewählte sozialpolitische Alternativen und „best practices" in anderen Ländern zu erfassen und zu bewerten. Eigene empirische Erhebungen, Auswertungen oder Diskussionen in anderen Ländern sind nicht durchgeführt worden. Die sozialpolitischen Umbrüche und sozialen Sicherungssysteme in Ost- und Mitteleuropa sind ebenfalls wegen der Besonderheiten, die dort herrschen, vom Vergleich ausgenommen worden.

Zugleich sollte die vorliegende Arbeit ein einführendes Kompendium zum Wohlfahrtsstaatsvergleich darstellen und auf diese Weise eine bestehende Lücke im Angebot an Fachliteratur schließen. Denn es gibt immerhin mehrere gute, primär theoretisch orientierte Monographien zum Thema sowie verschiedene, stark auf sozialrechtliche Regelungen bezogene Handbücher und Dokumentationen. Indessen sind Arbeiten, die den „goldenen Mittelweg" zwischen Wohlfahrtsstaatstheorie und praxisorientiertem Nachschlagewerk zu gehen versuchen und einem breiten, politisch interessierten Publikum den Blick in andere Länder nahe bringen wollen, immer noch selten geblieben – zumindest in deutscher Sprache. Diese mehrfache Zielsetzung führt zu bestimmten Schwerpunktsetzungen in Inhalt und Form, denn „a way of seeing, is always a way of seeing not" – wie es einmal ein amerikanischer Kollege formuliert hat. Insofern hat der vorliegende Band durch die Betonung von Praxisrelevanz, Policy-Transfer und politischer Bildung bzw. Orientierung auf Studienanfänger durchaus einen eigenen (selektiven) Charakter; gerade deshalb ist eine komplementäre Lektüre aus dem Fundus des mainstreams der internationalen Wohlfahrtsstaatsforschung und der vergleichenden Regierungslehre empfehlenswert. Dort liegen auch die theoretischen und disziplinären Wurzeln dieser Studie.

Bei der Breite des Vorgehens und der Fülle an Literatur zum Vergleich von Wohlfahrtsstaaten ist es ferner notwendig gewesen, an mehreren Stellen eine einschneidende Auswahl des zu behandelnden Stoffes zu treffen und keine vollständige Darstellung des Forschungsstandes anzustreben. Im Rahmen dieser Arbeit ist vor allem versucht worden, die politisch-institutionelle Seite sozialer Sicherungssysteme, ihre strukturellen Defizite und sozialpolitischen Folgen darzustellen und sie auf aktuelle Reform- und Innovationsprozesse zu beziehen. Eine vertiefte Berücksichtigung der Finanzierungsprobleme der Sozialversicherungen und eine Untersuchung der fiskalischen und ökonomischen Zusammenhänge, wie es im ursprünglichen Projekttitel anvisiert worden ist, konnte nicht geleistet werden. Zumal dem Projekt eine halbjährige Laufzeit zugrundegelegen hat, die jedoch mit mehreren Aufschüben versehen werden musste.

Der Literaturbericht und die darauf aufbauende Buchfassung stellen nicht allein das Werk des Verfassers und Projektleiters dar; eine Reihe von MitarbeiterInnen haben einzelne Teilstücke aufbereitet: Martin Bräutigam vor allem Fragen der Pflege, Viola Desideria Burau besonders die Abschnitte Großbritannien, Schweden und Gesundheitswesen, Heike Henze über die Niederlande, Rentensysteme und Arbeitsmarktpolitik, Heinz Ölke den Fall Spanien und Paula-Irene Villa Dänemark, Frankreich und Frauen; Irmgard Falk hat die anfallenden administrativen Aufgaben geregelt. Ferner haben KollegInnen aus Wissenschaft und Praxis Entwürfe und Passagen des Berichts gelesen und kommentiert sowie auf einer Tagung im Juni 1995 in Bochum darüber debattiert. Ihnen allen sei an dieser Stelle gedankt. Daher sind alle verbleibenden Fehler und Schwächen mir zuzurechnen.

Bochum, im September 1995
Josef Schmid

Vorwort zur 2. Auflage

Angesichts des rapiden Wandels der ökonomischen, politischen und sozialen Strukturen in allen westlichen Industrieländern sind auch bei den Wohlfahrtsstaaten eine Reihe von gravierenden Veränderungen eingetreten. Dies erfordert eine gründliche Aktualisierung wichtiger Daten über Leistungen und Strukturen der sozialen Sicherungssysteme sowie eine Aufarbeitung der entsprechenden sozialwissenschaftlichen Analysen. Dabei lohnt es sich, nicht vorschnell das Ende des Wohlfahrtsstaates einzuläuten, sondern die Entwicklungen differenziert – also nach einzelnen Ländern und Politikfeldern gesondert – zu betrachten. Entsprechend zeigt sich ein breites Spektrum an Antworten, die eng mit der empirischen Vielfalt des Forschungsobjektes zusammenhängen. Dies gilt besonders im Hinblick auf die Herausforderungen und Fragen, die der Um- und Abbau der Wohlfahrtsstaaten in methodischer und theoretischer Hinsicht aufwirft.

Um dieses Spektrum widerzuspiegeln, ist am ursprünglichen Konzept des Bandes, der neben einer knappen Einführung in die theoretischen Grundlinien der Forschung, vor allem Länderberichte und Darstellungen zu Einzelbereichen der sozialen Sicherheit umfasst, festgehalten worden. Hinzu kommen Erfahrungen aus der Lehre, die gezeigt haben, wie gering die Vorkenntnisse über andere Systeme sind, sodass ein Einstieg in den Wohlfahrtsstaatsvergleich meist nicht ohne die vorherige Vermittlung von Grundlagenwissen zu den einzelnen Ländern gelingt. Eben dies soll hier geleistet werden. Zugleich ist die Orientierung an der Lehre auch die Ursache für eine größere Änderung: das Hinzufügen eines Länderkapitels zu Deutschland, dessen Fehlen viele Studierende bemängelt haben.

Entgegen manchen Aufforderungen sind jedoch weitere Fälle wie die USA, Neuseeland oder Japan nicht aufgenommen worden. Alle drei sind zwar äußerst interessant, lassen sich aber nicht einfach in den einführenden Vergleich einfügen, da es die nicht unerheblichen nationalen Besonderheiten ausreichend zu berücksichtigen gilt. Ähnliches trifft für die mittelosteuropäischen Länder zu. Bei diesen komplizierten Systemen wären wahrscheinlich Fallstudien eine sinnvolle Alternative zum Vergleich bzw. der Vergleich erst der zweite Schritt. Ferner hat die weiterhin starke Konzentration auf westeuropäische Länder den Vorteil, dass man so den Einfluss der Europäischen Union leichter abschätzen kann. Angesichts der Dynamik des europäischen Mehrebenensystems wird die Bedeutung dieses Faktors zweifelsohne in den nächsten Jahren noch an Wirkung zunehmen.

Im Übrigen sind alle monetären Größen auf Euro umgestellt worden. Ferner ist für diese zweite Auflage stärker Bezug auf englischsprachige Literatur genommen worden als in der ersten. Diese entspricht dem Stand und der Orientierung der vergleichenden Wohlfahrtsstaatsforschung, obwohl sich diese Teildisziplin in den vergangenen Jahren in der deutschen Politikwissenschaft recht gut etabliert hat.

Gleichwohl birgt der Versuch, bei der Überarbeitung die Struktur des Bandes im Grundsatz zu erhalten, einige Probleme und Schwierigkeiten. Zum einen lassen sich nicht alle Tabellen (v.a. diejenigen, die auf den Sozialpolitik-Berichten der EU-Kommission basieren) einfach fortschreiben, da teilweise keine neueren Daten veröffentlicht wurden und andere Quellen nicht immer kompatibel sind. Zum anderen sind die Veränderungen in den untersuchten Ländern nicht gleich groß bzw. entsprechend politisch relevant. Aber mit Dänemark und den Niederlanden sind zwei prominente Reformländer, die viel Aufmerksamkeit erreicht haben, vertreten; Ähnliches gilt für Großbritannien und Frankreich. Daher ist das Fehlen weiterer interessanter Fälle zu verkraften. Die Kontinuität des Buchkonzeptes trifft ebenfalls für die Abschnitte zu, die Brennpunkte der aktuellen sozialpolitischen Debatte in Deutschland analysieren; hier ließen sich leicht weitaus mehr Themen aufnehmen, als dem Umfang eines einführenden, an ein breiteres Publikum gerichtetes Werk angemessen wäre.

Aus Gründen der Lesbarkeit habe ich auf weibliche Formulierungen verzichtet; es versteht sich von selbst, dass damit keinerlei Diskriminierung beabsichtigt ist.

Wie schon beim letzten Mal hat die Hans-Böckler-Stiftung im Rahmen ihrer Forschungsförderung das Projekt unterstützt. Dafür sei ihr, und v.a. Dr. E. Mezger, herzlich gedankt. Auf den dadurch ermöglichten Literatur- und Datenrecherchen basieren die knapp gehaltenen Ergänzungen der Textteile, die Ergänzung der Bibliographie (v.a. um englischsprachige Literatur) und die neu aufgenommenen Internet-Links (u.a. die des Verfassers: www.uni-tuebingen.de/uni/spi/polwihp.htm). Ferner sind einige Übungsfragen als Möglichkeit, das Gelesene bzw. Gelernte zu kontrollieren, an das Ende des Bandes gestellt worden. Dadurch soll der Nutzen für die Leserschaft erhöht werden – ohne dass die Lesbarkeit leidet.

Durchgeführt worden sind wichtige Arbeitsschritte für diese zweite Auflage von Simone Döll, Corinna Döpke, Jochen Hülsmann, Dirk Maier, Helmut Zaiser und Tanja Zimmer; ferner waren Susanne Blancke, Christian Roth, Philipp Rehm und Nora Fuhrmann mit Rat und Tat dabei. Ihnen allen gilt mein herzlicher Dank für ihr großes Engagement und Interesse. Schließlich gebührt dem Verleger Edmund Budrich ein Dankeswort, weil er das Projekt eines Lehrbuches zum Wohlfahrtsstaatsvergleich durch die Aufnahme in die UTB-Reihe dem Adressatenkreis näher gebracht hat.

Reutlingen/Tübingen, im Sommer 2001
Josef Schmid

Vorwort zur 3. Auflage

Die vergleichende Wohlfahrsstaatsforschung ist eine sozialwissenschaftliche Wachstumsindustrie mit einer beachtlichen Entwicklungsdynamik, sodass nach acht Jahren wieder eine Neuauflage dieses Lehrbuches nötig und sinnvoll geworden ist. Dieser Umstand nährt sich im Wesentlichen aus zwei Quellen: Zum einen spielt die hohe Zahl an wissenschaftlichen Veröffentlichungen, die neue theoretische, methodische und empirische Aspekte mit sich bringen – also der wissenschaftliche Fortschritt – eine Rolle. Zwar sind radikale Neuerungen auf dem Gebiet der vergleichenden Wohlfahrsstaatsforschung ausgeblieben, aber die existierenden Theorien, Konzepte und Methoden – und damit auch die Forschungsergebnisse – sind doch immer wieder ausdifferenziert und verfeinert worden. Zum anderen hat sich die reale Welt erheblich verändert: Die EU z.B. hat neue Mitgliedstaaten aufgenommen und ihre integrativen und sozialpolitischen Aktivitäten ausgeweitet, nach einer Boomphase der Weltwirtschaft herrscht nun – zum Zeitpunkt der Überarbeitung – eine massive Finanzkrise, deren Folgen auch für die Entwicklung des Wohlfahrtsstaates nachhaltig sein werden; politische Machtkonstellationen und Regierungen haben sich seit Beginn der Dekade in den Ländern verschoben.

Wollte man all diese Aspekte in eine aktualisierte Auflage nehmen, käme wohl ein mehrbändiges Werk heraus. Daher wird am ursprünglichen Konzept festgehalten, was den Aufbau, die Themen und die Länderauswahl angeht. Wichtige Literatur ist aber ergänzt, mancher etwas veraltete Abschnitt oder Literaturhinweis ist gestrichen und vor allem die Daten und Grafiken sind auf den neuen Stand gebracht worden. Bei Daten gilt aber das Cavet: Soweit sie in vergleichbarer Form vorgelegen haben – was manchmal nicht identisch ist mit den Publikationsdaten der nationalen Zahlenwerke. Auf die aktuelle Krise wird wegen des systematischen Zuschnitts des Bandes nur begrenzt eingegangen. Im Übrigen sind ebenfalls alle Links kontrolliert und angepasst worden. Ein Leser hatte hier Veraltetes und Fehler moniert. Der Einfachheit und Lesbarkeit halber wird dies aber nicht jedesmal ausgewiesen; damit ist der Stand pauschal Herbst 2009. Wie schon beim letzten Mal ist weiter aus Gründen der Lesbarkeit auf die weibliche Form ebenfalls verzichtet worden; es versteht sich jedoch von selbst, dass damit keinerlei Diskriminierung beabsichtigt ist.

Zu den substantiellen Stichworten und Themen, die in dieser Auflage neu bzw. stärker behandelt sind, gehört vor allem die Bildungspolitik und ihre Bezüge zum Wohlfahrtsstaat (Kap. 20). Ansonsten hat der Diskurs um Gerechtigkeit – für Frauen, Generationen oder auch in der Verteilung von Gütern und Lebenschancen – an Relevanz gewonnen. Ähnliches gilt für die Frage des demografischen Wandels und seiner vielfältigen Implikationen, die Probleme älterer Arbeitnehmer, die Prekarisierung und Verarmung sowie die zunehmende sozialpolitische Bedeutung der Europäischen Union.

Die Überarbeitung des rund 500 Seiten umfassenden Bandes ist nur möglich geworden, weil eine Reihe studentischer Mitarbeiter mit Rat und Tat am Werk waren: besonders Christian Förster, aber auch Volquart Stoy, Steffen Jenner und Lisa Haug sowie Niklas Gramich, Naemi Mosgowi, Benedikt Springer und last but not least Stewart Gold gilt mein herzlicher Dank für ihr großes Engagement. Schließlich hat meine Frau Bärbel für das Verschwinden unzählige Tipp- und Grammatikfehler gesorgt – auch daür danke. Die Verantwortung für alle verbliebenen Defizite und Fehler liegt natürlich bei mir.

Reutlingen/Tübingen, im Winter 2009/2010
Josef Schmid

I. Einführung in den Wohlfahrtsstaatsvergleich: Methoden, Theorien und Kontroversen

1 Methodisch-theoretische Grundlagen und Aufbau des Bandes

1.1 Darstellen, Erklären und Bewerten als Funktionen sozialwissenschaftlicher Wohlfahrtsstaatsvergleiche

1.1.1 Die praktische Frage: Kann man vom Ausland lernen?

Die Sozialpolitik gehört seit Jahrzehnten zu den zentralen politischen Themen in Deutschland. Über die Probleme der sozialen Sicherheit wird vor allem seit den 80er Jahren kontrovers diskutiert, u.a. weil die Perspektive des Abbaus bzw. Umbaus des Wohlfahrtsstaates die Agenda dominiert. Ähnliche Auseinandersetzungen finden freilich auch in allen anderen westeuropäischen Ländern statt.[1] In diesem praktisch-politischen Kontext ist der „Blick über die Grenzen" deshalb besonders interessant, da der Vergleich

- zu einem besseren Verständnis der Sozialpolitik des eigenen Landes beiträgt (nach dem Motto R. Kiplings: „What know they of England, who only England know");
- die Vorstellungen darüber erweitert, was im Hinblick auf bestimmte Fragen oder Probleme unternommen werden kann,
- imitatives Lernen möglich macht, da man auf diesem Wege ausländische Lösungen übernehmen kann.

Ein erstes Anwendungsbeispiel liefert die Verortung eines Landes und seiner Sozialpolitik gegenüber anderen westeuropäischen Staaten; demnach nimmt Deutschland eine mittlere Position im Verhältnis zu anderen Wohlfahrtsstaaten ein (Alber 1992, 1998, Schmidt 2005, Schmid 2008; vgl. Schaubild 1-1). Allerdings ist die Tendenz sinkend und bei den in diesem Band verglichenen Fällen reicht es nur noch für Rang 5. Jedoch verbessert sich der Eindruck für die BRD, wenn die Nettoeffekte – also die steuerlichen Abzüge und Begünstigungen eingerechnet werden. Dann weisen die deutschen Sozialausgaben sogar einen Spitzenwert auf, während Dänemark, Schweden und Spanien um mehrere Prozentpunkte nach unten korrigiert werden (vgl. Siegel 2007: 120ff und Castles/Obinger 2006 unter

---

1 Vgl. zur aktuellen Lage in Westeuropa ausführlicher Kap. 2 der Arbeit.

Bezug auf Adema). Dies ist ein zentrales Beispiel für die methodischen Tücken bei diesem Thema![2]

Ferner können Unterschiede in den wohlfahrtsstaatlichen Arrangements danach analysiert werden, ob sie interessant und nachahmenswert sind bzw. ob hier in Bezug auf einzelne Probleme bereits Lösungsansätze bestehen, die über das hinausweisen, was im eigenen Land existiert.[3] Dabei ist zu berücksichtigen, dass „best practices" vielfach spezifische Entstehungsbedingungen sowie die institutionellen Strukturen des jeweiligen Wohlfahrtsstaates reflektieren. Dementsprechend können sie nicht einfach - im Sinne des simplen Kopierens - auf deutsche Problemzusammenhänge übertragen werden. Ihre zentrale Bedeutung liegt vielmehr darin, dass sie als Leitbilder fruchtbare Impulse und Diskussionsanstöße für eine sozialpolitische Reformdebatte liefern können (vgl. Heinze u.a. 1999, Schmid 2004).

Dies verweist auf die „Doppelgesichtigkeit" des Wohlfahrtsstaatsvergleichs: Einerseits ist er gerade deshalb interessant, weil in einzelnen Ländern die allgemeine Idee sozialer Sicherheit ganz unterschiedlich umgesetzt worden ist, andererseits ist es jedoch gerade diese Vielfalt, die die Vergleichbarkeit und damit auch die Übertragbarkeit von „best practices" erschwert. Dies führt zu der für manchen als paradox erscheinenden Schlussfolgerung, dass es sich lohnt, intensiv von anderen Ländern zu lernen, dass jedoch gleichzeitig die Grenzen einer solchen Herangehensweise anerkannt werden müssen. Dieser Umstand ist freilich nicht neu; schon im 19. Jahrhundert hat Karl Marx in der Einleitung des Kapitals festgestellt:

> „Eine Nation soll und kann von der anderen lernen. Auch wenn eine Gesellschaft dem Naturgesetz ihrer Bewegung auf die Spur gekommen ist, ... kann sie naturgemäße Entwicklungsphasen weder überspringen noch wegdekretieren. Aber sie kann die Geburtswehen abkürzen und mildern."

---

2 Daher gilt: Lange Zeitreihen, viele Länder und unterschiedliche Operationalisierungen verwenden, um solche methodischen Probleme zu bewältigen. Vgl. generell Kropp/Minkenberger 2005.

3 Solche Eigenheiten und Abweichungen können in sozialpolitischer Hinsicht positiv oder negativ ausfallen und ihre Bewertung hängt hochgradig vom politisch-normativen Standort, den konzeptionellen Prämissen und dem methodischen Vorgehen des Beobachters ab.

Schaubild 1-1: Sozialausgaben in der Bundesrepublik Deutschland im Vergleich zu anderen westeuropäischer Ländern[4]

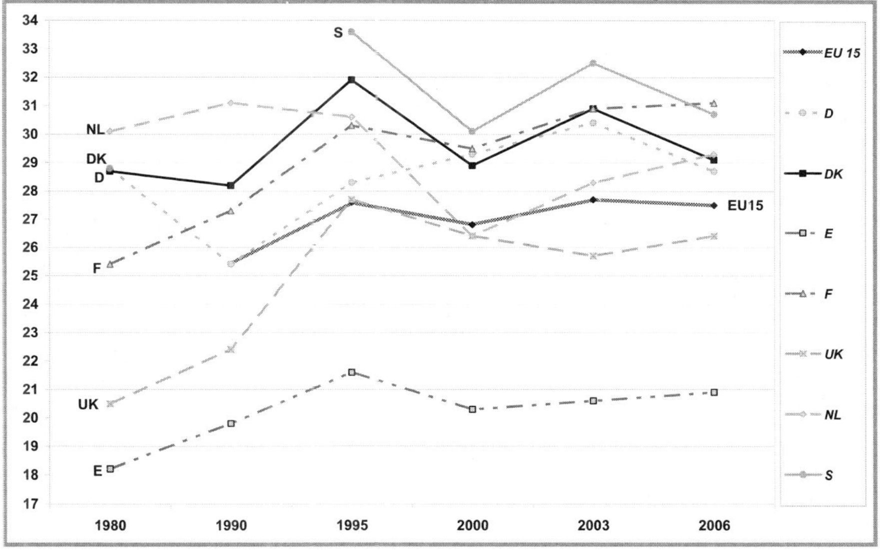

	1980	1990	1995	2000	2003	2006	*Rang 2006*
EU 15	n.v.	25,4	27,6	26,8	27,7	27,5(p)	--
D	28,8	25,4	28,3	29,3	30,4	28,7(p)	*5*
DK	28,7	28,2	31,9	28,9	30,9	29,1	*4*
E	18,2	19,8	21,6	20,3	20,6	20,9(p)	*7*
F	25,4	27,3	30,3	29,5	30,9	31,1(p)	*1*
GB	20,5	22,4	27,7	26,4	25,7	26,4(p)	*6*
NL	30,1	31,1	30,6	26,4	28,3	29,3(p)	*3*
S	28,8	n.v	33,6	30,1	32,5	30,7(p)	*2*

Quelle: Eurostat 2009; n.v. = nicht verfügbar; (p) = Vorläufiger Wert; S 1980 = OECD

4 In Prozent des BIP. Als Vergleich dienen die sieben in diesem Buch näher untersuchten Länder Dänemark (DK), Deutschland (D), Spanien (E), Frankreich (F), Großbritannien (GB), Niederlande (NL) und Schweden (S). Auch in den weiteren Tabellen wird hauptsächlich auf diese rekurriert.

1.1.2 Methodische Vorzüge, Probleme und Formen des internationalen Vergleichs

In den weniger an praktischen Fragestellungen als an der methodisch-theoretischen Fortentwicklung ausgerichteten (universitären) Sozialwissenschaften gilt der (internationale) Vergleich - nicht nur des Wohlfahrtsstaates - als „Königsweg“ (Klaus von Beyme), der gegenüber anderen Vorgehensweisen erhebliche Vorteile aufweist. Ja, Emile Durkheim hat schon in seinen „Regeln der soziologischen Methode“ (1895) postuliert, dass sich komplexe Phänomene nur komparativ erschließen. Und: „Die vergleichende Soziologie ist nicht etwa nur ein besonderer Zweig der Soziologie; sie ist soweit die Soziologie selbst, als sie aufhört, rein deskriptiv zu sein, und danach strebt, sich über die Tatsachen Rechenschaft zu geben“.

Hier steht also der Aspekt des Erklärens von Phänomenen, die Suche nach Ursachen und Wirkungen im Vordergrund, was in der Regel zur Anwendung abstrakter und „künstlicher“ Kategorien führt - gemäß dem methodischen Postulat, dass Eigennamen durch Variablen zu ersetzen seien. Zwischen theoretisch begründeten Erklärungen, Prognose und Planung bzw. Beratung besteht methodisch gesehen ein systematisches Verhältnis (vgl. Diekmann 2003: 150) - nach dem Motto: Nichts ist praktischer als eine gute Theorie.

Schaubild 1-2: Erklären in den Sozialwissenschaften

Erklärung (von Vergangenem)	Warum kommt es zum Ereignis B?	*Gegeben*: Explanandum (das zu Erklärende)	*Gesucht*: Explanans A (Regel, d.h. generelle Gesetzesaussage bei situativen Randbedingungen)
Prognose (von Zukünftigem)	Welches Ereignis wird infolge von A eintreten?	*Gegeben*: Explanans	*Gesucht*: Explanandum
Pol. Planung & Beratung (von Machbarem)	Mit welcher Maßnahme A* kann das Ziel B erreicht werden?	*Gegeben*: Explanans	*Gesucht*: Explanandum

Quelle: Eigene Darstellung

Unabhängig von diesen generellen methodischen Überlegungen sprechen drei Gründe für den vergleichenden Ansatz (vgl. Schmidt 2005, Kropp/Minkenberger 2005):

- erstens, dass die empirischen Wissensbestände verbreitert und vertieft werden,
- zweitens, dass die Möglichkeit besteht, am Einzelfall gewonnene Hypothesen auf Verallgemeinerbarkeit zu prüfen bzw. umgekehrt, dass deduktiv, d.h. aus Theorien abgleitete Hypothesen an einem (ggf. kritschen) Fall getestet werden
- drittens, dass sich durch vergleichende Analysen auf induktivem Wege die Grundlagen für Innovationen in der Theoriebildung und Methodologie schaffen lassen.

Dabei gibt es unterschiedliche Forschungsstrategien und Formen des Vergleichs. Beispielsweise kann in zeitlicher (asynchroner) oder räumlicher (synchroner) Hinsicht mit unterschiedlichen Objektbereichen (Organisationen, Staaten, supranationalen Einheiten) verglichen werden. Ferner kann versucht werden, einer Konvergenz- oder Differenzmethode (wie es bei J. S. Mill heißt) zu folgen, also möglichst ähnliche bzw. abweichende Gebilde zu analysieren. So werden beim Konvergenzverfahren häufig Fälle ausgesucht, die sich durch das Eintreten eines gemeinsamen Phänomens (z.B. hohe Sozialausgaben) auszeichnen, welches dann durch die weiteren Kontextbedingungen (etwa Stärke der Sozialdemokratie oder hohes Wirtschaftswachstum) erklärt wird. Der Differenzmethode entspricht die Auswahl der Fälle nach der Ähnlichkeit der unabhängigen Variablen (z.B. Stärke der Sozialdemokratie) bzw. Unterschieden in der abhängigen (z.B. hohe oder niedrige Sozialausgaben). Auf diese Weise lassen sich die Randbedingungen kontrollieren und ein Test von Hypothesen organisieren. Das bedeteutet, dass der Wohlfahrtsstaatsvergleich mehr will, als zwei oder mehrere Länder darszustellen.

Darüber hinaus kann je nach Anzahl der Fälle und der Variablen die folgende Einteilung vorgenommen werden, wobei hier gilt, dass bei einem soliden theoretisch-methodischem Fundament viele Wege erfolgversprechend sind.

Schaubild 1-3: Fall-Variablen-Matrix in der vergleichenden Forschung

		Anzahl der untersuchten Fälle	
		wenige	*viele*
Variablen-Anzahl	*wenige*	(a) Einzelfallstudie	(b) internationaler Vergleich
	viele	(c) makro-historischer Vergleich	(d) massen-statistischer Vergleich

Quelle: Immerfall 1991

Gleichwohl ist auch der Vergleich als Methode der Untersuchung von Wohlfahrtsstaaten nicht ohne Probleme und Tücken. Zum einen existieren erhebliche Schwierigkeiten, ausreichendes Datenmaterial zu allen theoretisch wichtigen Aspekten zu finden. Mittlerweile hat sich das verbessert, da internationale Organisationen wie ILO, OECD, EU, aber auch einige wissenschaftliche Projekte, standardisierte Daten (für viele Länder und über lange Zeiträume) produziert haben, sodass für wichtige Kennziffern der wohlfahrtsstaatlichen Entwicklung inzwischen eine analoge Analyse- und Bewertungsgrundlage vorliegt.[5] Eine sorgfältige Prüfung der Datenbasis und ihrer Vergleichbarkeit ist aber weiterhin geboten, da ansonsten mit statistisch „unsauberen" Zahlen operiert wird und nicht selten die Gefahr einer „misplaced concretness" droht.

Vor allem in den Randbereichen der Sozialpolitik, den Übergängen und Schnittstellen zu anderen Politikfeldern sowie in Bezug auf die aktuellen Debatten und Problemfelder fehlt es immer noch an methodisch abgesicherten Erhebungen. Eine sozialstatistisch und sozialpolitisch äußerst brisante „Grauzone" bilden etwa die vielfältigen Strukturen der Wohlfahrtsproduktion in Familien, Selbsthilfgegruppen, gemeinnützigen Vereinen und Verbänden, Betrieben, kommerziellen und staatlichen Einrichtungen. Obwohl hier ein großes Lösungspotential und eine wichtige Entwicklungslinie künftiger Sozialpolitik vermutet werden, sind sie bislang überraschenderweise kaum vergleichend dokumentiert und analysiert worden.

---

5 Vgl. Eurostat 2007, Dettling/Becker 2009 sowie die MISSOC-Online-Angebote. Diese Daten beziehen sich auf die EU-Länder, für jüngere Mitgliedsländer fehlen z.T. weiter zurückliegenden Jahre und es bestehen gewisse Kompatibilitätsprobleme mit den vielfach verwendeten OECD-Datensätzen. Dies führt dazu, dass in diesem Band leider manchmal auf unterschiedliche Quellen Bezug genommen werden muss. Bevorzugt werden hier EU-Quellen, weil sie vielfach neben Statistiken auch (einfache) Analysen und Politikempfehlungen enthalten.

Damit verbunden ist die Problematik funktionaler Äquivalente, die beim Vergleich nicht nur die Frage der staatlichen und nicht-staatlichen Bereiche tangiert, sondern die staatlichen Programme und Instrumente selbst. Um das gleiche Ziel zu erreichen, verfügen moderne Wohlfahrtsstaaten über unterschiedliche Mittel. Zum Beispiel können die Folgen von Arbeitslosigkeit durch (individuelles) Arbeitslosengeld, Frühverrentungsprogramme, (kollektive) Qualifizierungsmaßnahmen, aktive Arbeitsmarkt- und Industriepolitik, Ausweitung des öffentlichen Dienstes, staatliche Eingriffe in die betrieblichen Arbeitsverhältnisse (etwa Vorschriften über Mindestlohn und Höchstarbeitszeit) usw. bewältigt werden. Hier lassen sich Ursachen, Motive und Wirkungen nicht immer klar voneinander trennen, was gerade bei statistischen Analysestrategien prekär wird.

Ferner bilden die Zahl und die Auswahl der Fälle eine immer präsente Schwierigkeit bei dieser Methode. Vielfach genügt die Anzahl der untersuchten Länder und ihre Zusammenstellung nicht den methodischen Voraussetzungen, was die Generalisierungsfähigkeit der Aussagen einschränkt (bzw. statistisch gesprochen zu nicht signifikanten Ergebnissen führt). Freilich, im Unterschied zur (statistisch gesehen) schönen großen Welt der Naturwissenschaften, wo es z.B. fast eine unendliche Zahl an Atomen gibt, ist die Welt der OECD oder der EU[6] äußerst begrenzt. Das erzeugt sehr häufig die Gefahr einer verzerrten und zu kleinen Fallzahl, sodass z.B. durch das Hinzuziehen weiterer Länder und einer Verlängerung des Untersuchungszeitraumes leicht ein anderes Ergebnis erzielt werden kann. Allerdings besteht die Möglichkeit, durch die Kombination von Quer- und Längsschnittanalysen diese Problematik zu reduzieren, da so die Zahl der Messpunkte erhöht wird.

Hierzu hat darüber hinaus Charles Ragin (1987) mit seinem auf Boolescher Algebra (Mengenlehre) basierenden Verfahren des paarweisen Vergleichs ein interessantes, aber in der vergleichenden Politikforschung in Deutschland bislang kaum verwendetes Analyseinstrument angeboten. Einer der wenig beachteten Vorzüge dieses Verfahrens, gerade bei der Anwendung auf differenzorientierte und typologische Wohlfahrtsstaatsvergleiche, liegt in der Tatsache, dass hier die Zahl der Fälle keine Bedeutung hat (vgl. auch die Darstellung von methodischen Grundlagen und Strategien in der Wohlfahrtsstaatsforschung in den Beiträgen bei Janoski/Hicks 1994 oder Vis 2007).

Last but not least gibt es häufig auch konzeptionelle Differenzen und Defizite; an dieser Stelle reicht der Hinweis auf den „babylonischen"

---

6 Im Folgenden wird zur Vereinfachung nicht zwischen EU und EG unterschieden, sondern der erste Ausdruck verwendet.

Sprachgebrauch im Wortfeld Wohlfahrtsstaat und die dementsprechend verschiedenartigen Kategorienbildungen. Diese führen bei internationalen Vergleichen von wohlfahrtsstaatlichen Politiken leicht zu dem Problem, dass „Äpfel mit Birnen" verglichen bzw. akademische Scheinkontroversen geführt werden.[7]

1.1.3 *Probleme der Begriffsbildung: Was heißt eigentlich Wohlfahrtsstaat?*

Bekanntlich lässt sich ein Objekt nur dann vergleichen, wenn man einen Begriff davon hat. Den zu finden ist im Falle des Wohlfahrtsstaates schon sprachlich nicht einfach, da sich hier historische, politische und kulturelle Entwicklungsunterschiede widerspiegeln. Diese Problematik drücken zum Beispiel die alternativen Begriffe „Sozialpolitik", „soziale Sicherung" bzw. „Sozialstaat" und „welfare state" bzw. „Volksheim" aus. Hier treten nicht nur die Tücken des Übersetzens fremder Sprachen auf, sondern systematische Verschiebungen im politisch-kulturellen Bedeutungsgehalt und in den gewachsenen Feinstrukturen von wohlfahrtsstaatlichen Institutionen. So bestanden zu Beginn der wohlfahrtsstaatlichen Aktivitäten im 19. Jahrhundert erhebliche Definitionsunterschiede: In Deutschland wurde die Arbeiterfrage, in Frankreich die Familienfrage und in Großbritannien die Armenfrage in den Mittelpunkt des sozialpolitischen Diskurses gerückt – was sich bis heute noch auswirkt.[8] Die Länder Westeuropas oder der OECD weisen nämlich in der konkreten Umsetzung der allgemeinen Idee der sozialen Sicherheit bzw. der Bearbeitung der Risiken des modernen Kapitalismus immer noch einige markante Unterschiede auf.

Zudem ist die Wohlfahrts-Semantik (vgl. dazu auch Lessenich 2003) ein politisches und ideologisches Kampfgebiet, was die Schwierigkeit im wissenschaftlichen Umgang mit dem Phänomen verstärkt. Im deutschen politischen Sprachgebrauch ist z.B. der Ausdruck Wohlfahrtsstaat eher negativ besetzt. Als „Wohlfahrtsstaat" oder gar „Versorgungsstaat" gilt hierzulande oft ein übermächtig gewordenes Staatswesen, das gesellschaftliche Freiräume zugunsten einer umfassenden Betreuung seiner Bürger von der Wiege bis zur Bahre einschränkt. Der Terminus „Sozialstaat" erscheint vor diesem Hintergrund einerseits als das maßvollere „Alternativkonzept" einer sozialpolitischen Verpflichtung des Staates sowie andererseits als eine poli-

---

7 Vgl. dazu die Ausführungen in Kap. 3 (Forschungsstand).

8 Vgl. etwa die Ausführungen zum Thema Frauen und Familie sowie den Fall Frankreich (Kap. 6, 12, 16).

tische „Kampfansage“ bzw. als verfassungsrechtliche „Sperre“ (R. Herzog) gegen das Ausufern der Sozialpolitik (Alber 1992: 543).

Aber auch bei den wissenschaftlichen Versuchen der Definition und Operationalisierung der entsprechenden wohlfahrtsstaatlichen Strukturen zeigen sich deutliche Abweichungen. So tendiert die deutsche Literatur dazu, die staatlichen Maßnahmen zur Sicherung des Einkommens beim Ausfall oder im Falle der Unzulänglichkeit der Arbeitskraft als Aufgabe des Sozialstaats bzw. als Sozialpolitik zu fassen. Im Unterschied dazu wird in der angelsächsischen Diskussion auch die Bildungspolitik zu den wohlfahrtsstaatlichen Aktivitäten gerechnet; umgekehrt wird dort die Regelung der Arbeitsbedingungen inklusive der Mitbestimmung nicht dazugerechnet (nicht zuletzt deshalb, weil es dort kaum analoge Regelungen gibt).[9] Die Auswirkungen auf den materiellen Gehalt der Vergleiche sind erheblich. Gleichwohl - und häufig ohne Reflektion solcher konzeptioneller Stolpersteine - hat sich mittlerweile in der politikwissenschaftlichen Forschung der „komparative Kunstbegriff“ (Joan Higgins) Wohlfahrtsstaat durchgesetzt, und er wird deshalb auch hier Verwendung finden.

In der substantiellen Bestimmung der Gegenstandsbereiche, die mit dem Terminus Wohlfahrtsstaat oder ähnlichen Ausdrücken (Sozialstaat, Sozialpolitik und soziale Sicherung) erfasst werden, folgen wir Lampert/Althammer (2007) und verweisen auf folgende Grafik aus ihrem Lehrbuch.

9 Auch Luhmann (1981: 7) hält fest: „Der Wohlfahrtsstaat, der sich in den hochindustrialisierten Zonen des Erdballs entwickelt hat, ist nicht zureichend begriffen, wenn man ihn als Sozialstaat auffaßt, nämlich als einen Staat, der auf die Folgen der Industrialisierung mit Maßnahmen der sozialen Hilfe reagiert. Die ist und bleibt ein wichtiges Moment seiner Zielstruktur; aber Wohlfahrt meint und erfordert … mehr als nur soziale Hilfe und mehr als nur Ausgleich von Benachteiligungen.“

Schaubild 1-4: Bereiche der Sozialpolitik (SP)

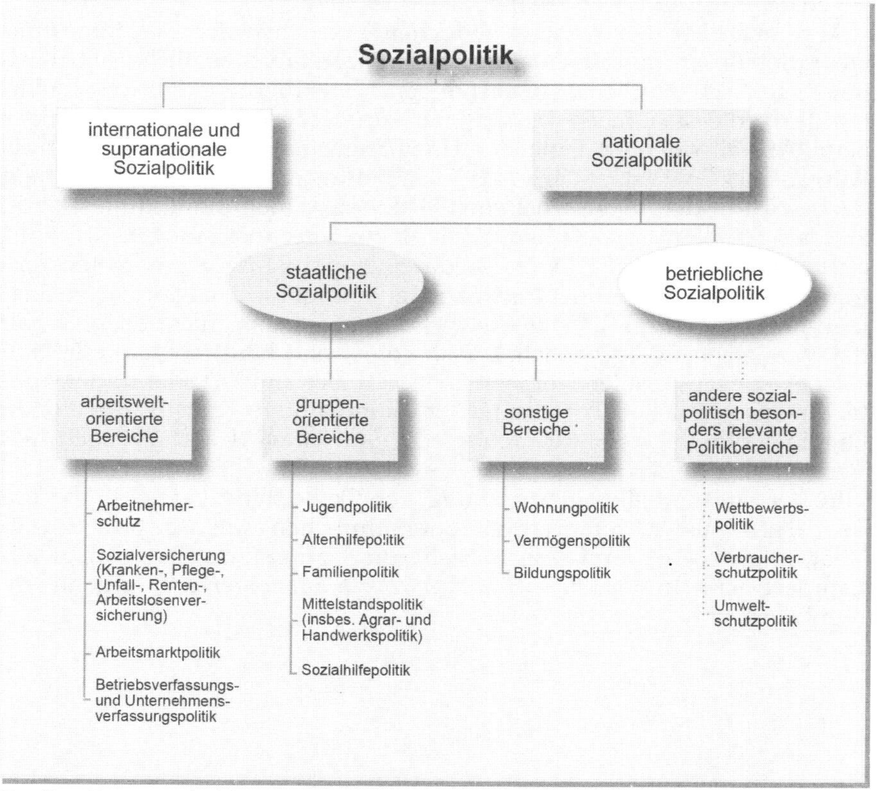

Quelle: Lampert/Althammer 2007: 187.

Diese deskriptive Definition des Untersuchungsgegenstands übersteigt die Regelungs- und Leistungsbereiche der klassischen Sozialversicherungen, was auch in den folgenden Länderanalysen und Vergleichen übernommen wird. Ein solch breites Verständnis von Sozialpolitik bzw. Wohlfahrtsstaat soll auch in Erinnerung rufen, dass im strikten Sinne die deutschen Sozialversicherungen nicht international vergleichbar sind, da mehrere andere Länder nicht über analoge Systeme verfügen, und darüber hinaus bei einem sozialversicherungszentrierten Vorgehen eine Reihe von wichtigen Strukturen und Entwicklungstendenzen von der Betrachtung ausgeschlossen würden. Andererseits ist bezüglich der oben dargestellten Bereiche der Sozialpolitik kritisch anzumerken, dass vorwiegend Handlungsfelder nach ihrem rechtlichen Charakter sowie den typischen Instrumenten und

Problemlagen aufgelistet werden und so die politische Akteurs-, Implementations- und Organisationsperspektive (v.a. im Bereich der sozialen Dienste) zu kurz kommt. Noch größer werden die methodischen Probleme beim Messen und Vergleichen, wenn man die eher indirekten Aspekte moderner Wohlfahrtsstaatlichkeit nicht aus dem Auge verlieren will - was aber ihrer Relevanz keinen Abbruch tut. Gemeint sind die komplexen Wechselbezüge zwischen Wohlfahrtsstaat, Demokratie und Kapitalismus bzw. der „Sozialen Demokratie (Meyer/Breyer 2005).

Im Wohlfahrtsstaat – so abschließend ein Definitionsvorschlag – besteht eine staatliche, über private Vorsorge und gemeinschaftliche Fürsorge hinausgehende Verpflichtung zur sozialen Sicherung und Förderung aller Bürger. Um dies zu gewährleisten, muss der Wohlfahrtsstaat umfangreiche Ressourcen an sich ziehen, die er wiederum in Form von monetären Transfers, sozialen Diensten und Infrastruktur zur Verfügung stellt. Auf diese Weise kommt es zu einer gesellschaftlichen Entwicklung, die als „sozialer Fortschritt" bezeichnet wird und in deren Rahmen in den vergangenen 110 Jahren die Werte Sicherheit, Wohlfahrt, Freiheit und Gerechtigkeit in hohem Maße realisiert werden konnten. Dies ist auch ein Element des „Europäischen Modells" und ein Spezifikum im Vergleich zu anderen Regionen der Welt.

1.2 Konzeptuelle Elemente des eigenen Ansatzes: Variation, Institution, Diffusion

1.2.1 Persistenz der Differenz – Unterschiede sind wichtig

Die Entwicklung des Wohlfahrtsstaates bzw. der Aufbau umfassender sozialer Sicherungssysteme zählt unbestritten zu den grundlegenden Errungenschaften, die die europäischen Gesellschaften auf ihrem Weg ins 20. Jahrhundert hervorgebracht haben. Als basales und relativ abstraktes Strukturmerkmal gesehen ist der Wohlfahrtsstaat für die moderne westliche Welt – und in zaghaften Ansätzen nunmehr auch für Osteuropa – ebenso charakteristisch wie der Rechtsstaat und die Demokratie. Freilich gilt diese Universalität nur auf den ersten Blick bzw. bei einer hohen analytischen Generalisierung, denn die zeitlichen Verlaufsmuster, die konkreten Regelungsgehalte und institutionellen Ausformungen, aber auch die politischen Triebkräfte und Akteure waren und sind in den europäischen Ländern zumeist nicht dieselben. Dementsprechend kommt es zu merklichen Unterschieden in der Art und Weise, wie aktuelle sozialpolitische Probleme diskutiert und gelöst werden.

Das heißt, dass der Wohlfahrtsstaat zwar ein universales Phänomen ist, dass aber seine Entstehung und Regelungsinhalte, seine Institutionen und Akteure im konkreten Falle stark variieren. „Den" Wohlfahrtsstaat gibt es demnach empirisch nicht. Egal ob Sozialausgaben oder qualitative Indikatoren in den Blick genommen werden, es bestehen erhebliche Variationen. Allenfalls in Abgrenzung zu früheren Epochen oder Ländern der Dritten Welt lassen sich generalisierende Betrachtungen anstellen und Wohlfahrtsstaaten mit Nicht-Wohlfahrtsstaaten vergleichen.

> „Ob in Großbritannien oder Deutschland, in Schweden oder der Schweiz, die Geschichte der Sozialpolitik hat sich dem nationalen Gedächtnis überall tief eingeprägt; die Bauformen der Systeme der sozialen Sicherung sind zu einem festen Bestandteil der nationalen Lebensweise geworden. Dementsprechend variieren auch die Strategien, die heute zur Lösung der anstehenden Probleme diskutiert werden und in den jeweiligen politischen Kulturen durchsetzbar sind" (Lottes 1993: 10f).

Den Nährboden für die bestehenden Abweichungen bilden vor allem die folgenden Faktoren:

- unterschiedliche partei- und klassenpolitische Kräfteverhältnisse in den europäischen Ländern,
- abweichende politische Herausforderungen und Problemlagen und ihre historische Abfolge, was etwa die Bedeutung von Kriegen und Krisen hervorhebt sowie
- die Folgen kritischer Entscheidungen und institutioneller Weichenstellungen, die zumeist historisch weiter zurückliegen.

Hinzu kommt ein Aspekt, der vielfach vernachlässigt wird: der Faktor Religion bzw. Kirche. Gerade aus dem historisch-politischen Konflikt zwischen Staat und Kirche, dem Pluralismus der Konfessionen sowie den normativen Bindungswirkungen und Legitimationspotentialen von Religion hat sich in der deutschen Sozialpolitik das Subsidiaritätsprinzip wirkungsmächtig entwickelt und im Bereich der sozialen Dienste starke Wohlfahrtsverbände hervorgebracht. Besonders wirksam ist dieser Faktor z.B. bei der frühkindlichen Erziehung und Pflege (Morgan 2002) oder der Famileinpolitik (Bahle 2002). Zugleich ist das einer der Gründe für die häufig bemerkte Sonderrolle der christdemokratischen Parteien, die gerade auf dem Feld wohlfahrtsstaatlicher Politik von ihren konservativen und liberalen Pendants abweichen (Schmid 1996, Leitner 2002). Schließlich hat Manow (2003) die positive Rolle der Protestanten für die Entwicklung des Wohlfahrtsstaates betont.

1.2.2 Betonung von politisch-institutionellen Faktoren – Institutions Matter!

Die folgenden Darstellungen des Wohlfahrtsstaates konzentrieren sich weniger auf Geld und Recht, sondern mehr auf Organisation als zentrale Kategorie der Analyse. Für einen solchen politisch-institutionellen Ansatz sprechen vor allem vier Gründe, die sowohl für die Erklärung der Formierung der gegenwärtigen Systeme wie der Einschätzung ihrer künftigen Entwicklungsoptionen wichtig sind:

- Beim Vergleich wird so der nationalen Spezifik Rechnung getragen. Denn im „Gehäuse der westeuropäischen Massendemokratien finden sich sehr unterschiedliche institutionelle Lösungen der zentralen sozialen Probleme, mit denen Staat und Gesellschaft seit der Mitte des letzten Jahrhunderts konfrontiert werden" (Rieger 1992: 11).
- Wohlfahrsstaatliche Institutionen bilden für die politischen Akteure feste Daten der Entscheidungsfindung. Das politische Handeln wird durch Institutionen kanalisiert, sodass bestimmte Orientierungen, Interessen und Politikmuster privilegiert und andere unterdrückt werden.
- Die institutionellen Differenzen des Wohlfahrtsstaates haben ihrerseits wiederum Rückwirkungen auf die jeweils vorliegenden Probleme der sozialen Sicherungssysteme bzw. Krisenursachen des Wohlfahrtsstaates und der jeweils entwickelten Lösungsmuster.
- Das wohlfahrtsstaatliche Institutionengefüge entwickelt aufgrund der hohen Komplexität eine historische Eigengesetzlichkeit und Kontinuität, was zur Bildung relativ konsistenter Typen des Wohlfahrtsstaates (wie z.B. Bismarck- vs. Beveridge-Länder; s. Kap. 3) führt.[10]

Dies ist freilich keine rein akademische Frage der Methodik und Theorie des Wohlfahrtsstaatsvergleichs. Je nachdem wie sie beantwortet wird, ergeben sich für die sozialwissenschaftliche Forschung und die politische Praxis weitreichende Auswirkungen. So schlagen sich institutionelle Unterschiede deutlich in den Rentenansprüchen nieder; beispielsweise

10 Dieser Aspekt wird auch unter dem Stichwort der Pfadabhängigkeit behandelt. Das Konzept hat sich inzwischen zu einem der viel verwendeten Erklärungsmuster entwickelt. Damit ist gemeint, dass die Kosten und Risiken einer Änderung von institutionellen Arrangements und politischer Koalitionen so groß sind, dass man besser „beim Alten bleibt". D h. die Historizität von Institutionen wird betont, wobei angenommen wird, dass in der Vergangenheit getroffene Entscheidungen und eingebürgerte Denkweisen und Routinen in die Gegenwart hinein wirken. Pfadabhängigkeit engt die potenziellen Handlungsalternativen ein und beeinflußt so die zukünftige Entwicklungsrichtung. Die Historizität wird ebenso als wesentliche Grundlage der im Ländervergleich feststellbaren, institutionellen Vielfalt angesehen (so Beyer 2006, s.a. Pierson 2000).

erhielt in den 90er Jahren eine Frau (70 Jahre alt, nie verheiratet, ohne wesentliche Beitragszahlungen, kein Vermögen) in Dänemark 93 Prozent einer Durchschnittsrente bzw. 33 Prozent in Spanien und 11 Prozent in Griechenland (s. Schaubild 1-5). Inzwischen hat sich das Bild etwas verbessert - aber Unterschiede sind immer noch da, weil die Rentenversersicherungen und die Arbeitsmärkte in vielen Ländern einen Gender-Bias aufweisen (vgl. etwa Rake 2000 und Kap. 14).

Schaubild 1-5: Diskrepanz zwischen männlichen Einkommensunterschieden (unter 65/über 65) und weiblichen Einkommensunterschieden (unter 65/über 65)[11] im Jahr 2006

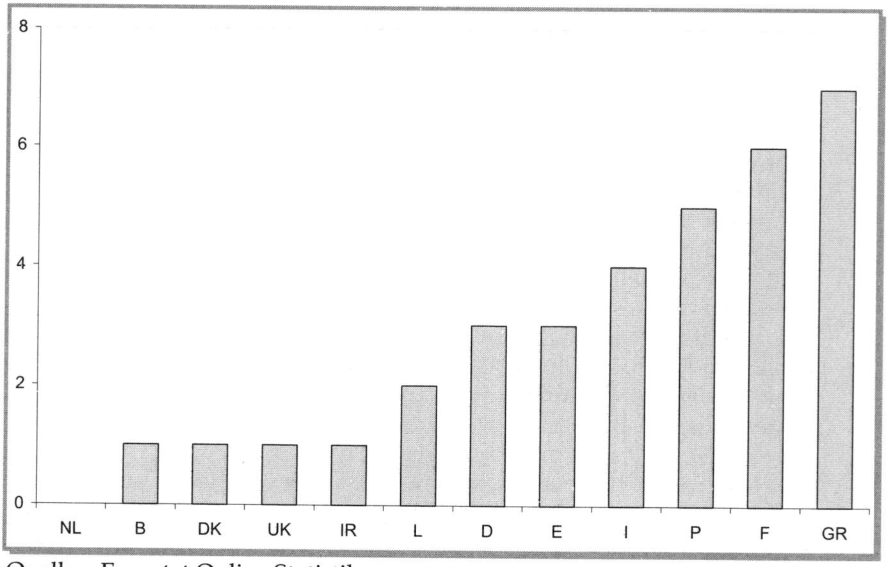

Quelle: Eurostat Online Statistiken

11 Damit wird der Einkommensverlust von Frauen in Rente doppelt verglichen: Einerseits mit jüngeren Frauen und andererseits mit Männern.

Schaubild 1-6: Renteneintrittsalter in Europa

Quelle: Eigene Darstellung nach GfK Geomarketing; verfügbar online unter: http://landkartenindex.blogspot.com/2007/02/renteneintrittsalter-in-europa.html

Auch der Zeitpunkt, zu dem Menschen durchschnittlich in Rente gehen, variiert erheblich. So scheiden in Schweden und Dänemark Männer deutlich später aus dem Arbeitsleben als in Deutschland und den Niederlanden aus (vgl Börsch-Supan u.a. 2009). Dem liegen deutlich differierende Präferenzen und Wertvorstellungen der Bürger zugrunde, die auch unterschiedliche wohlfahrstaatliche Institutionen und Kulturen reflektieren. Gerade das deutsche Beispiel der Auseinandersetzungen und Widerstände gegen eine Einfüfhrung der „Rente mit 67" belegt dies.[12] Im Blick auf die europäische Landkarte des Renteneintritts liegt die BRD dabei eher im Mittelfeld (vgl. dazu etwa Börsch-Supan u.a. 2009).

Interessant sind in diesem Zusammenhang ebenfalls die geschlechterspezifischen Unterschiede, durch die sich die Systeme auszeichnen. Hier kumulieren die Auswirkungen der Ungleichheit am Arbeitsmakteffekt mit unterschiedlichen sozialpolitischen Regelungen und Mechanismen. (vgl. dazu Kap. 14 und 16).[13]

Die Relevanz solcher politisch-institutionellen Faktoren lässt sich ferner an den kontroversen Überlegungen aufzeigen, ob sich die westeuropäischen Wohlfahrtsstaaten im Laufe ihrer Geschichte einander ähnlicher geworden sind oder nicht. Die hier vertretene Position impliziert erhebliche Beharrungskräfte: Eine bemerkenswerte Stabilität der sozialpolitischen Institutionen und deutliche Unterschiede zwischen den Ländern bedingen sich wechselseitig. Praktisch gesehen ergeben sich hieraus zum Beispiel deutliche Widerstände im Prozess der europäischen Integration. Zugleich erzeugt jedoch erst eine gewisse Bandbreite an sozialpolitischen Lösungen den Bedarf an Vergleichen und Anstöße zur Übernahme von ausländischen Lösungsmodellen.

Empirische Unterstützung findet eine solche Position in den Ergebnissen einer schon etwas älteren statistischen Analyse von politisch-sozialen Indikatoren, die Klaus Armingeon (1993) durchgeführt hat. Er kommt zu dem Schluss, dass die meisten Variablen keine wesentlichen Veränderungen aufweisen; nur bei vier der insgesamt 34 von ihm untersuchten Indikatoren wird eine wachsende Ähnlichkeit sichtbar, während eben-

---

12 Inzwischen existieren eine Reihe von Forschungsansätzen, die von den individuellen Präferenzen und Werten der Bürger gegenüber dem Wohlfahrtsstaat oder Einstellungen zu Reformen ausgehen, diese mittels Umfragen erheben und mit sozialpschologischen oder ökonomischen Modellen interpretieren; vgl. dazu Krömmelbein 2007, Christensen 2007, Roller 2006, Lippl 2008 und Fetchenhauer/Fischer 2007.

13 Ein anderes Beispiel für die beachtlichen materiellen Unterschiede westlicher Wohlfahrtsstaaten ist die Durchschnittshöhe der Arbeitslosenversicherung. Sie variiert von 70% und mehr (D, DK) über ca 35% (E) bis zu weniger als 25% (GB); s. Kommission der EU 2000: 21. Dettling, Becker (2009) liefern eine breite Sammlung von weiteren Indikatoren. Noch weitergehende Überlegungen betrachten die Unterschiede in der Lebenszufriedenheit bzw. dem Glück in den Ländern (vgl. etwa Böhnke/Köhler 2007).

falls vier Variablen für ein deutliches Auseinanderdriften sprechen. Eine solche Perspektive der Divergenz ist jedoch nicht unumstritten; besonders konvergenz- und modernisierungstheoretische Ansätze gehen von geringen Unterschieden zwischen den modernen Wohlfahrtsstaaten aus. Dabei spielen Sach- und Systemzwänge wie die bekannte Logik der industriellen Entwicklung eine große Rolle und die Entwicklung des Wohlfahrtsstaates wird als quasi naturgesetzlicher sozialer Fortschritt verstanden – frei nach dem Motto „Vom Armenhaus zum Wohlfahrtsstaat" (so der Titel einer einflussreichen Studie von Jens Alber).

Es ist hier nicht der Ort, um diese wissenschaftliche Kontroverse auszudiskutieren. So unversöhnlich, wie es manchmal klingt, sind die Positionen jedenfalls nicht. Die Betonung von Unterschieden bezieht sich hier vor allem auf institutionelle Aspekte, auf die organisatorischen und leistungsmäßigen Strukturen, wie umgekehrt die stärker „systemischen" – meist durch hoch aggregierte Indikatoren erfassten – Elemente des modernen Wohlfahrtsstaates ähnlicher ausfallen. Zudem spielt die Zeit eine sehr große Rolle: In den über 15 Jahren seit der Studie von Armingeon hat sich einiges geändert: Die europäische Union hat sich des Themas stärker angenommen und koordiniert nun im Feld der Sozialpolitik und der globalisierte Weltmarkt übt auf alle natioanalen Systeme – gleich welcher Art – einen Anpassungsdruck aus. Das würde Konvergenzthesen bestärken.Ein genauer Blick ist also nötig, bevor man diese Frage entscheiden kann. Dementsprechend kommen Obinger/Starke (2007: 491) zum Ergebnis, dass die „Existenz von Konvergenz tatsächlich von der Wahl der abhängigen Variable abhängt" und die (statistischen) Ergebnisse daher heterogen ausfallen. Eher konvergent verlaufen demnach die Gesamtausgaben für Soziales, die Lohnersatzraten bei Arbeitslosigkeit, eher ins Gegenteil weisen die Ausgaben für Alterssicherung oder der Lohnersatz bei Rente und Kranheit.

1.2.3 Transnationale Diffusion, Lernen und Imitation von Sozialpolitik – Der Blick über den Tellerrand

Die Problematik der Konvergenz und der Ähnlichkeit zwischen den westeuropäischen Wohlfahrtsstaaten (bzw. umgekehrt der sozialpolitischen Folgen divergierender nationaler Bedingungen) wird entscheidend davon berührt, inwieweit diese Systeme geschlossen sind. Neben originär nationalen Bedingungen wirken gegenwärtig bei offenen und sich integrierenden Systemen, wie es bei den westeuropäischen Ländern der Fall ist, drei weitere Einflüsse:

- zentrale politische ('Brüsseler') Entscheidungen der EU, die hierarchisch oder auf dem Verhandlungswege umgesetzt werden,
- (formal unpolitische) Binnenmarktentwicklungen oder technologische Schübe und deren sozialintegrative bzw. desintegrative Folgen sowie
- transnationale Kommunikations- und Informationsaustauschprozesse, die die Basis für eine Diffusion bzw. den Transfer von Politiken sind.[14]

Die Diffusionsforschung (zum Stand der Forschung vgl. die Beiträge in Holzinger u.a. 2007, s.a. Schmid 2004), geht von der einfachen Beobachtung aus, dass sozialpolitische Diskussionen und Maßnahmen nicht nur durch Entscheidungsprozesse im engeren Sinne, sondern auch durch Nachahmung und Lernen erfolgen können. Dabei ist - wie eingangs unter praktisch-politischen Gesichtspunkten diskutiert - zwischen eher weichen Formen, bei denen Probleme und Themen Verbreitung finden, und harten Diffusionshypothesen, die von einer hohen Übereinstimmung der Lösungen (v.a. der staatlichen Instrumente und Programme) ausgehen, zu unterscheiden.

Ein historisches Beispiel hierfür ist die Reaktion, die die Bismarcksche Sozialversicherung in den Nachbarländern ausgelöst hat. Robert Cox (1993) hält „policy borrowing" geradezu für einen Schlüssel zum Verständnis der niederländischen Sozialpolitik und für einen in der vergleichenden Wohlfahrtsstaatsforschung unterschätzten Einflussfaktor. Auf diese Weise erklärt sich in seinen Augen die eigentümliche Mischung aus „deutschen" und „englischen" Elementen im niederländischen Wohlfahrtsstaat.

Insbesondere sozialpolitische Innovationen - und weniger Routineentscheidungen - basieren dann auf Imitation und gerade nicht auf funktionalen Voraussetzungen wie Entwicklungsstand, politischen Mehrheiten oder ähnlichen Problemlagen. Solche Erklärungsmuster verweisen auf die Rolle von Ideen, Kommunikation und Wissen und somit auf den Einfluss von Experten und „policy professionals."[15] Die Auswirkungen solcher Diffusionsprozesse liegen insbesondere in einer Harmonisierung der wohlfahrtsstaatlichen Arrangements hinter dem Rücken der Akteure bzw. in der Erzeugung von „strukturellen Ähnlichkeiten," die den historisch gewachsenen Unterschieden entgegenwirken.

---

14 Der Aspekt der externen Einflüsse (v.a. durch die EU, die Weltbank, den IMF, die ILO) spielt bei den mittel- und osteuropäischen Ländern eine noch viel größere Rolle als bei den westeuropäischen Ländern.

15 Hierzu zählt auch die wichtige Rolle der Beamtenschaft in der Sozialpolitikentwicklung; vgl. Heclo 1974. Neuerdings hat der Faktor Wissen an Bedeutung gewonnen und man spricht von Policy Advocacy Coalitions oder Wissenskoalitionen.

In diesem Zusammenhang ist zudem auf das Konzept der „Länder-Familien“ (Castles 1993) zu verweisen, das von kulturell eng verwandten Nationen - den deutschsprachigen, den angelsächsischen und den skandinavischen - ausgeht und starke Ähnlichkeiten in der Staatstätigkeit untersucht. Auch hier erzeugen die gemeinsamen sprachlichen, religiös-kulturellen und rechtssystematischen Grundlagen dieser Ländergruppen historisch-formative Gemeinsamkeiten, die die Politikergebnisse im Allgemeinen und die Strukturen des Wohlfahrtsstaates im Besonderen prägen. Diese „Nähe“ kann zugleich einen guten Ausgangspunkt für die Übertragung von ausländischen Lösungen bieten.

Diese Argumente für eine stärkere Beachtung von Nähe und Diffusion gelten natürlich umso mehr, je stärker die EU-Mitgliedsstaaten im Mittelpunkt der Untersuchung stehen. Viele Maßnahmen der Europäischen Union laufen geradezu auf eine Herstellung von Transparenz und die Förderung von „best practices“ hinaus und sind ein Element der neuen, weichen politischen Steuerungsstrategie.

1.3 Ziele und Aufbau des Bandes

Der vorliegende Band will zum einen einen Überblick über die theoretischen Grundlagen des Wohlfahrtsstaatsvergleichs geben, wobei eine Konzentration auf Beiträge und analytische Perspektiven der Sozialwissenschaft erfolgt. Zum anderen soll ein erster Zugang und Überblick zu den Themen gegeben werden, die international diskutiert werden und zu denen mittlerweile in der praktischen Politik innovative Ergebnisse vorliegen. Ferner werden hieraus gestaltungs- und anwendungsorientierte Hinweise und Diskussionsimpulse herausgearbeitet, die sich auf die aktuelle bundesrepublikanische Situation beziehen lassen.[16]

16 Kenntnisse über sachliche Regelungen, theoretische Erklärungen und die Reflexion der Problematik einer Übertragbarkeit sozialpolitischer Modelle, Projekte und Instrumente sollten demnach - so ein wichtiges Lernziel - eine Einheit bilden. Das zweite zentrale didaktische Element bildet die Verbindung und gleichwertige Behandlung von politics, policy und polity, d.h. den politischen Konflikten und Prozessen, der sachlichen Gestalt des Politikfeldes (gesetzliche Regelungen, staatliche Programme und Instrumente) sowie dem gewachsenen Institutionen- und Verfassungsgefüge inklusive der historischen Herkunft.

Aus dieser Zielsetzung heraus ergeben sich der Aufbau des Buches und die sachliche Schwerpunktbildung.[17] Im Falle des Forschungsstandes wird eine drastische Einschränkung auf zwei theoretische Strömungen vorgenommen: Es werden nur die Sozialpolitik-Determinanten-Ansätze und die Wohlfahrtsstaatstypologien behandelt einschließlich der summarischen Ergänzung um jüngere Beiträge. Ferner wird ein Überblick über aktuelle Fragen und über das besondere Thema Europäische Sozialpolitik gegeben (Teil I). Gerade am letzten Punkt zeigt sich, dass Europa zunehmend mehr als eine Reihe nationaler Wohlfahrtsstaaten darstellt, die Gegenstand von Vergleichen sein können. In der Europäischen Union entwickeln sich nämlich ebenfalls ein Sozialraum und eine neue sozialpolitische Ebene, in deren Rahmen auf die Sicherung von existentiellen Risiken und Vereinheitlichung der Lebensbedingungen hingearbeitet wird.[18]

Bei den Länderprofilen (Teil II) sind neben der Bundesrepublik Deutschland sechs weitere Fälle ausgewählt worden, um die Variationsbreite der institutionellen Grundstrukturen darstellen zu können.[19] Neben den klassischen Ländern des Wohlfahrtsstaatsvergleichs - Großbritannien, Schweden, Frankreich - sind mit den Niederlanden und Dänemark zwei kleinere Nachbarländer aufgenommen worden, die zugleich einige sozialpolitisch interessante „Musterlösungen" entwickelt haben. Zudem wird mit Spanien ein sozialpolitisch weitgehend unbekanntes Mittelmeerland dargestellt. Im Übrigen sind mehrere dieser Länder in ihrer historischen Entwicklung zum Wohlfahrtsstaat relativ stark von deutschen Diskussionen und institutionellen Lösungen beeinflusst worden - freilich je nach Thema und Zeitraum in unterschiedlichem Maße.

Die Länderskizzen streben keine umfassende politische Geschichtsschreibung an, sondern eine knappe Rekonstruktion der Entstehung des

---

17 Als alternative Zugriffe mit einer klassisch wissenschaftlichen Orientierung sei verwiesen auf Schmidt 2005 (s.a. ders. 2001), der einen quantitativ-vergleichenden und Hypothesen testenden Ansatz über alle 20 OECD-Länder verfolgt sowie auf Allmendinger/Ludwig-Mayerhofer 2000, die von sozialen Problemfeldern ausgehen. Gute Überblicke aus der angelsächsichen Diskussion geben v.a. Pierson 2006, Clasen 1999 und Lewis u.a. 2000 sowei Cousins 2005.

18 Skeptiker bezeichnen die Europäisierung als Verlust der nationalen Souveränität bei ausbleibender europäischer Staatenbildung, ja sogar als drohendes „Sozialdumping." Aus praktischer Sicht fallen dadurch Fragen nach der Übertragbarkeit von Sicherungsleistungen oder der Anwendung von Rechtsgrundlagen an. Hier kann der internationale Vergleich dazu dienen, etwa Regelungen und Maßnahmen der EU besser antizipieren und beurteilen zu können. Vgl. dazu Kap. 2.3 (Sozialpolitik der Europäischen Union).

19 In der Bibliographie sind einige einführende Arbeiten zu anderen Ländern (v.a. USA, Japan, aber auch andere EU-Länder) angegeben. Dabei lässt sich ein verstärkter Rückgriff auf englischsprachige Literatur nicht vermeiden.

heutigen Wohlfahrtsstaates. Deshalb werden besonders Strukturen und Entwicklungsprozesse dargestellt und nicht etwa historische Details oder „Zahlen" angehäuft. Neben dem historischen Abriss und der politischen Charakteristik bzw. den Gestaltungsprinzipien des Wohlfahrtsstaates werden Einzelversicherungen (Alter, Gesundheit, Familie, Unfall, Arbeitslosigkeit, Soziale Mindestsicherung) sowie aktuelle Probleme, innovative Perspektiven und mögliche Entwicklungen behandelt.

In Bezug auf den internationalen Vergleich von klassischen sozialpolitischen Handlungsfeldern (Teil III) wird versucht, einen systematischen Überblick über die wichtigsten Länder der Europäischen Union zu geben. Der Schwerpunkt liegt dabei ebenfalls auf den sieben Referenzfällen bzw. Indikatoren über deren Organisation, Leistungen und Finanzierungsregelungen für soziale Aufgaben. Behandelt werden die Systeme der sozialen Sicherung bei Arbeitslosigkeit und Unfall sowie der Familie, der Gesundheit und der Renten. Dabei wird versucht, immer nach demselben Schema zu verfahren, sowie exemplarisch einen aktuellen Bezugspunkt darzustellen. Hier kann auf die inzwischen durchaus brauchbare Sozialberichterstattung der EU zurückgegriffen werden.[20]

Auf dieser Informationsbasis lassen sich dann die Beispiele für aktuelle Probleme, Sicherungsmängel und Lösungsmodelle näher untersuchen (Teil IV). Die Themen, die diskutiert werden, sind Frauen, institutionelle Reorganisation des Wohlfahrtsstaates, aktive Arbeitsmarktpolitik und Pflege sowie Bildung; sie reflektieren aktuelle politische und sozialstrukturelle bzw. demografische Veränderungen im Kontext des internationalenVergleichs. Sie bilden zugleich wichtige Querschnittsprobleme, die eine ganze Reihe von Berührungspunkten zu weiteren Teilgebieten der Sozialpolitik aufweisen und bislang im mainstream der Wohlfahrtsstaatsforschung eher zu kurz gekommen sind. Darüber hinaus liegt ihnen – ohne dass dies ausreichend behandelt werden kann – ein Verständnis von Sozialpolitik zugrunde, das die Produktion von Wohlfahrt durch unterschiedliche Formen von Arbeit (Haus-, Berufs-, Freizeit-, Sozialarbeit) hervorhebt und auf einem breiten Verständnis des Wohlfahrtsstaates beruht.

Schließlich verweisen die immer noch bestehenden geschlechtsspezifischen Benachteiligungen im modernen Wohlfahrtsstaat auf eine der dunklen Seiten einer ansonsten doch überwiegend als erfolgreich und positiv zu bewertenden Entwicklung moderner Gesellschaften. Wohlfahrtsstaaten sind nicht nur Orte der sozialen Integration, sondern auch des politischen Konflikts und der Separierung von privat-öffentlich, Fa-

---

20 Dabei kann es inzwischen z.T. zu Veränderungen gekommen sein, da die konkreten Regelungen oft modifiziert werden.

milie-Staat usw. Ähnliches gilt für die Problematik der Pflegedefizite, die wiederum aufs engste mit der Frage der institutionellen Zuständigkeit für dieses soziale Risiko, d.h. dem Phänomen des Wohlfahrtspluralismus, zusammenhängt.

Die Schlußfolgerungen und Ausblicke, aber auch die Einleitung und der Überblick zum Stand der Forschung versuchen zum einen, einige zentrale Bewegungsmuster und Bestimmungsfaktoren der Entwicklung des Wohlfahrtsstaates zu identifizieren und zum anderen, die praktischen Möglichkeiten der Übertragbarkeit ausländischer Lösungen und Erfahrungen auf die deutschen Verhältnisse auszuloten (Teil V).

Schaubild 1-7: Die Struktur des Bandes

Teil I	
Einführung in den Wohlfahrtsstaatsvergleich: Methoden, Theorien und Kontroversen	
Teil II	**Teil III**
Länderprofile und historisch-institutionelle Grundlagen	Internationaler Vergleich von sozialer Sicherheit nach Bereichen
Teil IV	**Teil V**
Aktuelle Probleme und ausländische Lösungen	Erträge und Ausblicke für Deutschland
Links und Literatur sowie Übungsaufgaben	

Als Möglichkeit zur Vertiefung und Ergänzung der hier präsentierten Überlegungen erfolgt am Ende eines jeden Kapitels ein Hinweis auf zentrale Literatur, wobei hauptsächlich grundlgende und allgemeine Arbeiten aufgeführt werden. Angesichts des Standes der Forschung zählen auch englichsprachige Werke dazu. Weitere – v.a. die ansonsten im Text zitierte – Literatur findet sich im Anhang; ebenso eine Liste mit wichtigen Adressen im Internet (alles im Sommer 2009 erfasst) und einige kleine Übungsfragen.

1.4 Zentrale Literatur

Allmendinger, J./Ludwig-Mayerhofer, W. (Hrsg.) 2000: Soziologie des Sozialstaats. Gesellschaftliche Grundlagen, historische Zusammenhänge und aktuelle Entwicklungstendenzen. München.
Clasen, J./Siegel, N. (Hrsg.) 2007: Investigating State Change. The 'Dependent Variable Problem' in Comparative Analysis. Cheltenham.
Cousins, M. 2007: European Welfare States. Comparative Perspectives. London (2. Aufl.).
Dettling, D./Becker, M. 2009: Wie sozial ist Europa? Berlin.
Lampert, H./Althammer, J. 2007: Lehrbuch der Sozialpolitik. Berlin (8. Aufl.).
Lessenich, S. (Hrsg.) 2003: Wohlfahrtsstaatliche Grundbegriffe. Historische und aktuelle Diskurse, Frankfeurt/New York.
Schmid, J. 2008: Der Wohlfahrtsstaat in Europa – Divergenz und Integration, in: Gabriel, O./Kropp, S. (Hg), Die EU-Staaten im Vergleich, Wiesbaden, 711-739
Schmidt, M. G. 2005: Sozialpolitik. Historische Entwicklung und internationaler Vergleich. Wiesbaden (3. Aufl.).
Schubert, K./Hegelich, S./Bazant U. (Hrsg.) 2008: Europäische Wohlfahrtssysteme. Ein Handbuch. Wiesbaden.

Sowie als Quellenmaterial für alle Kapitel besonders wichtig

Bundesministerium für Arbeit und Sozialordnung (Hrsg.): EUROATLAS. Soziale Sicherheit im Vergleich (div. Ausgaben).
Eurostat 2007: Sozialschutz in der Europäischen Union. Statistik kurz gefasst Nr. 99. Luxemburg.
Eurostat Online Statistiken.
Kommission der Europäischen Gemeinschaft (Hrsg.): Bericht der Kommission: Die Soziale Sicherheit in Europa. Brüssel (div. Ausgaben).
MISSOC Online Tabellen und MISSOC Online Datenbank.

2 Politisch-ökonomische Lage des Wohlfahrtsstaates

2.1 Aktuelle Epochenwechsel in Westeuropa: Krise, Reform und Kontinuität

2.1.1 Neokonservative Wende und die Abkehr vom Wohlfahrtsstaat

Spätestens seit den 80er Jahren sind die westeuropäischen Wohlfahrtsstaaten durch gravierende politische, ökonomische und soziale Wandlungsprozesse unter Druck geraten. Für viele Beobachter vollzieht sich dabei ein Wechsel von fordistischen zu postfordistischen Verhältnissen, der alle Bereiche der Gesellschaft und der Politik erfasst. Zu den neuen Rahmenbedingungen, unter denen Sozialpolitik nun stattfindet, gehören insbesondere

- die Internationalisierung des Kapitals und die Globalisierung der Märkte sowie einem daraus resultierenden Steuer(senkungs)wettbewerb,
- die Handlungsgrenzen infolge von Staatsverschuldung und geringer Produktivitätsentwicklung des öffentlichen Dienstes,
- die hohe strukturelle Arbeitslosigkeit, die auf eine Entkoppelung von Wachstums- und Beschäftigungsentwicklung zurückgeht,
- die demografische Entwicklung (v.a. hinsichtlich der Alters- und Familienstruktur der Gesellschaft),
- Migrationsbewegungen aus Mittel- und Osteuropa sowie der südlichen Hemisphäre,
- die Bewältigung der Folgen der Einheit als deutsches Sonderproblem.

Eine entsprechende Diskussion über die Systeme der sozialen Sicherung findet deshalb in fast allen Ländern statt; zugleich ist v.a. in Großbritannien und in den USA unter neokonservativen Regimen der Schluss gezogen worden, dass der Wohlfahrtsstaat an seine Grenzen gekommen sei. Dementsprechend haben sich Kürzungen bei den sozialen Leistungen und (versuchsweise) Umstrukturierungen in der Art ihrer Organisation ergeben. Zu den wesentlichen Momenten des Abbaus und Umbaus gehören die starke Anbindung der Sozialpolitik an die ökonomischen Bedingungen und ihre inhaltliche Gestaltung nach Maßgabe ökonomischer Erfordernisse. Die Diskussionen um die Rolle des Sozialstaates für den Erhalt des Standorts Deutschland sind hierfür exemplarisch. Eng damit verbunden sind Veränderungen bzw. Forderungen auf der prozeduralen Ebene, die als Flexibilisierung, Dezentralisierung und Effizienzsteigerung thematisiert und noch stärker als in der Sozialpolitik in wirtschafts- und arbeitspolitischen Diskussionen betont werden (vgl. etwa die Beiträge in Boll/Kruke 2008, Frech/Schmid 2004, Evers/Heinze 2008, Kerschbaumer/ Schroeder 2005, Schmid 2006, Cousins 2007, Boll/Kruke 2008).

Einen ersten, groben Überblick über die in die 90er Jahre eingetretenen Veränderungen im Gefolge der neokonservativen Wende ergibt das folgende Schaubild.[21]

Schaubild 2-1: Abkehr von wohlfahrtsstaatlichen Politiken in sieben Ländern vom Ende der 70er bis Mitte der 90er Jahre

	D	DK	GB	NL	F	S
Steuersenkungen	(*)	(*)	*	(*)	(*)	(*)
Regressive Verschiebung der steuerlichen Belastung	*	–	*	*	(*)	(*)
Kürzung von Transferleistungen	(*)	–	(*)	*	(*)	(*)
Verschärfung der Zumutbarkeitsklauseln	(*)	(*)	*	*	(*)	–
Abbau sozialer Dienste	–	–	–	–	–	–
Residualisierung der Hilfen und Dienstleistungen für Arme	(*)	–	*	(*)	–	–
Reduzierte Sozialkapitalbildung	(*)	–	*	–	*	–
Verringerung von staatlichen Leistungen zugunsten privater Versorgung	(*)	–	*	(*)	–	–
Wachsende Ungleichheit	(*)	–	*	(*)	(*)	–

* Wende
(*) kleinere Abkehr
– nicht/kaum eingetretene Veränderung
D: ohne Besonderheiten der deutschen Einheit

Quelle: Cochrane/Clarke 1993/2001: 248; eigene Aktualisierung und Ergänzungen

Eine Aktualisierung dieser Tabelle würde die Fortschreibung vieler der Maßnahmen belegen – obwohl sich gegen Ende der 90er Jahre die politischen Kräfteverhältnise in Europa verschoben haben (vgl. Schmidt 2005, Siegel 2007, Vis 2007). Dies gilt besonders für den deutschen Fall seit dem Wechsel des Jahrtausends. Denn mit den inzwischen vollzogenen Steuersenkungen (v.a. in der Ära Schröder) sowie der Erhöhung der

21 Eine Konstanzer Forschergruppe (vgl. Alber 2000, s.a. Kap. 3.4) hat die Kürzungspolitik in mehreren westeuropäischen Wohlfahrtsstaaten stärker theoriegeleitet untersucht und dabei eine erhebliche Länder- und Programmspezifik entdeckt, woraus sich insgesamt eine sehr uneinheitliche Entwicklung ergibt.

Mehrwertssteuer ist eine regressive Verschiebung der steuerlichen Belastung eingetreten; ebenso sind (etwa in der Arbeitsmarktpolitik) Transferleistungen gekürzt und Zumutbarkeitsklauseln verschärft worden. Mit der Einführung der Riester-Rente hat sich die Bedeutung der privaten Versorgung erhöht und die PISA-Ergebnisse weisen auf weiterhin bestehende Defizite in der Sozialkapitalbildung hin (vgl. die Beiträge in Egle u.a. 2007, Boll/Kruke 2008 und APUZ 8-9/2006; s. als kritische Einschätzung etwa Butterwegge 2006).

Darüber hinaus läuft ein Teil der Sozialpolitik auf „non-decisions," die auf die zweite Seite der Macht verweisen, hinaus - d.h. auf den Verzicht von Interventionen und Regulierungen von sozioökonomischen Prozessen. Gerade im Hinblick auf die Entwicklung der Arbeitslosigkeit, die Heterogenisierung der Arbeitsbedingungen und die veränderten Lebenschancen, die im biografischen Verlauf besonders an den Endpunkten anfallen (d.h. konkret als Kindergarten- und Pflegenotstand), wird vieles politisch nicht bearbeitet,[22] ja, nicht selten wird versucht, diese Probleme als individuelles Versagen bzw. Schicksal anstatt als kollektives Sicherungsproblem zu behandeln. Zudem kommt es hierdurch zu paradoxen Effekten (und methodischen Problemen beim Vergleich): Dadurch, dass gerade neokonservative Regierungen den Kräften des Marktes freien Lauf gelassen haben, kommt es in den meisten Fällen - zumindest kurzfristig - zu einer erhöhten Arbeitslosigkeit, was dann wiederum auf die Sozialausgaben schlägt und bei diesen zu nicht intendiertem Wachstum führen kann. Umgekehrt gilt freilich auch, dass hohe Sozialausgaben die Folge von Defiziten in der Beschäftiguns- und Wirtschaftpolitik sein können.

2.1.2 New Labour, Modernisierung und Aktivierung

Quasi als politische Gegenbewegung zur neokonservativen Wendepolitik hat sich bis zum Ende der 90er Jahre das politische Koordinatensystem erneut verschoben: in Westeuropa regiert für ein knappes Jahrzehnt mehrheitlich die Linke. Sie setzt auf Reform und grenzt sich dabei inhaltlich sowohl von ihren alten wohlfahrtsstaatlichen Programmen als auch den neokonservativen bzw. neoliberalen Kritiken ab. Die neue Sozialdemokratie geht in ihren ökonomischen Konzepten von den Herausforderungen und Problemen einer globalisierten Informations- und Dienstleistungsökonomie aus, die sich nicht mehr devensiv bewältigen lassen. Gefordert

---

22 Das ist in Deutschland unter Kohl als sogenanntes „Aussitzen" verstärkt praktiziert worden (vgl. die Beiträge in Wewer 1998).

sind demnach eine neue Steuer- und Haushaltpolitik, um als Wirtschaftsstandort attraktiv zu bleinen, eine aktivierende Arbeitsmarkt- und Sozialpolitik, die „Jobs für alle" in den Mittelpunkt rückt, sowie neue bürgernahe Formen des Regierens. Vor allem der britische Sozialwissenschaftler Anthony Giddens (1999,s.a. die Beiträge in Frech/ Schmid 2004 und Dingeldey 2006) hat diese Programmatik eines „Dritten Weges" entwickelt. Darin wird die Abkehr vom keynesianischen Wohlfahrtsstaat alter Prägung und eine Konzentration auf die soziale Integration via Arbeit vollzogen. Beschäftigungsfähigkeit (employability) der Individuen soll hergestellt werden durch eine Politik der Aktivierung, die von passiven Transferleistungen Abschied nimmt und stattdessen den Einzelnen in die Pflicht nimmt, ihn dabei aber durch Beratungs- und Qualifizierungsmaßnahmen etc. unterstützt. Nicht mehr die Höhe der Sozialausgaben, sondern das erreichte Niveau an Beschäftigung ist Messlatte dieser neuen Politik.

Die hier angedeutete neue Perspektive folgt gewissermaßen dem Motto: „Ending welfare as we know it" (Clinton). Das bedeutet nun aber nicht das Ende, sondern den radikalen Umbau des Wohlfahrtsstaates. Denn

> „Sozialpolitik muss mehr als ein Sicherheitsnetz sein. Sie sollte ebenso auf aktive Hilfe ausgerichtet sein, die Arbeit und Unabhängigkeit fördert und Problemen vorbeugt, anstatt sie nur zu lindern . ... (Und es gilt) die Zivilgesellschaft zu stärken ... (als) ein Gegengewicht sowohl zu übermäßiger staatlicher Einmischung als auch zur uneingeschränkten Macht der Märkte. .... (Schließlich) gilt unser Engagement einem neuen internationalen Sozialpakt" (Blair/Kok/Persson/Schröder, in DIE ZEIT vom 7.9.2000, S. 7).[23]

Ins Empirische gewendet gibt es einige Hinweise auf die Umsetzung dieses neuen sozialdemokratischen Programmes einer grundlegenden Modernisierung des Wohlfahrtsstaates. In ihrer Studie zur Reformfähigkeit der europäisschen Sozialdemokratie kommen Merkel u.a. (2006) zu einem differenzierten Bild, das von den unterschiedlichen programmatischen Traditionen und politisch-institutionellen Bedingungen sowie dem Druck der ökonomischen Verhältnisse geprägt ist. Demnach kommt es

- in der Fiskalpolitik, die bekantlich den Rahmen für die wohlfahrtsstaatlichen Maßnahmen setzt, in den Niederlanden und Großbritannien vornehmlich zu Ausgabenreduktionen, während sich Frankreich aus sozialpolitischen Gründen auf Haushaltdefizite einläßt. Solche hat es auch in Deutschland gegeben, hier aber durch die Einnahmeausfälle im Zuge der Steuerreformen. Die skandinavischen Länder kombinie-

23 Hudson/Kühner (2009) interpretieren dies als Weg vom protektiven zum produktiven Wohlfahrtsstaat. Ihre empirischen Ergebnisse fallen jedoch gemischt aus.

ren Ausgabenkürzungen mit Einnahmeerhöhungen und haben inziwschen ihre Staatshaushalte saniert (Merkel u.a. 2006: 352ff)

- in der Arbeitsmarkt- und Beschäftigungspolitik bleibt es, bezogen auf die Regulierungsdichte, weitgehend bei den etablierten Mustern (GB und DK niedrig; der Rest eher hoch) - außer bei den untypischen Beschäftigungsverhältnissen. Ein Sonderfall für größere Abweichungen ist ferner Frankreich bei der Arbeitszeit; ähnliches gilt für die deutsche Hartz-Gesetzgebung.

Bei der Sozialpolitik im engeren Sinne tendieren die nordischen Sozialdemokraten eher zu einem Ausbau der sozialen Dienste und der langfristigen Stabilisierung der Transferleistungen, während die kontinentalen Fälle (in begrenztem Maße) Privatisierung und Wettbewerbselemente einbauen und in Großbritannien einerseits leichte Erhöhungen der Leistungen vorgenommen werden, andererseits auch die Selektivität der Bezugsbedingungen verschärft wird (Merkel 2006: 366ff.).

Summa summarum können drei Varianten einer sozialdemokratischen Reform- bzw. Modernisierungstrategie des Wohlfahrtsstaates unterschieden werden, je nachdem, wie diese in dem folgenden Ziele-Trilemma verortet werden, bzw. welche grundlegenden politischen Präferenzen sie verfolgen.

Schaubild 2-2: Zielkonflikte der Sozialdemokratie

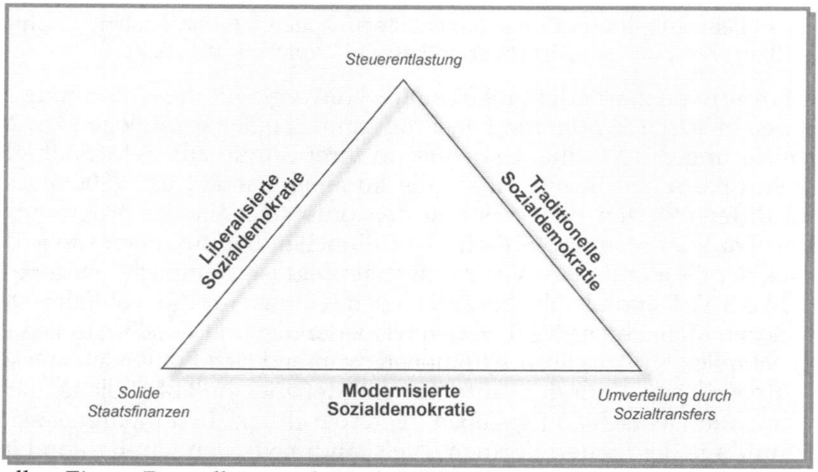

Quelle: Eigene Darstellung nach Merkel 2006; 387.

2.1.3 Stabilität, Wandel und Unterschiede in Europa

Trotz der unter verschiedenen politischen Vorzeichen in Gang gesetzten Verschiebungen wäre es allerdings voreilig, das „Ende des Wohlfahrtsstaates" zu konstatieren oder alle politischen Ankündigungen einer Erneuerung für bare Münze zu nehmen. Wie oben aufgeführt, weichen die Reaktionsmuster der westlichen Länder deutlich voneinander ab. Dies hängt zum einen mit unterschiedlichen parteipolitischen Kräfteverhältnissen, Ideologien und konstitutionellen Formen zusammen. Daher ist der Thatcherismus in Europa ein singuläres Phänomen geblieben - das gilt im Übrigen ebenfalls für das New Labour–Programm Blairs -, weil es ebenfalls stark auf britischen politisch-institutionellen Besonderheiten beruht. Zum anderen spielen aber auch die Strukturen des Wohlfahrtsstaates selbst eine Rolle, und gerade die Länder, die auf beitragsfinanzierten Sozialversicherungen basieren, also dem Bismarck-Typus zuzurechnen sind, erweisen sich aufgrund ihrer institutionellen Spezifik - Beträge erzeugen nämlich auch Rechtsansprüche, Selbstverwaltungsorgane verringern den Zugriff der Regierung usw. - als relativ resistent gegenüber einem Sozialabbau bzw. Umbau.[24] Schließlich erfüllt der Wohlfahrtsstaat, wie besonders Makrosoziologen, aber auch neomarxistische Staatstheoretiker betonen, wichtige integrative, kompensatorische und legitimatorische Funktionen, die durch die genannten wirtschaftlichen, politischen und sozialen Veränderungen längst noch nicht obsolet geworden sind; im Gegenteil. Zu den gegenläufigen Momenten zählen z.B. in Deutschland die Einführung einer sozialen Pflegeversicherung, aber auch die verstärkten Aktivitäten in der Arbeitsmarktpolitik.

So kommen denn eine Reihe von Autoren zu dem Ergebnis, dass grosso modo die aktuelle Phase besser als „Konsolidierung" (Alber 1988) zu sehen und der Wohlfahrtsstaat „irreversibel" (Therborn/Roebroek 1986, s.a. Kuhnle 2000, Schmidt 2005, Siegel 2007 und Vis 2007; anders etwa Butterwegge 2006) sei, wofür sich zum Beispiel die relative Konstanz der

24 Weitere Hinweise auf die Ursachen der unterschiedlichen Entwicklungen liefert ein Blick auf die Verwendung der Staatsausgaben. Hier zeigen sich einerseits Fälle, die auf ein hohes Maß an Transferzahlungen ausgerichtet sind (etwa DEund NL), sowie andererseits Länder (S, DK, GB), in denen den sozialen Diensten Vorrang eingeräumt wird (Kohl 1985, Scharpf 2000). Dementsprechend variiert die Kritik an den sozialpolitischen Institutionen und deren Adressat, wobei den staatlichen Systemen des Beveridge-Typs eine höhere Beweislast zugemutet wird. Ferner muss in Bezug auf die institutionelle Wirkung von Sozialausgaben auseinandergehalten werden, ob die Transferleistungen vorwiegend in verbandliche, gemeinnützige Einrichtungen (wie Wohlfahrtsverbände in D) oder in private, gewinnorientierte oder in kommunale Einrichtungen fließen (vgl. Kap. 17).

Sozialleistungsquote oder die immer noch wachsenden Sozialausgaben der EU-Länder als quantitativer Beleg eignen (vgl. Schaubild 2-4).[25]

Schaubild 2-3: Sozialleistungsquote im Längsschnitt 1980-2006

	1980	1990	1995	2000	2003	2006	Differenz 1980-2008
EU 15	n.v.	25,4	27,6	26,8	27,7	27,5(p)	--
D	28,8	25,4	28,3	29,3	30,4	28,7(p)	-0,1
DK	28,7	28,2	31,9	28,9	30,9	29,1	+0,4
E	18,2	19,8	21,6	20,3	20,6	20,9(p)	+1,7
F	25,4	27,3	30,3	29,5	30,9	31,1	+5,7
NL	30,1	31,1	30,6	26,4	28,3	29,3	-0,8
S	(29,8)	33,1	33,6	30,1	32,5	30,7	(+0,9)
GB	21,5	22,4	27,7	26,4	25,7	26,4	+4,9

Quelle: Eurostat Online Statistiken

Dabei zeigt ein Blick auf die hier besonders interessanten Fälle, dass die Entwicklung der Sozialausgaben nicht nur auf relativ hohem Niveau verharrt, manchmal sogar meist leicht wächst, sondern dass sich einerseits markante Unterschiede zwischen Ländern erhalten (v.a. zwischen Nord- und Südeuropa), andererseits die Abstände innerhalb der EU sich langsam zu verringern beginnen, weil die Nachzügler (hier Spanien) aufholen (vgl. auch Kap. 21, s.a. Eurostat 2007, 2000). Ganz ähnlich konstatiert ein Bericht von Eurostat (2007: 3):

In der EU-15 insgesamt (für die lange Zeitreihen zurück bis 1990 zur Verfügung stehen) hat sich der Anteil der Sozialschutzausgaben am BIP nach einem Höchststand von 28,7 Prozent im Jahr 1993 bis zum Jahr 2000 auf 26,9 Prozent verringert (...). Dieses Verhältnis stieg dann zwischen 2001 und 2003 (27,7 Prozent) kontinuierlich an und lag 2004 bei 27,6 Prozent.[26]

---

25 Wichtig für die Beurteilung ist dabei auch das Bezugsjahr; die ersten zehn Jahre ergeben ein anderes Bild als die zweiten.

26 Eine ältere, stärker qualitiative Studie berichtet analog: „Seit den achtziger Jahren ist das 'Profil' des Sozialstaates ... zwar schlanker geworden, seine Rahmenkonturen und wesentlichen Strukturelemente bleiben aber zumindest bis heute im wesentlichen erhalten. Darüber hinaus: Ein spezifischer Aspekt sozialpolitischer Regulierung, die Gleichbehandlungspolitik, hat ebenso wie das Profil des sozialstaatlichen Nachzüglers Spanien seine Ausdifferenzierung erst in diesem Zeitraum erfahren" (Tálos/Falkner 1994: 271). Diese Aussagen gelten im Grunde bis heute.

In ihrem Forschungsüberblick konstatieren Köppe u.a. (2008: 17f, s.a. Vis 2007 und Siegel 2007; Zitat ohne Verweise) ganz Ähnliches; sie halten fest:

> Wohlfahrtsstaaten sind keine fixen Systeme, die Jahrhunderte überdauern, sondern unterliegen ständigem Wandel. Während die unmittelbaren Nachkriegsjahrzehnte in praktisch allen OECD-Ländern unter dem Vorzeichen eines massiven Ausbaus der sozialen Sicherungssysteme standen, ist das Klima seit den späten 1970er Jahren rauer geworden. Rückbau in Form von Leistungskürzungen und Einschränkungen des Zugangs sind an der Tagesordnung. Allerdings haben sich vorschnelle Prognosen über einen umfassenden Sozialabbau als falsch erwiesen. Kürzungen waren oft punktuell begrenzt - wenn auch für die Betroffenen schmerzhaft. Radikale Einschnitte waren äußerst selten. Die Institutionen des Wohlfahrtsstaates wurden dadurch zwar verändert, aber nicht grundsätzlich untergraben. Darüber hinaus haben einige Bereiche tendenziell einen weiteren Ausbau, sowohl qualitativer als auch quantitativer Art, erlebt, so etwa die Familienpolitik. Was die Leistungshöhe, gemessen an der Lohnersatzrate, angeht, so ist das Bild uneindeutig: In einigen Ländern, insbesondere Großbritannien, gab es sehr weitgehende Kürzungen, andere Wohlfahrtsstaaten wurden jedoch noch weiter ausgebaut. Qualitative Untersuchungen stützen den Befund variabler Einschnitte: Zugangsvoraussetzungen wurden verschärft, Ansprüche gekürzt, längere Wartefristen müssen in Kauf genommen werden usw. - aber eben nicht immer und überall. Die begrenzten Ressourcen werden also neu verteilt, es gibt neue sozialpolitische Gewinner und Verlierer. Es ist daher ratsam, weniger von einer Abbau- als von einer Umbauphase des Wohlfahrtsstaates zu sprechen.

2.1.4 Grenzen des Wohlfahrtsstaates und soziale Ausgrenzung

Allerdings sind zugleich gegenläufige Muster zu dieser Diagnose des Verharrens auf hohem Niveau zu bedenken, die in einer erhöhten Selektivität des Wohlfahrtsstaates und einem gestiegenen Verarmungsrisiko liegen, was sich zugespitzt als Weg in die „Zwei-Drittel-Gesellschaft" und die Entstehung eines „Prekariats" (Dörre 2005) kennzeichnen lässt. Selbst nach Erhalt von Sozialleistungen liegt z.B. in den westeuropäischen Ländern immer noch eine erschreckende Anzahl von Haushalten unterhalb der Armutsgrenze - freilich liegt der Wert immer noch erheblich unter dem der USA (vgl. etwa WSI-Mitteilungen 3/2008). Hier handelt es sich um Effekte niedriger Primäreinkommen bzw. Löhne sowie z.T. niedrigen Sozialleistungen. Neben Unterschieden zwischen Ländern zeigen sich abweichende soziale Schwerpunkte, besonders unterschiedlich sind dabei die Belastungen, die bei Kindern und/oder alten Menschen anfallen. Insofern weisen die sozialen Sicherungsnetze bis heute ihre Löcher auf, was zusammen mit der lang anhaltenden Massenarbeitslosigkeit in Europa und dem Anwachsen der atypischen Arbeitsverhältnisse den gesellschaftlichen Zusammenhalt bedroht. Inzwischen ist sogar von einem "Prekariat" (Döre 2005) oder der Paradoxie einer „Unsicherheit" in der Sicherheit sozialer Versorgungsysteme (Castels 2005) die Rede.

Schaubild 2-4: Armut in ausgewählten Ländern 2007 und 2003 (gemessen als 60 Prozent des Medians der Einkommen)[27]

Land	Anteil an der Bevölkerung 2003 in %	Anteil an der Bevölkerung 2007 in %	langfristiger Trend
D	15	15	++
DK	12	12	0
E	19	20	+
F	12	13	+
NL	10	12	+
S	11	11	0

+	Zunahme	-	Abnahme
++	starke Zunahme	0	keine Veränderung

Quelle: Dettling/Becker 2009

2.2 Strukturprobleme des modernen Wohlfahrtsstaates

2.2.1 *Drei interne Faktoren der Krise*

Besonders zu den strukturellen Ursachen der Krise des Wohlfahrtsstaates – bzw. u.E. angemessener: den aktuellen Problemen und Widersprüchen – liegen umfangreiche, international vergleichende Forschungen vor. Unabhängig davon, wie diese Tendenzen in einem Land konkret ausgeprägt sind oder in ihrer politischen Bedeutung bewertet werden, signalisieren sie auch jenseits einer „Metaphorik der Krise" einen massiven sozialpolitischen Problem- und Reformdruck, dem bislang jedoch kaum entsprechende Lösungen gegenüberstehen. Zur Beschreibung und Erklärung dieser Kluft sind insbesondere drei analytische Dimensionen bzw. Faktorenbündel herausgearbeitet worden, nämlich

27 Zur Entwicklung der Armut in den 90er Jahren vgl. Smeeding u.a. 2000 (mit Bezug auf OECD-Daten).

- die Finanzproblematik,
- die Legitimationskrise und
- die institutionellen Defizite des Wohlfahrtsstaates (vgl. Schmidt 2005, Pierson 2006).[28]

Zur Finanzproblematik: Wegen der lange anhaltenden wirtschaftlichen Wachstumsschwäche und deren Folgen in den 80er und 90er Jahren sowie erneut gegenwärtig als Folge der Krise des Finanzsektors hat sich bei den sozialen Sicherungssystemen zunehmend die Schere zwischen Einnahmen und Ausgaben geöffnet. Nicht nur, dass die Steuer- und Beitragsaufkommen sinken, die Folgen einer Rezession sind Ausgaben steigernd, weil v.a. mehr Arbeitslosengeld ausbezahlt werden muß.[29] Erschwerend kommt hinzu, dass sich Grenzen sowohl in der Belastbarkeit der Ökonomie als auch in der Wirksamkeit des keynesianischen „Deficit-Spendings" zeigen. Zudem sind seit der Einführung des Euro Stabilitätskriterien zu beachten. Damit sind dem weiteren Anstieg der Sozialausgaben deutliche Grenzen gesetzt (vgl differenziert Zohlnhöfer 2009).

Allerdings handelt es sich um eine Krise – wenn man das Wort verwenden will – auf hohem Niveau: Durchschnittlich bewegt sich die Sozialleistungsquote, d.h. die öffentlichen Sozialausgaben in Prozent des Bruttoinlandprodukts, in den EU-15-Ländern bei rund 27 %. Zum anderen weisen die Ausgaben für soziale Sicherheit ein bemerkenswertes Beharrungsvermögen auf; selbst in Großbritannien oder den USA, wo zur ökonomischen Krise seit den 80er Jahren massive politische und ideologische Angriffe durch die Vormacht des Neokonservatismus bzw. Neoliberalismus hinzugekommen sind (vgl. dazu etwa Butterwegge 2006), lässt sich eher von Stagnation als von Reduktion reden.

In ihren Wirkungen lässt sich die Demographie zu den finanziellen Herausforderungen rechnen. Die starke Alterung der Gesellschaft und die verringerten Geburtenzahlen verändern die Relationen zwischen der aktiven Generation und der Generation der Rentner. „By 2050 older people will make up almost the half of Europe´s adult population" (Cousins 2007: 193).[30] Entsprechend kommen die Rentenversicherungssysteme

---

28 Kaufmann (1997, ferner 2006) hat die Herausforderungen des Wohlfahrtsstaates systematisch aufgearbeitet und bewertet; er geht dabei von einer etwas anderen Einteilung aus. Er differenziert zwischen demographischen, sozialen, kulturellen, ökonomischen und internationalen Problemen. Cousins (2007: Kap. 9, s.a. Bonoli 2009) hebt ergänzend die veränderte Rolle der Frauen und die neue Zusammensetzung der privaten Haushalte und Familien hervor.

29 Zu den kurzfristige Auswirkungen der aktuellen Finanzmarktkrise auf die sozialen Sicherungssysteme der BRD vgl. Döhring u.a. 2009.

30 Das wirft nicht nur finanzielle,sondern auch normative Fragen nach der Generationengerechtigkeit der Sozialpolitik auf (vgl. APUZ 8/2005). Zugleich entstehen neue

unter Druck bzw. sind in allen Ländern Maßnahmen ergriffen worden, die Nachhaltigkeit zu verbessern (vgl. in Deutschland die Analysen und Empfehlungen der sog. Rürup-Kommission). Das Thema alternde Gesellschaft entwickelt sich zusehends zu einem Querschnittsthema, das Gesundheit, Pflege, Wohnen und Arbeit mit einschließt.

Zugleich verlieren der Wohlfahrtsstaat und die Idee des sozialen Fortschritts an Legitimations- und Orientierungsfähigkeit sowie an politischer Unterstützung, ohne jedoch obsolet zu werden. In einigen Ländern mehren sich die Proteste der Bürger gegen ihre Steuerbelastung und die Werte und Ziele einer möglichst hohen Sicherheit und Gleichheit verlieren an Unterstützung. Auch in Deutschland ist der Anteil der Bevölkerung, der für einen Ausbau der sozialen Sicherheit um den Preis von höheren finanziellen Lasten und mehr Reglementierung plädiert, rückläufig. Andererseits besteht weiterhin bei einer Mehrheit der Bevölkerung eine generell positive Grundstimmung gegenüber dem sozialpolitischen Status quo.

Schaubild 2-5: Ausgaben für soziale Sicherheit in Prozent des BIP, 1980-2006

	1980	1990	1995	2000	2006	Differenz 1980-2006
EU 15	n.v.	25,4	27,6	26,8	27,5(p)	--
D	28,8	25,4	28,3	29,3	28,7(p)	-0,1
DK	28,7	28,2	31,9	28,9	29,1	+0,4
E	18,2	19,8	21,6	20,3	20,9(p)	+2,7
F	25,4	27,3	30,3	29,5	31,1	+5,7
NL	30,1	31,1	30,6	26,4	29,3	-0,8
S	28,8 *	33,1	33,6	30,1	30,7	-1,9
GB	21,5	22,4	27,7	26,4	26,4	+4,9

Quelle: Eurostat 2009; * OECD

Zu den institutionellen Problemen des Wohlfahrtsstaates: Es gibt Anzeichen für Krisentendenzen und Defizite, die sich auf die Art und Weise beziehen, in der soziale Güter und Dienstleistungen zur Verfügung gestellt werden. Einschlägige Stichworte sind übermäßige Bürokratisierung,

politische Konflikte jenseits der klassischen Verteilungsproblematiken wie rechts-vs. links, reich vs. arm oder produktiv vs. investiv.

Monetarisierung und Verrechtlichung. Für den Sozialphilosophen Jürgen Habermas etwa erscheinen diese Struktur- und Interventionsmuster des politischen Systems leicht als „Kolonialisierung der Lebenswelt" und „Verdinglichung kommunikativer Beziehungen" im Alltag und rufen dort „Phänomene der Entfremdung und der Verunsicherung kollektiver Identitäten" hervor. Die traditionelle Form des Wohlfahrtsstaates produziert demnach immer weniger die Leistungen, die der Bürger erwartet und droht sogar, die vorhandenen Bestände an sozialer Solidarität zu erodieren.

Selbsthilfe, neue Subsidiarität, Dritter Sektor, Wohlfahrtspluralismus oder auch Demokratisierung und Dezentralisierung und Bürgerschaftliches Engagement sind einige der Stichworte, in denen veränderte institutionelle Strukturen des Wohlfahrtsstaates (für manche schon: Wohlfahrtsgesellschaft) zum Ausdruck kommen (vgl. z.B. Evers/Svetlik 1993, Heinze u.a. 1988, Schmid 1994, 1996, Olk u.a. 2009).[31]
In diesen Zusammenhang lassen sich auch die kommunitaristischen Kritiker des Wohlfahrtsstaates stellen. Sie greifen vor allem die universelle, auf gleiche Rechte abzielende Logik des modernen Wohlfahrtsstaates an und betonen die Kultur- und Gemeinschaftsbezogenheit von Sozialpolitik in kleinen Kreisen. Solche Reformkonzepte sind sozial- und gesellschaftspolitisch allerdings ambivalent und weniger als Äquivalente, sondern eher als Ergänzung zum klassischen Wohlfahrtsstaat mit seiner Konzentration auf die Sozialversicherungssysteme zu sehen.

Seit den 70er Jahren sind zudem aus feministischer Sicht kritische Stimmen gegenüber dem „patriarchalischen" Wohlfahrtsstaat laut geworden. Der Wohlfahrtsstaat wird im Hinblick auf seine geschlechtsspezifischen Konsequenzen und die Auswirkungen auf das Geschlechterverhältnis (d.h. der Lebensbedingungen von Frauen und Männern) analysiert und der Blick auf den Bereich der privaten Reproduktion ausgeweitet. Dabei wird festgestellt, dass es vor allem Frauen sind, die den Wohlfahrtsstaat produzieren und seine Leistungen konsumieren. Zugleich wird deutlich, dass sozialpolitische Inklusion immer auch Abhängigkeit, ja sogar Herrschaft, konstituiert (vgl. die Zusammenfassung bei Pierson 2006, Ostner 1995 Leitner, S. u.a. 2004). In Bezug auf die Lage der Frauen auf dem Arbeitsmarkt und ihre sozialpolitische Absicherung weist freilich auch das „Herrenhaus Europa" (Schunter-Kleemann 1992, Pfau-Effinger, B. (2004) signifikante nationale Unterschiede auf. So verfügen Frauen in den

31 Vgl. hierzu auch Kap. 17. Bürgerschaftliches Engagement umfasst das freiwillige, nicht auf eigenen Gewinn ausgerichtete, das Gemeinwohl fördernde Engagement von Bürgern zur Erreichung gemeinsamer Ziele. Im Gegensatz zum hoheitlichen Handeln des Staates nehmen hier die Bürger etwas selbst in die Hand (so die Enquete-Kommision des Deutschen Bundestags 2002).

nordischen Ländern über eine erheblich bessere Stellung auf dem Arbeitsmarkt, was vor allem mit dem seit den 60er Jahren stark ausgebauten öffentlichen Dienst zusammenhängt (vgl. Schmidt 1993, Cousins 2007: Kap. 4).[32]

2.2.2 Externe Gefahren: Vom Standortrisiko zur Globalisierungsfalle?

In der immer wieder aufkommenden Diskussion um den Standort Deutschland werden die negativen Auswirkungen „übertriebener" sozialstaatlicher Leistungen auf die Leistungswilligkeit, Mobilität etc. kritisiert. Thesen von der „gefesselten" Wirtschaft oder von der Flucht in die Schattenwirtschaft sind weitere Anzeichen einer solchen Legitimationskrise des modernen Wohlfahrtsstaates. Damit scheint der positive Verstärkungseffekt zwischen Sozialpolitik und wirtschaftlicher Entwicklung zerbrochen zu sein; für viele ist daher der „Traum der immerwährenden Prosperität" (B. Lutz) beendet.

Unter dem Druck der Globalisierung hat sich diese Herausforderung noch verstärkt. Mit diesem Stichwort werden insbesondere drei Sachverhalte umschrieben:

- Durch den Einsatz neuer Informations- und Kommunikationstechnologien nehmen die Märkte eine wektweite (globale) Dimension an; v.a. im Bereich der Finanzmärkte erfolgen Transaktionen international und sekundenschnell.
- Demgegenüber sind der Faktor Arbeit und die politischen Steuerungspotentiale der Nationalstaaten räumlich gebunden; hieraus entsteht Druck auf die Löhne und Sozialausgaben, ferner werden klassische keynesiansische Stabilisierungspolitiken in offenen Ökonomien wirkungslos.
- Es entstehen transnationale Organisationen, die einerseits diesen Prozess der Globalisierung beschleunigen wie bei multinationalen Großkonzernen, und die andererseits versuchen, regulierend zu wirken, wie etwa die Wirtschaftsorganisationen der UNO oder die Weltbank. Auch die Stärkung der Rolle der EU gehört in dieses Feld.

Empirische Untersuchungen sind in Bezug auf die ökonomischen Effekte des Wohlfahrtsstaates zu einem weniger eindeutigen Ergebnis gekommen. Nach den Angaben der Europäischen Kommission bestehen keine negativen Zusammenhänge zwischen den Ausgaben für soziale Sicherheit, Wettbewerbsfähigkeit, Beschäftigung und Arbeitslosigkeit (vgl. auch Pfaller u.a. 1991, Borchert u.a. 1997, Kaufmann 1997/2006, Schmähl 2005,

---

32 Vgl. hierzu auch Kap. 16.

Schmid 2006, Schmidt 2005). Das folgende Schaubild zeigt die Verteilung der Fälle am Beispiel des Exportwachstums in der EU für die jüngste Vergangenheit.

Schaubild 2-6: Veränderungen der Ausgaben für soziale Sicherheit (ohne Arbeitslosenunterstützung) und Exportwachstum, 1997-2008

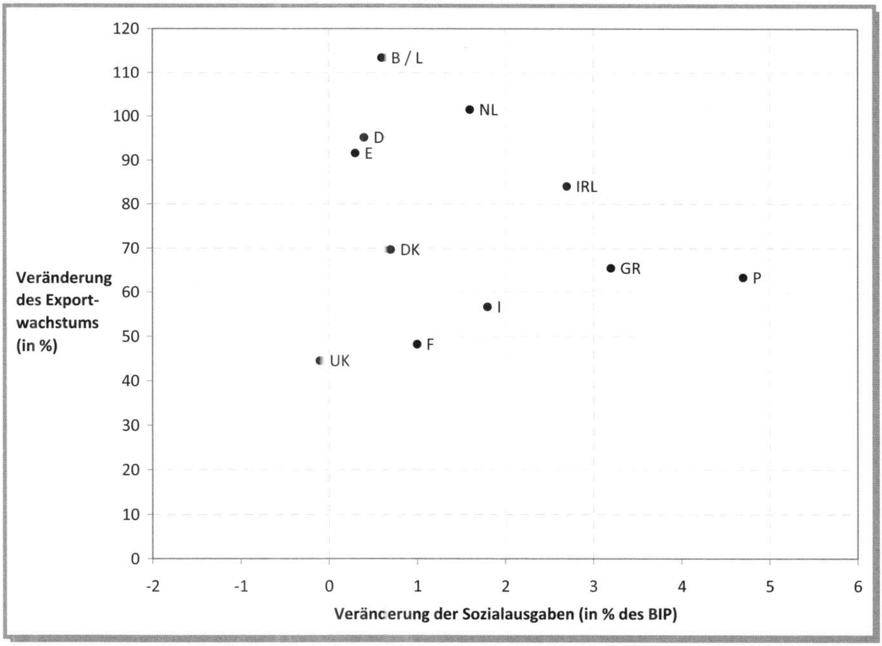

Quelle: Eurostat Online Statistiken

Die Daten im Schaubild weisen auf einen eher positiven Zusammenhang zwischenden beiden Faktoren hin. Auch Vaubel (2005, s.a. Sapier 2005, Nollmann 2006 und Berthold/Brunner 2007) stellt fest, dass die Sozialleistungsquote sogar umso höher ist, je weniger ein Land seinen Kapitalverkehr beschränkt hat. Möglicherweise liegt hier auch ein nicht-linearer Zusamenhang vor (ähnlich einem Dreieck) bzw. existieren drei unterschiedliche nationale Konstellationen, sodass

- Länder mit hohem Wachstum der Exporte auch ein hohes Wachstum der Sozialausgaben verzeichnen, also Wachstumsdividende verteilen,

- Länder mit einem Rückgang der Exporte ebenfalls steigende Ausgaben tätigen, allerdings um den wirtschaftlichen Misserfolg zu bewältigen,
- Länder mit geringem Wachstum der Exporte auch bezüglich ihrer Ausgaben für soziale Sicherheit stagnieren.

Zu den Folgen der Globalisierung gehört aber auch eine Verstärkung der Wechselwirkungen zwischen Wohlfahrtsstaat und Wirtschaft (Schmid 2006) sowie eine zunehmende „Entgrenzung und Ökonomisierung" der Sozialpolitik (Evers/Heinze 2008).

> „Wirtschaftliche Wirkungen sind nicht mehr zu beachtende ´Neben-Effekte´ oder Grenzziehungen für das sozialpolitische Anspruchsniveau, sondern vorrangige Zielsetzung .., sodaß im Extremfall Sozialpolitik gegenüber Wirtschafts- und Wachstumszielen in eine subalterne Rolle gerät" (ebd: 11)

Hinzu kommt eine Zunahme der Ungleichheit der Markteinkommen, die schon in den 90er Jahren eingetreten sind und weitgehend - freilich mit abnehmender Tendenz und einigen Ausnahmefällen vom Wohlfahrtsstaat komepnsiert worden sind (vgl. mit unterschiedlichen Interpretationen etwa Vaubel 2005 und WSI-Mitteilungen 3/2008).

2.2.3 *Internationale Varianten des Wohlfahrtsstaates*

Diese hier nur knapp skizzierte prekäre Entwicklung - sowohl in Bezug auf die Fähigkeit des Wohlfahrtsstaates solche Probleme zu lösen, wie auch solche, selbst zu erzeugen - weist jedoch international erhebliche Unterschiede in Ausmaß und Form auf. Dieser Umstand beruht teilweise auf der Tatsache, dass alleine schon die Höhe der Sozialausgaben - ein klassischer Indikator - im Vergleich erheblich variiert. Wichtiger ist in diesem Zusammenhang das Phänomen, dass die sozialen Sicherungssysteme in Westeuropa zwar weitgehend vergleichbare Risiken (Alter, Arbeitslosigkeit, Krankheit, Unfall) abdecken, dabei aber unterschiedliche institutionelle Strukturen aufweisen und andere Instrumente anwenden bzw. finanzielle Schwerpunkte setzen (s. Schaubild 2-7). Schließlich weichen die Länder Europas voneinander ab, je nachdem, in welchem Umfang wohlfahrtsstaatliche Politiken jenseits der Sozialversicherungen und des Schutzes der klassischen sozialen Risiken betrieben werden.

Schaubild 2-7: Aufgliederung der Sozialleistungen nach Funktionen, in ausgewählten EU-Ländern (2006 in Prozent der Gesamtausgaben)

	EU	D	DK	E	F	GB	NL	S	A	I	P
Krankheit	29,2	29,1	21,6	31,2	29,9	31,8	31,8	26,0	25,5	26,8	29,2
Invalidität	7,5	6,2	14,9	7,3	6,1	8,7	8,5	14,9	8,2	5,9	10,0
Alter	40,0	36,5	37,9	38,7	37,7	41,4	36,1	38,1	41,2	50.8	42,4
Hinterbliebene	6,2	7,8	0,0	2,6	6,6	3,3	5,3	2,1	7,4	9,7	6,7
Familie	8,0	11,1	13,1	5,7	8,6	6,1	5,8	9,8	10,4	4,5	5,1
Arbeitslosigkeit	5,6	6,3	7,2	12,5	6,9	2,4	5,0	5,5	5,8	2,0	5,5
Wohnen	2,3	2,3	2,3	0,8	2,7	5,6	1,4	1,7	0,4	0,1	0,0
Sonstiges	1,2	0,7	3,0	1,2	1,5	0,7	6,1	1,9	1,1	0,2	1,1

Quelle: Eurostat Online Statistiken

Kurzum: Die modernen Wohlfahrtsstaaten bestehen in den westeuropäischen Ländern durchaus aus spezifischen Sets an Institutionen, die unterschiedlichen Herausforderungen unterliegen und zu unterschiedlichen Lösungen gelangen. Eine solche differenzierte Perspektive kommt deshalb auch nicht so schnell zur Feststellung einer säkularen Krise, sondern betont eher die Pluralität, Partikularität und Relativität der nationalen Sozialpolitiken und ihrer Zukunft – freilich ohne dabei die massiven Probleme und weitreichenden Reformbedarfe zu ignorieren und gemeinsame Tendenzen zu vernachlässigen.

2.3 Die Sozialpolitik der Europäischen Union

2.3.1 *Vom europäischen Nicht-Sozialstaat zur Sozialagenda*

Im Gegensatz zur historischen Entwicklung der europäischen Nationalstaaten hat in der EU die Sozialpolitik nicht als Fokus politischer Konflikte und Aktivitäten fungiert; Die seit der Gründung verfolgte Integrationsstrategie hat ihren Schwerpunkt lange auf die wirtschaftlichen und bürgerlichen Rechte (v.a. der Freizügigkeit von Arbeitskräften, Waren, Dienstleistungen und Kapital), und weniger auf die sozialen Ansprüche und sozialen Ausgleich gelegt. Die in den Artikeln 136-148 des EG-Vertrages festgelegten sozialpolitischen Kompetenzen weisen den europäischen Behörden, wenn überhaupt, eine sekundäre Rolle zu. Demnach „unterstützt und ergänzt die Gemeinschaft die Tätigkeit der Mitgliedsstaaten" (Art 137, Abs. 1)

Als einen Erfolg des Amsterdamer Vertrages von 1997 kann die Eingliederung des (dem vorherigen Vertrag von Maastricht angehängten) Sozialprotokolls in der Vertrag gewertet werden.33 Demnach können in folgenden Bereichen Entscheidungen nun mit qualifizierter Mehrheit getroffen werden:

- Sicherheit und Gesundheitsschutz am Arbeitsplatz sowie bei Arbeitsbedingungen
- Unterrichtung und Anhörung der Arbeitnehmer
- berufliche Eingliederung auf dem Arbeitsmarkt
- Chancengleichheit von Männern und Frauen in der Arbeitswelt.

Die Einstimmigkeit gilt hingegen für:

- Soziale Sicherheit und sozialer Schutz sowie dem Arbeitnehmerschutz bei Ende des Arbeitsverhältnisses
- Vertretung und Wahrnehmung von Arbeitnehmer- und Arbeitgeberinteressen
- Beschäftigungsbedingungen der Staatsangehörigen dritter Länder.
- Finanzielle Beiträge zu Förderung der Beschäftigung

Seit dem Jahr 2000 hat die EU sozialpolitische Leitlinien in Form der Europäischen Sozialagenda aufgestellt. Schließlich wird im Entwurf der Verfassung der Union folgendes Ziel vorgegeben: „Sie bekämpft soziale Ausgrenzung und Diskriminierungen und fördert soziale Gerechtigkeit und sozialen Schutz, die Gleichstellung von Frauen und Männern, die Solidarität zwischen den Generationen und den Schutz der Rechte des Kindes." (Teil II, Art. 3, Abs. 3). Nach Art. 143, 145 EGV hat die Kommission jährliche Berichte über den Stand der Verwirklichung der sozialpolitischen Ziele der Union sowie die soziale Lage in den Mitgliedstraaten zu erstellen und dem Rat, dem Parlament sowie dem Wirtschafts- und Sozialausschuss zu übermitteln. Damit hat sich der sozialpolitische Handlungsspielraum erheblich ausgeweitet - Knelangen (2009, s.a. Vahlpahl 2007 und Kaelble/ Schmid 2004) spricht von einer „Sozialstaatswerdung Europas", bzw. die Felder wohlfahrtsstaatlicher Politik werden zunehmend europäisiert, d.h. durch Regelungen und Rückwirkungen aus Brüssel beeinflusst. Insgesamt

33 Dies bedeutet, dass die Regelungen des Sozialprotokolls, das aufgrund des Widerstands Großbritanniens gegen vertragliche Bestimmungen im Bereich der Sozialpolitik entstanden war, nun im Vertrag integriert sind und somit auch für alle Mitgliedsstaaten (einschließlich Großbritannien) Gültigkeit besitzen.

betrachtet existiert aber weiterhin ein sozialpolitisches Defizit – wie im Übrigen auch ein Demokratiedefizit.

Schaubild 2-8: Wichtige Meilensteine europäischer Sozialpolitik

1957:	Unterzeichnung der Römischen Verträge durch die sechs Gründungsstaaten. Die Sozialpolitik verblieb als grundsätzliche Angelegenheit bei den Mitgliedstaaten.
1961:	Europäische Sozialcharta des Europarates.
1972:	Gipfel von Paris, bei dem die Weiterentwicklung der Europäischen Wirtschaftsgemeinschaft (EWG) zur Europäischen Union beschlossen wurde.
1987:	Einheitliche Europäische Akte (EEA) mit dem Ziel, im Hinblick auf die Vollendung des Binnenmarktes einen europäischen Sozialraum entstehen zu lassen. Der Artikel 118 zur Gesundheit und Sicherheit am Arbeitsplatz wird in der Folgezeit als Grundlage für sozialpolitische Richtlinien genutzt.
1989:	Gemeinschaftscharta der sozialen Grundrechte (Erklärung ohne rechtliche Bindewirkung) .
1993:	Vertrag von Maastricht. Wichtige Regelungen sind im Protokoll über die Sozialpolitik festgelegt.
1994:	Das Weißbuch Sozialpolitik; hier wird v.a. die soziale Mindestsicherung sowie die Politik der Vollbeschäftigung als künftige Strategie vorgestellt.
1997:	Vertrag von Amsterdam. Das Sozialprotokoll wurde in den Vertrag integriert.
1999:	Ausweitung des Mitentscheidungsverfahren auf die Sozialpolitik.
2001:	Vertrag von Nizza; hierdurch wurde die qualifizierte Mehrheit auf alle Bereiche der Sozialpolitik ausgedehnt.

Quelle: Eigene Darstellung

2.3.2 *Akteure und Instrumente der EU-Sozialpolitik*

Neben dem Rat, der Kommission und dem Parlament sowie dem EuGH[34] sind eine Reihe weiterer Akuere an der Formulierung und Implementierung der EU-Sozialpolitik beteiligt. So verfügen der Wirtschafts- und Sozialausschuss und der Ausschuss der Regionen über

34 Eine wichtige Rolle nimmt hier auch der Europäische Gerichtshof (EuGH) ein. Wiederholt hat er mit seinen Entscheidungen im Bereich der Sozialpolitik europäisches Recht gesetzt. Der EuGH hat in einer Vielzahl von Fällen Entscheidungen vor allem zur Koordinierung des Sozialrechts getroffen und somit für eine Einschränkung der Souveränität der nationalen Wohlfahrtsstaaten gesorgt (Leibfried/Pierson 1998: 65, s.a. Vahlpahl 2007:57ff.).

weitgehende Anhörungsrechte – ähnliches gilt für die Sozialpartner. Damit bildet der Korporatismus, d.h. die Zusammenarbeit mit den Sozialpartnern, eine wichtige strukturelle Grundlage der europäischen Sozialpolitik. Genauer gesagt handelt es sich beim „Eurokorporatismus" (Vobruba 1995) um eine weitgehend von der Kommission inszenierte Veranstaltung, in der die nationalen Unterschiede und Spannungen überlagert werden. Deutlich wird dies etwa an der wichtigen Rolle, die dem „sozialen Dialog" der Tarifparteien und den „gemeinnützigen Vereinigungen" bzw. Wohlfahrtsverbänden zugemessen wird (vgl. dazu auch Schmid 1994, 1996, 2001, Schmid/Kohler 2008). Zudem wirken eine Reihe kleinerer Insitututionen im Bereich der Lebens- und Arbeitsbedingungen mit.

Die wichtigsten Instrumente der EU-Sozialpolitik bilden dabei
- die sozialpolitische Agenda,
- die Methode der offenen Koordinierung (MOK),
- die Sozialpolitischen Richtlinien.

Mit der sozialpolitischen Agenda werden die Prioritäten festgelegt, an denen sich die Maßnahmen der Union zur Weiterentwicklung des europäischen Sozialmodells ausrichten sollen. Sie soll ferner zur Förderung des sozialen Zusammenhaltes als Bestandteil der Lissabon-Strategie wie auch der Strategie für nachhaltige Entwicklung beitragen. Der Mehrwert der sozialpolitischen Agenda besteht darin, dass sie – so die Kommission – die Modernisierung der nationalen Systeme vor dem Hintergrund tief greifender wirtschaftlicher und sozialer Veränderungen erleichtert und dass sie ein harmonisches Funktionieren des Binnenmarkts unterstützt und zugleich die Achtung der Grundrechte und der gemeinsamen Werte gewährleistet. Die Agenda beruht auf einer zweigleisigen Strategie: Erstens ist sie darauf ausgerichtet, das Vertrauen der Bürger zu stärken, und zweitens werden Schlüsselmaßnahmen vorgestellt, die sich an zwei Hauptschwerpunkten festmachen: Beschäftigung sowie Chancengleichheit und soziale Eingliederung (vgl. etwa Vahlpahl 2007 und http://europa.eu/legislation_summaries/employment_and_social_policy/social_agenda/c10127-de.htm).

Der Europäische Rat hat zudem in Lissabon beschlossen, Teile der Sozialpolitik in den Mitgliedstaaten zu überprüfen, um künftige sozialpolitische Aktionen besser koordinieren zu können. Dieses Vorgehen wird als "méthode ouverte de la coordination" oder "open method of coordination" bezeichnet. Damit wird seitens der EU-Institutionen versucht, eine gemeinsame Richtung vorzugeben, um die Reformen in den Mitgliedstaaten zu lenken, ohne jedoch die nationalen Politiken zu beeinträchtigen. Sie wird zunächst in den Bereichen der Armutsbekämpfung und der Alterssicherung eingesetzt und soll später auf andere Bereiche der europäischen Sozialpolitik ausgeweitet werden. Bisher wird das Verfahren vor allem in der Beschäftigungspolitik praktiziert (als Übersicht vgl. Schmid 2009: s.a. die Beiträge in Kaelble/Schmid 2004, Busch 2008 und Baum-Cesig u.a. 2008). Richtlinien als klassisches Steuerungsinstrument sind bisher im Bereich der Arbeitsmarktregulierung zur Anwendung gekommen. Sie betreffen sozialpolitische Mindeststandards, den Status der Arbeitnehmer und die Mitbestimmungspolitik (samt den Europäischen Betriebsräten), den Schutz schwangerer Frauen am Arbeitsplatz, die Arbeitszeit und den Jugendarbeitsschutz. Jedoch bleiben auch weiterhin einige arbeitspolitische Bereiche wie das Arbeitsentgelt oder das Koalitions- und Streikrecht völlig ausgespart. Weitere sozialpolitische Handlungsfelder der Europäischen Union sind der Arbeitsschutz und die Gleichstellung von Mann und Frau im Erwerbsleben, der Verbraucherschutz und die Lebensmittelsicherheit (vgl. die Beiträge in Frech u.a. 2009), die soziale Sicherung für Beschäftigte der EU-Behörden sowie Maßnahmen zur Bekämpfung von Armut und zur Förderung entsprechender organisatorischer Netzwerke.

Schaubild 2-9: Der Europäische Sozialfond (Förderperiode 2007-2013) und seine Zielsystematik

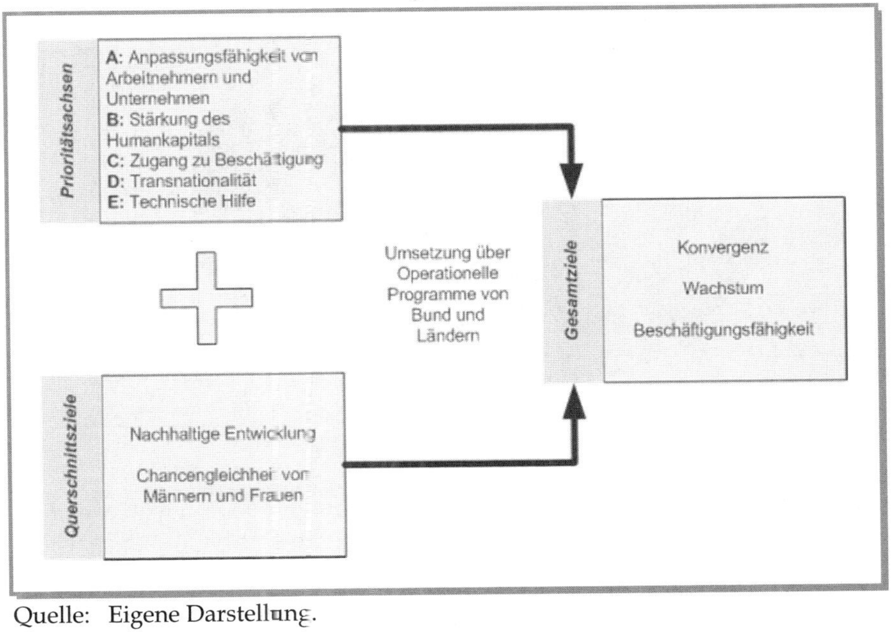

Quelle: Eigene Darstellung.

Darüber hinaus verfügt „Brüssel" mit dem Europäischen Sozialfonds und dem Europäischen Fonds für regionale Entwicklung über besondere Instrumente in der Sozialpolitik, die nicht den klassischen Programmformen entsprechen. Während der Erstgenannte vor allem der Integration von Jugendlichen und Langzeitarbeitslosen in den Arbeitsmarkt dient – und ursprünglich im Rahmen der EWG der Sechs den Sonderfall Mezzogiorno abdecken sollte –, zielt der Regionalfonds auf die Verbesserung der wirtschaftlichen und sozialen Bedingungen in benachteiligten Gebieten der EU. Beiden gemeinsam ist die Kompensation von Integrationsnachteilen und ihre fehlende subjektiv-rechtliche Verankerung sowie ihre schlechte finanzielle Ausstattung[35], sodass das Missverhältnis zur Größenordnung der damit zu bearbeitenden Probleme einigen kritischen Beobachtern als „absurd" (F. W. Scharpf) erscheint. Die Interventionsbereiche und Ziele der Europäischen Sozialfonds sind in der folgenden Übersicht dargestellt.

Schaubild 2-10: Anteil ausgewählter Ausgaben an den Gesamtausgaben der EU

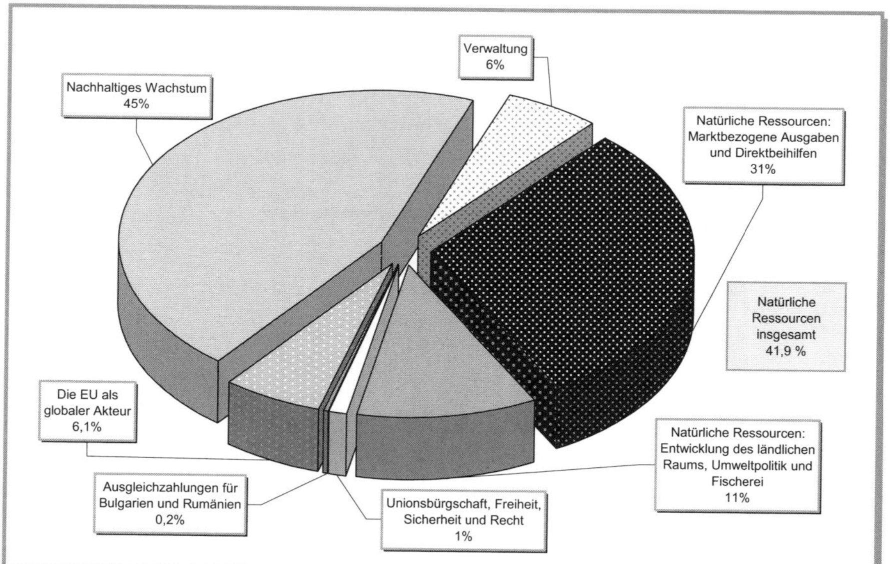

Quelle: Eigene Darstellung nach EU 2009, online verfügbar unter: http://ec.europa.eu/budget/library/publications/budget_in_fig/syntchif_2009_de.pdf

35 Für die neue Förderperiode 2007 bis 2013 stehen den Mitgliedstaaten und Regionen Mittel in Höhe von 75 Mrd. Euro zur Verfügung.

In diesem Zusammenhang darf aber auch nicht vergessen werden, dass der Haushalt der Europäischen Union nur einen Bruchteil der Staatsausgaben der Mitgliedsländer ausmacht. Dieser Hinweis auf die geringe Mittelausstattung der Europäischen Union ist jedoch insofern ergänzungsbedürftig, als dass sich die Kommission vor allem einer regulativen Strategie bedient, die keine eigenen Ausgaben verursacht, aber sozialrechtliche (Mindest-)Standards setzt, die die Nationalstaaten verpflichten. Auf diese Weise ließe sich in den Augen vieler Beobachter die schwierige Gratwanderung zwischen der europäischen Einheit und der nationalen Vielfalt wohlfahrtsstaatlicher Strukturen und wirtschaftlicher Möglichkeiten am ehesten bewältigen.

2.3.3 *Das Beispiel der Beschäftigungspolitik – eine europäische Governancestruktur*

Die Arbeitsmarkt- und Beschäftigungspolitik[36] hat lange im alleinigen Verantwortungsbereich der Nationalstaaten gelegen (vgl. dazu Kap. 11 und 18). Mittlerweile gehört sie zu den stark expandierenden Handlungsfeldern der EU. Der Hintergrund und die Motive dieser Europäisierung sind vielfältig: Zum einen spielen die Auswirkungen von Wirtschaftskrisen auf den Arbeitsmarkt eine Rolle, zum anderen erfordern die Binnenmarkt- und Erweiterungspolitik entsprechende Anpassungen und Abfederungen bei den Beschäftigungssystemen. Und schließlich kann dieses neue Element eines sozialen Europa Legitimation für das Projekt der Europäischen Union und seiner Institutionen schaffen.

Prägend für die Governance-Struktur der Arbeitsmarkt- und Beschäftigungspolitik der EU ist die Spannungslage zwischen den traditionell nationalen Zuständigkeiten und den erweiterten Kompetenzen der EU, was zum Aufbau eines Mehrebenensystems führt. In diesem fungiert seit Ende der 1990er Jahre die Methode der offenen Koordinierung (MOK) als wesentliches Instrument gemeinschaftlicher Politikgestaltung und -steuerung. Dabei wird weniger mit Geld oder Macht, sondern mit Wissen und Überzeugung operiert.

Bei der Methode der offenen Koordinierung (MOK) handelt es sich um ein mehrstufiges Verfahren der gemeinschaftlichen Definition von Zielen sowie der Förderung ihrer Umsetzung in den Mitgliedsländern. Dazu sollen die EU-Länder in einen permanenten Informations- und Erfahrungsaustausch treten, Aktionspläne erlassen und Indikatoren entwi-

36 Andere zunehmend europäisierte Politikfelder mit wohlfahrtstaatlichem Gehalt sind etwa Gender Mainstreaming, Lebensmittelkontrolle, Verbraucherschutz und die Bildungs-/Hochschulpolitik (vgl. die Beiträge in Frech u.a. 2009) sowie die Altersicherung (Wahsner 2005).

ckeln, mit denen Fortschritte bewertet und bewährte Verfahren mit Vorbildfunktion identifiziert werden können. Der Politikzyklus verläuft dabei folgendermaßen: Die EU-Kommission erarbeitet zunächst einen Vorschlag für die jährlichen Beschäftigungspolitischen Leitlinien, die gemäß dem Subsidiaritätsprinzip die primäre Zuständigkeit der Mitgliedstaaten beachten müssen. Nach Anhörung des Europäischen Parlaments, des Wirtschafts- und Sozialausschusses, des Ausschusses der Regionen und des ständigen Beschäftigungsausschusses entscheidet der Rat der EU. Anschließend werden Leitlinien an die Mitgliedstaaten geleitet, die dazu Nationale Aktionspläne formulieren. Diese müssen sich zwar an den Leitlinien der Kommission orientieren, lassen aber Handlungsspielraum bei der konkreten Ausgestaltung.

Ferner müssen die Mitgliedstaaten der Kommission und dem Rat jährlich Rechenschaft ablegen. Mit Hilfe eines Monitoring-Systems können die beschäftigungspolitischen Ergebnisse der einzelnen EU-Länder miteinander verglichen werden. Dazu dienen gemeinsam vereinbarte Leistungsindikatoren. Die Ergebnisse der Evaluierung werden in den Gemeinsamen Beschäftigungsberichten veröffentlicht und an den Europäischen Rat weitergeleitet. Zusätzlich kann die Kommission aufgrund der jährlichen Bewertung gezielte Empfehlungen an die Mitgliedstaaten formulieren. Auf der Grundlage der Erfahrungen aus dem Vorjahr beginnt der Kreislauf von neuem.

Schaubild 2-11: Die Offene Methode der Koordinierung (OMK) in der Arbeitsmarkt- und Beschäftigungspolitik der EU

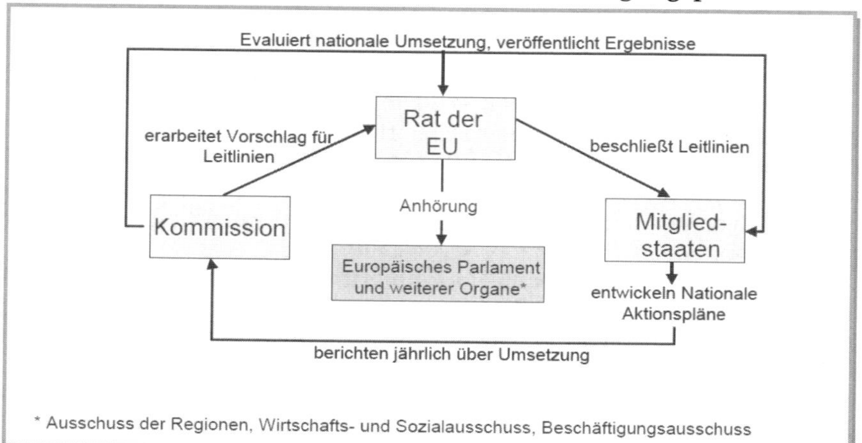

Quelle: Schmid 2009

Umstritten ist allerdings, inwieweit die Offene Methode der Koordinierung (OMK) tatsächlich als Reformmotor in der Arbeitsmarkt- und Beschäftigungspolitik gewirkt hat.

> „Während ältere Analysen eher geringe politische Effekte konstatieren, bescheinigen neuere Untersuchungen der OMK durchaus Wirkkraft. Ein Beispiel dafür ist eine Analyse des Politologen Jonathan Zeitlin. Nach dessen Erkenntnissen hat die OMK die nationalen Beschäftigungspolitiken substanziell verändert: Themen der EBS kamen dadurch auf die nationale Agenda. Auch habe die OMK in einigen Ländern zum Politikwechsel beigetragen. Als Beleg nennt Zeitlin u.a. die Hartz IV Reform in Deutschland" (Deutsche Bank Research nach Schmid 2009: 94).

2.3.4 Folgen, Optionen und Perspektiven

Die Berücksichtigung der EU-Aktivitäten in der Sozialpolitik wirft zugleich die Frage nach der Kompatibilität und Komplementarität von europäischen und nationalen wohlfahrtsstaatlichen Regimen auf.[37] Stephan Leibfried spricht vom de facto und de jure Verlust der Souveränität des nationalen Wohlfahrtsstaates und dem Entstehen verflochtener Systeme in der Sozialpolitik.[38] Zudem gehen vom Postulat der Freizügigkeit homogenisierende Nebenwirkungen auf die nationalen Sozialpolitiken aus, die die beitragsfinanzierten Elemente und Systeme stärken, da steuerfinanzierte Systeme die Universalität ihrer Leistungen tendenziell auf alle Bürger der Europäischen Union ausdehnen –nicht aber die Finanzierung.

Als Optionen eines zukünftigen europäischen Wohlfahrtsstaates identifiziert Leibfried (1992a) vier Modelle, die mögliche „Zielzustände" reflektieren. Er unterscheidet nach der Adressatenstruktur und dem Ausmaß der abgedeckten Risiken zwischen

- dem fragmentierten,
- dem partiellen,
- dem segmentierten und
- dem integrierten (bzw. umfassenden) Wohlfahrtsstaat.

---

37 Zugleich wird in diesem Zusammenhang die Prämisse der Unabhängigkeit der Fälle aufgegeben, ja geradezu ins Gegenteil verkehrt. Vor allem die regulativen Einflüsse der Europäischen Union auf alle ihr angehörenden Länder werfen diese methodische Frage auf.

38 Noch weitergehend ist die These, wonach hier eine „Politikverflechtungs-Falle" vorliegt, „die aus ihrer institutionellen Logik heraus systematisch ineffiziente und problem-unangemessene Entscheidungen erzeugt und die zugleich unfähig ist, die institutionellen Bedingungen ihrer Entscheidungslogik zu ändern" (Scharpf 1985: 350).

Die Sozialpolitik der EU beschränkt sich derzeit auf wenige Risiken und Gruppen, was dem ersten Fall (fragmentiert) entspricht. Eine Ausweitung ist natürlich auch eine Frage der Kosten. Schätzungen zufolge würde zum Beispiel die Einführung des deutschen Leistungsniveaus in ganz Europa rund 500 Mrd. Euro jährlich erfordern und infolge der deutschen Finanzierungsanteile fast den gesamten Bundeshaushalt verschlingen. Prinzipiell ist damit eine europäische Sozialpolitik nicht unmöglich, aber doch mit sehr hohen politischen und ökonomischen Restriktionen versehen (vgl. Schulte 1990).

Dennoch sprechen einige Punkte für eine allmähliche Ausdehnung der europäischen Sozialpolitik. Leibfried und Pierson nennen hier vier Punkte:

- autonome Aktivitäten von EU-Behörden, d.h. besonders von Kommission und EuGH,
- Pfadabhängigkeit, also die Bedeutung einmal eingeschlagener sozialpolitischer Richtungen,
- die Zunahme der Problemdichte mit einer hohen Arbeitslosigkeit und Problemen in den sozialen Sicherungssystemen beinahe aller europäischen Länder sowie
- Aktivitäten nichtstaatlicher Akteure (Leibfried/Pierson 1998: 425).

Hinzu kommt die Tatsache, dass die Nationalstaaten bei einem wachsenden Problemdruck aus politischen Gründen versucht sein könnten, Kompetenzen an die Europäische Union zu delegieren und den Weg für einen „postnationalen Wohlfahrtstaat" (Lamping 2008) frei zu machen, um so zumindest teilweise auch die Verantwortlichkeit für Probleme abzugeben. Dies ließe sich vereinfacht durch die Formel „Machterhalt durch Souveränitätsabgabe" ausdrücken, was entsprechende Insitutionenbildungen zur Folge haben würde.

Prozedural betrachtet zeichnet sich die europäische Sozialpolitik derzeit eher durch zwei Dimensionen aus: Zum einen kommt es zu einem „cross-border risk-pooling through binding legislation against unruly competition through the well known „Community method"; zum anderen fungiert die EU als Agenda-Setter, der dabei helfen kann, (to) „diagnose the nature and magnitude of the fundamental challenges an identify potentially effective policy solutions" (vgl. Bonoli 2006: 15).

Materiell gesehen werden dadurch die verstärkten sozialpolitischen Aktivitäten auf EU-Ebene der nationale Wohlfahrtsstaat sowohl „von unten" (Armutsregime) wie (zunehmend) „von oben" (Beschäftigungs- und soziale Sicherungspolitik) betrachtet. In einer solchen Perspektive treten die unterschiedlichen nationalen Entwicklungspfade wiederum deutlich zutage – und erweisen sich als eine der elementarsten europäischen Integrationsbarrieren. So wird die Entwicklung der EU hin zu einem europäischen Wohlfahrtsstaat auch eher pessimistisch betrachtet.[39]

Allerdings hat die Diskussion um die sozialen Grundrechte im Verfassungskonvent die Aufmerksamkeit für die generelle Rolle der Europäischen Union im Bereich Sozialpolitik wieder erhöht. Für Treib (2004) kommt es dabei vor allem zu mehr sozialen Werten und Zielen, aber kaum zu institutionellen Fortschritten. Seine Analyse der politischen Positionen im Konvent bei der Schaffung europaweiter Sozialstandards zeigt dabei zweierlei:

Auf der einen Seite lassen sich in der Debatte durchaus Ländermuster erkennen, die dafür sprechen, dass es vor allem um die Verteidigung des nationalen Status quo geht. Interessanterweise gehören dazu nicht nur die traditionellen „Bremser" Großbritannien und Irland, sondern auch zwei der neuen Mitgliedstaaten aus Osteuropa, deren Vertreter offenbar befürchteten, zusätzliche EU-Sozialvorschriften könnten den wirtschaftlichen Aufholprozess beeinträchtigen. Treib (2004) erwartet daher, dass die Gegner einer verstärkten EU-Sozialpolitik durch die Osterweiterung deutlichen Zuwachs bekommen haben und so das Geschäft der legislativen Politikgestaltung in diesem Bereich in Zukunft noch schwieriger werden könnte

Auf der anderen Seite lassen sich auch deutliche Parteimuster identifizieren. Zu den Gegnern einer sozialpolitischen Weiterentwicklung der EU zählen v.a. die eher konservativen Kräfte, während Sozialdemokraten, Grüne oder Sozialisten zu den starken Befürworter gehören. Der Parteieneffekt wird s.E. besonders deutlich, wenn man die Positionen unterschiedlicher Vertreter aus demselben Land miteinander vergleicht.

2.3.5 *Übersicht Soziale Grundrechte in der EU-Grundrechtecharta*[40]

I. Subjektive Rechte, in denen eine Handlungsaufforderung an die EU zum Ausdruck kommt

- Sicherstellung der Gleichheit von Männern und Frauen in allen Bereichen, einschließlich der Beschäftigung, der Arbeit und des Arbeitsentgelts, wobei spezifische Vergünstigungen für das unter-

39 Man kann es mit Giddens (2006) auch ironisch-utopisch sehen und sich die beste aller Wohlfahrts-Welten so vorstellen: ein Niveau der Ausstattung mit Informations- und Kommunikationstechnologie so wie Finnland; eine industrielle Produktivität so wie Deutschland; gesellschaftliche Gleichheit so wie Schweden; eine hohe Erwerbsquote so wie Dänemark; Wirtschaftswachstum so hoch wie in Irland; ein Niveau der Gesundheitsversorgung so wie Frankreich; ein Bruttosozialprodukt pro Kopf so hoch wie in Luxemburg; ein Bildungsniveau so wie Norwegen (das jedoch nicht der Europäischen Union angehört); einen kosmopolitischen Geist so wie Großbritannien und Wetter so wie Spanien.

40 Teil II des Verfassungsvertrags; nach Treib 2004: 14.

repräsentierte Geschlecht beibehalten oder neu eingeführt werden können (Art. II-83)
- Gewährleistung des rechtlichen, wirtschaftlichen und sozialen Schutzes der Familie (Art II-93, Abs. 1)

II. Subjektive Rechte ohne Handlungsaufforderung an die EU
- Versammlungs- und Vereinigungsfreiheit, insbesondere das Recht, Gewerkschaften zu gründen und diesen beizutreten (Art. II-72)
- Recht auf Bildung und auf Zugang zur beruflichen Aus- und Weiterbildung (Art. II-74)
- Recht zu arbeiten und einen frei gewählten oder angenommenen Beruf auszuüben (Art. II-75. Abs. 1)
- Freiheit, in jedem Mitgliedstaat Arbeit zu suchen, zu arbeiten, sich niederzulassen oder Dienstleistungen zu erbringen (Art. II-75. Abs. 2)
- Verbot der Diskriminierung insbesondere wegen des Geschlechts, der Rasse, der Hautfarbe, der ethnischen oder sozialen Herkunft, der genetischen Merkmale, der Sprache, der Religion oder der Weltanschauung, der politischen oder sonstigen Anschauung, der Zugehörigkeit zu einer nationalen Minderheit, einer Behinderung, des Alters oder der sexuellen Ausrichtung (Art. II-81)
- Recht älterer Menschen auf ein würdiges und unabhängiges Leben und auf Teilnahme am sozialen und kulturellen Leben (Art. II-85)
- Anspruch von Menschen mit Behinderung auf Maßnahmen zur Gewährleistung ihrer Eigenständigkeit, ihrer sozialen und beruflichen Eingliederung und ihrer Teilnahme am Leben der Gemeinschaft (Art. II-86)
- Anspruch auf gesunde, sichere und würdige Arbeitsbedingungen (Art. II-91, Abs. 1)
- Verbot der Kinderarbeit und Schutz Jugendlicher am Arbeitsplatz (Art. II-92)
- Recht auf eine soziale Unterstützung und eine Unterstützung für die Wohnung, die allen, die nicht über ausreichende Mittel verfügen, ein menschenwürdiges Dasein sicherstellen sollen (Art. II-94, Abs. 3)

III. Rechte, die nur gemäß den im europäischen und nationalen Recht definierten Bedingungen gelten
- Recht auf rechtzeitige Unterrichtung und Anhörung der Arbeitnehmer im Unternehmen (Art. II-87)
- Recht auf Kollektivverhandlungen und Kollektivmaßnahmen, einschließlich Streiks (Art. II-88)
- Recht auf Schutz vor ungerechtfertigter Entlassung (Art. II-90)
- Recht auf Zugang zu den Leistungen der sozialen Sicherheit und zu den sozialen Diensten, die in Fällen wie Mutterschaft, Krankheit,

Arbeitsunfall, Pflegebedürftigkeit oder im Alter sowie bei Verlust des Arbeitsplatzes Schutz gewährleisten (Art. II-94, Abs. 1)
- Anspruch auf Leistungen der sozialen Sicherheit und auf soziale Vergünstigungen (Art. II-94, Abs. 2)
- Recht auf Zugang zur Gesundheitsvorsorge und auf ärztliche Versorgung (Art. II-95)

2.4 Zentrale Literatur

Cousins, M. 2007: European Welfare States. Comparative Perspectives. London (2. Aufl.)

Dettling, D./Becker, M. 2009: Wie sozial ist Europa? Berlin.

Eurostat 2007: Sozialschutz in der Europäischen Union. Statistik kurz gefasst Nr. 99. Luxemburg.

Frech, S./Schmid, J. (Hrsg.) 2004: Der Sozialstaat in der Krise. Schwalbach

Kaelble, H./Schmid, G. (Hrsg.) 2004: Das europäische Sozialmodell. Auf dem Weg zum transnationalen Sozialstaat. WZB-Jahrbuch 2004. Berlin.

Kaufmann, F.-X. 2006: Varianten des Wohlfahrtsstaats. Der deutsche Sozialstaat im internationalen Vergleich. Frankfurt.

Kuhnle, S. (Hrsg.) 2000: Survival of the European Welfare State. London.

Lampert, H./Althammer, J. 2007: Lehrbuch der Sozialpolitik. Berlin (8. Aufl.).

Leibfried, St./Pierson, P. (Hrsg.) 1998: Standort Europa: Sozialpolitik zwischen Nationalstaat und Europäischer Integration. Frankfurt a.M.

Merkel, W. u.a. 2006: Die Reformfähigkeit der Sozialdemokratie. Herausforderungen und Bilanz der Regierungspolitik in Westeuropa. Wiesbaden

Obinger, H./Starke, P. 2007: Sozialpolitische Entwicklungstrends in den OECD-Ländern 1980-2001, in: Holzinger, K. u.a. (Hrsg.) 2007: Transfer, Diffusion und Konvergenz von Politiken. PVS-SH 38. Wiesbaden, S. 470-495.

Schmid, J. 2008: Der Wohlfahrtsstaat in Europa – Divergenz und Integration, in: Gabriel, O./Kropp, S. (Hg), Die EU-Staaten im Vergleich, Wiesbaden, S. 711-740.

Schmid, J./Niketta, R. (Hrsg.) 1998: Wohlfahrtsstaat. Krise und Reform im Vergleich. Marburg.

Schmidt, M.G. 2005: Sozialpolitik in Deutschland. Historische Entwicklung und internationaler Vergleich. Opladen (3. Aufl.).

Schubert, K./Hegelich, S./Bazant U. (Hrsg.) 2008: Europäische Wohlfahrtssysteme. Ein Handbuch. Wiesbaden.

3 Wege und Stand der Forschung zum Wohlfahrtsstaatsvergleich

3.1 Konzeptionelle Ansätze, theoretische Kontexte und Evaluation der Wohlfahrtsstaatsforschung

3.1.1 Vorbemerkungen über grundlegende Beiträge und Ansätze

In der vergleichenden Politikwissenschaft gehören wohlfahrtsstaatliche Politiken zu den besonders intensiv untersuchten Phänomenen; manche Beobachter sprechen in diesem Zusammenhang sogar von einer akademischen Wachstumsbranche. Auf diesem Gebiet ist in den letzten 25 Jahren eine Reihe wichtiger empirischer und theoretischer Fortschritte erzielt worden. Eine fundierte Darstellung und Analyse mit stärker theoretischer Ausrichtung haben in Deutschland Jens Alber („Vom Armenhaus zum Wohlfahrtsstaat") und Manfred G. Schmidt („Sozialpolitik" bzw. „Staatstätigkeit") vorgelegt. Mit dem methodischen Problem, wie denn das Untersuchungsobjekt Wohlfahrtsstaat am besten zu erfassen ist, beschäftigen sich die Beiträge in Clasen/Siegel (2007) sowie das Paper von Castles/Obinger (2006).

Umfassend, aber eher systematisch-deskriptiv orientiert angelegt sind die englischsprachigen Arbeiten von Joan Higgings („States of Welfare") und Catherine Jones („Patterns of Social Policy"). Ebenfalls auf Englisch - und bislang in Deutschland kaum rezipiert - liegen zwei weitere wichtige Publikationen vor, die zusätzlich einige der ansonsten vernachlässigten Aspekte wie die Geschlechter- und Rassenproblematik sowie die aktuellen allgemein- und sozialpolitischen Entwicklungen darstellen. Es handelt sich hier um den Sammelband von Allan Cochrane und John Clarke („Comparing Welfare States"), sowie die Monografie von Norman Ginsburg („Divisions of Welfare"). Auch in diese Gruppe von Überblicksarbeiten gehören die beiden jüngeren Sammelbände von Clasen („Comparative Social Policy") und Lewis u.a. („Rethinking Social Policy")[41] sowie der Band von Cousins („European Welfare States").

---

41 Einen bislang kaum erreichten Vorstoß, das breite Spektrum an theoretischen Aussagen über den Wohlfahrtsstaat in Form von 12 Thesen zuzuspitzen und sie zugleich in eine Sequenz zu bringen, hat Christopher Pierson („Beyond the Welfare State?") unternommen. Er rekonstruiert dazu die logische Struktur und die analytische Komplexität der

Aus der Feder von Historikern und Sozialrechtlern kommen ebenfalls mehrere vergleichende Bände; besonders hervorzuheben sind Gerhard A. Ritters Werk „Der Sozialstaat" und der von Günther Lottes herausgegebene Band „Soziale Sicherheit in Europa" sowie Peter A. Köhler und Hans F. Zacher (Hrsg.) mit „Ein Jahrhundert Sozialversicherung in der Bundesrepublik Deutschland, Frankreich, Großbritannien, Österreich und der Schweiz." Wichtige historisch und vergleichend angelegte Datengrundlagen sowie erste Auswertungen bieten überdies die von Peter Flora herausgegebenen Bände des HIWED Projekts, das leider keine Fortsetzung gefunden hat. Ferner existiert eine Reihe von Zeitschriften, die regelmäßig zum Thema berichten; inzwischen wird man ebenfalls im Internet fündig (s. den bibliographischen Anhang).

Die kaum mehr überschaubare Fülle an Literatur über Sozialpolitik oder Wohlfahrtsstaat im internationalen Vergleich kann und soll hier nicht noch einmal im Detail referiert werden; für diesen Zweck ist besonders auf die oben angeführten, aber auch auf die weiteren im Literaturverzeichnis aufgelisteten Bücher und Aufsätze zu verweisen. Stattdessen soll hier der Versuch unternommen werden, einige Orientierungslinien und Grundsätze zu skizzieren. Eine erste und einfache Strukturierung des Forschungsfeldes lässt sich durch die Überlegungen vornehmen,

- wie der Gegenstandsbereich konzeptionell gefaßt wird und
- welcher theoretische Ansatz Verwendung findet.

In konzeptioneller Hinsicht kann man

a) den Wohlfahrtsstaat als Ganzes untersuchen. Dabei werden die Charakteristika einer solchen Formation etwa staats- und gesellschaftstheoretisch oder sozialphilosophisch diskutiert wie z.B. in der (älteren) deutschen Sozialstaatsliteratur. Hier dominiert dann eher die polity-Dimension des Politikbegriffs.
b) Wohlfahrtsstaatliche Politiken können ferner kodiert werden als Satz von quantitativen Variablen, um dann mittels statistischer Verfahren nach Determinanten und (generalisierbaren) Erklärungsmodellen zu suchen. „Does politics matter?" ist dabei eine typische Frage.
c) Es können schließlich auch Politik- und Problemfelder wie Gesundheit, Arbeitslosigkeit, Alter, Armut etc. samt den dazugehörigen organisatorischen Implementationsstrukturen analysiert werden. Also steht hier die policy-Dimension im Vordergrund.

Argumente; die Thesen sind demnach keine Synthese der Forschung, sondern eher eine geordnete Form des akademischen Dissenses.

Neuerdings wird versucht, diese drei Aspekte besser unter einen Hut zu bringen – etwa in Form von Wohlfahrtsregimen à la Esping-Andersen, die sowohl qualitative als auch quantitative Aspekte sowie sozialpolitische Prinzipien, Macht- und Parteipolitik und policy-Ergebnisse umfassen. Diese drei konzeptionellen Zugriffe auf den Wohlfahrtsstaat haben zumeist wenig beachtete Konsequenzen für den analytischen Status von Ländern. D.h. man kann die Ansätze des Wohlfahrtsstaatsvergleichs ebenfalls danach einteilen, welche Rolle den Ländern als territorialpolitische Einheit zukommt.

Schaubild 3-1: Unterschiedliche Gegenstandsbereiche in der Wohlfahrtsstaatsforschung

Orientierung der Analyse auf...	**Dimension** des Politikbegriffs	**Nationen** fungieren vor allem als...
das Ganze	Polity	Illustration
Variablen	Politics	„Behälter" für Daten
Problem / Organisation	Policy	Feld für Maßnahmen

Quelle: Eigene Darstellung

Vereinfacht dargestellt gilt: Im ersten Fall fungieren einzelne Nationen als Vorbild und Illustrationsmaterial für die Konstruktion von Idealtypen. Schweden ist z.B. für viele Autoren das zentrale Modell des Wohlfahrtsstaates und nicht selten auch das erwünschte Ziel der Entwicklung. Im zweiten Falle spielen Länder als historisch-gesellschaftliche Phänomene eigentlich keine Rolle, sie sind zu bloßen „Behältern" für Daten geworden – wie es Hans Daalder einmal kritisch formuliert hat. Aber auch soziale Probleme oder politische Organisationen werden nur als black boxes betrachtet. Im dritten Fall sind jedoch die institutionellen und feldspezifischen Aspekte von großer Bedeutung und Komplexität. Dies erhöht einerseits die Differenzierung und praktische Anwendungsmöglichkeit der Forschungsergebnisse, erschwert andererseits aber die theoretische Verallgemeinerbarkeit.

Beim internationalen Vergleich kommt es besonders im letzten Fall zu zwei Problemen, die die Generalisierungsfähigkeit der Aussagen massiv tangieren, da leicht vorschnell pars pro toto genommen wird. Wenn einzelne Politikfelder verglichen werden, stellt sich die Frage: Machen policies oder Nationen den eigentlichen Unterschied aus? Dasselbe gilt auch bei der Analyse einzelner Organisationen und Sozialversicherungszweige.[42] Zudem ist nicht immer eindeutig, auf welcher Ebene Länder bezüglich ihrer wohlfahrtsstaatlichen Aktivitäten denn zu untersuchen sind. Sicher ist, dass nationale Aggregatdaten wie Sozialausgaben hier vielfach eine Homogenität der Systeme vortäuschen, die oft in der Realität nicht gegeben ist.[43]

3.1.2 *Theoretische Richtungen und Kontexte*

Bezogen auf die theoretische Ausrichtung hat Jens Alber (1982, s.a. Ludwig-Mayerhofer 2000) zwei Erklärungsansätze identifiziert: einerseits funktionalistische Modelle, die staatliche Sozialpolitik als Reaktion auf die Veränderung der Arbeits- und Lebensformen im Rahmen des Industrialisierungs- und Urbanisierungsprozesses bzw. auf die Erfordernisse der Kapitalverwertung interpretieren; und andererseits konflikttheoretische Modelle, die die Bedeutung von Demokratisierungs- und politischen Mobilisierungsprozessen sowie Legitimationsdefizite der politischen Eliten betonen. Ferner unterscheidet Alber auf der Grundlage politisch-normativer Orientierungen zwischen marxistischen und pluralistischen Erklärungsvarianten in der vergleichenden Wohlfahrtsstaatsforschung.

Demgegenüber etwas abweichend klassifiziert Manfred G. Schmidt (2005, 2001 sowie Schmid u.a. 2007) die folgenden vier theoretischen Ansätze in der neueren Sozialpolitik-Forschung:

- die Schule der sozialökonomischen Analytiker, für die insbesondere ökonomische und demografische Faktoren und Folgen der Sozialpolitik relevant sind (z.B. H. Wilensky),
- die Schule der neomarxistischen Staatstheoretiker, für die der Konflikt zwischen Kapital und Arbeit sowie die demokratischen Legitimationszwänge auf der einen und die funktionalen Imperative der Ökonomie auf der anderen Seite zentral sind für die durchaus

42 Vgl. dazu die Darstellungen in Teil III. Aus diesem Grunde werden hier sowohl Länder als auch Sozialversicherungen untersucht.

43 Der bundesrepublikanische Föderalismus ist ein gutes Beispiel dafür. Zur Rolle des Föderalismus in der Sozialpolitik vgl. Münch 1997. Noch deutlicher werden regionale Disparitäten in der Arbeitsmarktpolitik (vgl. Schmid u.a. 2007), v.a. zwischen Ost- und Westdeutschland. Aber auch für Großbritannien gilt es, die im Zuge der Devolution-Politik verstärkt auftretenden institutionellen Besonderheiten im Sozial- und Gesundheitswesen von Schottland und z.T. Wales gegenüber England angemessen zu berücksichtigen – was jedoch nur selten geschieht und auch hier vernachlässigt werden muss.

widersprüchliche Entwicklung des Wohlfahrtsstaates (z.B. J. Stephens oder C. Offe),

- die Schule der Makrosoziologen, für die der Sozialstaat zunehmend genötigt wird, die negativen Folgen des Industrialisierungs- und Modernisierungsprozesses samt der Auflösung von traditionellen (verwandtschaftlichen und familiären) Sozialstrukturen aufzufangen (z.B. J. Alber oder P. Flora),
- die politisch-institutionalistischen Schule der Wohlfahrtsstaatsanalyse, die sich auf die Art und Weise konzentriert, wie sich soziale und wirtschaftliche Zwänge zusammen mit genuin politischen Faktoren auswirken und wie die beträchtlichen internationalen Unterschiede im Niveau und in der Entwicklung der Sozialpolitik zu erklären sind (z.B. M. G. Schmidt, G. Esping-Andersen oder J. Higgins).

Im letzten Ansatz werden die institutionelle Eigendynamik und die relative Autonomie der Sozialpolitik am stärksten betont. Die zentrale Ursache für diese Eigendynamik bildet die Binnenkomplexität des modernen Wohlfahrtsstaates selbst, denn es handelt sich hier nicht um ein einheitliches monolithisches Gebilde.[44] Der Wohlfahrtsstaat setzt sich vielmehr aus höchst verschiedenartigen Institutionen zusammen, die in unterschiedlichen historischen Perioden geprägt wurden und deren Zusammen- und Wechselspiel eine wichtige Quelle der Dynamik ihrer eigenen und der gesamtgesellschaftlichen Entwicklung bilden. Deshalb werden je nach der Art der anstehenden Probleme auch jeweils andere Seiten der institutionellen Strukturen relevant bzw. sind unterschiedliche institutionelle Strukturen auf unterschiedliche Art und Weise für soziale Veränderungen und Problemlagen empfänglich. In der Formulierung der entsprechenden These von C. Pierson (2006) lautet es so: Der Wohlfahrtsstaat ist demnach in seiner Entwicklung nur partiell determiniert und muss im historisch-vergleichenden Kontext gesehen werden. Sein Auf- und Ausbau wird geprägt durch politische Interessengruppen, nationale spezifische politische Konfigurationen und variierende Muster der Staatsorganisation.[45]

---

44 Z.B. führen Kompetenzverteilungen und Finanzierungsmuster zu erheblichen Effekten in der Bearbeitung von sozialen Problemen. So findet in Deutschland (bis zur Einheit 1990) v.a. deswegen kaum eine aktive, antizyklische Arbeitsmarktpolitik statt, weil diese zusätzlich aus dem Bundeshaushalt finanziert werden müsste, die positiven Effekte einer solchen Politik allerdings bei der Arbeitslosenversicherung sowie den Kommunen und Ländern (als Träger der Sozialhilfe) anfallen (vgl. Schmid 2009).

45 Vgl. hierzu auch Kap. 1. Daher auch die Bezeichnung als staatszentrierter Ansatz.

Inzwischen haben Manfred Schmidt und diverse Mitautoren zwei wichtige Ergänzungen vorgenommen:

- Zum einen wird die sog. Internationale Hypothese verfolgt, wonach sich durch Globalisierung und Europäisierung die Rahmenbedingungen für wohlfahrtsstaatliches Handeln geändert haben. Einer älteren Variante zufolge führt die Offenheit der Volkswirtschaften zu verstärkten sozialpolitischen Aktivitäten, während in jüngerer Zeit die Marktzwänge im Standortwettbewerb zu Ausgabenbegrenzungen und -kürzungen führen sollen.[46] Der Wohlfahratsstaat lässt sich demnach nicht alleine mit innenpolitischen Faktoren erklären. Eine wichtige Rolle spielt dabei die OECD (vgl. Armingeon 2007 für die Arbeitsmarktpolitik und Orenstein 2005 für die Rentenpolitik).
- Zum anderen wird die Erblast-These vertreten, wonach die Entwicklung des Wohlfahrtsstaates stark von den historisch eingschlagenen Pfaden bestimmt wird. Dadurch kommt es zu „lock-in-Effekten", die Kurswechsel teuer bzw. unwahrscheinlich machen (Schmidt u.a. 2007; vgl. auch Beyer 2006 und Pierson 2000). Ein einfaches Beispiel ist der Umstand, dass der Haushalt eines Landes in der Regel nur 5 Prozent Spielraum für das laufende Jahr enthält, da die Mittel weitgehend durch frühere Entscheidungen gebunden sind. Analog läßt sich bezüglich der manchmal geforderten Systemwechsel in der Rentenpolitik argumentieren. Auch hier bilden die einbezahlten Beiträge einen institutionellen Stabilisator. Wohlfahrtsstaatliche Politiken hängen daher nicht alleine von gegenwärtigen Macht- und Problemkonstellationen ab, sondern sind auch ein Erbe früherer Entscheidungen.

Jens Alber (1982: 163ff., 1988, s.a. Schmidt 2005, 2001 und Ritter 1989) hat im Rahmen internationaler Vergleiche des Weiteren versucht, die historische Dynamik des Wohlfahrtsstaates bezüglich der zugrunde liegenden Akteurskonstellationen und Antriebsmomente nachzuzeichnen und dabei zwischen drei Phasen differenziert:

- Vor dem Ersten Weltkrieg war Sozialpolitik eine von bürgerlichen Eliten getragene Abwehrmaßnahme gegen die politische Mobilisierung der Arbeiter. Bis zur Jahrhundertwende wurde diese Maßnahme vor allem von autoritären Regimen ergriffen, wofür das Kaiserreich unter Bismarck prototypisch ist. Erst in der Folgezeit bis zum Ersten Weltkrieg waren es insbesondere parlamentarische Demokratien, die, um Wählerstimmen der Arbeiter konkurrierend, soziale Sicherungssysteme erweiterten.

46 Aus einer breiteren, den Vergleich mit den asiatischen Ländern ausgerichteten und weberianischen Perspektive formulieren Rieger/Leibfried (2004) die fundamentale Spannung zwischen Globalisierung und (nationaler) Kultur.

- Erst in der Zwischenkriegszeit konzediert Alber einen positiven Effekt der Arbeiterbewegung auf die Ausgestaltung der Sozialversicherungen; insofern sind sie dort am stärksten entwickelt, wo sozialistische Parteien die Regierung stellten oder Wahlerfolge zu verzeichnen hatten. In Deutschland kommt es jedoch im Nationalsozialismus zu einer dramatischen Abweichung von diesem Muster.
- Nach dem zweiten Weltkrieg verringert sich der Einfluss dieser politischen Faktoren, und die wirtschaftliche Entwicklung prägt die Sozialpolitik, ohne dass die Stärke der Sozialdemokratie gänzlich an Bedeutung verliert. Für die Bundesrepublik Deutschland ist ferner auf die sozialpolitische Ambivalenz christdemokratischer Parteien hinzuweisen. Wichtige Reformen wie die Einführung der dynamischen Renten gehen z.B. auf das Konto der CDU. Zugleich zeichnet sich aus vergleichender Perspektive in dieser Prosperitätsphase in Westeuropa eine gewisse Konvergenz der Systeme der sozialen Sicherung ab.

Seit Ende der 70er Jahre geht dieser Zustand zunehmend in eine Phase der Konsolidierung über und es dominiert eine kritische Diskussion über die Leistungen, Defizite und Fehlentwicklungen der Sozialpolitik, die von unterschiedlichen Akteuren mit durchaus unterschiedlichen Zielen getragen wird.[47] Jüngere Diskussionen heben die Bedeutung der Globalisierung als Sachzwang für einen Rück- und Umbau des Wohlfahrtsstaates hervor und weltweit sind erhebliche Veränderungen in der Sozial- und Arbeitsmarktpolitik umgesetzt worden. Gleichwohl ist es insgesamt gesehen bei einem beachtlichen Niveau an Leistungen geblieben.

Aus diesem breiten Spektrum an Fragestellungen und Forschungsergebnissen sollen im Folgenden lediglich zwei Aspekte besonders hervorgehoben und weiterbehandelt werden: die für die vergleichende Wohlfahrtsstaatsforschung überaus wichtige Kontroverse um die Bedeutung ökonomischer und politischer Determinanten sowie die jüngeren, stark rezipierten Überlegungen über die Bildung von Wohlfahrtsstaatstypen und deren kritische Diskussion. Beides sind nicht nur rein „akademische“ Themen, sondern sie beinhalten beträchtliche praktisch-politische Konsequenzen, weil sie zum Beispiel auf die Möglichkeiten und Grenzen „sozialdemokratischer“ Reformpolitik hinweisen.

47 Zugleich spricht einiges dafür, dass damit der Kurs der europäischen Länder nun wieder eher auseinanderzudriften droht, ja einige traditionelle Elemente der nationalen wohlfahrtsstaatlichen Institutionen wieder aufleben, wie etwa die starke Betonung von Ehrenamt und privater Versorgung. Freilich erwachsen aus der steigenden europäischen Integration und den damit verbundenen Regulierungen und Diffusionsprozessen nicht zu vernachlässigende gegenläufige Tendenzen.

3.2 Industrialismus versus Sozialdemokratie als Erklärungsfaktoren der Dynamik des Wohlfahrtsstaates

3.2.1 *Grundzüge einer Kontroverse in der Forschung*

In den anfänglichen Auseinandersetzungen über die Bedeutung von politischen gegenüber sozioökonomischen Variablen bei der Erklärung der Entwicklung des Wohlfahrtsstaates spielen zwei Faktorenkomplexe eine herausragende Rolle: einerseits solche, die der Logik des Industrialismus folgen, andererseits solche, die auf die Mobilisierung der Arbeiterklasse oder den Einfluss von Parteien („Do parties matter") rekurrieren. Neuerdings sind beide Ansätze in integrierten Erklärungsmodellen zusammengeführt und in komplexen statistischen Prozeduren analysiert worden.

Für den erstgenannten Ansatz, der nach der Einteilung von M. G. Schmidt der sozialökonomischen Schule zuzurechnen ist, sind besonders die Arbeiten von Harold Wilensky typisch. Er geht davon aus, dass insbesondere die ökonomische Entwicklung und die damit verbundene Altersstruktur der Bevölkerung für die unterschiedliche Höhe von Wohlfahrtsausgaben verantwortlich sind; linke bzw. sozialdemokratische Parteien spielen hingegen nur eine untergeordnete Rolle. Seine zentrale These lautet:

> „Über einen längeren Zeitraum betrachtet ist das wirtschaftliche Entwicklungsniveau der wesentliche Motor für die Wohlfahrtsstaatsentwicklung, wobei seine Wirkungen vor allem in den demographischen Veränderungen des letzten Jahrhunderts sowie der Eigendynamik der Programme selbst zum Ausdruck kommen. Im Zuge der Modernisierung sanken die Geburtenraten, wodurch sich der Anteil alter Menschen erhöhte. Die damit verbundene wachsende Bedeutung alter Menschen wiederum übte – zusammen mit dem abnehmenden ökonomischen Stellenwert von Kindern – Druck auf die Wohlfahrtsausgaben aus. Als die Programme einmal eingeführt waren, entwickelten sie sich weiter, und zwar in Richtung der Erfassung eines breiteren Personenkreises sowie höherer Transferleistungen" (Wilensky 1975: 27).

Ansatzweise lässt sich der erste Teil dieser Behauptung durch die Länder der EU belegen; hier besteht durchaus ein positiver Zusammenhang zwischen BIP und Sozialausgaben, wie das folgende Schaubild zeigt.

Zugleich verbindet sich mit diesem Erklärungsmodell das Postulat einer internationalen Konvergenz wohlfahrtsstaatlicher Entwicklung, was durch Theoreme wie das „Ende der Ideologien" in der „Industriegesellschaft" unterstützt wird. Wilensky betont daher, dass sich Länder mit gegensätzlichen kulturellen und politischen Traditionen durch wirtschaftliches Wachstum in ihren Strategien zur Herstellung sozialer Sicherheit annähern.

Der zweite Ansatz, der stark auf Elemente der neomarxistischen Schulen zurückgeht, wird beispielsweise von John Stephens (1979) vertreten: Er geht davon aus, dass vor allem das Ausmaß der sozialdemokratischen Regierungsbeteiligung sowie die Stärke der Gewerkschaften die wohlfahrtsstaatlichen Ausgaben bestimmen. Das sogenannte „sozialdemokratische Modell“ lässt sich vereinfacht in vier Kernsätzen zusammenfassen:

- Der Wohlfahrtsstaat ist ein Produkt von Klassenauseinandersetzungen. Logisch und historisch wird er vor allem von der Arbeiterbewegung gefordert, realisiert und verteidigt.
- Wie bei anderen politischen Fragen werden die Parameter des Wohlfahrtsstaates hauptsächlich durch die Entscheidungen von Regierungen definiert.
- In kapitalistischen Demokratien findet ein Wettbewerb zwischen bürgerlichen und linken (Arbeiter-)Parteien statt, wobei die reformistischen Gruppierungen für den Ausbau des Wohlfahrtsstaates stehen.
- Die Entstehung und die Entwicklung von Linksparteien sind eine Funktion des Ausmaßes und der Kohärenz der institutionalisierten Mobilisierung der Arbeiterklasse.

Schaubild 3-2: Ausgaben für soziale Sicherheit und BIP pro Kopf in einigen EU-Ländern (2006)

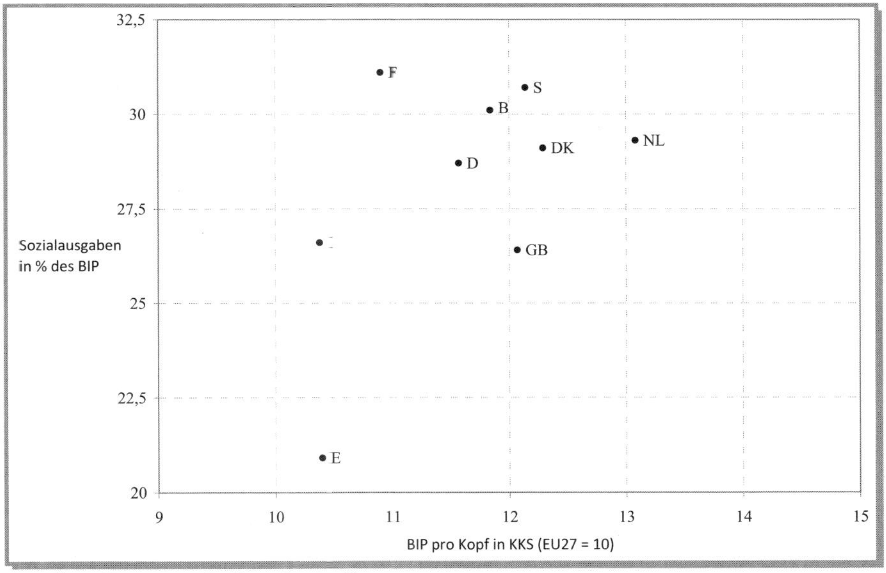

Quelle: Eurostat Online Statistiken

Dementsprechend wird hier ganz deutlich die Annahme vertreten, dass sich Wohlfahrtsstaaten unterscheiden, je nachdem wie stark sie sozialdemokratisch geprägt sind

Beide Autoren sowie die von ihnen vertretenen Richtungen der vergleichenden Wohlfahrtsstaatsanalyse betonen über die genannten Faktoren hinaus die zentrale Rolle, die korporatistischen Arrangements zukommt. Mit diesem Variablenkomplex verbindet sich eine Reihe von unterschiedlichen Einzelphänomenen und Wirkungsmustern: Sie beziehen sich etwa auf tripartistische Einkommenspolitiken zwischen den Tarifparteien und dem Staat; ferner sind starke Gewerkschaften (d.h. hoher Organisationsgrad sowie starke Zentralisierung) als Indikatoren für die außerparlamentarische Stärke der Arbeiterbewegung angesehen worden. Diese korporatistischen Einflüsse können sich auf die Entwicklung des Wohlfahrtsstaates auswirken, insofern direkte positive Effekte auf die (Voll-)Beschäftigung ausgehen bzw. mittelbar durch Wachstum der Umverteilungsspielraum vergrößert wird, was zu vermehrten Aktivitäten in der Sozialpolitik führt.

Schaubild 3-3: Determinanten der Entwicklung des Wohlfahrtsstaates

Quelle: Eigene Darstellung

3.2.2 Methodische Differenzen als eine Ursache der Kontroverse

Da sowohl die Vertreter der Industrialisierungsthese als auch die Protagonisten der These der Relevanz politischer Faktoren (v.a. sozialdemokratischer Parteien) für ihre Überlegungen jeweils umfangreiche empirische Belege aufbringen können, taucht die Frage auf, wie denn dieser Widerspruch zu erklären ist. Hier wird die Behauptung vertreten, dass in diesen Kontroversen konzeptionelle und methodische Unterschiede zwischen den beiden Schulen zu wenig beachtet worden sind, ja, dass wir es z.T. mit Forschungsartefakten zu tun haben. Das bedeutet überspitzt formuliert, dass beide Gruppen aneinander vorbei argumentieren.

Denn zur Messung der unabhängigen Variablen „wohlfahrtsstaatliche Anstrengung" verwendet Wilensky Statistiken, die sich auf Ausgaben für Sozialversicherungen (d.h. die Sozialleistungsquote) beziehen. Im Unterschied dazu bezieht sich Stephens auf die gesamten Staatsausgaben abzüglich der Kosten für Verteidigung. Damit basieren die Arbeiten von Wilensky auf einem engen, die von Stephens dagegen auf einem weiten

Konzept des Wohlfahrtsstaates. Es handelt sich bei ersterem primär um einen Indikator dafür, wie reaktiv der Staat ist, während das zweite Konzept primär seine Interventions- und Präventionskapazitäten angibt.[48]

Darüber hinaus zeigen weitere Analysen (mit OECD-Daten für 17 Länder im Zeitraum von 1960-80), dass Wilenskys Teilerklärung durch die Altersstruktur der Gesellschaft nur dann trägt, wenn auch sein Indikator, d.h. die Sozialversicherungsausgaben, zugrunde gelegt wird. Die These wird aber nicht bestätigt, wenn auf die zivilen Staatsausgaben (d.h. den Indikator von Stephens) rekurriert wird (vgl. O'Connor/Brym 1988). Zudem nähren neuere Entwicklungen und Analysen den Verdacht, dass es sich mit dem von Wilensky postulierten Konvergenzeffekt ebenfalls um einen Artefakt handelt. Zwei Gründe sprechen für diese Annahme:

- Zum einen ist die Annäherung der Länder und Systeme in der Nachkriegsära zugleich eine Periode intensiven Wirtschaftswachstums, während sich (grob gesehen) vor 1945/50 und nach 1980 die Unterschiede wieder verstärken, was aktuell nicht zuletzt mit unterschiedlichen sozialpolitischen „Sparphilosophien" zusammenhängt;
- Zum anderen vollzieht sich seit den 70er Jahren in Westeuropa ein starker Ausbau der sozialen Dienste, die institutionell sehr heterogen organisiert und finanziert sind, was vom Messkonzept der Ausgaben für Sozialversicherungen nicht ausreichend erfasst wird.[49]

Die parteipolitische oder sozialdemokratische Perspektive, die hierzulande etwa durch M. G. Schmidt vertreten wird, ist allerdings ebenfalls nicht unproblematisch. Sie teilt die Welt schlicht in bürgerliche und sozialdemokratische Parteien ein, ohne die massiven Unterschiede innerhalb des jeweiligen Lagers zu berücksichtigen und ohne die parteipolitischen Differenzen über Formeln wie „Markt versus Staat" hinaus substantiell zu unterfüttern (z.B. durch systematische Programmanalysen). Einige wichtige Fälle wie die Niederlande[50] und Deutschland bzw. allgemein

---

48 Vgl. hierzu auch die Überlegungen aus Kap. 1 zur Mehrdeutigkeit und Politikhaltigkeit des Phänomens Wohlfahrtsstaat. Neuere methodische Debatten bei der OECD, Eurostat und in der Forschung konzentrieren sich auf das Phänomen der Nettoleistungen, d.h. es werden etwa die Steuern, die auf Sozialleistungen erhoben werden, abgezogen und die gesetzlich vorgeschrieben Leistungen wie die Lohnfortzahlung der Betriebe dazugerechnet. In der Tendenz wird der Umfang des Wohlfahrtsstaates in DK und S nach unten und der der BRD nach oben korrigiert (vgl. Castles/Obinger 2006).

49 Vgl. zu dieser These Kap. 17.

50 Siehe das entsprechende Länderkapitel (Kap. 8). Zur Anlayse der sozialpolitischen Aussagen in den Parteiprogrammen der NL (und der BRD) zeigen sich erhebliche Änderungen im Zeitverlauf, die nicht nur Sozial-, sondern auch die Christdemokraten betreffen und zu Annäherungen zwischen beiden Parteifamilien („Christdemokratisierung") führen (so Seeleib-Kaiser u.a. 2005).

Länder mit starken christdemokratischen Parteien produzieren demnach entweder einen „Überschuß“ an Sozialpolitik oder diese Parteien müssen als „quasi-sozialdemokratisch“ eingestuft werden. Inzwischen hat der „Sonderfall“ der Christdemokraten stärkere und differenziertere Aufmerksamkeit erhalten. Auch ist es für Länder wie Japan oder die USA heftig umstritten, ob dort analoge „linke“ Parteien überhaupt existieren. Diese Einwände führen insgesamt zu der skeptischen Frage, ob denn sozialtheoretisch wie historisch gesehen überhaupt eine Arbeiterklasse (für sich) existiert und als sozialpolitischer Akteur fungiert hat und welche Kalküle zu einer Kollektivierung sozialer Risiken - in der postulierten universellen Form - geführt haben.

Die Auseinandersetzung um die Determinanten wohlfahrtsstaatlicher Entwicklung wird noch durch zwei weitere Aspekte kompliziert:

- Zum einen ist die Verbindung zwischen Gewerkschaften und Parteien komplexer als es im Lichte der Machtressourcen- und Linksparteienthesen postuliert wird. Gerade in Zeiten des Umbaus bzw. „Retrenchments“ sind Regierungen im Vorteil, wenn ihre Reformstrategien zu den Politiken der Sozialpartner kompatibel sind, wie etwa bei der tariflichen und betrieblichen Altervorsorge bzw. den Rentenreformen (wie in DK, S und NL im Unterschied zu DEund F; vgl. dazu Trampusch 2008).
- Zum andern wird neuerdings die Frage aufgeworfen, ob denn Unternehmen bzw. Unternehmerverbände „per se Verfechter einer neoliberalen Politik“ sein müssen, oder ob sie „ein Interesse an Sozialpolitik“ entwickeln können. Dabei spielen v.a. die organisatorische Verfasstheit und die Zeithorizonte der Kapitalseite eine Rolle (Mitbestimmung 5/2002 mit weiteren Hinweisen).

Nicht unproblematisch ist in diesem Zusammenhang auch die unabhängige Variable: Mit den unterschiedlichen Operationalisierungen des Phänomens Wohlfahrtsstaat wird zugleich die Frage berührt, ob und inwieweit sich vergleichende Analysen über wohlfahrtsstaatliche Politiken auf Sozialpolitik (im engeren Sinne) konzentrieren sollen oder ob nicht verstärkt die Wirtschaftspolitik einzubeziehen sei, wobei sich dann vielfältige Überschneidungen mit der Neokorporatismus-Diskussion ergeben. Letzteres macht in sachlicher und funktionaler Hinsicht durchaus einen Sinn, da etwa eine aktive Arbeitsmarktpolitik, Regelungen der industriellen Beziehungen, keynesianische wirtschaftliche Steuerung etc. nicht ohne Wirkungen auf die Sozialpolitik bleiben. Ferner kann für eine vergleichende Klassifikation von Wohlfahrtsstaaten gerade das Interventionsgefälle zwischen Wirtschafts- und Sozialpolitik eine charakteristische Dimension sein. Manfred Schmidt hat etwa auf diese Diskrepanz zwischen ökonomischer Passivität (vor allem in Bezug auf Interventionen am Arbeitsmarkt) und sozialpolitischer Aktivität der meisten westeuropäischen Länder (außer den skandinavischen) hingewiesen.[51]

3.3 Erfassung von charakteristischen Merkmalen und Differenzen des modernen Wohlfahrtsstaates durch Bildung von Typen

3.3.1 *Der Vorschlag von Esping-Andersen*

Wie z.B. der Sozialhistoriker Günther Lottes (1997) zu Recht hervorhebt, darf die Ähnlichkeit der statistischen Daten, insbesondere auf dem Niveau von Sozialleistungsquoten und von ähnlichen hoch aggregierten Indikatoren für den Umfang sozialer Sicherung, nicht darüber hinwegtäuschen, dass der Wohlfahrtsstaat in den einzelnen europäischen Ländern recht unterschiedliche Profile und Systemmerkmale aufweist. In diesen spiegeln sich die einschlägigen Erfahrungen der jeweiligen nationalen Politik- und Sozialgeschichte sowie die politischen Kräfteverhältnisse wider, weshalb in der neueren politikwissenschaftlichen Forschung von verschiedenen Typen des Wohlfahrtsstaates ausgegangen wird.

Hier ist besonders auf den Vorschlag von Gøsta Esping-Andersen einzugehen, da dieser eine beachtliche Resonanz und breite Rezeption gefunden hat. Er bemerkt zur dringend notwendigen Abkehr von der Strategie der Untersuchung von Staatsausgaben Folgendes:

> „Ausgaben sind eine oberflächliche Begleiterscheinung des theoretischen Kerns des Wohlfahrtsstaates“... Und: „Es ist schwierig, sich vorzustellen, daß sich jemand allein wegen der Kosten bemüht“...
>
> „Wenn unser Ziel darin besteht, Kausalzusammenhänge in theoretischen Ansätzen zu überprüfen, die mit Akteuren operieren, dann sollten wir bei den tatsächlichen Forderungen jener Akteure beginnen, die wir in der Geschichte der Wohlfahrtsstaatsentwicklung als kritisch erachten“ (Esping-Andersen 1990: 19, 20, 21).

51 Inzwischen hat sich unter dem Stichwort rheinische vs. angelsächsische Kapitalismus-Modelle eine ähnliche Perspektive in der vergleichenden politischen Ökonomie eingestellt. Hierbei kommt es zu engen Wahlverwandtschaften zwischen Welten der Wohlfahrt und denen des Kapitalismus; am Beispiel Beschäftigung vgl. Alber 2000 und Jochem/Siegel 2000 sowie generell Schröder 2008.

Schaubild 3-4: Typen und Dimensionen des Wohlfahrtsstaates[52]

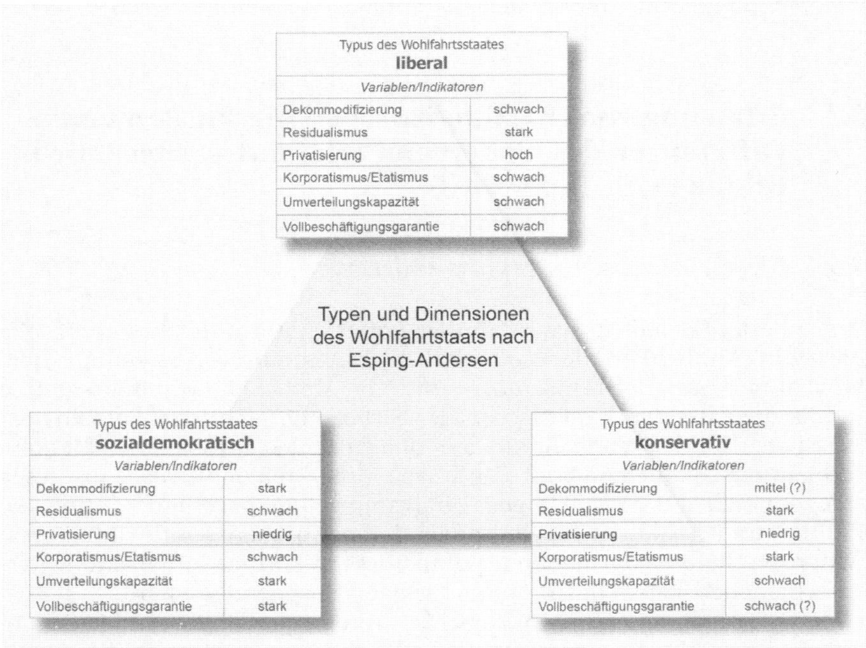

Quelle: Eigene Darstellung

Jeder dieser Wohlfahrtsstaatstypen folgt einem historisch angelegten Entwicklungspfad, verfügt also über seine eigene Logik der Organisation der Sozialpolitik, der Muster sozialer Schichtung und Ungleichheit (v.a. im Beschäftigungssystem) sowie der Formen gesellschaftlicher Integration bzw. Ausgrenzung. Sie produzieren in unterschiedlichem Umfang Wohlfahrtsprogramme, Eintrittsbarrieren und Leistungen, was sich als Maß an „Dekommodifizierung" (Esping-Andersen), d.h. der relativen Unabhängigkeit von den Zwängen und Risiken kapitalistischer (Arbeits-)Märkte,

52 Natürlich bewegen sich viele reale Fälle zwischen den Idealtypen Esping-Andersens, was in der grafischen Darstellung zum Ausdruck kommen soll. Die NL haben sich z.B.im langen Zeitraum gesehen von der konservativen Ecke in die Mitte des Dreicks bewegt. Die mit mittel (?) bzw. niedrig / schwach (?) versehenen Einstufungen des konservativen Typs entstehen der Tendenz zur Spaltung; d.h. sie beinhalten eine Kombination von hoch (für einen Teil der Bevölkerung) und niedrig (für einen anderen).

zusammenfassen lässt. Zugleich führen die Sozialausgaben sowie andere Umverteilungsmaßnahmen – wenn sie wie im sozialdemokratischen Wohlfahrtsstaat hoch ausfallen – zu einer merklichen Verringerung sozialer Ungleichheit[53] (siehe Schaubilder 3-5 und 3-6).

Der liberale Wohlfahrtsstaat (z.B. USA, Kanada, Australien) steht am unteren Ende der Skala; sein Dekommodifizierungs-Effekt fällt insgesamt nur gering aus. Hier werden vor allem die Rolle des freien Marktes und der Familie betont; soziale Anspruchsrechte sind niedrig angesiedelt, ja mit individuellen Bedürftigkeitsprüfungen verbunden und ihr Bezug ist mit Stigmatisierung behaftet.

Der konservative Typ des Wohlfahrtsstaates (Österreich, Frankreich, Italien, Deutschland) interveniert zwar stärker, freilich eher temporär aus staatspolitischen, paternalistischen Gründen. Er ist ferner stark lohnarbeits- und sozialversicherungszentriert, d.h. soziale Rechte sind an Klasse und Status gebunden. Entsprechend ist die Warenförmigkeit der Arbeitskraft nur in mittlerem Maße gemildert.

Die sozialdemokratischen Regimes (Schweden, Norwegen, Dänemark) sind universalistisch, es wird Gleichheit auf dem höchsten Niveau angestrebt und die Anspruchsgrundlage bilden soziale Bürgerrechte. Die Dekommodifizierungs-Effekte sind hier am stärksten ausgeprägt (Esping-Andersen 1990: 26f, s.a. Schmidt 2005: 220ff, Kangas/Palme 2009 und Zinn 2007).[54]

---

53 Soziale Ungleichheit bezieht sich hier auf Einkommen und wird über den Gini-Koeffizienten gemessen. Der Korrelationskoeffizient (r) zwischen beiden Variablen beträgt 0.74.

54 Inzwischen hat diese Maßzahl, die die 80er Jahre in der Form der drei Welten abbildet, einige empirisch und methodisch-konzeptionelle Kritik erfahren, s.dazu Bambra 2006, Tiemann 2006 und Scruggs/Allan 2006.

Schaubild 3-5: Rangreihe der Wohlfahrtsstaaten nach der Größe des Dekommodifizierungsindexes

Land	Index	Land	Index	Land	Index
Australien	13,0	Italien	24,1	Österreich	31,1
USA	13,8	Japan	27,1	Belgien	32,4
Neuseeland	17,1	Frankreich	27,5	Niederlande	32,4
Kanada	22,0	Deutschland	27,7	Dänemark	38,1
Irland	23,3	Finnland	29,2	Norwegen	38,3
Großbritannien	23,4	Schweiz	29,8	Schweden	39,1
Durchschnitt	*27,2*	*Standardabweichung*			*7,7*

Quelle: Esping-Andersen 1990: 52

3.3.2 Wohlfahrtsstaat, Haushaltsproduktion und Globalisierung bei Esping-Andersen

Esping-Andersen (1999) hat versucht, sein Modell der drei Welten des Wohlfahrtskapitalismus auszuweiten und fortzuschreiben und sich dabei auf zwei Aspekte konzentriert:

- einerseits auf den Wandel zur globalisierten, postindustriellen Gesellschaft,
- andererseits auf die Bedeutung der privaten Haushalte.

Beide Momente hängen eng zusammen und wirken auf die Dynamik des Wohlfahrtsstaates ein. Zudem spielt hier das „Trilemma der Dienstleistungsökonomie“ (Iversen/Wren) eine Rolle, wonach es in einer modernen Dienstleistungsökonomie unmöglich ist, gleichzeitig einen ausgeglichenen Staatshaushalt, geringe Ungleichheit der Einkommen und ein hohes Beschäftigungsniveau zu realisieren. Regierungen können demnach allenfalls erfolgreich jeweils zwei dieser Ziele zugleich verfolgen, nicht aber alle drei auf einmal. Aus der Entscheidung für unterschiedliche Zielkombinationen ergeben sich wiederum die (erwartbaren) Differenzen zwischen den verschiedenen Typen des Wohlfahrtsstaates.

Mit der verstärkten Globalisierung treten massive Folgeprobleme am Arbeitsmarkt auf, die sodann auf den Wohlfahrtsstaat durchschlagen. Wenn man sich auf die mittelfristige Entwicklung des Arbeitsmarktes konzentriert, so ergibt sich folgendes Bild: Im liberalen Wohlfahrtsstaat wirkt sich der Druck des Weltmarktes auf Löhne und Sozialleistungen aus, da hier durch Deregulierungsmaßnahmen eine Verbesserung von Wachstum und Beschäftigung erreicht werden soll und z.T. auch erreicht wird – freilich mit der Folge, dass (wie in den USA) eine Schicht der sogenannten „working poor" entsteht. In sozialdemokratischen Wohlfahrtsstaaten (Schweden, Dänemark) wird hingegen durch eine aktive Arbeitsmarktpolitik und einen massiven Ausbau des öffentlichen Dienstes versucht, das Wegbrechen alter Arbeitsplätze zu kompensieren. Schließlich tendiert der konservative Wohlfahrtsstaat (v.a. im Fall Deutschland) dazu, angesichts der ökonomischen Schwierigkeiten das Angebot an Arbeitskräften zu reduzieren. Durch die Förderung von Frühverrentung und Erwerbsunfähigkeit sowie den massiven Ausschluss von Frauen vom Arbeitsmarkt werden so (nur) die Arbeitsplätze der Kernbelegschaften in den Industriebetrieben stabilisiert. Auf diese Weise entsteht Wohlfahrt ohne Arbeit, bzw. kommt es zu einer stabilen und hohen Arbeitslosigkeit (Vail 2008). Freilich beginnt hier seit einigen Jahren, ein „Auftauen" und die konservativen Bismarck-Regime beginnen gerade hier, Reformen umzusetzten mit der Folge, dass sich etwa Arbeitsmarktregulierungen und -politiken verändert (etwa in der BRD durch die Hartz-Gesetze), sowie die Frauenerwerbsquote erhöht haben (vgl. Palier/Martin 2008, Vail 2008).

In Bezug auf die Form der Dienstleistungsproduktion spielen bei Esping-Andersen (1999; s.a. Schmid 2009) die privaten Haushalte jeweils eine unterschiedliche Rolle:

- Im liberalen Modell werden umfangreiche häusliche Dienstleistungen durch Ober- und Mittelschichtenfamilien konsumiert, was v.a. auf die niedrigen Löhne im Sektor der privaten Dienstleistungen zurückgeht.
- Im sozialdemokratischen Modell übernimmt der Staat (d.h. der öffentliche Dienst) die Aufgabe, ausreichend soziale Dienstleistungen auch für private Haushalte zur Verfügung zu stellen.
- Im konservativen Modell findet keine Expansion des Dienstleistungssektors statt; hier bleibt diese Funktion als privates Phänomen den Familien (und damit den Frauen) überlassen. Hier kommt es gerade nicht zu den selbstverstärkenden Effekten einer Berufstätigkeit

beider Ehepartner einerseits und einer hohen Nachfrage nach Diensten (mit entsprechenden Beschäftigungseffekten) andererseits [55]

Mit dieser Erweiterung lässt sich ferner der ökonomische Bias seines Modells verringern und die Welten des Wohlfahrtsstaates können stärker gesellschaftlich eingebunden werden. Esping-Andersens Überlegungen sind in Schaubild 3-6 zusammengefasst.[56]

Schaubild 3-6: Erweiterte Merkmale von Wohlfahrtsstaatsregimen

	Liberal	Sozialdemokratisch	Konservativ
Rolle von:			
Familie	marginal	marginal	zentral
Markt	zentral	marginal	marginal
Staat	marginal	zentral	subsidiär
Wohlfahrtsstaat:			
Modus der Solidarität	individuell	universell	Verwandtschaft, Korporatismus, Etatismus
Lokus der Solidarität	Markt	Staat	Familie
Dekommodifizierung	minimal	maximal	hoch (für Kernklientele)
Beispiele	*USA, GB*	*S, DK*	*D, I, (E)*

Quelle: Esping-Andersen 1999: 85; eigene Ergänzungen

Versucht man nun, abschließend die unterschiedliche Performanz der Welten des Wohlfahrtsstaates zu erfassen, so kann man ausgewähte Indikatioren in einem Radar-Chart abbilden, was die jeweiligen Stärken und Schwächen veranschaulicht.[57]

---

55 In umfangreichen Studien ist Scharpf (2000) zu ähnlichen Ergebnissen gelangt.

56 Damit nimmt er zugleich einen Teil der geäußerten Kritik, die im nächsten Abschnitt dargestellt wird, auf.

57 Holtmann u.a. 2006 haben ebenfalls versucht, nicht nur die Performanz, sondern zudem die Unterstützungspotenziale der Welten des Wohlfahrtsstaates zu erfassen. Dazu füllen sie ein Set an „moral values“ und normativen Kriterien mit empirischen Indikatoren einschließlich Umfragedaten. Das Ergebnis (grafisch auf S. 139) zeigt die Überlegenheit des sozialdemokratischen bzw. skandinavischen Modells.

Schaubild 3-7: Gesamtperformanzen der drei Wohlfahrtsstaatsregime – Leistungen

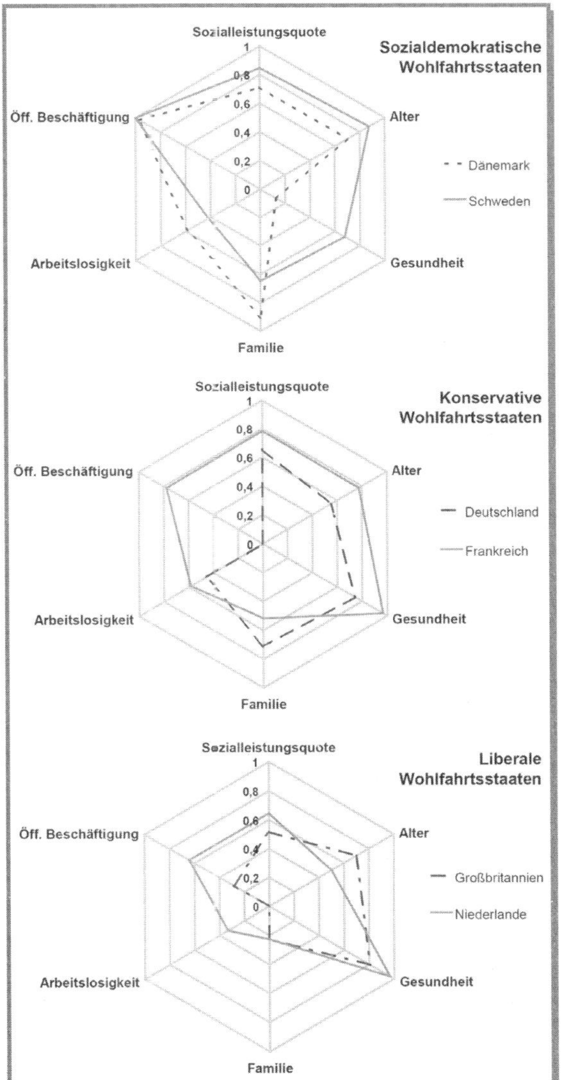

Quelle: Eigene Darstellung

Schaubild 3-8: Gesamtperformanzen der drei Wohlfahrtsstaatsregime - Wirkungen

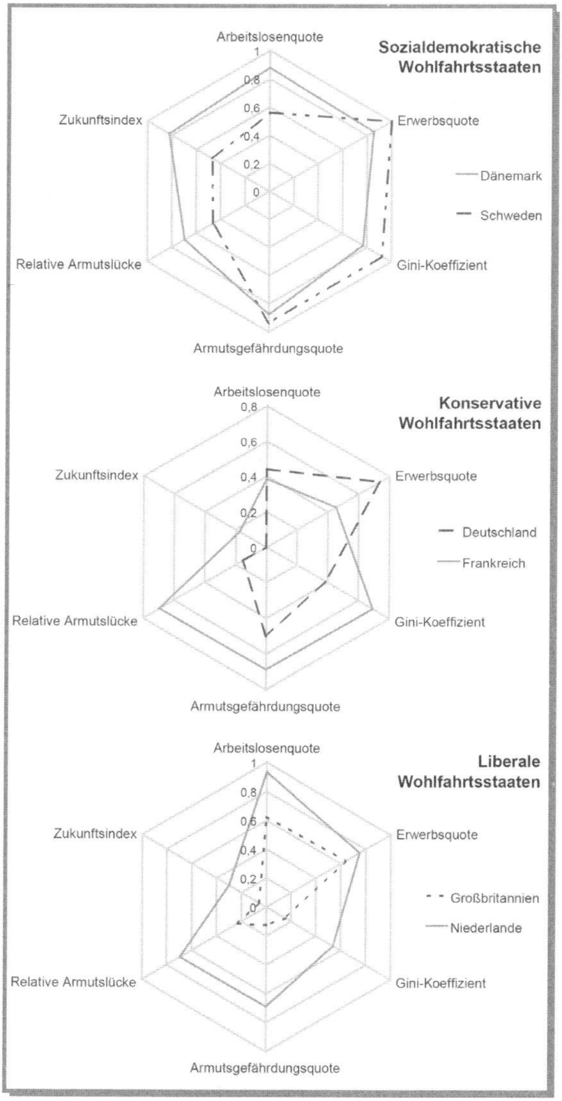

Quelle: Eigene Darstellung

3.3.3 *Kritische Diskussion und Ergänzung der Wohlfahrtsstaats-Typologien*

Stephan Leibfried (1990, s.a. Lessenich 1995) hat den Ansatz von Esping-Andersen positiv aufgenommen, ihn aber um den Typus des „rudimentären Wohlfahrtsstaates" ergänzt, um damit die Länder Südeuropas (Spanien, Portugal, Griechenland und teilweise Italien) zu erfassen. Hier sind die Systeme der sozialen Sicherung nur partiell entwickelt und der Anspruch auf Wohlfahrt ist rechtlich nicht verankert; es existieren aber noch traditionelle, nicht-staatliche Formen der sozialen Unterstützung (Kirchengemeinde, Familie). In diesem Zusammenhang ist ebenfalls zu berücksichtigen, dass es sich hier um weniger industrialisierte, strukturschwache und arme Länder handelt, also auch nur relativ geringe Einkommen am Markt erzielt werden.[58] Diese Gruppe der Süd- oder Mittelmeerländern hat sich inzwischen weitgehend durchgesetzt und findet auch in den Analysen der EU Anwendung (s. etwa Sapir 2005 Schmid 2008). Auffällig ist bei dieser Gruppe zudem „the high levels of employment protection" als „one oft the distinctive features" (Karamessini 2007: 24). Analog wird im Übrigen mit den mittelosteuropäischen Ländern verfahren, die durch die besonderen Transformationsprozesse geprägt sind (zu diesen vgl. Baum-Ceisig u.a. 2008). Auf diese Weise entstehen dann fünf Welten.

Aufgrund der auffälligen Rolle gleichsprachiger Länder bilden Francis Castles und Deborah Mitchell (1993) ebenfalls eine Typologie; hier wird ein weiteren Wohlfahrtsstaatstyp identifiziert, den sie als „radikal" bezeichnen. Er ist definiert durch das Erbe des radikalen Egalitarismus, der um die Jahrhundertwende in Großbritannien, Australien und Neuseeland entstanden ist und stark die anfänglichen Entscheidungen über die Struktur der Wohlfahrtsleistungen und die Finanzierung beeinflusst hat. Hier wird Sozialpolitik nur mit einem geringen Ausgabenvolumen, aber dafür massiv mit umverteilenden Instrumenten betrieben, weil es sich für die relativ starke Arbeiterbewegung während der Nachkriegszeit als schwierig erwiesen hat, breite, öffentliche Unterstützung für materielle Verbesserungen zu erreichen.

---

58 Vgl. hierzu auch den Abschnitt zu Spanien (Kap. 10). Ferner hat Kohl (2000:146f.) darauf hingewiesen, dass die Gemeinsamkeiten der europäischen Länder gegenüber den USA oder Japan so groß seien, dass man durchaus von einem europäischen Wohlfahrtsstaats-Modell in statu nascendi sprechen kann. Dies bestätigt zumindest die Entscheidung, jene Fälle wie USA oder Japan hier nicht zu behandeln.

Schaubild 3-9: Öffentliche Ausgabenquote und Einkommensungleichheit (ca. 1980)

		Transferzahlungen als Anteil am BSP	
		niedrig	*hoch*
durchschnittliche Einkommensgleichheit	*niedrig*	Japan Kanada Schweiz USA	BRD Frankreich Italien Niederlande Österreich
	hoch	Australien Finnland Großbritannien Irland Neuseeland	Belgien Dänemark Norwegen Schweden

Quelle: Castles/Mitchell 1993: 105

Eine ältere, allerdings nicht weniger wichtige Unterscheidung geht von zwei grundlegenden Typen aus: dem Beveridge-Modell (oder Fürsorgemodell) der Staatsbürgerversorgung und dem Bismarck-System der Sozialversicherung. Hier sind die sozialdemokratischen und liberalen Fälle zu einer Gruppe zusammengefasst – was angesichts derer Differenzen eher für das Vorgehen von Esping-Andersen spricht.

Schaubild 3-10: Beveridge-Modell und Bismarck-Modell des Wohlfahrtsstaates

	Versicherungsmodell (Bismarck-Modell)	**Fürsorgemodell** (Beveridge-Modell)
Gesicherte Person	Gruppe der versicherten Arbeitnehmer (Erwerbstätige)	die gesamte Bevölkerung
Finanzierung	Beiträge nach Löhnen/ Gehältern (Einkommen)	Staatsbudget (Steuern)
Geldleistungen	Bemessung auf der Grundlage der ausgefallenen Löhne/Gehälter (Einkommen)	einheitliche Pauschalleistungen
Sachleistungen	Sachleistungen der Versicherung oder im Wege der Kostenerstattung	kostenlos (Bereitstellung durch staatlichen Gesundheitsdienst)
Verwaltung	z.T. privat, häufig paritätisch (Arbeitgeber/Arbeitnehmer)	öffentlich
Transferintensität	niedrig	hoch

Quelle: Schulte 1991: 550; eigene Ergänzungen

Daten zu den Finanzierungsmustern der sozialen Sicherung korrespondieren in hohem Maße mit dieser Zweiteilung. Darüber hinaus bestehen jedoch erhebliche Unterschiede bei der Belastung von Arbeitnehmern und Arbeitgebern. So tragen in Frankreich und Spanien vor allem die Zweitgenannten den Hauptteil: In Frankreich bringen die Arbeitgeber 44,3 Prozent und die Arbeitnehmer 20,9 Prozent der Sozialschutzeinnahmen auf, in Spanien liegen die Werte bei 48,5 Prozent für die Arbeitgeber und 15,4 Prozent für die Arbeitnehmer. In den Niederlanden werden die Arbeitnehmer (mit 37,7 Prozent) demgegenüber stärker herangezogen. Die BRD weist eine relativ gleichmäßige Verteilung zwischen Kapital und Arbeit auf; die entsprechenden Werte für die Anteile an den gesamten Einnahmen sind 35,3 Prozent und 27,8 Prozent der gesamten Einnahmen für den Bereich Sozialschutz.[59]

Trotz der überragenden Bedeutung, die den „Three Worlds of Welfare" von Esping-Andersen zukommen, lassen sich durchaus einige weitere kritische Anmerkungen theoretischer und methodischer Art machen, die weitergehender Natur als die bisher referierten Aspekte sind. So ist z.B. das Vorgehen der Methode Max Webers zuzurechnen, wobei bei Esping-Andersen nicht immer klar wird, ob es sich um Ideal- oder Realtypen handelt und welche Kausalitäten unterstellt werden. Zugleich sind Zweifel angebracht, ob mit den durchgeführten Korrelations- und Regressionsanalysen der kausalen Komplexität der Prozesse der Herausbildung unterschiedlicher Typen von Wohlfahrtsstaaten ausreichend Rechnung getragen werden kann; Esping-Andersen selbst zweifelt das an. Denn im Grunde handelt es sich immer noch um Querschnittsanalysen mit einem beschränkten Zeithorizont (vgl. Kohl 1993: 79; s.a. ders. 2000 mit einer ausführlichen Diskussion der Funktion von Typologien sowie die Beiträge in Lessenich/Ostner 1998).[60]

Eine andere Schwäche hat Diane Sainsbury (1981: 20ff) schon bezüglich der älteren Versuche einer Wohlfahrtsstaats-Typenbildung kritisiert. Diese sind für die international vergleichende Analyse nur begrenzt brauchbar, weil

- die Beziehungen zwischen den Dimensionen empirisch nicht konsistent sind,
- sich wichtige Fälle diesem Klassifikationsschema entziehen,
- sie im Grunde nur Eigenschaften auflisten, aber keine Erklärungen liefern und

59 Alle Daten für das Jahr 2006. Arbeitnehmer sind hier aus statistischen Gründen vereinfachend mit geschützten Personen gleichgesetzt, worin beispielsweise auch Selbstständige und Rentenbezieher enthalten sind. Datenquelle: Eurostat Online Statistiken.

60 Gut geeignet für die Erfasssung von Typen ist die QCA/Qualitative Fallsutienanalyse nach Ragin (vgl. dazu Janoski/Hicks 194 sowie die aktuelle Studie von Vis 2007).

- sie statisch angelegt sind und daher Ausmaß und Richtung von Wandlungsprozessen nicht erfassen können.

Claus Offe hat ferner bemängelt, dass Esping-Andersen wohl von einer stark rationalistisch geprägten Theorie politischer und institutioneller Entwicklungen ausgeht und dass so „unbeabsichtigte Folgen“ und „Widersprüche“ vernachlässigt werden. Zugleich greift er zwei weitere zentrale Fragen auf, nämlich:

- Hat das Konzept der Dekommodifizierung die gleiche Bedeutung für Akteure in allen drei von ihm untersuchten Regimes?
- Könnte es nicht sein, dass die Dekommodifizierung nicht das Gegenteil der Behandlung von Arbeitskraft als Ware ist, sondern sogar eine Voraussetzung dafür, dass sich die Kategorie Arbeitnehmer sozial überhaupt ausbilden kann und sozial erträglich bleibt? (Offe 1993: 83f).

Ein weiterer Kritikpunkt besteht darin, dass institutionelle Regelungen nicht immer eindeutig interessenpolitisch und normativ zu verorten sind: Vermutlich beruht die erfolgreiche Durchsetzung der Sozialversicherung als Organisationsprinzip der sozialen Sicherung zu einem guten Teil auf ihrer Offenheit und Mehrdeutigkeit gegenüber konkurrierenden Interpretationen. So können Sozialversicherungen je nach erfasstem Personenkreis und je nach Art der Finanzierungs- und Leistungsstruktur mit sehr unterschiedlichen Graden von Universalismus und Dekommodifizierung verbunden sein (vgl. Kohl 1993: 73f.).[61] Auch sind seine politisch-institutionellen Faktoren ergänzungsbedürftig und die Erklärungszusammenhänge komplexer (Schmidt 2005).

Schließlich benutzt Esping-Andersen im Grunde genommen vor allem eine Vergleichsfolie, nämlich das Ausmaß an Dekommodifizierung – oder wie es in einer älteren Arbeit hieß: die Reichweite der Politik gegenüber dem Markt. Dies drückt sich aus in der zentralen Bedeutung der Frage nach der Regulierung und Begrenzung des kapitalistischen Marktes bzw. dem Umfang aktiver Arbeitsmarktpolitik. Diese Messlatte reflektiert jedoch in hohem Maße die normativen und institutionellen Grundlagen des sozialdemokratischen Typus sowie die schwedische Empirie.[62]

---

61 Dementsprechend gehen Universalität, Steuerfinanzierung und hohe Inklusion auch nicht immer auf die Stärke der Sozialdemokratie bzw. die Interessenlage der Arbeiterschaft oder gar auf eine hohe gesellschaftliche Solidarität zurück, sondern die Agrarbevölkerung und die Mittelschichten haben entscheidenden Einfluss ausgeübt. Besonders Peter Baldwin (1990) hat dies bei der Rekonstruktion der Wurzeln des schwedischen Wohlfahrtsstaates herausgearbeitet. Für ihn wird die Entwicklung des Wohlfahrtsstaates weniger durch soziale Klassen bestimmt, sondern die Sozialversicherungssysteme schaffen sich ihre Akteure in Form von „Risikoklassen“ selbst.

62 Vgl. dazu den Bericht zum Fall Schweden (Kap. 9).

Allerdings wird das Thema Dekommodifizierung nicht weiter differenziert und etwa nach der variablen institutionellen Zuständigkeit jenseits von Staat und Markt gefragt, die auch bei einer öffentlichen Finanzierung besteht. Geht man in diesem Zusammenhang von der Unterscheidung zwischen sozialen Transfers und öffentlichem Konsum aus, so ergibt sich folgendes Bild: Während letztere Form von Sozialausgaben in den skandinavischen Ländern und Großbritannien anzutreffen war und ist, herrscht auf dem Kontinent erstere vor. Transferleistungen sind jedoch im Hinblick auf ihre Wirkung nicht eindeutig, insofern sie als Nachfrage in den unterschiedlichen Sektoren (Staat, Markt, Wohlfahrtsverbände und Selbsthilfegruppen, Familie) wirksam werden können.[63]

Trotz dieser Kritik – so lässt sich als Fazit festhalten – ist die Typologie von Esping-Andersen zum Dreh- und Angelpunkt der vergleichenden Wohlfahrtsstaatsforschung geworden und auch nach zwanzig Jahren noch geblieben. Das verdankt sie zum einen der Integration wichtiger Elemente der verschiedenen Schulen und Ansätze (s.o.), zum anderen aber auch einer gewissen konzeptionellen Offenheit, die es erlaubt, (mehr oder weniger stark) daran anzuknüpfen, etwa durch die Modifikation und Ergänzung von Welten oder der Vertiefung im Rahmen von Fallstudien (in komparativer Perspektive) bzw. einzelnen Politikfeldern. In methodischer Hinsicht sind ebenfalls unterschiedliche Anwendungsmöglichkeiten gegeben: Von der statistischen Analyse bis zur historisch-holistischen (qualitativen) Interpretation. Schließlich spielt der Charme der Einfachheit der Trias der Wohlfahrtswelten bei ihrer Verbreitung eine gewisse Rolle. Insofern ist vor einer Ausweitung der Trias zu warnen; viele schwierige Fälle sind Mischformen oder im Entwicklungsstadium. Allenfalls die pragmatische Ausweitung auf fünf Typen bzw. die Ergänzung der klassischen Trias um den mediterranen/südeuropäischen und den postsozialistischen/mittelosteuropäischen Typus machen Sinn.

---

63 Diese Ergänzungen betreffen insbesondere die konkrete Art und Weise der Herstellung sozialpolitischer Güter und Dienstleistungen. Hierauf ist Esping-Andersen inzwischen aber ein Stück weit selbst eingegangen (s.o.).

3.4 Jenseits der drei Welten - neuere Debatten in der Wohlfahrtsstaatsforschung

3.4.1 *Vom keynesianischen Wohlfahrtsstaat zum Schumpeterianischen workfare state – ein Bruch im kapitalistischen Regulationsmodell?*

Eine Reihe von Autoren, die im weitesten Sinne neomarxistischen Ansätzen zuzurechnen sind, hat die grundlegenden Veränderungen, die sich in Staat und Ökonomie seit den 70er Jahren vollzogen haben, zum Anlass genommen, einen deutlichen Bruch in der Entwicklung zu diagnostizieren. Vom „Fordismus" zum „Post-Fordismus" oder vom „keynesianischen Wohlfahrtsstaat" zum „Schumpeterianischen workfare state" sind Formeln, die diese Veränderungen umschreiben und die dabei weit über den Bereich der Wohlfahrtsstaatlichkeit hinausreichen (Jessop 1994 mit Bezug auf den Fall GB; s.a. Torfing 1998 mit Bezug auf DK). Zu den Verschiebungen der ökonomischen Basis zählen neben der bereits mehrfach erwähnten Globalisierung auch der Wandel zur Dienstleistungsökonomie sowie der Einsatz neuer Schlüsseltechnologien (Informations- & Kommunikations-, Bio- und Gentechnologien) und flexibler Produktionskonzepte. Damit verschieben sich die Fundamente des alten Wohlfahrtsstaates und der damit verbundenen keynesianischen Stabilisierungspolitik.

Schaubild 3-11: Zwei kapitalistische Regulationsmodelle im Vergleich

Keynesianischer Wohlfahrtsstaat	Schumpeterianischer workfare state
• Starke Gewerkschaften • Korporatistische Arrangements	• Schwächere Gewerkschaften • z.T. politische Ausgrenzung und Sündenbockfunktion der Gewerkschaften
• Hohes Wachstum • Regulierter Finanzsektor	• Mittleres – schwaches Wachstum • Deregulierte, globale Finanzmärkte
• Niedrige Zinssätze • Steigende Löhne • Langfristige Unternehmensstrategien	• Shareholder Value (hohe Gewinnerwartung bei Investitionen) • Arbeitslosigkeit
• Steigende Sozialausgaben • Wachsende Beschäftigung im öffentlichen Dienst • Dekommodifzierung	• Privatisierung, Kürzungen von Sozialleistungen • schlanker Staat / New Public Management • (Re-) Kommodifizierung

Quelle: Eigene Darstellung

Dies führt zur Krise des alten „Projektes" und zur Formulierung eines neuen Regulationsmodells - eben des „Schumpeterianischen workfare state." Hier wird den Kräften des Marktes wieder freien Lauf gelassen - was freilich nicht mit laissez faire verwechselt werden darf. Denn die freie Wirtschaft braucht einen starken Staat, der allerdings mehr auf Ordnungskräfte (im Sinne von Polizei und Gefängnissen) setzt als auf Soziale Dienste und Transferleistungen. Zugleich wird der Nationalstaat angesichts der Globalisierung und Europäisierung „ausgehöhlt", ferner gewinnen Finanzinstitutionen (Notenbanken und Börsen) an Einfluss, während der Einfluss der Gewerkschaften schwindet. Sozialpolitik wird zunehmend ökonomisch funktionalisiert - als Sicherung des Humankapitals im Standortwettbewerb, als Hilfe zur Arbeit oder als Mittel der Aktivierung allgemein (vgl. differenziert Evers/Heinze 2008). Oder radial formuliert: „Leben auf eigenes Risiko" (Wolf 2007), weil

> „mit dem Wechsel vom Welfare State zum Workfare State Sozialpolitik und Soziale Arbeit selbst von der Idee abrücken, daß die Gesellschaft für die Gefährdung der Existenz ihrer Mitglieder verantwortlich und deshalb auch verpflichtet ist, die Sicherung der Existenz zu gewährleisten, und sie statt dessen subjektive Unsicherheit und Verunsicherung zur Grundlage der von ihr geforderten Eigenverantwortung erheben" (Wolf 2007: 1165).

3.4.2 Dynamik und politische Logik der Spar-, Kürzungs- und Umbaupolitiken

Weniger weitreichende Überlegungen greifen die sozialpolitischen Sparmaßnahmen auf; dabei kommt es zu zwei konträren Einschätzungen: Einerseits werden eine Umstrukturierung und Kürzungen mit erheblichen kumulativen und langfristigen Wirkungen konstatiert, andererseits aber auch eine bemerkenswerte Stabilität bzw. das Ausbleiben radikaler Einschnitte und statt dessen eher Umbaumaßnahmen (differenzierter zum deutschen Fall Alber 2000; s.a. Schmid 1999, Stephens u.a. 1999, Schmidt 2005, Jochem 2007 und Vis 2007). Die erste These ist eng mit den o.a. Theoremen eines neuen Regulationsmodells verbunden, wonach sich der Wohlfahrtsstaat auf dem Rückzug befindet und der Markt bzw. die Familie (um die Elemente des Schemas von Esping-Andersen aufzugreifen) an Bedeutung gewinnen bzw. stärker belastet werden.

Die zweite These sieht neben der Senkung der Sozialleistungen eine Umorientierung und Aktivierung (Rekommodifizierung) am Werk, etwa in Form von Leistungskürzungen bei Arbeitslosigkeit oder verschärften Zumutbarkeitsregelungen bei neuen, schlechteren Jobs – freilich auch mit positiven Effekten auf die Beschäftigung und die soziale Sicherung. So wird etwa die rot-grüne Agendapolitik als ambivalent beurteilt:

> „Auf der einen Seite haben die skizzierten Reformen deutliche Einschnitte im sozialen Netz bewirkt. Erste Zeichen deuten auf eine wachsende soziale Spaltung in Deutschland. Auf der anderen Seite haben die beschriebenen Kürzungen und Leistungseinschränkungen das Ziel, einen weiteren Anstieg der Sozialversicherungsbeiträge und damit der Lohnnebenkosten zu verhindern, erfüllt: Ein drastischer Anstieg der Sozialversicherungsbeiträge, welcher angesichts der Kostensteigerungen in vielen sozialpolitischen Ausgabekategorien sowie der stetigen Abnahme sozialversicherungspflichtiger Beschäftigung wahrscheinlich unvermeidlich geworden wäre, konnte so vermieden werden" (Bogedan u.a. 2007: 54).

Eine andere (deutsche) Version greift den demografischen Wandel und die daraus resultierenden Finanzierungsprobleme v.a. der Rentenversicherungen auf. Zur Absicherung der sozialen Basis dieser Systeme („Generationenvertrag") sind entsprechende generative Leistungen zu berücksichtigen und die Berechnungsgrundlagen entsprechend anzupassen. Der Sozialstaat wird demnach nicht einfach reduziert, sondern er mutiert zum Sicherungsstaat mit dem Ziel der Sicherung seiner System- und Funktionsgrundlagen – zu Lasten der Bewältigung sozialer Notlagen oder re-/distributiver Maßnahmen (Nullmeier/Rüb 1994, Kerschbauer/Schoeder 2005).[64]

Eine weitere Version der Umbauthese sieht in dem Wandel zum Postindustrialismus – d.h. Tertiarisierung der Ökonomie, erhöhte Frauenerwerbstätigkeit, veränderte Familienstrukturen, Entstandardisierung der Arbeit, Entwertung von (veralteteten) Qualifikationen, mangelnde Nachfrage nach Hilfstätigkeiten etc. – eine Ursache für das Entstehen neuer sozialer Risiken, für die Lösungen erforderlich werden.

Dabei sind es die sozialdemokratischen Wohlfahrtstaaten, die bisher die höchsten Anpassungsleistungen erbracht haben. Giuliano Bonoli (2009: 507) hat versucht, die Ausgaben für die neue und die alte wohlfahrtsstaatliche Politik zu unterscheiden. Vereinfacht ergibt sich folgendes Bild: alle Länder, die hier genauer behandelt werden, liegen bei den Ausgaben zur Absicherung der alten, industriellen Risiken im mittlerenNiveaubereich – Spanien etwas weniger, Schweden etwas mehr. Allerdings sind nur die beiden skandinavischen Fälle im Bereich der neuen Risiken vorne, Großbritannien und die beiden kontinentalen Länder sind hier in der Mitte, während Spanien schwächer dasteht. Interessant sind auch zwei andere Fälle, die die Spannungen und Unterschiede noch

64 Aus der Perspektive der Systemtheorie wird der Wohlfahrtsstaat damit zunehmend selbstreferentiell und autopoietisch (vgl. Luhmann 1981).

deutlicher machen. Die USA, wo für beide Risikoarten wenig ausgegeben wird, und Italien, wo das alte industrielle Muster noch eindeutig dominiert.

Schaubild 3-12: Neue soziale Risiken und entpsrechende Absicherungen

Risiko	Sozialpolitische Absicherung
• Arbeit und Familie • Alleinerziehende (Mütter)	• Hort- und Kindergartenplätze • bezahlter Erziehungs- und Elternurlaub • Alters- und Pflegeheime
• Ökon. Strukturwandel und veränderte Qualifikation • Low skill	• Aktivierende Arbeitsmarktpolitiken • Qualifizierung • Bildung
• Riskante Erwerbsbiographien und lückenhafte Sozialversicherungen	• Mindestsicherung • Betriebliche und Tarifrenten
• Migration	• Integrationsmaßnahmen

Quelle: Eigene Darstellung

Schaubild 3-13: Ausgaben zur Bewältigung alter und neuer sozialer Risiken (in % des BIP)

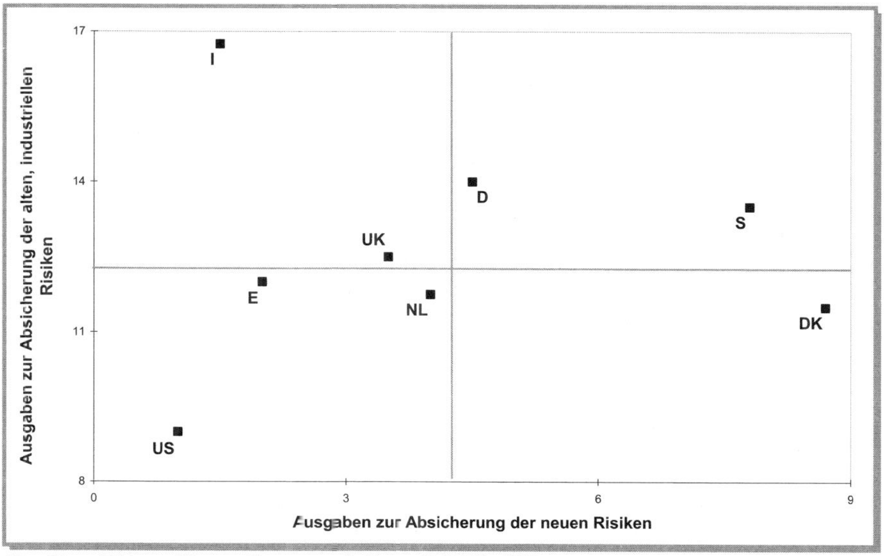

Quelle: Eigene Darstellung nach Bonoli 2009: 507.

Im Rahmen der Sparmaßnahmen zeigen sich jenseit der materiellen Inhalte eigentümliche Muster, die auf eine politische Logik verweisen, die Paul Pierson (1996) als „blame avoidance" bezeichnet hat. Der Abbau des Wohlfahrtsstaates vollzieht sich in einer anderen Konstellation als der Aufbau - so seine Prämisse. Entsprechend verschieben sich die relevanten Erklärungsfaktoren hin zu binnenstrukturellen Aspekten. In modernen Demokratien sind nämlich Kürzungen unpopulär, was dazu führt, dass diese als technische Details „getarnt", auf weniger einflussreiche Klientele und kaum bekannte Sachverhalte oder in die Zukunft verschoben werden. Zudem erweisen sich die Sozialbürokratien und Professionen (wie Ärzte und Sozialarbeiter) als machtvolle Verwalter der Interessen des Wohlfahrtsstaates; nicht selten scheitern Kürzungen an ihrem Veto - und nicht am Protest der betroffenen sozialen Gruppen.[65] Dies mag erklären, warum etwa der Bereich der Rente relativ wenig Kürzungen erfahren musste, denn er bildet (v.a. im deutschen Fall) einen politisch und normativ abgesicherten Kern des Wohlfahrtsstaates.

Ein weiteres Moment der Stabilität erwächst aus dem institutionellen Gefüge des jeweiligen Typus und den daraus entstehenden Kosten für grundlegende Reformen. Diese Pfadabhängigkeit hat sich v.a. im Falle der deutschen Einheit gezeigt, wo wichtige Regelungen in die neuen Länder transferiert worden sind - ohne die andersartigen sozioökonomischen Bedingungen (samt daraus resultierenden finanziellen Folgen) ausreichend zu berücksichtigen (zum Gesamten vgl. auch Kap. 2). Entsprechend dieser Annahme wären die geringsten strukturellen Veränderungen bzw. eine hohe Kontinuität des wohlfahrtsstaatlichen Arrangements (bei Kürzungen im Detail) zu erwarten.

Auf einem Kontinuum angeordnet ergibt sich bei einer theoretischen Interpretation der empirisch unbestrittenen Sparpolitiken eine Spannweite zwischen

- den Thesen eines politisch-ökonomischen Bruches bzw. Wandels des Wohlfahrtsstaatstypus hin zu einer minimalistischen Version,
- der These der Sicherung der finanziellen Grundlagen als primäres Antriebsmoment (selbstreferentieller „Sicherungsstaat"),
- der These der Bedeutung der Wählermärkte und Binnenkräfte sowie der Legitimation von sozialpolitischen Änderungen,

65 Föderative Systeme wie die Bundesrepublik verstärken dieses Moment; daher die aus unterschiedlichen politischen Richtungen monierte Reformblockade. Anderseits weisen diese Systeme aber auch dynamische Züge auf, wenn die Länder bzw. Gliedstaaten als politische Laboratorien funktionieren - so im Falle der US-Sozialhilfe oder der deutschen Arbeitsmarktpolitik.

- der Annahme einer hohen Konstanz bzw. Pfadabhängigkeit des jeweiligen Wohlfahrtsstaatsmodells (bzw. dem Auftreten von Niveauveränderungen ohne strukturelle Effekte).

3.4.3 Gender und Wohlfahrtsstaatsanalyse

Zu den neueren Entwicklungen zählt die feministische Linie der Wohlfahrtsstaatsforschung. Sie hat das Spektrum sowohl analytisch um verschiedene Modelle und Typologien erweitert als auch verschiedene, bislang eher vernachlässigte Themen auf die Agenda gebracht (z.B. das Ehegattensplitting aus dem deutschen Steuerrecht, die Probleme alleinerziehender Mütter, das Thema Pflege/Care etc.). Im Folgenden werden zwei Ansätze aus dem breiten Diskussionsspektrum vorgestellt, die

- explizit vergleichend orientiert sind,
- eine Verbindung von Wohlfahrtsstaatsforschung und feministischer Theorie anstreben und
- sich mit der Typologie von Esping-Andersen auseinandersetzten bzw. daran anschlussfähig sind.[66]

Aus dem englischsprachigen Raum ist vor allem auf die Arbeiten von Sainsbury (1996, 1999, 2003) zu verweisen. Sie kritisiert das in der Wohlfahrtsstaatsforschung in der Regel unterstellte „male breadwinner" Konzept, bzw. des die Familie ernährenden Ehemanns und geht davon aus, dass unterschiedliche Geschlechter-Regimes existieren, für die spezifische Ideologien und policies charakteristisch sind. Zentral ist die These, dass sich diese Regimes weniger danach unterscheiden, ob sie dekommodifizierend wirken oder nicht, sondern ob sie zur Unabhängigkeit der Frauen (von Ehe und Familie) beitragen.[67] Sie unterscheidet drei Formen:

- das Regime des männlichen Ernährers („male breadwinner")
- das Regime der Rollentrennung („seperate gender roles")
- das Regime der individuellen Versorgung (vgl. die Übersicht bei Sainsbury 1999: 78).

---

66 Damit „passen" sie in das hier verfolgte Konzept einer vergleichenden Wohlfahrtsstaatsanalyse mit starker politisch-insitutioneller und integrativer Orientierung.

67 Man könnte sogar die These aufstellen, dass eine genderfreundliche Sozialpolitik geradezu (re-) kommodifizierend wirken muss, um die Frauen in den Arbeitsmarkt und damit in die Systeme der sozialen Sicherung zu integrieren. Diese Perspektive der Aktivierung findet sich sowohl bei den Vertretern von New Labour als auch den skeptischen Post-Fordismus-Analysen.

Im ersten Falle handelt es sich um eine traditionelle Arbeitsteilung zwischen den Geschlechtern, die sozialpolitisch abgesichert wird. Der Mann verdient das Geld und die Frau kümmert sich um Haushalt und Kinder; dafür wird sie über ihren Status als Ehefrau in die Sozialversicherung integriert (oder „mitversichert"). Als zusätzliche Anreize, nicht oder nur geringfügig berufstätig zu werden, wirken Steuererleichterung, Kindergeld etc. Im Modell der getrennten Rollen ist die familiäre Situation ähnlich, sie wird aber durch eigenständige Ansprüche der Frau (d.h. nicht der „Ehefrau") modifiziert. Zusätzlich lässt sich die wachsende Teilzeitarbeit von Frauen in diese Kategorie einordnen. Im dritten Fall teilen sich die Geschlechter die Aufgaben der Einkommenserzielung, Erziehung, Pflege etc. Staatsbürgerschaft ist in der Regel die Grundlage für soziale Transfers, ferner sind die sozialen Dienste umfangreich vorhanden - was gelegentlich als „De-Familialisierung" bezeichnet worden ist.

Aus der deutschsprachigen Forschung kann exemplarisch auf die Arbeiten von Birgit Pfau-Effinger zur Frauenerwerbsarbeit, informeller (Pflege-und Haus-) Arbeit bzw. zur „Work-Life-Balance" zurückgegriffen werden. Sie betont dabei die soziokulturelle Dimension der Geschlechterarrangements und des Wohlfahrtsstaates (s. dazu Oorschot u.a. 2008) und unterscheidet zwischen

- einem (vormodernen) familienökonomischen Modell, das meist in der Landwirtschaft realisiert worden ist und in dem beide Ehepartner den Betrieb bewirtschaften und heute das kaum mehr ein Rolle spielt,
- einem Hausfrauenmodell der Versorgerehe, das auf der Arbeitsteilung von männlicher Erwerbsarbeit und weiblicher Hausarbeit aufbaut,
- einer modernisierten Version, das sog. „Vereinbarkeitsmodell", in der das vorherige Muster auf die Zeit der Kindererziehung beschränkt ist bzw. auf der Basis von Teilzeitarbeit funktioniert
- einem Doppelversorgermodell mit staatlicher/externer Kinderbetreuung oder einem Rückkgriff auf (erweiterte) familiäre Strukturen
- einem (in der Praxis seltenen) Doppelversorgermodell mit partnerschaftlicher Kinderbetreuung (Pfau-Effinger 2000 und 2009, Woods 2007; s.a. die Beiträge in Gottschall/Pfau-Effinger 2002, femina politica 2/2000 sowie in Pfau-Effinger u.a. 2009).

Schaubild 3-14: Vereinbarkeitsmodelle als Kombination von elterlicher Erwerbstätigkeit und Formen der Kinderbetreuung

	Typ 1: Doppelernährer-modell mit externer Kinderbetreuung	Typ 2: Vereinbarkeitsmodell auf Basis Teilzeit	Typ 3: Doppelernährer-modell mit Kinder-betreuung durch erweiterte Familie
Erwerbstätigkeit der Eltern	Beide Eltern: Relativ kontinuierlich in Vollzeit	Männer: Vollzeit Frauen: längere Erwerbsunterbrechung und Teilzeit	Beide Eltern: Relativ kontinuierlich in Vollzeit
Haupt-Formen der Kinder-betreuung	Extern; z.T. semi-formell	Extern; z.T. semi-formell durch Mütter und Väter (gering, aber Zunahme)	Erweiterte Familie; z.T. Schwarzarbeit von Migrantinnen als Ersatz-Familienmitglieder
Mögliche Widersprüche/ Konflikte	Mangel an professionellem Personal; Qualitätsprobleme durch neue cash-for-care Systeme	Finanzielle Abhängigkeit von Frauen in Ernährer-Ehe Altersarmut von Frauen	Soziale Marginalisierung/Exklusion von Migrantinnen

Quelle: Eigene Darstellung nach Pfau-Effinger.

Schaubild 3-15: Verbreitung der drei Vereinbarkeitsmodelle in den Wohlfahrtstaatsregimen

Wohlfahrtsregime/ Vereinbarkeitsmodell	Liberales	Konservatives	Sozialdemo-kratisches	Mediterranes
Typ 1: Vollzeitmodell mit externer Kinder-betreuung		*mittel* (Ostdeutschland) hoch (Frankreich)	*niedrig* (Dänemark, Schweden)	
Typ 2: Vollzeit-/Teilzeit-modell mit mütter-licher Teilzeitbetreu-ung	*hoch* (Großbritannien) *mittel* (Niederlande)	*mittel* – hoch (Westdeutsch-land)		
Typ 3: Vollzeitmodell mit Kinderbetreuung durch die erweiterte Familie				*hoch* (Spanien)

Quelle: Eigene Darstellung nach Pfau-Effinger.

Mit der fortschreitenden Debatte hat sich zusehends der Begriff „Gender Regime“ etabliert (so Betztelt 2007): „'Gender regime' refers to a set of norms, values, policies, principles and laws that inform and influence gender relations in a given polity“ (ebd: 11). Gefragt wird, wie der Wohlfahrtsstaat das Geschlechterverhältnis beeinflusst; untersuchen wird dieses in den drei Dimensionen:

- Care: Bedingungen, unter denen Betreuungsarbeit ausgeführt wird
- Work: Präsenz und Situation von Frauen und Männern am Arbeitsmarkt sowie die geschlechtsspezifische Arbeitsteilung zwischen bezahlter und unbezahlter Arbeit
- Welfare: Verteilung von Ressourcen entlang der Kategorie Gender, wobei differenziert wird nach Ressourcen für Familien und Individuen (vgl. Betzelt 2007: 14).

Auch in dieser feministischen Perspektive wirkt der institutionelle Rahmen der drei Welten von Esping-Andersen auf die Gender-Verhältnisse.

So zeichnet sich

> „... das liberale Regime durch die Betonung individueller rechtlicher Gleichstellung (Lohngleichheit, Antidiskriminierung) aus, die vorwiegend gerichtlich ausgefochten werden muss, dagegen sind sozialpolitische Maßnahmen und die Erwerbsintegration vulnerabler Gruppen (Alleinerziehende) nur schwach ausgeprägt. Das sozialdemokratische Regime setzt auf die Verbesserung der Erwerbsteilhabe, die mit klassenbasierter, auf Vollbeschäftigung orientierter Sozialpolitik, den industriellen Beziehungen (kollektiven Vereinbarungen), und der Arbeitsgerichtsbarkeit verknüpft ist, dagegen werden Antidiskriminierungspolitiken oder genderspezifische Politiken (z.B. gegen sexuelle Gewalt; Quotierungen) erst verspätet eingeführt. Das konservative Regime zeichnet sich durch eine breite Unterstützung geschlechtsspezifischer Arbeitsteilung und des männlichen Ernährermodells durch Staat, Arbeitgeber und Gewerkschaften aus, weshalb Antidiskriminierungs- und Gleichstellungspolitiken, aber auch die Umsetzung von EU-Gleichstellungspolitik erst spät und ungenügend stattfindet“ (Betztelt 2007: 24).

3.4.4 Die subjektive Dimension – Einstellungen und Wertorientierungen im Wohlfahrtsstaat

Dominiert in den Hauptströmungen der vergleichenden Wohlfahrtsstaatsforschung der Bezug auf objektive Daten zu Ausgaben und materiellen Auswirkungen (etwa die Einkommensverteilung), so wird dies in den vergangenen Jahren durch den Blick auf die subjektive Seite ergänzt. Dabei geht es um Werte, normative Vorstellungen und Einstellungen zum Wohlfahrtsstaat, zu einzelnen Politikfeldern und zu Akteuren, sowie um die subjekte Lebensqualität der Menschen. Dabei besteht ein dialektisches Verhältnis zwischen den institutionellen Strukturen des Wohlfahrtsstaates auf der einen und den subjektiven Aspekten auf der anderen Seite.

> „Normative Vorstellungen sind in seinen (des Wohlfahrstaates; JS) Strukturen grundlegend verankert und wirken auf die Lebensläufe, Lebensvollzüge und Lebenschancen von Menschen zurück. Durch seine normative Grundgestalt und Funktionsweise beeinflusst er wiederum die Wahrnehmungen, Bewertungen und normativen Einstellungen der Bevölkerung, die in und mit seinen Strukturen lebt. Die durch den Wohlfahrtsstaat produzierte Kultur wirkt also als externe Größe strukturierend auf das Denken und Handeln einzelner Personen zurück und kann zusammengenommen wiederum eine normative Stellungnahme der Bevölkerung gegenüber seiner Ausgestaltung und Funktionsweise sowie seiner konstitutiven normativen Prinzipien provozieren" (Lippelt 2008: 6, s.a. Körmmelbein u.a. 2007, Dallinger und Roller 2006).

Zu den normativen Faktoren zählt ganz besonders die Gerechtigkeit in ihren unterschiedlichen Auspägungen: Leistungs-, Beitrags-, Generationen- und Verteilungsgerechtigkeit (vgl. etwa die Beiträge in Empter/Vehrkamp 2007). Gerade in Deutschland haben sich hier in den letzten Jahren die Einstellungen und Wahrnehmungen negativ verändert; in den Augen vieler Menschen geht es nicht mehr gerecht zu.[68] Solche Überlegungen lassen sich auch im Rahmen internationaler Vergleiche anstellen. In theoretischer Hinsicht können diese eher auf dem Faktor Kultur aufbauen, oder sich auf die sozoökonomischen Strukturen (wie Konsumenten, Produzenten oder Finanzierer sozialer Leistungen) oder auf die institutionellen Arrangements des Wohlfahrtsstaates beziehen. Konkreter lassen sich entsprechend unterschiedliche Einstellungen und Befürchtungen (mittels Umfragen) erheben.

---

68 Diese Entwicklung ist natürlich auch demokratietheoretisch problematisch, immerhin sigalisiert die mangelnde Zustimmung zum Status quo bzw. den staatlichen Politiken ein beachtliches Legitmiationsdefizit.

Schaubild 3-16: Einstellungen und Befürchtungen in ausgewählten wohlfahrtsstaatlichen Handlungsfeldern

Jahr 2006		*Befürchtung, dass das Einkommen im Alter nicht ausreicht (Skala von stimmt eher nicht (-2) bis stimmt eher sehr (+2)*	*Verantwortlich für einen angemessenen Lebensstandard im Alter ist: eher der Einzelne (-2) bis der Staat (+2)*
D	*Ost*	+1,3	0,9
	West	+0,7	0,1
DK		-1,5	0,2
F		+1,3	1,3
GB		+0,2	1,0
NL		-0,6	0,7
S		-1,0	1,3
E		+1,0	1,6

Quelle: Eigene Darstellung, zusammengestellt aus Lippl 2008: 14f.

In den sozialdemokratischen Wohlfahrtsregimen zweifelt die Bevölkerung am wenigsten daran, ob sie im Alter gut abgesichert ist, wohingegen diese Befürchtung in den mediterranen, aber auch in den Ländern des konservativen Typus am stärksten verbreitet ist. Aber die Einschätzung der Zuständigkeit Individuum vs. Staat variiert und enthält Auffälliges: „... Dänemark fällt im Kreis der sozialdemokratischen Wohlfahrtsstaaten durch eine geringere Staatsverantwortlichkeit für die Altersvorsorge auf. Dies hängt offenbar mit der Bildung privater Rücklagen und Ersparnisse zusammen" (Lippl 2008: 15). Mit einer etwas anderen Fragestellung lassen sich die erkennbaren – allerdings durch andere Faktoren modifizierten (so Dallinger 2008, s.a. Holtmann u.a. 2005: Kap. 4) Effekte der drei Welten auf die Präferenzen der Bürger ebenfalls erkennen – und mit Bodo Lippl: „Klare Mehrheiten für den Wohlfahrtsstaat" identifizieren (trotz des vielfach befürchteten neoliberalen Trends).

Schaubild 3-17: Gewünschte staatliche Verantwortung bei der Absicherung

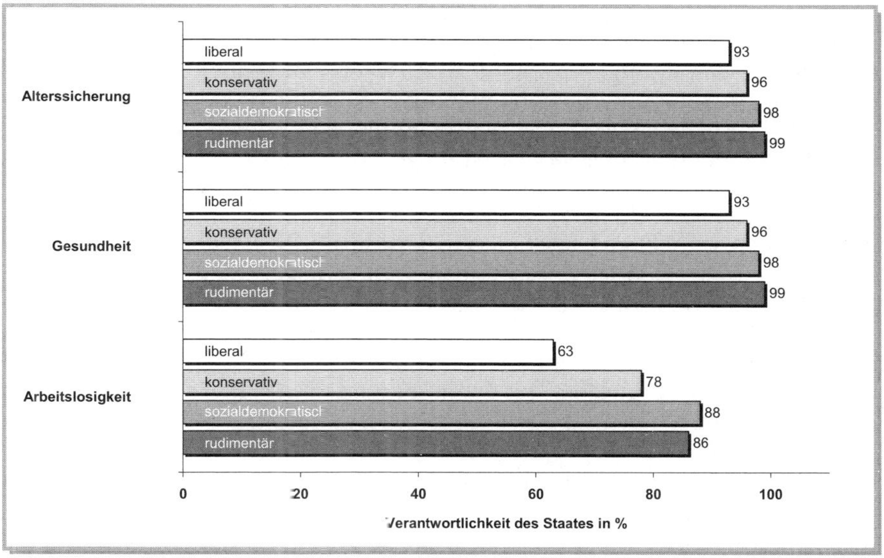

Quelle: Eigene Darstellung nach Lippl 2008: 21.

3.5 Versuch einer Evaluation der Wohlfahrtsstaatsforschung: Erfolgsgeschichte oder noch ein weiter Weg?

Die vergleichende Wohlfahrtsstaatsforschung hat – grosso modo betrachtet – wichtige Erkenntnisfortschritte vorzuweisen. Sie hat methodisch gesehen immer bessere Analysen hervorgebracht, also mit höheren Fallzahlen, verlässlicheren Daten und komplexeren statistischen Auswertungen gearbeitet. Sie hat ferner zunehmend integrierte theoretische Konzepte bzw. Typologien entwickelt, die sowohl politics, policy und polity-Aspekte verbinden und die manch alte Kontroverse etwa um politische versus ökonomische Determinanten hinter sich gelassen haben. Besonders der Ansatz Esping-Andersens verbindet die quantitative Analyse umfangreicher Daten mit historisch-soziologischen Betrachtungen und diskutiert explizit die normativen Grundlagen der verschiedenen wohlfahrtsstaatlichen Modelle.

Seine „Three Worlds of Welfare Capitalism" sind innerhalb der vergleichenden Wohlfahrtsstaatsforschung auf starke und positive Resonanz gestoßen und haben auf die weitere Entwicklung der Forschung befruchtend gewirkt (trotz einiger Kritiken im Detail). Noch stärker als bisher gilt es jedoch, das magische Dreieck aus Wohlfahrtsstaat, Markt (samt Dynamik des Beschäftigungssystems) und privaten Haushalten/Familien integriert zu betrachten und die neuen Herausforderungen der postindustriellen Wissens- und Dienstleistungsgesellschaft in Rechnung zu stellen.

Auf der anderen Seite kann man gegen diese „Erfolgsstory" des Wohlfahrtsstaatsvergleichs durchaus kritisch einwenden, dass vielfach nur mehr von demselben produziert worden ist. Das heißt etwa, dass hinter der immer noch verbreiteten Über-Quantifizierung und Verwendung monetärer Indikatoren (aus den leicht verfügbaren OECD-Statistiken) auch latent die Annahme „je mehr desto besser" steckt. Systematische Effizienz- und Wirkungsanalysen von sozialen Sicherungsbereichen und Instrumenten sowie die adäquate Berücksichtigung der Interessen der Betroffenen sind bei Wohlfahrtsstaatsvergleichen bis heute zumeist im Hintergrund geblieben. Allerdings hat sich in Bezug auf die subjektive Seite inzwischen einiges getan.

Ferner wird die Geschichte des Wohlfahrtsstaates in den meisten Studien als linearer Fortschritt interpretiert. Dadurch sind in der Regel die Zwangslagen, Inkonsequenzen und sozialen Kosten des Wohlfahrtsstaates etwa für Frauen vernachlässigt worden, wenngleich hier in den vergangenen Jahren ebenfalls erhebliche Verbesserungen eingetreten sind - nicht zuletzt durch die Arbeiten einer wachsenden Zahl feministisch orientierter Wohlfahrtsstaatsforscherinnen. Zudem hat die bislang bemerkenswerte Abschottung des (politikwissenschaftlichen und soziologischen) Wohlfahrtsstaatsvergleichs von weiteren Forschungszweigen – etwa von der Sozialpädagogik und der Sozialökonomik bzw. Social Administration – eine stärker kumulative und integrative Entwicklung der Forschung behindert. Dieses Manko gilt insbesondere im Hinblick auf die konkrete sozialpolitische und institutionelle Substanz sowie die Praxisrelevanz der vergleichenden Wohlfahrtsstaatsforschung. Außerdem ist ein starker Fokus auf die europäischen Nationen festzustellen; das liberale Modell bildet häufig nur eine Residualkategorie der „anderen Fälle."

Schließlich sind die meisten Studien nur auf staatliche Institutionen und Politiken ausgerichtet oder anders formuliert: sie bleiben innerhalb der Grenzen des „Sozialversicherungsstaates", wie es in einem Leviathan Sonderheft (Riedmüller/Olk 1994) heißt. Damit werden jedoch relevante Phänomene wie der Wohlfahrtspluralismus oder der Dritte Sektor der Wohlfahrtsproduktion ausgeblendet. Die damit verbundenen Wirkungen auf die typische Struktur des Wohlfahrtsstaates und des Beschäftigungssystems – etwa der stark ausgebaute öffentliche Dienst in Schweden – sowie die auftretenden Äquivalente (wie die halb-öffentliche Beschäftigung bei Wohlfahrtsverbänden in Deutschland, aber auch der private Sektor im Gesundheitswesen) sind bislang noch nicht ausreichend gewürdigt und vergleichend untersucht worden. So unter anderem die Tatsache, dass in Deutschland in weiten Teilen des Sozial- und Gesundheitswesens der Staat nur finanziert und die Wohlfahrtsverbände mit ihren knapp 1 Mio. Beschäftigten fast zwei Drittel der sozialen Dienstleistungen produzieren. Eine solche Differenzierung und Erweiterung ist durchaus anschlussfähig an den eingangs betonten politisch-institutionellen Ansatz, aber auch an Konzepte wie Korporatismus und Subsidiarität sowie an Gender-Theorien, da es sich dabei häufig um Frauen als Betroffene handelt.

Schaubild 3-18: Defizite und mögliche künftige Perspektiven des Wohlfahrtsstaatsvergleichs

Defizite	***künftige Perspektiven***
Über-Quantifizierung	*Effizienz- u. Wirkungsanalysen; Interessen der Betroffenen*
Annahme eines linearen Fortschritts	*Analyse von Opfern und Ungerechtigkeiten sowie der Gender Dimension*
etatistisch orientiert, auf den Sozialversicherungsstaat konzentriert	*Wohlfahrtspluralismus und Wohlfahrtsverbände als Ausweitung der Perspektiven*
Three Worlds of Welfare Capitalisms (Esping-Andersen)	*z.B. Ergänzung um den christdemokratischen Wohlfahrtsstaatstypus bzw. soziale Dienste als wesentliche Analysedimension*

Quelle: Eigene Darstellung

3.6 Zentrale Literatur

Alber, J. 1982: Vom Armenhaus zum Wohlfahrtsstaat. Analysen zur Entwicklung der Sozialversicherung in Westeuropa. Frankfurt.

Allmendinger, J./Ludwig-Mayerhofer, W. (Hrsg.) 2000: Soziologie des Sozialstaats. Gesellschaftliche Grundlagen, historische Zusammenhänge und aktuelle Entwicklungstendenzen. München.

Betzelt, S. 2007: Gender Regimes: Ein ertragreiches Konzept für die komparative Forschung. Literaturstudie. ZeS-Arbeitspapier Nr. 12. Bremen

Claasen, J. 1999: Comparative Social Policy. Concepts, Theories and Methods. Oxford.

Cousins, M. 2007: European Welfare States. Comparative Perspectives. London (2. Aufl.).

Esping-Andersen, G. 1990: The Three Worlds of Welfare Capitalism. Oxford.

Esping-Andersen, G. 1999: Social Foundations of Postindustrial Economies. Oxford.

Ginsburg, N. 1992: Divisions of Welfare: A Critical Introduction to Comparative Social Policy. London.

Gottschall, K./Pfau-Effinger, B. (Hrsg.) 2002: Zukunft der Arbeit und Geschlecht. Diskurse, Entwicklungspfade und Reformoptionen im internationalen Vergleich.Opladen.

Janoski, Th./Hicks, A.M. (Hrsg.) 1994: The Comparative Political Economy of the Welfare State. Cambridge.

Lessenich, S./Ostner, I. (Hrsg.) 1998: Welten des Wohlfahrtskapitalismus. Der Sozialstaat in vergleichender Perspektive. Frankfurt.

Pierson, C. 2006: Beyond the Welfare State. The New Political Economy of Welfare. (3. Aufl.) Cambridge.

Pierson, P. (Hrsg.) 2001: The new Politics of the Welfare State. Oxford.

Ritter, G.A. 1989: Der Sozialstaat. Entstehung und Entwicklung im internationalen Vergleich. München (2. Aufl. 1991).

Sainsbury, D. (Hrsg.) 1999: Gender and Welfare State Regimes. Oxford.

Schmidt, M.G. 2005: Sozialpolitik. Historische Entwicklung und internationaler Vergleich. Opladen (3. Auflage).

Schmidt, M.G./Ostheim, T./Siegel, N.A. (2007): Der Wohlfahrtsstaat. Eine Einführung in den historischen und internationalen Vergleich. Wiesbaden.

II. Länderprofile und historisch-institutionelle Grundlagen

4 Das deutsche soziale Sicherungssystem: das Bismarck-Modell

4.1 Historischer Abriss

Deutschland zählt zusammen mit Österreich[69] zu den Pionierländern sozialstaatlicher Sicherung. Deren Anfänge gehen bis in die Mitte des 19. Jahrhunderts zurück: 1883 entstand die Krankenversicherung, ein Jahr später die Unfallversicherung und 1889 die Alters- und Invalidenversicherung. Die Arbeitslosenversicherung wurde erst 1927 gegründet.[70] Der damalige Reichskanzler Bismarck wollte mit der Einführung der Sozialversicherungsgesetze primär der Gefahr einer Revolution aus dem „sozialdemokratischen Lager" entgegenwirken. Im Zuge der industriellen Revolution hatten sich die ökonomischen und sozialen Probleme dramatisch erhöht, so beispielsweise die Zunahme der Unfallgefahr in den Fabriken. Die soziale Frage in Deutschland spitzte sich zu. Mit der Einführung des Sozialversicherungswesens fand Bismarck eine politische Antwort darauf. Entgegen seinen Vorstellungen stärkten die Versicherungsgesetze der 1880er Jahre jedoch die Arbeiterorganisationen und verbesserten deren politische Handlungsmöglichkeiten - nicht zuletzt durch ihre Mitarbeit in der Selbstverwaltung der Sozialversicherung.

Die Absicherungen durch die Sozialversicherungen reichten in ihren Anfängen nicht einmal aus, um die grundlegenden Lebensbedürfnisse zu befriedigen. Auch waren sie nicht als eine Art sozialer Mindestsicherung für alle Bürger gedacht, vielmehr wurden die Versicherungsstrukturen allein für die Arbeitnehmer entworfen. Dies erzeugt einen engen Bezug zwischen Beitragshöhe[71] und Leistung, was größere umverteilende Elemente oder gar eine Mindestsicherung für alle Staatsbürger weitgehend ausschließt. Deutschland zählt deshalb nach der Klassifikation Esping-Andersens zu den „konservativen Wohlfahrtsstaaten" bzw. ist in anderer Terminologie ein „Bismarck-Modell" (vgl. Kap. 3).

Besonders in den Jahrzehnten nach dem Zweiten Weltkrieg erfuhr das System der sozialen Sicherung in Deutschland eine beträchtliche Erweiterung. Das ursprüngliche System mit den vier Stützpfeilern Rentenversiche-

---

69 Zum hier nicht behandelten Fall Österreich vgl. Talos 1992, 1998 und Lißner/Wössner 1999.

70 Die Sozialversicherungen können als eine Fortentwicklung der Fürsorge- und Versicherungseinrichtungen angesehen werden, die auf genossenschaftlicher, kommunaler, betrieblicher und kirchlicher Grundlage beruhten (vgl. dazu Ritter 1989).

71 Beiträge sind dabei von Arbeitgebern und Arbeitnehmern meist paritätisch zu entrichten.

rung, Krankenversicherung, Unfallversicherung und Arbeitslosenversicherung ist dabei in seinen Grundzügen bis heute bestehen geblieben. Erst 1995 erfolgte eine - freilich durchaus systemkonforme - Erweiterung durch die Pflegeversicherung (zur Abwägung von Kontinuität und Wandel vgl. Schmidt 2005).

Die erste einschneidende Reform der Sozialversicherung betraf 1957 die Rente: Mit ihrer Reform verankerte die Regierungskoalition (unter Adenauer) mit Zustimmung der oppositionellen SPD das Prinzip der beitragsäquivalenten und einkommensbezogenen Absicherung. Ziel der Reform war es, den Einkommens- und Lebensstandard sowie den Sozialstatus der Beitragszahler im Alter zu wahren. Der Versuch, die Krankenversicherung zu reformieren, scheiterte in den Jahren 1958-61.[72]

Eine nächste Phase der Reform bilden die ersten Jahre der sozialliberalen Regierung (1969-75), in der - als Reaktion auf gewachsene Ansprüche der Bürger auf soziale Teilhabe - der Bereich der Sozialpolitik systematisch erweitert wurde. Das Arbeitsförderungsgesetz von 1969 sah z.B. die Ergänzung der passiven Arbeitsmarktpolitik um die aktive Arbeitsmarktpolitik vor. Die Öl- und Wirtschaftskrise 1973/74 wurde zum Wendepunkt (nicht nur) der deutschen Sozialpolitik. Die als „Wende" apostrophierte Politik der sozialen Einschnitten und Kürzungen begann somit Mitte der 70er Jahre und nicht - wie öfters behauptet - erst 1982 mit Antritt der Regierung Kohl. Letztere hat diese Politik verschärft, aber auch im Bereich der Familienpolitik etwa wichtige Leistungserweiterungen betrieben (vgl. die Beiträge in Wewer 1998 und Leibfried/Wagschal 2000 sowie Schmidt 2005).

Die wohlfahrtsstaatliche Politik der 1980er und 90er Jahre war geprägt durch eine ambivalente Mischung aus finanzieller Konsolidierung und Ausweitungen in der Sozial- und Familienpolitik, so etwa die Einführung der Pflegeversicherung (Leibfried/Wagschal 2000, Schmidt 2005, Wewer 1998). Neben der Umstellung von der Brutto- auf die Nettoanpassung sind seit 1990 eine Reihe von Maßnahmen zur Konsolidierung der Rentenfinanzen in Kraft gesetzt worden. Eine erhebliche Senkung der Leistungen wurde 1996 ebenfalls mit der Veränderung der Lohnfortzahlung im Krankheitsfall erreicht. Umgekehrt ist es beim Kindergeld zu bemerkenswerten Verbesserungen gekommen. Diese Ambivalenz wohlfahrtsstaatlicher Politik, die sich durch weitere Beispiele belegen ließe, hängt nicht zuletzt mit Besonderheiten christdemokratischer Regierungsparteien

72 Zwar sind die großen sozialpolitischen Reformen bis heute immer Gegenstand von heftigen politischen Kontroversen gewesen, doch ist dies auch ein Feld, in dem der Konsens zwischen Regierung und Opposition gesucht wird. Teilweise hängt dies mit der Zustimmungspflicht des Bundesrates zusammen, die bei einigen Regelungen ins Spiel kommt. Zum Problem des Verhältnisses von Sozial- und Bundesstaat vgl. Münch 1997.

zusammen (s. dazu auch Kap. 3; vergleichbares zeigt sich im Falle der Niederlande).

Mit der deutschen Einheit kam es zu umfangreichen wohlfahrtsstaatlichen Aktivitäten, deren erstes wichtiges Ergebnis im Transfer der westlichen Institutionen in die neuen Bundesländer bestand. Die Finanzierung erfolgte in großen Teilen durch das „kollektive Privateigentum der Versicherten" (Offe).[73] Zu der fiskalischen Belastung kam hinzu, dass sich das Wirtschaftswachstum Mitte der 90er Jahre noch einmal sichtlich abschwächte.

Anschließende wichtige sozialpolitische Maßnahmen (wie die Rentenreform 1992 bzw. 1997, das Gesundheitsstrukturgesetz und die Einführung der Pflegeversicherung) stehen eher in der institutionellen Kontinuität der „alten Bundesrepublik." Hier geht es generell um die Bewältigung sozialer und demographischer Veränderungen sowie um das Bremsen der Ausgaben der Sozialversicherungen bzw. im Falle der Pflege um die Schaffung einer neuen Institution, die dieses Risiko sichern und die Zuständigkeit klären sollte.

Erst mit der rot-grünen Koalition sind nach 1998 erhebliche Reformschritte eingeleitet worden. Zu den wesentlichen Maßnahmen zählen die Einführung der Rente mit 67 sowie die Hartz-Reformen am Arbeitsmarkt. Mit letzteren ist ein Umbau der Organisation der Arbeitsverwaltung und ein Schritt in die Richtung der Aktivierung (nach dem Motto: Fördern und Fordern) vollzogen worden. Zugleich bedeutet die eine nicht unerhebliche Abkehr vom konservativen Wohlfahrtsstaatsmodell und der statusbewahrenden Ausrichtung (vgl. Schmid 2006, 2007, Begedan u.a. 2007 und aus vergleichender Sicht Palier/Martin 2008).

Einen guten Eindruck über die Verschiebungen im deutschen Sozialstaat ergibt eine Analyse der Sozialausgaben, wie sie M.G. Schmidt vorgelegt hat. Er hat deren Zusammensetzung im Längsschnitt untersucht und kommt zu folgendem Ergebnis:

> „Trotz aller Hemmnisse wandelt sich der Sozialstaat. Gleiches gilt für seine verschiedenen Abteilungen. Die meisten von ihnen sind im Trend gewachsen, manche aber blieben konstant oder schrumpften, teils wegen Programmbeendigung, teils aufgrund von Alterung. Zu den Schrumpfungsbranchen gehören in der Bundesrepublik Deutschland von 1960 bis 2003 vor allem die sozialpolitisch motivierte Steuerentlastung, ihr Anteil am Sozialprodukt sank von 3,5 auf 1,8 Prozent, die Soziale Entschädigung einschließlich der Kriegsopferversorgung, ihr Anteil am Sozialprodukt ging von 1,3 auf 0,3 Prozent zurück, und der Lastenausgleich (er sank von 0,7 auf 0,0 Prozent)

73 Zur Lage in Ostdeutschland und der Dynamik der Transformation hat ferner die Kommission zur Erforschung des sozialen und politischen Wandels in den neuen Bundesländern (KSPW) über 50 Bände vorgelegt; vgl. v.a. Hauser, R. u.a. 1996 und Lutz u.a. 1996.

sowie die beamtenrechtlichen Systeme der Sozialpolitik, insbesondere Pensionen, Beihilfen und Familienzuschläge - sie nahmen von 2,9 auf 2,4 Prozent ab. Den Schrumpfungsbranchen des Sozialstaats stehen Wachstumsbranchen gegenüber, allen voran, trotz zahlreicher Kürzungen, die Rentenversicherungen für Arbeiter und Angestellte einschließlich der knappschaftlichen Rentenversicherung (von 6,5 auf 10,9 Prozent), ferner die Krankenversicherung (von 3,2 auf 6,7 Prozent), gefolgt von der Arbeitslosenversicherung einschließlich der Arbeitsförderung (ihr Sozialproduktanteil stieg von 1960 bis 2003 von 0,4 auf 3,4 Prozent). Hinzu kam der Aufwand für Soziale Hilfe und Dienste, der von 0,9 auf 2,7 Prozent zunahm. Und ab 1995 war die Pflegeversicherung zu finanzieren. Ihr Sozialproduktanteil beträgt mittlerweile 0,8 Prozent.“ (Schmidt 2005: 173/174).

4.2 Politische Charakteristika und Gestaltungsprinzipien

Das Grundgesetz bestimmt, dass die Bundesrepublik einen „sozialer Bundesstaat“ bzw. einen „sozialen Rechtsstaat“ darstellt (Art. 20 Abs. 1, Art. 28 Abs. 1). Daneben existieren eine Reihe von Leitprinzipien und ordnungspolitischen Ideen, die für die handelnden Akteure ebenfalls wichtige Orientierungs- und Legitimationsfunktionen sind.[74] Zu den relevanten sozialethischen Formeln zählt in diesem Zusammenhang v.a. die Trias aus Freiheit, Gleichheit und Solidarität bzw. sozialer Gerechtigkeit - oder, wie es in der Begrifflichkeit der französischen Revolution geheißen hat: liberté, égalité, fraternité. Sie begründen und regulieren ein komplexes Geflecht gegenseitiger Pflichten und Rücksichtnahme, grenzen Kollektiv- von Individualverantwortlichkeiten ab und bilden die ethische Grundlage für Umverteilungsmaßnahmen bzw. für Tauschgerechtigkeit. Ferner ist das Prinzip der Subsidiarität, wonach der „Vorrangigkeit der kleineren Einheit“ Rechnung zu tragen ist von hoher Bedeutung.[75]

---

74 Diese normativen Aspekte zählen zu den Grundfragen der politischen Philosophie und haben derzeit Konjunktur. Auch die Durchsicht entsprechender empirischer Studien über verbreitete Wertemuster zeigt, dass die Sozialpolitik derzeit immer noch auf eine breite Akzeptanz stößt, allerdings wird die moralische Verankerung umfassender distributiver Ziele angesichts sozialstruktureller Pluralisierung und Individualisierung sowie ökonomischer Sachzwänge künftig nicht einfacher werden. Vgl. statt vieler Döring u.a. 1995.

75 Dieser Organisationsgrundsatz stammt aus der katholischen Sozialethik, v.a. der päpstlichen Enzyklika „Quadragesimo anno“ (1931), deren Einfluss auf die deutsche Sozialpolitik kaum zu überschätzen ist. Er gewährt etwa den großen Wohlfahrtsverbänden, die über 1,1 Mio. Mitarbeiter in den Sozialen Diensten verfügen, eine Vorrangstellung gegenüber staatlichen bzw. kommunalen Einrichtungen, begründet de-

Für die spezifische Gestaltung der Sozialen Sicherungssysteme werden drei weitere „Kernprinzipien" (Lampert/Althammer 2007) herangezogen:

- Versicherung,
- Fürsorge,
- Versorgung.

Sie regeln die Art der Risikovorsorge bzw. den Schutz der Bevölkerung vor sozialen Notfällen und Lebensrisiken sowie die Art und Weise der Finanzierung. Das Prinzip der Sozialversicherungen ist für das deutsche Modell charakteristisch und ist die Basis für die typologischen Verortungen als Bismarck-System oder konservatives Regime. Es beinhaltet den Gedanken der Berechenbarkeit von sozialen Risiken und ihre Abdeckung durch Beiträge; sie sind aber nicht individuell, sondern kollektiv ausgerichtet. Die Leistungen sind nicht strikt an die Beitragshöhe gekoppelt, was kleinere Umverteilungsspielräume eröffnet. Dies wird jedoch durch das Element der Beitragsobergrenzen relativiert.

Schaubild 4-1: Sozialversicherungsbeiträge und Beitragsbemessungsgrenzen in Deutschland (Stand 2009)

	Beitragssatz (paritätisch getragen) in Prozent des Lohns	Beitragsbemessungsgrenze West (€, monatlich)	Beitragsbemessungsgrenze Ost (€, monatlich)
Allgemeine Rentenversicherung	19,9	5.400	4.550
Arbeitslosenversicherung	2,8**	5.400	4.550
Gesetzliche Krankenversicherung	15,5*	3.675	3.675
Pflegeversicherung	1,95	3.675	3.675

* Hiervon sind 0,9 Prozent allein von den Versicherten zu tragen. Zum 1. Juli 2009 erfolgt im Rahmen des „Konjunkturpakets II" eine Absenkung auf 14,9 Prozent unter Beibehaltung des Versichertenanteils von 0,9 Prozent.

** Ab Juni 2010 ist eine Anhebung auf 3,0 Prozent geplant.

Quelle: BMAS Online (mit eigenen Ergänzungen)

Das Prinzip der Versorgung beinhaltet die Entschädigungen aus Steuermitteln für besondere Opfer, die dem Staat erbracht wurden (z.B. bei

ren Förderung durch öffentliche Mittel und verweist exemplarisch auf die Relevanz nichtstaatlicher Bereiche der Wohlfahrtsproduktion (Schmid 1996, Evers/Olk 1996); vgl. auch Kap. 17.

Kriegsfolgen und bei Beamten). Fürsorge (d.h. v.a. Sozialhilfe) basiert auf einem Rechtsanspruch der Betroffenen, der dann eintritt, wenn sie sich nicht selbst helfen können oder die erforderlichen Leistungen nicht von anderer Seite zur Verfügung gestellt werden. Das Fürsorgeprinzip berücksichtigt, dass nicht nur gruppenspezifische Notsituationen, sondern auch spezifisch individuelle Notfälle existieren. Da es sich dabei um steuerfinanzierte Mittel handelt, findet hier zugleich ein sozial motivierter Einkommenstransfer statt.

Diese drei Gestaltungsprinzipien der Sozialpolitik sind, wie C. Offe (1990) einmal formuliert hat, unterschiedlich moralisch und politisch anspruchsvoll, wobei das Versicherungsprinzip die geringsten Akzeptanz- und Legitimationsprobleme aufwirft. Freilich tendiert es gerade deshalb auch angesichts der aktuellen Problemlagen, v.a. der massenhaften und lang andauernden Arbeitslosigkeit, zur Privatisierung und Ausgrenzung bestimmter Kategorien von Personen und Bedürfnissen aus der Sozialpolitik.

4.3 Einzelversicherungen

Das deutsche Sozialversicherungssystem ist nicht nur eines der ältesten, sondern auch relativ umfangreich; wenn man etwa die Sozialleistungsquote heranzieht liegt die BRD im oberen Mittelfeld der europäischen Fälle - allerdings nicht mehr bei den hier untersuchten sechs Fällen. Im Längsschnitt zeigt sich ferner, dass der Umfang und die Ausdifferenzierung der Sozialpolitik in Deutschland in den Jahrzehnten nach dem zweiten Weltkrieg erheblich angestiegen ist. So wuchs etwa die Sozialleistungsquote zwischen 1960 und 1975 von 21,7 Prozent des BIP auf 33,45 Prozent deutlich an[76]. Dieser Anstieg fand recht kontinuierlich in allen Zweigen der Sozialversicherung statt, geriet ab Mitte der 1970er Jahre jedoch ins Stocken. Diese Kontinuität bildet sich auch in Daten für die vergangenen 15 Jahre ab, wobei hier ein Anwachsen der Leistungsquote im Bereich Alter mit einem Verweis auf den voranschreitenden demographischen Wandel zu erklären ist (vgl. Schaubild 4-2 zu den Sozialleistungsquoten verschiedener Versicherungszweige). Im Jahr 2007 wurden für soziale Sicherung in Deutschland insgesamt 707 Mrd. EUR aufgewendet, was einer Sozialleistungsquote von 29,2 Prozent, anteilig am BIP, entspricht.[77]

---

76 Datenquelle: Statistisches Bundesamt 2000.
77 Datenquelle: Statistisches Bundesamt online.

Schaubild 4-2: Sozialleistungsquoten in verschiedenen Sicherungsbereichen in Deutschland 1960-2007 (in Prozent des BIP)

Jahr	Insgesamt	Alter/ Hinter-bliebene	Krankheit/ Invalidität	Ehe/ Familie	Arbeits-losigkeit	Übrige*
1960	19,9	9,1	6,1	3,6	0,4	0,7
1965	21,2	9,3	6,6	4,3	0,3	0,6
1970	23,0	9,8	7,4	4,7	0,5	0,6
1975	28,5	11,3	9,8	5,2	1,4	0,7
1980	28,1	11,2	10,2	4,8	1,1	0,8
1985	27,5	11,1	10,0	4,0	1,6	0,9
1990	25,6	10,5	9,5	3,5	1,5	0,6
1995	29,2	11,2	10,8	3,9	2,5	0,8
2000	30,1	11,8	10,6	4,6	2,3	0,8
2005	30,1	12,1	10,3	4,5	2,1	1,1
2007	28,1	11,4	10,0	4,1	1,6	1,0

* Leistungen in den Bereichen Wohnen und allgemeine Lebenshilfe.

Quelle: BMAS (2008).

4.3.1 Alter

Die Rentenversicherung basiert auf einem Beitragssystem, das nach dem Umlageverfahren finanziert wird (Stichwort Generationenvertrag, d.h. die Beiträge der arbeitenden Generation werden benutzt, um die Rentenansprüche der vorherigen zu bedienen). Dabei sollen die Renten im Alter ein adäquates Einkommen sicherstellen, d.h. sie werden automatisch an die Lohn- und Preis-Entwicklung angepasst werden. Die gesetzliche Rentenversicherung der Arbeitnehmer orientiert sich zudem am vorherigen Einkommen und wirkt dadurch statuserhaltend. Getragen ist die Rentenversicherung schließlich durch den Grundsatz „Rehabilitation geht vor Rente."

Die Gruppe der Versicherten setzt sich aus den Versicherungspflichtigen (alle Arbeitnehmer und gleichgestellte Personen) und den freiwillig Versicherten (Selbständige und Hausfrauen) zusammen. Finanziert wird die Rentenversicherung hauptsächlich durch Beiträge. Arbeitgeber und Arbeitnehmer tragen die Beiträge entsprechend dem jeweils gültigen Beitragssatz (2008: 19,9 Prozent des Bruttogehalts) je zur Hälfte. Der Bund leistet Zuschüsse für die sog. „versicherungsfremden" Leistungen (siehe hierzu auch Kapitel 14). Die Höhe der Rente wird durch drei Faktoren bestimmt, wie Schaubild 4-3 zeigt. Das gesetzliche Renteneintrittsalter wurde 2007 von 65 auf 67 Jahre angehoben. Die Anhebung erfolgt dabei stufenweise zwischen 2012 und 2029. Mit finanziellen Einbußen soll auch nach der Reform eine Frühverrentung ab einem Lebensalter von 63 Jahren möglich bleiben. Die Reform soll einen stabilen Beitragssatz garantieren, der bis zum Jahr 2020 nicht auf eine Höhe über 20 Prozent ansteigen soll.

Schaubild 4-3: Die Rentenformel

PEP	**Persönliche Entgeltpunkte** Die Summe der Entgeltpunkte ergibt sich aus den jährlich versicherten Entgelten oder Einkommen, geteilt durch das Durchschnittsentgelt im selben Jahr, und dem Wert für beitragsfreie Zeiten, multipliziert mit dem Zugangsfaktor. Der Zugangsfaktor bewirkt Rentenabschläge bei vorzeitiger Inanspruchnahme einer Rente oder Zuschläge bei Inanspruchnahme einer Altersrente erst nach Erreichen der Regelaltersgrenze.
RA	**Rentenfaktor** Es handelt sich hier um einen nach dem jeweiligen Sicherungsziel festgelegten Faktor (für volle Altersrenten 1,0).
AR	**Aktueller Rentenwert** Der aktuelle Rentenwert entspricht der Monatsrente, die ein Durchschnittsverdiener für ein Beitragsjahr erhält. Er wird jedes Jahr entsprechend der Lohnentwicklung angepasst.
Monatsrente = PEP x RA (1,0) x AR	

Quelle: MISSOC Online Tabellen 2007

Neben der gesetzlichen Rentenversicherung existieren in Deutschland diverse freiwillige betriebliche Rentenversicherungen. Als dritte Säule fungieren zudem private, kapitalgedeckte Elemente der Altersvorsorge, so wurde im Rahmen der Rentenreform 2001 die nach dem damaligen Bundesarbeitsminister Walter Riester (SPD) benannte Riester-Rente eingeführt. Hierbei handelt es sich um die staatliche Förderung der privaten Alterssicherung durch Zulagen und Steuervergünstigungen bei der Nutzung von Fondssparplänen, Banksparplänen und einzelnen Rentenversicherungen.[78] Die Rentenreform von 2001 erhöht somit den „Welfare-Mix" im Alterssicherungssystem. Stellt man den Vergleich mit Grundrentensystemen wie beispielsweise Dänemark, Großbritannien, den Niederlanden oder Schweden an, wo private Altersvorsorgen teils wesentliche Pfeiler des Rentensystem darstellen, lautet das Fazit gleichwohl, dass in Deutschland nach wie vor die Logik eines staatlich organisierten Versicherungssystems erhalten bleibt.

4.3.2 Gesundheit

Gegenwärtig gibt es in Deutschland 266 verschiedene gesetzliche Krankenkassen, darunter Orts-, Betriebs- und Innungskrankenkassen. Das deutsche Krankenversicherungssystem gilt traditionell als stark fragmentiert, wenngleich die Zahl der Kassen in den vergangenen 15 Jahren rapide gesunken ist, was in erster Linie politisch induzierten Marktprozessen zuzuschreiben ist (1991 gab es noch 1.253 verschiedene gesetzliche Krankenkassen in Deutschland).[79] Ausgleichszahlungen (der so genannte „Risikostrukturausgleich" bzw. inzwischen der Gesundheitsfonds) zwischen den Krankenkassen sollen regionale und soziale Disparitäten verringern und eine gleichmäßige Versorgung gewährleisten. Neben den gesetzlichen Krankenkassen existieren ferner private Krankenversicherungen. Seit 1996 ist für Mitglieder ein Wechsel der Krankenkassen möglich.

Auch die Krankenversicherung ist hauptsächlich beitragsfinanziert, wobei Arbeitgeber und Arbeitnehmer je die Hälfte der Beiträge tragen und ein Sonderbeitrag von 0,9 Prozent für die Versicherten besteht. Seit 2009 werden die nunmehr vereinheitlichten Beitragszahlungen in einem steuerbezuschussten[80] Gesundheitsfonds gesammelt, aus dem die Kassen ihre Mittel beziehen. Die Versicherten haben Anspruch auf Maßnahmen zur Vorsorge und Früherkennung und eine freie Wahl unter den zugelassenen Vertragsärzten. Inzwischen müssen sich die Versicherten jedoch an bestimmten Leistungen finanziell beteiligen, z.B. an Arzneimitteln, Krankenhausaufenthalten sowie v.a. bei zahnärztlichen Leistungen. Außerdem müssen Patienten seit 2004 einmal im Quartal sowie im Falle des Nichtvorliegens einer Über-

78 Die Rentenreform von 2001 war dabei derart angelegt, dass ein Versicherter den beschlossenen Rückgang der Zahlungen aus der gesetzlichen Rentenversicherung bei einer Investition von 4 % seines Einkommens in die geförderten privaten Vorsorgemöglichkeiten ausgleichen konnte. Datenquelle: Egle 2006: 186, s.a. Schmid 2006.

79 Datenquelle: Genesis Online Datenbank des Statistischen Bundesamtes.

80 Im Jahr 2009 wird der Steuerzuschuss auf rd. 4 Mrd. EUR geschätzt. Datenquelle: Informationsportal www.der-gesundheitsfonds.de.

weisung beim Arztbesuch eine Praxisgebühr von zehn Euro entrichten. Derartige Maßnahmen zur Eindämmung der „Kostenexplosion“ im Gesundheitswesen wurden in den letzten Jahren stark ausgeweitet.

Schaubild 4-4: Ausgaben der Krankenversicherung in Mio. EUR

Jahr	**Ausgaben**
1960	4.584
1965	7.625
1970	12.194
1980	43.949
1990	68.635
1995	124.006
2000	133.823
2005	143.809
2006	147.973

Quelle: Statistisches Bundesamt 2008: 194 mit eigenen Ergänzungen.

Schaubild 4-5: Ausgaben der gesetzlichen Krankenversicherung 2006

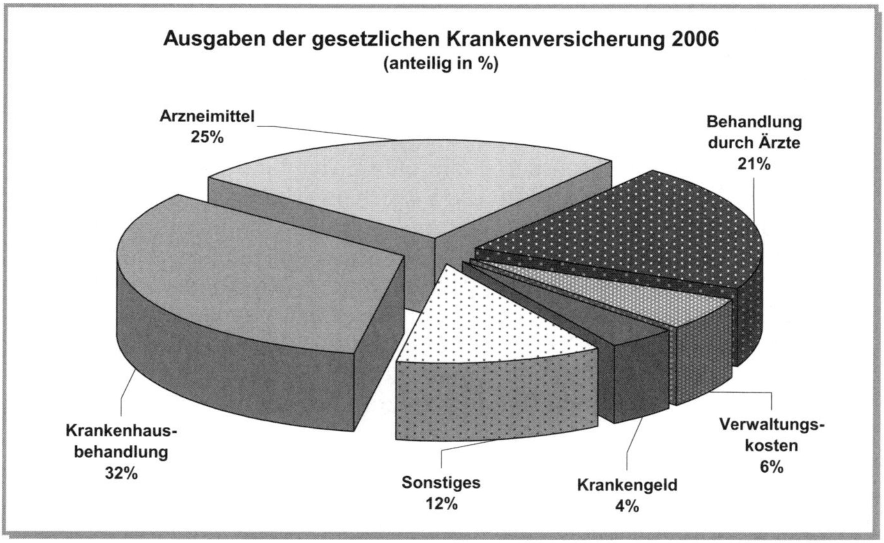

Anmerkung: Ausgaben des Risikostrukturausgleichs sind nicht mit eingerechnet. Enthalten sind dagegen Mittel für Zahnersatz sowie Aufwendungen für Zahnarztbehandlungen.

Quelle: Statistisches Bundesamt 2008: 213.

Seit 1995 schließt die gesetzliche Krankenversicherung eine Pflegeversicherung ein, um der Zunahme der Pflegebedürftigen Rechnung getragen. Privat Krankenversicherte müssen eine zusätzliche private Versicherung abschließen (siehe auch Kapitel 19). Im Jahr 2008 wurde eine Reform der Pflegeversicherung beschlossen, die mit der Erhöhung des Beitragssatzes um 0,25 Prozent auf 1,95 Prozent einherging. Dadurch sollen sich im Gegenzug die von der Pflegeversicherung erbrachten Leistungen um durchschnittlich gut drei Prozent erhöhen.

4.3.3 Familie

Familien mit Kindern haben Anspruch auf eine monatliche Unterstützung, die sich nach der Anzahl der Kinder richtet. Für das erste bis dritte Kind wird Kindergeld in Höhe von 154 EUR monatlich ausbezahlt, ab dem vierten Kind beträgt das Kindergeld 179 EUR monatlich. Die Beträge sind unabhängig vom Einkommen der Eltern.

Der Mutterschutz ist in Deutschland Bestandteil des gesetzlichen Arbeits- und Gesundheitsschutzes und bildet gemeinsam mit dem Erziehungsgeld (neu: Elterngeld, s.u.) und dem Erziehungsurlaub einen wichtigen Beitrag zur Familienpolitik. Der Mutterschutzurlaub beträgt sechs Wochen vor und acht Wochen nach der Entbindung. Das Mutterschaftsgeld für gesetzlich krankenversicherte Frauen richtet sich grundsätzlich nach dem Einkommen. Je Kalendertag wird ein Basisbetrag von bis zu 13 EUR (gezahlt durch die jeweilige gesetzliche Krankenkasse) gewährt, den der Arbeitgeber um den Differenzbetrag zum Nettolohn der letzten drei Monate ausgleicht. Das bisher bestehende Erziehungsgeld für Väter und Mütter von Kindern unter zwei Jahren in Höhe von 300 EUR monatlich auf zwei Jahre oder 450 EUR auf ein Jahr wurde durch das Elterngeld abgelöst. Das Elterngeld beträgt mindestens 67 Prozent des Nettoeinkommens (Bemessungszeitraum ist hierbei ein Jahr), dabei mindestens 300 EUR, höchsten 1.800 EUR monatlich und wird bis zu 14 Monate lang ausbezahlt. Bei gemeinsamer Erziehung kann jedoch ein Elternteil eine maximal 12-monatige Auszahlungsdauer beantragen, während die übrigen zwei Monate vom Partner ergänzt werden müssen. Der antragstellende Elternteil darf einer Beschäftigung von höchstens 30 Stunden je Woche nachgehen. Für Mehrkinderfamilien besteht ein Geschwisterbonus. Im Vergleich zum bisherigen Erziehungsgeld beschränkt sich das Elterngeld zwar auf einen kürzeren Bezugszeitraum, geht jedoch mit weit höheren Leistungen einher. Auffällig ist zudem die durch das Elterngeld geleistete Förderung einer gemeinsamen Erziehung durch beide Elternteile.[81]

4.3.4 *Unfall*

Die wichtigste Funktion der Unfallversicherung ist mittlerweile die Prävention. Träger sind die gewerblichen und landwirtschaftlichen Berufsgenossenschaften sowie die Unfallversicherungsträger der öffentlichen Hand. Leistungen der Unfallversicherung sind:

- Leistungen zur Verhütung von Unfall-Risiken (Information, Sicherheitsvorschriften),
- Leistungen, die die Arbeitnehmer und deren Familien vor den sozialen Folgen von Arbeitsunfällen und Berufskrankheiten schützen: finanzielle Hilfe und Sachleistungen, umfassende Heilbehandlungen und Berufshilfe (evtl. Umschulung).

Wer an einem Arbeitsunfall schuld ist, spielt beim Anspruch auf die Leistungen der Unfallversicherung keine Rolle. In Deutschland sind auch Wegeunfälle zur Arbeitsstelle und zurück durch die Unfallversicherung abgedeckt.

4.3.5 *Arbeitslosigkeit*

Die Arbeitslosenversicherung finanziert sich hälftig durch die Beiträge der Arbeitgeber und Arbeitnehmer; zurzeit beträgt der Satz jeweils 2,8 Prozent des Bruttoverdienstes des Arbeitnehmers. Aus den Beiträgen finanziert wird das Arbeitslosengeld I, zu dessen Bezug Arbeitslose berechtigt sind, die während der letzten zwei Jahre für mindestens zwölf Monate einer sozialversicherungspflichtigen Tätigkeit nachgegangen sind. Die Höhe des Arbeitslosengeldes I beläuft sich bei Arbeitslosen mit Kindern auf 67 Prozent des Nettolohns, bei kinderlosen Arbeitslosen auf 60 Prozent. Die Dauer des Leistungsbezugs ist abhängig vom Lebensalter und von der bisherigen Versicherungsmitgliedschaft. Über 58-jährige Anspruchsberechtigte können für eine Dauer von bis zu 24 Monaten Arbeitslosengeld I beziehen.

An den Bezug von Arbeitslosengeld I schließt sich der Bezug des aus Steuern finanzierten und von Kommunen und der Bundesagentur für

---

81 Es ergeben sich hier gewisse Parallelen zu den so genannten „Papa-Monaten“ in Schweden (vgl. Abschnitt 9.3).

Arbeit getragenen[82] Arbeitslosengeldes II (auch: Leistungen zur Sicherung des Lebensunterhalts) an. Arbeitslosengeld II ist eine bedarfsorientierte Fürsorgeleistung, die einer Bedürftigkeitsprüfung unterliegt. Der Regelsatz beträgt derzeit 359 EUR monatlich, zuzüglich angemessener Zuschüsse für Unterkunft, Heizung und andere Aufwendungen wie beispielsweise Klassenfahrten von Schulkindern etc.[83] Es besteht außerdem ein Zuschuss für nicht erwerbsfähige Angehörige. Die Bezugsdauer von Arbeitslosengeld II ist unbegrenzt. Im Rahmen des Bezugs von Arbeitslosengeld I sowie II bestehen verschiedene Sanktionsmöglichkeiten wie Bezugssperrungen oder Kürzungen, beispielsweise im Falle der Ablehnung einer zumutbaren Beschäftigung durch den Leistungsbezieher.

Das Arbeitslosengeld II wurde zu Jahresbeginn 2005 im Rahmen des Gesetzespakets Hartz IV als gemeinsamer Ersatz für die bisherigen steuerfinanzierten Leistungen Arbeitslosenhilfe und Sozialhilfe neu eingeführt. Für bisherige Bezieher der Arbeitslosenhilfe bedeutete die Reform eine signifikante Kürzung – man kann hier von re-kommodifizierenden Effekten als Teil einer aktivierenden Arbeitsmarktpolitik sprechen. (Vgl. hierzu Kap. 18 sowie zu den Hartz-Reformen Abschnitt 4.4.)

4.3.6 *Soziale Mindestsicherung*

Die frühere Sozialhilfe wurde im Zuge des Gesetzespakets Hartz IV mit der Arbeitslosenhilfe zum Arbeitslosengeld II zusammengelegt. Somit erhalten nichterwerbsfähige Personen eine analog zum Arbeitslosengeld II ausgerichtete Unterstützungsleistung. Als nichterwerbsfähig gilt hierbei, wer nicht fähig ist, täglich drei Stunden oder mehr einer zumutbaren Tätigkeit nachzugehen. Ab einem Lebensalter von 65 Jahren oder bei einer dauerhaften vollen Erwerbsminderung (hier ab dem 18. Lebensjahr) wird Grundsicherung im Alter/bei Erwerbsminderung ausbezahlt.

---

82 Die Trägerschaft erfolgt i.d.R. zusammen in Arbeitsgemeinschaften (Argen) oder getrennt; außerdem besteht als Feldversuch die Option der ausschließlichen kommunalen Trägerschaft durch Landkreise oder kreisfreie Städte (so genannte Optionskommunen). Die Regelträgerschaft in Argen wurde vom Bundesverfassungsgericht in einem Urteil vom Dezember 2007 für verfassungswidrig erklärt. Es ist daher eine Neuordnung zu erwarten.

83 Zur Jahresmitte 2009 ist eine neue Regelleistung für bedürftige Kinder in Höhe von 251 EUR monatlich eingeführt worden.

Schaubild 4-6: Die Struktur des deutschen Sozialen Sicherungssystems

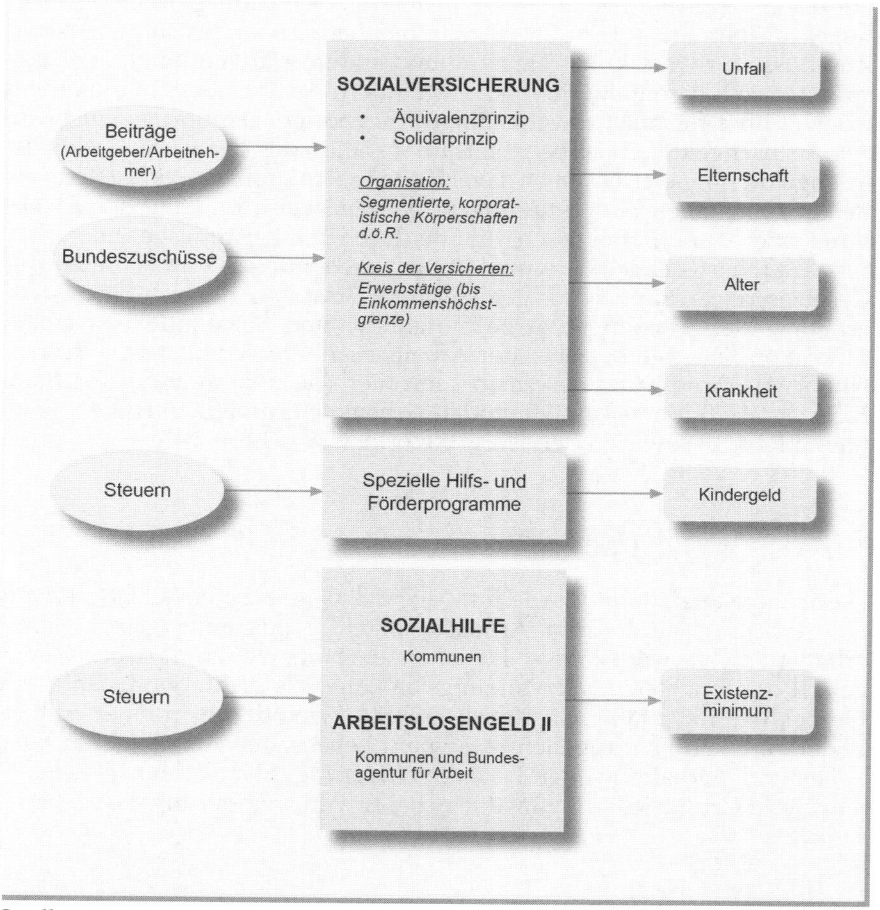

Quelle: Eigene Darstellung

4.4 Aktuelle Probleme, innovative Perspektiven und mögliche Entwicklungen

4.4.1 *Die Sozialpolitik der rot-grünen Regierungskoalition*

Die wohlfahrtsstaatliche Reformpolitik der rot-grünen Bundesregierung unter SPD-Kanzler Gerhard Schröder (1998-2005) ist eng mit den Stichworten der Agenda 2010 und den Hartz-Gesetzen verknüpft, deren Implementation in die zweite der beiden rot-grünen Legislaturperioden fällt. Dabei wäre es jedoch falsch, bei einer sozialpolitischen Bewertung der Schröder-Regierung nicht auch auf einige Maßnahmen der ersten Legislaturperiode von 1998 bis 2002 zu verweisen. Hier ist die Reform der Rentenversicherung auffällig, die der demographischen Entwicklung Rechnung tragen sollte und mit der so genannten Riester-Rente die staatliche Förderung kapitalgedeckter Zusatzrenten einführte. Zu nennen ist auch das markante Job-AQTIV-Gesetz vom Sommer 2001, welches den Leitlinien einer aktivierenden Arbeitsmarktpolitik nach dem Motto „Fördern und Fordern" folgte.

Das Reformpaket der Agenda 2010 wurde von Bundeskanzler Schröder im Rahmen einer Regierungserklärung im März 2003 der Öffentlichkeit vorgestellt. Insgesamt umfasste die Agenda 2010 rund 30 Einzelmaßnahmen, v.a. in den Bereichen Wirtschaftspolitik, Arbeitsmarktpolitik und Gesundheitspolitik. Zu kontroversen Reaktionen führte dabei die Implementation der „Gesetze für moderne Dienstleistungen am Arbeitsmarkt", in der Kurzform Hartz-Gesetze getauft nach dem Vorsitzenden einer von der Bundesregierung eingesetzten Kommission. (Die Inhalte der einzelnen Gesetzespakete können detailliert Abschnitt 18.4 in diesem Band entnommen werden; vgl. außerdem ausführlich Schmid 2007). Insgesamt blieb die Bundesregierung mit den Hartz-Reformen der bereits mit dem Job-AQTIV-Gesetz eingeschlagenen aktivierenden Arbeitsmarktpolitik nicht nur treu, sondern vertiefte diese weiter. Wie kaum eine andere Reformmaßnahme der letzten Jahre wurde dabei das im Rahmen von Hartz IV neu geschaffene Arbeitslosengeld II in der Öffentlichkeit zum Sinnbild für sozialpolitische Kürzungen. Ebenfalls zur Agenda 2010 gerechnet werden restriktive Maßnahmen in der Gesundheitspolitik, wie etwa bei der Beitragsgestaltung sowie in Form eines Ausbaus der finanziellen Beteiligung von Patienten etwa durch die neu eingeführte Praxisgebühr von 10 EUR.

Mit der wohlfahrtsstaatlichen Politik in der zweiten Amtszeit Schröders ist nicht nur eine bemerkenswerte Neuausrichtung von Politikinhalten, sondern auch ein Wandel des Politikstils zu beobachten: In der ersten Legislaturperiode inkorporierte das in seiner Idee an die Konzertierte Aktion der ersten großen Koalition 1966-1969 angelehnte Bündnis für Arbeit mit Gewerkschaften und Arbeitgeberverbänden noch die wichtigsten Interessengruppen in die wohlfahrtspolitische Politikfindung. Die Agenda 2010 wird demgegenüber als „Elitenprodukt" und „Kopfgeburt aus dem Kanzleramt" beurteilt (hier Wiesendahl 2004: 20-23, ferner Weßels 2007 und Bogedan u.a. 2007), bei der v.a. gewerkschaftliche Interessen im Pluralismus der unter Schröder eingesetzten sozialpolitischen Kommissionen ihre Vorstellungen nicht widergespiegelt sahen. Die Folge hiervon war eine recht scharfe gewerkschaftliche Kritik an der Agenda-Politik und zum Teil die Unterstützung der neu gegründeten Partei „Die Linke" durch gewerkschaftliche Akteure (vgl. die Beiträge in Spier u.a. 2007).

Galt Deutschland noch vor einigen Jahren als ein Beispielland für nur relativ zaghafte Reformbemühungen etwa im Vergleich mit Dänemark oder den Niederlanden (vgl. Heinze u.a. 1999, Hemerijk 2000), muss ein Fazit der rot-grünen Sozialpolitik nunmehr lauten, dass mittlerweile signifikante Einschnitte und bemerkenswerte Umbauten stattgefunden haben (vgl. Hinrichs 2007: 229; Palier/Martin 2007). Hierbei handelt es sich nicht nur um quantitative Veränderungen beim wohlfahrtsstaatlichen Policy-Output, vielmehr wurden im Fall der Hartz-Reformen auch strukturelle Neuerungen eingeführt. Allerdings sind diese Änderungen noch innerhalb des Korridors des etablierten konservativen Modells; ein Wechsel zum liberalen Wohlfahrtsstaat hat nicht stattgefunden.

4.4.2 Die Sozialpolitik der zweiten großen Koalition

Mit der zweiten großen Koalition in der Geschichte der Bundesrepublik unter CDU-Bundeskanzlerin Angela Merkel (2005-2009) verband sich die Hoffnung, bestehende Politikblockaden wie den Antagonismus zwischen Bundestag und Bundesrat auflösen und somit „durchregieren" zu können. Bilanziert man die Sozialpolitik der großen Koalition, fällt gleichwohl auf, dass meist Kontinuität statt radikalem Wandel vorherrschte. Dies gilt insbesondere für die Arbeitsmarktpolitik, in die nach den Jahren der Hartz-Reformen eine Gleichmäßigkeit zurückkehrte. Mit der Ausweitung der Bezugsdauer von Arbeitslosengeld I für Ältere beinhaltete die Arbeitsmarktpolitik gar einen sozialpolitischen Ausbau. Die Verhandlungen zwischen den beiden Koalitionspartnern um die Einführung eines Mindestlohns endeten mit dem Kompromiss, das bestehende Entsendegesetz auf weitere Branchen auszuweiten. Ein ähnliches Bild bietet sich bei der Gesundheitspolitik: Auch hier kamen Union und SPD mit den sehr gegensätzlichen Konzepten von Gesundheitsprämien und solidarischer Bürgerversicherung an den Verhandlungstisch[84]. Aus dieser unvereinbaren Ausgangssituation entstand schließlich der Gesundheitsfonds als Minimalkompromiss. Nicht zuletzt bietet dieser im Falle eines Nichtfortbestehens der Großen Koalition für beide Parteien die Möglichkeit, ihre eigentlichen Reformvorstellungen in der Gesundheitspolitik doch noch umzusetzen.

Innovativer fallen demgegenüber die Neuregelungen im Bereich Familienpolitik aus. Auch hier kann von einer expansiven statt restriktiven Sozialpolitik gesprochen werden, nicht nur angesichts des neu geschaffenen Elterngeldes, sondern auch wegen des unter der großen Koalition vorangetriebenen Ausbaus der Kinderbetreuungsstrukturen: Ab 2013 soll für Kinder unter drei Jahren ein Rechtsanspruch auf einen Krippenplatz bestehen, ferner soll bis dahin für 35 Prozent der Kleinkinder ein Betreuungsplatz bereitgestellt sein. Hierzu soll die Zahl der Krippenplätze verdreifacht werden (auf dann 750.000). Als expansiv kann ferner die Reform der Pflegeversicherung gelten, in deren Rahmen die Beitragszahler zwar höher belastet werden, sich dies aber auch in Mehrleistungen durch die Versicherung niederschlagen soll. Die stufenweise Anhebung des Renteneintrittsalters auf 67 Jahre ist gegenüber diesen den Sozialstaat ausbauenden Maßnahmen freilich ein Beispiel für eine, der demographischen Entwicklung geschuldeten, Restriktion (vgl. die Beiträge in Eicker-Wolf u.a. 2009 und die Bilanz in http://www.spiegel.de/politik/deutschland/0,1518,642457,00.html).

Angesichts der von Manfred G. Schmidt vertretenen Parteidifferenzthese verwundert es nicht, dass sich gerade in der Regierungszeit der großen Koalition einige Beispiele für eine ausgeweitete Sozialpolitik finden: Dieser These nach sind es im Vergleich mit anderen Parteien gerade die in der großen Koalition ja zusammenarbeitenden Christdemokraten und Sozialdemokraten, deren Regierungen die Ausweitung von Sozialleistungen betreiben (vgl. exempl. Schmidt 2005).

---

84 Nach dem von der Union favorisierten Modell der solidarischen Gesundheitsprämie (auch Kopfpauschale genannt) soll jeder Versicherte sowie nicht-erwerbstätige Ehepartner (bei Mitversicherung von Kindern) einen monatlichen Pauschalbetrag von 109 EUR an seine Krankenkasse entrichten. Dabei ist ein Sozialausgleich vorgesehen, nach dem kein Versicherter mehr als 7 % seines Bruttogehalts für diese Gesundheitsprämie aufwenden soll. Hinzu kommt ein Arbeitgeber-Beitrag von 6,5 % des beitragspflichtigen Bruttoeinkommens – dieser soll dauerhaft festgelegt werden, um so die steigenden Kosten des Gesundheitssystems von den Lohnnebenkosten zu entkoppeln. (Vgl. CDU ohne Datum) In die, von der SPD modellhaft entwickelten, solidarischen Bürgerversicherung sollen alle Personen bei Aufhebung der Versicherungspflichtgrenze und bei einem einheitlichen Bürgerversicherungstarif einbezogen werden. Beitrage werden aus Erwerbs- und Kapitaleinkommen gezahlt, wobei lohnbezogene Beiträge paritätisch finanziert werden. (Vgl. SPD 2004.)

Nimmt man abseits der Policies die Politics-Dimension der großen Koalition in den Blick, wird man feststellen, dass die vereinbarten wohlfahrtsstaatlichen Reformen nicht über durchaus tiefe Friktionen zwischen den beiden Partnern hinwegtäuschen können. So war etwa im Fall der Gesundheitsreform und der Mindestlohnfrage eine mögliche Alternative zum Kompromiss das Scheitern der Koalition - gleichzeitig war allerdings auch eine radikalere Politik, in welche der möglichen Richtungen sei dahin gestellt, nicht durchsetzungsfähig.

4.5 Zentrale Literatur

Egle, C. 2006: Deutschland. In: Merkel, W. u.a. (Hrsg.), Die Reformfähigkeit der Sozialdemokratie. Herausforderung und Bilanz der Regierungspolitik in Westeuropa. Wiesbaden. S. 154-196.

Hemerijck, A. u.a. 2000: Welfare without work? Divergent experiences of reform in Germany and the Netherlands. In: Kuhnle, S. (Hrsg.), Survival of the European Welfare State. London.

Hinrichs, K. 2007: Reforming Labour Market Policy in Germany. In: Benefits. Vol. 15 (3), S. 221-231.

Lampert, H./Althammer, J. 2007: Lehrbuch der Sozialpolitik. Berlin (8. Aufl.).

Leibfried, St./Wagschal, U. (Hrsg.) 2000: Der deutsche Sozialstaat. Bilanzen, Reformen, Perspektiven. Frankfurt.

Ross, F. 2008: The Politics of Path-Breaking Change: The Transformation of the Welfare State in Britain and Germany. In: Journal of Comparative Policy Analysis. Vol. 10 (4), S 365-384.

Schmid, J. Rentenreform 2006: Überlebt der Wohlfahrtsstaat? In: Sturm, R./Pehle, H. (Hrsg.), Wege aus der Krise. Die Agenda der Großen Koalition, Opladen.

Schmid, J. 2007: Arbeitsmarkt- und Beschäftigungspolitik - große Reform mit kleiner Wirkung? In: Egle, C./Zohlnhöfer, R. (Hrsg.): Ende des rot-grünen Projekts. Eine Bilanz der Regierung Schröder 2002-2005. Wiesbaden. S. 271-294.

Schmidt, M.G. (Hrsg.) 2005: Sozialpolitik in Deutschland. Historische Entwicklung und internationaler Vergleich. Wiesbaden (3. Aufl.).

Wewer, G. (Hrsg.) 1998: Bilanz der Ära Kohl. Opladen.

Wiesendahl, E. 2004: Parteien und die Politik der Zumutungen. In: APuZ B40/2004. S. 19-24.

Wintermann, O. 2005: Vom Retrenchment zur Krisenreaktionsfähigkeit. Ein empirischer Vergleich der Wohlfahrtsstaaten Schweden und Deutschland 1990-2000. Wiesbaden.

5 Das System sozialer Sicherung in Dänemark: Ein kleiner skandinavischer Wohlfahrtsstaat

5.1 Historischer Abriss

Dänemark gilt hinsichtlich seines Systems sozialer Sicherung als sozialdemokratischer Wohlfahrtsstaat. Allerdings stand das kleine Land lange im Schatten seines großen Nachbarn Schweden und fand vergleichsweise wenig Aufmerksamkeit.[85] Dies hat sich inzwischen geändert, aber man muss sich diesen Zusammenhang vor Augen halten, um die Entstehungsgeschichte des dänischen Wohlfahrtsstaates zu verstehen, die sich in die allgemeine Entwicklung der „nordischen" Staatenfamilie einfügt.

Wie in ganz Skandinavien waren der Organisationsgrad der Arbeiterschaft, die Einheitlichkeit der Gewerkschaften und die Rolle der Sozialdemokratie bei der Entstehung des Wohlfahrtsstaates besonders ausgeprägt. Als Dänemark ab der Mitte des 19. Jahrhunderts die Industrialisierung erlebte, war zusammen mit den eben genannten Faktoren der politische und soziale Hintergrund für wohlfahrtsstaatliche Politikansätze gegeben. Liberale Ideen waren zwar dominierend - aber nur in Bezug auf wirtschaftliche Aspekte, kaum hingegen im Bereich der staatlichen Fürsorge. Somit entwickelten sich relativ früh die Grundlagen des heutigen Systems sozialer Sicherung.

Im Allgemeinen können in der Geschichte des dänischen Sozialversicherungssystems drei Hauptphasen unterschieden werden (vgl. Einhorn/Logue 1989 und Petersen 1998):

- Zusammenfassung vereinzelter kollektiver Formen zu einem einheitlichen nationalen System sozialer Sicherung bzw. entsprechenden gesetzlichen Regelungen (ca. 1890-1930)
- Entwicklung eines universalistischen Systems sozialer Sicherung unter sozialdemokratischen Regierungen (ca. 1930-1960)
- Ausbau des Wohlfahrtsstaates sowie z.T. Stagnation und Krisenmanagement (seit 1960).

Dänemark konnte bei der Einführung eines nationalen Systems sozialer Sicherung auf eine ausgeprägte kollektiv-solidarische Tradition zurückgreifen, was sich einerseits in noch erhaltenen Zunft-Strukturen und anderer-

85 Siehe hierzu auch den Länderbericht über Schweden und die Einführung in den Forschungsstand (Kap. 2, 3 und 9) in diesem Band.

seits im hohen Organisationsgrad der Arbeiterschaft[86] und ihrer Sicherungssysteme (Gewerkschaftskassen für Arbeitslosen- und Krankenversicherung) ausdrückte. So wurden in Dänemark zunächst die gesetzlichen Grundlagen für freiwillige Versicherungen geschaffen. Diese wurden im Laufe der Zeit im Kontext einer zunehmend interventionistischen Staatspolitik auch staatlicherseits finanziell unterstützt. So führte Dänemark 1898 eine gesetzliche Regelung zur Unfallversicherung und 1891 eine zur Rentenversicherung und zur Krankenversicherung ein.

Erst in der zweiten Entwicklungsphase wurden bestimmte Zweige der Sozialversicherung zu Pflichtversicherungen umgewandelt, so 1916 die Unfallversicherung, 1921/22 die Rentenversicherung und 1933 schließlich die Krankenversicherung. Auffällig ist, dass in Dänemark die Arbeitslosenversicherung heute noch - wie auch in Schweden - freiwillig ist und durch autonome Kassen verwaltet wird, welche allerdings eng mit den Gewerkschaften verzahnt sind (sog. Genter System). Diese sind zudem berufsständisch organisiert, was auf ihre Herkunft (aus dem Zunftwesen und den Gewerkschaftskassen) verweist. Des Weiteren wurde in Dänemark - als Charakteristik eines sozialdemokratischen Wohlfahrtsstaates und im starken Kontrast zur Bundesrepublik - schon früh die Steuerfinanzierung der Sozialversicherung eingeführt.[87] In den 70er Jahren - der Phase sozialpolitischer Reformen - kam es vor allem seitens mittelständischer Schichten zu Protesten gegen die damit verbundene hohe Steuerbelastung.

Von Beginn der 80er Jahre an geriet Dänemark im Zuge der weltweiten ökonomischen Wachstumsschwäche wie andere europäische Staaten ebenfalls in eine Haushaltskrise, die mit der anhaltenden Ausweitung des Wohlfahrtsstaates in Verbindung gebracht wurde. Zugleich begann ein Anstieg der Arbeitslosigkeit, der in den 90er Jahren die 10-Prozentmarke sogar überschritt. Die zwischen 1982 und Januar 1993 amtierenden bürgerlichen Regierungen ließen jedoch entgegen ihrer Rhetorik die wohlfahrtsstaatlichen Institutionen im Wesentlichen unverändert bestehen. Sie betrieben de facto keinen Abbau des Wohlfahrtsstaates, sondern eher eine Drosselung wohlfahrtsstaatlicher Expansion. Dadurch und mittels Veränderungen im öffentlichen Dienstleistungsbereich wurden bestimmte Voraussetzungen für die wieder positivere Entwicklung in den 90er Jahren geschaffen (vgl. Goul Andersen 2000). Seit Beginn des neuen Jahrtausends ist unter der Mitte-Rechts-Regierung eine Aufrechterhaltung der positiven wohl-

86 So waren schon vor Ausbruch des Ersten Weltkrieges gut 50 % der abhängig Beschäftigten gewerkschaftlich organisiert.

87 Der Anteil der steuerfinanzierten Sozialausgaben betrug 1998 in Dänemark 67 %, in Deutschland hingegen nur ca. 30 %, da hier v.a. über Beiträge finanziert wird. Insofern ist Dänemark ein durchaus mit liberalen Elementen vermischter sozialdemokratischer Wohlfahrtsstaat.

fahrtsstaatlichen Performanz v.a. auf dem Arbeitsmarkt zu verzeichnen. Betrachtet man die jüngsten Schwerpunkte im wohlfahrtsstaatlichen Policy-Mix, fällt eine Vertiefung aktivierender Elemente auf.

5.2 Politische Charakteristika und Gestaltungsprinzipien

Der Steuerfinanzierungsmodus konnte in Dänemark wie in allen Ländern Skandinaviens und im Gegensatz zu Deutschland deshalb ohne größere Widerstände eingeführt werden, weil es eine politisch-kulturell stark verwurzelte positive Einschätzung der aktiven Rolle des Staates gab und die Trennung zwischen öffentlicher und privater Sphäre nie solche Ausmaße erreicht hat wie auf dem übrigen europäischen Kontinent. So gehören staatliche Umverteilungsstrategien, eine starke Betonung fiskalischer Maßnahmen sowie die Übernahme in anderen Ländern „privater" Aufgaben wie Erziehung, Pflege usw. in Dänemark zu den selbstverständlichen Aufgaben des Staats. Heute wird die staatliche Sozialversicherung aber zum Teil auch aus Beiträgen finanziert (so etwa die Arbeitslosenversicherung oder die ATP-Zusatzrente), allerdings sind die Gesundheitsversorgung und die Altersgrundrente vollständig steuerfinanziert.

Diese interventionistische Rolle des Staates ist sicherlich ein zentrales Merkmal des dänischen Wohlfahrtsstaates und der skandinavischen Länder überhaupt. Ein weiteres Merkmal ist der universalistische Aspekt der Sozialversicherung in Dänemark; man spricht hier auch von einem Modell der Staatsbürgerversorgung. Hiermit ist gemeint, dass soziale Dienste und Leistungen unabhängig von Status, Einkommen, den gezahlten Beiträgen oder einer Beschäftigung gewährt werden und allein aus dem Staatsbürgerstatus erwachsen. Wer also dänischer Nationalität ist, erwirbt beispielsweise ein Anrecht auf eine Altersrente. Somit ist die dänische Sozialversicherung eine Versicherung für die gesamte Bevölkerung und nicht für spezielle Gruppen wie Arbeitnehmer, Angestellte usw. Darüber hinaus gibt es aber auch diverse – staatliche und private – Zusatzversicherungssysteme, die in der Regel staatlich bezuschusst werden.

Dänemark verfolgt, wie auch Schweden, in enger Verzahnung mit der sozialen Absicherung eine aktive Arbeitsmarktpolitik, die auf Vollbeschäftigung und anti-zyklisch ausgelegt ist. Auch andere staatliche Strategien wie die Förderung von Teilzeitarbeit, Vorruhestandsregelungen oder die Bildungspolitik werden immer auch vor dem Hintergrund des Systems sozialer Sicherung implementiert. Dies hängt damit zusammen, dass der dänische Wohlfahrtsstaat auf einem breiten gesellschaftlichen Konsens beruht und die meisten politischen Reformen darauf abzielen, diesen auszubauen oder zumindest zu stützen. Insbesondere gilt das für die vorangegangenen Jahrzehnte, die auch in Dänemark wirtschaftliche Rezession und steigende Arbeitslosigkeit bedeutet haben. In dieser Phase hat aber Dänemark im Gegensatz etwa zu Deutschland seine sozialen Leistungen und Zahlungen eher erweitert als gekürzt.[88] Quer zu diesem Trend liegt das jüngere Umsteuern in der dänischen Arbeitsmarktpolitik in Richtung einer Aktivierungsstrategie, die auch mit verschärften Sanktionsmechanismen und dem Abbau bestimmter Leistungen verbunden ist.

Abschließend seien noch zwei wichtige Merkmale des dänischen Wohlfahrtsstaates angeführt: Das erste betrifft die Abwesenheit gesetzlicher Vorgaben in Bezug auf tarifrechtliche Aspekte, wenn diese von den Tarifpartnern ausgehandelt werden. D.h., dass die gesetzlichen Regelungen der sozialen Sicherung fast immer von Staat, Gewerkschaften und Arbeitgeberverbänden konzertiert verhandelt und die Implementationsprozesse von den Tarifparteien mitkontrolliert werden. Das andere Merkmal betrifft das System der sozialen Sicherung, das von staatlicher Ebene zentral geführt und von den Kommunen verwaltet wird. Es ist diese Struktur, die der dänischen Effizienz bei sozialen Dienstleistungen und Arbeitsmarktprogrammen zugrunde liegt. Die Kommunen wurden von den bürgerlichen Regierungen in den 80er Jahren mit mehr Kompetenzen ausgestattet, dies wiederholte sich im Zuge einer 2007 implementierten groß angelegten Reform der Struktur der Gebietskörperschaften.[89]

Schaubild 5-1: Sozialversicherungsbeiträge in Dänemark

Zweig	**Arbeitnehmer**	**Arbeitgeber**
Altersversorgung		
ATP-Zusatzrente	1/3	2/3
Betriebsrenten	1/3	2/3
Arbeitslosenkasse	Jährlicher Pauschalbetrag	
Arbeitsmarktfonds	8 Prozent des Verdienstes (bei Selbstständigen: des Gewinns)	
Arbeitsunfallversicherung		Risikoabhängige Versicherungsprämie

Quelle: MISSOC Online Tabellen 2007 und MISSOC Online Datenbank 2009 mit eigenen Ergänzungen.

---

88 So wurde etwa 1969/70 die Arbeitslosenunterstützung auf 90 % aufgestockt und die Erwerbstätigkeit von Frauen stark gefördert.

89 Dabei wurden 16 frühere Landkreise in fünf Regionen zusammengefasst und frühere 271 Kommunen wurden auf 98 reduziert.

5.3 Einzelversicherungen

5.3.1 Alter

Das dänische Rentensystem beruht auf vier Säulen, deren Leistungen Invaliden- und Hinterbliebenenrenten einschließen.[90] Bei der ersten Säule handelt es sich um die 1891 als freiwillige Versicherung eingeführte und 1921/22 zur beschäftigungsunabhängigen Grundrente umgewandelte Volksrente (Folkepension). Sie wird mit dem von allen Steuerpflichtigen erhobenen Volksrentenbeitrag in Höhe von 3,5 Prozent des zu versteuernden Einkommens finanziert. Alle Einwohner mit dänischer Staatsangehörigkeit sowie Personen, die länger als drei Jahre ihren Wohnsitz in Dänemark haben, erhalten die Volksrente. Die Höhe dieser Rente ist abhängig von der Wohndauer in Dänemark zwischen dem 15. Lebensjahr und dem gesetzlichen Renteneintrittsalter, das mit Wirkung in 2004 von 67 auf 65 Jahre gesenkt wurde und 2006 erneut auf 67 Jahre erhöht wurde.[91] Entsprechend der gegenwärtig geltenden Gesetzesgrundlage, dem konsolidierten Gesetz über Volksrenten aus dem Jahr 2005, beträgt der volle Grundbetrag der Rente 59.424 DKK (rd. 7.969 EUR, Stand 2007) jährlich, falls der Empfänger mindestens 40 Jahre in Dänemark ansässig war. Der Grundbetrag wird ergänzt um Aufschlagszahlungen, die sich jedoch im Falle von anderen Einkünften auch des Partners reduzieren. Die Mindestrente liegt bei 1.483 DKK (rd. 200 EUR) jährlich. Rentner mit Einkünften unterhalb einer festgelegten Schwelle erhalten eine Gesundheitszulage zur Gegenfinanzierung der Selbstbeteiligung im Gesundheitssystem.

Die zweite Säule des Rentensystems wird von der ebenfalls gesetzlich verankerten Arbeitsmarktzusatzrente (ATP: Arbejdsmarkedets Tillaegspension) als beitragsfinanziertes, obligatorisches Versicherungssystem gebildet.[92] Pflichtmitglieder im ATP-Versicherungssystem sind Arbeitnehmer

90 Gegenstand dieses Abschnittes ist in erster Linie ihre Alterssicherungsfunktion. Die Ausführungen basieren auf Eitrheim/Kuhnle 2000, Goul Andersen 2000, Nordheim Nielsen 1998, Green-Pedersen/Lindblom 2006, Frericks et al. 2006, Anderson 2004 sowie MISSOC Online Tabellen (Stand 2007). Vgl. hierzu auch Kap. 14 über Rentenversicherungssysteme.

91 Interessanterweise wurde sowohl mit der Senkung als auch mit der erneuten Erhöhung des Renteneintrittsalters das Ziel einer Steigerung der Erwerbsquote älterer Personen verfolgt. Die Senkung auf 65 Jahre sollte Möglichkeiten zur Frühverrentung im Vergleich zur Inanspruchnahme des gesetzlichen Renteneintrittsalters unattraktiver machen, was sich jedoch in der Praxis nicht bewährt hat. Gesetzlich vorgesehen ist im Falle einer erwarteten Entwicklung der durchschnittlichen Lebenserwartung eine neuerliche Erhöhung des Renteneintrittsalters im Jahr 2030 auf 68 Jahre. (Vgl. Bomsdorf 2007).

92 Vgl. hierzu auch die ähnliche Entwicklung in Schweden.

zwischen dem 16. Lebensjahr und dem 67. Lebensjahr mit einer wöchentlichen Arbeitszeit von mindestens neun Stunden. Bis 1996 wurde das System so erweitert, dass es auch die Empfänger von Sozialtransferleistungen - wie etwa Arbeitslose oder auch wegen Mutterschaft freigestellte Arbeitnehmerinnen - einschließt. Die Höhe der Finanzierungsbeiträge, die zu einem Drittel von Arbeitnehmern und zu zwei Dritteln von Arbeitgebern getragen werden, bemisst sich nach der wöchentlichen Arbeitszeit. Bei einer Vollbeschäftigung betrug der monatliche ATP-Beitrag im Jahr 2006 243,90 DKK (rd. 33 EUR). Die mit der Bezeichnung als Zusatzrente korrespondierende geringe Höhe der Leistungen hängt von der Dauer der Mitgliedschaft beziehungsweise der Beitragsleistung im Zusatzrentensystem ab. Die volle ATP-Rente (2007: jährlich 20.700 DKK bzw. 2.776 EUR) erhält, wer seit Einführung des Systems am 01.04.1964 Mitglied ist. Demnach ist die ATP-Rente nicht einkommens-, sondern (lebens-)arbeitszeitbezogen.

ATP-Mitglieder, die das 60. Lebensjahr nach 1999 erreichen, können bereits vor dem Eintrittsalter von 67, jedoch nicht vor dem Alter von 65 Jahren, gekürzte Leistungen erhalten. Es besteht zudem die Möglichkeit des Bezugs einer aus Steuermitteln finanzierten Teilrente bei Verkürzung der Arbeitszeit um mindestens ein Viertel.

Zur einkommensbezogenen dritten Säule wurde das System der bereits in den 1960er Jahren vereinzelt eingeführten tarifvertraglich geregelten Berufsrenten ausgebaut. Im Jahr 2003 waren 93 Prozent der Beschäftigten zwischen 30 und 60 Jahren von Regelungen zur Betriebsrente erfasst.[93] Die Voraussetzungen für diesen wesentlichsten Teil eines gleitenden Rentensystemüberganges wurden bei den Tarifrunden von 1989, 1991 und 1993 geschaffen.[94] Die Berufsrenten werden durch Beiträge finanziert, von denen die Arbeitnehmer ein Drittel und die Arbeitgeber zwei Drittel tragen. Die Beitragssätze differieren zwischen Sektoren und Branchen. Ihre Höhe entspricht bis zu einer stärkeren Vereinheitlichung den Vereinbarungen

93 Wobei aufgrund der naturgemäßen Ausrichtung einer Betriebsrente an der Lohnarbeit ein erheblicher Gender-Bias besteht: Zu Beginn des Jahrtausends bezogen gut 80 % aller Rentner zusätzlich zu den staatlich organisierten Leistungen eine Betriebsrente, aber nur 55 % aller Rentnerinnen. (Vgl. Frericks et al. 2006: 486; dort Angaben auf Basis des Nordic Social-Statistical Committee.)

94 Dem ging ein Konflikt zwischen der (bürgerlichen) Regierung und dem von der sozialdemokratischen Partei unterstützten Gewerkschaftsdachverband LO um die Frage voraus, ob weitere Betriebsrenten tarifvertraglich vereinbart werden sollten oder stattdessen eine gesetzliche Rentenregelung für all jene geschaffen werden sollte, die bis dato keine Betriebsrente abgeschlossen hatten. Die Regierung befürwortete hierbei die Variante der Tarifregelung und setzte sich durch – angesichts einer Art Verschleppungstaktik sahen sich die Gewerkschaften gezwungen, die Forderung nach Betriebsrenten schließlich doch in die Tarifverhandlungen hineinzutragen. (Vgl. Green-Pedersen/Lindblom 2006: 254.)

im jeweils zugrunde liegenden Tarifvertrag, der auch die Pflichtmitgliedschaft im Berufsrentensystem begründet.
Die zunächst randständige private Altersvorsorge hat sich ordnungspolitisch beabsichtigt zu einer ebenfalls umfassenderen vierten Rentensäule entwickelt. Dem lag die Schaffung von Steueranreizen für die Bildung und Verwendung von Ersparnissen in Privatrentenfonds, Lebensversicherungen und ähnlichen Anlageformen zugrunde. Tatsächlich hat sich die Zahl der Privatrentenverträge bis Mitte der 90er Jahre bei gut fünf Millionen Einwohnern auf etwa eine Million verfünffacht. Gegenwärtig ist der Anteil derjenigen Arbeitnehmer, die an einem privaten Altersvorsorgemodell teilnehmen, in Dänemark mit über 90 Prozent im internationalen Vergleich sehr hoch (vgl. Kapitel 14).

Demnach ist das Alterssicherungssystem aus drei kapitalgedeckten Zusatzrentensäulen und einer - bezogen auf den Anteil am Renteneinkommen - noch dominierenden umlagefinanzierten Volksrentensäule zusammengesetzt. ProzentHinsichtlich des weiteren Übergangsprozesses über die nächsten Jahrzehnte werden die Einkünfte aus den Zusatzrenten (Säulen 2-4) mit deren steigender Kapitaldeckung zunehmen. Wahrscheinlich werden die Volksrente wie der Rentenzuschlag schrittweise gesenkt und einzelne Zulagen gestrichen. Die wesentlichen Merkmale und Entwicklungstrends des dänischen Systems der Alterssicherung sind im folgenden Schaubild zusammengefasst.

Schaubild 5-2: Prozentsatz der Rentner, die aus den verschiedenen Säulen im Jahre 1995 und 2015 Leistungen beziehen

Jahr	Grundsicherung	Einkommenssicherung
1995	Volksrente: 100%	Berufsrente: 15-20%
	ATP: 75%	Privatrente 10-12%
2015	Volksrente: 100%	Berufsrente: 75-85%
	ATP: 95-98%	Privatrente 25-35%

Quelle: Nordheim Nielsen 1998: 66f.

5.3.2 Gesundheit

Die Gesundheitsversorgung in Dänemark ist ein universelles System, welches jedem Wohnbürger Dänemarks offen steht und vollständig steuerfinanziert ist.[95] Dabei werden Arzthonorare zwischen den Ärzteverbänden und dem öffentlichen Gesundheitsdienst vereinbart. Praktische Ärzte werden nach eingetragenen Patienten und erbrachten Leistungen honoriert, Fachärzte erhalten Pauschalbeträge für ihre ärztlichen Leistungen.

Das hervorstechende Merkmal des dänischen Gesundheitssystems ist seine zweistufige Form, d.h. es gibt zwei Kategorien von Versicherungen. Die Angehörigen der ersten Versicherungsart haben eine Berechtigung zur vollkommen kostenlosen Gesundheitsversorgung bei freier Arztwahl nur unter jenen Allgemeinmedizinern, welche an einer Kollektivvereinbarung mit dem öffentlichen Gesundheitsdienst partizipieren. Die zweite Gruppe kann auch unter Nichtvertragsärzten frei wählen. Allerdings besteht hier keine volle Übernahme der Kosten, vielmehr muss der anfallende Mehrbetrag im Vergleich zu einem Patienten der ersten Gruppe vom Versicherten selbst übernommen werden. Bei Zahnarztkosten besteht für beide Kategorien eine Selbstbeteiligung. Die Höhe ist in einer Gebührenordnung festgelegt. Kinder sind von Zuzahlungen befreit. Bemerkenswert ist, dass ca. 99 Prozent der dänischen Bevölkerung in der ersten Kategorie versichert ist. Krankenhäuser sind in Dänemark fast ausschließlich öffentlich; private Krankenhäuser gibt es zwar, sie unterstehen jedoch den Kommunalverwaltungen.

Das Krankengeld wird maximal 52 Wochen in einem Zeitraum von 18 Monaten gezahlt (dabei werden die ersten zwei Wochen durch den Arbeitgeber übernommen) und bemisst sich nach dem tatsächlichen Stundenlohn mit einer Obergrenze von 3.415 DKK (458 EUR, Stand 2007) pro Woche. Die Mindestbeschäftigungsvoraussetzung für den Bezug von Krankengeld sind 120 Stunden während der 13 Wochen vor Krankheitsbeginn. Für Arbeitnehmer besteht kein Karenztag, für Selbstständige eine Karenzfrist von zwei Wochen.

5.3.3 Familie

Leistungen im Falle von Mutterschaft werden über das Gesundheitssystem gewährt. Leistungen gehen an Arbeitnehmer, Selbständige oder Teilnehmer an einer Aus- oder Fortbildung (ABM). Die Höhe des Mutter-

---

95 Ein ähnliches System der (steuerfinanzierten) Staatsbürgerversorgung besteht auch in Großbritannien.

schaftsgeldes ergibt sich auf Basis des Stundenlohns der Empfängerin bis zu einer Obergrenze von 3.415 DKK (458 EUR, Stand 2007) pro Woche. Arbeitnehmerinnen und Selbstständige erhalten ab vier Wochen vor und 14 Wochen nach der Entbindung Zahlungen. Anspruchsvoraussetzung ist eine Mindesterwerbstätigkeit vor der Entbindung bzw. der Anspruch auf Lohnersatzleistungen aus der Arbeitslosenversicherung. Väter erhalten während der 14 Wochen nach der Niederkunft Zahlungen für zwei Wochen. Nach Ablauf der 14 Wochen ist vorgesehen, dass sich beide Elternteile einen Elternurlaub von 32 Wochen teilen.

In Dänemark wird ab dem ersten Kind Kindergeld bezahlt, und zwar prinzipiell unabhängig vom Einkommen der Eltern. Es wird bis zum 18. Lebensjahr der Kinder gewährt. Die Höhe des Kindergelds ist nach dem Alter der Kinder von 823 DKK (110 EUR) bis 1.157 DKK (155 EUR, Stand 2007) gestaffelt. Eltern, die bereits Rentner sind, erhalten eine Zulage.[96]

5.3.4 *Unfall*

Wie in den meisten anderen westlichen Wohlfahrtsstaaten, sind Arbeitnehmer im Falle von Arbeitsunfällen sowie anerkannten Berufskrankheiten versichert. Dieser Zweig der Sozialversicherung wird gänzlich von den Arbeitgebern getragen, die je nach Risiko Beiträge an die staatliche Kasse zahlen.

Ergibt sich aus einem Arbeitsunfall eine vorübergehende Arbeitsunfähigkeit, treten die Krankengeld-Bestimmungen in Kraft. Wird aber jemand dauerhaft arbeitsunfähig, so greifen die Regelungen der Leistungen bei Invalidität. Der Mindestgrad der Behinderung, der zum Empfang einer Invalidenrente berechtigt, beträgt 15 Prozent. Es existiert in Dänemark ferner eine Liste anerkannter Berufskrankheiten.

5.3.5 *Arbeitslosigkeit*

Wie schon erwähnt, ist die Arbeitslosenversicherung in Dänemark freiwillig und wird über die Gewerkschaften organisiert. Bedingungen für den Erhalt von Leistungen bei unfreiwilliger Arbeitslosigkeit sind mindestens 52 Wochen Beschäftigung in den letzten drei Jahren sowie eine Mindestversicherungszeit von einem Jahr. Das Höchstalter beträgt 66 Jahre, danach werden Altersrenten gezahlt. Für ältere Arbeitslose zwischen 60 und 65 Jahren besteht ein freiwilliges Frührentensys-

96 Neben diesen Leistungen ist auf das kurze, aber relativ hohe Erziehungsgeld sowie die hervorragende Infrastruktur zur Betreuung von Kindern hinzuweisen.

tem; Voraussetzung ist hier, während der letzten 30 Jahre mindestens 25 Jahre einer Arbeitslosenversicherung angehört zu haben. Bei Selbstständigen besteht für den Bezug von Lohnersatzleistungen aus der Arbeitslosenversicherung eine Karenzfrist von vier Wochen.

Das Arbeitslosengeld beträgt 90 Prozent des durchschnittlichen Arbeitsentgelts der letzten 12 Wochen vor Eintritt der Arbeitslosigkeit, allerdings nur bis zu einer Höchstgrenze von 3.110 DKK (417 EUR, Stand 2007) wöchentlich. Für junge Arbeitslose, d.h. für Personen, die unmittelbar nach Berufsausbildung oder Militärdienst arbeitslos werden, beträgt der Höchstsatz pro Woche 2.800 DKK (376 EUR, Stand 2007). Die Bezugsdauer wurde seit 1993 schrittweise auf vier Jahre gesenkt. Eine Sonderregelung besteht hierbei allerdings für ältere Arbeitslose: Ab einem Alter von 55 Jahren kann der Bezug bis zum 60. Lebensjahr verlängert werden, falls dann die Voraussetzungen für den Bezug einer Frührente (s.o.) gegeben sind.

5.3.6 Soziale Mindestsicherung

Die 1974 eingeführte Mindestsicherung steht grundsätzlich jedem Wohnbürger offen. Sie beruht seit 1997 auf dem Gesetz über eine aktive Sozialpolitik (bzw. auf der konsolidierten Fassung von 2005). Demnach beläuft sich die Leistungshöhe bei Personen mit Kindern auf 80 Prozent und ohne Kinder auf 60 Prozent des Höchstbetrages der Lohnersatzleistungen bei Arbeitslosigkeit. Für Personen unter 25 Jahren bestehen gesonderte Regelungen. Darüber hinaus werden zusätzliche Leistungen etwa für Personen gewährt, die Familienmitglieder zu Hause pflegen. Familienleistungen und Kindergeld werden zusätzlich zur Mindestsicherung ausbezahlt.

Falls der Grund für den Bezug der sozialen Mindestsicherung (Langzeit-)Arbeitslosigkeit ist, so ist der Bezieher zu aktiven Integrationsbemühungen in den Arbeitsmarkt verpflichtet. Bezieher nehmen deshalb an Aktivierungsmaßnahmen teil. Erscheint der Bezieher nicht zu einer vereinbarten Aktivierungsmaßnahme, so werden die Leistungen entsprechend der Zeit der Abwesenheit gekürzt.

Schaubild 5-3: Der dänische Wohlfahrtsstaat: Grundstruktur

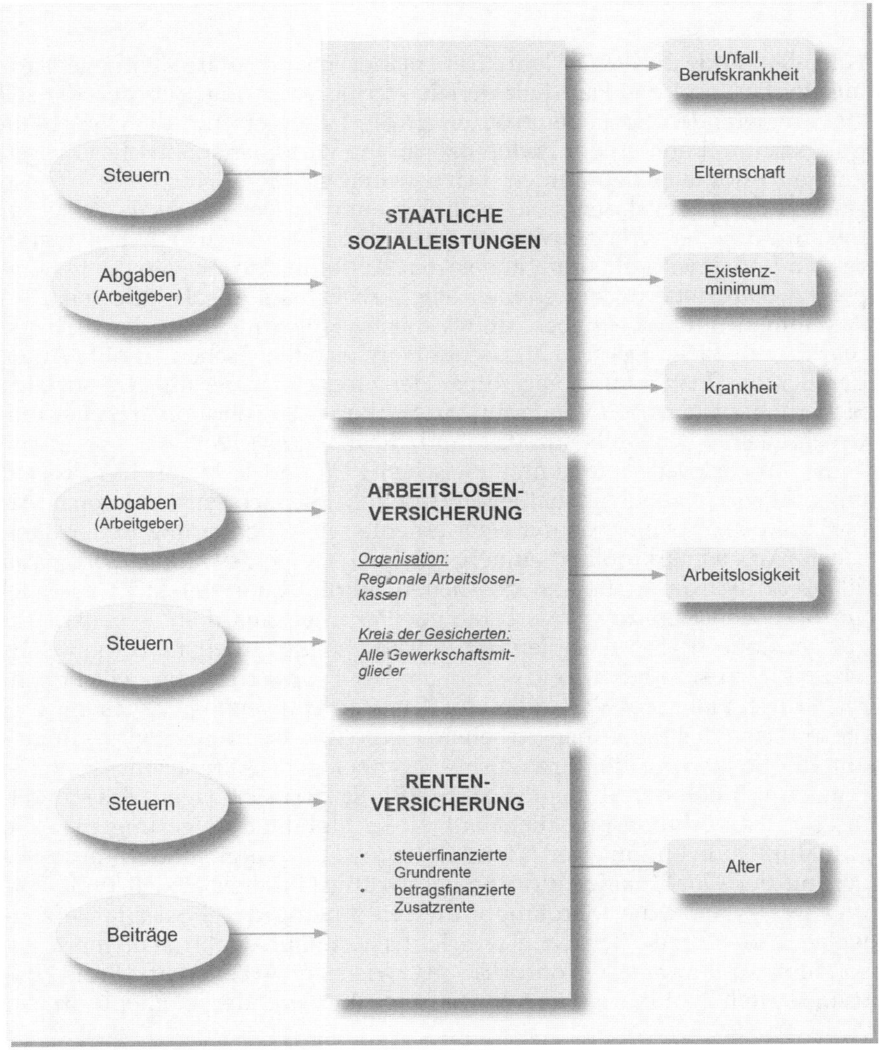

Quelle: Eigene Darstellung

5.4 Aktuelle Probleme, innovative Perspektiven und mögliche Entwicklungen

Nachdem Ende der 1980er Jahre Dänemark seine defizitäre Zahlungsbilanz ausgleichen und das Haushaltsdefizit verringern konnte, wurden die seit 1993 regierenden Sozialdemokraten in die Lage versetzt, dem Beschäftigungsziel im Rahmen der Präferenzordnung wirtschaftspolitischer Zielsetzungen Priorität einzuräumen. Dazu waren sie angesichts eines Höchststandes der Arbeitslosenquote auch gezwungen. Der politische Wille zur Bekämpfung der Arbeitslosigkeit wurde noch 1993 in einer Arbeitsmarktreform und einer mehrstufig angelegten Änderung des Steuersystems umgesetzt. Die Steuerreform enthielt eine Arbeitsmarktabgabe, die seit 1994 zusammen mit Arbeitgeber- und Versichertenbeiträgen in den Arbeitsmarktfonds fließt. Der im Längsschnittvergleich inzwischen erhöhte Anteil der Beitragsfinanzierung gegenüber der Steuerfinanzierung des sozialen Sicherungssystems soll wiederum zur Senkung der sehr hohen Steuerquote beitragen (vgl. auch Heinze/Schmid/Strünck 1999: 128).

Die Arbeitslosenquote konnte zwischen 1993 und 1999 von 12,1 Prozent auf 5,5 Prozent mehr als halbiert werden. Schließlich entstand sogar Arbeitskräfteknappheit, was mit einer erneuten Re-Orientierung in der dänischen Arbeitsmarktpolitik einherging (vgl. Dingeldey 2005: 20, Braun 2006). So wurde zu Beginn des neuen Jahrtausends verstärkt das Ziel verfolgt, den Rückzug erwerbsfähiger Personen aus dem Arbeitsmarkt zu verhindern. Ein Beispiel für entsprechende arbeitsmarktpolitische Maßnahmen sind etwa Neuregelungen zur Frühverrentung, welche Anreize für ein längeres Verbleiben im Arbeitsmarkt setzten. Insgesamt war diese Phase der dänischen Arbeitsmarktpolitik somit geprägt von einer auf die Steigerung der Erwerbsquote angelegten Aktivierungsstrategie (vgl. zum Inhalt der Strategie Kapitel 18). Es lässt sich sagen, dass im dänischen Fall Aktivierung nicht auf bloße Mobilitätssteigerung und die Annahme subventionierter Niedriglohnbeschäftigung, sondern auf Steigerung der Qualifikation und Beschäftigungsfähigkeit abzielt (vgl. Torfing 1999). Auch die Jobrotation, die seit Anfang der 1990er Jahre zeitweise in der Breite betrieben wurde, basierte auf der in Dänemark besonders ausgeprägten Koordination zwischen Arbeitsmarkt und Bildungssystem.[97] Eine weitere Vertiefung aktivierender Elemente in der

97 Bei der Jobrotation i.e.S. erstellen die Arbeitgeber mit den Arbeitnehmern abgestimmte Pläne über die Freistellung zur überbetrieblichen Qualifizierung. Die Mitarbeiter werden durch Arbeitslose vertreten, die vorab an entsprechenden Qualifikationsmaßnahmen teilgenommen haben und mit relativ großer Wahrscheinlichkeit nach der Vertretungstätigkeit übernommen werden. Vor allem die Jobrotation i.w.S., also

dänischen Arbeitsmarktpolitik ist seit dem Jahr 2003 unter der konservativen Regierung zu beobachten (vgl. Dingeldey 2005: 20). So haben nun etwa auch Sozialhilfeempfänger Zugang zu den gleichen Vermittlungsstrukturen wie Bezieher von Leistungen aus der Arbeitslosenversicherung. Ferner wurden Sanktionen und Zumutbarkeitsregelungen verschärft.

Auch jüngst fällt Dänemark im Vergleich mit anderen Wohlfahrtsstaaten durch eine äußerst geringe Arbeitslosenquote auf.[98] Dies spricht zum einen für den Erfolg dänischer Arbeitsmarktpolitik. Zum anderen ist es aber auch der ausgebaute öffentliche Dienst, also der Wohlfahrtsstaat selbst, der umfangreiche Beschäftigungsmöglichkeiten bietet - was ebenso in Schweden festzustellen ist und so im Sinne Esping-Andersens als klassisch sozialdemokratisches Element wohlfahrtsstaatlicher Politik verstanden werden darf. Das zweite typische Element ist die hohe, progressive Besteuerung die dazu beitragen soll, dass die Ungleichheit zwischen Reich und Arm gering ist. Die Idee ist, dass die „breitesten Schultern die schwerste Last tragen". Welche Kapazität zur Dämpfung von Störungen kapitalistischer Marktmechanismen tatsächlich in den an Aktivierung ausgerichteten wohlfahrtsstaatlichen Institutionen vorhanden ist, muss sich in der Rezession allerdings erneut beweisen, zumal Dänemark relativ stark außenwirtschaftlich verletzlich ist. Was das System gleichwohl stabilisiert, ist die im europäischen Vergleich sehr hohe Erwerbsquote von Frauen und Männern. Diese sorgt dafür, dass proportional weniger finanzielle Sozialleistungen Anspruch genommen werden und vor allem dafür, dass der Staat höhere Steuereinnahmen erzielt. Was die Schaffung von Arbeitsplätzen und damit die Entlastung des Wohlfahrtsstaates begünstigt, ist die hohe Flexibilität der Arbeitsverhältnisse, die sich in einem nur gering ausgeprägten Kündigungsschutz zeigt. Diese Flexibilität wird durch hohe und wenig stigmatisierende Sozialleistungen nicht nur in der Arbeitslosenversicherung sondern auch in anderen Zweigen des Wohlfahrtsstaates ermöglicht und von den Beschäftigten und Nicht-Beschäftigten aus eben diesem Grund akzeptiert. Bekannt geworden ist dieses spezifisch dänische Arrangement unter dem Begriff „flexicurity".

---

mit Stellvertreterregelungen verknüpfte Urlaubsprogramme, wurden seit 1996 wieder zurückgefahren bzw. eingestellt, was für den flexiblen und an die jeweilige Lage angepassten Einsatz des Instruments spricht.

98 Diese betrug im Jahr 2008 3,3 %. Quelle: Eurostat Online Statistiken.

5.5 Zentrale Literatur

Andersen, J. G. 2000: Welfare Crisis and Beyond. Danish Welfare Policies in the 1980s and the 1990s. In: Kuhnle, S. (Hrsg), Survival of the European Welfare State. London.

Braun, Th. 2006: Erfolgreiche arbeitsmarktpolitische Konzertierung: Dänemarks Reformweg vom Rande des Abgrundes zum Flexicurity-Model. In: Sozialer Fortschritt 6/2006, S. 133-155.

Dingeldey, I. 2005: Zehn Jahre aktivierende Arbeitsmarktpolitik in Dänemark. In: WSI Mitteilungen 1/2005, S. 18-24.

Frericks, P./Maier, R./de Graaf, W. 2006: Shifting the Pension Mix: Consequences for Dutch and Danish Women. In: Social Policy & Administration. Vol. 40 (5), S. 475-492.

Green-Pedersen, Ch./Lindblom, A. 2006: Politics within paths: trajectories of Danish and Swedish earnings-related pensions. In: Journal of European Social Policy. Vol. 16 (3), S. 245-258.

Green-Pedersen, Ch./Baggesen Klitgaard, M. 2008: Im Spannungsfeld von wirtschaftlichen Sachzwängen und öffentlichem Konservatismus: das dänische Wohlfahrtssystem. In: Klaus Schubert (Hrsg.), Europäische Wohlfahrtssysteme. Wiesbaden. S. 149-168.

Grenve, B. 2000: Denmark. In: van Vugt, J./Peet, J. (Hrsg.), Social Security in the European Union. Heidelberg/New York.

Nordheim Nielsen, F. v. 1998: Das dänische Modell der Altersversorgung. In: Empter, S./Esche, A. (Hrsg.), Radikalkur oder Evolution. Gütersloh.

Petersen, K. 1998: Legitimität und Krise. Die politische Geschichte des dänischen Wohlfahrtstaates 1945-1973. Berlin.

Torfing, J. 1999: Workfare with Welfare. Recent Reform of the Danish Welfare State. In: Journal of European Social Policy, H. 1.

6 Der französische Wohlfahrtsstaat: Ein abgeschwächt konservatives Modell

6.1 Historischer Abriss

Der französische Wohlfahrtsstaat hat wie alle Wohlfahrtsstaaten eine Geschichte, die sowohl bestimmte typische Merkmale aller modernen Wohlfahrtsstaaten als auch nationale Besonderheiten aufweist. Wie in der Überschrift angedeutet, wird Frankreich nur „bedingt" dem konservativen Modell zugeordnet. Nach Saint-Jours (1981) lässt sich die französische Geschichte der Entwicklung des nationalen Wohlfahrtsstaates in vier Hauptphasen unterteilen:

- Ursprüngliche Zurückhaltung des Staates im sozialen Bereich
- Förderung der Privatinitiativen durch Subventionen
- Progressive Schaffung gesetzlicher Pflichten
- Aktuelle Generalisierung der „sécurité sociale"

6.2 Ursprüngliche Zurückhaltung des Staates im sozialen Bereich

Diese Phase erstreckt sich vom Zeitpunkt der französischen Revolution (1789) bis zur Mitte des 19. Jahrhunderts. Ideologisch herrschen Individualismus und Liberalismus vor, d.h. die bürgerlichen Ideen von den individuellen Freiheiten mit Betonung des Rechts auf Eigentum und freie wirtschaftliche Entfaltung. Die Rolle des Staates sollte möglichst gering sein und sich auf die Vorgabe gewisser verbindlicher legaler Regelungen beschränken, um eben das Recht auf Eigentum und andere persönliche Rechte zu garantieren. Weiterhin beinhaltete die Idee des Individualismus, dass die Individuen für ihr Leben selbst verantwortlich seien und der Staat (oder andere übergeordnete Institutionen) sich nicht in persönliche Angelegenheiten wie Altersvorsorge, Arbeitssituation, Familienangelegenheiten usw. einmischen sollte.

Gleichzeitig waren die sozialen Folgen der schnellen Industrialisierung und Modernisierung unübersehbar: es gab materielles Elend breiter Bevölkerungsschichten, unmenschliche Arbeitsbedingungen, mangelnde Möglichkeit zur Eigenvorsorge für das Alter usw. Die Arbeiterschaft organisierte sich bald und gründete sog. „sociétés de secours et de résistance" (Vereine auf Gegenseitigkeit), um bestimmte soziale Risiken unter Bezugnahme auf das Solidarprinzip abdecken zu können. Diese bilden den Grundstock für die heute noch bestehenden und wichtigen „mutualités" der französischen Sozialversicherung. Zunächst aber wurden diese (illegalen) Vereinigungen massiv verfolgt. Erst die Pariser Kommune von 1871 ließ die tatsächliche Situation der Arbeiterschaft unübersehbar und ein Eingreifen des Staates unabwendbar werden, weil sonst eine sozialistische Revolution drohte. Im Laufe des 19. Jahrhunderts waren nämlich sozialistische bzw. marxistische Strömungen innerhalb der Arbeiterschaft sehr einflussreich geworden. Vor diesem Hintergrund begannen bestimmte Gruppen, wie etwa christliche Unternehmer, ein gewisses Maß an staatlicher Fürsorge und Kontrolle zu fordern, um die Soziale Frage zu lösen.

6.3 Förderung der Privatinitiativen durch Subventionen

Die zweite Phase der französischen Entwicklung auf dem Weg zum Wohlfahrtsstaat ist von einer zunehmenden Aktivität des Staates gekennzeichnet, die sich zunächst auf die Vorgabe und Regelung bestimmter legaler und ökonomischer Aspekte bezieht. So wurden 1898 die oben genannten Arbeiter-Vereinigungen legalisiert und sogar staatlich gefördert. Auch andere private Initiativen wie Unternehmerorganisationen, private Versicherungen oder karitative (meist kirchliche) Institutionen wurden vom Staat gefördert. Diese Förderung kam aber hauptsächlich dem Mittelstand zugute, weil nur dieser in der Lage war, Vorsorge für bestimmte Risiken zu leisten. Arbeiter konnten in ihrer damaligen Lage kaum auf eine ausreichende Altersabsicherung oder eine Arbeitslosenversicherung hin sparen.

Ein wichtiges Gesetz der hier behandelten Phase war das 1898 geschaffene Gesetz über die Entschädigung von Arbeitnehmern bei Arbeitsunfällen. Die Arbeitgeber wurden haftbar gemacht und so gezwungen, sich gegen dieses Risiko zu versichern. Die zunehmende Akzeptanz gegenüber dem Versicherungsgedanken im Allgemeinen zeigt sich auch an den um die Jahrhundertwende vom Staat geschaffenen Möglichkeiten, sich freiwillig gegen bestimmte Lebensrisiken zu versichern, so etwa die Krankenversicherung, die Unfallversicherung (beide 1898), die Rentenversicherung (1895) und etwas später die Arbeitslosenversicherung (1905). Diese Versicherungen waren aber, wie erwähnt, fakultativ (d.h. freiwillig) und deckten nur bestimmte (wohlhabendere) Gruppen ab. Darüber hinaus waren die meisten dieser Vereinigungen ständisch bzw. nach Berufen organisiert – eine Struktur, die sich bis heute erhalten hat und zur Komplexität des französischen Systems der sozialen Sicherung beiträgt.

Insgesamt relativierte sich der Einfluss des oben beschriebenen Individualismus, und zunehmend trat der Fürsorgegedanke, der den Staat in die Pflicht nimmt, in den Vordergrund. Schließlich lässt sich noch anmerken, dass eine Sozialversicherung nach deutschem bzw. Bismarckschem Modell für Frankreich mit seinen starken liberalen und christlichen Reformkräften damals strikt abgelehnt wurde, da diese als zu interventionistisch galt.

6.4 Progressive Schaffung gesetzlicher Pflichten

Der französische Staat wurde ab Anfang des 20. Jahrhunderts zunehmend in den Bereichen der sozialen Sicherung aktiv. So z.B. mit einem 1905 erlassenen Gesetz zur obligatorischen Fürsorge für alte, bedürftige Menschen, welches finanziell von den Gemeinden und dem Staat getragen werden sollte. Auch die Kinderfürsorge für Waisen oder Kinder aus „amoralischen Verhältnissen" sowie die Entschädigungszahlungen des Staates an Krankenhäuser für die Pflege Bedürftiger wurden um die Jahrhundertwende staatlich institutionalisiert. Ebenso dehnte sich das System der mutualités seit der Legalisierung 1898 immer weiter aus und erfasst zunehmend die Mittelschicht. Dies führte aber dazu, dass sich bald ein Bruch zwischen Gewerkschaft und mutualités vollzog, weil die Arbeiterschaft in diesen ihre Interessen nicht mehr hinreichend vertreten sah. So sind heute die mutualités ein allgemeines System zusätzlicher sozialer Sicherung (insbesondere im Bereich der Krankenversicherung), unabhängig vom Status der Versicherten.

1910 unternahm der französische Staat den Versuch ein System obligatorischer Arbeiter- und Bauernrenten einzuführen, der aber am Widerstand der Arbeitgeber- und z.T. der Arbeitnehmerschaft sowie an der massiven Geldentwertung scheiterte. Erst 1920 wurde ein Gesetz zur Sozialversicherung erfolgreich erlassen, welches jedoch erst 1930 in Kraft trat, nachdem der erste Entwurf von 1920 auf massiven Widerstand gestoßen war. Insgesamt also wird erst ab den 1930ern in Frankreich ein umfassendes System sozialer Sicherung eingeführt, das kontinuierlich ausgebaut wird. Die Nachkriegszeit ist insofern für die französische Entwicklung interessant, als die „résistance" (Widerstand gegen die deutsche Besatzung) Pläne für eine umfassende Sozialversicherung entwickelte, die stark von den Ideen Beveridges beeinflusst war.

Vor dem Krieg war aber schon die obligatorische Krankenversicherung für Arbeitnehmer in Industrie und Handel eingeführt worden (1930). Für Angestellte waren diese freiwillig. Eine obligatorische Unfallversicherung wurde 1946 eingeführt. Nach dem Zweiten Weltkrieg begann die Regierung mit einem groß angelegten Plan einer umfassenden Sozialversicherung für die gesamte Bevölkerung. Leitideen waren dabei eine Garantie für die gesamte Bevölkerung gegen alle Risiken sowie die Garantie eines Lebensminimums, ferner die Vereinheitlichung des Systems und schließlich die gemeinsame Verwaltung der Sozialversicherung durch die Leistungsberechtigten und den Staat (vgl. Saint-Jours 1981: 232f.). Allerdings wurde der ursprüngliche Plan nicht gänzlich verwirklicht, stieß er doch auf z.T. massiven Widerstand aus verschiedenen Richtungen. Die Opposition beklagte u.a. die zu starke Zentralisierung und den Verlust der Eigenständigkeit, anderen ging der Plan nicht weit genug. In diesem Konflikt zeigt sich die Bedeutung der berufsständisch organisierten Institutionen der traditionellen Sozialversicherung (die heute noch existiert) wie auch die wichtige Tradition der Vereine auf Gegenseitigkeit (mutualités) der Arbeiterschaft und des Mittelstandes. Die Zersplitterung des französischen Systems sozialer Sicherung ist heute noch ein wesentliches Charakteristikum und Anlass zur Kritik. Auch eine gewisse Skepsis dem Staat gegenüber (Liberalismus) trat wieder einmal hervor. Es wurde aber schließlich ein Kompromiss gefunden, der für alle wichtigen Risiken eine Pflichtversicherung vorsah (Alter, Krankheit, Unfall). Den Kern bildeten zunächst die Arbeiter, andere Gruppen kamen nach und nach hinzu. Heute bestehen nach wie vor diverse Sondersysteme, so etwa für die Landwirtschaft oder die Selbständigen. Erst (im international Vergleich auffällig) spät ist eine obligatorische Arbeitslosenversicherung eingeführt worden, nämlich 1967. Im Jahr 1961 wurde ferner ein Zusatzrentensystem (ARCCO) für alle Arbeitnehmer in der Privatwirtschaft eingeführt.

6.5 Politische Charakteristika und Gestaltungsprinzipien

Auf den ersten Blick unterscheidet sich der französische Wohlfahrtsstaat kaum vom deutschen. Dies gilt sowohl für die Leistungs- und Finanzierungsstruktur – auch dort stellen Statussicherung und Lohnarbeitszentrierung zentrale Ordnungsmuster dar – als auch z.T. für die Verwaltungsform der Sozialversicherungskassen sowie die grobe Differenzierung zwischen Fürsorge- und Versicherungsleistungen.

Der kontinentale „Konservatismus" des französischen Modells erhält jedoch durch eine Reihe von wohlfahrtsinstitutionellen Eigenheiten einen besonderen Anstrich. Bode (1999) verweist in diesem Zusammenhang auf Ansätze sozialer Grundsicherung, die keine vorher erbrachten Beitragsleistungen zur Voraussetzung haben. Zudem sei das Bild vom konservativen Wohlfahrtsstaat angesichts der politisch gewollten Neutralität gegenüber der Pluralität von Familienformen wie auch gegenüber der weiblichen Erwerbsbeteiligung zu kurz gegriffen. Schließlich führt er die vergleichsweise etatistische Interventionslogik im Bereich der Arbeitsmarktpolitik an, die vor allem dem Staat die Aufgabe zuweist, für die Schaffung von Arbeitsplätzen zu sorgen.

Führt man sich die oben skizzierte Geschichte vor Augen, so ist auffällig, dass der Staat zögerlich und relativ spät im Bereich der sozialen Sicherung interveniert hat. Lange herrschte ein starker Einfluss der liberalen Ideologie vor, wonach möglichst viel dem privaten Sektor überlassen werden sollte. Zudem waren in Frankreich lange individualistische Positionen einflussreich, die die Errichtung von kollektiven Schutzmechanismen gegen Lebensrisiken blockierten. Andererseits aber waren die solidarische Organisation und die sozialistische Ausrichtung der französischen Arbeiterbewegung ein auffälliges Merkmal der französischen Geschichte. All diese Faktoren haben dazu geführt, dass Frankreich heute ein zwar umfassendes und breit deckendes Netz an sozialer Sicherung hat,[99] aber auch eines, das komplex und zersplittert und zudem von unabhängigen, ständisch organisierten Verbänden geprägt ist. Auf diese Weise herrscht im System der sécurité sociale eine Balance zwischen staatlicher Regulierung und autonomen Versicherungsträgern.

An dem konservativen Charakter des französischen Wohlfahrtsstaates haben auch die Reformen der vergangenen Jahre wenig geändert. Oberstes Ziel dieser Reformen war nicht die grundlegende Umgestaltung, sondern die Sicherung des bestehenden Sozialstaates. Erst in jüngerer Zeit sind Tendenzen einer „buttressed liberalization" (Vail 2008, s.a. zum Gesamten den Länderbericht von Gallouj/Gallouj 2008) sichtbar geworden.

99 Die Sozialleistungsquote beträgt 2006 in Frankreich 31,1 % und liegt damit an der Spitze der europäischen Länder.

6.6 Strukturen und Organisation

Das allgemeine System sozialer Sicherung „sécurité sociale" umfasst vier große Risiken (Krankenversicherung/Mutterschutz, Unfallversicherung, Familienbeihilfe und Alterssicherung) und gliedert sich in dabei diverse Einzelsysteme, mehrere Dutzend unterschiedlicher berufsbezogener „Regime" sowie etwa 1000 nationale, regionale und lokale Organismen (Schild/Uterwedde 2006). Jedoch kann man das System in vier große Gruppen einteilen:

- Das régime géneral ist der größte Zweig des Sozialsystems und macht etwa zwei Drittel aller Leistungen aus. Es handelt sich um eine Pflichtversicherung für alle Arbeitnehmer in Handel, Industrie und Dienstleistung. Gedeckt sind in diesem System die Risiken Alter, Krankheit (und Mutterschaft als Teil der Krankenversicherung), Invalidität, Arbeitsunfälle und Berufskrankheiten, Hinterbliebene sowie Familienbeihilfen.
- Im régime agricole (Versicherung für die Landwirtschaft) sind im Agrarsektor abhängig Beschäftigte sowie selbständige Bauern versichert. Diese Versicherung deckt jedoch nur die Bereiche Alter und Hinterbliebenenversorgung ab.
- Die régimes spéciaux umfassen die besonderen Versicherungen für bestimmte Gruppen, die spät in das allgemeine System integriert worden sind, weil sie traditionell autonome Versicherungen aufweisen konnten. Dazu gehören Bergleute, Beamten, Militärangehörige u.a.
- Selbstständige sind in den régimes autonomes organisiert, das weitestgehend die Leistungen des régime général bietet.

Die Arbeitslosenversicherung ist in Frankreich aus dem allgemeinen System ausgegliedert und stellt eine eigene Versicherung (UNEDIC) dar. Sie wurde erst 1958 geschaffen und hat eine eigene Gesetzgebung. Träger sind die Sozialpartner, welche auch die politisch Verantwortlichen sind. Die Arbeitslosenversicherung untersteht dem nationalen Ministerium für Arbeit und Sozialordnung und wird staatlich bezuschusst.

Es gibt in Frankreich diverse freiwillige und obligatorische Zusatzkassen. Besonders wichtig sind in diesem Zusammenhang die schon erwähnte 1961 geschaffene Zusatzrentenversicherung für Arbeitnehmer (ARCCO) sowie die traditionellen, genossenschaftlichen „mutuelles" (Verein auf Gegenseitigkeit). Letztere ist freiwillig, wird allerdings stark nachgefragt (von ca. 66 Prozent der Versicherten), da die mutuelles beispielsweise den Selbstbehalt in der medizinischen Versorgung tragen.

Des Weiteren gibt es zahlreiche betriebliche und überbetriebliche Zusatzversicherungen. Auffällig am französischen System ist ferner die geringe Rolle der privaten Versicherungen. So sind etwa 99 Prozent der Bevölkerung in der gesetzlichen Krankenversicherung versichert und nur 4 Prozent Mitglied einer (zusätzlichen) Privatversicherung.

Das allgemeine System (régime général) gliedert sich organisatorisch in vier Nationalkassen, zuständig für Beitragseinzug und Finanzmanagement (ACOSS), Kranken-, Invaliditäts- und Unfallversicherung (CNAM), Alters- und Hinterbliebenenversorgung (CNAV) und schließlich die Familienkasse, zuständig auch für die Waisenversorgung (CNAF). Das régime général hat eine übergeordnete Planungsfunktion bezüglich der Vollstreckung auf regionaler und lokaler Ebene. Es würde hier zu weit führen, die einzelnen Organisationsebenen darzustellen. Festgehalten sei aber, dass sich das französische Sozialversicherungssystem nicht so zentralistisch darstellt, wie oft vermutet wird. Die Organisation ist komplex und geprägt von selbständigen Körperschaften auf departementaler und lokaler Ebene. Dennoch wird oftmals eine gewisse zentralistische Tendenz kritisiert, mit der sich auch die neueren Entwicklungen und Reformvorschläge befassen. Im Rahmen der sozialistischen Regierung seit 1981 werden Reformversuche unternommen, die auf Dezentralisierung und Dekonzentration abzielen.[100] Bisher von der Zentralregierung geplante, durchgeführte und verwaltete Bereiche werden auf die Kommunen und Départements verlagert, so etwa im Bereich der Sozialhilfe. Damit sollen bestimmte Probleme besser vor Ort gelöst werden und die regionalen bzw. lokalen Ebenen mehr Autonomie und Entscheidungsfreiraum gewinnen. Diese Reformen werden meist als positiv beurteilt.

Finanzierung

Als Vertreter des konservativen Wohlfahrtsstaatmodells finanziert sich der französische Wohlfahrtsstaat hauptsächlich über Beitragszahlungen der Arbeitgeber und Arbeitnehmer im Umlageverfahren. Bei dem Sozialversicherungsbeitrag handelt es sich um eine gesetzlich vorgeschriebene Pflichtabgabe, die sich sowohl aus der Verfassung als auch aus dem in der Menschen- und Bürgerrechtserklärung vom 26. August 1789 festgelegten Grundsatz der Beteiligungsgleichheit ableitet.

Die Beiträge der Arbeitnehmer werden im Lohnabzugsverfahren einbehalten und sind je nach Zweig unterschiedlich hoch. Innerhalb des allgemeinen Systems gibt es zwischen den Kassen Defizitausgleichsmechanismen.

100 Ausführlich dazu Hesse/Benz. 1990: 96ff..

Im Bedarfsfall greift der Staat zum Defizitausgleich ein. Die Kassen werden im Allgemeinen anteilig durch Arbeitgeber und Arbeitnehmer getragen. Dies trifft für die Absicherung gegen Arbeitsunfälle und Berufskrankheiten sowie bei den Familienbeihilfen allerdings nicht zu - diese werden ausschließlich von der Arbeitgeberschaft finanziert und u.U. vom Staat subventioniert.

Eine Besonderheit am französischen System ist die Beitragsfestsetzung durch den Staat, die durch die Regierung am Parlament vorbei erfolgen kann. Somit sind die Beitragssätze in Frankreich gesetzlich fixiert. Auffällig ist weiterhin, dass die Arbeitgeberbeiträge im Vergleich zu denjenigen der Arbeitnehmer sehr hoch sind. Sie bezahlen rund doppelt so viel wie die versicherten Arbeitnehmer.

Schaubild 6-1: Beitragssätze der allgemeinen Sozialversicherung (2007)

Beitragsart	**Bemessungsgrundlage**	**Beitragssätze in Prozent**	
		Arbeitgeber	Arbeitnehmer
Krankheit, Mutterschaft, Invalidität, Tod	gesamter Lohn*	12,80	0,75
Alter	Bemessungsgrenze: 2.682 € monatlich*	8,30	6,65
Hinterbliebene	gesamter Lohn	-	0,10
Familienbeihilfen	gesamter Lohn**	5,40	-
Arbeitsunfälle	gesamter Lohn	variabel	-
Insgesamt		**26,50**	**7,50**

* degressive Senkung der Beiträge für niedrige Einkommen bis zu 130 Prozent des Mindestlohns

** für Einkommen bis zu 150 Prozent des monatlichen Mindestlohns in Unternehmen in „ländlichen Neubelebungszonen" sowie in einigen neugegründeten Unternehmen keine Beitragszahlung

Quelle: MISSOC Online Tabellen 2007

Doch die Finanzierung des französischen Wohlfahrtsstaates hat sich in den vergangen 25 Jahren wesentlich gewandelt. Während die Sozialbeiträge in den 1980er Jahren noch etwa 80 Prozent der Einnahmen ausmachten, liegt ihr Anteil inzwischen „nur" noch bei etwa zwei Drittel.

Von zunehmender Bedeutung sind verschiedene Formen der Besteuerung, die inzwischen etwa 30 verschiedene Steuern und Abgaben beinhalten. Eine wesentliche Änderung bedeutete in dieser Hinsicht die schrittweise Einführung einer Allgemeinen Sozialabgabe (CSG) beginnend im Jahr 1991, die das vorrangige Ziel hatte den Faktor Arbeit zu entlasten. Rechtlich gesehen handelt es sich hierbei um eine Steuer, die ausschließlich zur Finanzierung der Sozialversicherung verwendet wird (insbesondere der Krankenkassen, der Familienleistungen und der Alterssicherung) und auf Erwerbseinkommen (7,5 Prozent), Ersatzeinkommen (6,2 Prozent oder 3,8 Prozent), Vermögens- und Kapitalerträge (8,2 Prozent) sowie einige Spielerträge (9,5 Prozent) erhoben wird. Zudem beteiligt sich auch der französische Staat mit wenigen Prozent an dem Sozialversicherungssystem. Die staatlichen Mittel werden dabei vor allem auf die Erstattung einiger Beitragsbefreiungen sowie Ausgleichszuschüsse verwendet. Damit werden auch einige Folgen der Liberalisierung am Arbeitsmarkt kompensiert (Vail 2008).

Schaubild 6-2: Finanzierung des französischen Wohlfahrtsstaates

	1992	2006
Gesamtbeiträge	78,4%	65,2%
Arbeitgeber	50,3%	44,3%
Versicherte Personen	28,1%	20,9%
Allgemeine Sozialabgabe	18,1%	30,6%
Sonstige Einnahmen	3,5%	4,2%

Quelle: Eurostat Online Statistiken.

6.7 Einzelversicherungen

6.7.1 Krankheiten

In Frankreich herrscht eine gesetzliche Krankenversicherungspflicht. 99 Prozent der Bevölkerung sind in der gesetzlichen Krankenversicherung versichert, private Versicherungen[101] spielen in diesem Sektor demnach kaum eine Rolle. Grundprinzipien des französischen Gesundheitssektors sind Eigenvorsorge, Selbstbeteiligung und das Solidarprinzip. Die Ärztehonorare werden zwischen den Ärzteverbänden und dem Staat ausgehandelt; die Versicherten haben freie Arztwahl.

Grundsätzlich gilt in Frankreich das Kostenerstattungsprinzip, d.h. der Patient zahlt die anfallenden Kosten zunächst selbst, bekommt diese aber nach Vorlage entsprechender Bescheinigungen von der Kasse zurückerstattet. Die Selbstbeteiligung ist relativ hoch und ist in den letzten Jahren weiter erhöht worden, um die ansteigenden Kosten für die Krankenversicherung zu kontrollieren; sie beträgt bei den Arztkosten 30 Prozent des Honorars und 20 Prozent der Krankenhauskosten bei bis zu 31 Tagen Aufenthalt. Auch bei Medikamenten ist eine Selbstbeteiligung des Betroffenen vorgesehen, allerdings gestaffelt nach der Notwendigkeit des Medikaments und einer Positivliste. Es gibt jedoch Ausnahmen für bestimmte (etwa erbliche) Krankheiten, Berufskrankheiten sowie Krankenhausaufenthalte von über 31 Tagen, sowie bestimmte Personengruppen wie z.B. Bezieher von sozialen Mindesteinkommen. Für Personen mit sehr niedrigem Einkommen springt die universelle Krankenversicherung ein. Zudem wird ab dem Jahr 2004 eine pauschale Zuzahlung von einem Euro pro ärztliche Leistung (bis maximal 50 EUR pro Person und Jahr) und 18 EUR bei bestimmten aufwändigen Leistungen erhoben. Diese Neuerung hatte, so wie fast alle Reformen der vergangenen Jahrzehnte, die Kostenreduzierung innerhalb des bestehenden Systems zum Ziel, was angesichts der chronischen Finanzierungsdefizite der Krankenversicherung jedoch bisher erfolglos blieb.[102]

Aufgrund der hohen Selbstbeteiligung haben mittlerweile 90 Prozent aller Franzosen eine Zusatzversicherung abgeschlossen, wobei etwa zwei Drittel auf die „mutuelles“ und der Rest auf gewerbliche Anbieter entfallen.

Es gibt in Frankreich (anders als etwa in der Bundesrepublik) drei Karenztage. Nach dieser Zeitspanne erhalten Arbeitnehmer ein tägliches Krankengeld in Höhe von 50 Prozent des durchschnittlichen Nettolohnes

---

101 Darunter fallen aber die (freigemeinnützigen) mutuelles nicht.

102 2004 belief sich der Schuldenberg der Krankenversicherung auf 34 Milliarden EUR (Schild/Uterwedde 2006:283).

der letzten drei Monate, das jedoch maximal 44,70 EUR beträgt (66,6 Prozent und bis zu 59,60 EUR ab dem 31. Tag bei Berechtigten mit drei oder mehr Kindern) Darüber hinaus ist die Lohnfortzahlung im Krankheitsfall durch die jeweiligen Tarifverträgen oder dem Abkommen über die monatlichen Lohnzahlungen geregelt. Letzterer sieht vor, dass der Arbeitgeber während der ersten 30 Tage der krankheitsbedingten Arbeitsunfähigkeit das Krankengeld auf 90 Prozent des Nettolohnes und in den nächsten 30 Tagen auf zwei Drittel aufstockt.

Seit dem Jahr 2000 gibt es zudem eine Allgemeine Krankenversicherung (Couverture maladie universelle, CMU), die allen Geringverdienern eine kostenlose Krankenversicherung bereitstellt. Die Ausgaben werden vom Staat getragen.

6.7.2 *Mutterschaft*

Die Leistungen im Falle der Mutterschaft stammen aus der Krankenversicherung und stimmen weitestgehend mit den Geldleistungen im Krankheitsfall überein. Selbstverständlich gibt es aber besondere Leistungen. So haben werdende Mütter Anspruch auf Wochengeld von der Krankenkasse in Höhe des Nettoarbeitsentgelts, das jedoch maximal 74,24 EUR beträgt. Ebenso haben alle versicherten Frauen Anspruch auf Schwangerschaftshilfen für 16 Wochen (26 Wochen ab dem dritten Kind) und auf unbezahlten Erziehungsurlaub von bis zu drei Jahren. Alle Kosten werden unter der Voraussetzung, dass eine schwangere Frau sich gesetzlich vorgeschriebenen Untersuchungen unterzieht, durch die Versicherung übernommen. Zudem gibt es einen zweiwöchigen Vaterschaftsurlaub bei gleichen Konditionen wie das Mutterschaftsgeld. Jedoch kann der Arbeitgeber auch das volle Gehalt weiterzahlen, was vor allem im öffentlichen Dienst häufig geschieht.

Im Bereich der Mutterschaftsleistungen zeichnet sich schon die traditionell wichtige Rolle von Familienleistungen in Frankreich ab, auf die weiter unten eingegangen werden soll.

6.7.3 *Invalidität*

Für die Leistungen im Falle von Invalidität ist ebenfalls die Krankenversicherung zuständig. Die Höhe der Rente bei Arbeitsunfähigkeit ist - wie in der Bundesrepublik - abhängig vom Grad der Invalidität. Hierzu gibt es drei Kategorien:

- verminderte Erwerbsfähigkeit (mindestens 66,6 Prozent Behinderung), aber noch berufsfähig
- Erwerbsunfähigkeit
- Pflegebedürftigkeit

Die Betroffenen der ersten Kategorie erhalten 30 Prozent des mittleren Jahresgehalts der zehn besten Versicherungsjahre, diejenigen der zweiten Gruppe erhalten 50 Prozent und die der letzten Gruppe ebenfalls 50 Prozent sowie einen Pflegezuschuss in Höhe von 40 Prozent. Es gibt allerdings bestimmte Obergrenzen für Invalidenrenten. Die jeweiligen Beträge der Renten werden jährlich durch gesetzliche Verordnung angepasst und sind darüber hinaus mit anderen Leistungen wie Familienbeihilfen, Entschädigungen für Arbeitsunfälle oder Berufskrankheiten kumulierbar.

Invalidenrenten werden nur bis zum 60. Lebensjahr ausgezahlt, danach erhält der Betroffene eine entsprechende Altersrente, eine Kumulierung beider Leistungen ist also nicht möglich. Die Zugangsvoraussetzungen für den Bezug einer Invalidenrente ist eine Erwerbstätigkeit von mindestens einem Jahr (mindestens 800 Stunden insgesamt und davon 200 in den ersten drei Monaten) und Beitragszahlungen zur Krankenversicherung.

6.7.4 *Arbeitsunfälle und Berufskrankheiten*

Leistungen im Falle von Arbeitsunfällen (und später anerkannten Berufskrankheiten) haben in Frankreich eine lange Tradition. Wie oben beschrieben ist die Arbeitgeber-Haftung im Falle von Arbeitsunfällen die zeitlich erste Komponente des französischen Sozialversicherungssystems gewesen.

Heute werden Unfälle auf dem Weg zur und von sowie während der Arbeit als Arbeitsunfälle gewertet, ebenso gibt es 90 „Tafeln" mit anerkannten Berufskrankheiten als Teil des entsprechenden Gesetzes. Dennoch ist der Begriff des Arbeitsunfalls auch in Frankreich juristisch umstritten, da er vage formuliert ist.

Die Versorgung aus der Krankenkasse ist im Falle anerkannter Berufskrankheiten kostenlos, es entfällt also der sonst übliche Selbstbehalt. Die Dauer der jeweiligen Leistungen ist unbegrenzt, allerdings sind abschließende Abfindungen und Pauschalen ab einer bestimmten Leistungsempfangsdauer vorgesehen. Bei vollständiger, aber vorübergehender Arbeitsunfähigkeit, verursacht durch Arbeitsunfälle oder Berufskrankheiten, wird bis zu 28 Tagen eine 60 prozentige Aufwendung gezahlt; danach steigt der Betrag auf 80 Prozent, beträgt jedoch maximal 214,72 EUR. Bei dauernder Erwerbsunfähigkeit wird – nach einem Gutachten des Vertrauensarztes der Kasse – eine „Verletztenrente" aus der „Kasse der sozialen Sicherheit" gezahlt. Diese kann bis zu 133 Prozent des letzten Gehaltes betragen. Kumulationen mit anderen Leistungen der Sozialversicherung sind möglich, so etwa mit Familienbeihilfen, Wohngeld usw. Im Falle des Todes des Invaliden ist eine Hinterbliebenenrente für den Ehepartner und u.U. für Kinder vorgesehen.

Es zeigt sich, dass dieser Bereich der französischen Sozialversicherung besonders gut ausgebaut ist, was mit der oben bereits erwähnten Tradition der Leistungen für den Fall der Arbeitsunfälle zusammenhängt.

6.7.5 *Hinterbliebene*

Die Hinterbliebenenversorgung in Frankreich ist Teil der Alterssicherung. Entsprechend muss der Verstorbene die Bedingungen für den Erhalt einer Rente in der Rentenversicherung erfüllen. Weiterhin muss aber auch der Witwer gewisse Bedingungen erfüllen um eine Hinterbliebenenrente beziehen zu können. Dazu zählen: ein Mindestalter von 55 Jahren und eine Bedürftigkeitsprüfung, d.h. die Einkünfte des Hinterbliebenen dürfen einen gesetzlich fixierten Mindestlohn nicht überschreiten. Des Weiteren muss die Ehe mit dem Verstorbenen mindestens zwei Jahre bestanden haben – allerdings haben auch Geschiedene Anspruch auf Leistungen im Todesfall. Gibt es allerdings mindestens ein Kind, so darf die Ehe auch kürzer gewesen sein.

Ausgezahlt werden 54 Prozent der sonst angefallenen Alters- oder Invalidenrente des Verstorbenen aus der gesetzlichen Rentenversicherung. Die obligatorische Zusatzrentenversicherung (ARCCO) zahlt zudem 60 Prozent der Altersrente, die der Verstorbene bezogen hätte. Es gibt darüber hinaus staatliche Zuschläge für die Erziehung dreier oder mehr Kinder. Witwer, die zum Zeitpunkt des Todes unter 55 Jahre alt sind, erhalten in bestimmten Fällen ein sog. „Unterstützungsgeld." Bedingungen hierfür sind das Vorhandensein von mindestens einem Kind, keine Wiederheirat und ein eigenes Einkommen, welches eine gewisse Grenze nicht überschreiten darf. Bei Wiederheirat entfällt also die Hinterbliebenenrente im Vergleich zur eigenen Altersrente, die weitergezahlt wird.

In Frankreich gibt es keine Halbwaisenrente wie in der Bundesrepublik, dafür wird die Hinterbliebenenrente pauschal je nach Anzahl der Kinder unter 21 Jahren (bei Studierenden unter 25 Jahren) erhöht. Sterben allerdings beide Eltern (Vollwaisen), erhalten die hinterbliebenen Kinder unter 21 Jahren je 50 Prozent der obligatorischen Zusatzrente und sonstige allgemeine Familienleistungen, die in Frankreich traditionell großzügig gestaltet sind.

6.7.6 Alter

Das französische Alterssicherungssystem beruht traditionell auf den Beitragszahlungen der Arbeitgeber und Arbeitnehmer. Doch die Reformen der vergangenen Jahre haben einen langsamen Wandel eingeleitet. Zwar ist die gesetzliche Rentenversicherung nach wie vor dominant, doch wird sie inzwischen von freiwilligen betrieblichen sowie privaten Programmen flankiert.

Die Unterteilung des französischen Rentensystems in drei unterschiedliche Säulen ist problematisch, da die gesetzlich verpflichtende Rente sowohl aus einer beitragsfinanzierten staatlichen Rente als auch aus einer obligatorischen Zusatzversicherung besteht. In der französischen Forschung unterscheidet man daher zumeist zwischen einer dualen ersten Säule, einer zweiten Säule der freiwilligen betrieblichen Kassen und der dritten Säule der privaten Vorsorge (Veil 2004).

1. Säule: Die gesetzliche Rente in Frankreich ist abhängig von der vorhergehenden Erwerbstätigkeit des Beitragszahlers. Dies führt dazu, dass nicht erwerbstätige Personen (Hausfrauen und Langzeitarbeitslose etwa) nicht oder nur unzureichend versichert sind. Für den Bezug einer Altersrente zum vollen Satz sind 40 Beitragsjahre erforderlich103 mit entsprechenden Abzügen für jedes fehlende Jahr. Das Regelrentenalter liegt bei 60 Jahren, jedoch ist dieses nicht verpflichtend. Die Höchstgrenze liegt seit Herbst 2008 bei 70 Jahren. Jedes zusätzliche Arbeitsjahr erhöht die Bezüge um drei Prozent. Eine Frühverrentung ist unter entsprechenden Rentenverlusten ab 57 Jahren möglich (bzw. 56 unter bestimmten Arbeitsbedingungen). Für Personen mit niedrigem Einkommen gibt es zum einen eine Mindestrente, die 2007 bei vollem Satz bei 608,50 EUR monatlich lag und bei kürzerer Versicherungslaufzeit entsprechend angepasst wird. Zum anderen besteht eine nicht beitragsbezogene Mindestsicherung („Sozialrente") aus dem nationalen Solidaritätsfonds, welcher staatlich

---

103 Die Beitragszeiten betrugen bisher lediglich 37,5 Jahre, werden aber bis 2012 weiter auf 41 Jahre angehoben. Diese Verlängerung der Beitragszeiten führt zu einer deutlichen Absenkung des Rentenniveaus.

finanziert wird (u.a. über Sozialabgaben). Meist wird diese Form der Leistung im Alter als Zuschuss zur Aufstockung der selbst erwirtschafteten Rente gezahlt. Es gibt zudem diverse Sozialhilfeleistungen im Alter wie Pflegezuschüsse, Zuschüsse für Haushaltshilfen usw.

Das gesetzliche Alterssicherungssystem ist recht komplex. Es untergliedert sich nicht nur in die vier berufsgruppenbezogenen, sozialen Sicherungssysteme, sondern wird zudem noch durch zwei obligatorische Zusatzrentensysteme ergänzt (ARRCO für Arbeitnehmer in der Privatwirtschaft und AGIRC für leitende Angestellte). Die gesetzliche Rente setzt sich folglich aus zwei Leistungen zusammen. Die verdienstabhängige Rente ist bei vollem Satz auf 50 Prozent des durchschnittlichen Arbeitsentgeltes der besten 25 Jahre beschränkt. Dazu kommt die obligatorische Zusatzrente, die den Rentensatz auf etwa 80 Prozent erhöht. Letztere Zahlungen errechnen sich durch ein Punktesystem bei dem die Beitragszahlungen in Entgeltpunkte umgerechnet werden, deren Wert jährlich von den Dachverbänden festgelegt wird.

Zur Konsolidierung des nach dem Umlageverfahren finanzierten Rentensystems ist 2001 ein Reservefonds eingerichtet worden, der Ende 2007 bereits über ein Vermögen von 34,5 Milliarden EUR verfügte und bis 2020 auf geschätzte 150 Milliarden EUR anwachsend wird. Ab diesem Zeitpunkt wird das Kapital dazu eingesetzt werden, mit Zahlungen an die öffentlichen Rentensysteme ihr Gleichgewicht sicherzustellen. Der Fonds wird durch Privatisierungserlöse, Überschüsse aus anderen Sozialfonds und einen Teil der 2%-Steuer auf Kapitalerträge finanziert.

2. Säule: Zusätzlich zu dem umlagefinanzierten Rentensystem wurde mit der Rentenreform 2003 zudem ein freiwilliges Rentenprogramm (PERCO) eingeführt. Dieses Programm kann auf Unternehmensebene aufgesetzt werden und steht allen Angestellten offen. Diese können bis zu 25 Prozent ihres Bruttojahresgehaltes und ihre Gewinnbeteiligungen (letztere steuerfrei) einzahlen. Zu dieser Summe kann das Unternehmen noch einmal bis zu 300 Prozent des Wertes hinzugeben (jedoch maximal 16 Prozent der jährlichen Bemessungsgrenze der Sozialversicherung, entspricht 5.489 EUR im Jahr 2009). Diese Zuschüsse durch das Unternehmen sind bis zu einer Summe von 2.300 EUR steuerfrei und werden bis zu einer Summe von 4.600 EUR mit einer Steuer von 8,2 Prozent belegt. Die Auszahlung der Gelder erfolgt erst bei Eintritt ins Rentenalter. Insgesamt haben im Jahr 2008 bereits 786 Unternehmen ihren Angestellten Zugang zu einem PERCO-Programm angeboten, von denen sich etwa 360.000 Arbeitnehmer beteiligt haben. Im März 2008 waren so bereits 1,5 Mrd. EUR eingezahlt worden.

3. Säule: Als dritte Säule wurde ebenfalls in der Rentenreform 2003 ein privates Rentenprogramm (PERP) initiiert. Im Rahmen dieser freiwilli-

gen Zusatzversicherung können bis zu 10 Prozent des Einkommens oder der achtfache Wert der Bemessungsgrenze der Sozialversicherung steuerfrei eingezahlt werden. Die Leistungen werden erst im Rentenalter in jährlichen Zuweisungen ausgezahlt. Innerhalb der ersten drei Jahre zählte dieses Versicherungssystem bereits 1,9 Millionen Teilnehmer. Über einen weiteren privaten Versicherungsplan für Selbstständige sind weitere 940.000 Personen erfasst.

6.7.7 Familienbeihilfen

Familienpolitik gilt in Frankreich als Aufgabe des Staates. Sie ist traditionell auf die Förderung von Großfamilien ausgerichtet und stellt die Geburtenförderung in den Vordergrund. Erst seit wenigen Jahren vollzieht sich ein allmählicher Wandel hin zu einem stärkeren Fokus auf die Vereinbarkeit von Erwerbstätigkeit und Familie (Veil 2003, 2007).

Die traditionelle Ausrichtung wird z.B. im Kindergeld deutlich, das erst ab dem zweiten Kind gezahlt wird. Es wird bis zum Alter von 20 Jahren gezahlt, sofern das Einkommen des Kindes maximal 55 Prozent des Mindestlohnes beträgt. Im Jahr 2007 beliefen sich die Zuwendungen auf 119 EUR bei zwei Kindern. Für jedes weitere Kind werden zusätzliche 152,63 EUR gezahlt. Anders als in Deutschland sind auch Geschwister, Nichten und Neffen kindergeldberechtigt, wenn sie vom Versicherten abhängen. Das Kindergeld macht etwa 40 Prozent der gesamten ausgezahlten Familienleistungen aus. Zusätzlich zum üblichen Kindergeld werden spezielle Beihilfen für Kleinkinder, behinderte Kinder, Erziehungsgeld, Kinderversorgungsbeihilfen, Wohngelder usw. gezahlt. Zudem ist Frankreich das einzige Land der EU, in dem es ein Familiensplitting bei der Einkommenssteuer gibt. Hierbei wird das Haushaltseinkommen durch einen kindbezogenen Faktor geteilt, wobei das dritte und jedes weitere Kind höher bewertet werden als die beiden ersten.

Neben diesen direkten monetären Leistungen sowie Steuer- und Versicherungsvergünstigungen profitieren Familien in Frankreich insbesondere von der kinderfreundlichen Infrastruktur. Das Betreuungsangebot für Kinder ist in Frankreich sehr gut ausgebaut. Das Gesetz zur Unterstützung von Kleinkindbetreuung (PAJE) aus dem Jahr 2004 sieht sowohl eine Geburts- oder Adoptionsprämie (einmalig in Höhe von 855 EUR bzw. 1710 EUR) sowie (bei Bedürftigkeit) eine Grundleistung des Betreuungsgeldes von 171 EUR pro Monat bis zum dritten Lebensjahr vor. Im Unterschied zum vorigen Erziehungsgeld werden mit PAJE Familien bereits ab dem ersten Kind gefördert. Darüber hinaus gewährleistet es eine finanzielle Unterstützung bei der Kinderbetreuung, wobei es den Eltern grundsätzlich freigestellt ist, welche Betreuungsform sie für ihr Kind wählen. PAJE sorgt dabei für eine größere Diversifizierung bei der Kinderbetreuung, um die Knappheit an Krippenplätzen auszugleichen. Es führt zum einen die seit 1994 geltende staatliche Unterstützung bei der Betreuung durch eine Tagesmutter fort und beinhaltet zudem die Möglichkeit der Kinderbetreuung durch eine Hausangestellte. Die Kosten werden dabei teilweise und in Abhängigkeit vom Haushaltseinkommen und der Kinderzahl übernommen, wobei die Zahlungen ab dem dritten Lebensjahr des Kindes um die Hälfte reduziert werden. Bei einer staatlich genehmigten Tagesmutter übernimmt der Staat 100 Prozent der Sozialversicherungsbeiträge, bei einer Hausangestellten noch 50 Prozent. Auch ist es möglich, die eigene Erwerbstätigkeit zu reduzieren oder ganz aufzugeben und für maximal drei Jahre Erziehungsgeld (beim ersten Kind nur sechs Monate) von maximal 530 EUR monatlich zu beziehen. Letztere Maßnahme wird zu 98 Prozent von – vorwiegend gering qualifizierten und arbeitslosen – Frauen genutzt. Während dieses Angebot daher die Vielfalt an Betreuungsoptionen erhöht, drängt es auf der anderen Seite viele Frauen aus dem Arbeitsmarkt.

Ab dem dritten Lebensjahr haben Kinder dann Anspruch auf einen Platz in einer Vorschule. Dieses Angebot wird von über 90 Prozent der 3-6-Jährigen wahrgenommen. Von den 2,4 Millionen Kindern unter 3 Jahren erhalten 46 Prozent öffentliche Unterstützung für eine Betreuungsform wie Tagesmütter oder für Krippenplätze, nur 28 Prozent der Kinder werden durch einen Elternteil im Erziehungsurlaub betreut und 10 Prozent finden keine Betreuungsmöglichkeit (Veil 2007: 32).

Die Familienpolitik ist in Frankreich ein Bestandteil der Sozialversicherungspolitik und wird von einem eigenen Zweig der Sozialversicherung verwaltet, der CNAF (Caisse Nationale des Allocations Familiales), die 92 Prozent der beitragsberechtigten Familien absichert. Die gesamten staatlichen Leistungen (direkte Zahlungen sowie steuerliche Vergünstigungen) belaufen sich auf ca. 13 Milliarden EUR. Sie werden aus den Beiträgen der Arbeitgeber und Selbstständigen und einem Teil der Allgemeinen Sozialabgabe bezahlt.

6.7.8 Arbeitslosigkeit

Wie bereits erwähnt, ist die Arbeitslosenversicherung in Frankreich dem allgemeinen System ausgegliedert und stellt somit eine eigenständige Institution des französischen Wohlfahrtsstaates dar. Sie untersteht dem Ministerium für Arbeit und Sozialordnung, wird aber von den Sozialpartnern (Arbeitgeber und -nehmer, UNEDIC) in Form von Tarifverträgen zwischen Unternehmerverbänden und Gewerkschaften ausgestaltet.

Die Arbeitslosenversicherung ist eine obligatorische Versicherung für alle Arbeitnehmer und wird über lohnbezogene Beiträge und Arbeitgeberbeiträge finanziert. Der Gesamtbeitrag beträgt 6,40 Prozent, wovon über 4 Prozent auf die Arbeitgeber und 2,40 Prozent auf die Arbeitnehmer entfallen.

Es gibt zwei Leistungen im Falle der Arbeitslosigkeit, erstens das Arbeitslosengeld und zweitens die Arbeitslosenhilfe. Prinzipiell ist der Bezug von Leistungen an bestimmte Voraussetzungen geknüpft. Diese sind: eine nicht selbstverschuldete Arbeitslosigkeit, die Meldung als Arbeitssuchender und die aktive Suche nach einer neuen Beschäftigung, ein Alter von unter 60 Jahren (sonst Rente) sowie eine Vorversicherungszeit von mindestens vier Monaten in den letzten acht Monaten vor Eintritt der Arbeitslosigkeit.

Arbeitslosengeld wird für mindestens sieben und maximal 36 Monate gezahlt und setzt sich aus einem Grundbetrag plus ca. 40 Prozent (evtl. 57 Prozent) des Durchschnittsgehalts der letzten drei Monate zusammen. Die Dauer der Leistungen sowie die Höhe ist abhängig von der Versicherungszeit des Arbeitslosen. Die Bemessungsgrundlage ist das beitragspflichtige Einkommen der letzten 12 Monate bis zu einer Beitragsbemessungsgrenze. Liegt das so berechnete Arbeitslosengeld unter einer bestimmten Grenze, wird es bis zu dieser aufgestockt. Familienbeihilfen werden nicht direkt vergeben, das Arbeitslosengeld wird aber entsprechend der vom Arbeitslosen Abhängigen aufgestockt.

Nach Ablauf der maximalen Bezugsdauer für das Arbeitslosengeld erhalten Langzeitarbeitslose nur noch Arbeitslosenhilfe, die aus einem Pauschalbetrag besteht. Sie wird jeweils für sechs Monate bewilligt und beträgt höchstens 75 Prozent der letzten Tageseinkünfte als Höchstgrenze. Zudem gibt es eine spezifische Solidaritätszulage für Langzeitarbeitslose von 14,51 EUR pro Tag. Arbeitslosenhilfe erhalten im Übrigen auch Personen, die Arbeit suchen, aber niemals gearbeitet haben, wie junge Frauen, jugendliche Familienoberhäupter usw., bis zu einem Jahr lang. Wer arbeitslos, aber nicht mehr leistungsberechtigt ist, fällt in Frankreich unter die Sozialhilfe bzw. erhält eine 1988 eingeführte Mindestsicherung (RMI). Wie in der Bundesrepublik auch, ist in Frankreich die Krankenversicherung während der Zeit des Erhalts von Leistungen im Falle der Arbeitslosigkeit beitragsfrei. In der Rentenversicherung werden die Ausfallzeiten aufgrund von unfreiwilliger Arbeitslosigkeit angerechnet.

Seit Beginn der 2000er Jahre lässt sich in Frankreich ein eindeutiger Wandel hin zu einer aktivierenden Arbeitsmarktpolitik beobachten (Vail 2008; s.a. Martin/Palier 2008). Die französische Agentur für Beschäftigung (ANPE) ist angehalten, zusammen mit den Arbeitssuchenden individuelle Wiedereingliederungspläne (PPAE) zu entwickeln, die die aktive Beteiligung der Arbeitssuchenden erfordert. Es ist vorgesehen, dass Arbeitslose nicht mehr als zwei „angemessene Arbeitsangebote" ablehnen dürfen. Ergänzend zum PPAE wurde 2007 mit dem Einkommen aktiver Solidarität (RSA) zudem ein Anreizsystem geschaffen, das die Wiedereingliederung in den Arbeitsmarkt erleichtern soll. Empfänger von RMI oder der Finanzhilfe für allein erziehende Eltern (API) können diese Zuwendungen auch bei Aufnahme einer gering bezahlten Tätigkeit über einen Zeitraum von bis zu drei Jahren teilweise weiter beziehen. Die Höhe des Zuschlags wird auf Departement-Ebene entschieden, während die zusätzlichen Kosten durch eine 1,1 Prozentige Zusatzsteuer auf Kapitaleinkommen getragen werden sollen.

Für den Herbst 2009 ist zudem eine Fusion der staatlichen Arbeitsagentur (ANPE) und der Arbeitslosenkassen der Sozialpartner (Assedic) und somit die Schaffung einer einheitlichen, leistungsfähigen Arbeitsagentur beschlossen worden.

6.7.9 Mindestsicherung

Das RMI (revenu minimum d'insertion, Mindesteinkommen zur Wiedereingliederung) ist 1988 eingeführt worden, um ein Mindesteinkommen für die gesamte Bevölkerung zu garantieren. Diese Leistung ist an drei Bedingungen geknüpft, nämlich an eine Bedürftigkeitsprüfung, an die Beteiligung an beruflichen und sozialen Integrationsmaßnahmen sowie an ein Alter von über 25 Jahren oder das Vorhandensein eines Kindes.

Diese Maßnahme ist im Zusammenhang mit der seit 1981 regierenden sozialistischen Partei zu sehen und den Interessen, die diese vertritt. Angetreten mit einem starken sozialpolitischen Reformprogramm, folgte nach der euphorischen Anfangsphase eine zweite Etappe der Einsparungen und Ernüchterung. In Bezug auf die Einführung eines garantierten Mindesteinkommens ist es jedoch wichtig festzuhalten, dass dieses auf den Prinzipien der gesellschaftlichen Solidarität und einer (wenn auch moderaten) Umverteilungspolitik fußt, die die traditionell (wirtschafts-)liberalen und konservativen Positionen relativiert haben.

Schaubild 6-3: Das allgemeine System sozialer Sicherung in Frankreich

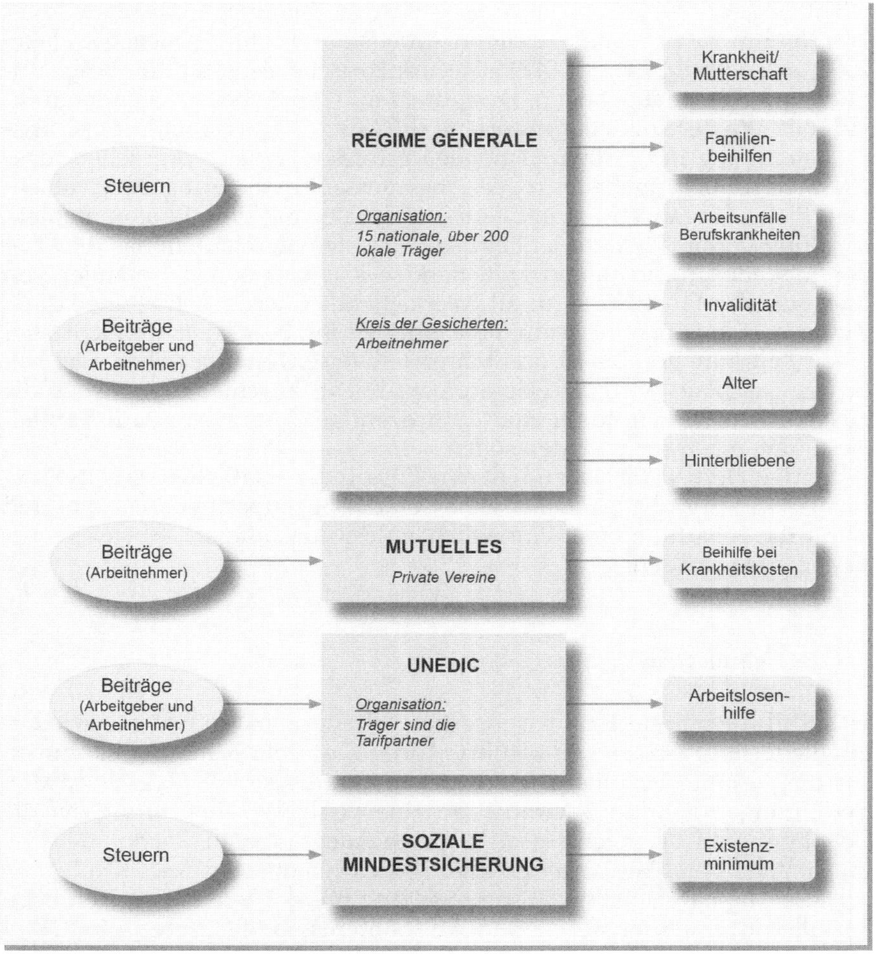

Quelle: Eigene Darstellung

6.8 Aktuelle Probleme, innovative Perspektiven und mögliche Entwicklungen

Nicolas Sarkozy hat seine Präsidentschaft 2007 mit dem Versprechen zahlreicher Reformen angetreten, die die alten überkommenen wirtschafts- und sozialpolitischen Strukturen grundlegend modernisieren sollten. Beobachter hatten schon lange auf die Probleme des französischen Wirtschafts- und Sozialmodells hingewiesen: Während die wirtschaftliche Situation durch überdurchschnittlich hohe Arbeitslosigkeit, niedriges Wirtschaftswachstum und gesunkene Wettbewerbsfähigkeit gekennzeichnet ist, geht die soziale Kluft in Frankreich auseinander und Teile der Gesellschaft sind von Verarmung bedroht, ja es droht eine „polarisierte Gesellschaft" (Eckardt 2007). Der Soziologe Robert Castel (2005) spitzt die Situation noch mehr zu: Er spricht von einem „Vorstadtproblem", bei dem einerseits die Unsicherheiten kumulieren; andererseits der „Topos der gefährlichen Klassen aufs neue heraufbeschworen" wird (Castel 2005: 74f.); ähnlich schreibt Timothy Smith (2004) von „France in Crisis", weil es nicht gelingt, die sozialen Verwerfungen und Spaltungen zu bewältigen.

Die sozialen Sicherungssysteme weisen z.B. ein anhaltendes und zunehmendes Finanzierungsdefizit (14 Milliarden EUR im Jahr 2004) sowie eine Tendenz zur „Dualisierung", d.h. der Sicherung der „insider" und Prekarisierung der „outsider" auf (Palier/Martin 2008). Angesichts dieses Hintergrunds steht die Wirtschafts- und Beschäftigungspolitik im Zentrum von Sarkozys Reformagenda. Der Grundgedanke dieser Politik wurde dabei in dem Wahlkampfslogan „Mehr arbeiten, um mehr zu verdienen" verdeutlicht. Doch so einfach lassen sich die bisherigen Reform(ansätze) nicht zusammenfassen. Eine einheitliche Beschreibung seiner Politik ist schwer möglich, macht sie doch Anleihen bei verschiedenen ökonomischen Schulen (Uterwedde 2009), was dazu führt, dass Beobachter die Kohärenz seiner Politik vermissen. Andere Beobachter sprechen von einer „buttressed liberalization" (Vail 2008).

In den ersten Monaten hatte die Regierung einer Nachfragepolitik den Vorzug gegeben, geleitet von der Idee zunächst das Wachstum anzukurbeln bevor das Projekt der Haushaltskonsolidierung in Angriff genommen werden sollte. So hatte Sarkozy angekündigt, „der Präsident der Kaufkraft" sein zu wollen. Das Ziel eines ausgeglichenen Haushaltes ist folgerichtig auf das Jahr 2012 verschoben worden. Doch die Senkung der Einkommens-, Vermögens- und Erbschaftssteuer im Sommer Jahr 2007 mit Entlastungen in Höhe von 15 Milliarden EUR hat nicht die erhofften Effekte für die Wirtschaft gebracht. Kritiker bemängeln, dass die Reformen in erster Linie Personen mit mittlerem und hohem Einkommen zugute gekommen sind und somit keine Kaufkraft in den konsumfreudigen Schichten geschaffen wurde. Die angebotsorientierten Elemente dieser Reform sind hingegen eher gering ausgefallen. So profitierten Unternehmen vor allem von der Reduzierung der Vermögenssteuer bei Investitionen in mittelständische Unternehmen. Doch generell weist Sarkozys Politik auch eindeutige angebotsorientierte Züge zur Steigerung der Wettbewerbsfähigkeit von Unternehmen auf. Ein zentrales Anliegen der Konservativen in Frankreich ist dabei die Ausdehnung der 35-Stunden-Woche, die sie als Haupthindernis für eine dynamischere Wirtschaft ausgemacht haben. Obgleich die 35-Stunden-Woche bestehen blieb, wurde versucht, sie auszuhebeln, indem Überstunden attraktiver gemacht wurden. So erhalten Arbeitnehmer für die ersten acht Überstunden einen Lohnzuschlag von 25 Prozent, für jede weitere sogar um 50 Prozent. Diese Zahlungen bleiben steuer- und abgabenfrei, während die Unternehmen einen Pauschalabzug von den Sozialabgaben erhalten. Zudem kann die Anzahl der Überstunden innerhalb der Unternehmen freier ausgehandelt werden. Bei seiner geplanten Reform des Arbeitsrechts ist Sarkozy hingegen mit seinem Vorhaben gescheitert, die unterschiedlichen Arbeitsverträge zu vereinheitlichen. Stattdessen hat die Regierung eine Vereinbarung der Sozialpartner aufgegriffen, die zum einen unbefristete Arbeitsverträge vorsieht, aber zum anderen eine einvernehmliche Beendigung des Arbeitsverhältnisses erlaubt und somit das starre Kündigungsrecht aufweicht (Eckardt 2007, Vail 2008).

Eine weitere Initiative zur Steigerung der Wettbewerbsfähigkeit des Wirtschaftsstandorts Frankreich ging von der von Sarkozy beauftragten „Kommission für die Befreiung des Wachstums" unter dem Vorsitz von Jacques Attali aus. Der Attali-Bericht identifizierte zahlreiche Wachstumshemmnisse und machte weit reichende Reformvorschläge, die jedoch größtenteils am politischen Widerstand scheiterten. Nur einige wenige Aspekte wurden tatsächlich umgesetzt.

Ein letztes zu erwähnendes Reformprojekt Sarkozys ist die Reduzierung des Staatsapparates. Mit 53,7 Prozent hat Frankreich eine der höchsten Staatsquoten in Europa. Nimmt man die staatlichen Unternehmen hinzu, arbeiten 20 Prozent der Franzosen im öffentlichen Sektor (Uterwedde 2009). Da viele Staatsangestellte in den nächsten Jahren das Rentenalter erreichen werden, soll eine Verschlankung des Staatsapparates in erster Linie durch das Auslaufen jeder zweiten Stelle erreicht werden. Dieser Prozess soll von einer grundsätzlichen Neuorganisation der staatlichen Verwaltung begleitet werden. Trotz der offensichtlichen Schwierigkeiten (im Jahr 2008 sind nur ein Drittel der auslaufenden Stellen nicht neu besetzt worden) sind doch wichtige Schritte in diesem Feld eingeleitet worden.

Sarkozy verfolgt also einen Politikmix aus Angebots- und Nachfragepolitiken. Zudem befürwortet er direkte staatliche Eingriffe in die Unternehmen und protektionistische Maßnahmen, um französische Unternehmen zu schützen. Im Zuge der Wirtschaftskrise ist Sarkozy - entgegen seiner bisherigen Ablehnung - dazu übergegangen, 100.000 Arbeitsplätze im öffentlichen und gemeinwirtschaftlichen Sektor zu subventionieren.

Einschneidende Reformen im Sozialstaat hat Sarkozy bisher vermieden. Seine ehrgeizigen Pläne, mit einer Erhöhung der Mehrwertsteuer um 4 Prozent die Sozialbeiträge drastisch zu reduzieren und somit die Finanzierungsstruktur der Sozialversicherung grundlegend umzubauen, hat er aufgegeben. Die ergriffenen Maßnahmen (wie z.B. das beschriebene Einkommen aktiver Solidarität (RSA) oder die Streichung von Sondervergünstigungen im Rentensystem) bewegen sich in der Tradition des französischen Wohlfahrtsstaates. Bei seinen Reformen ist Sarkozy darum bemüht, die Sozialpartner mit Konsultationsrunden mit ins Boot zu holen. So werden die Tarifpartner frühzeitig über Reformen informiert und ihnen wird anschließend in einer gewissen Zeitspanne das Recht eingeräumt, sich untereinander zu verständigen. Diese Taktik hat tatsächlich zu einer Belebung der Verhandlungen zwischen Arbeitgeber- und Gewerkschaftsverbänden geführt.

Grundsätzlich lässt sich konstatieren, dass Sarkozy auf einigen Gebieten mutige Reformen angestoßen hat. Die damit verbundenen Einschnitte führten jedoch dazu, dass zwei von drei Franzosen im Juni 2008 die Reformpolitik als schlecht beurteilten, während Experten mangelnden Mut zu Reformen und fehlende Kohärenz kritisierten. Der gewählte Politikmix kann dabei durchaus als pragmatisches Vorgehen gewertet werden, um eine breite Mehrheit für die Reformen zu sichern.[104]

6.9 Zentrale Literatur

Ambler, J. 1991: The French Welfare State: Surviving Social and Ideological Change. New York/London.

Bode, I. 1999: Solidarität im Vorsorgestaat. Der französische Weg sozialer Sicherung und Gesundheitsversorgung. Frankfurt/New York.

Eckardt, F. 2007: Nicolas Sarkozy, Präsident einer polarisierten Gesellschaft. In: IPG (Internationale Politik und Gesellschaft) 3/2007. S. 53-68

104 Um aktuelle Entwicklungen zu verfolgen, sind folgende Anlaufpunkte zu empfehlen: Die Aktuellen Frankreich Analysen - herausgegeben von dem Deutsch-Französischen Institut in Ludwigshafen (frei verfügbar unter http://www.dfi.de) sowie Dokumente - Zeitschrift für den deutsch-französischen Dialog (Bonn).

Gallouj, C./Gallouj, K. 2008: Auf Kurs in Richtung liberal-residualer Wohlfahrtsstaat? Das französische Wohlfahrtssystem. In: Schubert, K. u.a. (Hrsg.), Europäische Sozialsysteme. Wiesbaden.

Neumann, W. (Hrsg.) 2004 : Welche Zukunft für den Sozialstaat? Reformpolitik in Frankreich und Deutschland im Vergleich. Wiesbaden.

Neumann, W./Veil, M. 2005: Wohlfahrtsstaat im Umbruch. In: Kimmel, A./Uterwedde, H. (Hrsg.): Länderbericht Frankreich. 2., aktualisierte Auflage. Bundeszentrale für politische Bildung, Band 462.

Saint-Jours, Y. 1981: Landesbericht Frankreich. In: Köhler, Peter A./Zachert, Hans F. (Hrsg.), Ein Jahrhundert Sozialversicherung in der Bundesrepublik Deutschland, Frankreich und der Schweiz. Schriftenreihe für Internationales und Vergleichendes Sozialrecht, Bd. 6. Berlin, S. 181-268.

Schild, J./Uterwedde, H. 2006: Frankreich. Politik, Wirtschaft, Gesellschaft. 2. aktualisierte Auflage. Wiesbaden.

Uterwedde, H. 2009: Sarkozys Wirtschafts- und Sozialreformen. Eine Zwischenbilanz. In: Aktuelle Frankreich Analysen Nr. 22.

Vail, M. 208: From welfare without work to buttressed liberalizaton. The shifting dynamics of labor market adjustments in France and Germany. In: European Journal of Political Research 47, S. 334-358

Veil, M. 2007: Geteilte Verantwortung. Neuere Entwicklungen in der französischen Familienpolitik. In: Dokumente. Zeitschrift für den deutsch-französischen Dialog 1/07, S. 29-37.

7 Das soziale Sicherungssystem in Großbritannien: Zwischen Kollektivismus und Liberalismus

7.1 Historischer Abriss

Vor dem Hintergrund der sozialen Notlagen, die durch die in Großbritannien vergleichsweise früh beginnende Industrialisierung hervorgerufen wurden, kam es 1834 zu einer gesetzlichen Neuregelung der Armenfürsorge („Poor Law"). Entsprechend ihrer individualistischen Grundorientierung wurde Selbsthilfe als zentrales Moment zur Überwindung von Armut gesehen. Die wesentlichen Merkmale des „Poor Law" waren deshalb erstens die Unterscheidung zwischen „hilflosen" und „arbeitsfähigen" Armen, zweitens eine auf Abschreckung ausgerichtete Ausgestaltung der Fürsorgeleistungen sowie drittens ein Leistungsniveau, das lediglich einen unter dem der niedrigsten Lohngruppen liegenden Lebensstandard ermöglichte. Die Unterstützungsleistungen wurden jedoch nur dann gewährt, wenn der Einzelne die harten Lebens- und Arbeitsbedingungen der speziell eingerichteten Arbeitshäuser akzeptierte und dadurch seine Bedürftigkeit bewies. Lediglich „hilflose Arme", die unfähig waren, für ihren eigenen Lebensunterhalt zu sorgen (z.B. Alte und Kranke), erhielten Armenfürsorge außerhalb der Arbeitshäuser (vgl. ausführlicher hierzu Ritter 1989: 51ff.).

Parallel zur Armenfürsorge entwickelten sich im Verlauf des 19. Jahrhunderts verstärkt freiwillige, kollektivistische Formen der gegenseitigen Unterstützung: Gewerkschaften, Versicherungsgesellschaften und die sog. „friendly societies" (Vereine gegenseitiger Unterstützung) boten Absicherung insbesondere gegen die Risiken von Alter und Krankheit. Der versicherte Personenkreis war jedoch beschränkt und umfasste vornehmlich besserverdienende Arbeiter.

Diese ersten Ansätze „kollektivistischer" Wohlfahrtsvorstellungen gewannen erst zu Beginn des 20. Jahrhunderts eine größere Bedeutung und führten unter der liberalen Regierung (1906-1914) zu zentralen sozialpolitischen Reformen, die schließlich 1911 in der Einführung einer allgemeinen Sozialversicherung gipfelten. Diese Entwicklung war bereits durch das 1897 verabschiedete Arbeitsunfallgesetz („Workmen's Compensation Act") vorbereitet worden, was in zweierlei Hinsicht wegweisend war: Einerseits hatte das zugrunde liegende Entschädigungsprinzip „Versicherungscharakter," insofern als der entstandene Schaden zwischen Arbeitern und Arbeitgebern aufgeteilt wurde – ein Prinzip, das für die spätere allgemeine Sozialversicherung kennzeichnend sein sollte. Andererseits war es das erste allgemeine System, das beim Eintritt eines sozialen Risikos finanzielle Entschädigung gewährte. Das Arbeitsunfallgesetz wurde schließlich entscheidend reformiert: Sein Geltungsbereich wurde auf Berufskrankheiten sowie fast alle Beschäftigungszweige ausgedehnt, was eine erhebliche Erweiterung des Versichertenkreises bedeutete.

Im Jahr 1908 wurde ein Rentengesetz verabschiedet („Old Age Pensions Act"), welches allen bedürftigen Personen ab dem 70. Lebensjahr eine pauschalierte, steuerfinanzierte Rente gewährte. Seine Bedeutung liegt darin, dass es aus Steuern finanziert wurde sowie von der stigmatisierenden Armenfürsorge unabhängig war, wodurch erstmals ein Rechtsanspruch auf finanzielle Unterstützung geschaffen wurde.

Die skizzierten Entwicklungstendenzen kumulierten in der Einführung einer verpflichtenden, allgemeinen, beitragsfinanzierten Kranken- und Arbeitslosenversicherung im Rahmen des „National Insurance Act" (Nationales Versicherungsgesetz, 1911), das weitgehend alle abhängig Beschäftigten erfasste. In den 1920er und 30er Jahren wurde das bestehende System in einigen wichtigen Punkten reformiert; so wurden beispielsweise die Renten in die allgemeine Sozialversicherung integriert.

Erst am Ende des Zweiten Weltkrieges kam es wieder zu weiteren grundlegenden Veränderungen des sozialen Sicherungssystems, die zu einer wesentlichen Stärkung der bereits seit dem Beginn des Jahrhunderts erkennbaren kollektivistischen Orientierung führten (Ritter 1989: 145-149). Den Ausgangspunkt bildete der sog. Beveridge-Report (1942), in dem die Grundsätze des zukünftigen Wohlfahrtsstaates definiert wurden: Universalität, eine umfassende Risikoabsicherung („comprehensiveness") sowie Angemessenheit der Leistungen. Seinen Kern bildete ein soziales Versicherungssystem, das den Einkommensausfall bei Krankheit, Arbeitslosigkeit und Alter in angemessener Höhe ausgleichen sollte. Die pauschalierten Transferleistungen sollten über Arbeitgeber- und Arbeitnehmerbeiträge finanziert werden und entsprechend dem Prinzip der „Angemessenheit" ein soziales Existenzminimum garantieren. Dagegen sollte die steuerfinanzierte, bedarfsabhängige Sozialhilfe nur von untergeordneter Bedeutung sein. Neben der Erweiterung des Bildungswesen und des Wohnungsbaus wurde darüber hinaus die Errichtung eines nationalen, steuerfinanzierten Gesundheitsdienstes vorgeschlagen. Von zentralem Stellenwert war darüber hinaus eine auf Vollbeschäftigung ausgerichtete Wirtschaftspolitik.

Dass sich eine wohlfahrtsstaatliche Expansion in diesem Ausmaß letztendlich als politisch durchsetzbar erwies, ist auch darauf zurückzuführen, dass die Akzeptanz gegenüber sozial- und wirtschaftspolitischen Eingriffen des Staates vor sowie während des Zweiten Weltkrieges gestiegen war.

Einerseits hatte die Weltwirtschaftskrise das öffentliche Vertrauen in die Garantie politischer und wirtschaftlicher Stabilität durch die Marktkräfte erschüttert (Ritter 1989: 107). Andererseits hatten sich bereits in den Kriegsjahren die Staatsausgaben und mit ihnen die Steuersätze wesentlich erhöht, was eine Verbreiterung der potentiellen Finanzierungsbasis bedeutete.

Auf der Grundlage der Vorschläge des Beveridge-Reports wurden das Gesetz über ein allgemeines Sozialversicherungssystem („National Insurance Act", 1946), das Gesetz über einen nationalen Gesundheitsdienst („National Health Service Act", 1946) sowie das Sozialhilfegesetz („National Assistance Act", 1948) verabschiedet - ergänzend kam die Einführung von Kindergeld (1945) hinzu.

Sie bilden die Eckpfeiler des britischen Systems sozialer Sicherung, das im Wesentlichen bis heute Bestand hat. Die seit den 60er Jahren vorgenommenen Modifikationen sind in vielen Fällen als Versuche zu werten, die im „Nachkriegs-Wohlfahrtsstaat" eingebauten Probleme und Unzulänglichkeiten zu bewältigen. Gleichwohl sind in den 80er Jahren im Gefolge des sog. „Thatcherismus" Änderungen mit hoher Radikalität und in Richtung einer Demontage betrieben worden, sodass in Großbritannien für manche Beobachter das Ende des Wohlfahrtsstaates eingeleitet wurde. Nach dem Wahlsieg von New Labour 1997 wurde unter dem Schlagwort des Dritten Weges eine andere Richtung eingeschlagen, die jedoch stark von den älteren Forderungen der Labour-Party abweicht. Aktivierung und New Deal wurden zu neuen sozial- und arbeitsmarktpolitischen Leitbegriffen - die klassische Forderung nach Verstaatlichung wurde hingegen aus dem Parteiprogramm gestrichen (vgl. zum Gesamten etwa Milton 2008 und Alcock 2008).

7.2 Politische Charakteristika und Gestaltungsprinzipien

Aus der Perspektive des internationalen Vergleichs ist das soziale Sicherungssystem in Großbritannien von besonderem Interesse, da es in seiner konkreten Ausgestaltung eine Hybridform verschiedener Wohlfahrtsstaatstypen[105] darstellt: Insofern Versicherungsleistungen gegenüber bedarfsabhängigen Fürsorgeleistungen dominieren, weist es Elemente des konservativen Wohlfahrtsstaatstyps auf. Aufgrund des geringen Ausmaßes, in dem Versicherungsleistungen Einkommen ersetzen, bestehen aber auch Ähnlichkeiten mit dem liberalen Wohlfahrtsstaatstyp. Und schließlich ist eine gewisse Nähe zum sozialdemokratischen Wohlfahrtsstaatstyp

105 Vgl. hierzu auch die Ausführungen in Kap. 3.

festzustellen, insbesondere aufgrund des universalen Charakters des sozialen Sicherungssystems - also der Erfassung der gesamten Bevölkerung - sowie aufgrund des hohen Stellenwertes der öffentlichen Produktion von Wohlfahrtsleistungen.

Dieser hybride Charakter spiegelt sich auch in der Typisierung des britischen Systems sozialer Sicherung als „liberal-kollektivistisch" wider (Ginsburg 1992: 104): Einerseits erfüllen die Institutionen „Markt" und „Familie" weiterhin bedeutende Wohlfahrtsfunktionen und das Sicherungssystem tritt nur in dem Maße ergänzend hinzu, wie diese versagen (individualistische Wohlfahrtsvorstellungen). Andererseits ist das System der sozialen Sicherung selbst durch direkte öffentliche Bereitstellung von Wohlfahrt, Universalität sowie nationale Einheitlichkeit gekennzeichnet und trägt somit kollektivistische Züge. Entsprechend dieser liberal-kollektivistischen Doppelgesichtigkeit garantieren die beitragsfinanzierten, pauschalierten Versicherungsleistungen lediglich ein „soziales Minimum", hinsichtlich einer darüber hinausgehenden Absicherung wird der Einzelne dagegen auf private Vorsorge verwiesen. Das Ausmaß, in dem Sozialversicherungsleistungen Einkommen ersetzen, ist dementsprechend niedrig.

Den drei wesentlichen Prinzipien des britischen Wohlfahrtsstaates - Universalität, umfassende Risikoabsicherung, Angemessenheit der Leistungen - liegt die Idee der „citizenship" (Staatsbürgerschaft) zugrunde: Analog zu politischen Rechten besitzt der Einzelne als Staatsbürger soziale Rechte, d.h., dass beim Eintritt sozialer Risiken unabhängig von Beruf oder Einkommen ein Anrecht auf angemessene Wohlfahrtsleistungen besteht. Damit korrespondiert eine dem liberalen Wohlfahrtsstaat gemäße relativ geringe Bedeutung von Beitragseinnahmen in den Sozialkassen gegenüber dem steuerfinanzierten Anteil. Während der letzten Jahre hat sich dies sogar verstärkt: Wurden im Jahr 2000 noch 52,4 Prozent der britischen Sozialausgaben aus den Beiträgen von Arbeitnehmern, Arbeitgebern und Selbstständigen finanziert, lag dieser Anteil im Jahr 2006 noch bei 47,9 Prozent.[106]

Diese Wohlfahrtsstaatskonzeption, wie sie ursprünglich von Beveridge formuliert wurde, basiert auf drei zentralen Annahmen:

- Erstens, dass entlohnte Arbeit die wesentliche Einkommensquelle ist,
- zweitens, dass das wirtschaftspolitische Ziel der Vollbeschäftigung erreicht wird und
- drittens, dass Vollbeschäftigung „männliche Vollbeschäftigung" bedeutet (vgl. hierzu Kap. 16).

106 Datenquelle: Eurostat Online Statistiken.

Entsprechend dem letztgenannten Punkt orientiert sich das soziale Sicherungssystem an den traditionellen Vorstellungen der „Hausfrauenehe“ und verweist Frauen weitgehend auf vom Ehemann abgeleitete Versicherungsansprüche. Angesichts wirtschaftlicher und gesellschaftlicher Entwicklungen wie beispielsweise steigenden Arbeitslosen- und Scheidungsraten haben sich diese, den Gestaltungsprinzipien zugrunde liegenden Annahmen jedoch zunehmend als problematisch erwiesen. Dies kommt insbesondere darin zum Ausdruck, dass die Sozialhilfe gegenüber den Sozialversicherungsleistungen – entgegen den ursprünglichen Erwartungen – erheblich an Bedeutung gewonnen hat. Erwähnenswert ist in diesem Zusammenhang ferner, dass unter den Labour-Regierungen der letzten Jahre ein Ausbau der Kinderbetreuungsstrukturen stattgefunden hat, was für Mütter von Kleinkindern mit der Chance auf Erwerbsarbeit verbunden ist (vgl. auch Kap. 16).

7.3 Einzelversicherungen

Das britische System sozialer Sicherung ist im Wesentlichen dreigeteilt: Die allgemeine Sozialversicherung („National Insurance“) umfasst die Renten-, Arbeitslosen- und Unfallversicherung sowie Kranken- und Mutterschaftsgeld. Darüber hinaus gibt es verschiedene Formen der sozialen Mindestsicherung sowie schließlich den nationalen Gesundheitsdienst (National Health Service, NHS). Während dieser dem Gesundheitsministerium untersteht (Department of Health), werden die allgemeine Sozialversicherung und die Mindestsicherung durch das Ministerium für Arbeit und Renten (Department for Work and Pension) zentral verwaltet.

Alle Erwerbstätigen, deren Einkommen die Beitragsbemessungsgrenze überschreitet, zahlen einkommensabhängige Sozialversicherungsbeiträge, die ungefähr zur Hälfte vom Arbeitgeber getragen werden. Die Beiträge werden für die Sozialversicherung insgesamt entrichtet und nicht mehr nach Leistungsbereichen differenziert. Dagegen werden u.a. die soziale Mindestsicherung, die Unfallversicherung und zum größten Teil der nationale Gesundheitsdienst aus Steuern finanziert. Somit wird das Sozialversicherungsprinzip mit Elementen der steuerfinanzierten Staatsbürgerversorgung kombiniert.

Während der nationale Gesundheitsdienst der gesamten Wohnbevölkerung weitgehend unentgeltlich offen steht und somit am ehesten universalistisch ist, sind die Leistungen der allgemeinen Sozialversicherung an bestimmte Anspruchsvoraussetzungen wie Beitragszeiten oder Einkommenshöhe gebunden.

Schaubild 7-1: Ausgaben für soziale Sicherheit (1970-1998)

Jahr	**Ausgaben in % des BIP**
1970	15,9
1975	20,1
1980	21,5
1990	21,4
1995	26,4
2000	25,5
2002	24,9
2004	25,4
2006	25,9

Quelle: Kommission der EG, div. Ausgaben, sowie ab 1990 Eurostat Online Statistiken.

7.3.1 Alter

Im Rahmen der allgemeinen Rentenversicherung werden eine pauschalierte Grundrente, abhängig von der Anzahl der Versicherungsjahre, sowie eine verdienstbezogene Zusatzrente gewährt.

Der Erhalt einer vollen Grundrente ist an entrichtete Beiträge für mindestens 44 Jahre (Männer) bzw. 39 Jahre (Frauen) geknüpft. Bedingung für den Rentenbezug ist außerdem eine Mindestdauer der Beitragsentrichtung von zehn Jahren. Liegt die Anzahl der Versicherungsjahre niedriger, so vermindert sich die Grundrente entsprechend, wobei jedoch z.B. Kindererziehungszeiten berücksichtigt werden. Der Pauschalbetrag der Grundrente beträgt gegenwärtig 84,25 GBP (rd. 100 EUR). Zusätzlich zur Grundrente wurde 1978 eine verdienstbezogene Zusatzrente (State Earnings-Related Pension, SERPS) eingeführt, die 2002 im Rahmen einer Rentenreform durch die Zweite Staatsrente (State Second Pension, S2P) ersetzt wurde. Der höchste mögliche wöchentliche Satz der S2P beträgt 148,12 GBP (rd. 170 EUR). Die Erhöhung ist zunächst an die Raten der Vorgänger-Rente SERPS gekoppelt, ab 2010 greifen je nach (vormaligem) Einkommen drei unterschiedliche Berechnungssätze. Ziel der Reform war v.a. eine Besserstellung von unteren Einkommensklassen. Überdies werden pauschalierte Witwenrenten gezahlt, die entsprechend dem Alter der Witwe und dem Vorhandensein von Kindern variieren.

Parallel zur staatlichen Rentenversicherung haben betriebliche Rentenversicherungssysteme, die auf freiwilliger Mitgliedschaft beruhen, an Bedeutung gewonnen. Insbesondere während der Zeit der konservativen Regierung wurden betriebliche Renten als Alternative zum staatlich getragenen Versicherungssystem forciert. Des Weiteren können Erwerbstätige auch eine vom Arbeitgeber unabhängige, private Rentenversicherung abschließen - eine Möglichkeit, die aufgrund der niedrigen Sozialversicherungsrenten vor allem für Bezieher höherer Einkommen attraktiv ist.

Im Jahr 2001 wurden die so genannten Stakeholder-Pensionen eingeführt - günstige Privatvorsorgemodelle, die bestimmte Mindestanforderungen erfüllen müssen. Insbesondere sollte damit die Attraktivität der privaten Vorsorge für niedrigere Einkommensklassen erhöht werden, zumal jedes Unternehmen mit mehr als fünf Mitarbeitern ohne bestehendes betriebliches Rentenmodell dazu verpflichtet wurde, seinen Angestellten eine entsprechende Vorsorgemöglichkeit anzubieten. Schon bald zeigte sich in der Praxis allerdings, dass dieses neue Rentenelement nicht im politisch gewünschten Umfang unteren Einkommensklassen zu Gute kam, sondern ganz im Gegenteil v.a. bei Besserverdienenden Zuspruch fand (vgl. FAZ vom 20.08.2003). Insgesamt gilt Großbritannien als ein System, in dem private Altersvorsorge, v.a. angesichts niedriger staatlicher Leistungen, eine vergleichsweise große Rolle spielt - eine Tatsache, die sich in das Bild eines liberalen Wohlfahrtsstaates nach Esping-Andersen einfügt.

Im Jahr 2006 wurde eine Ausweitung des regulären Renteneintrittsalters beschlossen. So wird ab 2030 der Bezug der vollen staatlichen Grundrente nur mehr bei einem Renteneintritt mit 66 Jahren möglich sein - in den Jahren 2040 und 2050 wird es dann zu erneuten Erhöhungen auf 67 bzw. 68 Jahre kommen.[107] Den Anstoß zur Erhöhung des Renteneintrittsalters gab eine von der Regierung eingesetzte Rentenkommission unter Lord Adair Turner, die ihren Bericht im Jahr 2005 vorgelegt hatte.

7.3.2 Gesundheit

Während im Krankheitsfall die Sachleistungen vom Nationalen Gesundheitsdienst NHS abgedeckt werden, erfolgt die Zahlung von Krankengeld im Rahmen der allgemeinen Sozialversicherung. Bei Arbeitsunfähigkeit infolge von Krankheit wird nach drei Karenztagen vom Arbeitgeber Kran-

107 Bereits vorher wird das Renteneintrittsalter für Frauen stufenweise an das der Männer angepasst - von 60 auf 65 Jahre im Zeitraum 2010 bis 2020.

kengeld für maximal 28 Wochen gezahlt. Die Höhe dieser pauschalierten Leistung beträgt 74,50 GBP (rd. 87 EUR wöchentlich). Es besteht außerdem eine Geldleistung für den Fall vorübergehender Arbeitsunfähigkeit - diese wird für 52 Wochen ausbezahlt, wobei ab der 29. Woche ein erhöhter Satz greift.

Die Sachleistungen des NHS, die jedem Einwohner Großbritanniens weitgehend kostenlos zur Verfügung stehen, sind vergleichsweise umfassend und schließen ambulante sowie stationäre Versorgung ebenso wie Facharztbehandlungen ein. Im Rahmen des NHS ist ferner die zentrale Funktion des Hausarztes zu betonen, der vor einem Krankenhausbesuch des Patienten konsultiert werden muss.[108]

Selbstbeteiligungen existieren in den Bereichen der zahnärztlichen Behandlung in Form von drei festgelegten Standardsätzen bei gewissen Ausnahmeregelungen u.a. für Arbeitslose sowie bei der Arzneimittelversorgung. Parallel zum NHS existieren private Krankenversicherungen, die insbesondere im Bereich der Zusatzversicherungen unter den Tory-Regierungen bis in die 1990er Jahren expandierten, aber durch den gesundheitspolitischen Kurs der Labour-Regierungen zu stagnieren begannen. Insgesamt ist die Gesundheitspolitik der Labour-Regierung geprägt von einer gewissen Rücknahme der unter den Vorgängerregierungen eingeführten marktwirtschaftlichen Elemente. Dies zeigt sich beispielsweise an der Abschaffung der Gesundheitsbudgets. Gleichwohl spielen privatwirtschaftliche Elemente weiterhin eine nicht zu vernachlässigende Rolle; dies zeigt sich beispielsweise an bestehenden Public-Private-Partnerships, in deren Rahmen insbesondere infrastrukturelle Investitionen mit privaten Partnern realisiert werden. Ein weiteres Beispiel ist die Beibehaltung der Trennung zwischen Leistungserbringern und den Abnehmern von Leistungen im Gesundheitsbereich (vgl. als ausführliche Erklärung Petring 2006a: 145-148). Unter Labour wurde mit dem National Institute for Health and Clinical Excellence (NICE) im Jahr 1998[109] eine Qualitätssicherungsinstanz geschaffen, deren Aufgabe es ist, Best Practices für den NHS zu formulieren. Ferner existiert mit der Care Quality Commission (CQC)[110] eine umfangreich tätige Evaluationsbehörde für den Gesundheits- und Pflegebereich.

108 Hausärzte sind mit Gemeindeschwestern in so genannten Primary Care Trusts zusammenschlossen, die etwa 100.000 Patienten betreuen (vgl. Petring 2006: 147).

109 Zunächst wurde die Behörde unter dem Namen National Institute for Clinical Excellence gegründet, nach einer Fusion im Jahr 2005 jedoch in den jetzigen Titel umbenannt.

110 Die CQC wurde zum 01. April 2009 aus drei Vorgängerorganen geschaffen.

Schaubild 7-2: Ausgaben für Krankheit und Gesundheitswesen (in Mrd. EUR)

Jahr	**Ausgaben in Mrd. EUR**
1990	41,4
1995	56,2
2000	104,1
2002	121,6
2004	137,2
2006	159,5

Quelle: Eurostat Online Statistiken.

7.3.3 Familie

Im Zusammenhang mit familienspezifischen Leistungen sind vor allem die Mutterschaftsbeihilfen und das Kindergeld zu nennen. Bei den Mutterschaftsbeihilfen besteht zum einen ein vom Arbeitgeber gezahltes Mutterschaftsgeld sowie darüber hinaus eine Mutterschaftsbeihilfe für Selbstständige und Frauen ohne Anspruch auf Mutterschaftsgeld. Der Bezug der Leistungen ist an spezifisch festgelegte Beschäftigungsumfänge sowie Mindestverdienstumfänge vor der Mutterschaft gekoppelt. Das Mutterschaftsgeld wird 39 Wochen lang ausbezahlt und beträgt in den ersten sechs Wochen 90 Prozent des Verdienstes, danach reduziert sich die Höhe auf 112,75 GBP (rd. 133 EUR). Die Mutterschaftsbeihilfe wird ebenfalls 39 Wochen lang ausbezahlt und beträgt ab der ersten Woche 112,75 GBP (pro Woche). Daneben bestehen Unterstützungsleistungen für Väter sowie ein Adoptionsgeld.

Alle Eltern erhalten unabhängig von ihrem Einkommen bis zum 16. Lebensjahr ihres Kindes ein pauschaliertes, steuerfinanziertes Kindergeld, wobei der Bezugszeitraum bei einer andauernden grundlegenden Ausbildung bis zum 20. Lebensjahr ausgeweitet wird. Überdies bestehen für Familien mit Kindern bestimmte Steuerabsetzbeträge (sog. Child Tax Credit), die im Jahr 2004 mit dem Ziel der Reduktion von Kinderarmut deutlich erhöht wurden (vgl. Krumm u.a. 2006: 331).

Die Labour-Partei hat seit des Amtsantritts der ersten Blair-Regierung 1997 immer wieder die Wichtigkeit der Familienpolitik betont – dies zeigte sich einerseits in der bereits 1998 verabschiedeten „National Child Care Strategy“, andererseits auch in konkreten Policies: Nach Regierungsangaben wurden in der Zeit von 1997 bis 2005 über 500.000 neue Kinderbetreuungsplätze geschaffen, v.a. für Kinder im Alter von drei und vier Jahren, hinzu kamen neu geschaffene Programme für Familien mit Kindern im Vorschulalter v.a. in sozialen Brennpunkten. (Vgl. Wincott 2006, Petring 2006a: 143.)

7.3.4 *Unfall*

Die Unfallversicherung ist steuerfinanziert und bietet allen pflichtversicherten Arbeitnehmern und deren Familienangehörigen Leistungen bei Verletzungen, Krankheit oder Tod infolge von Arbeitsunfall oder Berufskrankheit. Während bei vorübergehender Arbeitsunfähigkeit die Leistungen mit dem Krankengeld vergleichbar sind, wird bei Invalidität eine pauschalierte Rente gezahlt, die jüngst strukturell reformiert wurde (vgl. Stichwort „Soziale Mindestsicherung“).

7.3.5 *Arbeitslosigkeit*

Seit 1996 (Jobseekers Act) ist das System der Unterstützungen bei Arbeitslosigkeit durch die Jobseeker's Allowance (JSA) vereinheitlicht. Diese kombiniert sowohl beitragsabhängiges Arbeitslosengeld (Contribution-based JSA) als auch eine nach 182 Tagen Arbeitslosigkeit automatisch einsetzende einkommensabhängige Arbeitslosenhilfe (Income-based JSA). Berechtigt sind nach einer Karenzzeit von drei Tagen alle arbeitslos gemeldeten Personen, die nicht willentlich arbeitslos sind, keiner Tätigkeit von 16 oder mehr Stunden pro Woche nachgehen und die aktiv und regelmäßig bei den entsprechenden Jobcentern nach einer Anstellung suchen – im Zweifelsfall auch weit unterhalb ihres bisherigen Lohnniveaus (Jobseeker's Agreement). Voraussetzung für den Erhalt der Contribution-based JSA ist, dass entrichtete Sozialversicherungsbeiträge in einem der beiden für den Antragszeitraum relevanten Steuerjahre dem 25-fachen des aktuellen Mindestbeitrages und in beiden Steuerjahren mindestens dem 50-fachen des aktuellen Mindestbeitrages entsprechen. Die Income-based JSA wird nach Ablauf der 182 Tage unter Berücksichtigung der Einkommens- und Familiensituation auf unbegrenzte Dauer gezahlt, sofern weiterhin aktiv eine Arbeit gesucht wird. Beide Leistungen werden bis zu bestimmten Grenzwerten besteuert.

Im Jahr 1999 wurde der Working Families Tax Credit (WFTC) als steuerpolitisch bereitgestellte Unterstützungsleistung für Familien mit niedrigem

Erwerbseinkommen eingeführt. Arbeitnehmer unter einer bestimmten Einkommensgrenze erhielten dabei einen Unterstützungsbetrag mit den Lohnzahlungen des Arbeitgebers. Der Arbeitgeber erhielt den Betrag wiederum vom Finanzamt zurück – es handelt sich hier also um eine Lohnsubvention. Nach vier Jahren fand ein Umbau des WFTC zum Working Tax Credit (WTC) und Child Tax Credit (vgl. Stichwort „Familie") statt, wobei die vormalige Grundstruktur bei ausgebauten Leistungen und einer Anwendbarkeit auch auf kinderlose Familien mit geringen Einkommen erhalten blieb (vgl. Dickens 2006)[111]. Mit dem Einsatz dieser Elemente soll eine „Lohnabstandsfalle" durch konfiskatorische Besteuerung vermieden werden („making work pay").

Ein weiteres zentrales Element der dezidiert aktiven Arbeitsmarktpolitik von New Labour stellt das seit seiner Einführung 1998 stark nach Zielgruppen differenzierte Welfare-to-Work-Program New Deal dar: In den New Deals für jugendliche Arbeitslose, Langzeitarbeitslose, Alleinerziehende, Partner von Arbeitslosen, über 50-Jährige und für teilweise arbeitsunfähige und behinderte Personen werden fallorientierte Vermittlungsmaßnahmen, Weiterbildungsmöglichkeiten und Beratungen zur Arbeitssuche, Kinderbetreuung, Ausbildung und zu möglichen Leistungsansprüchen angeboten. Im Oktober 2009 werden die bisherigen, untergliederten New-Deal-Programme durch ein umfassendes neues Programm, den Flexible New Deal (FND) ersetzt. Herzstück des FND ist die Einbindung privater Träger in die Arbeitsvermittlung. Diese werden auf Provisionsbasis entlohnt und kommen zum Einsatz, wenn ein FND-Teilnehmer ein Jahr lang erfolglos die staatliche Arbeitsvermittlung durchlaufen hat. Das öffentliche System der Arbeitsvermittlung wurde wiederum 2002 reformiert. Seitdem sind seine bis dato unterschiedlichen Einzelkomponenten in der Institution der „JobCentre Plus" gebündelt, wo aus einer Hand die Betreuung von Arbeitslosen und Sozialhilfeempfängern erfolgt.

7.3.6 Soziale Mindestsicherung

Die soziale Mindestsicherung ist – wie in der Bundesrepublik auch – als „letztes soziales Netz" konzipiert, das all denjenigen Unterstützung gewährt, die keine oder nur unzureichende Versicherungsansprüche erworben haben. Da die Transferleistungen der allgemeinen Sozialversicherung von Beginn an so niedrig waren, dass sie das soziale Existenzminimum

111 Der Basisbetrag der Begünstigung im WTC (d.h. für Alleinstehende) beträgt im Jahr 2009 jährlich 1.890 GBP (rd. 2.200 EUR), beim Child Tax Credit liegt der Basisbetrag bei 545 GBP (rd. 636 EUR). Datenquelle: HM Revenue & Customs Online.

nicht abdeckten, gewann die Sozialhilfe als „reguläre Ergänzung“ schnell an Bedeutung. Verschiedene wirtschaftliche und gesellschaftliche Veränderungen – insbesondere steigende Arbeitslosen- und Scheidungsraten – führten zu weiteren Sicherungslücken, welche die skizzierte Entwicklung erheblich verstärkten. Zwar sind auch in der Bundesrepublik ähnliche Tendenzen festzustellen, in Großbritannien bewegen sie sich jedoch auf einem erheblich höheren Niveau, insofern eine Mindestsicherung die Leistungen der allgemeinen Sozialversicherung in einigen Bereichen – wie beispielsweise Arbeitslosigkeit – weitgehend abgelöst hat

So wird die Mindestabsicherung arbeitsfähiger bedürftiger Personen über die Arbeitslosenhilfe Income-Based JSA (vgl. Stichwort „Arbeitslosigkeit“) realisiert. Nur Personen, die keine Anspruchsberechtigung zur Income-Based JSA aufweisen und sich somit auch nicht arbeitslos melden können, hatten bis 2008 Anspruch auf die Sozialhilfe „Income Support“. Die Leistungssätze bestimmten sich auf der Basis von Alter und Familienstand und andere Sozialversicherungsleistungen mussten vor dem Bezug des Income Support ausgeschöpft worden sein.

Seit Oktober 2008 besteht mit der Employment and Support Allowance (ESA) eine neue Sozialleistung, in der die bisherige Sozialhilfe Income Support und die bisherige Invalidenrente Long-Term Incapacity Benefit zusammengeführt werden.[112] Die ESA besteht dabei nach dem Vorbild der JSA (vgl. Stichwort „Arbeitslosigkeit“) aus zwei Elementen: Einer beitragsabhängigen Leistungskomponente und einer einkommensbezogenen Leistungskomponente auf Basis einer Bedürftigkeitsprüfung – letztere greift, wenn auf beitragsabhängige Leistungen kein Anspruch besteht oder diese nicht zur Deckung des Hilfebedarfs ausreichen. Ziel der Reform ist es, teilweise arbeitsunfähige Personen zu aktivieren und sie in eine ihren Fähigkeiten angemessene Erwerbsarbeit zu vermitteln. Dazu werden die Bezieher in zwei Gruppen unterteilt, eine „Support Group“ für nicht arbeitsfähige Personen sowie eine „Work-Related Activity Group“ für teilweise arbeitsfähige Personen. Die beiden Gruppen unterscheiden sich durch die Höhe der Unterstützungsleistungen (dabei fallen Leistungen in der Support-Group höher aus) und durch die Teilnahme an Maßnahmen der aktiven Arbeitsmarktpolitik (diese sind obligatorisch in der Work-Related Activity Group). Einher geht mit der Reform eine straffere medizinische Überprüfung der Arbeitsunfähigkeit. Bisherige Income-Support-Bezieher ohne ESA-Anspruch werden in das JSA-System integriert.

112 Dies gilt zunächst für neue Leistungsbezieher, bisherige Bezieher werden mittelfristig in das neue System integriert.

Schaubild 7-3: Die Struktur des britischen Sozialsystems

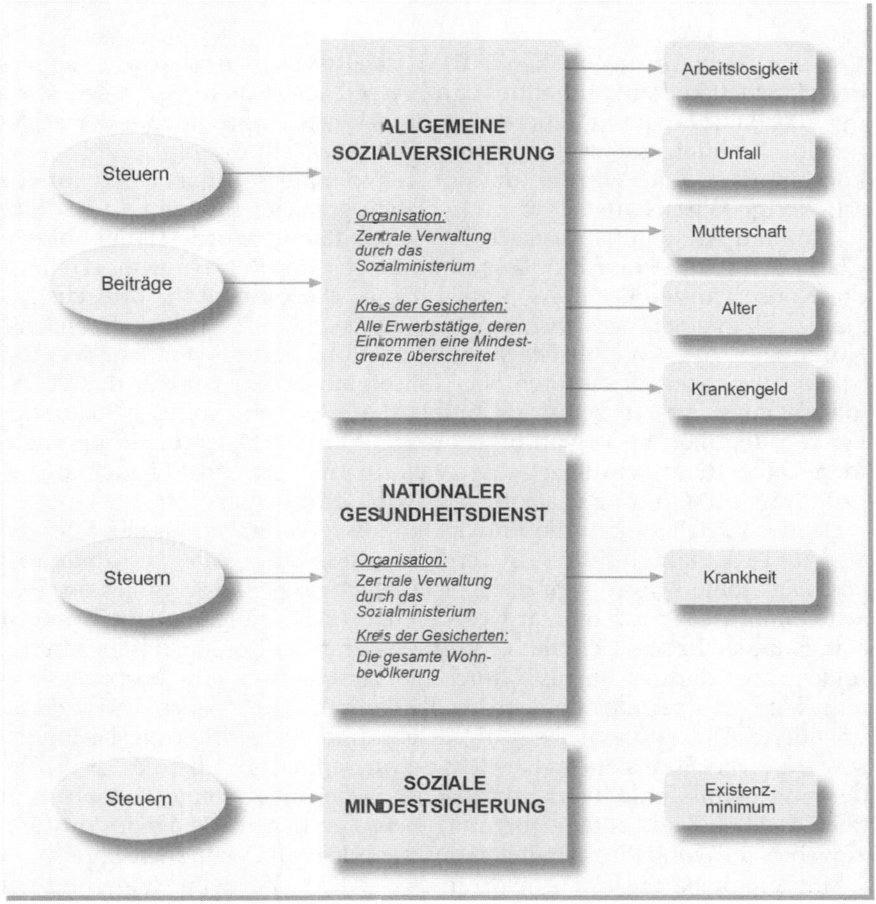

Quelle: Eigene Darstellung

7.4 Aktuelle Probleme, innovative Perspektiven und mögliche Entwicklungen

Vor dem Hintergrund sinkenden Wirtschaftswachstums sowie steigender Haushaltsdefizite, Inflations- und Arbeitslosenraten wurde seit Mitte der 70er Jahre - wie in anderen Ländern Westeuropas auch - der bestehende Wohlfahrtsstaat zunehmend kritisch hinterfragt. Von neokonservativer Seite wurden die hohen Wohlfahrtsausgaben mit für die schwierige Wirtschaftslage verantwortlich gemacht und es wurden Einschränkungen wohlfahrtsstaatlicher Aktivitäten gefordert (vgl. hierzu Clarke/Langan 1993: 50ff.). Insbesondere seit der Regierungsübernahme der Konservativen Partei im Jahre 1979 hat diese Kritik die britische Sozialpolitik in einem wesentlichen Ausmaß beeinflusst. Während zunächst Kürzungen von Wohlfahrtsleistungen im Vordergrund standen, liegt der Schwerpunkt seit den späten 80er Jahren auf einem Umbau des Wohlfahrtsstaates: Anstatt selbst als Anbieter aufzutreten, soll der Staat stärker die Regulierung privat angebotener Wohlfahrtsleistungen übernehmen. Dabei dient der angestrebte „welfare mix" gleichzeitig auch als Begründung für Kürzungen staatlicher Wohlfahrtsausgaben.[113]

Dennoch zeichnet sich die Entwicklung der Wohlfahrtsausgaben in den 80er und 90er Jahren durch ein vergleichsweise hohes Maß an Kontinuität aus. Dies sollte jedoch nicht darüber hinwegtäuschen, dass hinter der Fassade quantitativer Kontinuität wesentliche Veränderungen qualitativer Art stattgefunden haben: Der relative Wert von Transferleistungen ist gesunken, und sie sind darüber hinaus - durch die Verschärfung von Anspruchsvoraussetzungen - selektiver geworden. Beides hat dazu geführt, dass bedarfsorientierte Unterstützungsleistungen gegenüber Versicherungsleistungen sowie Universaltransfers an Gewicht gewonnen haben. Überdies ist die Bedeutung berufs- bzw. betriebsbezogener Sicherungssysteme (vor allem in der Krankheits- und Alterssicherung) ebenso gestiegen wie die des privaten Angebots an Wohlfahrtsleistungen (insbesondere im Gesundheitsbereich).

Eine mögliche Erklärung, warum es der konservativen Regierung gelang, das soziale Sicherungssystem in einem derart starken Ausmaß zu verändern, liegt darin, dass der Wohlfahrtsstaat in Großbritannien niemals durch einen derart tiefgreifenden gesellschaftlichen Konsens getragen wurde, wie dies insbesondere in Schweden der Fall ist. Dunleavy (1989 mit weiteren Details) spricht in diesem Zusammenhang auch von einem „ungrounded statism". Diese Feststellung macht zugleich deut-

113 Vgl. hierzu auch Kap. 17 über Privatisierung und Wohlfahrtspluralismus.

lich, dass die britische Reaktion auf die Wohlfahrtsstaatskrise nur sehr bedingt eine Lösungsstrategie für andere Länder darstellt.

Mit der Regierungsübernahme durch die Labour Party 1997 gingen erneut Änderungen in der Sozialpolitik einher; allerdings kam es – vor allem in der Wirtschafts- und Finanzpolitik – zu keiner drastischen Kursänderung. Die Sanierung der Haushalte und die Stabilität der Währung dominierten weiterhin. Vergleicht man die Ansätze von Old Labour und New Labour, so werden hingegen deutliche Unterschiede klar (Powell 1999: 298) – etwa die Abkehr vom Keynesianismus. Dabei ist jedoch zu bedenken, dass nach beinahe 20 Jahren, in denen die Konservativen die Politik bestimmen konnten, der britische Sozialstaat und die britische Ökonomie anders geworden sind. Somit fand New Labour beim Regierungsantritt neue Bedingungen wieder und war schon dadurch gezwungen seine Politik anzupassen.

Das von Labour propagierte Modell des „Third Way" (Dritter Weg; s.o. Kap. 2) soll ausdrücklich auch bezüglich der Sozialpolitik in eine neue Richtung führen. Dabei fallen einige Gemeinsamkeiten mit der konservativen Politik vergangener Tage wie die Überzeugung von einer mixed economy of welfare auf. Jedoch werden in der Sozialpolitik auch neue Schwerpunkte gesetzt. Eine dominierende Rolle spielt dabei die Bildung. Eine gute Bildung und Ausbildung soll möglichst alle in die Lage versetzten, Arbeit zu finden (employability) und somit auch Chancengleichheit und Gerechtigkeit – beides normative Postulate der klassischen Sozialdemokratie – schaffen. Unter dem Schlagwort „welfare to work" wird zudem versucht, eine stärker aktivierende, auf Arbeit ausgerichtete Sozialpolitik zu betrieben. Folgende Haushaltsdaten zeigen die politischen Prioritäten der neuen Blair-Regierung und den Unterschied zu den Konservativen auf.

Schaubild 7-4: Staatsausgaben unter verschiedenen Regierungen (Zunahme in Prozent; z.T. geplante Ausgaben)

	Regierung Blair ab 1997*	Regierung Major 1992-1997	Regierungen Thatcher & Major 1979-1997
Gesundheit	3,7	2,6	3,1
Bildung	3,2	1,6	1,5
Verteidigung	-1,3	-3,1	-0,2
Soziale Sicherheit	1,3	3,8	3,5
Gesamt	**1,5**	**2,0**	**1,6**

* Daten beziehen sich auf den Zeitraum 1997-2002.

Quelle: Glyn/Wood 2000

Die Zukunft des britischen Wohlfahrtsstaates ist insgesamt ungewiss: Einerseits ist es wahrscheinlich, dass sich das System sozialer Sicherung weiter von seinem ursprünglich liberal-kollektivistischen Charakter entfernen wird. Andererseits hat die Regierung unter Tony Blair neue Wege eingeschlagen, die zwar noch kein umfassendes Konzept eines Dritten Weges darstellen, aber weder alleine in der Tradition konservativer Politik noch in jener von Old Labour gesehen werden können. Kennzeichnend sind unter Blair im Rahmen der New Deals aktivierende Elemente in der Sozial- und Arbeitsmarktpolitik geworden. Diese Tendenz hat sich auch in einem Dialog zwischen britischen und deutschen Sozialdemokraten widergespiegelt - man denke nur an das viel beachtete Schröder-Blair Papier aus dem Jahr 1999, in dem die beiden damaligen Regierungschef ein Bekenntnis zum aktivierenden Wohlfahrtsstaat und verstärkten beschäftigungspolitischen Bemühungen leisteten (vgl. Schmid/ Picot 2001, Dingeldey 2006, Mitton 2008, Alcock 2008).

Im Jahr 2007 übernahm Gordon Brown (Labour) das Amt des Premierministers von Tony Blair. In seiner ersten Rede auf einem Labour-Parteitag als Regierungschef sagte Brown, sein Ziel sei es, in Großbritannien „eine klassenlose Gesellschaft" herzustellen.[114] Diese Formulierung mag zunächst in deutlichem Widerspruch zu dem von einem vergleichsweise niedrigen Dekommodifizierungsniveau geprägten Status quo des britischen Wohlfahrtsstaates erscheinen. Wirft man jedoch einen Blick auf die in der Folge von der Brown-Regierung propagierten Policies, wird deutlich, dass der sozialpolitische Ausgleich dem liberalen Paradigma gemäß nicht über eine Ausweitung des Leistungsniveaus erfolgen muss. Vielmehr werden unter gleichbleibend niedrigen Sozialleistungen die Bemühungen verstärkt, Menschen in Arbeit zu bringen. Das zeigt sich etwa an der 2008 in Kraft getretenen Zusammenlegung von Invalidenrente (Long Term Incapacity Benefit) und Sozialhilfe (Income Support) zur neuen Employment and Support Allowance (ESA), mit der strengere medizinische Kontrollen für arbeitsunfähige Personen sowie die Integration bisheriger Sozialhilfeempfänger in das Leistungs- und Vermittlungssystem der Job Seekers Allowance (JSA) verbunden waren. Ein weiteres Beispiel ist der innerhalb der Labour-Partei stark umstrittene Beschluss, in den kommenden Jahren alleinerziehenden Eltern abhängig vom Alter der Kinder vermehrt mit einer Pflicht zur Arbeit bzw. Arbeitssuche zu konfrontieren[115].

114 Quelle: Süddeutsche Zeitung online vom 24.09.2007.

115 Bisher erhielten hilfsbedürftige alleinerziehende Eltern von Kindern bis zu 16 Jahren Leistungen im Rahmen der nun auslaufenden Sozialhilfe Income Support. Künftig werden Alleinerziehende in das JSA-System integriert, was mit einer Verpflichtung zur Arbeitssuche und ggf. -annahme einhergeht. Die innerhalb der Partei geäußerte

Die individualistische Idee von Wohlfahrtsstaatlichkeit scheint sich in Großbritannien auf eine breite Akzeptanz in der Bevölkerung zu stützen. Dies ist das Ergebnis einer im Auftrag der Deutsch-Britischen Stiftung durchgeführten Untersuchung aus dem Jahr 2008. Die Studie kommt zu dem Ergebnis, dass zwar ein Problembewusstsein für gesellschaftliche Ungleichheiten besteht, sich dies allerdings nicht in einer Bereitschaft zur höheren Besteuerung für sozialpolitische Zwecke und zu tiefer greifenden staatlichen Interventionen niederschlägt. Während im Jahr 1987 noch 55 Prozent der Befragten der Meinung waren, dass der Staat mehr Geld für die Unterstützung von Armen ausgeben sollte, waren 2006 nur noch 35 Prozent dieser Ansicht. Der Anteil derer, die eine stärkere Umverteilung von Reich zu Arm durch staatliche Eingriffe befürworten, sank im gleichen Untersuchungszeitraum von 45 Prozent auf 34 Prozent (vgl. Martin/Taylor-Gooby 2008, hier: 3/4). Der internationale Vergleich zeigt indes, dass die herrschende gesellschaftliche Realität in Großbritannien durchaus eine Rechtfertigung für stärker umverteilende sozialpolitische Maßnahmen bieten könnte: Unter den sieben in diesem Band näher betrachteten Fällen wies Großbritannien im Jahr 2007 den höchsten Gini-Koeffizienten, die höchste Armutsgefährdungsquote sowie die zweitgrößte Armutslücke auf (vgl. auch Becker/Dettling 2009).

7.5 Zentrale Literatur

Alcock, P. 2008: Social Policy in Britain, Houndmills, Basingstoke (3. Aufl.).

Cochrane, A.; Clarke, J. (Hrsg.) 2001: Comparing Welfare States: Britain in an International Context. London (2. Aufl.).

Dingeldey, I. 1998: Arbeitsmarktpolitische Reformen unter New Labour In: Aus Politik und Zeitgeschichte B 11.

Hennock, E.P. 2007: The Origin of the Welfare State in England and Germany. 1850-1914: Social Policies Compared. Cambridge.

Martin, R./Taylor-Gooby, P. 2008: Fairness and the Welfare State: the Double Disconnect. CSGE Research Paper. Online unter: http://www.agf.org.uk/cms/upload/pdfs/WP/200809_WPcsge_e_welfare_state.pdf.

Kritik zielt zum einen auf negative Folgen für die Betreuung zu Hause und zum anderen auf einen Mangel an außerhäuslichen Betreuungsmöglichkeiten (vgl. Helm 2008). Der Vorschlag zur arbeitsmarktpolitischen Aktivierung alleinerziehender Personen stammt von dem unter Tony Blair eingesetzten sozialpolitischen Berater David Freud. Sein 2007 vorgelegter Abschlussbericht enthielt überdies den Vorschlag, in die Arbeitsvermittlung stärker als bisher privatwirtschaftliche Träger einzubeziehen.

Mitton, L. 2008: Vermarktlichung zwischen Thatcher und New Labour: Das Britische Wohlfahrtssystem. In: Klaus Schubert (Hrsg.), Europäische Wohlfahrtssysteme. Wiesbaden. S. 525-547.

Petring, A. 2006: Großbritannien. In: Merkel, W. u.a., Die Reformfähigkeit der Sozialdemokratie. Herausforderungen und Bilanz der Regierungspolitik in Westeuropa. Wiesbaden. S. 119-153. Zit. als Petring 2006a.

Rhodes, M. 2000: Desperately Seeking a Solution: Social Democracy, Thatcherism and the „Third Way" in British Welfare. In: Ferrera, M./Rhodes, M. (Hrsg.), Recasting European Welfare States. London.

Ross, F. 2008: The Politics of Path-Breaking Change: The Transformation of the Welfare State in Britain and Germany. In: Journal of Comparative Policy Analysis. Vol. 10 (4), S. 365-384.

Schmid, J./Picot, G. 2001: Welfare to Work bei Blair und Schröder - eine Idee, zwei Realitäten? In: Hirscher, G./Sturm, R. (Hrsg.), Die Strategie des „Dritten Weges." München.

Wincott, D. 2006: Paradoxes of New Labour Social Policy. Toward Universal Child Care in Europes's „Most Liberal" Welfare Regime? In: Social Politics. Vol. 13 (2), S. 286-312.

8 Der niederländische Wohlfahrtsstaat: vom passiven zum aktivierenden Wohlfahrtsstaat?

8.1 Historischer Abriss

Der niederländische Wohlfahrtsstaat weist im Vergleich zu anderen westlichen Wohlfahrtsstaaten einige Besonderheiten auf. Zum einen ist die Geschichte des niederländischen Wohlfahrtsstaates untypisch und zum anderen ist es die besondere Mischform, die sich durch die Synthese der verschiedenen sozialpolitischen Ansätze konstituiert hat. Die historische Entwicklung der Sozialversicherungen in den Niederlanden kann man in zwei unterschiedliche Phasen aufteilen (Becker/van Kersbergen 1986, Cox 1993).

- Die Phase bis zum Ende des Zweiten Weltkrieges, die sich stark am deutschen Vorbild orientiert und
- die Zeit nach 1945, wo die Einflüsse aus Großbritannien dominieren.

Die erste Phase der Sozialversicherungsgesetzgebung – beginnend mit dem Berufsunfallsversicherungsgesetz von 1901 – war in hohem Maße von der deutschen und österreichischen Unfallversicherung beeinflusst. Die Durchführung des Gesetzes oblag jedoch im Unterschied zu Deutschland einem Staatsorgan, der staatlichen Sozialversicherungsbank. Es folgten 1919 ein Invaliditätsversicherungsgesetz, 1930 das Krankenversicherungsgesetz und 1939 das Kinderzulagegesetz. Die Versicherungen waren bis auf die Krankenversicherung, die nur den Lohnersatz, aber nicht die Behandlungskosten übernahmen, weitgehend mit den deutschen Sozialversicherungen vergleichbar. Im Unterschied zu Deutschland gab es in den Niederlanden jedoch eine heftige Diskussion um die Frage, wer der jeweilige Träger der Versicherungen sein sollte: Der Staat oder die Wirtschaft. Der Streit um die Trägerschaft führte dazu, dass die Versicherungen in einem dualistischen System durchgeführt wurden (Dixon/Scheurell 1989), an dem der Staat und die Organisationen der Wirtschaft beteiligt waren. Bis auf dieses Unterscheidungsmerkmal basierten die niederländischen Sozialversicherungen bis 1945 auf dem Bismarckschen Modell der Arbeitnehmerversicherungen.

Nach dem Ende des Zweiten Weltkrieges kam es zu einer zweiten Phase sozialpolitischer Aktivitäten bzw. zur Herausbildung einer neuen Form der Sozialversicherungen. Die niederländische Regierung hatte sich bereits in den letzten Kriegsjahren mit den Vorstellungen des britischen Beveridge-Plans auseinandergesetzt. Ziel des Beveridge-Plans war die Sicherung der

Bevölkerung gegen wirtschaftliche Not infolge der Unterbrechung oder des Verlustes der Erwerbsfähigkeit.[116] Um dieses Ziel zu erreichen, sollten der Versichertenkreis erweitert, neue Risiken und soziale Lagen berücksichtigt und die Leistungssätze erhöht werden. In den Niederlanden sollte ein aus Regierungs- und Wirtschaftsvertretern zusammengesetzter Ausschuss einen Vorschlag über die künftige Struktur des Sozialversicherungssystems erarbeiten. Die Frage der Organisation der Sozialversicherungen erwies sich dabei wiederum als ein wesentlicher Streitpunkt (De Leede/Schulte 1979). Dies hatte zur Folge, dass die bestehenden staatlichen Sozialversicherungsorgane zunächst beibehalten wurden und für die Berufsunfall- und die Invaliditätsversicherung zuständig waren. Die Verwaltung der Kranken-, Arbeitslosen- und Kinderzulageversicherung wurde 23 Wirtschaftsvereinigungen unterstellt. Diese sollten Träger der Arbeitnehmerversicherungen sein.

Die Vorstellungen, die im (britischen) Beveridge-Plan niedergelegt waren, führten ferner zur Bildung der so genannten Volksversicherungen. Deren Träger sollten staatliche Organe sein (d.h. staatliche Sozialversicherungsbank und Sozialversicherungsämter). Der Grundgedanke war die Absicherung der gesamten Bevölkerung gegen bestimmten Risiken, unabhängig von der Frage der Erwerbstätigkeit (Weber u.a. 1994). 1957 trat mit dem Allgemeinen Altersgesetz die erste Volksversicherung in Kraft. Das Gesetz beruhte zwar auf dem Versicherungsgedanken, erfasste aber alle Einwohner der Niederlande. Die Höhe der Rente richtet sich dabei nicht nach den gezahlten Prämien, sondern wird gesetzlich festgelegt. Nicht die Erwerbstätigkeit ist daher das Kriterium für die Versicherungspflicht, sondern der Wohnsitz in den Niederlanden. Auch das Witwen- und Waisengesetz und das Kinderzulagegesetz (1963) wurden geändert und umfassten nun die gesamte Wohnbevölkerung der Niederlande. Als neue Volksversicherungen wurden noch das Gesetz für besondere Krankheitskosten (1968) und das Arbeitsunfähigkeitsgesetz (1976) verabschiedet.

Bis heute existieren – nach einer Phase grundlegender Reformen, die das Land vielfach zum bewunderten Modell werden ließen – Volksversicherungen und Arbeitnehmerversicherungen sowie Mischsysteme (s. Kap. 8.3).[117] Neben den Organisationsaspekten war für den niederländischen Wohlfahrtsstaat der Nachkriegszeit seine passive Funktionslogik

116 Vgl. hierzu auch den Abschnitt zu Großbritannien (Kap. 7).

117 Das System der Volksversicherung verhindert dabei, dass angesichts der Veränderungen am Arbeitsmarkt, die in den 70er Jahren eingetreten sind, die Interessen von Vollzeit-Arbeitsplatzbesitzern und Teilzeitbeschäftigten unmittelbar aufeinander treffen. Zudem verhindert das System der niederländischen Sozialhilfe sowie der Altersgrundrente, dass in dramatischem Umfang neue Armutsfallen vor allem für ältere Frauen entstehen (Kleinfeld 2001).

kennzeichnend – lange fehlten Ansätze zur Wiedereingliederung von Betroffenen, als Flankierung passiver Leistungszuweisungen. Im Zuge des Anwachsens der Arbeitslosigkeit, der demographischen Veränderungen und der steigende Kosten im Gesundheitswesen war ein wachsender Anteil der Bevölkerung ohnehin auf Transfereinkommen angewiesen. Als ein besonderes Problem, das die passive Logik reflektiert, hatte sich dabei die Invaliditätsrente bzw. Arbeitsunfähigkeitsversicherung erwiesen (vgl. Cox 1993). Jeder siebte Niederländer arbeitete in den 70er Jahren nicht, weil er als arbeitsunfähig galt, unabhängig davon, wodurch die Arbeitsunfähigkeit hervorgerufen wurde. Die Leistungen betrugen 70 Prozent des gesetzlichen Mindestlohns und führten zu immensen Belastungen des Haushaltes. Die schlechte Performanz des Landes ist auch als „Dutch Disease" bezeichnet worden. Inzwischen haben eine ganze Reihe von Reformen zu erheblichen Entlastungen und Verbesserungen der Lage geführt. So wurden in den 1980er Jahren beispielsweise Sozialleistungen eingefroren und schrittweise rückgeführt, die Gehälter im öffentlichen Sektor gekürzt und eine Kopplung des Gulden an die D-Mark vorgenommen, was ein Aufgeben der niederländischen geld- und währungspolitischen Eigenständigkeit bedeutete. Nicht zuletzt kam es, und kommt es auch aktuell, zu Umgestaltungen bei der Erwerbsunfähigkeitsrente. Einen Beitrag zu den Reformen leistete auch der 1982 zwischen Gewerkschaften und Arbeitgebern geschaffene Pakt von Wassenaar, in dessen Rahmen sich die Arbeitnehmer zu Mäßigungen bei den Lohnforderungen und die Arbeitgeber zur Arbeitszeitverkürzung und besseren Möglichkeiten zur Teilzeitarbeit verpflichten ließen.

Die „Dutch Disease" konnte, kurz gesagt, bis in die 1990er Jahre kuriert werden und die Debatte begann stattdessen, um ein so nicht erwartetes „Dutch Miracle" zu kreisen (Visser/Hemerijck 1997, Klenfeld 2001). So konnte die Arbeitslosenquote in den Niederlanden im Zeitraum 1990-2000 von rd. acht auf rund drei Prozent gesenkt und die Erwerbsquote von rd. 57 auf rd. 64 Prozent gesteigert werden.[118] Verfolgt man den Umfang des Sozialschutzes bis 1990 zurück, so lassen sich bemerkenswerte Umgestaltungen etwa im Bereich der Krankenversicherung und bei der Arbeitsunfähigkeitsrente beobachten. Insgesamt macht sich dies in einer Absenkung der Sozialleistungsquote um immerhin rd. zwei Prozent bemerkbar (vgl. Schaubild 8.1). Mit 27,5 Prozent (2006) ist die niederländische Sozialleistungsquote im europäischen Vergleich dennoch nach wie vor überdurchschnittlich (vgl. Schmid 2007).

118 Datenquelle: Eurostat online Statistiken.

Schaubild 8-1: Sozialleistungsquoten nach Versicherungsbereichen in Prozent des BIP.

Sozialschutzbereich	1990	1994	1998	2002	2004	2006
Alle Bereiche	29,6	29,5	26,1	25,8	26,4	27,5
Gesundheits-/Krankheitsversorgung	8,4	8,4	7,3	7,9	8,1	8,7
Invalidität/Gebrechen	4,9	4,1	3,1	2,9	2,8	2,3
Alter	9,5	9,3	9,3	9,3	9,7	9,9
Hinterbliebene	1,6	1,6	1,4	1,4	1,4	1,5
Familie/Kinder	1,7	1,4	1,2	1,2	1,3	1,6
Arbeitslosigkeit	2,5	3	1,9	1,4	1,6	1,4
Wohnen	0,3	0,4	0,4	0,4	0,3	0,4
Sonstiges	0,8	1,4	1,5	1,3	1,2	1,7

Quelle: Eurostat Online Statistiken.

8.2 Politische Charakteristika und Gestaltungsprinzipien

Die historische Entwicklung hat in den Niederlanden zu einer charakteristischen Form des Wohlfahrtsstaates geführt. Trotz der Ausdehnung des begünstigten Personenkreises auf die gesamte Bevölkerung wurde das Versicherungsprinzip nicht verworfen. Es gibt ein Nebeneinander von Volksversicherungen, die sich an der britischen National Insurance orientieren, und den klassischen Arbeitnehmerversicherungen, deren Ursprung in den Bismarckschen Sozialversicherungen liegt. Die Synthese zwischen diesen beiden sozialpolitischen Konzeptionen hat zu einer besonderen Mischform geführt, die in Westeuropa einmalig ist – und die sich gleichzeitig nicht immer in die theoretischen Erklärungsmuster des Wohlfahrtsstaates (vgl. Kap. 3) einfügt.

Den einschlägigen Typologien folgend, findet man Komponenten von Staatsbürgerversorgung und von Versicherungssystemen, die sich am Status des Erwerbstätigen orientieren. Greift man die Kategorien von Esping-Andersen auf, so handelt es sich in den Niederlanden um eine

Mischung aus liberalen, konservativen und sozialdemokratischen Elementen. Einige Autoren ordnen das Land einem weiteren Typ, dem christdemokratischen Wohlfahrtsstaat zu, bzw. in den letzten Jahren wird es z.T. als liberal klassifiziert. Im Vergleich zu anderen Nationen fällt zudem auf, dass die Niederlande bis in die 60er Jahre eher zu den unterentwickelten Wohlfahrtsstaaten in Europa zählten und der Ausbau des Systems sich erst nach 1960 entwickelte (Cox 1993).

Allgemein gelten starke Gewerkschaften mit hohem Organisationsgrad, parlamentarische Dominanz der Sozialdemokratie, ein zentralisiertes politisches System und eine offene, auf Export ausgerichtete Wirtschaftsstruktur als Faktoren, die in der vergleichenden Politikforschung den Ausbau der Sozialstaatlichkeit erklären (Castles 1979, Schmidt 1983, 1998, Korpi 1978, Alber 1982). Als Erklärung für den Ausbau des niederländischen Wohlfahrtsstaates können diese Faktoren jedoch nicht ganz überzeugen. Die Niederlande sind zwar eine Exportnation und haben einen zentralistischen Staatsaufbau, alle anderen Faktoren treffen aber nur bedingt zu. Die Gewerkschaften sind nicht geeint und haben mit rund 25 Prozent auch einen (verglichen mit den skandinavischen Ländern) relativ niedrigen Organisationsgrad. Im Fall der Niederlande kann man ebenfalls nicht von einer Dominanz der Sozialdemokratie sprechen, denn das Parlament wird von den konservativen Parteien dominiert und die Christdemokraten waren an fast allen Regierungen seit der Einführung des allgemeinen Wahlrechts beteiligt.[119] Eine besondere Rolle in der niederländischen Entwicklung des Sozialstaats spielen die Kirchen bzw. der Faktor Religion.[120]

Das Phänomen der „Versäulung," d.h. die Tendenz gegenseitiger Abkapselung von verschiedenen kulturellen, religiösen und politischen Gruppierungen, hat bis in die 60er Jahre das politische Leben bestimmt (vgl. Hartfiel/Hillmann 1982: 787, Becker/Kersbergen 1986, Schmid 1996). Die Versäulung ist durch das Zusammenfallen von katholischen Emanzipationsbestrebungen und mittelständisch-protestantischem Widerstand gegen die beginnende Industrialisierung einerseits und einer generellen christlichen Protesthaltung gegenüber dem liberalen Geist der Revolutionen des 18. und 19. Jahrhunderts andererseits entstanden. Dies führte zur sozialen und politischen Organisation der Bevölkerung auf der Basis von konfessionell und politisch bedingten, weltanschaulichen Trennungslinien. Besonders bei den Protestanten und den Katholiken war die „Versäulung" ausgeprägt. Die christliche Nächstenliebe hatte und hat in den Niederlanden einen besonders wichtigen Stellenwert. Dies zeigt sich z.B. in der hohen Spendenbereitschaft der niederländi-

119 Eine Ausnahme bildet hier die „violette" Regierung unter Premierminister Wim Kok (1994-2002), in der die Sozialdemokraten größter Koalitionspartner waren.

120 Vgl. hierzu theoretisch und historisch vertiefend Schmid 1996 und Kersbergen 1995.

schen Bevölkerung und der Bedeutung von karitativen Wohlfahrtsorganisationen. In den 60er Jahren setzte in den Niederlanden, wie in allen westlichen Ländern, ein Säkularisierungsschub ein, der durch die sozialstrukturellen und kulturellen Veränderungsprozesse ausgelöst wurde und zu einer „Entsäulung" führte. Trennungslinien zwischen den Religionen verschwanden oder verloren an Bedeutung. Religion und Aspekte der christlichen Ideologie haben jedoch bis heute eine große Bedeutung.

So wird in den Niederlanden der Gegensatz von Lohnarbeit und Kapital viel mehr als in anderen Staaten als ein Verhältnis „sozialer Partner" interpretiert. Auch bei den christlichen Parteien in den Niederlanden, die an dem Aufbau des Systems sozialer Sicherheit maßgeblich beteiligt waren, ist die christliche Komponente von besonderer Bedeutung. Das heißt, dass die bürgerlichen Parteien in den Niederlanden sich nicht ohne weiteres z.B. mit den britischen Konservativen vergleichen lassen, sondern religiöse Ideologien und Leitsätze hier größeren Stellenwert besitzen und den Auf- und Ausbau des Wohlfahrtsstaates beeinflusst haben. Zugleich liegt hier auch eine wichtige historisch-soziale Wurzel des in den späten 90er Jahren zum Erfolgsfall mutierten „Poldermodells"[121], denn dabei spielen konsensuale bzw. korporatistische Politikmuster eine prominente Rolle (Kleinfeld 1998, 2001, Jochem 2004).

8.3 Einzelversicherungen

Die Niederlande verfügen über ein leistungsfähiges und innovatives System sozialer Sicherung, insbesondere im Bereich der personenbezogenen Dienstleistungen (Hauspflege, Familienbetreuung, ambulante Krankenpflege, Altenarbeit, Jugendarbeit). Grundlage der sozialen Sicherheit in den Niederlanden ist die Sozialversicherung. Hier unterscheidet man zwischen Volks- und Arbeitnehmerversicherungen (Weber u.a. 1994). In den Volksversicherungen sind alle Einwohner versichert, wohingegen die Arbeitnehmerversicherungen alle gegen Entgelt Beschäftigte und inzwischen die Beamten umfassen. Es bestehen hierbei gesetzliche und

121 Hierzu der Niederlande-Experte Friso Walenga: „Auch international machten die Niederlande mit dem, was unter dem Namen ‚Poldermodell' bekannt wurde, Furore: eine stark wachsende Wirtschaft, sinkende Arbeitslosigkeit, zunehmender Wohlstand, Verringerung des Haushaltsdefizits, (...), ein sich zurückziehender Staat und ein freier Wirtschaftsmarkt, mehr Verantwortung für die Bürger und die Einschränkung der Ausgaben bei den Sozialleistungen. Diese Entwicklungen wurden durch ein hohes Maß an politischem und sozialem Konsens getragen." (Wielanga 2008: 350.)

private Versicherungen nebeneinander. Schaubild 8-2 fasst die Versicherungsstruktur zusammen.

Schaubild 8-2: Wichtigste Zweige des niederländischen Sozialversicherungssystems (mit Beitragssätzen von 2007)

Sicherungsfeld	**Versicherung**	**Prinzip/ Personenkreis**	**Finanzierung/Beiträge**
Alter	Rentenversicherung AOW	Alle Einwohner	17,9 % durch den Arbeitnehmer
	Hinterbliebenenrente ANW	Alle Einwohner	1,25 % durch den Arbeitnehmer
Arbeitslosigkeit	Allgemeiner Arbeitslosenfonds AWF	Arbeitnehmer	8,25 % (3,5 % Arbeitnehmer, 4,75 % Arbeitgeber)
	Kündigungszahlungsfonds WGF	Arbeitnehmer	Durchschnittlich 1,75 % Arbeitgeberfinanziert (variierend nach Wirtschaftszweig)
Arbeitsunfähigkeit	Arbeitsunfähigkeitsversicherung bei teilweiser Erwerbsunfähigkeit WIA	Arbeitnehmer	5,65 % durch den Arbeitgeber
	Arbeitsunfähigkeitsversicherung Wajong bei Erwerbsunfähigkeit in jungen Jahren	Alle Einwohner	Steuerfinanziert
Gesundheit	Krankenversicherung AWBZ für Sonderleistungen im Gesundheitsbereich	Alle Einwohner	12,15 % durch den Arbeitnehmer
	Krankenversicherungssystem für Heilbehandlungen (neu seit 2006)	Alle Einwohner	Pauschalbetrag von 92 € durch den Versicherten, 6,5 % durch den Arbeitgeber (Selbstständige: Zusätzlicher Betrag zur Pauschale von 4,5 %)
	Krankengeld ZW	Alle Arbeitnehmer	Deckung durch Arbeitslosenversicherung
Mindestsicherung	Sozialhilfe WWB	Alle Einwohner	Steuerfinanziert

Quelle: Eigene Erstellung auf Basis von Kleinfeld 2001, Lass 2006, MISSOC Online Tabellen, MISSOC Online Datenbank.

Im Jahr 1997 (und erneut 2002, s.u.) wurde die Organisation der Arbeitnehmerversicherungen neu geregelt. Die Verantwortung für die Durchführung, Beitragserhebung und Verwaltung der Sozialversicherung sowie der Sozialfonds ging zunächst an das Nationale Institut für Sozialversicherungen (LISV), das drittelparitätisch besetzt ist und einen unabhängigen Vorsitzenden hat. Die Umsetzung der Sozialversicherung wurde an private Sozialversicherungsagenturen (UVIs, Uitvoeringsinstelling) abgegeben[122], welche jedoch nach fünf Jahren in eine nationale öffentliche Anstalt für Arbeitnehmerversicherungen überführt wurden (UWV, Uitvoeringsorgaan Werknemersverzekeringe) und damit erneut strukturell vollkommen neu geregelt worden sind. Aufgaben der UWV sind (vgl. Petring 2006b: 264/5):

- Beitragseinzug
- Erwerbsunfähigkeitsprüfung
- Gewährung von Sozialleistungen

Mit der Schaffung der UWV wurde die Rolle der Sozialpartner auf eine rein beratende Funktion zurückgedrängt, welche diese nun im Rahmen des neu geschaffenen Rats für Einkommen und Arbeit wahrnehmen (RWI, Raad voor Werk en Inkomen). Einher ging die Strukturreform von 2002 auch mit der Schaffung von regionalen Zentren für Arbeit und Einkommen (CWI, Centra voor Werk en Inkomen), integrierten Arbeits- und Sozialämtern. Die Rolle der Gemeinden in der Arbeitsmarktpolitik wurde in diesem Zuge gestärkt, da die Kommunen nun stärker in die Konzeption von arbeitsmarktpolitischen Inhalten einbezogen werden. Neben der öffentlichen Bereitstellung spielen private Träger von Arbeitsmarktprogrammen eine bedeutende Rolle. (Vgl. ebd.: 264/5.)

8.3.1 Alter

Im Rahmen der Allgemeinen Altersversicherung (AOW) haben alle niederländischen Bürger nach Vollendung des 65. Lebensjahres ein Anrecht auf eine Grundrente, unabhängig von der Höhe der entrichteten Beiträge, welche durch die Arbeitnehmer getragen werden (vgl. Schaubild 8-2).[123] Eine Rente in voller Höhe wird nach 50 Versicherungsjahren gezahlt. Für jedes fehlende Jahr wird ein Abschlag von 2 Prozent vorgenommen. Der pauschale Regelsatz der vollen Rente beträgt 956,18 EUR. Das Besondere an der niederländischen Regelung ist, dass beide Partner

122 Bis dato hatten Betriebsvereinigungen diese Aufgabe übernommen.

123 Im Jahr 1997 wurde neben den Arbeitnehmer-Beiträgen ein AOW-Sparfonds zur Deckung von Mehrausgaben errichtet, der auch aus allgemeinen Steuermitteln finanziert wird.

– dabei ist es egal, welchen Geschlechts oder ob sie verheiratet sind – einen Anspruch auf Altersrente haben. Falls beide Partner das Rentenalter erreicht haben, werden 653,73 EUR pro Person ausbezahlt. Hat der jüngere Partner das Rentenalter noch nicht erreicht, kann ein Abschlag erfolgen. Die Altersrente durch die allgemeine Volksversicherung stellt lediglich eine Grundsicherung dar, so dass betriebliche und private Zusatzrenten eine nicht unbedeutende Rolle spielen.

Die in den Niederlanden weit verbreiteten Betriebsrenten werden freiwillig abgeschlossen und sind ein fester Bestandteil der Rentenversorgung. Gerade deshalb ist die soziale Sicherung der Teilzeit- und sog. „Flexarbeiter" eine vordringliche Aufgabe geworden. Der Deckungsgrad von Grundrente und Betriebspensionen ist relativ hoch, weshalb die private Lebensversicherung nur eine untergeordnete Rolle spielt. Man spricht deshalb auch vom „Cappuccino-Prinzip:" der Kaffee ist für alle, die Sahne für die Arbeitnehmer und für den Kakao sorgt jeder selbst (Sittlich 1999; Heinze u.a. 1998, Anderson 2004).

Hinsichtlich der Hinterbliebenenversorgung (ANW) müssen, zumindest für nach 1950 geborene Personen, folgende Voraussetzungen erfüllt sein, damit hinterbliebene Ehe- oder Lebenspartner ihren Rentenanspruch geltend machen können:

- Es muss ein minderjähriges Kind im Haushalt leben
- oder der Hinterbliebene muss mindestens zu 45 Prozent erwerbsunfähig sein.

Die Hinterbliebenenleistungen sind einkommensabhängig, d.h. Erwerbseinkünfte werden angerechnet. Hinterbliebene Kinder erhalten i.d.R. bis zum 16. Lebensjahr eine Waisenrente bzw. bis ins 18. Lebensjahr im Fall einer vorliegenden Behinderung und bis ins 21. Lebensjahr während des Studiums, wobei die Höhe nach dem Lebensalter gestaffelt ist. Erziehungspersonen, die anstelle eines verlorenen Elternteils treten, haben ebenfalls Anspruch auf ANW-Leistungen. Neben dem ANW-System existiert ein Zusatzrentensystem für Hinterbliebene, das auf der Basis von Tarifverträgen geregelt ist.

8.3.2 *Exkurs: Pflege und Seniorenpolitik*

In den Niederlanden gibt es keine besondere Pflegeversicherung wie in Deutschland. Das Risiko wird in der Regel über die erweiterte Krankenversicherung gedeckt. Interessanterweise war jedoch die Altenpflege in den Niederlanden bereits in den 60er Jahren ein Thema, als mit der Entwicklung eines einheitlichen Konzeptes für die Altenpolitik begonnen wurde. Dabei stand die Integration älterer Menschen im Vordergrund. In den 80er Jahren erwies sich die Koordinierung des Hilfsangebotes als die dringendste Aufgabe. Der Anteil der Alten an der Gesellschaft wuchs immer mehr, sodass es notwendig wurde, durch eine bessere Koordinierung und Zusammenarbeit der Leistungsanbieter eine größere Effizienz zu erreichen, um das bestehende Versorgungsniveau zu erhalten.

Man kann in den Niederlanden verschiedene Formen der Altenhilfe ausmachen. Zunächst sind Haus- und Familienpflege, häusliche Krankenpflege im Rahmen der allgemeinen Gesundheitspflege, Betreuung durch den Hausarzt und allgemeine soziale Dienste zu nennen. Alle diese Leistungen werden ausschließlich ambulant erbracht. Von großer Bedeutung in diesem Bereich ist die Aktivierung der Selbsthilfe und von nachbarschaftlichen Potentialen. Durch ein ausgebautes Hilfsangebot im primären Bereich soll eine Alternative zur kostenintensiven Betreuung in stationären Einrichtungen gebildet werden.

Daneben existieren die koordinierte Altenhilfe und die ambulante, gerontopsychiatrische Gesundheitsversorgung. Diese Form der Altenhilfe ist durch die ambulante Gesundheitsfürsorge gekennzeichnet. Bei gerontopsychiatrischen Problemen von alten Menschen reicht die Versorgung von der Diagnosestellung bis zur Aufnahme in stationäre Einrichtungen. Die ambulanten Einrichtungen haben eine wichtige Versorgungsfunktion in Krisensituationen. Die beiden wichtigsten stationären Institutionen sind die Altenheime und die Pflegeheime. Im Vergleich zur Bundesrepublik sind die niederländischen Altenheime eher Pflegeheime als Altenwohnanlagen, denn in die Altersheime werden nur Personen aufgenommen, denen eine selbständige Lebens- und Haushaltsführung nicht mehr möglich ist. Es überwiegt der Versorgungsaspekt bei dieser Art der Altenheime. Eine weitere wichtige Einrichtung für ältere Menschen ist das Pflegeheim. Drei wesentliche Hilfs- und Betreuungsangebote werden durch das Pflegeheim bereitgestellt. Es geht um die Reaktivierung von Patienten, dauerhafte Pflege und um teilstationäre Betreuung. Im Vordergrund stehen dabei nicht nur pflegerische Maßnahmen, sondern zu einem großen Teil rehabilitativ-aktivierende Leistungen.[124]

Die Kosten für einen Aufenthalt in einem Pflegeheim trägt die Volksversicherung für besondere Krankheitskosten. Es bestehen verschiedene Unterstützungsleistungen, manche davon einkommensabhängig organisiert, die bis zu einem Maximalbetrag ausbezahlt werden.[125]

124 Vgl. hierzu auch Kap. 19 (Alter und Pflege).

125 Die einkommensabhängigen Unterstützungsleistungen sind untergliedert in einen so genannten „hohen Beitrag" (bis max. 1.773,40 EUR im Monat) und einen so genannten „niedrigen Beitrag" (bis max. 715 EUR im Monat).

Insgesamt steht pflegebedürftigen alten Menschen in den Niederlanden ein großes Hilfsangebot gegenüber. Durch diese Angebote und Maßnahmen sollen die Eigeninitiative und die Rehabilitation gefördert werden. Alten Menschen soll so lange wie möglich eine eigenständige Lebensführung ermöglicht werden.

8.3.3 Gesundheit

In den Niederlanden werden die Kosten für die medizinische Versorgung (Sachleistungen) von den Kosten des Einkommensausfalls bei Krankheit (Geldleistungen) getrennt. Einkommensersatzleistungen (Krankengeld) werden seit umfangreichen Privatisierungen des Krankengeldsystems (Ziektewet, ZW) meist durch die Lohnfortzahlung des Arbeitgebers gewährt. Heilbehandlungen werden über die Krankenversicherung für alle Einwohner getragen, hinzu kommt die Krankenversicherung für Sonderleistungen (Algemene wet bijzondere ziektekosten, AWBZ), die beispielsweise die Pflege behinderter Personen oder psychiatrische Behandlungen abdeckt.

Wegen des hohen Krankenstandes in den Niederlanden reformierte die Regierung im Laufe der 90er Jahre in mehreren Schritten die Geld- und Sachleistungen im Krankheitsfall. Dabei wurde das Lohnersatzniveau von 80 Prozent auf 70 Prozent gesenkt. Die Lohnfortzahlung durch den Arbeitgeber erfolgt für den Zeitraum von 104 Wochen bis zur Obergrenze eines täglichen Entgelts von 172,48 EUR. Analog geregelt (70 Prozent Lohnersatz auf 104 Wochen bis zur genannten Obergrenze) ist die Auszahlung des Krankengeldes über das alte ZW-System, das für bestimmte Sonderfälle weiter besteht.

Grundlegend neu geregelt wurde im Jahr 2006 das Krankenversicherungswesen. Die Eckpunkte der Reform sind (nach Liss 2006):

- Es besteht nun eine allgemeine Versicherungspflicht für die gesamte Bevölkerung.
- Alle Versicherten entrichten eine einheitliche Pauschale von 92 EUR. Mit Zuschüssen aus Steuermitteln unterstützt werden hierbei unterschiedliche Bedürftige wie beispielsweise Geringverdiener und Arbeitslose.
- Dieser Pauschalbetrag wird durch einen vom Arbeitgeber getragenen lohnbezogenen Beitrag ergänzt. Dieser beträgt 6,5 Prozent des Bruttolohns, für Selbstständige 4,5 Prozent, und fließt in einen staatlichen Fonds, aus dem heraus die weitere Umverteilung erfolgt.
- Die Wahl der Krankenkasse ist vollkommen frei und kann jährlich neu erfolgen.

- Die Leistungen umfassen einen Basisschutz (die Grundversorgung), der um verschiedene Zusatzversicherungen ergänzt werden kann. Damit kann der Versicherte den Leistungsumfang seiner Krankenkasse selbst wählen.

Ziel der Reform ist es, über verschärften Wettbewerb zwischen den Kassen und durch größere Wahlmöglichkeiten bei Gesundheitsleistungen eine Kostendämpfung zu erreichen (vgl. zur Kostenzusammensetzung im niederländischen Gesundheitswesen Schaubild 8-3). Eigenbeteiligungen des Patienten bestehen in den Niederlanden in der Regel nicht, es gibt allerdings eine zeitliche Obergrenze bei der Kostenübernahme von Medikamenten.

Schaubild 8-3: Niederlande: Zusammensetzung der Gesundheitsausgaben in Prozent an den Gesamtkosten 2005

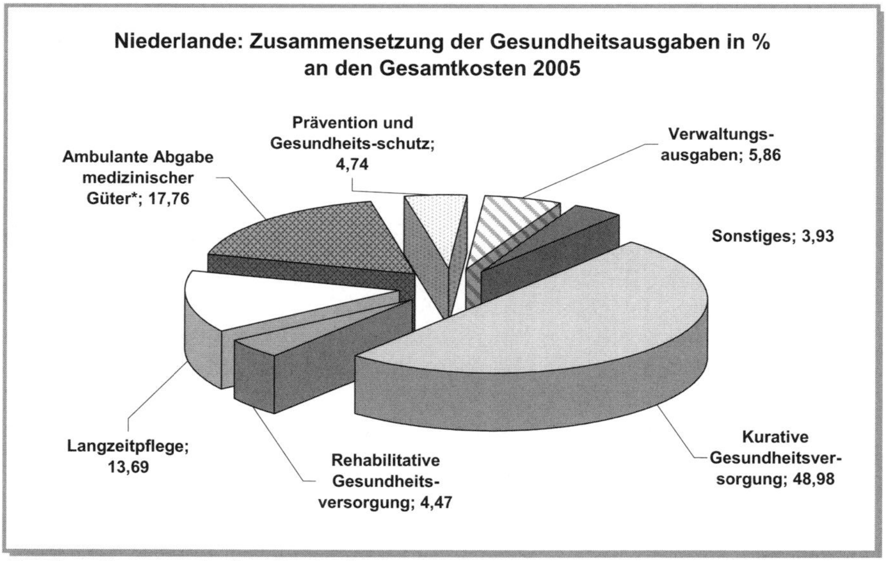

Quelle: Eurostat Online Statistiken

8.3.4 *Familie*

Bei Schwangerschaft und Entbindung erhalten Arbeitnehmer und Selbständige mindestens 16 Wochen ein Mutterschaftsgeld, das 100 Prozent des entgangenen Entgelts oder des Mindestlohnes entspricht (bis zu einer Höchstgrenze). Ein Anspruch auf Kindergeld besteht bis zum 17. Lebensjahr nach dem AKW (allgemeine Kinderzulage). Die Höhe des Kindergeldes ist gestaffelt nach Anzahl der Kinder und nach dem Geburtstag (Stichtag). Sie liegt zwischen rd. 62 EUR und rd. 120 EUR. Aufschläge werden gewährt bei nicht im Haushalt lebenden oder arbeitslosen Kindern (hier handelt es sich um Jugendliche ab 16 Jahren) sowie bei behinderten Kindern.

Institutionalisierte Familienpflege gibt es in den Niederlanden seit fast hundert Jahren. Zu Anfang bezog sich diese Hilfe nur auf Familien, in denen die Hausfrau erkrankt war. Heute gibt es die Organisationen der Familienpflege („Kreuz-Vereinigungen"), die mit hauptberuflichen Familienpflegern für begrenzte Dauer oder auch längerfristig Hilfe für alte Menschen, chronisch Kranke und Körperbehinderte gewähren. Die Familienpflege erfolgt in den Wohnungen der Betroffenen. Einen Anspruch auf Familienhilfe haben alle Einwohner, die einen eigenen Haushalt in den Niederlanden führen. Familienpflege beinhaltet Hausarbeit und persönliche Versorgung der hilfsbedürftigen Personen. Träger der Einrichtungen der Familienpflege sind religiöse, humanistische oder auch weltanschaulich neutrale Organisationen (analog zu den deutschen Wohlfahrtsverbänden; vgl. dazu auch Kap. 17). Da der Bedarf an Familienpflege so groß ist, dass zum Teil Wartelisten von Hilfesuchenden erstellt werden müssen, treten zunehmend auch private Pflegedienstleistungsunternehmen als Anbieter auf.

Seit 2005 ist in den Niederlanden ein neues Gesetz zur Kinderbetreuung (Wet op de kinderopvang) in Kraft, das vor allem die Finanzierung landeseinheitlich regelt. Der Staat gewährt den Eltern je nach Einkommen Zuschüsse, die Arbeitgeber können freiwillig 1/6 der Betreuungskosten übernehmen. Eltern sind seit der Neuregelung frei bei der Wahl der Betreuungseinrichtung, müssen die monatlichen Kosten allerdings selbst tragen und eigenverantwortlich Zuschüsse einfordern. Vor der Reform liefen Wahl der Einrichtung und Finanzierung über die Beteiligung von mit den jeweiligen Arbeitgebern zusammenarbeitenden Vermittlungsbüros. Insgesamt wurden so durch die Reform Marktmechanismen deutlich gestärkt.

8.3.5 *Unfall*

Eine eigene Versicherung gegen die Risiken Arbeitsunfall und Berufskrankheit besteht nicht. Das Fehlen einer gesonderten Versicherung wird durch das Krankengeld, die Invalidenrente bzw. Arbeitsunfähigkeitsversicherung und die Hinterbliebenenversicherung aufgefangen.

Die Arbeitsunfähigkeitsversicherung wurde zum Jahresbeginn 2006 grundlegend umgestellt[126], nachdem das hergebrachte WAO-System vermehrt in die Kritik geraten war. Nach dem alten WAO-Gesetz wurden Lohnersatzleistungen an unter 65-jährige Arbeitnehmer ausbezahlt, wenn sie eine Minderung der Erwerbsfähigkeit von 15 Prozent aufwiesen. Ab dem 1. Januar 2006 ist nun im Rahmen des Nachfolgesystems WIA eine Minderung der Erwerbsfähigkeit um 35 Prozent die Bedingung für den Bezug von verschiedentlich untergliederten Lohnersatzleistungen. Arbeitgeber und -nehmer sind im Rahmen der Neuregelung verpflichtet worden, nach dem Eintritt der Arbeitsunfähigkeit eine durchführbare neue Beschäftigung im oder außerhalb des Unternehmens zu finden. Lohnunterschiede werden bis zu einem Grenzwert durch WIA-Zahlungen ausgeglichen.

Im Rahmen des WAJONG-Systems erhalten junge Menschen, die aufgrund einer Behinderung arbeitsunfähig sind, Leistungen zur sozialen Mindestabsicherung.

8.3.6 Arbeitslosigkeit

Das Arbeitslosengeld in den Niederlande ist in zwei Stränge unterteilt: Kurzfristige und langfristige Lohnersatzleistungen, die sich jedoch nicht ausschließlich durch die Bezugsdauer unterscheiden:

- Kurzfristige Leistungen werden für eine sechsmonatige Dauer ausbezahlt. Sie greifen im Falle einer Beschäftigung von 26 Wochen innerhalb der vor der Arbeitslosigkeit vergangenen 36 Wochen. Die Höhe der Lohnersatzleistung beträgt 70 Prozent des gesetzlichen Mindestlohns.
- Ein Anrecht auf langfristige Leistungen hat, wer zusätzlich zu dieser 26-Wochen-Bedingung in mindestens vier der letzten fünf Kalenderjahre eine Beschäftigung mit mindestens 52 bezahlten Arbeitstagen nachweisen kann (so genannte Vier-von-fünf-Regelung). Die Leistungshöhe wird einkommensbezogen bestimmt und beträgt 70 Prozent des vormalig erhaltenen Lohns. Die Dauer der Auszahlung hängt von der Beschäftigungsdauer ab und ist von der Min-

---

126 Dem voraus ging eine Vielzahl weiterer Reformen der Arbeitsunfähigkeitsversicherung. Die Bedingungen für den Leistungsbezug wurden beispielsweise 1991 verschärft und erneut 2002. Im Jahr 1991 folgten auf die Neuregelung scharfe, von den Gewerkschaften organisierte, öffentliche Proteste.

destanforderung der vierjährigen Beschäftigung bis zu einer 60-jährigen Arbeitszeit vielfach untergliedert, wodurch die Bezugsdauer von sechs bis 60 Monaten variieren kann.

Um Leistungen beziehen zu können, müssen Arbeitslose arbeitsfähig sein und für die Arbeitsvermittlung zur Verfügung stehen, außerdem keine zumutbare Beschäftigung abgelehnt haben. Als Teil ihrer aktivierenden Strategie in der Sozialpolitik hat die CDA-geführte Regierung unter Jan-Peter Balkenende 2003 eine sich an den Bezug der erläuterten Leistungen anschließende zweijährige Arbeitslosenhilfe abgeschafft.

8.3.7 *Soziale Mindestsicherung*

Die aus Steuermitteln finanzierten Leistungen im Rahmen des Arbeits- und Sozialhilfegesetzes (Wet Werk en Bijstand, WWB) sind dreistufig an den Mindestlohn gekoppelt. So erhalten alleinstehende Bedürftige Leistungen in Höhe von 50 Prozent des Mindestlohns, Alleinerziehende 70 Prozent und verheiratete wie unverheiratete Paare beziehen einen gemeinsamen Leistungssatz in Höhe von 100 Prozent des Mindestlohns. Über 21-jährige Alleinstehende und Alleinerziehende können jedoch eine Heraufsetzung der Leistungen um 20 Prozent beantragen, sofern sie anfallende Wohnungskosten alleine tragen müssen.

Wichtiges aktivierendes Merkmal des niederländischen Systems der Sozialhilfe ist die Integration der Betroffenen in den Arbeitsvermittlungsprozess. Die für die Verwaltung der Sozialhilfe zuständigen kommunalen Träger müssen einen individuellen Handlungsplan für jeden Betroffenen erstellen und begleitende Maßnahmen (z.B. Weiterbildung etc.) bereitstellen. Sozialhilfeempfänger wiederum sind ihrerseits verpflichtet, dem Arbeitsvermittlungsprozess offen zur Verfügung zu stehen; sie müssen deshalb beim Zentrum für Arbeit und Einkommen (CWI, s.o.) gemeldet sein. Bestimmte Härtefallregelungen schränken die Arbeitsverpflichtung ein, auf der anderen Seite bestehen jedoch ebenso verschiedene Sanktionsmöglichkeiten gegenüber Empfängern, v.a. im Falle der Ablehnung einer zumutbaren Beschäftigung. Ein Anreiz zur Erwerbsarbeit wird dadurch geschaffen, dass ein Teil der aus Teilzeitarbeit erzielten Einkünfte nicht auf die Sozialhilfe angerechnet wird.

Schaubild 8-4: Die Struktur des niederländischen Sozialsystems

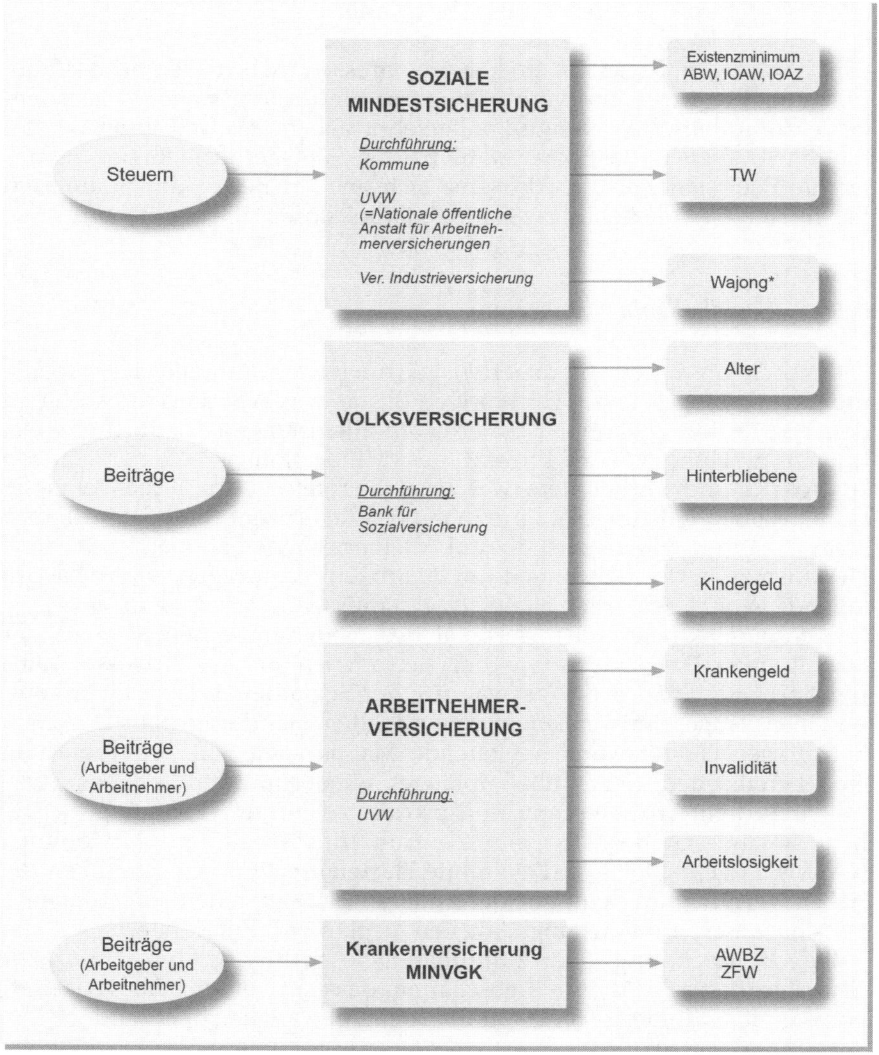

*= Arbeitsunfähigkeitsversicherung für behinderte junge Menschen

Quelle: Eigene Darstellung

8.4 Aktuelle Probleme, innovative Perspektiven und mögliche Entwicklungen

Seit Mitte der 1990er Jahre sind einige bedeutende Reformvorhaben von den unterschiedlichen Regierungen umgesetzt worden. Vielfach wurde dabei ein sozialpolitisches Umschwenken auf eine Aktivierungsstrategie deutlich. Dies kündigte sich unter der großen Koalition aus den Christdemokraten CDA und den Sozialdemokraten PvdA (1989-1994) u.a. in Form eines Programms zur Reduzierung der Jugendarbeitslosigkeit von 1992 an und wurde unter der violetten Regierungskoalition aus PvdA, der liberal-konservativen VVD und der linksliberalen D66 (1994-2002) vertieft. Beispiele hierfür sind die Arbeitsmarktprogramme Melkert I-III[127] (benannt nach dem sozialdemokratischen Arbeits- und Sozialminister), in deren Rahmen öffentliche Beschäftigung ausgeweitet wurde, Lohnsubventionen geschaffen wurden und Zugangsberechtigungen zum Arbeitslosengeld verschärft wurden. Das so genannte „Flexicurity-Gesetz" regelte 1999 den Kündigungsschutz neu und knüpfte so als ordnungspolitische Maßnahme an die aktivierenden „Melkert-Programme" an. Reguläre Beschäftigungsverhältnisse wurden flexibilisiert, dafür atypisch Beschäftigte rechtlich gestärkt. (Maßnahmenbeispiele entnommen aus: Petring 2006b).

Die sich an die violette Koalition anschließenden konservativen Regierungen unter CDA-Premierminister Jan-Peter Balkenende (seit 2002) setzten insbesondere im Bereich der Krankenversicherung weiterhin Privatisierungen zum Umbau der bestehenden Struktur hin zu Wettbewerb und Kostendämpfung ein. Seit 2006 ist in den Niederlanden eine Reform in Kraft, welche vor dem Hintergrund der in Deutschland stattfindenden Debatte, als „Mischung aus Bürgerversicherung und Kopfpauschale" (Lass 2006: 1) bezeichnet werden kann. Die Aufsehen erregende Reform ging einher mit tiefgreifenden strukturellen Umbauten. So sind die gesetzlichen Krankenkassen quasi abgeschafft worden und unter staatlicher Aufsicht arbeiten in den Niederlanden nun alle Krankenkassen nach dem privatwirtschaftlichen Prinzip. Ziel ist, so mehr Wettbewerb im Gesundheitswesen zu realisieren und zur Kostendämpfung beizutragen. Einher geht die Reform mit deutlich mehr Eigenverantwortung der Versicherten.

Thema der Reformpolitik blieb die Invaliditätsrente WAO, nachdem die Neuregelung von 1991 nicht den gewünschten Effekt gebracht hatte.[128]

---

127 Zusammengeführt wurden die Programme Melkert I-III 1998 zum „Gesetz zur Beschäftigung Arbeitssuchender".

128 Dies führen unterschiedliche Analysen auf „die intervenierende Steuerungsmacht der Gewerkschaften in den Implementationsorganen zurück" (Jochem 2004: 239).

Zum Ende des Jahrtausends bestand der Problemdruck fort. So berichtet das Zentrum für Niederlande-Studien in Münster:

> „In Zeiten sinkender Aufträge war es für Firmen häufig einfacher und billiger, Menschen den WAO-Zahlungen zu überantworten als sie für nicht benötigte Arbeit zu entlohnen oder zu entlassen; die Regierung wiederum konnte auf diese Weise über Jahrzehnte ihre Arbeitslosenzahlen schönen. Dass die Zulassungskriterien für das WAO nicht allzu ernst genommen wurden, belegen inzwischen mehrere Untersuchungen. Häufig entschieden einzelne Ärzte alleine über die Arbeitsunfähigkeit; die zuständigen Behörden kümmerten sich ohne Ansehen des Patienten später nur noch um die Höhe der zu zahlenden Rente. Wer einmal WAO-Empfänger war, blieb es zumeist: Weniger als sieben Prozent der Empfänger wurde eine konkrete Hilfe zur Wiederaufnahme von Arbeit angeboten. Und das, obwohl Programme zeitweise jährlich über eine Milliarde Euro verschlangen. Neun Milliarden Euro brachten die Niederlande jährlich für die Auszahlung der Invalidenrenten auf." (Zentrum für Niederlande-Studien 2007.)

Erst im Jahr 2006 kam es jedoch zu einer erneuten Reform. Wieder wurden die Bedingungen für den Bezug von Lohnersatzleistungen verschärft.

Versucht man abschließend, den gegenwärtigen niederländischen Wohlfahrtsstaat den Typen Esping-Andersens zuzuordnen, stellt man weiterhin eine Mischung fest. In den letzten Jahren wurden zwar vor allem liberale Elemente auf- und ausgebaut (man denke hier v.a. an die Gesundheitsreform von 2006 und die Reform der Kinderbetreuung von 2005, dennoch sind paternalistische und sozialdemokratische Elemente nicht unbedingt zurückgedrängt worden.

8.5 Zentrale Literatur

Jochem, S. 2004: Wohlfahrtsstaatliche Reformpolitik in Verhandlungsdemokratien: Die Niederlande, Dänemark, Schweden und Deutschland im Vergleich. In: Lütz, S./Czada, R. (Hrsg.): Wohlfahrtsstaat – Transformation und Perspektive. Wiesbaden. S. 231-266.

Kleinfeld, R. 2001: Niederlande. In: Th. Geisen/K. Kraus (Hrsg.), Sozialstaat in Europa. Geschichte, Entwicklungen, Perspektiven. Wiesbaden.

Petring, A. 2006: Niederlande. In: Merkel, W. u.a., Die Reformfähigkeit der Sozialdemokratie. Herausforderungen und Bilanz der Regierungspolitik in Westeuropa. Wiesbaden. S. 238-271. Zit. als Petring 2006b.

Schmid, G. 1997: Beschäftigungswunder Niederlande? Ein Vergleich der Beschäftigungssysteme in den Niederlanden und Deutschland. In: Leviathan, H. 2.

Ascher-Vonk u.a. 2000: The Netherlands. In: van Vugt, J./Peet, J. (Hrsg.), Social Security in the European Union. Heidelberg/New York.

Hemerijck, A./Visser, J. 2000: Change and Immobility. Three Decades of Policy Adjustment in the Netherlands and Belgium. In: Ferrera, M./Rhodes, M. (Hrsg.), Recasting European Welfare States. London.

Van Oorschot, W. 2006: The Dutch Welfare State. From collective solidarity towards individual responsibility. CCWS Working Paper No. 2006-41. Aalborg.

9 Schweden: Der Prototyp des modernen Wohlfahrtsstaates im Wandel

9.1 Historischer Abriss

Angesichts der sozialen und ökonomischen Veränderungen im Zuge der Industrialisierung kam es in Schweden Ende des vergangenen Jahrhunderts zu ersten sozialpolitischen Maßnahmen, so zu einem Arbeitsschutzgesetz (1889), zur Einrichtung einer Unfallversicherung sowie zur staatlichen Bezuschussung der freiwilligen Krankenkassen (1891). Diese Entwicklung setzte sich mit Gesetzen über eine (abgabenbezogene) Rentenversicherung (1913) sowie zur Armen- und Kinderfürsorge (1918 bzw. 1924) fort. Jene ersten sozialpolitischen Ansätze waren jedoch insgesamt noch stark von der traditionellen Armenfürsorge geprägt und wurden den veränderten sozialen und ökonomischen Bedingungen kaum gerecht.

In den frühen 30er Jahren kam es zu einer grundlegenden Wende in der staatlichen Sozialpolitik, die entscheidend mit der Regierungsübernahme der Sozialdemokraten (Sveriges Socialdemokratiska Arbetarpartiet; SAP) 1932 sowie mit der Bildung einer Koalition zwischen SAP und Bauernpartei (1936-1945) zusammenhing. Die hiermit beginnende sozialdemokratische Hegemonie wurde dabei in nicht unerheblichem Ausmaß durch die Zersplitterung der bürgerlichen Opposition gestützt. Das sozialpolitische Grundverständnis der SAP zeichnete sich durch drei Elemente aus:

- Die Metapher des „schwedischen Volksheims" verwies auf die zentralen Eigenschaften des zukünftigen Wohlfahrtsstaates: Gleichheit, Rücksichtnahme, Zusammenarbeit und Hilfsbereitschaft.
- Damit verband sich die Forderung nach umfassender Solidarität zur Begrenzung von Wettbewerb und Ungleichheit.
- Mit der Orientierung an einer anti-zyklischen Wirtschaftspolitik gewann die Sozialpolitik als „soziale Investition" an Bedeutung. Sie konnte einerseits zur Ankurbelung der Wirtschaft beitragen und andererseits die Umverteilung ökonomischer Ressourcen ermöglichen (ausführlicher hierzu Henningsen 1986: 312ff. sowie Ritter 1989: 149f.).

Demzufolge fand mit einer beträchtlichen Erhöhung der staatlichen Zuschüsse zur Krankenversicherung, der Reform der Arbeitslosenversicherung – insbesondere der Ausweitung der finanziellen Ressourcen und dem

Ausbau der Arbeitsvermittlung – sowie der Einführung einer einkommensunabhängigen Volks- bzw. Grundrente (1935) zunächst eine Ausdehnung bereits bestehender Bereiche sozialer Sicherung statt. Die Grundrente erfasste die gesamte Wohnbevölkerung und war für die universalitätsgerichtete Weiterentwicklung des sozialen Sicherungssystems wegweisend.

Daneben können die 30er Jahre für die weitere Ausgestaltung des sozialen Sicherungssystems als besonders bedeutsam gesehen werden, da in dieser Zeit Ansätze einer sozialpolitischen Neuorientierung erkennbar sind. Dies führte vorerst weniger zu höheren Sozialausgaben, sondern hing vielmehr mit einem veränderten Denkmuster zusammen. Diesem neuen Paradigma lag eine über die Sozialdemokratie hinaus verbreitete funktionalistische Haltung zugrunde, die von der staatlichen Lenkbarkeit sozialer Prozesse („social engineering") ausging und mit der ein bestimmter Typus von Reformbürokratie korrespondierte (Henningsen 1986: 451). Ein Ergebnis der Neuorientierung war die Familienpolitik. Ausgangspunkt war eine Studie über die „Krise der Bevölkerungsfrage" (1934), in der eine beträchtliche Abnahme des Geburtenüberschusses konstatiert wurde. Daran schlossen sich funktionalistisch begründete und an Kindern als „ökonomische Aktivposten" orientierte Bemühungen zur Beeinflussung des generativen Verhaltens der Bevölkerung an. So wurde neben der Verbesserung der Mutterschaftsversicherung ein Kündigungsschutz für Schwangere und eine Müttervorsorge eingeführt (1937).

Diese neue Strategie entfaltete sich in den 50er Jahren mit der Einführung der Krankenversicherungspflicht und der Sozialhilfe (1953/55 bzw. 1956). Die Umwandlung der einkommensabhängigen ATP-Zusatzrente von einer freiwilligen in eine Pflichtergänzung der Grundrente zum Jahresbeginn 1960 stellte den letzten Schritt bei der Gestaltung des schwedischen Modells dar. Gleichzeitig kam es zu einer Verbreiterung der gesellschaftlichen Basis des Wohlfahrtsstaates um Segmente der Mittelschicht.

Mit der Expansion des Anteils der Sozialausgaben am Bruttosozialprodukt, der zwischen 1960 und 1981 von 15,9 Prozent auf 33,5 Prozent anstieg und auch bis heute auf einem Niveau von über 30 Prozent verharrt,[129] hängen die folgenden Faktoren eng zusammen: Durch die zunehmenden Einnahmen aus Sozialversicherungsbeiträgen sowie die Einführung der Mehrwertsteuer (1959) vergrößerten sich die finanziellen Ressourcen des sozialen Sicherungssystems. Zudem waren die im Rahmen der gesellschaftlichen Umbruchsphase der 60er Jahre erhobenen

129 Zum empirischen Zusammenhang zwischen den beiden Faktoren in Schweden und anderen OECD-Ländern vgl. Schmidt 2005: 268.

Forderungen nach einer stärkeren Ausrichtung der Sozialpolitik auf die Beseitigung von Ungleichheiten Anstoß für neue, die Ausgaben erhöhende sozialpolitische Maßnahmen (z.B. Einführung der Elternversicherung). Schließlich betrieben Regierungen verschiedener politischer Richtungen in der Zeit der beiden ersten die Industrieländer übergreifenden Nachkriegsrezessionsphasen ("Ölkrisen") zwischen 1974 und 1982 eine Überbrückungsstrategie; d.h. sie verfolgten eine aktive Arbeitsmarktpolitik, die mit einer starken Ausweitung öffentlicher Beschäftigung - hauptsächlich in wohlfahrtsstaatlichen Feldern - verbunden war, was wiederum entsprechend Sozialausgaben erhöhend wirkte.[130]

Nachdem die Strategie wegen ihrer positiven Beschäftigungseffekte wesentlich dazu beigetragen hatte, dass das Land beide Ölkrisen mit im internationalen Vergleich sehr niedrigen Arbeitslosenquoten überstehen konnte, wurde bereits ab 1982 von den Sozialdemokraten versucht, den für den Haushalt und die Preisniveaustabilität negativen Folgen mit einer stärker angebotsorientierten Konsolidierungspolitik zu begegnen. Die folgenden bürgerlichen Regierungen verfolgten diese Politik verstärkt, ohne allerdings einen grundlegenden Kurswechsel zu vollziehen. Im Zuge dessen setzte sich allgemein die Ansicht durch, dass der Wohlfahrtsstaat zumindest quantitativ - gemessen an Indikatoren wie Steuer- und Abgabenquote - an seine Grenzen gestoßen sei („Growth to Limits", Flora) und umfassende Reformen einzuführen seien. Allerdings nimmt das Land im internationalen Vergleich immer noch die Spitzenreiterrolle ein; die Sozialleistungsquote beläuft sich auf 33,3 Prozent des BIP (1998). Das gilt auch nach den Regierungsübernahmen durch bürgerliche Parteien, die derzeit (seit 2006) an der Macht sind.

9.2 Politische Charakteristika und Gestaltungsprinzipien

Nicht nur in der vergleichenden Wohlfahrtsstaatsforschung galt Schweden lange Zeit als Prototyp des modernen Wohlfahrtsstaates. Die Bedeutung des Falles Schweden spiegelt sich auch darin wider, dass er in den Wohlfahrtsstaatstypologien von Esping-Andersen, unter anderem wegen der universalistischen Merkmale des Systems der sozialen Sicherung und des hohen Dekommodifizierungsgrades, den realtypischen Repräsentanten des „sozialdemokratischen" Wohlfahrtsstaatstypus darstellt (vgl. Kapitel 3).

---

130 Die aktive Arbeitsmarktpolitik Schwedens wird in Kapitel 18 weiter behandelt; siehe ferner Hinrichs/Merkel 1987, Schmid, G. 1989, Esping-Andersen 1990.

Die politische Kultur des Landes, d.h. die in einer Wechselwirkung mit den politischen Institutionen, Prozessen und Inhalten stehenden Wertorientierungen in ihrer Gesamtheit, bildet eine Grundlage für die Gestaltungsprinzipien des „sozialdemokratischen" Wohlfahrtsstaates in Schweden. Korrespondierend mit einer im Vergleich zu den meisten anderen westlichen Ländern weniger individualistischen als eher kollektivistischen Grundorientierung ist das oberste Gestaltungsprinzip des Wohlfahrtsstaates und somit des Systems der sozialen Sicherung seine Universalität. Dementsprechend wird nicht etwa nur die abhängig beschäftigte Erwerbsbevölkerung, sondern die gesamte Wohnbevölkerung in Bezug auf zentrale Risiken wie Alter oder Krankheit erfasst, wobei die öffentliche Versorgung mit Sozialleistungen dominiert. Dadurch soll auf bedarfsabhängige, stigmatisierende Fürsorgeleistungen im Rahmen von Sozialhilfe soweit wie möglich verzichtet werden können. Vielmehr verbindet das soziale Sicherungssystem das Sozialversicherungsprinzip mit einer „Staatsbürgerversorgung" (Ritter 1992: 159), was sich in einer Kombination von Steuer- und Beitragsfinanzierung widerspiegelt. Dabei wächst seit Ende der 50er Jahre wieder der Anteil der Sozialleistungen, deren Höhe von einer einkommensbezogenen Beitragssumme abhängt. Diese Entwicklung stellt eine Form des Abrückens von einem zweiten wesentlichen Gestaltungsprinzip dar: dem Ziel der Verringerung sozialer Ungleichheit (Gleichheitspostulat).[131]

Generell haben im schwedischen Modell präventive Maßnahmen zur Verhinderung des Risikoeintritts gegenüber reinen Transferleistungen Vorrang. Dies kommt beispielsweise im Bereich der Arbeitslosigkeit zum Ausdruck, wo auch in Jahren hoher Arbeitslosenquoten bei hohen Ausgaben für Arbeitslosenunterstützung (passive Maßnahmen) ein mindestens genauso hoher Anteil des Bruttoinlandsproduktes (BIP) für aktive Maßnahmen der Arbeitsmarktpolitik ausgegeben wird (s. Schaubild 9-1). Dennoch sind die Transferleistungen im Rahmen der Renten-, Arbeitslosen- und Krankenversicherung im internationalen Vergleich ebenfalls hoch.

131 Dieser Prozess hat sich in den vergangenen Jahren verstärkt und Schweden ist – wie Beobachter meinen – kälter geworden. Gleichwohl sind wohlfahrtsstaatliche Einstellungen hier immer noch besonders ausgeprägt (vgl. Mau 1998a).

Schaubild 9-1: Zusammensetzung der Ausgaben in der Arbeitsmarktpolitik in Schweden. Dargestellt in Mio. EUR sowie anteilig (2005)

Ausgabenart*	Betrag	Anteilig
Arbeitsmarkt-Dienstleistungen	526,9	7,39%
Aus- und Weiterbildung	981,1	13,76%
Arbeitsplatztausch und Jobsharing	137,9	1,93%
Beschäftigungsanreize	1304,9	18,30%
Geförderte Beschäftigung und Rehabilitation	633,6	8,88%
Direkte Schaffung von Arbeitsplätzen	:	:
Gründungsinitiativen	99,5	1,40%
Einkommensunterstützung/Lohnersatzleistungen	3447,6	48,34%
Vorruhestand	:	:
Alle Ausgabearten	7131,5	100,00%

* Die dargestellten Ausgabearten entsprechen den einschlägigen EUROSTAT-Ausgabekategorien für Arbeitsmarktpolitik.

Quelle: Eurostat Online Statistiken.

Charakteristisch für den schwedischen Wohlfahrtsstaat ist überdies, dass er in hohem Maße institutionalisiert ist und auf einem weitreichenden gesellschaftlichen Konsens beruht, so dass aus Phasen wohlfahrtsstaatlicher Expansionsdrosselung bis zur gegenwärtigen Reformdebatte und dort laut werdenden neoliberal inspirierten Plädoyers für eine Restrukturierung (s.u.) keine abwertende Einstellung gegenüber dem Wohlfahrtsstaat hervorgegangen ist: „Das sozialdemokratische Projekt wurde zum Projekt einer ganzen Nation."[132] Die enge Verbindung zwischen Sozialdemokratie und zentralen Gesellschaftsgruppen ist einerseits darauf zurückzuführen, dass die Sozialdemokraten die Tradition der „Volksbewegungen," die sich Ende des vergangenen Jahrhunderts als Reaktion auf die Problemlagen insbesondere der städtischen Bevölkerung gegründet hatten, fortführten und in wesentlichen politischen Fragen auf ihre Unterstützung angewiesen waren. Andererseits war die

132 Vgl. Heclo/Mardsen, 1986 zitiert nach Gould 1993: 177.

Entwicklung des schwedischen Wohlfahrtsstaates nur aufgrund der Integration der Mittelschicht sowie einer soliden Kooperation zwischen Arbeitgeber- und Arbeitnehmerseite möglich. Ausgangspunkt hierfür war das als historischer Kompromiss bezeichnete „Abkommen von Saltsjöbaden" (1938), das in den Arbeitsbeziehungen die Praxis von zentralisierten Tarifverhandlungen und einer einheitlichen Tarifpolitik regelte und konsensuale Handlungsmuster institutionalisierte.[133]

Bereits im Laufe der 70er Jahre jedoch nahmen die Konflikte in der Tarifpolitik zu, v.a. wegen der Auseinandersetzungen um die gewerkschaftlich kontrollierten „Arbeitnehmerfonds," in die Gelder aus der Besteuerung von Unternehmensgewinnen flossen, die zum Kauf von Anteilen von Großunternehmen verwendet wurden.[134]

9.3 Einzelversicherungen

Außer der Arbeitslosenversicherung, deren Stellung und Organisation bei der Beschreibung des Sicherungsfeldes Arbeitslosigkeit behandelt wird, fällt das soziale Sicherungssystem in die Zuständigkeit des Ministeriums für Gesundheit und soziale Angelegenheiten (Socialdepartementet).

Es besteht im Wesentlichen aus den „allgemeinen Versicherungen", womit hauptsächlich die Kranken- und Elternversicherung sowie die Unfallversicherung gemeint sind. Die (Um-)Organisation und Stellung des alten wie des neuen Rentenversicherungssystems wird ebenfalls gesondert bei der Beschreibung des Sicherungsfeldes Alter herausgearbeitet. Die allgemeinen Versicherungen werden von regionalen Versicherungskassen getragen, wobei jeder Einwohner Schwedens unabhängig von seiner Nationalität versichert ist und mit dem 16. Lebensjahr selbständig Mitglied einer solchen Versicherungskasse wird. Die zentrale Leitung und Aufsicht der Versicherungskassen obliegt dem staatlichen Reichsversicherungsamt.

---

133 Dieses Muster der Interessenvermittlung wird auch als Neokorporatismus bezeichnet.

134 Bevor die Verwendung der Mittel aus den 1992 aufgelösten Fonds für Forschungs- und Entwicklungszwecke (F&E) beschlossen wurde, hatte sich zudem der Arbeitgeberdachverband SAF (Svenska Arbetsgivareföreningen, heute Svenskt Näringsliv) unter dem Einfluss der international orientierten Großunternehmen gewandelt und forderte nun die Dezentralisierung der Arbeitsbeziehungen und einen Abbau des Wohlfahrtsstaats. Vgl. zu den schwedischen Arbeitsbeziehungen Schwedisches Institut 1998: Tatsachen über Schweden. Arbeitgeber und Arbeitnehmer, Stockholm (Internet http://www.si.se) und als vertiefende Zusammenfassung Kjellberg 1998.

Schaubild 9-2: Ausgaben der Sozialversicherung 2006

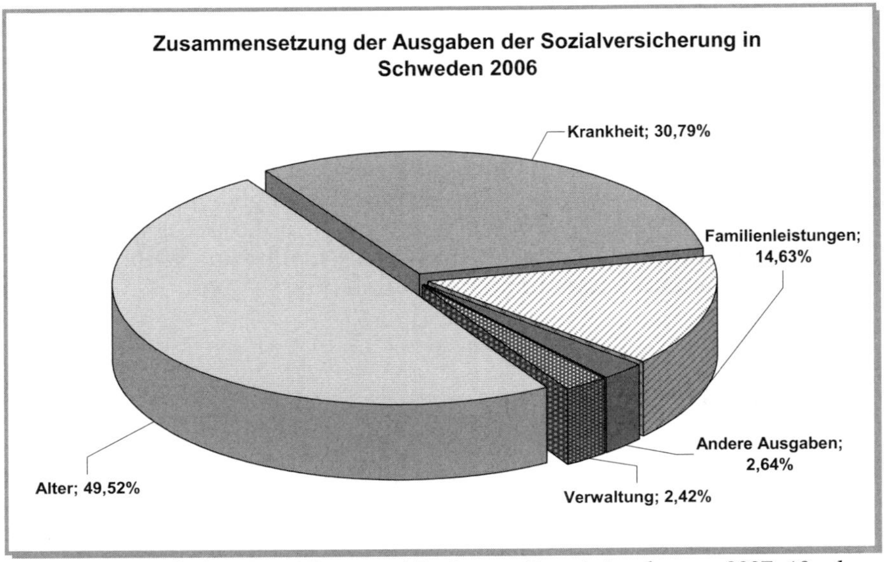

Quelle: Vereinfachte Darstellung auf Basis von Försäkringskassan 2007: 10; ohne Ausgaben der gewerkschaftlich organisierten Arbeitslosenversicherung

Im Jahre 2006 wurden die allgemeinen Versicherungen, überwiegend – zu knapp 70 Prozent – aus Beiträgen, weiterhin aus nationalen Fonds (v.a. Rentenfonds) sowie aus allgemeinen Steuermitteln finanziert. Die Einnahmen überstiegen die Ausgaben um rund ein Viertel.[135] Wie Schaubild 9-2 zeigt, entfällt rund die Hälfte der Ausgaben auf den Bereich Alterssicherung, gefolgt von den Posten Krankheit (rd. 30 Prozent) und Familie (rd. 15 Prozent). Dabei orientieren sich die im Rahmen der allgemeinen Versicherungen gewährten, nicht einkommensabhängigen Transferleistungen in den einzelnen Zweigen an einer indexierten Bemessungsgrundlage. Sind die Leistungen im Rahmen der Sozialversicherung nicht ausreichend, so besteht Anspruch auf bedarfsorientierte, steuerfinanzierte Sozialhilfe.[136]

135 Quelle: Eigene Berechnungen auf Basis von Försäkringskassan 2007: 45.

136 Mit Ausnahme der Grundrente, der Rentenzuschläge, des Kindergeldes, der Behindertenbeihilfe und Teilen des Pflegegeldes sind Geldleistungen zu versteuern.

9.3.1 Alter

Das Inkrafttreten geänderter Finanzierungsregeln zum 01.01.1999 stellte den ersten Schritt zur Einführung des neuen, bereits 1994 beschlossenen, Rentensystems dar (vgl. ausführlich Lißner/Wöss 1999: 49-74). Erste Zahlungen aus dem neuen System erfolgen seit 1999. Seine Eckpunkte (hier nach Henkes 2006: 304/305, Anderson 2004 sowie Hülsmann et al. 2001: 21, vgl. ferner FAZ vom 21.08.2003):

- Die Grundsicherung erfolgt über eine einheitliche, steuerfinanzierte, Garantierente (schwed. garantipension). Es besteht eine „Quasi-Bedürftigkeitsprüfung", indem zum Erhalt der Garantierente keine allgemeine Rente (siehe nachfolgender Spiegelstrich) oberhalb einer bestimmten Grenze bezogen werden darf.
- Der Kern des neuen Rentensystems ist die so genannte allgemeine Rente (schwed. inkomstpension). Die Finanzierung erfolgt paritätisch (Beiträge von Arbeitgebern und -nehmern zusammen 18,5 Prozent), wobei die gesamte Erwerbskarriere als Berechnungsgrundlage herangezogen wird.
- Hinzu kommt als dritte Säule des neuen Systems die Privatvorsorge (schwed. premiepension). 2,5 Prozent der o.g. paritätischen Beiträge von 18,5 Prozent fließen in öffentlich regulierte Fonds. Die Verwaltung wird von der dafür geschaffenen Behörde (Premiepensionsmyndigheten: PPM) übernommen. Im Rahmen des Prämienrentensystems können die Versicherten ihren Beitragsanteil auf mehrere zugelassene Fonds verteilen, Hinterbliebenenversicherungen abschließen und Rentenanwartschaften übertragen.
- Ferner zu nennen ist eine Zusatzrente (tilläggspension), welche die frühere ATP-Zusatzrente ersetzt (s.u.), um Ansprüche aus dem alten System abzuwickeln.

Die Höhe der allgemeinen Rente (inkomstpension) errechnet sich aus der Summe der im Laufe des Lebens erworbenen Rentenansprüchen und der Lebenserwartung der jeweiligen Alterskohorte. Für die garantierte Rente (garantipension) wird die Anpassungsrate jedes Jahr entsprechend der Preisentwicklung festgesetzt. Die Anpassung der allgemeinen Rente (inkomstpension) ist an die Einkommensentwicklung (hierbei Anpassung an die durchschnittlichen Löhne) gekoppelt (vgl. MISSOC Online Tabellen). Das bisher meist tarifvertraglich auf 65 Jahre festgelegte Renteneintrittsalter wurde mit der Reform auf eine Alterszone im Bereich ab 61 Jahren flexibilisiert. Hierbei wurden durchaus politische Anreize für einen späten Renteneintritt (bzw. gegen einen frühen) geschaffen, wie Schaubild 9-2 zeigt. Das volle Rentenniveau wird dabei in Kontinuität zum alten

System bei 65 Jahren erreicht. Bis zur Einführung des neuen Rentensystems wurde von 1993 bis 1999 die volle Rentenanpassung ausgesetzt.

Schaubild 9-3: Künftige Rentenentwicklung in Schweden

Alter	Rentenniveau	Alter	Rentenniveau
61	72%	66	109%
62	78%	67	119%
63	84%	68	130%
64	92%	69	143%
65	100%	70	157%

Quelle: Ministry of Health and Social Affairs 1998: Pension Reform in Sweden (http://www.pension.gov.se)

Das bisherige, nun auslaufende, Rentensystem bestand aus zwei Komponenten: Eine allen zu gute kommende Grundrente, wobei Zuschüsse wie z.B. Wohngeld einer Bedürftigkeitsprüfung unterlagen, sowie die Anfang der 1960er Jahre eingeführte allgemeine ATP-Zusatzrente. Im Rahmen letzterer erhielten Personen, die mindestens 30 Jahre lang ein anrechnungsfähiges Einkommen bezogen hatten, einen prozentualen Anteil dieses Einkommens als Zusatzrente - bei einem Renteneintrittsalter von 65 Jahren betrug die ATP-Zusatzrente im Durchschnitt knapp 70 Prozent des anrechenbaren Einkommens aus den 15 einkommensstärksten Versicherungsjahren. Hinzu kamen bereits im hergebrachten System einige private und berufsbezogene Elemente der Altersvorsorge, deren Finanzvolumen im Vergleich zu den Elementen der Grund- und ATP-Zusatzrente allerdings unbedeutend war. (Vgl. Hülsmann et al. 2001: 8.) Das bisherige Rentensystem wurde innerhalb der allgemeinen Versicherungen gemischt aus Steuern und aus Beiträgen finanziert. Die Beiträge bezogen sich bei den Arbeitgebern auf die Lohnsumme ihrer Arbeitnehmer und bei Arbeitnehmern wie Selbständigen auf den Bruttolohn. Arbeitgeber und Selbständige führten ATP- (6,4 Prozent) und Grundrentenbeiträge (6,83 Prozent) ab. Ein Arbeitnehmerbeitrag zur Grundrente wurde 1995 eingeführt (1 Prozent) und bis 1997 auf 6,95 Prozent erhöht. Der durch Grundrentenbeiträge nicht gedeckte Teil der Grundrentenleistungen wurde aus dem Staatshaushalt finanziert.

Der Systemwechsel bestand also darin, dass der leistungsausgerichtete und bisher beitragsdefizitäre Teil des Rentensystems (Grundrente) nun ausschließlich steuerfinanziert wird (Garantierente), während die einkommensbezogenen Teile (Umlage- und Prämienrente) vom Staatshaushalt entkoppelt und beitragsausgerichtet werden. Die Frührente wurde der Krankenversicherung zugeordnet. Für die Hinterbliebenenrente wurde ein eigener Versicherungszweig errichtet.

9.3.2 Gesundheit

Die Krankenversicherung und die Gesundheitsversorgung sind organisatorisch getrennt. Die Finanzierung der Krankenversicherung erfolgt durch Beiträge der Arbeitgeber (2008: 8,78 Prozent des Lohns) und Selbständigen (2008: durchschnittlich 9,61 Prozent). Ein zwischenzeitlich eingeführter Arbeitnehmerbeitrag wurde mit Wirkung zum Jahresbeginn 1998 vielleicht auch deshalb wieder zurückgenommen, weil seit 1993 Einnahmeüberschüsse bestehen.

Zum Leistungskatalog der Krankenversicherung gehört unter anderem ein Rehabilitationsgeld, das gezahlt wird, wenn der Patient im Anschluss an eine Krankheitsperiode an einer Trainingsmaßnahme teilnimmt. Die zahnärztliche Versorgung umfasst die Grundversorgung sowie Zahnersatz und Kieferorthopädie. Bis zum Alter von 19 Jahren ist die Versorgung kostenlos, danach wird der Patient beteiligt. Die Leistungen unterliegen prinzipiell der Besteuerung, ein Sterbegeld wird nicht ausbezahlt. Nachdem das Krankengeld schon 90 Prozent betragen hatte und zwischenzeitlich bis auf 75 Prozent gesenkt wurde, beläuft es sich inzwischen wieder auf 80 Prozent des zugrunde liegenden Einkommens (bei Arbeitslosen das letzte Erwerbseinkommen). Vom 2. bis zum 14. Tag der Krankheit übernimmt der Arbeitgeber die Lohnfortzahlung, danach übernimmt die Sozialversicherungskasse försäkringskassan die Zahlung. Es ist ein Karenztag vorgesehen. Einzelgruppen, etwa Arbeitslose oder Selbstständige, haben einen Anspruch auf Leistungen der öffentlichen Kasse ab dem 2. Tag der Arbeitsunfähigkeit.

Die öffentliche Gesundheitsversorgung durch angestelltes medizinisches Personal und die Bereitstellung der entsprechenden Infrastruktur ist Aufgabe der Provinzen sowie Gemeinden. Sie wird hauptsächlich mit der kommunalen Einkommenssteuer und ergänzenden zentralstaatlichen Zuschüssen finanziert. Über Vergütungen nach Gebührenordnung und sonstige Vereinbarungen bestehen Verbindungen zum privaten Gesundheitsnetz.

Eine Reihe von Selbstbeteiligungsregelungen sieht u.a. vor, dass Patienten je Arztbesuch eine Gebühr zwischen 100 SEK (rd. 11 EUR) und 150 SEK (rd. 17 EUR) entrichten, bei Fachärzten und Notfällen kann die Gebühr bis zu 300 SEK (rd. 33 EUR) betragen. Hinzu kommt die Selbstbeteiligung bei zahnärztlicher Behandlung und Arzneimittelzuzahlungen (siehe Schaubild 9-3). Bei stationären Aufenthalten kann eine Beteiligung des Patienten in Höhe von bis zu 80 SEK (rd. 9 EUR) stattfinden. Bei Bedürftigkeit können Patientenbeteiligungen reduziert werden, zudem sind die jährlichen Beteiligungen eines Patienten an den Leistungen des öffentlichen Gesundheitsdienstes und für ärztliche Versorgung auf 900 SEK (rd. 100 EUR) begrenzt.

Schaubild 9-4: Regelungen zur Arzneimittelzuzahlung (2007)

Volle Kostentragung durch den Patienten…	… bis einschließlich 900 SEK (rd. 100 EUR) jährlich.
50 % Erstattung…	… bei Arzneimittelkosten von 901 SEK (rd. 100 EUR) bis 1.700 SEK (rd. 188 EUR) jährlich.
75 % Erstattung…	… bei Arzneimittelkosten von 1.701 SEK (rd. 188 EUR) bis 3.300 SEK (rd. 366 EUR) jährlich.
90 % Erstattung…	… bei Arzneimittelkosten von 3.301 SEK (rd. 366 EUR) bis 4.300 SEK (rd. 476 EUR) jährlich.
Volle Kostenerstattung…	… ab Arzneimittelkosten von über 4.300 SEK (rd. 476 EUR) jährlich.

Quelle: MISSOC Online Tabellen 2007

9.3.3 Familie

Als Reaktion auf die Forderungen der Frauenbewegung wurden familienpolitische Maßnahmen seit den 60er Jahren ausgedehnt, was sich einerseits in der Einrichtung sowie anschließenden Ausweitung der Elternversicherung (1974) und andererseits in dem Ausbau der Betreuungsmöglichkeiten für Kinder niedergeschlagen hat. Dabei ist das zentrale Anliegen, jeweils beiden Elternteilen und Alleinerziehenden eine Vollzeiterwerbstätigkeit zu ermöglichen.

Die „Elternversicherung" ist ein eigenständiger Bereich innerhalb der Krankenversicherung und wird auch aus deren Mitteln finanziert. Sie umfasst verschiedene Leistungen, die im Vergleich zu anderen Ländern umfassend und hoch sind: Zunächst das Schwangerschaftsgeld in Höhe von 80 Prozent des Einkommens, das Frauen innerhalb der letzten 60 Tage vor der Entbindung für maximal 50 Tage erhalten, wenn sie ihre Tätigkeit nicht mehr ausüben können oder ihnen dies die Arbeitsschutzgesetzgebung untersagt und keine andere Tätigkeit zugewiesen werden kann. Weiterhin ist das für 480 Tage gewährte Elterngeld zu erwähnen, wobei der Satz für 390 Tage dem der Geldleistungen bei Krankheit mit einem Minimum von 180 SEK (rd. 20 EUR) am Tag entspricht. Einer der beiden Elternteile kann die Leistung bis zum achten Lebensjahr des Kindes in Anspruch nehmen. Bei gemeinsamer Betreuung besteht ein Anspruch auf jeweils die Hälfte der Leistungen, wobei eine Übertragung bis auf 60 Tage, die speziell von der Mutter/dem Vater wahrgenommen werden müssen, möglich ist. Diese Phase von 60 Tagen ist als politisch gesetzter Anreiz insbesondere zur Einbeziehung von Vätern in die Betreuung zu verstehen; es hat sich hierfür der Begriff der Papa-Monate („pappamånade") etabliert. Schließlich besteht ein zeitweiliges Elternschaftsgeld, das für zunächst 120 Tage pro Kind und Jahr gewährt wird, wenn ein Elternteil zur Pflege eines unter zwölfjährigen Kindes (ggf. Verlängerung möglich) zu Hause bleiben muss. Nach der Geburt hat der Vater des Kindes Anspruch auf zehn Tage, an denen das zeitweilige Elternschaftsgeld gezahlt wird (Papa-Tage oder „pappadagar").

Bis zum 16. Lebensjahr eines Kindes besteht Anspruch auf reguläres Kindergeld, das in verlängertes umgewandelt wird, solange das Kind danach noch eine weiterführende Schule besucht. Das Kindergeld beträgt 1.050 SEK (= rd. 116 EUR) pro Monat. Mehrkinderzuschläge bestehen für das zweite Kind (100 SEK, rd. 11 EUR), das dritte Kind (354 SEK, 39 EUR), das vierte Kind (860 SEK, rd. 95 EUR) und jedes weitere (1.050 SEK, rd. 116 EUR). Die Altersgrenze beträgt 16 Jahre.

Die Kinderbetreuung ist Aufgabe der Provinzen sowie Gemeinden. Sie kommen dieser umfassend nach, was sich etwa an der hohen Kindergartenquote zeigt: Im Jahr 2006 wurden 27 Prozent der Kinder unter drei Jahren mehr als 30 Stunden in der Woche in einer Institution der formalen Kinderbetreuung betreut, die Anzahl der Kinder im Alter zwischen drei Jahren und der Einschulung mit einer Betreuung von mehr als 30 Stunden betrug 58 Prozent (Quelle: Eurostat Online Statistiken).

9.3.4 *Unfall*

Die Arbeitsunfallversicherung ist der älteste Teil des sozialen Sicherungssystems. Sie erfasst alle in Schweden abhängig Beschäftigten und kann von den Selbständigen in Anspruch genommen werden, die im Lande ansässig sind. Die Finanzierung erfolgt durch Versicherungsprämien bzw. Beiträge der Arbeitgeber und Selbständigen in Höhe von 0,68 Prozent der Einkommenssumme (der bei ihnen beschäftigten Arbeitnehmer).[137]

137 Stand 2007, Quelle: MISSOC Online Tabellen.

Die Unfallversicherung wirkt insofern ergänzend, als sie bei Invalidität infolge eines Berufsschadens vor allem Zuschussleistungen und bei vorübergehender Erwerbsunfähigkeit Anschlussleistungen nach Inanspruchnahme der unter Gesundheit angeführten Leistungen gewährt. Vollständig und direkt werden die Kosten von speziellen Hilfen für Behinderte, für zahnärztliche Versorgung und einer im Ausland notwendig werdenden Behandlung übernommen. Bei andauernder um mindestens 1/15 verringerter Erwerbsfähigkeit infolge eines Arbeits- oder Wegeunfalls besteht ein Anspruch auf Leibrente, die bei völliger Erwerbsunfähigkeit 100 Prozent des Einkommensausfalls beträgt (ggf. abzüglich sonstiger Leistungen aus dem sozialen Sicherungssystem). Zu den weiteren Leistungen gehören Sterbegeld, Hinterbliebenen- und Waisenrenten.

9.3.5 *Arbeitslosigkeit*

Im Rahmen des schwedischen Systems der sozialen Sicherung nimmt die Arbeitslosenversicherung eine Sonderposition ein, da sie auf zwei Organisationssträngen beruht: Zum einen wird sie von regionalen Arbeitslosenkassen verwaltet, denen inzwischen über 90 Prozent der Beschäftigten angehören, obwohl die Mitgliedschaft freiwillig ist (sog. Genter System). Der Grad der Mitgliedschaft in den Arbeitslosenkassen ist auch deshalb so hoch, weil diese überwiegend den Gewerkschaften nahe stehen, die in Schweden wiederum einen Organisationsgrad von rd. 80 Prozent aufweisen (wie auch umgekehrt diese Form der sozialen Sicherung die Attraktivität der Gewerkschaften steigert). Bei der Finanzierung der Lohnersatzleistungen machen die Mitgliedsbeiträge dennoch nur einen geringen Teil aus. Über 90 Prozent der Leistungen werden durch den Staatsbeitrag finanziert, der sich mehr oder weniger aus der Arbeitsmarktabgabe der Arbeitgeber speist. Der Staatsbeitrag wird den Arbeitslosenkassen von der Arbeitsmarktverwaltung zur Verfügung gestellt, die den staatlichen Organisationsstrang der Arbeitslosenversicherung repräsentiert.

Das bisher obligatorische Ersatzniveau von 80 Prozent des vormals erhaltenen Lohns für Mitglieder der Arbeitslosenkassen wurde unter der bürgerlichen Allianzregierung (ab 2006) gekürzt und besteht nunmehr nur noch bis zum 200. Tag der Arbeitslosigkeit, danach erfolgt eine stufenweise Herabsetzung auf bis zu 65 Prozent. Ebenfalls wurde eine Senkung des täglichen Maximalbetrags von Lohnersatzleistungen von vormals 730 SEK (rd. 73 EUR) auf 680 SEK (rd. 68 EUR) durchgeführt, was eine Reduktion des Lohnersatzniveaus ab dem ersten Tag des Leistungsbezug auf unter 80 Prozent für Personen mit einem Einkommen ab

18.700 SEK (rd. 1.870 EUR) pro Monat bedeutet.[138] (Siehe hierzu detaillierter Kap. 18.)

Schaubild 9-5: Entwicklung der Arbeitslosenquote (1978-2008)

Jahr	AL-Quote
1978	2,2
1983	3,5
1990	3,5
1996	1,5
2002	8,2
2008	5,6

Quelle: OECD Wirtschaftsausblick, verschiedene Jahrgänge (1978, 1983), Eurostat Online Statistiken (ab 1990).

Da die Arbeitslosenkassen in Schweden gewerkschaftlich organisiert sind und die Mitgliedschaft in einer „A-Kassan" meist an eine Gewerkschaftsmitgliedschaft geknüpft ist, hatten die Umgestaltungen beim Lohnersatzniveau auch Folgen für die Stärke der Gewerkschaften: Wenn sich die Arbeitslosenversicherung nicht mehr so stark wie früher lohnt, wird auch die Gewerkschaftsmitgliedschaft unattraktiver (vgl. Kuhlmann 2008). Entsprechend hatten die schwedischen Gewerkschaften in der Zeit nach der Umgestaltung des Lohnersatzniveaus deutliche Mitgliederverluste zu beklagen: So sank die Mitgliederzahl der LO-Gewerkschaften im Jahr 2007 um 7,2 Prozent[139]. Es bleibt abzuwarten, wie sich in diesem Zusammenhang die mittelfristigen Auswirkungen der Weltfinanzmarktkrise (etwa ab Herbst 2008) bemerkbar machen. Im Falle einer Wiederwahl 2010 plant die Allianzregierung die Einführung eines obligatorischen Versicherungsfonds, für all jene Arbeitnehmer, die auf die gewerkschaftlich getragenen hergebrachten Arbeitslosenkassen verzichten möchten.

138 Datenquelle: Dagens Nyheter Online.
139 Bei der Landsorganisation (LO) handelt es sich um einen Dachverband verschiedener Arbeitergewerkschaften. Quelle: Informationsportal The Local.

9.3.6 Soziale Mindestsicherung

Wenn sich eine Person oder ein Haushalt weder selbst noch durch Ansprüche an Dritte unterhalten kann und die Leistungen der sonstigen – primären – sozialen Sicherungssysteme nicht ausreichend sind, besteht ein bedarfsorientierter Anspruch auf steuerfinanzierte Sozialhilfe. Als sekundäres Sicherungssystem ist Sozialhilfe in Schweden schon länger als in anderen Ländern mit Maßnahmen zur (Re-)Integration auf dem Arbeitsmarkt verknüpft und „räumt arbeitspädagogischen, allgemeinpädagogischen, \`sozialarbeiterischen´ Interventionen einen hohen Stellenwert ein" (Michelsen 1997: 204). Dies ist auch deshalb flexibel möglich, weil nicht nur die Sozialhilfe, sondern auch die aktive Arbeitsmarktpolitik in die Zuständigkeit der Gemeinden fällt. Die Hilfesätze differieren kommunal. Sie orientieren sich an nationalen Richtwerten, die 1997 so geändert wurden, dass die gegenwärtigen unter den vorhergehenden Sätzen liegen. Als Darlehen oder Einkommensvorschuss gewährte Sozialhilfe ist rückzahlungspflichtig.

Aufgrund der relativ umfassenden Sozialversicherung war die Sozialhilfe lange Zeit von nur geringer Bedeutung; in den frühen 80er Jahren machte sie beispielsweise nur ein Prozent der gesamten Sozialausgaben aus (Gould 1993: 149). Dieser Anteil hat sich mit der steigenden Arbeitslosigkeit jedoch erhöht; inzwischen scheint er angesichts der Erholung am Arbeitsmarkt wieder zu sinken.

Schaubild 9-6: Zahl der Sozialhilfeempfänger pro Jahr in ausgewählten Jahren seit 1995

Jahr	Personen in Tsd.	Anteilig an der Gesamtbevölkerung
1995	451,7	6,6 %
2000	340,3	4,9 %
2002	286,2	4,1 %
2003	275,7	3,9 %

Quelle: Nordic-Social-Statistic-Commitee 2003: 189.

Schaubild 9-7: Die Grundstruktur des schwedischen Sozialsystems

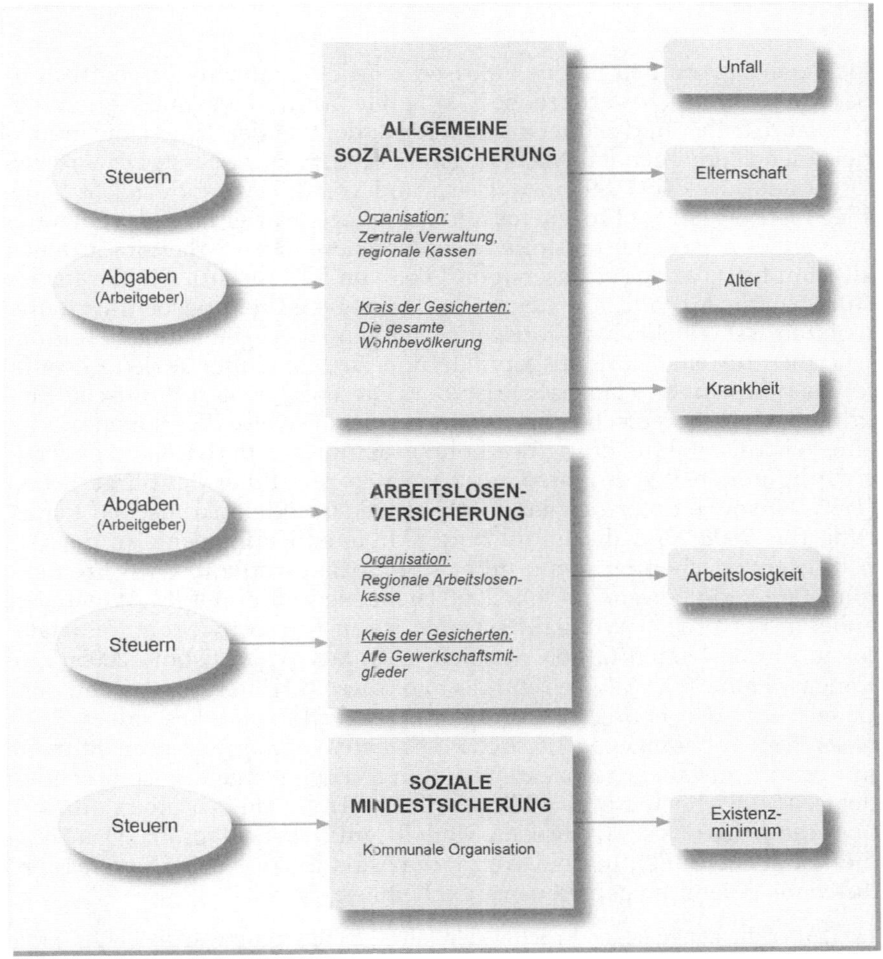

Quelle: Eigene Darstellung

9.4 Aktuelle Probleme, innovative Perspektiven und mögliche Entwicklungen

Im Gegensatz zu den beiden Ölkrisen wurde die außenwirtschaftlich überdurchschnittlich verletzliche Ökonomie Schwedens mit Beginn der 90er Jahre früher und stärker als andere Länder von der dritten, die Industrieländer übergreifenden Nachkriegsrezessionsphase, erfasst: Die Arbeitslosenquote, welche 1989 einen Tiefststand von 1,5 Prozent erreicht hatte, stieg bis 1993 auf 8,2 Prozent an und auch gegenwärtig hat Schweden mit im Vergleich zu seiner Historie ausgesprochen hohen Arbeitslosenzahlen zu kämpfen (s.o.: Arbeitslosenquote 2008 von 5,6 Prozent). Die daraus resultierenden Ausfälle von Steuern und Sozialversicherungsbeiträgen und wohlfahrtsstaatlichen Mehrausgaben stellten einen gewichtigen Teil der Ursachen für eine stark ausgeprägte und lange anhaltende, jedoch mittlerweile beseitigte, Haushaltskrise dar. Die Folge waren politische Eingriffe in das schwedische Sozialsystem: beispielsweise die Rentenreform, eine zeitweise Reduzierung des Lohnersatzniveaus in der Krankenversicherung in den 1990er Jahren auf z.T. 75 Prozent unter der bürgerlichen (1991-94) sowie unter der darauffolgenden sozialdemokratischen Regierung (bis 2006) und die Einführung aktivierender Elemente in der Arbeitslosenversicherung schon unter dem sozialdemokratischen Premierminister Göran Persson im Jahr 2000 (siehe hierzu Kapitel 18). Wie in den anderen nordischen Wohlfahrtsstaaten ist auch in Schweden die Staatsquote in den letzten Jahren deutlich gesunken (vgl. Hishow 2005: 5/6, Kangas/Palme 2009). Es verwundert vor diesem Hintergrund nicht, dass Urteile über den häufig als exemplarischen Fall für ein besonders generöses System herangezogenen schwedischen Wohlfahrtsstaat nicht mehr nur positiv ausfallen, zumal aus dem bürgerlichen Lager. So betitelt etwa der schwedische wirtschaftsliberale Think-Tank Timbro einen Aufsatz über die Krise des schwedischen Modells mit dem Schlagsatz „Das Paradies ist abgebrannt". In dem vom Publizisten Johan Norberg verfassten, durchaus polemisch gehaltenen, Text heißt es:

> „Aber die Dinge liegen in Schweden längst nicht so gut, wie die Befürworter glauben machen. Das schwedische Modell, lange Vorzeigeobjekt einer sozialen Demokratie, verrottet von innen. Ironischerweise ist es geradezu jene einzigartige soziale und ökonomische Basis, die es den Schweden einst erlaubte, dieses politische Modell zu errichten, die nun von dem System, das es hervorzubringen half, entscheidend geschwächt wird. Schweden ist kein Modell für die kranken Männer Europas; das Land braucht stattdessen harte und fundamentale Veränderungen seines Sozialmodells." (Norberg 2006; s.a. Berthold/Brunner 2007).

Auch aktuelle Analysen bedeutender schwedischer Sozialwissenschaftler kommen zu dem Ergebnis, dass die Integrationsleistung des schwedischen Wohlfahrtsstaates abgenommen habe und stattdessen eine „gewisse Marginalisierung von Gruppen der Gesellschaft“ (Palme et al. 2009: 46) stattfinde, so z.B. von Einwanderern, Jugendlichen und Alleinerziehenden. Nicht zuletzt macht sich dies an getrennten Wohnlagen von armer und reicher Bevölkerung, Migranten und Einheimischen usw. bemerkbar (vgl. ebd.: 48, s.a. Kanga/Palme 2009).[140]

Vor diesem Hintergrund lässt sich die Frage nach Erosion oder Bestandsfähigkeit des schwedischen Modells abwägend beantworten: Was das Prinzip der Universalität angeht, so kann dieses Kriterium eines sozialdemokratischen Wohlfahrtsstaates im schwedischen Falle wohl noch als erfüllt betrachtet werden - zumindest im Vergleich zu anderen Ländern. Aufgrund der gegenüber den 80er Jahren teilweise verschärften Bedingungen für den Bezug wohlfahrtsstaatlicher Leistungen - beispielsweise im Alterssicherungsbereich schon vor der Einführung des neuen Rentensystems und bei der Arbeitsunfallversicherung - und verminderten Leistungssätzen findet der Universalismus inzwischen auf einem niedrigeren Dekommodifizierungsniveau statt. Allerdings hängt diese Entwicklung auch mit dem politischen Strategiewechsel in Richtung Aktivierung (wie in Dänemark) zusammen - besonders auffällig in der Arbeitsmarktpolitik der bürgerlichen Allianzregierung ab 2006 (vgl. Kap. 18). Im Unterschied dazu hat sich die Bedeutung des Gleichheitspostulats deutlich verringert. Die beiden wichtigsten Aspekte sind zum einen der Entschluss zur Einführung eines neuen Rentensystems, das mit seinem Prämienbezug nun Statusunterschiede stärker reproduziert als das alte. Zum andern ist es die sog. „Jahrhundertreform“ des Steuersystems von 1990, bei der die höheren Einkommen wesentlich stärker entlastet wurden als die niedrigeren. Diese Tendenz setzte sich jüngst mit der Abschaffung der Vermögenssteuer unter Premierminister Fredrik Reinfeldt (Moderaterna) fort. Man könnte etwas zugespitzt daraus folgern, dass in Schweden zunehmend der Steuerstaat und der Wohlfahrtsstaat anderen politischen Kalkülen unterworfen sind.[141]

Vor 1990 hatte das wirtschaftspolitische Ziel der Vollbeschäftigung in Schweden höchste Priorität. Es hat bis heute einen höheren Stellenwert als in fast allen anderen EU-Ländern. Auch wenn das skandinavische Land derzeit nicht den Euro einführen wird, bedeutet die EU-Mitgliedschaft die Festschreibung einer prioritären Verfolgung des Preisniveaustabilitätszieles in einer Weise, die das Beschäftigungsziel unter Umständen konterkariert.

---

140 Positiver urteilt Becker (2007: 53): "Sweden, despite all its weaknesses, is probably still the model par excellence".

141 Das entspricht dem generellen Trilemma der Politik in der postindustriellen Phase bzw. den unterschiedlichen Zielen der Sozialdemokratien nach Merkel u.a. 2006

Hinzu kommt die tendenzielle Ablösung autonomer Vereinbarungen zwischen den Tarifparteien durch staatliche Eingriffe und Gesetzgebungen zugunsten einer liberaleren Politik, aus der sich eine mindestens temporäre Verschiebung der Machtverhältnisse zu Ungunsten der Gewerkschaftsbewegung ergibt.

Die weitere Entwicklung des schwedischen Wohlfahrtsstaates zwischen den Polen einer Konsolidierung des bis jetzt abnehmenden Dekommodifizierungsniveaus und einer weiter voranschreitenden Erosion hängt von einer Reihe an Faktoren ab. Parteipolitische Entwicklungen dürften dabei eine nicht zu unterschätzende Rolle spielen, war doch nach dem Machtwechsel von der sozialdemokratischen SAP zur bürgerlichen Allianz eine mehr als deutliche Verschärfung liberaler Elemente zu verzeichnen.

9.5 Zentrale Literatur

Eitrheim, P./Kuhnle, S. 2000: Nordic Welfare States in the 1990: Institutional Stability, Signs of Divergence. In: Kuhnle, S. (Hrsg.), Survival of the European Welfare State. London.

Feld, R. 2000: Schweden. Vom „Dritten Weg" der achtziger Jahre zur „globalisierten Sozialdemokratie" des 21. Jahrhunderts? In: Prokla. Vol. 30 (2).

Gould, A. 1999: The erosion of the Welfare State. Swedish Social Policy and the EU. In: European Journal of Social Policy. Vol. 9 (2).

Hort, S. E. 2008: Sklerose oder ständig in Bewegung? Das schwedische Wohlfahrtssystem. In: Schubert, K. (Hrsg.), Europäische Wohlfahrtssysteme. Wiesbaden. S. 525-547.

Kuhlmann, A. 2008: Das schwedische Modell: Eine Säule bröckelt - der Umbau der Arbeitslosenversicherung. Reihe Nordic Countries der Friedrich Ebert Stiftung, 3-2008.

Lißner, L./Wössner, J. 1999: Umbau statt Abbau. Sozialstaaten im Vergleich. Deutschland, Österreich, Schweden. Frankfurt.

Norberg, J. 2006: Das Paradies ist abgebrannt. In: Tagesspiegel vom 6.8.2006, online unter: http://www.tagesspiegel.de/meinung/kommentare/art141,1898113.

Palme, J./Fritzel, J./Bergmark, A. 2009: Das Ende der Gleichheit? Der schwedische Wohlfahrtsstaat in der Krise. In: WSI-Mitteilungen 1/2009.

Ryner, M. 1999: Neoliberal Globalisation. In: Economic and Industrial Democracy. Vol. 20 (1).

Sainsbury, D. 1999: Gender and Social-Democratic Welfare States. In: Sainsbury, D. (Hrsg.), Gender and Welfare State Regimes. Oxford.

Wintermann, O. 2005: Vom Retrenchment zur Krisenreaktionsfähigkeit. Ein empirischer Vergleich der Wohlfahrtsstaaten Schweden und Deutschland 1990-2000. Wiesbaden.

Zinn, K.G. 2007: Warum sind die Schweden die besseren Sozialdemokraten? Dikussionspapier der Keynes-Gesellschaft, Nr. 4., online verfügbar unter: www.keynes-gesellschaft.de/pdf/downloads/ZinnSchweden3.pdf

10 Soziale Sicherheit in Spanien: Langsamer Ausbau eines rudimentären Wohlfahrtsstaates

10.1 Historischer Abriss

Um das System der sozialen Sicherheit in Spanien verstehen zu können, muss man sich vor allem drei Sachverhalte vergegenwärtigen: Erstens erfolgte die Sozialgesetzgebung zu Beginn dieses Jahrhunderts verspätet und in äußerst fragmentarischer Form. Erst 1908 wurde per königlichem Dekret ein nationales Institut für Vorsorge (Instituto Nacional de Prevision, INP) gegründet. Dadurch sollten einige Risiken des täglichen Lebens abgesichert werden; jedoch waren die Regelungen sehr pauschal formuliert, und nur wenige Menschen kamen in den Genuss einer sozialen Absicherung.

Zweitens hat die frankistische Diktatur den spanischen Wohlfahrtsstaat nachhaltig geprägt. Zu Beginn des Regimes wurde vor allem durch das Arbeitsgesetz („Fuero del Trabajo" von 1938) versucht, über massive Regulierung der Beschäftigungsverhältnisse mit arbeitspolitischen Mitteln soziale Sicherheit - quasi durch den Idealzustand einer Arbeitsplatzgarantie - zu erreichen. Ferner wurden einige (kompensatorische) sozialpolitische Gesetze zum Schutz der Familie, der Sicherung im Krankheitsfall usw. verabschiedet, denen jedoch in hohem Maße symbolische Funktion zukam.

Während der Franco-Diktatur war das Sozialsystem durch seine berufsmäßig fragmentierte Struktur geprägt, was sowohl Ausdruck der Improvisation und Planlosigkeit einerseits als auch einer Interessenpolitik gegenüber unterschiedlichsten sozialen Gruppen und Lobbys andererseits war (Lessenich 1994: 232). Man kann in dieser Zeit eine eigentümliche Mischung aus Produktivismus, Paternalismus und Repression ausmachen - ein System allenfalls „halbinstitutionalisierter" sozialpolitischer Versprechungen (Leibfried 1990). Sozialpolitik stand jedoch vor allem im Dienste der Stabilisierung des Regimes, die weitere sozialpolitische Gesetzgebung und die Ansätze einer ökonomischen Liberalisierung in der Spätphase der Diktatur änderten hieran nichts. Die Widersprüche des autoritären Modernisierungsregimes, d.h. das Pendeln zwischen ökonomischer Modernisierung und politischer Repression, wirkten sich somit auch auf das heutige System der sozialen Sicherheit aus. Strukturdefizite der spanischen Ökonomie verschärften die sozialpolitischen Probleme gerade im Hinblick auf die europäische Integration und die Verschärfung des internationalen Wettbewerbs.

Drittens ist es mit dem Ende der Diktatur zu einem grundlegenden Bruch in der Logik des spanischen Wohlfahrtsstaates gekommen, wie er in den anderen europäischen Ländern[142] nicht aufgetreten ist (vgl. hierzu v.a. Lessenich 1994, 1995). Nach Francos Tod wurde eine allumfassende Demokratisierung von Wirtschaft, Staat und Gesellschaft angestrebt. Im Zuge dessen versammelte der erste demokratisch gewählte Ministerpräsident Adolfo Suarez im Oktober 1977 alle parlamentarischen Parteien in seinem Regierungssitz. Ergebnis dieser Beratungen war der Pakt von Moncloa, der neben dem politischen auch einen ökonomischen Teil hatte, und wo zudem versucht wurde, die Neuregulierung des Systems der Sozialen Sicherheit anzugehen. Dieses durfte zum ersten Mal in der spanischen Geschichte demokratisch überwacht und kontrolliert werden. Eigene Finanzhoheit über die Beiträge, eine neu geschaffene Arbeitslosenversicherung und ein Sicherungssystem für landwirtschaftlich Beschäftigte sind im heutigen mitteleuropäischen wohlfahrtsstaatlichen Verständnis nahezu Selbstverständlichkeiten geworden, in Spanien jedoch waren sie zu diesem Zeitpunkt noch revolutionär (Ordeig Fos 1989).

Die heutigen sozialpolitischen Leitlinien können wie folgt definiert werden: Es handelt sich um ein System der sozialen Sicherung, das nicht nur für entsprechend gezahlte Beiträge Leistungen erbringt; das in der Not hilft und in gewisser Weise auch umverteilt; das ohne Wartezeiten eingreift und nicht nach Kausalitäten fragt, bevor es hilft; das auf der Verantwortung des Staates basiert und das im Laufe der Zeit seine Leistungen und Maßnahmen dynamisiert und flexibilisiert hat (Ordeig Fos 1989: 37; s.a. Karamesii 2007). Gerade der letztgenannte Aspekt hängt in hohem Maße mit der schwierigen Lage auf dem Arbeitsmarkt zusammen (s.u.).

Im Zuge des Aufbaus eines demokratischen Wohlfahrtsstaates ist das System der sozialen Sicherheit institutionell erheblich verändert worden. Das immer noch bestehende INP (Instituto Nacional de Prevision) wurde aufgeteilt in vier nationale Versicherungsanstalten, die nun für Formulierung, Umsetzung und vor allem für die Leistungsgewährung von Zahlung und Dienstleistungen der sozialen Sicherung zuständig sein sollten. Diese verwaltungsmäßige Änderung berührte jedoch nicht die Existenz der alten berufsständischen Sondersysteme. Teilweise wurden diese Versicherungsanstalten auch drittelparitätisch organisiert; ab Dezember 1978

---

142 Zur hohen Kontinuität der deutschen Sozialpolitik trotz mehrerer Wechsel der politischen Regime vgl. Schmidt 2005. Diese institutionelle Stabilität hat sich auch im Falle der Wiedervereinigung gezeigt. Insofern weicht Spanien vom normalen westeuropäischen Entwicklungsmodell ab und weist gewisse Parallelen zur aktuellen Lage in Mittel- und Osteuropa auf (vgl. dazu Götting 1998).

waren zum ersten Mal in Spanien Arbeitnehmer und Arbeitgeber gemeinsam in einem staatlichen System der sozialen Sicherheit vereint.

- Das Nationale Institut für Soziale Sicherheit (Instituto Nacional de la Seguridad, INSS) ist zuständig für Geldleistungen wie Renten, Leistungen bei zeitweiliger Arbeitsunfähigkeit, Familienleistungen etc.
- Das Nationale Gesundheitsinstitut (Instituto Nacional de Gestión Sanitaria, INGESA) gewährt für die Gesamtbevölkerung alle Sachleistungen bei Krankheit (also nicht nur für die Mitglieder der Sozialversicherung; damit sind 98 Prozent der Gesamtbevölkerung gesichert). Im Jahr 2002 wurde ein seit 1981 andauernder Prozess des Zuständigkeitstransfers hin zu den Autonomen Regionen vorerst abgeschlossen. Seitdem unterhalten die einzelnen Regionen eigene Gesundheitsorganisationen. Die INGESA übernimmt Koordinationsleistungen und die Aufgaben der Enklavenstädte Ceuta und Melilla.
- Das Institut für Migration und Soziale Dienste (Instituto de Mayores y Servicios Sociales, IMSERSO) bietet ergänzende soziale Dienste. Hier werden Fürsorgeleistungen und beitragsunabhängige Leistungen verwaltet. Das IMSERSO ist außerdem für die Fragen inländischer Migration sowie Förderung und soziale Eingliederung von Migranten zuständig (Beratung für Asylsuchende). Diese Zuständigkeit kann auch an die öffentlichen Einrichtungen der Autonomen Regionen übertragen werden.
- Das Nationale Institut für Beschäftigung (Servicio Público de Empleo Estatal, SPEE) verwaltet die Leistungen bei Arbeitslosigkeit und ist für die Beschäftigungspolitik als Ganzes zuständig.

Die Allgemeine Kasse der Sozialen Sicherheit (Tesorería General de la Seguridad Social, TGSS) fungiert als einzige Kasse für das gesamte System und ist für die Einziehung der Beiträge zuständig.

10.2 Politische Charakteristika und Gestaltungsprinzipien

Alles in allem ist „die spanische Sozialversicherung ein Mischsystem, bestehend aus öffentlichen und privaten Komponenten. Ursächlich ein berufliches System (hin und her oszillierend zwischen Arbeits- und bürgerlicher Orientierung), greift es unterstützend und teilweise verteilend ein; von der privaten zur öffentlichen Verantwortung weiterentwickelt, ist es grundsätzlich subjektorientiert" (Ordeig Fos 1989: 70). Die Kompetenzen verlagern sich dabei zunehmend in Richtung der Autonomen Regionen.

Mit dem Aufbau eines modernen Systems der sozialen Sicherung sind nahezu alle beschäftigten Spanier integriert worden. Für die nicht pflichtversicherten Selbständigen besteht die Möglichkeit des freiwilligen Beitritts zur Krankenversicherung. Nach wie vor existieren jedoch neben einem allgemeinen noch verschiedene spezielle Systeme für einzelne Berufsgruppen (Bergbau, Beamten, Landwirte, Seeleute usw.), die jedoch langfristig – wie auch schon bei einigen anderen Berufsgruppen (z.B. Toreros, Fußballer) bereits geschehen – ins allgemeine System übergeführt werden sollen. Dass dies nicht ohne weiteres gelingt, liegt daran, dass sich einerseits Beiträge und Leistungen der einzelnen Systeme unterscheiden und dass andererseits gewisse Vorleistungen nicht angerechnet werden.[143]

Darüber hinaus sind im Verlauf der jüngeren Entwicklung des spanischen Wohlfahrtsstaates anfangs einige Komponenten der deutschen Sozialversicherung (Beitragsprinzip) übernommen worden. Im Laufe der Zeit jedoch schwenkte die Sozialpolitik immer mehr in Richtung des englischen Grundversorgungsmodells über (Ordeig Fos 1989). Auf diese Weise hat sich der Staatszuschuss zur Finanzierung des öffentlichen Gesundheitswesens und der Mindestrenten stark erhöht: Betrug dieser 1977 ganze 3,5 Prozent aller Einnahmen der Sozialversicherung, so stieg er bis 2005 kontinuierlich auf 34,0 Prozent an.[144]

Schaubild 10-1: Finanzierung der Sozialversicherung (in Prozent)

	1999	2000	2001	2002	2003	2004	2005
Arbeitgeber	51.2	51.8	52.3	50.4	50.0	49.4	48.4
Geschützte Personen	6.8	16.2	16.2	15.5	15.8	15.9	15.4
Staat	28.1	29.4	29.0	32.0	32.2	32.6	34.0

Quelle: Eurostat Online Statistiken.

Durch die weltweiten ökonomischen Umstrukturierungsprozesse seit Mitte der 80er Jahre hat die junge spanische Demokratie mit einer der höchsten Arbeitslosenquoten in der EU zu kämpfen. Nachdem die harmonisierte Arbeitslosenquote im Jahr 2007 auf 8,28 Prozent gefallen war, erreichte sie im März 2009 mit 16,5 Prozent den EU-weiten Höchstwert (OECD 2009). Als Reaktion darauf wurde der Prozess der Flexibilisierung,

143 Die Bemühungen um eine stärkere Universalität des Systems gehen noch in die Ära Franco zurück, genauer auf das 1963 verabschiedete Ley de Base de la Seguridad Social (LBSS).

144 Datenquelle: Eurostat Online Statistiken.

der auch die Sozialversicherung belastet, verschärft: Die Zeitarbeitsverträge sind förmlich explodiert und im Jahr 2007 arbeiteten rund 16 Prozent in Teilzeit (OECD 2009).

Um diese jüngsten Entwicklungen wohlfahrtsstaatstheoretisch besser einordnen zu können, ist es sinnvoll, eine Ergänzung zu den Typisierungen von Esping-Andersen (vgl. dazu Kap. 3) vorzunehmen. Neben der von ihm klassifizierten Trias muss ein weiterer rudimentärer, postautoritärer, lateinischer oder südeuropäischer Typus (Lessenich 1994, K. Leibfried 1990, Karamessini 20007) hinzugefügt werden.

Schaubild 10-2: Wohlfahrtsstaatliche Regulierungslogiken und soziale Ungleichheitsstrukturen im Regime-Vergleich

Regime-Typ	**sozial-demokratisch**	**konservativ**	**liberal**	**postautoritär**
Vertreter	Schweden	Deutschland	Großbritannien	Spanien
Sozialpolitisches (kompensatorisches) Regime	modern	institutionell	residual	rudimentär
Zentrale regulative Idee	Universalismus	Statushierarchie	Selbstverant-wortung	‚Modernität'
Primäres Muster sozialpolitischer (De-) Regulierung	Regulierung der Erwerbsarbeit	Regulierung der Nicht-Erwerbsarbeit	De-Regulierung der Arbeitsbe-ziehungen	De-Regulierung der Beschäfti-gungsformen
Arbeitsmarkt politischer Hauptdualismus	Öffentlich versus privat Beschäftigte	Aktive versus Inaktive	Erwerbstätige versus Erwerbslose	Stabil versus prekär Beschäftigte
Zentraler Aspekt arbeitsmarktinterner Ungleichheit	geschlechts-spezifische Segregation	normalitäts-orientierte Segmentierung	individuali-sierte Exklusion	Selektive Prekarisierung

Quelle: Lessenich 1995: 232

Nach Lessenich erscheint die Charakterisierung der südeuropäischen Länder als rudimentäre Wohlfahrtsstaaten, die quasi dem kontinentalen Modell der sozialen Sicherung hinterherhinken, sowie deren Qualifizierung als historische Übergangserscheinungen als zu einseitig (Lessenich 1997). Der spanische Wohlfahrtsstaat als Prototyp des postautoritären Wohlfahrtsregimes unterscheidet sich s. E. in markanter Weise von Esping-Andersens Regimetypen. Als Merkmale dieser besonderen wohlfahrtsstaatlichen Problemkonstellation nennt Lessenich den halb erzwungenen, halb selbstgewählten Bruch mit althergebrachten, institutionalisierten Regulierungstraditionen, die Ungleichzeitigkeit arbeitsmarktpolitischer

De-Regulierung und sozialpolitischer Re-Regulierung sowie die gesellschaftlichen Implikationen dieses regulativen Missverhältnisses (Lessenich 1997: 283).[145]

Das postautoritäre Wohlfahrtsstaatsmodell reflektiert den Umstand, dass der junge spanische Wohlfahrtsstaat in die Krise geraten ist, bevor es ihn überhaupt richtig gegeben hat. Das führt einerseits zu einer Normalisierung dahingehend, dass eine massive Liberalisierung des Arbeitsmarktes und der Aufbau eines demokratischen Wohlfahrtsstaates erfolgt sind. Unter dem Druck der Weltwirtschaft ist letzterer freilich mit massiven sozialpolitischen Lücken versehen, was durch die starke Fragmentierung der Sicherungs- und Privilegiensysteme, die noch aus der frankistischen Ära stammen, verschärft wird. Dies erzeugt auf doppelte Weise eine große Zahl an Modernisierungsverlierern: auf dem Arbeitsmarkt und in der Sozialpolitik (vgl. Lessenich 1994, 1995; erheblich positiver urteilen freilich Guillén/Matsaganis 2000).

Weniger auf den politischen Entstehungskontext bezogen ist der Typus des südeuropäischen Modells; dieses weist folgende Merkmale auf:

a) Die Familie ist der primäre Ort der Solidarität; ihre Rolle ist sowohl sozialer (Hilfe und Unterstützung) als auch produktiv-wirtschaftlicher Natur (v.a. als Familienbetriebe);
b) Der männliche Brotverdiener genießt einen hohen Beschäftigungsschutz und Jobstabilität, während andere Arbeitskräftegruppen (Frauen, junge Leute, Migranten) unter hoher Arbeitslosigkeit leiden und überproportional häufig von irregulären und prekären Formen der Arbeit leben (meistens in den Kleinbetrieben und in der Schattenwirtschaft);
c) Die Sozialversicherung basiert stark auf dem beruflichem Status und der Arbeitsleistung bzw. dem Arbeitsentgelt und wird um den männlichen Brotverdiener und das entsprechende Familienmodel herum organisiert (mit abgeleiteten Rechten für Abhängige, v.a. weibliche Care-Leisterinnen);
d) Die Sozialhilfe ist residual, da sie auf Personen ausgerichtet ist, die ohne eine normale Arbeitskarriere auf Unterstützung (für sich und ihre Familie) angewiesen sind;
e) Pflegedienste für Kind und Ältere werden im Allgemeinen durch Familienmitgliedern und hauptsächlich durch die unbezahlter Arbeit der Frauen zur Verfügung gestellt;
f) Eine starke Arbeitsmarktsegmentation verursacht hohe Unterschiede in der Beschäftigung, der Entlohnung und im Sozialschutz;

145 Die Strukturmerkmale des postautoritären Typs sind zudem in den gesellschaftlichen Transformationsprozessen Osteuropas wiederzufinden.

g) Das Arbeitslosengeld und die Systeme der Berufsausbildung sind unterentwi-ckelt;
h) Jobs im öffentlichen Sektor oder Barleistungen werden selektiv durch Klientelis-mus und Patronage verteilt;
i) Die Institutionen des Wohlfahrtstaates sind in hohem Grade ineffizient (Karamessini 2007: 12).

Wenngleich Spaniens Wohlfahrtsstaat im Vergleich zu anderen Wohlfahrtsstaaten in Westeuropa weniger stark ausgebaut ist, so kann dennoch eine Annäherung festgestellt werden (Korpi 2003). Spaniens Sozialversicherungssystem expandiert und ist daher es auch „Work in Progress" (Gil Escoin/Vázquez 2008).

10.3 Einzelversicherungen

Die Beiträge zur Sozialversicherung werden in Relation zum Arbeitsentgelt durch Arbeitgeber und Arbeitnehmer geleistet, wobei der Arbeitgeberbeitrag wesentlich höher ist. Unter der sozialistischen Regierung Zapatero erweiterte der Staat im Laufe der vergangenen Jahre seine Anteile an der Finanzierung der Sozialversicherungen, während die Anteile sowohl der Arbeitgeber- als auch der Arbeitnehmerseite relativ abnahmen.

Die Beiträge selbst richten sich nach Bemessungsgrenzen, die jeweils jährlich der allgemeinen wirtschaftlichen Entwicklung angepasst werden. Alle Arbeitnehmer werden auf der Grundlage ihres tatsächlich bezogenen Arbeitsentgeltes in eine zwölfteilige Skala eingruppiert, wobei es innerhalb jeder Stufe eine obere und eine untere Beitragsbemessungsgrenze gibt, die sich an dem Mindestlohn sowie der allgemeinen Lohnentwicklung orientiert.

Innerhalb festgesetzter Mindest- und Höchstgrenzen werden die zu entrichtenden Versicherungsbeiträge sowohl der Arbeitgeber als auch der Arbeitnehmer festgesetzt (vgl. mit weiteren Details Weber u.a. 1994).[146]

146 Die spanischen Unternehmer tragen damit im EU-Vergleich überdurchschnittlich zur Finanzierung der Sozialversicherung bei. Dies ist für den Wirtschaftsstandort Spanien eine erhebliche Belastung.

Schaubild 10-3: Beiträge von Arbeitgebern (Ag) und Arbeitnehmern (An) in Prozent des Einkommens (2007)

	Ag	An
Allgemeines System	23,6	4,7
Arbeitslosenversicherung	5,75	1,55
Konkursausfallsgeld	0,2	-
Berufliche Bildung	0,6	0,1

Quelle: MISSOC Online Tabellen 2007

10.3.1 *Arbeitslosigkeit*

Anfang der 80er Jahre wurde, um die wachsende Arbeitslosigkeit und insbesondere die Langzeitarbeitslosigkeit abzumildern, die Arbeitslosenversicherung reformiert (1984) – ohne jedoch die Erwerbszentrierung aufzugeben (Lessenich 1995: 211). Dies war notwendig geworden, da Mitte der 80er Jahre weniger als 30 Prozent der Arbeitslosen in den Genuss der finanziellen Unterstützung durch die Versicherung kamen – 1980 waren es immerhin noch 45 Prozent aller Arbeitslosen (Bernecker 1990: 324).[147] Zwar hatte sich in der Folgezeit das Bild etwas verbessert, letztendlich blieb jedoch in der Realität die Schieflage bei der Bewältigung der Folgen der Massenarbeitslosigkeit bestehen.

Bei der Bemessung des Arbeitslosengeldes spielt der Mindestlohn eine wichtige Rolle. Das Arbeitslosengeld ist nach oben auf 220 Prozent und nach unten auf 75 Prozent des Mindestlohnes begrenzt. Es läuft nach sechs Monaten aus und kann jedoch auf 12 Monate und in Ausnahmefällen auf 18 Monaten ausgeweitet werden. Im Jahr 2007 betrug der Referenzbetrag des Arbeitslosengeldes 499,20 EUR im Monat.

147 Dies führte mit zu der von vielen Seiten konstatierten, immer größer werdenden Schattenökonomie, in der nach diversen Schätzungen Ende der 80er Jahre bis zu 25 % der Bevölkerung beschäftigt gewesen sein sollen (Miguel 1988: 15).

10.3.2 *Altersversorgung*

Generell wird die Rentenhöhe nach Versicherungsjahren multipliziert mit der persönlichen Bemessungsgrundlage errechnet. Das Minimum zum Erhalt einer Pension sind 15 versicherungspflichtige Beitragsjahre, was 50 Prozent des Prozentsatzes entspricht; bei 35 Beitragsjahren ist dann der volle Satz von 100 Prozent erreicht. Mit jedem Arbeitsjahr über 65 erhöht sich der Bezugssatz um 2 Prozent. Die gesetzliche Berechnungsgrundlage ergibt sich durch die Division des beitragspflichtigen Arbeitsentgelts während der 180 Monate unmittelbar vor dem Ruhestand durch die Zahl 210. Für die Altersrente gelten sowohl Mindest- als auch Höchstgrenzen: Verheiratete (ab 65 Jahre) erhalten eine monatliche Pension von minimal 493 EUR und maximal von 2.290 EUR.[148]

Wie in anderen europäischen Ländern gibt es auch eine betriebliche Altersvorsorge; gemessen am erfassten Personenkreis liegt Spanien hierbei allerdings im unteren Mittelfeld der EU. Damit ist auch die betriebliche Altersvorsorge – als zweite Säule neben den staatlichen Renten – nur rudimentär vorhanden. Deshalb ist es auch nicht verwunderlich, dass Formen der privaten Altersvorsorge wie z.B. Lebensversicherungen von großer Bedeutung sind. Spanien ist deshalb auch zum Wachstumsmarkt für Lebensversicherer innerhalb der EU geworden, und hier sind deshalb auch die höchsten nominellen Zuwachsraten der letzten Jahre zu verzeichnen.

Bei Invalidität unterscheidet die spanische Sozialversicherung zwischen dauernder und vorübergehender Invalidität (Mindestgrad der Erwerbsunfähigkeit 33,33 Prozent, in Deutschland 50 Prozent). Bei der Rente für vorübergehende Invalidität, die frühestens 12 bzw. 18 Monate nach der Arbeitsunfähigkeit bezogen werden kann, richtet sich die Höhe nach dem zuvor gewährten Krankengeld. Bei dauernder Invalidität richtet sich die Höhe der Rente nach dem Grad der Invalidität, dem Alter und der Betriebszugehörigkeit. In der Regel werden die Invalidenrenten durch den Arbeitgeber aufgestockt.

---

148 Ähnlich wie in Deutschland können die Arbeitnehmer in Spanien auch schon vor der eigentlichen Pensionierung mit 65 Jahren in Rente gehen, jedoch senkt sich dadurch ihr Rentenanspruch entsprechend. Wegen des niedrigen Rentenniveaus wird allerdings von dieser Möglichkeit nur wenig Gebrauch gemacht. Von Unternehmerseite aus wird aber, um die Belegschaft zu verjüngen, den 60-jährigen Mitarbeiter eine Ausgleichszahlung angeboten um sie so zu einer unbeliebten Frühpensionierung bewegen zu können.

10.3.3 Gesundheit

Beitragszahler und Empfänger regelmäßiger Geldleistungen aus der allgemeinen Sozialversicherung haben Anspruch auf Sachleistungen im Krankheitsfall. Die Sozialversicherung verfügt über ein eigenes Netz von Behandlungsstätten (Krankenhäuser und Polikliniken), in denen die Kosten der Behandlung vollständig übernommen werden. Diese Kosten werden vom steuerfinanzierten öffentlichen Gesundheitssystem getragen. Im Vergleich etwa zur deutschen Praxisgebühr, gibt es in Spanien keine Zuzahlung der Patienten. Neben der Mitgliedschaft im nationalen Gesundheitsdienst kann zusätzlich auch eine private Krankenversicherung abschlossen werden; diese umfasst vor allem den Aspekt der Tagegeldversicherung im Krankheitsfall. Die freie Arztwahl ist eingeschränkt. So können Patienten zwischen Allgemeinärzten in einem Ort wählen, sind jedoch an diesen Ort gebunden. Die Überweisung an den Facharzt geschieht über den Allgemeinarzt.

Eine generelle Lohn- und Gehaltsfortzahlung bei Krankheit und Mutterschaft kennt das spanische Sozialrecht nicht. Gesetzt den Fall, dass aber eine krankheits- oder unfallbedingte Arbeitsunfähigkeit vorliegt, kann der Betroffene für 12 bzw. 18 Monate als arbeitsunfähig eingestuft werden und erhält eine minimale Geldleistung. Nach dieser Zeit gilt der Versicherte als vorübergehend invalide.

Relevant sind abermals die Autonomen Regionen. Diese können je nach Autonomiestatut in der Gesundheitspolitik mitregieren. Vereinzelt ist es ihnen erlaubt Verträge mit privaten Krankenhäusern abzuschließen. Die Wahl des Krankenhauses ist analog zur Wahl des Allgemeinarztes auf die Krankenhäuser beschränkt, bei denen der Versicherte vor Ort eingeschrieben ist.

10.3.4 Familie und Mutterschaft

Werdende Mütter haben Anspruch auf Sach- und Geldleistungen aus der Sozialversicherung. Frauen, die aufgrund ihrer Mitgliedschaft im sozialen Versicherungssystem Anspruch auf Krankengeld haben, erhalten 16 Wochen Geldleistungen. Sechs Wochen davon sind verpflichtend nach der Entbindung zu nehmen. Väter können bis zu 10 der 16 Wochen in Anspruch nehmen, wenn beide Elternteile berufstätig sind. Das Kindergeld ist vergleichsweise niedrig und beträgt monatlich 24,25 EUR pro Kind. Sonderleistungen erhalten Eltern behinderter Kinder.

Trotz mehrfacher Aufstockungen liegt Spanien im europäischen Vergleich damit weiterhin auf niedrigem Niveau.

10.3.5 Unfall

Arbeitsunfälle und Berufskrankheiten sind ebenfalls Teile der Sozialversicherung, wobei hier weitreichende Konditionen bestehen. Selbst bei Arbeitsunfällen, die gegen die gesetzlichen Bestimmungen verstoßen, oder bei Tätigkeiten, die vom Arbeitgeber nicht sozialversicherungspflichtig angemeldet wurden, hat der Arbeitnehmer Anspruch auf Leistungen der Sozialversicherung. Die Ausgleichszahlungen werden 12 Monate und ggf. sechs weitere Monate gewährt.

10.3.6 Soziale Mindestsicherung

Am 1.1.1991 ist der Gesetzgeber dem Auftrag der Verfassung (von 1978) nachgekommen, ein öffentliches System der sozialen Sicherheit für alle Bürger zu schaffen. „Es wurde aber bewusst kein Sozialhilfesystem geschaffen, sondern die nicht-beitragsbezogenen Leistungen wurden in das allgemeine System der Sozialversicherungen integriert" (Weber u.a. 1994: 159).

Eine einheitliche Definition der Mindestsicherung gibt es in Spanien nicht. Dieser Umstand ist den Autonomen Regionen und mit ihnen einhergehend der fragmentierten Gesetzgebung im Bereich der Mindestsicherung geschuldet. Die Staatsangehörigkeit ist nicht in allen Autonomen Regionen eine Bedingung, um auf die Leistungen der Mindestsicherung zurückgreifen zu können. Ein Mindestlohn von im Jahr 2009 monatlich 624 EUR wird jedoch garantiert.

In einigen Bereichen der sozialen Sicherung gibt es bedarfsabhängige Mindestleistungen; darüber hinaus besteht ein staatlicher, steuerfinanzierter Sozialhilfefonds (Fondo Nacional de Asistencia Social), der die Unterstützung von Personen übernimmt, die anderweitig nicht abgesichert wären.

Schaubild 10-4: Die Grundstruktur des spanischen Sozialsystems

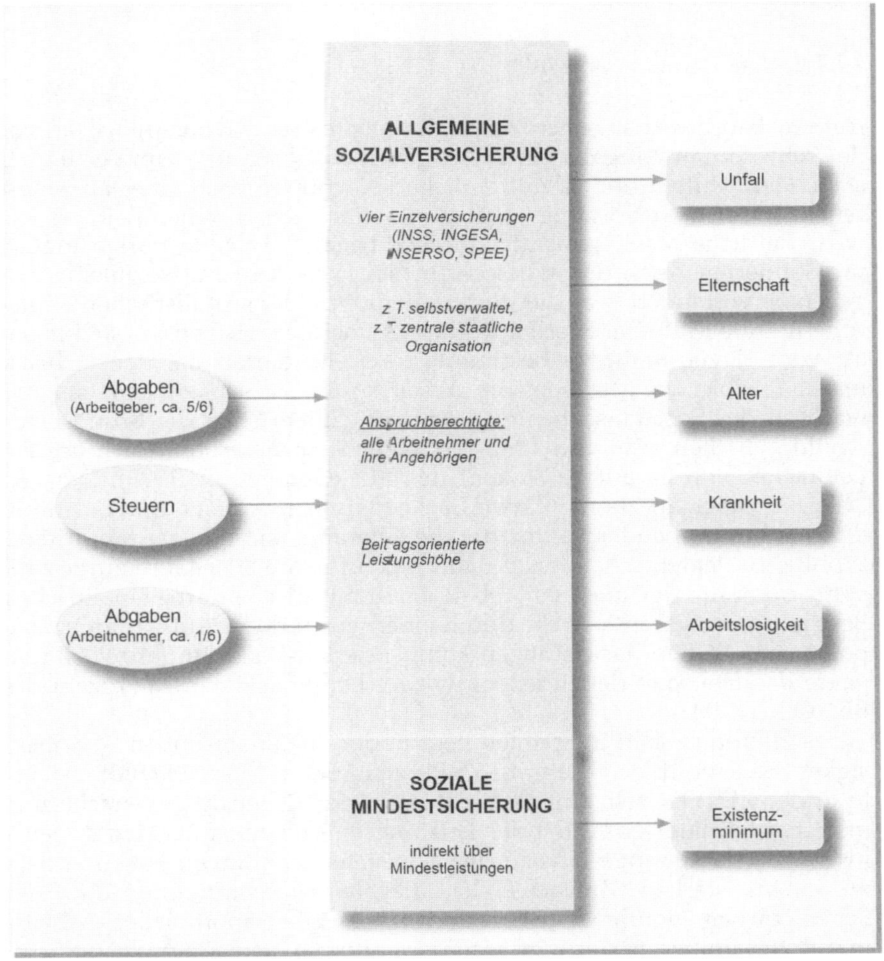

Quelle: Eigene Darstellung

10.4 Aktuelle Probleme, innovative Perspektiven und mögliche Entwicklungen

10.4.1 Die späten 80er Jahre

Der Ausbau des spanischen Wohlfahrtsstaates stand von Anfang an vor der schwierigen Aufgabe einen Ausgleich zwischen den zur Verfügung stehenden Mitteln und der öffentlichen Nachfrage nach einer angemessenen sozialen Versorgung zu finden - und dies in einer Zeit, als die wirtschaftliche Wachstumsrate zu fallen begann. Trotz des ursprünglich proklamierten Ziels, den wirtschaftlichen Fortschritt mit sozialem Ausgleich zu verbinden, war die Wirtschaftspolitik der sozialistischen Regierung um die Mitte der 80er Jahre eher von neo-klassischen Vorstellungen als vom Keynesianismus bestimmt. Sie zielte darauf ab, den Arbeitsmarkt flexibler zu gestalten, die Arbeitskosten zu senken und das Anwachsen der Sozialausgaben zu bremsen. Zudem stieg die Bruttostaatsschuld zwischen 1980 und 1997 beträchtlich an: sie erhöhte sich um ein Dreifaches von 24 auf 72 Prozent des BIP (George u.a. 1999). Die von Lessenich konstatierte regulative Lücke zwischen Arbeits- und Sozialpolitik als bestimmender Faktor für die Charakterisierung postautoritärer Wohlfahrtsstaaten scheint sich damit auch für die 80er Jahre zu bestätigen. So konnte der massive Abbau der frankistischen arbeitspolitischen Beschäftigungsgarantie nicht durch einen verstärkten Aufbau an sozialpolitischen Sicherungsleistungen kompensiert werden. Im Jahr 2007 rangierte das Haushaltsdefizit jedoch wieder bei gemäßigten 43 Prozent des BIP (OECD 2009).

Das Hauptproblem in Spanien liegt in der anhaltend hohen Arbeitslosigkeit. Sie ist mittlerweile mit 16,5 Prozent (Stand März 2009) die höchste in der EU. Der selbst nach der Reform der Arbeitslosenversicherung immer noch niedrige Anteil der Leistungsempfänger unter den Arbeitslosen und das geringe Niveau der geleisteten Zahlungen haben zudem zu einem starken Zuwachs der illegalen Beschäftigung, d.h. der Schwarzarbeit, geführt. So entstand ein zweiter, inoffizieller Arbeitsmarkt, der immer größer wird und der natürlich keine Beiträge zur Sozialversicherung abführt.[149]

Es wurde zwar mit diversen Maßnahmen (Sparen, Ausgabenkürzungen) Ende der 80er Jahre versucht, das Defizit der Sozialversiche-

149 Trotz dieses Umstandes und der Tatsache, dass die Sozialleistungsausgaben kontinuierlich anstiegen, konnte das Finanzdefizit im System der sozialen Sicherung lange im Rahmen gehalten werden - zum einen durch massive Sparmaßnahmen und zum anderen durch die kontinuierliche Steigerung des Staatsanteils.

rung erträglich zu halten. Jedoch war man Anfang der 90er Jahre zu einschneidenderen Maßnahmen gezwungen: Der vom Einkommen zu entrichtende Beitrag der Arbeitnehmer zur Allgemeinen Sozialversicherung stieg um 0,1 Prozent auf 4,9 Prozent und der der Arbeitgeber gar um 0,4 Prozent auf 24,4 Prozent. Mittlerweile sank der Arbeitgeberanteil jedoch wiederum auf 23,6 Prozent.

Außerdem muss angemerkt werden, dass die hohe Arbeitslosigkeit nur bedingt für das chronische Defizit verantwortlich gemacht werden kann. Die Struktur des Systems der Sozialversicherung, vor allem durch die vielen Sondersysteme, bringt einige Probleme mit sich. Zudem wird die Sozialversicherung als günstige Kreditkasse genutzt. Die Außenstände sind enorm. Bezeichnend ist hierbei, dass die Hauptbeitragsschuldner nicht nur private Unternehmer sind, sondern auch die öffentliche Verwaltung selbst. Überdies ist das Umgehen der Sozialversicherungsbeiträge – zumeist durch eine unsachgemäße Deklarierung der bestehenden Beitragspflicht – weit verbreitet. Eine weiter Ursache für das anhaltende Defizit liegt nicht zuletzt im Ausbau des Sozialstaats (verfassungsrechtlich verankerte Grundrechte); vor allem die Schaffung des nationalen Gesundheitsdienstes nach britischem Modell ließ die Sozialausgaben pro Kopf sprunghaft ansteigen. In diesem Zusammenhang kann auch die Einführung der beitragsfreien, bedarfsabhängigen Rente im Jahr 1991 genannt werden, die im Zuge der Bemühungen der sozialistischen Regierung um die Verallgemeinerung der Sozialleistungen eingerichtet wurde (Reinhard: 1997).

10.4.2 Die 90er Jahre

Die Sozialpolitik der von 1996 bis 2004 regierenden konservativen Regierung unter Ministerpräsident Aznar war wesentlich durch das Haushaltsgesetz von 1997 bestimmt, in dem insgesamt Einsparungen von 7 Prozent beschlossen wurde. Sie galten als die härtesten Maßnahmen seit 20 Jahren. Ein wichtiger Grund hierfür lag in dem Zwang zur Einhaltung der Kriterien von Maastricht.[150] Bei der Sanierung des Staatshaushalts wurde auf eine Teilfinanzierung durch die Mehrwertsteuer zurückgegriffen, indem die Sozialbeiträge um einen Prozentpunkt gesenkt und die Mehrwertsteuer entsprechend erhöht wurde.

150 Dies zeigt den ambivalenten Einfluss des EU-Beitritts im Jahre 1986 auf die spanische Sozialpolitik, da andererseits auch Hinweise darauf ausfindig gemacht wurden, dass im Zuge einer „Europäisierung" der Sozialpolitik vor dem Haushaltsgesetz von 1997 ein deutlicher Ausbau des Wohlfahrtsstandards stattgefunden hat (vgl. Guillén/Álvarez 2004).

Einen weiteren wichtigen Meilenstein in der spanischen Sozialpolitik der 90er Jahre bildete der „Pacto de Toledo." So wurde im Oktober 1996[151] eine Übereinkunft zur Konsolidierung und Rationalisierung des Sozialsystems zwischen der Regierung und den Gewerkschaften unterzeichnet. In diesem Bericht wurden 15 Empfehlungen zur Weiterentwicklung der Sozialversicherung formuliert. Darüber hinaus ist ein ständiger Ausschuss aus Regierungs- und Gewerkschaftsvertretern eingerichtet worden, der die Umsetzung der Ziele überwachen sowie Vorschläge vorlegen sollte. Kernpunkt dieser Übereinkunft war die Trennung und Klarstellung der Finanzierungsgrundlage. Als Leitbild diente das Äquivalenzprinzip. So sollten die Beiträge allein der Finanzierung der beitragsbezogenen Alters- und Invaliditätsrenten vorbehalten sein, während sämtliche sonstige Leistungen voll aus Steuermitteln zu finanzieren waren. Zudem wurde das öffentliche System der Sozialversicherung durch eine Stärkung der privaten Vorsorge ergänzt.

Im Bereich der Rentenversicherung unterzeichneten die Gewerkschaften 1996 ein Abkommen mit der Regierung („Pacto sobres Pensiones"), welches primär vorsah, den Rentenaufwand zu senken und das System finanziell von öffentlichen Zuschüssen unabhängig zu machen. Wesentlicher Bestandteil war die Änderung der Rentenformel: Künftig sollten statt der letzten acht Jahre nun die letzten 15 Jahre zur Berechnung herangezogen werden. Auch wurde die zuvor relativ großzügige Frührentenregelung erschwert. Das Abkommen verankert zudem die automatische Anpassung der Renten an den Preisindex für die Lebenshaltung. Jedoch sind auch Verbesserungen im Bereich der Waisenrenten zu verzeichnen sowie die Einrichtung eines Reservefonds (Weber u.a. 2000).

Die Arbeitsmarktpolitik nahm angesichts anhaltend hoher Arbeitslosenquote eine vorrangige Stellung bei den Reformmaßnahmen ein. Am 13. November 1998 unterzeichneten die Regierung und die Gewerkschaften das Abkommen über feste Teilzeitverträge. Sie reagierten damit auf die häufige Befristung dieser Arbeitsverträge und die geringe Verbreitung von Teilzeitarbeit in Spanien (lediglich 8 Prozent gegenüber einem Anteil von 16 Prozent an Teilzeitverträgen im EU-Durchschnitt). Zusammenfassend lässt sich sagen, dass damit der Weg zur Förderung stabiler Beschäftigung fortgesetzt wurde. Nicht zuletzt wird die Entwicklung durch den Nationalen Aktionsplan für Beschäftigung (Plan Nacional de Acción para el Empleo) unterstützt. Dieser beinhaltet neben einem neuen

151 Es erfolgte eine Absprache zwischen den führenden Parteien und den Sozialpartnern die soziale Sicherheit bei der allgemeinen Wahl von 1996 nicht zum Thema zu machen. Denn es war offensichtlich, dass die notwendigen Reformen bei den Wählern nicht gut ankommen würden.

Verwaltungsmodell die zentrale Forderung, den sozialen Dialog weiter anzukurbeln (MISEP: 1998/1999).[152]

10.4.3 *Jüngste Entwicklungen*

Im Vergleich zur letzten Rezession im Jahr 1993, steht Spanien heute unter volkswirtschaftlicher Perspektive stabiler da. So wurde die Neuverschuldung von 7 Prozent in ein Plus von 2,2 Prozent im Jahr 2007 umgewandelt. Das Haushaltsdefizit sank auf 43 Prozent. The Economist vermerkt in seinem Länderbericht von 2008 zudem die Ansiedlung vieler multinationaler Unternehmen in Spanien im Laufe der vergangenen Jahre als positiv. Die Deutsche Bank Research (2007) titelt ebenfalls: „Spanien 2020 – die Erfolgsgeschichte geht weiter". Einzig die in der aktuellen Rezession (2009/10) anziehende Arbeitslosenquote ist Grund zur Sorge, da ihr folgend die Kosten für den Wohlfahrtsstaat wieder steigen. Das könnte in Zukunft wieder ein Loch in die Budgetkalkulation reißen.

Die sozialistische Regierung unter Ministerpräsident Zapatero legte im Vergleich zu ihrer Vorgängerregierung drei Schwerpunkte mit Blick auf den Wohlfahrtsstaat. Zum ersten wurde der Mindestlohn erhöht. Bei Zapateros Amtsantritt im Jahr 2004 lag der noch bei 460 EUR im Monat. Die Gewerkschaften mobilisierten massiv für eine Erhöhung und hatten Erfolg. Im Jahr 2009 liegt der Mindestlohn in Spanien bei 624 EUR und damit jedoch immer noch im unteren Mittelfeld der EU-Mitgliedsstaaten.

Zum zweiten sicherte die Zapatero-Regierung den Autonomen Regionen größere Selbstverwaltungskompetenzen zu und brach damit mit dem Kurs der Vorgängerregierung Aznar. Im Jahr 2005 erfüllte sie im Falle Kataloniens die Versprechen und ratifizierte das neue Autonomie-Statut. Damit wurden der Region um Barcelona weitreichende Zugeständnisse auch in der Organisation von Sozialleistungen gemacht (Spanische Verfassung, Art. 148. Abs 2). Damit werden Rechte aber auch Pflichten an die regionalen Subeinheiten übertragen. Das entlastet den Staatshaushalt, jedoch riskiert die Regierung Zapatero damit auch das ökonomische Angleichen der Lebensstandards zwischen reichen Regionen wie Katalonien und ärmeren in Zentral- und Südspanien.

Zum dritten legt sich die sozialistische Regierung mit ihrer Familien- und Gesellschaftspolitik und massiv mit den Kirchen an. Das neue

152 Guillén/Matsaganis (2000: 129) haben eine Übersicht der wichtigsten sozialpolitischen Aktivitäten erstellt. Trotz aller Reformen und Kürzungen sehen sie keinen Beleg für die These des Sozialdumpings; dies belegt die Stabilität des Wohlfahrtsstaates auch in Spanien.

Scheidungsrecht, die Legalisierung der Abtreibung und der Homo-Ehe sowie die Förderung von Frauen und ihre zahlreiche Berufung in wichtige Regierungsämter verschärft „den Konflikt über Moral" (so die FAS am 11.10.2009: 7)

10.5 Zentrale Literatur

George, V./Stathopoulos, P./Garcés, J. 1999: Die "Quadratur des sozialpolitischen Kreises": Griechenland und Spanien in den neunziger Jahren. In: Internationale Revue für Soziale Sicherheit. Heft 4.
Gil-Escoin, P./Vázquez, S. Work in Progress 2008: Das spanische Wohlfahrtssystem. In: Klaus Schubert (Hrsg.), Europäische Wohlfahrtssysteme. Wiesbaden. S. 169-186.
Guillén, A.M./Álvarez, S. 2004: The EU's Impact on the Spanish Welfare State: The Role of Cognitive Europeanization. In: Journal of European Social Poliy. Nr. 3.
Lang, W./Schmid, J. 1998: Arbeitsmarkt und Beschäftigung auf der iberischen Halbinsel. Dr. Jekyll und Mr. Hyde. In: Scherrer, P. u.a. (Hrsg.), Von den Nachbarn lernen. Wirtschafts- und Beschäftigungspolitik in Europa. Marburg.
Moreno, L. 2000: The Spanish Development of Southern Welfare. In: Kuhnle, S. (Hrsg.), Survival of the European Welfare State. London.
Nohlen, D. 2005: Spanien. Wirtschaft - Gesellschaft - Politik. Ein Studienbuch. Wiesbaden.
Ordeig Fos, J.M. 1989: El Sistema Español de Seguridad Social. Madrid.
Recio, E.M./Nunez-Cortés, P. 2000: Spain. In: van Vugt, J./Peet, J. (Hrsg.), Social Security and Solidarity in Europe. Berlin u.a.
Rodriguez Cabrero, G. 2004: El Estado de Beinestar en España. Debates, Desarrollo y Retos. Madrid.
Weber, A. u.a. (Hrsg.) 2000: Die Systeme der sozialen Sicherung in der Europäischen Union. 4. Aufl. Baden-Baden.

III. Internationaler Vergleich von sozialer Sicherheit nach Bereichen

11 Arbeitslosenversicherung: Regelungen und Leistungen

11.1 Arbeitslosigkeit als sozialpolitisches Feld

Die Arbeitsmarktentwicklung in den Industrieländern war in den beiden letzten Jahrzehnten von einem anhaltenden Anstieg der Arbeitslosenzahlen gekennzeichnet. Anfang der 70er Jahre lag die Arbeitslosenquote im EU-Durchschnitt noch bei 2,5 Prozent und in den OECD-Ländern bei 3,5 Prozent. Im Jahr 1990 lag die Arbeitslosenquote im EU-Durchschnitt bereits bei 8,4 Prozent und schien lange auf diesem Stand zu stagnieren (1999: 8,1 Prozent) bis es in den letzten Jahren zu Verbesserungen kam (2007: 7,1 Prozent), wobei abzuwarten bleibt, wie sich die Krise an den Weltfinanzmärkten des Jahres 2008ff mittelfristig auswirkt. Die gestiegenen Arbeitslosenquoten sind jedoch nicht primär mit einer Verringerung von Arbeitsplätzen erklärbar, denn die Zahl der Arbeitsplätze hat im gleichen Zeitraum zugenommen. Vielmehr ist die Zahl der Menschen gestiegen, die einen Arbeitsplatz suchen (- in den letzten beiden Jahrzehnten um 19 Prozent in OECD-Europa und rund 30 Prozent im gesamten OECD-Raum). Hinter den gestiegenen Arbeitslosenquoten verbirgt sich auch eine gestiegene Sockelarbeitslosigkeit, d.h., dass in Phasen des konjunkturellen Aufschwungs die Arbeitslosigkeit, die in der vorhergehenden Rezession geschaffen wurde, nicht mehr abgebaut werden kann. Zugleich sind derzeit die klassischen Vollbeschäftigungsländer (v.a. die Schweiz und Schweden, aber auch die anderen skandinavischen Staaten) ebenfalls unter Druck geraten bzw. neue Fälle als erfolgreich und vorbildlich in Erscheinung getreten.

Vor diesem Hintergrund ist es verständlich, dass in den EU-Staaten in letzter Zeit der Ruf nach einer europäischen Beschäftigungspolitik immer lauter wird. Begründet wird dies vor allem damit, dass die hohe Arbeitslosigkeit in vielen EU-Ländern zum dringendsten wirtschaftspolitischen Problem der 90er Jahre geworden sei (Lesch 2000, s.a. Schmid 2009).

Schaubild 11-1: Arbeitslosenquoten in EU-Ländern (2007)

Sieben Fallstudienländer	%	***Weitere Länder***	%
Dänemark	3,8	*Belgien*	*7,5*
Deutschland	8,4	*Finnland*	*6,9*
Frankreich	8,3	*Griechenland*	*8,3*
Vereinigtes Königreich	5,3	*Irland*	*4,6*
Niederlande	3,2	*Italien*	*6,1*
Schweden	6,1	*Österreich*	*4,4*
Spanien	8,3	*Portugal*	*8,1*

Quelle: Eurostat Online Statistiken.

Die Massenarbeitslosigkeit berührt dabei die Funktionsfähigkeit der sozialen Sicherungssysteme auf doppelte Weise: Einerseits verringern sich die Einnahmen und andererseits steigen die Ausgaben bzw. erfolgt eine Verlängerung des Zeitraums, in dem die Leistungen gezahlt werden müssen (vgl. Schaubild 11-2). Wie gelingt es den Arbeitslosenversicherungen in den einzelnen Ländern, diese immer stärker hervortretende Problematik zu bewältigen? Welche Leistungen werden unter welchen Bedingungen gewährt und welche Organisations- und Finanzierungsformen sind anzutreffen?

Schaubild 11-2: Ausgaben für Arbeitslosigkeit 2007 (in % aller Sozialausgaben)

Sieben Fallstudienländer	%	***Weitere Länder***	%
Dänemark	7,0	*Belgien*	*11,4*
Deutschland	6,1	*Finnland*	*8,3*
Frankreich	6,5	*Griechenland*	*4,5*
Vereinigtes Königreich	2,4	*Irland*	*7,1*
Niederlande	4,7	*Italien*	*1,9*
Schweden	5,4	*Österreich*	*5,6*
Spanien	12,2	*Portugal*	*5,2*

Quelle: Eurostat Online Statistiken.

11.2 Vergleichender Überblick

11.2.1 Sicherungsziele

Das vorrangige Ziel der Arbeitslosenversicherung ist die Einkommensersatzfunktion, d.h. arbeitslos gewordenen Arbeitnehmer soll eine materielle Existenzsicherung gewährleistet werden. Die Leistungen aus der Arbeitslosenversicherung sind in den meisten Ländern zu Anfang der Arbeitslosigkeit relativ hoch und nehmen mit der Dauer der Arbeitslosigkeit ab bzw. entfallen völlig. Hierin zeigt sich, dass die Arbeitslosenversicherung im Grunde nicht für eine längerfristige Finanzierung von Arbeitslosigkeit konzipiert wurde, sondern nur den relativ kurzen Zeitraum der Arbeitssuche überbrücken will und gleichzeitig ein Anreiz gesetzt werden soll, möglichst schnell wieder erwerbstätig zu werden.

Angesichts der steigenden Zahl von Langzeitarbeitslosen und der Höhe der gezahlten Leistungen in den einzelnen Ländern stellt sich die Frage, ob die Arbeitslosenversicherung ihr grundsätzliches Sicherungsziel noch erfüllen kann. Die gewährten Lohnersatzleistungen variieren in den betrachteten Ländern. Es lässt sich jedoch nur schwer eine allgemeine Analyse der „Generosität" der verschiedenen Versicherungssysteme erstellen. Die Frage, inwieweit das Einkommen der Versicherten im Fall von Arbeitslosigkeit gesichert ist, ist vom betrachteten Zeitraum abhängig. Bei kurzfristiger Arbeitslosigkeit scheint es zwischen den betrachteten Ländern keine großen Unterschiede bezüglich des Leistungsniveaus zu geben. Dies ändert sich jedoch mit Dauer der Arbeitslosigkeit: Je länger die Phase der Arbeitslosigkeit ist, desto deutlicher werden die Unterschiede. Schweden, Frankreich und Deutschland sind die Länder, in denen bei längerer Arbeitslosigkeit das Einkommen des/der Versicherten am besten gesichert ist. Am Ende einer so aufgestellten Skala würde sich zum Beispiel Großbritannien wiederfinden.[153]

153 Die detaillierte Beantwortung der Frage, welches Versicherungssystem die höchste „Generosität" aufweist, ist jedoch von der Betrachtung und der Vorgehensweise abhängig (Schmid u.a. 1987: 147ff; s.a. IW-Trends 4/1998).

Schaubild 11-3: Sicherungsziele

Dänemark	Die Arbeitslosenversicherung ist freiwillig. Alle Arbeitnehmer und Selbständigen zwischen 18 und 63 Jahren können sich versichern, die in den letzten 18 Monaten ihre Berufsausbildung abgeschlossen haben und spätestens 2 Wochen nach Beendigung ihrer Ausbildung einer Kasse beitreten, Wehrpflichtige, Selbstständige und mithelfende Ehepartner, Personen in öffentlichen Ämtern.
Deutschland	Obligatorisches Sozialversicherungssystem für Arbeitnehmer und Auszubildende.
Frankreich	Obligatorisches Sozialversicherungssystem für alle Arbeitnehmer
Großbritannien	Obligatorisches Sozialversicherungssystem für alle Arbeitnehmer und bestimmte Selbstständige.
Niederlande	Alle Arbeitnehmer unter 65 Jahren
Schweden	In Schweden besteht keine Pflichtmitgliedschaft zur Arbeitslosenversicherung. Die Zahlung von Arbeitslosengeld ist an die Mitgliedschaft in einer Gewerkschaft bzw. Mitglied in einer Arbeitslosenkassenversicherung gebunden. Die seit 1998 die Arbeitslosenhilfe ersetzende Grundsicherung wird jedoch vom Staat gezahlt.
Spanien	Obligatorisches Sozialversicherungssystem für Arbeitnehmer und Gleichgestellte.

Quelle: MISSOC Online Tabellen 2007

11.2.2 Erfasster Personenkreis

Die Arbeitslosenversicherung ist in fast allen Länder als Pflichtversicherung konzipiert. Nur in den skandinavischen Ländern (Dänemark und Schweden) können die Arbeitnehmer frei entscheiden, ob sie sich gegen das Risiko der Arbeitslosigkeit versichern wollen, bzw. ist die Versicherung an die Gewerkschaftsmitgliedschaft gekoppelt. In allen anderen Ländern existiert diese Wahlmöglichkeit nicht. Das Höchstalter für den Bezug von Leistungen nach der Arbeitslosenversicherung liegt meist bei 65 Jahren (Niederlande, Deutschland, Spanien) oder es existiert keine Altersbegrenzung (Italien, Portugal).

Schaubild 11-4: Erfasster Personenkreis

Dänemark	Alle Arbeitnehmer zwischen 18 und 63 Jahren, welche sich zur Mitgliedschaft in einer Versicherung entschließen.
Deutschland	Alle Arbeitnehmer im Alter von 15 bis 65 Jahren.
Frankreich	Alter unter 60 Jahren; liegt mit 60 Jahren keine ausreichende Versicherungsdauer für den Bezug des vollen Satzes von 50 % der Altersrente vor, so wird das Arbeitslosengeld weiter gewährt, bis entweder diese Versicherungsdauer oder die Vollendung des 65. Lebensjahres erreicht ist.
Großbritannien	Alle Arbeitnehmer, ausgenommen verheiratete Frauen, die sich vor April 1977 entschieden haben, der Versicherung nicht beizutreten.
Niederlande	Arbeitnehmer bis 65 Jahre
Schweden	Alle freiwillig versicherten Arbeitnehmer, welche die Mitgliedschaftsvoraussetzungen der jeweiligen Arbeitslosenkasse erfüllen.
Spanien	Arbeitnehmer zwischen 16 Jahren und dem normalen Ruhestandsalter bei einer Erfüllung der Mindestbeitragszeit von 360 Tagen.

Quelle: MISSOC Online Tabellen 2007

11.2.3 Finanzierung

Die Finanzierung der Arbeitslosenversicherung ist in den einzelnen Ländern unterschiedlich zusammengesetzt. Die Extreme reichen von einer Finanzierung fast ausschließlich durch Arbeitnehmerbeiträge (Schweden) bis zu einer weitgehenden Finanzierung durch Arbeitgeberbeiträge (Spanien). Wobei in fast allen Ländern ein Staatszuschuss zur Arbeitslosenversicherung zu finden oder zumindest eine Defizitdeckung des Staates (Deutschland) vorhanden ist. Im Großen und Ganzen stellen sich jedoch alle Versicherungssysteme als Mischfinanzierungssysteme dar, d.h. die Finanzierung erfolgt nicht ausschließlich von einem Akteur.

Schaubild 11-5: Finanzierung

Dänemark	Pauschalbeiträge der Arbeitgeber (Anteil an Umsatzsteuer) und -nehmer (wird jährlich festgesetzt). Defizitdeckung durch staatliche Zuschüsse.
Deutschland	Insgesamt werden seit Januar 2009 2,8 % des Bruttoverdienstes als Beitrag erhoben. Arbeitnehmer und -geber zahlen jeweils die Hälfte. Ab 2010 wird mit einer Beitragshöhe von 3,0 % gerechnet. Defizitdeckung durch staatliche Zuschüsse; staatl. Finanzierung der Arbeitslosenhilfe (aus Steuern).*
Frankreich	Die Beitragshöhe beträgt 6,4 % des Bruttoverdienstes, von denen 2,4 % der Arbeitnehmer und 4,0 % der Arbeitgeber entrichtet. Es besteht eine monatliche Bemessungsgrenze von 10.728 €.
Groß-britannien	Die Beiträge zur Arbeitslosenversicherung sind in den Gesamtbeiträgen zur Sozialversicherung von Arbeitgebern und Arbeitnehmern enthalten.
Niederlande	Beitragszahlungen zur Arbeitslosenversicherung (WW): Awf-Beitrag insgesamt 8,25 % (3,5 % Arbeitnehmer, 4,75 % Arbeitgeber) Wgf-Beitrag ausschließlich arbeitgeberfinanziert (1,75 % durchschnittlich, jedoch variierend je nach Wirtschaftszweig). Die Bemessungsgrenze für WW-Beiträge: Obergrenze 177,03 € pro Tag; Beitragsfrei bis 61 € pro Tag. Keine staatliche Beteiligung.
Schweden	In Schweden werden Pauschalbeiträge für die 12 unterschiedlichen Wahltarife gezahlt, die nach Einkommensklassen gestaffelt sind. Inzwischen sind jedoch fast alle Arbeitnehmer in der höchsten Stufe versichert.
Spanien	Es wird ein Beitrag von 7,3 % erhoben. Davon werden 1,55 % von den Arbeitnehmer entrichtet und 5,75 % von den Arbeitgebern (jeweils vom Bruttoverdienst). Staat finanziert die Arbeitslosenhilfe. Zudem existiert ein Lohngarantiefonds (Arbeitgeberbeiträge 0,2 %).

* Daten der deutschen Bundesregierung (www.bundesregierung.de)

Quelle: MISSOC Online Tabellen 2007

11.2.4 Leistungsniveau

Die Leistungen der Arbeitslosenversicherungssysteme wählen in den meisten Fällen den letzten Nettolohn des/der Versicherten als Orientierungsgröße für die zu zahlenden Leistungen. Es dominiert das Äquivalenzprinzip (Dänemark, Deutschland, Frankreich). Demgegenüber wird das Arbeitslosengeld in Großbritannien als Pauschalbeitrag gezahlt, unabhängig von der letzten Verdiensthöhe.

11.2.5 Anspruchsvoraussetzungen

Fast alle Versicherungssysteme gegen Arbeitslosigkeit setzen Anwartschaften voraus. Es müssen zwischen einem halben und einem Jahr Beiträge in die Arbeitslosenversicherung eingezahlt werden, damit ein Leistungsanspruch besteht. Die Beiträge müssen in einem bestimmten Zeitraum vor der Arbeitslosigkeit geleistet worden sein (z.B. in den letzten 3 Jahren in Dänemark und Deutschland). Für die Versicherten bedeuten diese Regelungen, dass sie bei wechselnden Phasen von Erwerbstätigkeit und Arbeitslosigkeit die Anspruchsvoraussetzungen nicht erfüllen können. Dies verdeutlicht nochmals, dass die Arbeitslosenversicherungen nicht konzipiert wurden um Langzeit- und Massenarbeitslosigkeit zu finanzieren.

Schaubild 11-6: Anspruchsvoraussetzungen

Dänemark	1. Eine einjährige Versicherungszeit und eine mindestens 52-wöchige Beschäftigung innerhalb der vorhergehenden drei Jahre. 2. Für Selbstständige besteht eine Karenzfrist von vier Wochen.
Deutschland	Arbeitslosengeld: Es müssen 12 beitragspflichtige Beschäftigungsmonate in den letzten zwei Jahren nachgewiesen werden. Arbeitslosengeld II: Bezug auf Basis von Bedürftigkeitsprüfung. Es findet eine grundsätzliche Anrechnung von Einkommen und Vermögen statt.
Frankreich	Während der letzten 22 Monate vor Beendigung des Arbeitsvertrages muss eine mindestens sechsmonatige Versicherungsmitgliedschaft geleistet worden sein.
Großbritannien	Zum Erhalt der Contribution Based Jobseekers Allowance müssen in einem der beiden Steuerjahre, auf denen der Anspruch beruht, mindestens 25 Wochenbeiträge geleistet worden sein, die sich mindestens auf das 50-fache des wöchentlichen Mindestbeitrags belaufen.
Niederlande	Bei kurzfristigen Leistungen (kortdurende uitkering) muss während der letzten 36 Wochen eine mindestens 26-wöchige Beschäftigung stattgefunden haben. Bei entgeltbezogenen Leistungen muss zusätzlich in den letzten fünf Jahren eine vierjährige Beschäftigung stattgefunden haben.
Schweden	1. Leistungsbezieher müssen mindestens sechs Monate abhängige oder selbstständige Erwerbstätigkeit mit mindestens 80 Arbeitsstunden pro Monat (bzw. im Zeitraum von sechs Monaten mindestens 480 Stunden Tätigkeit) nachweisen. Die für den Bezug zu leistende Mindestmitgliedschaft in der jeweiligen Arbeitslosenkasse beträgt ein Jahr. 2. Arbeitslosenhilfe wird im Anschluss an das Arbeitslosengeld gezahlt und wird ohne Bedürftigkeitsprüfung gewährt.
Spanien	Der Bezug von Arbeitslosengeld setzt eine Periode von mindestens 360 Tagen der Beschäftigung in den letzten sechs Jahren voraus.

Quelle: MISSOC Online Tabellen 2007

Schaubild 11-7: Leistungen, Leistungsniveau und -dauer*

DK	Der Leistungssatz in der Arbeitslosenversicherung beträgt 90 % des Bezugslohns, höchstens jedoch 3.110 DKK (rd. 417 €) wöchentlich. Für junge Arbeitslose kurz nach Ausbildung oder Militärdienst beträgt der wöchentliche Höchstsatz 2.800 DKK (rd. 376 €). Die Leistungen werden in der Regel für vier Jahre bezogen, für Personen ab 55 Jahren ist eine Verlängerung bis zur Frühverrentung möglich.
D	Das Arbeitslosengeld beträgt 67 % (mit Kindern) bzw. 60 % (alleinstehend) des letzten Nettoverdienstes. Die Bezugsdauer ist abhängig von der Dauer der Beschäftigung und dem Alter. Im Anschluss an das Arbeitslosengeld können Leistungen zur Sicherung des Lebensunterhalt (Arbeitslosengeld II) in Höhe von 359 € und u.a. angemessenen Leistungen für Wohn- und Heizungskosten bezogen werden.
F	Das Arbeitslosengeld für über 6 Monate Versicherte beträgt 57,4 % des Tagesentgelts oder 40,4 % + 10,66 € täglich (jew. günstigere Lösung), Mindestbetrag: 26 € pro Tag. Bei kürzeren Versicherungszeiten entsprechende Kürzungen. Es wird mindestens 7 und maximal 36 Monate gezahlt. Liegt das Arbeitslosengeld unter einem bestimmten Betrag, wird es aufgestockt. Arbeitslosenhilfe (régime de solidarité) wird als voller teilweiser Pauschalbetrag je nach Situation ausbezahlt.
GB	Hier wird ein Pauschalbetrag von 80 € gezahlt, der für alle gleich ist. Die Zahlungen begrenzen sich auf einen Zeitraum von 182 Tagen (während einer Arbeitslosigkeitsperiode). Anspruchsberechtigte Arbeitslose im Alter von 16 bis 17 Jahren erhalten einen Betrag von 48 € wöchentlich, bei 18 bis 24-Jährigen liegt der Betrag bei 63 €.
NL	Die Leistungen aus der Arbeitslosenversicherungen betragen 70 % des letzten Einkommens (bzw. des gesetzl. Mindestlohns). Die Bezugsdauer kann zwischen einem halben und fünf Jahren liegen. Die anschließenden Leistungen betragen 70 % des gesetzlich festgelegten Mindestlohns und werden für maximal zwei Jahre gewährt. Bei Bedarf können ergänzende Leistungen beantragt werden.
S	Das Arbeitslosengeld beträgt bis zum 200. Tag der Arbeitslosigkeit 80 % des vormals erhaltenen Lohn. Danach sinkt das Niveau bis zum 300. Tag auf 70 %, danach auf 35 %. Der tägliche Maximalbetrag der Lohnersatzleistungen liegt bei 680 SEK (rd. 70 €). Es besteht eine Lohngrenze in der Arbeitslosenversicherung bei 18.700 SEK pro Monat (rd. 2.000 €).**
E	Das Arbeitslosengeld beträgt in den ersten 180 Tagen 70 % des letzten Verdienstes, danach 60 % (zudem bei Bedarf Familienzuschüsse). Die Leistungen dürfen jedoch nicht mehr als 220 % des berufsspezifischen Mindestlohnes betragen. Die Leistungsdauer liegt zwischen 4 Monaten und 18 Monaten (evtl. um 6 Monate verlängerbar).

* Es folgen i.d.R. Anschlussleistungen wie Grundsicherungen für Arbeitslose und verschiedene Formen der Sozialhilfe.

** Datenquelle: Friedrich-Ebert-Stiftung.

Quelle: MISSOC Online Tabellen 2007

11.3 Zusammenfassende Typologisierung und Bewertung

Man kann grob zwei verschiedene Typen von Arbeitslosenversicherungen unterscheiden. Auf der einen Seite die Versicherungssysteme, die auf einer Zwangsmitgliedschaft beruhen (Deutschland, Frankreich, Großbritannien, Spanien, Niederlande), auf der anderen Seite solche, die auf Freiwilligkeit beruhen (Dänemark, Schweden). Dieses grundlegende Unterscheidungsmerkmal kann mit unterschiedlichen historischen Entwicklungslinien begründet werden. So ist in den skandinavischen Ländern das so genannte „Genter Modell" bis in die heutige Zeit bestehen geblieben. Dieses basiert auf der freiwilligen Mitgliedschaft in den Gewerkschaften, deren Arbeitslosenkassen – bei massiver Unterstützung der öffentlichen Hand – die Leistungen im Falle von Arbeitslosigkeit erbringen. Die Grundzüge sind noch heute Bestandteil des schwedischen und dänischen Systems der Arbeitslosenversicherung (vgl. dazu Clasen/Viebrock 2006)[154]. In allen anderen Ländern sind die Versicherungssysteme als Sozialversicherungen mit Zwangsmitgliedschaft konzipiert (in einigen Ländern besteht diese Zwangsmitgliedschaft jedoch nur bis zu einer bestimmten Einkommensgrenze). Es werden von den Arbeitgebern und Arbeitnehmern Beiträge erhoben und im Gegenzug im Bedarfsfall – bei Erfüllung der Anwartschaft – Leistungen gewährt.

Differenzen bestehen auch bei der Art der Finanzierung der Versicherungssysteme. In Schweden zahlen nur die Arbeitnehmer Beiträge, während in allen anderen Ländern auch die Arbeitgeber ebenfalls direkt Beiträge an die Arbeitslosenversicherung entrichten. Jedoch werden bei genauerem Hinsehen auch die Arbeitgeber in Schweden zur Finanzierung herangezogen: Zwar werden keine direkten Beiträge erhoben, jedoch müssen sie einen so genannten Arbeitsmarktfonds finanzieren, der 65 Prozent der Kosten der Arbeitslosenversicherung deckt. Insofern kann man hier eigentlich nicht von einer reinen Finanzierung durch die Arbeitnehmer sprechen.

Auch bezüglich der Leistungshöhe und der Leistungsdauer gibt es zwischen den Ländern Unterschiede. Das Leistungsniveau ist zu Anfang der Arbeitslosigkeit in allen Ländern annähernd gleich. Die Unterschiede werden erst mit der Dauer der Arbeitslosigkeit deutlich. So wird in Spanien nur maximal 180 Tage Arbeitslosengeld gezahlt, in den Niederlanden dagegen bis zu fünf Jahren.

Insgesamt kann man in allen Ländern feststellen, dass die Arbeitslosenversicherungssysteme im Grunde nicht für die gegenwärtig

154 Das Genter System der Arbeitslosenversicherung hat auch die Funktion eines gewerkschaftliches Rekrutierungsinstruments.

bestehende Struktur der Arbeitslosigkeit geschaffen worden sind. Probleme wie Langzeit-, Sockel- und Massenarbeitslosigkeit können mit den bestehenden Systemen nicht ausreichend gelöst werden. Sie zielen vor allem auf Lohnersatzleistungen für kurze Phasen der Arbeitslosigkeit bzw. für eine gewisse Zeit der Arbeitssuche. Dies verdeutlicht nicht zuletzt die große Zahl derer, die keinen Anspruch mehr auf Leistungen der Arbeitslosenversicherungen haben.

11.4 Aktuelle Diskussionen

Bei der Bewertung der Zukunftsperspektiven der Arbeitslosenversicherungssysteme bzw. der Diskussion ihrer Problemlösungskapazitäten sind besonders zwei Aspekte von Bedeutung: Auf der einen Seite die Frage, welche Auswirkungen aus der Art der Finanzierung des jeweiligen Versicherungssystems resultieren; auf der anderen Seite die Frage nach dem Ausmaß an aktiver bzw. neuerdings aktivierender Arbeitsmarktpolitik (s.a. Kap. 18).

Bei den beitragsorientierten Sicherungssystemen sind die Folgen der gestiegenen Arbeitslosigkeit am deutlichsten ablesbar. Bei zunehmenden Arbeitslosenzahlen verschärft sich die finanzielle Situation rapide und die Schere zwischen Einnahmen und Ausgaben tritt immer weiter auseinander. Verschärfend kommt (im deutschen Fall) hinzu, dass die Finanzierung einer stärker aktiven Arbeitsmarktpolitik bzw. derjenigen Folgelasten von Arbeitslosigkeit, die über die Sozialhilfe bzw. seit den Hartz-Reformen Arbeitslosengeld II anfallen, in separaten Haushalten erfolgt, was tendenziell zu einem „Problemverschiebebahnhof" führt. Insbesondere die Bundesregierung hat bei diesen Systemen wenig institutionelle Anreize eine aktive Arbeitsmarktpolitik zu fördern, da die finanziellen Lasten einseitig bei ihr anfallen (vgl. hierzu bereits Schmid u.a. 1987; s.a. Schmid 2007, 2009 und Kap. 18).

Dieser Effekt tritt bei steuerfinanzierten Versicherungssystemen weniger auf, da sich alle erwerbstätigen Bürger am Aufkommen beteiligen. Zugleich sind im letzten Fall wegen der universalistischen Orientierung die Ausschlussmechanismen geringer entwickelt. Beim Genter Modell entwickeln die Gewerkschaften ein direktes Interesse am aktiven Abbau von Arbeitslosigkeit, da die Finanzierung über ihre Kassen erfolgt. Zugleich übt dieses System einen gewissen Druck durch die Arbeitnehmervertretungen auf die berufliche und räumliche Mobilität von Arbeitslosen aus, da nur über eine Reintegration in den Arbeitsmarkt eine Entlastung der Gewerkschaftskassen erreicht wird.

Ob und wie die einzelnen Länder die Arbeitslosigkeit bekämpfen, hängt entscheidend vom Ausmaß der aktiven Arbeitsmarktpolitik ab. Hieraus ergeben sich zugleich erhebliche finanzielle Entlastungen für die passiven sozialen Sicherungssysteme. Der prozentuale Anteil der aktiven Arbeitsmarktpolitik am Gesamtbudget ist in den untersuchten Ländern unterschiedlich. Interessant in diesem Zusammenhang ist ferner die Frage, wie hoch die finanziellen Aufwendungen pro Arbeitslosen sind, denn der Anteil an aktiver Arbeitsmarktpolitik sagt darüber nichts aus. Insofern unterscheidet sich die Position eines Landes auch je nach dem, welche Bemessungsgrundlage gewählt wird (s. Schaubilder 11-8 und 11-9). (Vgl. zu aktuellen Reformen Sproß/Lang 2008; zu Deutschland Schmid 2007).

Die aktive Arbeitsmarktpolitik pro Arbeitslosem/r ist tendenziell in den nordischen Ländern Dänemark und Schweden vergleichsweise hoch und in Großbritannien sowie in rudimentären Systemen wie Spanien vergleichsweise niedrig ausgeprägt. Dass jedoch selbst ein relativ hoher Anteil an aktiver Arbeitsmarktpolitik noch nicht ausreichend ist um das Problem der steigenden Arbeitslosigkeit zu lösen, zeigt sich in der Bundesrepublik, wobei hier die Besonderheiten der deutschen Einheit in Rechnung zu stellen sind. Die Schwächen und Defizite der aktiven Arbeitsmarktpolitik haben inzwischen dazu geführt, Weiterentwicklungen in Richtung Aktivierung und Beschäftigungswachstum voranzutreiben (Claasen 2000; Vail 2008, vgl. Kap. 18).

Auf längere Sicht ist davon auszugehen, dass in den beitragsfinanzierten Systemen wohl ein verstärkter Staatszuschuss nötig sein wird, damit die Arbeitslosigkeit wirkungsvoll bekämpft werden kann. Denn aktive Arbeitsmarktpolitik wird immer wichtiger, weil reine Geldleistungen die bestehenden Probleme nicht lösen, sondern eher die Finanzierung und der Bestand der gesamten sozialen Sicherungssysteme nachhaltig gefährdet werden.

11.5 Zentrale Literatur

Aus Politik und Zeitgeschichte B 16/2005: Themenheft Arbeitsmarktreformen, Bonn.

Aus Politik und Zeitgeschichte B 27/2009: Themenheft Arbeitsmarktpolitik, Bonn.

Bernhard, Sarah u.a. 2008: Aktive Arbeitsmarktpolitik in Deutschland und ihre Wirkungen. IAB-Forschungsbericht 2/2008. Nürnberg.

Clasen, J. 2000: Motives, Means and Opportunities. Reforming Unemployment Compensation in the 1990. In: West European Politics. Nr. 2.

Konle-Seidl, R. 2000: Hilfereformen und Aktivierungsstrategien im internationalen Vergleich. IAB-Forschungsbericht 7/2008.

Schmid, J. 2007: Arbeitsmarkt- und Beschäftigungspolitik - große Reform mit kleiner Wirkung? In: Egle, C./Zohlnhöfer, R. (Hrsg.): Ende des rot-grünen Projekts. Eine Bilanz der Bundesregierung Schröder 2002-2005. Wiesbaden. S. 271-294.

Schmid, J. 2009: Entwicklung der Arbeitsförderung. In: APUZ 27-2009. S. 3-8

Schömann, K u.a. 2000: Moving towards Employment Insurance - Unemployment Insurance and Employment Protection in the OECD. WZB Discussion Paper FS I 00 -201. Berlin.

Sproß, C./Lang, K. 2008: Länderspezifische Ausgestaltung von Aktivierungspolitiken. Chronologie und gesetzliche Grundlagen. IAB-Forschungsbericht 9/2008. Nürnberg.

Vail, M. 2008: From welfare without work to buttressed liberalizaton. The shifting dynamics of labor market adjustments in France and Germany. In: European Journal of Political Research 47. S. 334-358.

12 Sozialpolitische Felder im Vergleich: Familie und Mutterschaft

12.1 Familie als sozialpolitisches Feld

Beim sozialpolitischen Feld Familie handelt es sich um einen sozialpolitischen Regelungsbereich, der nicht zur klassischen Sozialversicherung zählt. Wegen der besonderen gesellschaftlichen Funktion der Familie ist sie jedoch Gegenstand verschiedener staatlicher Interventionen (vgl. Ferrarini 2006, Gerlach 2004). Dabei sind grundsätzlich zwei Leistungsbereiche zu unterscheiden: Einerseits Geldleistungen, die die aus dem Tatbestand „Familie" resultierenden besonderen finanziellen Belastungen in einem gewissen Ausmaß kompensieren (primär Kindergeld sowie in einigen Ländern familienspezifische Unterstützungen), andererseits Geld- und Sachleistungen, die sich auf die „Mutterschaft" im engeren Sinne beziehen. Nicht behandelt werden steuerliche Sonderbehandlungen von Ehe und Familie wie etwa das Ehegatten-Splitting im deutschen Steuerrecht.

Während die Familienbeihilfen der jeweiligen sozialen Sicherungssysteme in den hier betrachteten Ländern vergleichsweise einheitlich sind, bestehen hinsichtlich der Leistungen bei Mutterschaft nicht unwesentliche Unterschiede. Überdies ist festzustellen, dass sich im Laufe der Zeit die Leistungen bei Mutterschaft verbessert haben, wohingegen der Anteil der Familienleistungen an den gesamten Sozialleistungen weiter gesunken ist. Ein Blick auf den kumulierten Anteil der Ausgaben für den Bereich Familie/Kinder an den gesamten Sozialausgaben ergibt so das Bild einer im Längsschnitt recht konstanten, über die Länder betrachtet jedoch uneinheitlichen Ausgabenstruktur (siehe Schaubild 12-1); aus dem Rahmen fällt hier das enorme Aufholen des Sicherungsbereichs in Spanien. Insgesamt bestehen im sozialpolitischen Feld Familie im Vergleich zu anderen Sozialleistungen die größten Unterschiede zwischen den untersuchten Ländern[155].

---

155 Ausführlicher hierzu MISSOC Online Statistiken, die einen ausführlichen, über die familienpolitischen Leistungen sozialer Sicherungssysteme hinausgehenden Länderüberblick geben. Die Europäische Beobachtungsstelle für nationale Familienpolitiken liefert zudem Statistiken etc. und Informationen zu aktuellen Projekten(s. Linkliste). Vgl. ferner zum Gesamten in weiterführenden Literaturhinweise.

Schaubild 12-1: Anteil der Ausgaben für Familie und Kinder an den gesamten Sozialausgaben (ESSOS-Ausgabentyp Familie/Kinder) in % aller Sozialausgaben, 1999-2006

	DK	D	F	GB	NL	S	E
1999	12,7	10,7	9,3	7,6	4,0	9,2	2,5
2000	12,8	10,9	8,6	6,6	4,3	8,8	4,8
2001	12,9	10,7	8,4	6,5	4,1	9,1	4,6
2002	13,0	11,1	8,2	6,7	4,4	9,1	4,6
2003	12,9	10,9	8,0	6,8	4,6	9,1	5,2
2004	12,7	11,0	8,0	6,6	4,5	9,1	5,3
2005	12,6	11,1	8,0	6,1	4,5	9,2	5,6
2006	12,8	10,7	8,1	6,0	5,4	9,6	5,5

Quelle: Eurostat Online Statistiken

12.2 Vergleichender Überblick

12.2.1 Sicherungsziele

In allen hier betrachteten Ländern haben Familienbeihilfen (primär in Form von Kindergeld) universalistischen Charakter insofern, als die gesamte Bevölkerung anspruchsberechtigt ist, unabhängig davon, ob eine Erwerbstätigkeit ausgeübt wird oder Vorleistungen erbracht worden sind. Die Familienbeihilfen werden als Geldleistungen gewährt, wobei ihre Höhe lediglich Zuschusscharakter hat.

Im Vergleich dazu unterscheiden sich die Sicherungsziele der Leistungen bei Mutterschaft, die im Rahmen der jeweiligen Krankenversicherung gewährt werden, erheblich stärker: Ähnlich wie im Krankheitsfall wird zwar in allen Ländern während und nach der Schwangerschaft eine bedarfsgerechte Versorgung mit Sachleistungen gewährt, der anspruchsberechtigte Personenkreis variiert jedoch. Entsprechend dem Modell der Staatsbürgerversorgung haben in Dänemark, Großbritannien und Schweden alle Frauen Anspruch auf medizinische Versorgung, wohingegen in Deutschland, Frankreich, den Niederlanden und Spanien der Versorgungsanspruch eine entsprechende Versicherungsmitgliedschaft voraussetzt, die im allgemeinen an Erwerbstätigkeit gebunden ist. Ungeachtet dieser unterschiedlichen Sicherungstypen setzt der Bezug von Geldleistungen bei Mutterschaft generell Erwerbstätigkeit voraus. Dabei ist das Leistungsniveau in allen Ländern lebensstandardsichernd. Lediglich in Großbritannien sinken die Leistungen nach einem gewissen Zeitraum auf ein Mindestsicherungsniveau ab bzw. bewegen sich von vornherein auf diesem Niveau.

Schaubild 12-2: Sicherungsziele

	Familienbeihilfen	Mutterschaft
DK	gesamte Bevölkerung; Leistungen haben Zuschusscharakter	Sachleistungen: bedarfsgerechte Versorgung aller Frauen; Geldleistungen: Arbeitnehmerinnen, lebensstandardsichernd.
D	gesamte Bevölkerung; Leistungen haben Zuschusscharakter	Sachleistungen: bedarfsgerechte Versorgung aller Arbeitnehmerinnen; Geldleistungen: Arbeitnehmerinnen und mitversicherte Frauen, lebensstandardsichernd.
F	gesamte Bevölkerung; Leistungen haben Zuschusscharakter	Sachleistungen: bedarfsgerechte Versorgung aller Arbeitnehmerinnen und mitversicherten Frauen; Geldleistungen: Arbeitnehmerinnen, lebensstandardsichernd.
GB	gesamte Bevölkerung; Leistungen haben Zuschusscharakter	Sachleistungen: bedarfsgerechte Versorgung aller Frauen; Geldleistungen: Arbeitnehmerinnen, weitgehend lebensstandardsichernd bzw. Mindestsicherung.
NL	gesamte Bevölkerung; Leistungen haben Zuschusscharakter	Sachleistungen: bedarfsgerechte Versorgung aller Arbeitnehmerinnen und mitversicherten Frauen; Geldleistungen: Arbeitnehmerinnen, lebensstandardsichernd.
S	gesamte Bevölkerung; Leistungen haben Zuschusscharakter	Sachleistungen: bedarfsgerechte Versorgung aller Frauen; Geldleistungen: Arbeitnehmerinnen, lebensstandardsichernd.
E	gesamte Bevölkerung; Leistungen haben Zuschusscharakter	Sachleistungen: bedarfsgerechte Versorgung aller Arbeitnehmerinnen und mitversicherten Frauen; Geldleistungen: Arbeitnehmerinnen, lebensstandardsichernd.

Quelle: Eigene Erstellung.

12.2.2 *Erfasster Personenkreis*

Wie bereits erwähnt, haben Familienbeihilfen in allen der hier untersuchten Länder universalistischen Charakter (d.h. sie sind nicht von Sozialversicherungsbeiträgen abhängig). Daher sind alle Personen anspruchsberechtigt, die ein Kind unterhalten, und zwar unabhängig vom Vorhandensein verwandtschaftlicher Beziehungen.

Im Gegensatz dazu sind hinsichtlich der Gewährung von Sachleistungen bei Mutterschaft zwei Typen zu unterscheiden: Während in Ländern, die sich am Modell der Staatsbürgerversorgung orientieren (Dänemark, Großbritannien und Schweden), alle Frauen Anspruch auf medizinische Versorgung haben, ist dieser in den restlichen Ländern an die Mitgliedschaft in der Krankenversicherung gebunden, also im allgemeinen an Erwerbstätigkeit (Ausnahme: Mitversicherung durch den Ehemann). Bei Anwendung des Versicherungsprinzips besteht jedoch ein allgemeines Ausschlussproblem - dementsprechend können Sicherungslücken auftreten. Dessen ungeachtet haben in allen Ländern Arbeitnehmerinnen generell Anspruch auf Geldleistungen, wobei jeweils spezifische Anspruchsvoraussetzungen zu beachten sind.

Schaubild 12-3: Erfasster Personenkreis

	Familienbeihilfen	Mutterschaft
DK	gesamte Bevölkerung; Leistungen für alle Kinder, die der Berechtigte unterhält	Sachleistungen: alle Frauen; Geldleistungen: alle Arbeitnehmerinnen und selbständigen Frauen
D	gesamte steuerpflichtige Bevölkerung; Leistungen für alle Kinder, die der Berechtigte unterhält	Sachleistungen: Arbeitnehmerinnen und mitversicherte Frauen; Geldleistungen: GKV-versicherte Frauen
F	gesamte Bevölkerung; Leistungen i.d.R. ab dem zweiten zu unterhaltendem Kind	Sachleistungen: Alle Erwerbstätigen und Personen mit dauerhaftem Wohnsitz in Frankreich sowie mitversicherte Frauen; Geldleistungen: alle erwerbstätigen Personen
GB	gesamte Bevölkerung; Leistungen für alle Kinder, die der Berechtigte unterhält	Sachleistungen: alle Frauen; Geldleistungen: Arbeitnehmerinnen und z.T. Selbstständige
NL	gesamte Bevölkerung unter 65 Jahren; Leistungen für alle Kinder, die der Berechtigte unterhält	Sachleistungen: versicherte Frauen; Geldleistungen: Arbeitnehmerinnen
S	gesamte Bevölkerung; Leistungen für alle Kinder, die der Berechtigte unterhält	Sachleistungen: alle Frauen; Geldleistungen: alle Arbeitnehmerinnen und Selbstständige
E	gesamte Bevölkerung; Leistungen für alle Kinder, die der Berechtigte unterhält	Sachleistungen: Arbeitnehmerinnen und mitversicherte Frauen; Geldleistungen: Arbeitnehmerinnen

Quelle: MISSOC Online Tabellen 2007.

12.2.3 Finanzierung

Im Zusammenhang mit der Finanzierung von Familienbeihilfen lassen sich im Wesentlichen drei Typen unterscheiden: Während in Dänemark, Deutschland, den Niederlanden, Großbritannien, Schweden und Spanien Familienbeihilfen aus Steuermitteln getragen werden, werden sie in Frankreich hauptsächlich durch Arbeitgeberbeiträge finanziert.

Auch bei der Finanzierung von Leistungen bei Mutterschaft können zwei verschiedene Typen unterschieden werden: Erstens Steuern (Dänemark), zweitens Arbeitgeber- und/oder Arbeitnehmerbeiträge zur Krankenversicherung bzw. zur allgemeinen Sozialversicherung (Deutschland, Frankreich, Großbritannien, die Niederlande, Schweden, Spanien), wobei im zweiten Typ meist ein steuerlicher Zuschuss hinzukommt.

Schaubild 12-4: Finanzierung

	Familienbeihilfen	Mutterschaft*
DK	Steuern	Steuern, jedoch Beteiligung des beitragsfinanzierten Arbeitsmarktfonds
D	Steuern	Versicherungsbeiträge der Arbeitgeber und -nehmer und steuerliche Zuschüsse
F	Arbeitgeberbeiträge (5,4 %) und Steuern	Versicherungsbeiträge und steuerliche Zuschüsse
GB	Steuern	Versicherungsbeiträge der Arbeitgeber und -nehmer; Steuern
NL	Steuern	Versicherungsbeiträge aller Einwohner
S	Steuern	Steuern und Versicherungsbeiträge von Arbeitgebern und Selbstständigen
E	Steuern	allgemeine Sozialversicherungsbeiträge der Arbeitgeber und nehmerInnen; Steuern

* Finanziert im Rahmen der jeweiligen Krankenversicherung. Vgl. daher Schaubild 13-4.

Quelle: MISSOC Online Tabellen 2007; MISSOC Online Datenbank 2009.

12.2.4 Leistungen, Leistungsniveau und -dauer

Im sozialpolitischen Feld "Familie" sind grundsätzlich zwei Leistungsformen zu unterscheiden: Einerseits Familienbeihilfen, wobei in diesem Zusammenhang das Kindergeld von zentraler Bedeutung ist, und andererseits Leistungen bei Mutterschaft. Zwar wird in allen hier betrachteten Ländern Kindergeld gezahlt, seine Höhe variiert jedoch meist entsprechend der Anzahl der Kinder (Deutschland, Frankreich und Schweden), dem Alter der Kinder (Dänemark) oder Anzahl/Alter der Kinder (Großbritannien, Niederlande) - lediglich in Spanien ist das Kindergeld einheitlich. Mit Ausnahme von Frankreich (mindestens zwei zu unterhaltende Kinder) beginnt die Zahlung von Kindergeld mit dem ersten Kind. In Dänemark, Deutschland und Spanien erfolgt die Zahlung bis zum 18. Lebensjahr, in Frankreich bis zum 19. Lebensjahr, in den Niederlanden bis zum 17. Lebensjahr und in Schweden sowie in Großbritannien bis zum 16. Lebensjahr[156]. Die Höhe der monatlichen Geldleistungen lässt sich grob in drei Gruppen einteilen, wobei in diesem Zusammenhang von einer Familie mit zwei Kindern unter sechs Jahren ausgegangen wird: Kindergeld bis ca. 50 EUR im Monat erhalten Familien in Spanien, bis ca. 100 EUR monatlich in Großbritannien sowie den Niederlanden und über 100 EUR monatlich in Dänemark, Deutschland (seit 1998), Frankreich (seit 1997) und Schweden. Zu erwähnen ist hierbei, dass die deutliche Anhebung des Kindergeldes in Deutschland auf ein Urteil des Bundesverfassungsgerichts zurückzuführen ist (vgl. dazu Gerlach 2000).

Über die Zahlung von Kindergeld hinaus werden in Deutschland, Frankreich und Dänemark familienspezifische Leistungen gewährt, wie z.B. das Elterngeld im Zusammenhang mit der Elternzeit in Deutschland[157].

Daneben bestehen in allen Ländern im Rahmen der jeweiligen Krankenversicherung spezielle Leistungen bei Mutterschaft. Die Sachleistungen sind vergleichsweise einheitlich und schließen die ärztliche Betreuung während der Schwangerschaft, die kostenlose medizinische Versorgung bei und nach der Geburt ein. Darüber hinaus wird in allen Ländern ein Mutterschaftsgeld gewährt, das den Einkommensausfall während der gesetzlichen Mutterschutzfristen ausgleicht. Das Leistungsniveau ist hier lebensstandardsichernd, wobei die tatsächliche Lohnersatzquote genauso wie das Berechnungsprinzip variiert. In Spanien wurden die Beihilfen bei Mutterschaft, deren Niveau deutlich hinter den anderen EU-Ländern liegt, verbessert und aufgestockt. Ins Auge sticht das Lohnersatzniveau des Mutterschaftsgeldes in Großbritannien: Hier wird das Wochengeld nur in den ersten sechs Wochen in Höhe von 90 Prozent des vorangegangenen Einkommens gewährt und reduziert sich dann auf einen Pauschalbetrag von 162 EUR wöchentlich. Überdies beträgt die Mutterschaftsbeihilfe, die bei Fehlen der Anspruchsvoraussetzungen für Wochengeld gezahlt wird, ebenfalls 162 EUR wöchentlich. Beide Pauschalbeträge stellen somit nur eine Mindestsicherung dar.

---

156 Datenquelle: Gerlach 2004. Hinzukommen können diverse Regelungen zur Verlängerung des Kindergeldbezugs wie beispielsweise Studium oder, in Deutschland, die Absolvierung von Wehrdienst oder Wehrersatzdienst.

157 Ausführlicher hierzu die jeweiligen Länderkapitel sowie Kap. 16 (Frauen).

Schaubild 12-5: Leistungen, Leistungsniveau und -dauer

	Familienbeihilfen*	Mutterschaft**
DK	Kindergeld: nach Alter der Kinder 110 bis 155 €/Monat; Erziehungsgeld: Höhe von 60 % der Arbeitslosenversicherung.	Sachleistungen: nach Bedarf. Geldleistungen: Mutterschaftsgeld: auf Basis des Stundenlohns bis zur Obergrenze von 458 €/Woche.
D	Kindergeld: nach Anzahl der Kinder 154 bis 179 €/Monat. Elterngeld: 67 % des Nettoeinkommens	Sachleistungen: nach Bedarf. Geldleistungen: Mutterschaftsgeld in Höhe von bis zu 13 €/Tag, wobei der Differenzbetrag zu Lohnersatzleistungen der Krankenkassen durch den Arbeitgeber ausgeglichen wird. Nicht versicherte Arbeitnehmerinnen erhalten einen Höchstbetrag von bis zu 210 €.
F	Kindergeld: nach Anzahl der Kinder rd. 119 bis rd. 152 €/Monat. Erziehungsgeld: bei voller Arbeitsaufgabe rd. 530 €.	Sachleistungen: nach Bedarf. Geldleistungen: Mutterschaftsgeld in Höhe des Nettoarbeitsentgelts, dabei mind. rd. 9 €/Tag, max. rd. 72 €/Tag.
GB	Kindergeld: ältestes Kind 112 €/Monat, jedes sonstige Kinder 75 €/Monat. Erziehungsgeld: kein Erziehungsgeld.	Sachleistungen: nach Bedarf. Geldleistungen: Mutterschaftsgeld in Höhe von maximal 90 % des Einkommens.
NL	Kindergeld: nach Anzahl und Geburtstag (Stichtag) der Kinder rd. 62 bis. rd. 120 € (für ab dem 1.1.1995 geb. Kinder). Erziehungsgeld: kein Erziehungsgeld.	Sachleistungen: nach Bedarf. Geldleistungen: 100 % des Tagesarbeitsentgelts. Das maximal zu berücksichtigende Tagesarbeitsentgelt beträgt 172,48 €.
S	Kindergeld: Basisbetrag von 116 €/Monat zuzüglich Mehrkinderzulage. Erziehungsgeld: kein Erziehungsgeld.	Sachleistungen: nach Bedarf. Geldleistungen Elternschaftsgeld (föräldrapenning) wird für 480 Tage pro Kind gewährt. 390 Tage entspricht die Leistung dem Satz für Geldleistungen bei Krankheit mit einem Minimum von 180 SEK (20 €) pro Tag (garantierter Grundbetrag, grundbelopp). Für die restlichen 90 Tage wird der Mindestbetrag gewährt.
E	Kindergeld: rd. 24 €/Monat. Erziehungsgeld: Sachleistungen.	Sachleistungen: nach Bedarf. Geldleistungen: Mutterschaftsgeld auf Basis von Quotient des beitragspflichtigen Arbeitsentgelts im Monat vor Einstellung der Arbeit dividiert durch die Anzahl der der Beitragszahlung entsprechenden Tage.

* Dargestellt sind Kindergeld und Erziehungsgeld (Deutschland: Elterngeld). Es können weitere Leistungen hinzukommen. Sonderregelungen bspw. für behinderte Kinder oder verrentete Eltern sind nicht dargestellt.

** Hinzukommen können Lohnfortzahlungen durch die Arbeitgeber sowie weitere Leistungen (z.B. Schwangerschaftsgeld vor der Entbindung in Schweden). Regelungen zum Mutterschaftsurlaub sind nicht dargestellt.

Quelle: MISSOC Online Tabellen 2007 mit eigenen Ergänzungen.

12.2.5 Anspruchsvoraussetzungen

Entsprechend des universalistischen Charakters von Familienbeihilfen bestehen in keinem der hier untersuchten Länder spezifische Anspruchsvoraussetzungen.

Dagegen ist insbesondere der Bezug von Geldleistungen bei Mutterschaft mit Ausnahme der Niederlande an bestimmte Bedingungen geknüpft, die sich auf die Dauer der Versicherungsmitgliedschaft und/oder auf das Ausmaß der Erwerbstätigkeit vor dem Beginn des Mutterschutzes beziehen. Auch in Schweden, welches die Geldleistungen bei Mutterschaft in den 1990er Jahren an keine Bedingungen geknüpft hatte, ist mittlerweile eine Mindestversicherungsmitgliedschaft auf ein Krankentagegeld von 240 Tagen zu erbringen; ist diese nicht vorhanden, wird jedoch ein Mindestsatz von 20 EUR/Tag gewährt. Ein Mindestbeschäftigungsumfang ist in Dänemark (120 Stunden in 13 Wochen vor der Entbindung) und in weit höherem Maß in Großbritannien (26 Wochen ununterbrochen bis mindestens in die 15. Woche vor der Entbindung) geregelt. In Frankreich muss zum Erhalt der Leistungen eine Mindestversicherung von zehn Monaten in der Krankenversicherung stattgefunden haben, in Spanien beträgt dieser Zeitraum 180 Tage. In Deutschland besteht eine Kopplung an den Anspruch auf Krankengeld.

Schaubild 12-6: Anspruchsvoraussetzungen

	Familienbeihilfen	Mutterschaft (Geldleistungen)
DK	keine	Mindesterwerbstätigkeit vor der Entbindung bzw. Anspruch auf Lohnersatzleistungen der Arbeitslosenversicherung.
D	keine	I.d.R. Anspruch auf Lohnersatzleistungen der Krankenversicherung.
F	keine	Anspruch auf Lohnersatzleistungen der Krankenversicherung; zusätzliche Mindestversicherungszeit.
GB	keine	Mindestanforderungen an Beschäftigung vor der Entbindung
NL	keine	keine
S	keine	Mindestversicherungsdauer, um mehr als einen Minimalsatz von 20 €/Tag zu erhalten.
E	keine	Mindestanforderungen an Versicherungszeit und Beitragszahlung vor der Entbindung

Quelle: MISSOC Online Tabellen 2007

12.3 Zusammenfassende Typologisierung und Bewertung

Aus dem Vorangegangenen wird deutlich, dass sich die Familien- und Mutterschaftsleistungen der einzelnen Länder insbesondere in zwei Punkten unterscheiden: einerseits in der Finanzierung und andererseits hinsichtlich des Leistungsniveaus sowie des Leistungsumfangs (vgl. als Übersicht auch Gerlach 2004: 299 ff.).

In Hinblick auf die Finanzierung lässt sich feststellen, dass Familienbeihilfen in den meisten Fällen aus Steuern finanziert werden. Hiervon weicht lediglich Frankreich ab (Arbeitgeberbeiträge und Steuern). Auch in Schweden werden das bisher von Arbeitgebern gezahlte Kindergeld und Mutterschaftsbeihilfen nun aus öffentlichen Mitteln finanziert. Dagegen werden die Leistungen bei Mutterschaft in der überwiegenden Zahl der Länder durch Beiträge von Arbeitgebern und ArbeitnehmerInnen getragen.

Darüber hinaus sind bei Familienbeihilfen erhebliche Unterschiede sowohl hinsichtlich des Leistungsniveaus als auch des Leistungsumfangs festzustellen. Des weiteren fällt auf, dass das Kindergeld in den meisten Ländern die einzige Familienbeihilfe ist, und darüber hinausgehende Leistungen, die insbesondere eine verbesserte Vereinbarkeit von Familien- und Berufsleben ermöglichen, weitgehend fehlen[158]. Dies korrespondiert mit dem Umstand, dass viele Leistungen für Familien immer noch primär „Mutterschaftsleistungen" sind. Eine Ausnahme bildet hier die Elternzeit, die in manchen Ländern in durchaus hohen Umfängen auch vom Vater wahrgenommen wird. Unter den hier näher betrachteten Ländern trifft das v.a. auf die Niederlande und Schweden zu. In diesem Zusammenhang ist ferner auf die erhebliche Varianz bei der Dauer der Elternzeit zwischen 13 Wochen pro Elternteil in den Niederlanden und 36 Monaten in Deutschland, Frankreich und Spanien zu verweisen (vgl. Reich 2008: 818). Gesondert zu erwähnen ist das in Deutschland unter der großen Koalition (2005-2009) neu eingeführte Elterngeld, das 67 Prozent des Erwerbseinkommens beträgt und zusätzlich zum Kindergeld bis zu 14 Monate ausbezahlt wird. Bei der Bezugsdauer hat der Gesetzgeber einen Anreiz zur gemeinsamen Ausübung der Erziehungsaufgaben gesetzt: Nicht allein erziehende Eltern können die Entgeltersatzleistung höchstens zwölf Monate pro Partner beziehen; die übrigen zwei Monate müssen vom jeweils anderen Partner ergänzt werden. Überdies gibt es in Frankreich zahlreiche Leistungen wie Familien- und Kinderbetreuungsbeihilfen.[159]

158 Ausführlicher hierzu Kap. 16.

159 Im Hinblick auf die sozial-generativen Wirkungen zeigen EG-Statistiken, dass ein deutlicher Zusammenhang zwischen der Höhe des Kindergeldes und der Geburtenzahl

Schaubild 12-7: Finanzierungsformen

	Finanzierung von...	
	Familienbeihilfen	**Mutterschaft**
Steuern	Dänemark Deutschland Großbritannien Niederlande Spanien Schweden	Dänemark
Arbeitgeberbeiträge	Frankreich	Frankreich Schweden
Arbeitgeber- und nehmerbeiträge	-	Deutschland Großbritannien Niederlande Spanien

Quelle: Eigene Darstellung

12.4 Aktuelle Diskussionen

Angesichts der Bedeutungszunahme von Kleinfamilien und von Frauenerwerbstätigkeit sowie der steigenden Zahl von Alleinerziehenden ist der familienpolitische Handlungsbedarf in allen betrachteten Ländern gewachsen, wobei hierbei die bessere Vereinbarkeit von Familie und Beruf von zentralem Stellenwert ist. Letztere kann einerseits durch die im vorangegangenen skizzierten Maßnahmen im Rahmen der Sozialversicherung gefördert werden, andererseits spielen in diesem Zusammenhang auch Betreuungsangebote, insbesondere für Kleinkinder (unter drei Jahren) und für Kinder im Schulalter, sowie Maßnahmen für eine familienfreundlichere Gestaltung der Arbeitswelt eine bedeutende Rolle. Letzteres meint Angebote zur Teilzeitarbeit, Möglichkeiten der Freistellung bei Krankheit des Kindes sowie Maßnahmen zur Erleichterung der Wiedereingliederung in das Berufsleben.

Vor diesem Hintergrund lassen sich hinsichtlich der Vereinbarkeit von Familie und Beruf für die jüngere Vergangenheit folgende familienpolitische Ansätze unterscheiden: Während in Dänemark, Frankreich und

existiert. Luxemburg, Belgien, Niederlande, Dänemark und Frankreich bilden hierbei die Spitzengruppe; Deutschland belegt nur den sechsten Platz (vgl. WAZ vom 13.2.1995).

Schweden ein zeitliches Nebeneinander von Familie und Beruf angestrebt wird, steht in Deutschland (zu aktuellen Reformen s.u.) und den Niederlanden ein zeitliches Nacheinander im Vordergrund. Demgegenüber wird in Großbritannien die Vereinbarkeit von Familie und Beruf weitgehend dem Tarif- und Unternehmensbereich sowie der Privatinitiative überlassen; in Spanien sind entsprechende familienpolitische Regelungen erst im Aufbau. Insgesamt bestehen somit in Großbritannien und Spanien Angebotslücken grundsätzlicher Art, wohingegen sie in den anderen Ländern eher spezifischer Natur sind. Interessant ist in diesem Zusammenhang die Frage, inwieweit sich die Verortung Deutschlands zu wandeln beginnt, hat doch hier die große Koalition (2005-2009) in Richtung eines Ausbaus der Kinderbetreuungsstrukturen im Kleinkindalter gewirkt (vgl Spieß 2006). Dies könnte als Schritt in Richtung einer besseren Vereinbarkeit von Familie und Beruf und damit als Erosion des Prinzips des Nacheinander dieser beiden Lebensbereiche gedeutet werden. Aus feministischer bzw. Gender-Sicht ist das freilich ungenügend - auch im Vergleich mit den anderen Ländern (etwa Rüling/Kassner 2007).

In einer Studie des Zentrums für Sozialpolitik an der Universität Bremen ist versucht worden, die Heterogenität der „politische(n) Regulierung der familialen Verhältnisse" und „Familienrechtstraditionen" in einer Typologie zu fassen. Diese basiert zum einen auf der Dimension der Effektivität und Stärke der Intervention und zum anderen auf der Dimension der direkten und expliziten Familienpolitik bzw. umgekehrt einer über andere Politikfelder (z.B. Steuer- und Rentenpolitik) bewirkten indirekten Form der Regulierung (ZeS 2001). Ergänzend zu den vier Fällen ließen sich Dänemark bei Schweden, Spanien bei Deutschland und die Niederlande zwischen diesen und Großbritannien positionieren.

Schaubild 12-8: Typen der Familienpolitik in vier Ländern

		Explizite Regulierung	
		ja	**nein**
Effektive Regulierung	*ja*	F	SW
	nein	D	GB

Quelle: Eigene Darstellung

12.5 Zentrale Literatur

Aus Politik und Zeitgeschichte B 24-25/2005: Themenheft Familienpolitik, Bonn.
Bouß, I. 2006: Familie und Familienpolitik in Deutschland. Gesellschaftliche und sozialpolitische Einflussnahme auf die Familiengründung. Saarbrücken.
Dörfler, S./Krenn, B. 2006: Familie im internationalen Vergleich. Deutschland, Schweden, Österreich und Norwegen. In: Familienhandbuch des Staatsinstituts für Frühpädagogik. Online unter: http://www.familienhandbuch.de/cmain/f_Fachbeitrag/ a_Familienforschung/s_2114.html.
Ferrarini, T. 2006: Families, States and Labour Markets. Institutions, causes and consequences of family policy in post-war welfare states. Cheltenham u.a.
Gerlach, I. 2004: Familienpolitik. Wiesbaden.
Hantrais, L. 1999: Comparing Family Policies in Europe. In: Claasen, J. (Hrsg.), Comparative Social Policy. Oxford.
Reich, N. 2008: Deutsche Familienpolitik im internationalen Vergleich. In: Wirtschaftsdienst. Vol. 88 (12).
Rüling, A./Kassner, K. 2007: Familienpolitik aus der Gleichstellungsperspektive. Ein europäischer Vergleich. FES Studie. Bonn
Spieß, K. 2006: Familienbezogene Politiken in Deutschland, Dänemark, Frankreich und Großbritannien - eine Systematisierung unter Berücksichtigung der Geschlechtergleichstellung. Online unter:
http://web.fu-berlin.de/gpo/katharina_spiess.htm

13 Gesundheitspolitik: Strukturen und Perspektiven

13.1 Gesundheit als sozialpolitisches Feld

Die Absicherung des Krankheitsrisikos im Rahmen von sozialen Sicherungssystemen umfasst im Allgemeinen die Gesundheitsversorgung, also die Übernahme der Kosten für medizinische Versorgung, sowie Lohnersatzleistungen, d.h. die Kompensation der durch Krankheit entstehenden Einkommensverluste. In Bezug auf letzteres kann grundsätzlich zwischen der Lohnfortzahlung durch den Arbeitgeber und dem Krankengeld der Sozialversicherung unterschieden werden. Während die Regelungen hinsichtlich der Gesundheitsversorgung in den hier betrachteten Ländern vergleichsweise homogen sind, bestehen bei den Lohnersatzleistungen, insbesondere bezüglich des Leistungsniveaus, erhebliche Unterschiede. Auffällig ist schließlich das hohe Niveau und Wachstum der Gesundheitsausgaben in allen Ländern.

Schaubild 13-1: Ausgaben für Gesundheit (in Mio. EUR) und Anteil an den gesamten Sozialausgaben in % (1999-2006)

		DK	D	F	GB	NL	S	E
2000	Ausgaben	9.831	171.708	114.746	104.138	30.311	21.291	36.753
	Anteil	*19.6*	*28.4*	*27.0*	*24.6*	*27.5*	*26.5*	*28.8*
2002	Ausgaben	11.141	181.039	129.591	121.602	36.906	23.119	43.404
	Anteil	*20.3*	*28.1*	*27.6*	*27.7*	*28.8*	*27.7*	*29.2*
2004	Ausgaben	12.097	178.556	146.245	137.159	39.606	23.891	52.675
	Anteil	*20.0*	*27.1*	*28.1*	*29.9*	*28.4*	*26.0*	*30.3*
2006	Ausgaben	13.428	186.117	158.008	159.498	47.081	24.448	62.404
	Anteil	*21.0*	*27.9*	*28.1*	*31.2*	*29.7*	*25.4*	*30.4*

Quelle: Eurostat Online Statistiken.

Versucht man die Dekommodifizierungsniveaus in Anlehnung an Esping-Andersen zu berechnen, so kommt man auf drei Gruppen (Bambra 2005; E geschätzt). Dabei ist Großbritannien wegen seines National Health Service ein Ausreisser.

- Niedrige Dekommodifizierung: USA
- Mittlere Dekommodifizierung: F, D, I, (E), NL
- Hohe Dekommodifizierung: DK, S

13.2 Vergleichender Überblick

13.2.1 Sicherungsziele

In Bezug auf die Gesundheitsversorgung orientieren sich die sozialen Sicherungssysteme der hier betrachteten Länder generell an dem Grundsatz, dass sich die Leistungsgewährung nach dem individuellen Bedarf richtet. Dementsprechend werden die Kosten für medizinische Versorgung - bis auf Selbstbehalte - weitgehend von den kollektiven Sicherungssystemen übernommen. Der durch eine solche umfassende Gesundheitsversorgung abgedeckte Personenkreis variiert jedoch: Während sich Dänemark, Großbritannien und Schweden an dem Modell der „Staatsbürgerversorgung" orientieren, also an einer Absicherung der gesamten Wohnbevölkerung, dominiert in Deutschland, Frankreich, den Niederlanden und Spanien das Versicherungsprinzip. [160]

Schaubild 13-2: Sicherungsziele

	Gesundheitsversorgung	Lohnersatzleistung
Dänemark	bedarfsgerechte, umfassende Gesundheitsversorgung aller Einwohner	Lebensstandardsicherung
Deutschland	bedarfsgerechte, umfassende Gesundheitsversorgung aller Versicherten	Lebensstandardsicherung
Frankreich	bedarfsgerechte, umfassende Gesundheitsversorgung aller Versicherten	eingeschränkte Lebensstandardsicherung
Großbritannien	bedarfsgerechte, umfassende Gesundheitsversorgung aller Einwohner	Mindestsicherung
Niederlande	bedarfsgerechte, umfassende Gesundheitsversorgung aller Versicherten	Lebensstandardsicherung
Schweden	bedarfsgerechte, umfassende Gesundheitsversorgung aller Einwohner	Lebensstandardsicherung
Spanien	bedarfsgerechte, umfassende Gesundheitsversorgung aller Versicherten	eingeschränkte Lebensstandardsicherung

Quelle: MISSOC Online Tabellen 2007

Die Sicherungsziele in Bezug auf Lohnersatzleistung variieren im Gegensatz zur Gesundheitsversorgung sehr stark – Unterschiede bestehen neben der Dauer der Leistungsgewährung insbesondere hinsichtlich des Leistungsniveaus im Vergleich zum vorangegangenen Einkommen (Lohnersatzquote):

160 Nach einer nicht an Institutionen und Leistungen orientierten Definition der WHO (Weltgesundheitsorganisation) ist Gesundheit ein Zustand des vollständigen körperlichen, geistigen und sozialen Wohlergehens und nicht nur das Fehlen von Krankheit oder Gebrechen..

Während die Lohnersatzleistungen im Krankheitsfall in Dänemark, Deutschland, Schweden und den Niederlanden - wenn auch im unterschiedlichen Ausmaß - lebensstandardsichernde Funktion haben, garantieren sie in Großbritannien lediglich eine Mindestsicherung - Frankreich und Spanien nehmen Mittelpositionen ein[161].

13.2.2 *Erfasster Personenkreis*

Entsprechend dem Modell der Staatsbürgerversorgung ist in Dänemark, Großbritannien und Schweden die gesamte Bevölkerung, unabhängig von eventuellen Vorleistungen, gegen die Kosten für medizinische Versorgung abgesichert. Dagegen beruht die Versorgung mit medizinischen Leistungen in Deutschland, Frankreich, den Niederlanden und Spanien auf Versicherungsmitgliedschaft, die an ein Beschäftigungsverhältnis gebunden ist (unabhängig von der Einkommenshöhe); Ausnahmen sind im Haushalt des Versicherten lebende unterhaltsberechtigte Personen, Arbeitslose, Studenten sowie Rentner. Obwohl hierdurch de facto der größte Teil der Bevölkerung erfasst wird, ist das grundsätzliche Ausschlussproblem nicht gelöst, und es können - im Gegensatz zur Staatsbürgerversorgung - Sicherungslücken auftreten.

Schaubild 13-3: Erfasster Personenkreis

	Gesundheitsversorgung	Lohnersatzleistung
Dänemark	alle Einwohner	Arbeitnehmer und Selbständige
Deutschland	Arbeitnehmer, Familienangehörige der Versicherten; Arbeitslose, Rentner, Studenten	Arbeitnehmer
Frankreich	alle Einwohner (d.h. alle Erwerbstätigen plus alle Personen mit dauerhaftem Wohnsitz in Frankreich)	Arbeitnehmer
Großbritannien	alle Einwohner	Arbeitnehmer
Niederlande	Alle Einwohner und ausländische Lohnsteuerzahler	Arbeitnehmer
Schweden	alle Einwohner	Arbeitnehmer und Selbständige
Spanien	Arbeitnehmer und Gleichgestellte, Rentner, einkommensschwache Personen	Arbeitnehmer

Quelle: MISSOC Online Tabellen 2007

161 „Lebensstandardsichernd" meint eine Lohnersatzquote von mindestens 70 %, „Mindestsicherung" dagegen eine Lohnersatzquote von weniger als der Hälfte des vorangegangenen Einkommens.

13.2.3 Finanzierung

In Bezug auf die Finanzierung der Gesundheitsversorgung ist idealtypisch zwischen steuer- und beitragsfinanzierten Systemen zu unterscheiden. Dänemark und Großbritannien gehören zur ersten Gruppe, während Deutschland, Frankreich und die Niederlande zur zweiten Gruppe zählen. Spanien und Schweden nehmen dagegen eine Zwischenposition ein: In Spanien wie auch in Schweden wird die Gesundheitsversorgung weitgehend aus Steuern finanziert, und nur ein kleinerer Teil der Kosten wird über Beiträge gedeckt. So werden in Schweden und in Spanien wie auch in den Ländern der zweiten Gruppe die Geldleistungen von Arbeitgebern und -nehmern finanziert, wobei jedoch die Beitragssätze selbst stark variieren. Schließlich lässt sich allgemein ein Zusammenhang zwischen Steuerfinanzierung einerseits und Staatsbürgerversorgung bzw. staatlichem Gesundheitsdienst andererseits erkennen – lediglich Spanien (Steuerfinanzierung und Versicherungsprinzip) bildet hier eine Ausnahme.

Schaubild 13-4: Finanzierung

	Gesundheitsversorgung	Lohnersatzleistung
DK	Steuern	*Lohnfortzahlung*: Arbeitgeber *Krankengeld*: Beiträge der Arbeitgeber und -nehmer
D	Beiträge der Arbeitgeber und -nehmer plus Steuerzuschuss im 2009 eingeführten Gesundheitsfonds	*Lohnfortzahlung*: Arbeitgeber *Krankengeld*: Beiträge der Arbeitgeber und -nehmer
F	Beiträge der Arbeitgeber und -nehmer und Steuern	*Lohnfortzahlung*: Arbeitgeber *Krankengeld*: Beiträge der Arbeitgeber und -nehmer
GB	Steuern	*Lohnfortzahlung*: Es besteht ein gesetzliches Krankengeld, das vom Arbeitgeber gezahlt wird – *Krankengeld*: Obligatorisches Sozialversicherungssystem mit pauschalen Leistungssätzen für Arbeitnehmer und Selbstständige.
NL	Beiträge der Arbeitgeber und -nehmer	*Lohnfortzahlung*: Arbeitgeber *Krankengeld*: Deckung durch Arbeitslosenversicherung und sonstige Pauschalbeiträge
S	Steuern	*Lohnfortzahlung*: Arbeitgeber *Krankengeld*: Obligatorisches Sozialversicherungssystem für alle Erwerbstätigen (Arbeitnehmer und Selbstständige) mit einkommensbezogenen Leistungen. Beiträge von Arbeitgebern und Selbstständigen
E	Steuern	*Lohnfortzahlung*: Arbeitgeber – *Krankengeld*: Beiträge der Arbeitgeber und -nehmer; Steuern

Quelle: MISSOC Online Tabellen 2007

Bei der Finanzierung von Lohnersatzleistungen ist zwischen der Lohnfortzahlung und dem Krankengeld zu unterscheiden. Während erstere ausschließlich durch die Arbeitgeber getragen werden und keine Leistung des kollektiven Sicherungssystems im engeren Sinne darstellen, wird das Krankengeld weitgehend über Sozialversicherungsbeiträge der Arbeitgeber und -nehmer finanziert, wobei in Spanien ergänzend eine Steuerfinanzierung hinzutritt. Seit 1994 wird auch in Dänemark das Krankengeld über Beiträge finanziert.

13.2.4 Leistungen, Leistungsniveau und -dauer

Für die Versorgung mit medizinischen Leistungen gilt in allen hier betrachteten Ländern, dass sie sich nach dem Bedarf des Einzelnen richtet und in diesem Sinne umfassend ist. Mit Ausnahme von Frankreich, wo bei der ambulanten ärztlichen Versorgung das Kostenerstattungsprinzip gilt, wird die Gesundheitsversorgung in Form von Sachleistungen gewährt. Darüber hinaus bestehen in allen Ländern Selbstbeteiligungen, die jedoch stark variieren: In Frankreich existiert ein genereller Selbstbehalt, der je nach Versorgungsbereich zwischen 20 Prozent und 65 Prozent beträgt. Auch in Schweden gibt es eine allgemeine Selbstbeteiligung bei ambulanter, stationärer und zahnärztlicher Versorgung sowie bei Medikamenten, die jedoch nicht so hoch ist wie in Frankreich. Deutschland, Dänemark, Großbritannien und Spanien liegen hinsichtlich der Patientenbeteiligung an den Kosten für Medikamente, Hilfsmittel und zahnärztliche Versorgung in einem Mittelfeld, wohingegen der Selbstbehalt in den Niederlanden relativ niedrig ist.

Die Lohnersatzleistungen werden – mit Ausnahme von Dänemark, Deutschland und den Niederlanden – nach Ablauf von bis zu drei Karenztagen gezahlt, wobei sie jedoch hinsichtlich des Leistungsniveaus und der Dauer der Leistungsgewährung variieren. Bei Arbeitsunfähigkeit aufgrund von Krankheit wird zunächst eine Lohnfortzahlung durch den Arbeitgeber gewährt, die nach zwei bis acht Wochen durch das Krankengeld abgelöst wird. In Großbritannien weicht die Regelung von diesem generellen Schema etwas ab. Hier wird lediglich ein sog. „statutory sick pay" gezahlt, das zwar von dem Arbeitgeber finanziert wird, allerdings sehr niedrig angesetzt ist.

Die Höhe der Lohnfortzahlungen bewegt sich – teilweise nach Leistungsdauer gestaffelt – zwischen 60 Prozent (Spanien) und 100 Prozent (Dänemark). Eine etwas größere Variationsbreite lässt sich beim Krankengeld feststellen, wobei das Leistungsniveau in Großbritannien mit etwa 30 Prozent des vorherigen Einkommens weit unter dem der anderen

Länder liegt. Die Leistungsdauer beträgt weitgehend 12 Monate, wobei sich diese Angabe jedoch auf verschiedene Zeiträume bezieht – lediglich in Deutschland kann Krankengeld bis zu 78 Wochen gezahlt werden. In Schweden besteht keine formelle Begrenzung, allerdings kann das Krankengeld dort durch eine Erwerbsunfähigkeitsrente abgelöst werden. Zusammenfassend können die hier untersuchten Länder bezüglich des Leistungsniveaus der Lohnersatzzahlungen im Krankheitsfall grob in drei Gruppen unterteilt werden: Während arbeitsunfähige Beschäftigte in Dänemark, Deutschland, den Niederlanden und Schweden mindestens 70 Prozent ihres vorherigen Entgeltes erhalten und besonders bei Geringverdienenden die Lohnersatzquote noch deutlich höher liegen kann, sind es in Frankreich und Spanien lediglich 50-60 Prozent und in Großbritannien nur noch ein Drittel.

Schaubild 13-5: Leistungen, Leistungsniveau und -dauer

	Gesundheitsversorgung	Lohnersatzleistung
DK	Sachleistungen: Nach Bedarf Medikamentenzuzahlung variabel geregelt	Lohnfortzahlung: tarifvertraglich geregelte und keine gesetzliche Entgeltfortzahlung, anschließend Krankengeld: wird auf der Basis des tatsächlichen Stundenlohns abzüglich der Beiträge an den Arbeitsmarktfonds berechnet. Obergrenze: 458 € pro Woche. Dauer: bis 52 Wochen im Zeitraum von 18 Monaten. – Keine Karenztage
D	Sachleistungen: nach Bedarf. Selbstbeteiligung: bei Medikamenten, stationärer Versorgung und Arznei- und Hilfsmitteln, dazu 10 € Praxisgebühr im Quartal	Lohnfortzahlung: für sechs Wochen 100 %, anschließend Krankengeld: für 78 Wochen innerhalb von drei Jahren 70 % des Regelentgelts, jedoch nicht mehr als 90 % des Nettoarbeitsgehalts. I.d.R. keine Karenztage
F	Sachleistungen: nach Bedarf (bei ambulanter Versorgung Kostenerstattung). Selbstbeteiligung: 30 % bei ambulanter Behandlung; 20 % bei stationärer Behandlung; pauschale Zuzahlung von 1 € pro ärztliche Leistung; volle Kostenübernahme für Personen mit Einkünften unter Schwellenwert	Lohnfortzahlung: tariflich geregelt, anschließend Krankengeld: 50 % bis max. 44,70 €/d; ab 31. Tag bei drei Kindern max. 59,60 €. Dauer der Leistungen bis 36 Monate. Drei Karenztage

GB	Sachleistungen: nach Bedarf. Selbstbeteiligung: bei Medikamenten, Hilfsmitteln und zahnärztlicher Versorgung	Lohnfortzahlung: Krankengeld statutory Sick Pay wird vom Arbeitgeber bei mindestens 4-tägiger Krankheit bis zu maximal 28 Wochen bezahlt. Wöchentliche Leistung 104 €. Krankengeld: 88 € für die ersten 28 Wochen, danach Erhöhung auf 104 € bei short term incapacity benefit; dazu Sonderregelung und Zulagen u.a. für Rentner. Nach 52 Wochen greift long-term-incapacity-benefit – Drei Karenztage
NL	Sachleistungen: nach Bedarf. Selbstbeteiligung: bei Zahnersatz und teilweise bei Hilfsmitteln und Medikamenten	Lohnfortzahlung: Lohnfortzahlung für den Zeitraum von 104 Wochen in Höhe von 70 % des Verdienstes bis zur Obergrenze eines täglichen Entgelts von 172,48 €. Krankengeldgesetz: 70 % des Verdienstes bis zur Obergrenze eines täglichen Entgelts von 172,48 €. Dauer der Leistungen: 104 Wochen. Keine Karenztage
S	Sachleistungen: nach Bedarf. Selbstbeteiligung: Kostenbeteiligung zwischen bei Arztbesuch, Stationäraufenthalt, zahnärztliche Leistungen und Arzneimitteln	Lohnfortzahlung: 2.-14. Tag in Höhe von 80 % des Arbeitslohns, danach: Krankengeld: 80 % des Einkommens, keine formelle Zeitbegrenzung. Bei Arbeitnehmern ein Karenztag, bei Selbstständigen flexible Regelung
E	Sachleistungen: nach Bedarf. Selbstbeteiligung: bei Medikamenten, Hilfsmitteln und zahnärztlicher Versorgung	Lohnfortzahlung: 4.-15. Tag zahlt der Arbeitgeber das Krankengeld. Krankengeld: Drei Karenztage; vom 4.-20. Tag der Arbeitseinstellung: 60 % der Berechnungsgrundlage, danach 75 %; Dauer: 12 Monate mit Verlängerungsoption auf 18 Monate

Quelle: MISSOC Online Tabellen 2007

13.2.5 *Anspruchsvoraussetzungen*

Während in keinem der hier betrachteten Länder die Inanspruchnahme von medizinischen Leistungen an besondere Bedingungen gebunden ist, bestehen im Zusammenhang mit Lohnersatzleistungen bei Arbeitsunfähigkeit spezielle Anspruchsvoraussetzungen. Diese sind hinsichtlich der Lohnfortzahlung des Arbeitgebers weitgehend durch tarifliche oder arbeitsrechtliche Bestimmungen geregelt, wohingegen die Voraussetzungen für den Bezug von Krankengeld durch entsprechende Regelungen der jeweiligen sozialen Sicherungssysteme festgelegt sind. Diese beziehen sich meist auf die Dauer der Beitragszahlungen bzw. die Beschäftigungsdauer (Dänemark, teilweise auch Spanien) vor der Arbeitsunfähigkeit.

Schaubild 13-6: Anspruchsvoraussetzungen

	Gesundheitsversorgung	Lohnersatzleistung
Dänemark	keine	Lohnfortzahlung: tarifrechtliche Regelungen; Krankengeld: Mindestbeschäftigung
Deutschland	keine	Lohnfortzahlung: arbeitsrechtliche Regelungen; Krankengeld: ärztliches Attest
Frankreich	keine	Lohnfortzahlung: tarifrechtliche Regelungen; Krankengeld: Mindestanforderungen an Beitragszahlungen, Arbeitsunfähigkeit
Groß-britannien	keine	Lohnfortzahlung: - Krankengeld: Mindestanforderungen an Beschäftigung, ärztliches Attest
Niederlande	keine	Lohnfortzahlung: arbeitsrechtliche Regelungen; Krankengeld: Arbeitsunfähigkeit
Schweden	keine	Lohnfortzahlung: arbeitsrechtliche Regelungen; Krankengeld: Arbeitsunfähigkeit, vorheriges Mindesteinkommen
Spanien	Keine	Lohnfortzahlung: arbeitsrechtliche Regelung Krankengeld: Mindestanforderungen an Beschäftigung, ärztliches Attest

Quelle: MISSOC Online Tabellen 2007

13.3 Zusammenfassende Typologisierung und Bewertung

Im Folgenden werden die vorangegangenen Ausführungen in einer Typologie zusammengefasst. Dabei werden jedoch lediglich diejenigen Dimensionen berücksichtigt, bei denen zwischen den hier betrachteten Ländern signifikante Unterschiede bestehen. Im Bereich der Gesundheitsversorgung sind dies die Dimensionen „Sicherungsziel"/„erfasster Personenkreis" sowie „Finanzierung", dagegen sind bei den Lohnersatzleistungen im Krankheitsfall die Dimensionen „Sicherungsziele" sowie „Leistungsniveau" von besonderer Relevanz.

Vor diesem Hintergrund können nach wie vor bei der Gesundheitsversorgung zwei Haupttypen unterschieden werden (Saekel 1985: 241): Einerseits Länder, die sich am Modell der Staatsbürgerversorgung orientieren und steuerfinanziert sind, sowie andererseits Länder, in denen die Gesundheitsversorgung auf Versicherungsmitgliedschaft basiert und beitragsfinanziert ist. „Ausreißer" ist in diesem Zusammenhang Spanien:

Ungeachtet der weitgehenden Steuerfinanzierung beruht die Gesundheitsversorgung in Spanien auf dem Versicherungsprinzip.

Schaubild 13-7: Finanzierungsformen und Sicherungsprinzipien

		Sicherungsziele / erfasster Personenkreis	
		Staatsbürgerversorgung	**Versicherungsprinzip**
Finanzierung	*Steuern*	Dänemark Großbritannien Schweden	Spanien
	Beiträge		Deutschland Frankreich Niederlande

Quelle: Eigene Darstellung

Bei den Lohnersatzleistungen im Krankheitsfall können im wesentlichen drei Gruppen unterschieden werden: erstens Länder, in denen Lohnersatzleistungen lebensstandardsichernde Funktion haben und das Leistungsniveau dementsprechend mindestens 70 Prozent des letzten Arbeitseinkommens beträgt, zweitens Länder, in denen die Lohnersatzleistungen nur in eingeschränktem Maße den Lebensstandard sichern und die Lohnersatzquote 50-60 Prozent beträgt, und drittens Länder, in denen das Leistungsniveau mit weniger als der Hälfte des letzten Arbeitseinkommens lediglich die Funktion einer Mindestsicherung hat. Während Dänemark, Deutschland, die Niederlande und Schweden zur ersten Gruppe gehören, zählen zur zweiten Frankreich und Spanien (wobei hier ein Grenzfall zur dritten Gruppe vorzuliegen schient) und Großbritannien mit seinen pauschalisierten incapacity-benefits zur letzten Gruppe.

Schaubild 13-8 Sicherungsziele der Lohnersatzleistungen

Sicherungsziele und Leistungsniveaus		
Lebensstandardsicherung (mind. 70 %)	**eingeschränkte Lebensstandardsicherung (50-60 %)**	**Mindestsicherung (unter 50 %)**
Dänemark Deutschland Niederlande Schweden	Spanien Frankreich	Großbritannien

Quelle: Eigene Darstellung

13.4 Aktuelle Diskussionen

Die gesundheitspolitische Auseinandersetzung in allen hier betrachteten Ländern wird seit Ende der 70er Jahre stark von dem Thema der Kostendämpfung beherrscht. Dabei wird der starke Anstieg der Gesundheitsausgaben allgemein auf die zunehmende Überalterung der Gesellschaft (steigende Lebenserwartung bei sinkenden Geburtenraten) sowie den medizinisch-technischen Fortschritt zurückgeführt. Der Konvergenz in der Herausforderung steht jedoch eine Vielfalt bei der „Bearbeitung" der Herausforderungen gegenüber. Letztere spiegeln die jeweiligen Charakteristika der Organisation sozialer Sicherung sowie spezifische politische Konstellationen wider[162]. Im folgenden sollen erstens die Kostendämpfungsdebatte und die ihr zugrundeliegenden Argumente kritisch reflektiert werden sowie zweitens am Beispiel Großbritanniens und den Niederlanden Ansätze zur Gesundheitsreform skizziert werden.

Im Zusammenhang mit der Kostendämpfungsdebatte sind folgende Gesichtspunkte kritisch anzumerken:

a) Der internationale Vergleich verdeutlicht, dass die Kostendämpfungsdebatte in starkem Maße länderspezifische Problemdefinitionen reflektiert. So ist beispielsweise in Deutschland seit Ende der 70er Jahre die „Kostenexplosion" im Gesundheitswesen ein Dauerbrenner, obwohl der Anteil der Gesundheitsausgaben am BSP im Vergleich zu anderen westlichen Industriestaaten lediglich im oberen Mittelfeld liegt und überdies in den vergangenen zehn Jahren relativ konstant war (was auf einen gewissen Erfolg der Kostendämpfung schließen lässt) (Alber 1988: 121, auch Lindner 2007).

b) Letzteres verweist überdies allgemein auf den Umstand, dass die Finanzierungsprobleme nicht ausschließlich auf steigende Gesundheitsausgaben, sondern vielmehr auch auf das Brüchigwerden der jeweiligen Finanzierungsgrundlage zurückzuführen sind. Angesichts steigender Arbeitslosigkeit sind beispielsweise beitragsfinanzierte Systeme mit zunehmenden Problemen konfrontiert, weil Ausgaben- und Beitragsentwicklung immer stärker auseinander driften.

---

162 In diesem Zusammenhang gilt allgemein, dass Kostendämpfung in steuerfinanzierten Systemen tendenziell einfacher ist, da der Staat hier über einen direkten Zugriff auf die Finanzierungsgrundlage verfügt. Dagegen ist eine staatliche Einflussnahme in beitragsfinanzierten Systemen lediglich indirekt, beispielsweise über Leistungsausgrenzungen, möglich. Vgl. hierzu auch Alber (1988: 145) sowie neuerdings auch Schmidt 2005, der stärker auf die politischen Einflussfaktoren abhebt.

c) Ein bestimmtes Niveau von Gesundheitsausgaben ist nicht per se bzw. objektiv, zu hoch; es ist vielmehr eine normative Entscheidung, wie viel Gesundheit „wert“ ist.
d) Gesundheitsausgaben stellen nicht nur eine volkswirtschaftliche Belastung dar (Lohnnebenkosten), von ihnen gehen vielmehr auch produktive Wirkungen aus, so z.B. in Form von Beschäftigungseffekten im Dienstleistungssektor. Immerhin ist dies die am stärksten wachsende Branche in Deutschland wie andernorts (vgl. Oberender 2002).
e) Ferner hat sich gezeigt, dass einerseits die „Überalterung“ nur zu einem geringen Teil für steigende Gesundheitsausgaben verantwortlich ist und dass andererseits nicht medizinisch-technischer Fortschritt an sich, sondern vielmehr seine unkontrollierte Anwendung zu Kostensteigerungen führt. Weitere ausgabenfördernde Faktoren sind die Wirtschaftskraft des Landes (nach dem Motto: je reicher - je mehr), die Ärztedichte, das Alter der Demokratie (und damit der Einfluss von Interessengruppen) sowie die Nicht-Existenz eines nationalen Gesundheitsdienstes (wie in GB), der sich (anders herum gesehen) kostendämpfend auswirkt (so Schmidt 1999).

Hinsichtlich der Ansätze zur Kostendämpfung hat neben der Erhöhung von Selbstbehalten - und bezogen auf die Lohnfortzahlung in manchen Ländern Karenztagen - in den letzten Jahren vor allem die Einführung marktlicher Steuerungsmechanismen an Bedeutung gewonnen. In diesem Zusammenhang gehen die jüngsten Reformen des britischen Gesundheitswesens zwar am weitesten („Quasi Markt“ auf der Basis von Kontraktmanagement); sie sind jedoch insbesondere aufgrund der spezifischen institutionellen Rahmenbedingungen (die zentralistische Struktur des nationalen Gesundheitsdienstes erleichtert staatliche Einflussnahme) kaum auf den deutschen Kontext übertragbar (Linder 2007). Zudem zeigen sich Unterschiede und Änderungen im politischen Einfluss der Ärzte als Vetogruppe, wenn man Großbritannien, Schweden und Deutschland vergleicht:

> „Die Rolle der Akteure und insbesondere der Ärzteschaft als Expertengruppe und gleichzeitigem Anbieter von Gesundheitsleistungen entwickelte sich in den drei Ländern unterschiedlich. Während die Ärzteverbände in der Bundesrepublik Deutschland auch noch in den 1980er-Jahren dank der strukturellen und der politischen Rahmenbedingungen erheblichen Einfluss auf die Gesundheitspolitik ausüben konnten und Reformen zu Ihren Gunsten stark verändern konnten, schwand der Einfluss der Ärzteschaft als wichtiger Akteursgruppe in Schweden und Großbritannien seit den 1970er-Jahren deutlich. Hier konnten die Ärzte bei den Reformen der 1980er-Jahre ihre Interessen nur noch in geringerem Maße geltend machen und mussten sich den Ansätzen der neuen neoliberalen Expertengruppen anpassen, die keineswegs

immer den Vorstellungen der ärztlichen Standespolitik entsprachen" (Lindner 2007: 323; s.a. Bandelow 2006).

In Hinblick auf die deutsche Reformdiskussion ist das Beispiel der Niederlande von größerem Interesse, insofern es sich auch hier um ein dezentrales, beitragsfinanziertes Versicherungssystem handelt: Mit dem Dekkert Bericht (1987), der in den spätere Simons-Plan einfloss, wurde eine umfassende Reform des niederländischen Gesundheitswesens eingeleitet. Wettbewerbsstrukturen zwischen Leistungsanbietern im Gesundheitswesen wurden mit der jüngsten Gesundheitsreform in den Niederlanden, mit der quasi eine Abschaffung der gesetzlichen Krankenkassen einherging weiter gestärkt (vgl. Lass 2006). Auch die aktuellen Reformbemühungen in Deutschland wie beispielsweise die Einführung des Gesundheitsfonds zum Jahresbeginn 2009 sind stark von der Diskussion über Für und Wider um Wettbewerbsstrukturen geprägt. Die in Deutschland hier jüngst durchgesetzte Reform ist dabei in ihrer Ausgestaltung zweifellos der Kompromisssuche von Union und SPD innerhalb der spezifischen Entscheidungsstrukturen der Großen Koalition geschuldet.[163]

Die zunehmenden internationalen Vergleiche, bei denen auch Reformen in einem Land als Option oder Anschauungsmaterial für den Reformprozesse in einem anderen dienen, und die Diskussion über mehr Effizienz und Effektivität im Gesundheitswesen haben in jüngster Zeit zu internationalen Leistungsvergleichen und gar einem Ranking von Gesundheitssystemen geführt. So gibt etwa die Europäische Kommission jährlich den „Euro Health Consumer Index" heraus, der den Versuch unternimmt, eine Rangliste der besten Gesundheitssysteme aufzustellen. Das Ergebnis der Studie lautet insgesamt: „Bismarck beats Beveridge" (Health Consumer Powerhouse 2008: 6ff., s.a. Schmidt 1999)[164]. Unter 31 untersuchten Ländern schneiden so die Niederlande am besten ab vor Dänemark und Österreich, Deutschland liegt auf Rang 6. Auffällig ist, dass sich gute Ergebnisse im Ranking nicht zwangsläufig auch in einer hohen Zufrieden-

163 Zur breiteren Debatte über Gesundheitsreformen und den Möglichkeiten des Lernens von anderen Fällen s.a. den von der Bertelsmann Stiftung unterhaltenen Reform-Monitor sowie als jüngeres Projekt, das den Fokus auf die Sichtweise der Bevölkerung legt, die Studie von Böcken u.a. (2008, s.a. Lippl 2008). Dabei steht (zurecht) die Wahrnehmung eines Allokationsdefizits im Mittelpunkt; allerdings wird von einigen gesundheitspolitischen Akteuren aus den Gewerkschaften, der SPD und den GRÜNEN stärker auf die normativen, verteilungspolitischen und alternativmedizinischen Aspekte verwiesen, was die Problemlösung erschwert. Dies zeigt nicht zuletzt das von der SPD geforderte Modell einer solidarischen Bürgerversicherung. Vgl. zur Lage in Deutschland Böckmann (2009) und Eicker-Wolf, K. u.a. (2009).

164 Zu Grunde liegt eine Reihe von Indikatoren, die von den Autoren in die Kategorien „Patient Rights an Information", „e-Health", „Waiting Time for Treatment", „Outcomes", „Range and Reach of Services Provided" und „Pharmatheuticals" eingeordnet werden.

heit der Bürger mit dem Gesundheitssystem niederschlagen müssen; so weist unten stehende Tabelle zwar für das im EHCI-Ranking hervorragend abschneidende Dänemark auch hohe Zufriedenheitswerte aus, weit widersprüchlicher scheint die Lage allerdings in den Fällen Deutschland und Spanien. Zieht man des Weiteren die jährlichen Gesundheitsausgaben in Prozent des Bruttoinlandsprodukts heran, zeigt sich interessanter Weise - so zum Beispiel in Dänemark, dass positiv evaluierte Systeme nicht zwangsläufig auch sehr viel ausgeben müssen. Bei aller Vorsicht, mit der einer solchen Studie zu begegnen ist, können sich aus den einzelnen Erhebungen neue Erkenntnisse ergeben und Schwächen in einzelnen Gesundheitssystemen aufgezeigt werden.

Schaubild 13-9: Ausgaben und Zufriedenheit im Gesundheitswesen

	Gesundheits-ausgaben 2004 (in % BIP)	**Zufriedenheit mit dem Gesundheitssystem (Zustimmung der Befragten in %)***	**Ergebnis EHCI-Ranking 2008 (Score und Platzierung in Klammern)**
DK	6,1	69	820 (2)
D	7,7	39 (West); 35 (Ost)	740 (6)
F	8,8	:	695 (10)
UK	7,8	49	650 (13)
NL	8,1	:	839 (1)
S	8,0	45	743 (5)
E	6,0	58	(639) 18

* Frage: Sagen Sie mir, wie Sie - alles in allem - den derzeitigen Zustand des Gesundheitssystems (im Land) einschätzen. Antwortmöglichkeiten: Skala 0 = äußerst gut, 10 = äußerst schlecht.

Quelle: Gesundheitsausgaben: Eurostat Online Statistiken. Zufriedenheit mit dem Gesundheitssystem: Roller 2006 (auf Basis von European Social Survey 2002/3 und 2004); EHCI-Ergebnisse: Euro Health Consumer Indes 2008 Report, online unter: http://www.healthpowerhouse.com/files/2008-EHCI/EHCI-2008-report.pdf .

13.5 Zentrale Literatur

Bandelow, N. 2006: Gesundheitspolitik in der Bundesrepublik Deutschland: Zielkonflikte und Politikwechsel trotz Blockaden. In: Schmidt, M.G./Zohlnhöfer, R. (Hrsg.): Politik in der Bundesrepublik Deutschland. Wiesbaden. S. 159-176.

Böcken, J. u.a. (Hrsg.) 2008: Gesundheitsmonitor 2008. Gesundheitsversorgung und Gestaltungsoptionen aus der Perspektive der Bevölkerung. Gütersloh.

Böckmann, R. (Hrsg.) 2009: Gesundheitsversorgung zwischen Solidarität und Wettbewerb. Wiesbaden.

Giaimo, S./Manow, Ph. 1999: Adapting the Welfare State. The Case of Health Care Reform in Britain, Germany, and the United States. In: Comparative Political Studies. Vol. 32 (8), S. 967-1000.

Lass, K. 2006: Die Gesundheitsreform in den Niederlanden - ein Vorbild für Deutschland? Reihe Politikinfo der Friedrich-Ebert-Stiftung.

Lindner, U. 2007: Die Krise des Wohlfahrtsstaates im Gesundheitssektor. Bundesrepublik Deutschland, Großbritannien und Schweden im Vergleich. In: Archiv für Sozialgeschichte 47. S. 207-324

Schmidt, M. G. 1999: Warum die Gesundheitsausgaben wachsen. Befunde eines Vergleichs demokratisch verfasster Länder. In: PVS. Vol. 40 (2), S. 229-245.

14 Rentenversicherungssysteme in Europa

14.1 Rentenversicherungssysteme als sozialpolitisches Feld

In allen europäischen Länder bestehen Systeme der Alterssicherung, die sich jedoch in den etablierten Strukturen und Leistungen sowie der Ausgabenentwicklung (vgl. Schaubild 14-1) erheblich unterscheiden. Auf der einen Seite existieren die beitragsfinanzierten Sozialversicherungen (bzw. Bismarck-Modelle) und auf der anderen Seite die so genannten Volksrentensysteme (bzw. Beveridge-Modelle), die dem Versicherungscharakter im engeren Sinn nicht entsprechen. Beide Alterssicherungssysteme haben als Zielsetzung zwar eine Versorgung im Alter zu gewährleisten, jedoch gehen sie unterschiedlich dabei vor. Bei der Rentenversicherung nach dem Sozialversicherungsprinzip (Deutschland, Frankreich) ist der Bezug einer Altersrente und ihre Höhe an Beitragshöhe und -dauer gekoppelt. Um eine Rente beziehen zu können, muss in der Regel eine bestimmte Mindestbeitragszeit nachgewiesen werden. Die Sicherung des Einzelnen im Alter ist verbunden mit seiner Stellung im Erwerbsleben, was häufig dazu führt, dass Frauen keine oder nur eine geringe eigenständige Alterssicherung haben (nämlich, wenn sie über lange Zeit nicht am Erwerbsleben teilgenommen haben).

Diese enge Koppelung von Rente und Beschäftigungsleben wird von den Volksrentensystemen aufgehoben. Bei dieser Form der Alterssicherung ist der Bezug einer Rente nicht abhängig von den Versicherungsjahren, sondern in den meisten Fällen nur an den Wohnort (so Schweden bei der Garantipension, ferner Dänemark) gebunden. Der Vorteil hierbei ist, dass jeder Bürger eine eigenständige Alterssicherung erhält, und zwar losgelöst von einem Beschäftigungsverhältnis. Jedoch findet man kein Land, in dem es nur das reine Volksrentensystem gibt, da diese Systeme lediglich eine Grundsicherung gewährleisten und sich ja gerade nicht am Status im Erwerbsleben und dessen differenzierter Sicherung orientieren. In den Ländern, die eine Volksrente zahlen, gibt es deshalb noch Zusatzrentensysteme, bei denen der Rentenbezug an bestimmte Anspruchsvoraussetzungen gebunden ist. Deshalb ist in der Praxis eine scharfe Trennung zwischen Volksrenten- und Sozialversicherungsrentensystemen nicht immer möglich. So zum Beispiel in Großbritannien, wo zwar nach dem Sozialversicherungsprinzip Beiträge eingezahlt, aber Einheitsleistungen im Alter gewährt werden.

Schaubild 14-1: Anteil der Ausgaben für Altersrenten an den gesamten Sozialausgaben sowie am Bruttoinlandsprodukt in % (1999-2006)

		DK	D	F	GB	NL	S	E
2000	% der Sozialausgaben	37,0	33,5	36,1	42,9	34,7	36,5	40,7
	% BIP	*10,7*	*9,8*	*10,6*	*11,3*	*9,2*	*11,0*	*8,2*
2002	% der Sozialausgaben	36,6	33,8	34,8	40,4	33,7	35,8	39,5
	% BIP	*10,9*	*10,2*	*10,6*	*10,4*	*9,3*	*11,3*	*8,0*
2004	% der Sozialausgaben	36,1	34,8	34,8	40,4	34,1	36,6	38,3
	% BIP	*11,1*	*10,4*	*10,9*	*10,5*	*9,7*	*11,7*	*7,9*
2006	% der Sozialausgaben	36,8	35,1	35,4	40,6	33,8	37,3	37,8
	% BIP	*10,7*	*10,1*	*11,0*	*10,7*	*9,9*	*11,4*	*7,9*

Quelle: Eurostat Online Statistiken. Dargestellt ist ESSOS-Hauptausgabentyp OLD.

14.2 Vergleichender Überblick

14.2.1 Sicherungsziele

Die im vorliegenden Vergleich einbezogenen sieben Systeme der sozialen Sicherheit haben die Gemeinsamkeit, dass sie Geldleistungen bei Invalidität, Erreichen der Altersgrenze und beim Tod des Ernährers vorsehen. Jedoch kann man grob drei verschiedene Arten von Sicherungszielen unterscheiden. In einigen Ländern dienen die Leistungen nur der Sicherstellung des Existenzminimums; hier kann nur von einer Mindestsicherung gesprochen werden. Die Gewährleistung eines angemessenen Existenzbedarfs, die man in einigen Ländern findet, kann man als Grundsicherung bezeichnen. Als dritte Option besteht die Möglichkeit, die Leistungen der Rentenversicherung vom bisherigen Einkommen abhängig zu machen. Hier spricht man von Regelsicherung.

Im Vergleich der verschiedenen Rentenversicherungssysteme überwiegt die Regelsicherung. Bei den Volksrentensystemen findet man jedoch meist Leistungen, die sich an der Grundsicherung oder der Mindestsicherung orientieren.

Schaubild 14-2: Sicherungsziele

DK	Grundsicherung (ausgehend von der Volksrente und der max. Zusatzrente)
D	Regelsicherung
F	Das allgemeine System stellt die Grundversorgung sicher. Sie wird ergänzt durch die obligatorische Zusatzversicherung.
GB	Grundsicherung bzw Regelsicherung
NL	Die Rentenversicherungen sind als Grund- und Mindestsicherung angelegt. Als Orientierungspunkt fungiert wie bei allen anderen Volksversicherungen der gesetzlich festgelegte Mindestlohn.
S	Das Volksrentensystem Garantipension fungiert als Grundrente, das durch die Inkomstpension als beitragsbezogenes Zusatzrentensystem ergänzt wird.
E	Regelsicherung

Quelle: Eigene Darstellung

14.2.2 *Erfasster Personenkreis*

Die Frage, welche Personen in die Altersversorgung einbezogen sind, ist gekoppelt an die grundsätzliche Ausgestaltung des jeweiligen Systems. Volksrenten beziehen die Staatsbürger oder die Wohnbevölkerung des entsprechenden Landes ein; im Gegensatz dazu sind in reinen Sozialversicherungssystemen nur die Beschäftigten erfasst.

Schaubild 14-3 Erfasster Personenkreis

DK	Volksrente: Gesamte Bevölkerung. Zusatzrente: Arbeitnehmer und Gleichgestellte, freiwillige Versicherung möglich z.B. für Personen im vorzeitigen Ruhestand.
D	alle Arbeitnehmer
F	alle Erwerbstätigen
GB	alle Erwerbstätigen, die Beiträge in ausreichender Höhe bezahlt haben.
NL	Volksversicherung: alle Einwohner
S	Volksrente (Garantierente): alle Einwohner; Allgemeine Rente: alle Erwerbstätigen
E	alle Arbeitnehmer

Quelle: MISSOC Online Tabellen 2007

14.2.3 *Finanzierung*

Bei der Finanzierung von Alterssicherung kann man zwei mögliche Aspekte betrachten: zum einen die Frage, welches Finanzierungsverfahren angewandt wird und zum anderen den Gesichtspunkt der Mittelaufbringung. Das vorherrschende Finanzierungsverfahren stellt das Umlageverfahren dar, sowohl bei Volksrenten- als auch bei Sozialversicherungssystemen. Das Kapitaldeckungsverfahren findet fast nur Anwendung bei Sozialversicherungen, die als Zusatzsysteme angelegt und nicht zur Mindest- oder Grundsicherung konzipiert sind.

Bei der Frage der Mittelaufbringung kann man unterscheiden zwischen Beitragsfinanzierung (Arbeitgeber und Arbeitnehmer) und Steuerfinanzierung. Vor allem die Volksrentensysteme, aber auch einige der Sozialversicherungssysteme finanzieren sich aus dem allgemeinen Staatshaushalt. Über die genaue Aufteilung zwischen Finanzierung über Steuern bzw. Beiträge kann man keine pauschalisierten Aussagen treffen. Eine hohe Staatsquote findet man nicht nur bei den Volksrentensystemen. Kein Sozialversicherungssystem kommt ganz ohne Staatszuschüsse aus, was allerdings auch verständlich ist, wenn man berücksichtig, dass in solchen Systemen teilweise auch Zeiten auf die Rente angerechnet werden, in denen keine Beiträge bezahlt werden, wie etwa Erziehungszeiten und Studium. Ohne Staatszuschüsse kommen nur die Zusatzrentenversorgungssysteme in Dänemark, den Niederlanden und Schweden aus. Eine Besonderheit weist das französische System auf; dort werden Sonderabgaben auf alle Einkünfte und Abgaben auf alkoholische Getränke zur Finanzierung herangezogen und somit quasi zweckgebundene Steuern erhoben.

14.2.4 *Leistungsniveau*

Generelle Aussagen über das Leistungsniveau in den verschiedenen Rentensystemen lassen sich nur bedingt treffen. Bei den Sozialversicherungssystemen (Frankreich, Deutschland) kann man relativ genaue Angaben zum jeweiligen Versorgungsniveau machen. Es besteht dort eine unmittelbare Beziehung zwischen dem Einkommen und der Rentenhöhe. Die Rentenhöhe lässt sich aufgrund der Rentenformel relativ leicht ermitteln. Das Versorgungsniveau ist dabei abhängig von der Kontinuität der Versicherungskarriere.

Schaubild 14-4: Finanzierung

	Volksrente	Sozialversicherungs-/Zusatzrente
Dänemark	Steuermittel	1/3 Arbeitnehmer- und 2/3 Arbeitgeberanteil v. einem Festbetrag von 33 €
Deutschland		Die Beiträge zur Rentenversicherung werden zur Hälfte von Arbeitgebern und Arbeitnehmer getragen (z.Zt. 19,9 %). Dazu kommt ein Staatszuschuss
Frankreich		Beitragsfinanzierung durch Arbeitnehmer (6,55 %) und Arbeitgeber (8,3 %)
Großbritannien		Es besteht lediglich ein Gesamtsozialversicherungsbeitrag, dessen Höhe vom Einkommen abhängig ist. Arbeitnehmer und Arbeitgeber tragen beide jeweils maximal 11 %. bzw. 12,8 %
Niederlande	Arbeitnehmer zahlen d. Beitrag für Alters- und Hinterbliebenenversorgung von 19,15 %, wovon 1,25 % auf die Hinterbliebenenversorgung entfallen	
Schweden	Grundsicherung (garantipension): Steuerfinanziert	Entgeltbezogene Inkomstpension: Beiträge in Höhe von 18,5 %, paritätisch von Arbeitgebern und -nehmern finanziert
Spanien		Beitrag wird nicht separat ausgewiesen, sondern ist in Gesamtsozialversicherungsbeitrag enthalten. Dieser beseht sich aus Arbeitnehmer- (4,7 %) u. Arbeitgeberanteil (28,3 %)

Quelle: MISSOC Online Tabellen 2007

In den Ländern, in denen es eine Einheitsrente gibt, kann man die Feststellung machen, dass das Versorgungsniveau mit zunehmendem Einkommen sinkt. Dies trifft auch auf Länder zu, in denen eine Grundrente oder ein Basisbetrag (Großbritannien) vorgesehen ist. Es tritt dort ein Nivellierungseffekt ein, so dass eine umfassende Aussage über das Versorgungsniveau nicht möglich ist.

Schaubild 14-5: Leistungen, Leistungsniveau und -dauer*

	Volksrente	Sozialversicherungsrente
Dänemark	Einheitsrente unter Heranziehung der Wohnsitzdauer in Dänemark im Alter zwischen 15 und 65 Jahren	Berechnung auf Basis von Versicherungsdauer und entrichteten Beiträgen (drei Beitragsstufen in Abhängigkeit von der Art der Arbeit)
Deutschland		Bestimmender Faktor sind die aufgewendeten Beiträge; Rentenformel unter Heranziehung Persönlicher Entgeldpunkte.
Frankreich		Bestimmende Variablen der Rentenformel sind u.a. das durchschnittliche beitragspflichtige Jahresarbeitsentgelt und die Versicherungsdauer. Bei den Zusatzsystemen ARRCO und AGIRC werden während des Berufslebens erworbene persönliche Rentenpunkte herangezogen.
Groß-britannien		Pauschalierte Grundrente (Basic State Pension), verdienstbezogene Zusatzrente (seit 2002: State Second Pension) sowie entgeltbezogenes Altersruhegeld. Leistungsbestimmende Faktoren sind u.a.: Anzahl der Versicherungsjahre und durchschnittlich bezogenes Arbeitsentgelt
Niederlande	Leistungsbestimmende Faktoren sind Versicherungsdauer und Familienstand	
Schweden	Grundsicherung (garantipension): Dauer des Wohnsitzes in Schweden und Höhe der entgeltbezogenen Rente	Entgeltbezogene Rente Inkomstpension: zur Berechnung der Rentenhöhe werden u.a. Einkünfte während des gesamten Erwerbslebens und Alter bei Renteneintritt herangezogen
Spanien		Die Rentenhöhe wird durch Versicherungsjahre u. eine persönliche Bemessungsgrundlage bestimmt (die Berechnungsgrundlage ergibt sich wiederum aus dem beitragspflichtigen Arbeitsentgelt während der 180 Monate unmittelbar vor Eintritt in den Ruhestand)

* hinzu können kapitalgedeckte Elemente der Altersvorsorge kommen, so z.B. in Schweden und Deutschland (hier so genannte Riester-Rente) oder betriebliche bzw. tarifvertraglich geregelte Renten.

Quelle: MISSOC Online Tabellen 2007

14.2.5 Anspruchsvoraussetzungen

Als Anspruchsvoraussetzung für den Bezug einer Altersrente kann man generell das Erreichen des Rentenalters bezeichnen, obwohl es in vielen Ländern auch möglich ist, schon früher in Rente zu gehen – allerdings mit der Konsequenz, dass gewisse Rentenabschläge erfolgen. Dies bezieht sich jedoch nur auf Rentensysteme, die sich am Sozialversicherungsprinzip orientieren. Bei Volksrentensystemen ist der Bezug einer Rente vor dem Erreichen der Altersgrenze in der Regel nicht möglich.

Schaubild 14-6: Anspruchsvoraussetzungen

	Volksrente	Sozialversicherungsrente
Dänemark	Drei Jahre Wohnsitz in Dänemark	Keine Mindestversicherungszeit
Deutschland		Mind. 60 Beitragsmonate in der gesetzlichen Rentenversicherung
Frankreich		Ableistung von Mindestbeiträgen, bei Zusatzversicherungen ARRCO und AGIRC keine Mindestmitgliedschaft
Großbritannien		Grundrente (Basic State Pension) wird pauschaliert gezahlt. Geleistete Beiträge über zehn Jahre hinweg sind Mindestvoraussetzung
Niederlande	Keine Mindestversicherungszeit	
Schweden	Drei Jahre Wohnsitz in Schweden	k.A.
Spanien		15 Jahre Beitragsleistung, davon zwei Jahre direkt vor Renteneintritt

Quelle: MISSOC Online Tabellen 2007

Schaubild 14-7: Gesetzliches Renteneintrittsalter

Land	**Gesetzliches Renteneintrittsalter**
Dänemark	67
Deutschland	65, schrittweise Anhebung auf 67 ab 2012
Frankreich	60
Großbritannien	60 (Frauen; ab 2010 stufenweise Anhebung auf 65), 65 (Männer)
Niederlande	65
Schweden	Flexible Gestaltung ab 61 Jahren
Spanien	65

Quelle: MISSOC Online Datenbank, Stand Januar 2009.

14.3 Zusammenfassende Typologisierung und Bewertung

Zusammenfassend kann man also sagen, dass es a) reine Sozialversicherungssysteme gibt (Deutschland), b) so genannte zusammengesetzte Alterssicherungssysteme, die zum einen ein Volksrentensystem sowie ein Zusatzrentensystem haben, das durchaus Elemente der Sozialversicherungen aufweist (Schweden, Dänemark, Niederlande), und c) Systeme, die sich zwar (bei der Finanzierung) an dem Sozialversicherungsprinzip orientieren, aber den Volksrentensystemen ähnlich sind (Großbritannien)[165].

Bei der Betrachtung der unterschiedlichen Rentensysteme wird deutlich, dass sie sich besonders in zwei Punkten unterscheiden. Es gibt zum einen große Variationen in der Frage der Anspruchsvoraussetzungen. In einigen Ländern besteht nur auf Grund des Wohnsitzes ein Anspruch auf eine Grund- oder Basisrente, während in anderen Ländern eine Anwart-

165 Diese Vielfalt wirft ebenfalls Probleme hinsichtlich der Brauchbarkeit der Wohlfahrtsstaatstypologie von Esping-Andersen auf, da sich viele Länder dieser Einteilung entziehen (vgl. Ragin 1994). Allerdings hebt Conrad (1998; s.a. Hülsmann u.a. 2001) die hohe Kontinuität und Pfadabhängigkeit der deutschen Alterssicherung über die unterschiedliche politische Regime (Kaiserreich, NS-Zeit, DDR, BRD) hervor.

schaft erfüllt sein muss, damit ein Rentenbezug möglich wird. Zum anderen bildet die Rentenhöhe einen weiteren Unterscheidungspunkt zwischen den verschiedenen Rentenversicherungssystemen. In den Ländern mit Volksrentensystemen wird durch die „Volksrente" ein bestimmtes Rentenniveau gewährleistet. Bei reinen Sozialversicherungssystemen wird die Rentenhöhe durch das versicherungspflichtige Einkommen und die Versicherungsjahre bestimmt. Einkommensunterschiede im Erwerbsleben werden so auf die Rente weitergegeben. Bei der Volksrente tritt hingegen ein Nivellierungseffekt ein, denn unabhängig von der Höhe des Einkommens im Erwerbsleben bezieht jeder Anspruchsberechtigte mit dem Erreichen der Altersgrenze die gleiche pauschalierte Rente, deren Höhe dann u.U. noch vom Familienstand beeinflusst wird.

Bei der Frage der Finanzierung von Renten weisen alle untersuchten Länder mehrere Gemeinsamkeiten auf. In allen Ländern findet man staatliche Zuschüsse zur Rentenversicherung, wobei der Anteil des Staates zwischen 10 und über 30 Prozent variiert. Ebenfalls werden in den Ländern die Arbeitnehmer und Arbeitgeber zur Finanzierung der Renten herangezogen. Allerdings tragen in den Niederlanden die Arbeitnehmer die deutlich größere Last, wohingegen in Deutschland, Frankreich und Schweden die Beiträge in etwa gleich verteilt sind und in Spanien die Arbeitgeber deutlich mehr Beiträge in die Rentenversicherung einzahlen. In groben Zügen korrespondiert das mit den drei Welten von Esping-Andersen (1990), wie einige ausgewählte Indikatoren zu Aufwand und Auswirkungen veranschaulichen.

Schaubild 14-8: Drei Welten des Wohlfahrtsstaates und Rentensysteme

	Typus des Wohlfahrtsstaates		
Indikator	**Konservativ**	**Liberal**	**Sozialdemokratisch**
Öffentliche Ausgaben für Altersrenten, nicht standadisiert, in % des BIP	9,5	5,8	8,0
Vermögensanlagen von Pensionsfods, in % des BIP	14,2	43,1	13,4
Erwerbsquote von Personen zwischen 55-64 Jahren, in %	36,5	56,1	64,7
Armutsquote über 65 Jahren in %	11,8	14,8	8,8
Nettoersatzquote für Durchschnittsverdiener, in % des Durchschnitts	81,4	51,2	62,5

Quelle: Daten zu OECD Ländern, aus Poelchau (2007: 58)

14.4 Aktuelle Diskussionen

Wachstumsschwächen der Wirtschaft, Massenarbeitslosigkeit und demographische Entwicklungslinien stellen vor allem die reinen Sozialversicherungssysteme vor Probleme. Die Zahl der Leistungsempfänger (Rentner) steigt hier im Verhältnis zu den Beitragszahler überproportional an - besonders dann, wenn „versicherungsfremde" Leistungen durch den Gesetzgeber gewährt werden[166]. In den Ländern mit gemischten Rentensicherungssystemen manifestiert sich das Problem ceteris paribus nicht in diesem Ausmaß, da hier die Finanzierung breiter angelegt ist.

Die Sicherung zukünftiger Renten erweist sich aber unabhängig von institutionellen Unterschieden vor allem wegen der demographischen Entwicklung als problematisch, wie längerfristige Prognosen verdeutlichen (Stichwort: „Rentner-Republik"). Dabei zeigt sich u.a., dass sich die Alterungsdynamik in Deutschland in einem vergleichsweise mäßigen Bereich bewegt, v.a. in Spanien und den Niederlanden fällt die Zunahme der älteren Bevölkerung dramatischer aus.

In der Bundesrepublik findet vor diesem Hintergrund in den Augen einiger Beobachter eine „Transformation" vom Sozialstaat zum Sicherungsstaat statt, wonach vor allem in der Rentenpolitik der Bezugspunkt staatlicher Sozialreform neu definiert wird. D.h., dass durch die Berücksichtigung z.B. von Erziehungszeiten und anderen Maßnahmen der Geburtenförderung die Stabilisierung der bevölkerungsmäßigen Bestandsvoraussetzungen des Systems im Vordergrund steht und weniger die veränderten sozialen Probleme. Deshalb dienten diese neuen Leistungen der gesetzlichen Rentenversicherung weder der frauen- oder familienpolitischen Weiterentwicklung des Wohlfahrtsstaates noch einer ansatzweisen Staatsbürgerversicherung, sondern einer „demographisch-reproduktiven Sicherungsstrategie" (Nullmeier/Rüb 1994). Die Motive und politischen Kontexte der Öffnung der Rentenpolitik zur Familien- und Bevölkerungspolitik hin weichen damit in Deutschland von den in Frankreich und in Dänemark eingeschlagenen Wegen ab[167].

Momentan werden angesichts des Problemdrucks in vielen Ländern kleinere und größere Reformen unternommen (vgl. etwa Natali 2008, OECD 2007)[168]. Dabei lässt sich keine Entwicklung hin zu einem be-

---

166 Die rentenpolitischen Folgen der deutschen Einheit sind hierfür ein extremes Beispiel und zugleich ein Hinweis darauf, dass die Probleme der Rentenfinanzierung nicht nur demographischer Natur sind.

167 Vgl. die entsprechenden Abschnitte zu den Länder sowie zu Familien und Frauen (Kap. 4, 5, 12, 16).

168 Vgl. ferner zu Reformen in Deutschland Schmid (2006), Trampusch (2003).

stimmten System feststellen. Allerdings fällt auf, dass generell eine Diversifizierung betrieben wird, sei es nach Finanzierungsgrundlage, nach Finanzierungsverfahren oder Art der Rente generell. So wird sich in den nächsten Jahren die schon vorhandene Entwicklung zu einer sich aus mehreren Teilrenten zusammensetzenden Rente, bei der auch private und betriebliche Teile kombiniert mit Volksrenten- und Beitragsrentenelementen eine Rolle spielen, weiter fortsetzen (vgl. hierzu Bonoli 2000)[169].

Dies erfordert die stärkere Einbeziehung dieser privaten Elemente in den internationalen Vergleich, zumal sich hier ebenfalls interessante Unterschiede ergeben (vgl. dazu Behrendt 2000 und OECD 2007). Das folgende Schaubild vermittelt dazu einen groben Eindruck.

Schaubild 14-9: Verbreitung privater Alterssicherung – Teilnehmende Arbeitnehmer in % (Vereinfachte Darstellung)

Land	**Abdeckung durch private Altersvorsorge**
Dänemark	> 90
Deutschland	57
Frankreich	10
Großbritannien	43
Niederlande	90
Schweden	90
Spanien	40

In die Daten einbezogen sind verschiedene Arten privater Altersvorsorge, darunter auch betriebliche Modell.

Quelle: OECD 2007.

Vor diesem Hintergrund hat Daniel Poelchau (2007: 155/258, s.a. Hinrichs 2008) die Reformaktivitäten in zwei Richtungen (Rolle des Staates, Entwicklung der Leistungen) unterschieden und analysiert. Vereinfacht ergibt sich folgende 4-Felder-Konstellation.

169 Vgl. hierzu etwa die in Dänemark erst probeweise und jetzt dauerhaft eingeführte Rentenspareinlage oder auch die auf EU-Ebene geführte Diskussion über die Bedeutung privater Altersrenten, die meist in Form von Pensionsfonds betrieben werden. Zur Vertiefung einiger Rentenreformen vgl. Hülsmann u.a. 2001 und FES 2001.

Schaubild 14-10: Reformstrategien in der Rentenversicherung im Vergleich

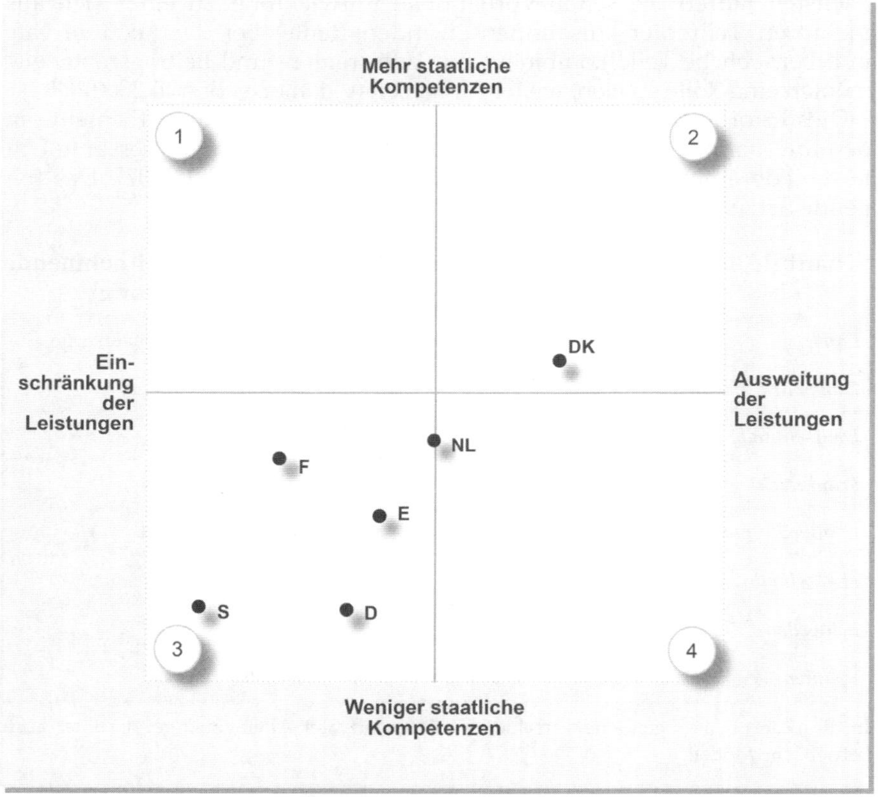

Quelle: Eigene Darstellung, nach Poelchau: 257/258.

Auch in der Bundesrepublik ist es vor einigen Jahren zu einer weiteren Reform der Rente gekommen (vgl. Sozialpolitische Informationen 5/2001), die verschiedene Elemente kombiniert: Einerseits unterliegen die politischen Debatten wie andernorts auch der Logik des „blame avoidance" (Pierson; vgl. Kap. 3), d.h. des Versuchs, den politischen Schaden von Reformen zu begrenzen; andererseits zeigen sich innovative und zielführende Aspekte, wie etwa bei der Verbindung von Arbeitsmarktlage und Rentenbeiträgen. Schließlich werden seit der Reform die Weichen in Richtung einer privaten Zusatzrente („Riester-Rente") gestellt, bei der jüngsten Reform kam eine schrittweise Anhebung des Renteneintrittsalters auf 67 Jahre hinzu (s. dazu etwa Schmid 2006, Börsch-Supan u.a. 2009)[170]. Angesichts der zu erwartenden Probleme scheint ein Festhalten an der traditionellen Rentenpolitik, d.h. am reinen Sozialversicherungsprinzip, nicht zukunftsträchtig. Beispielhafter ist hier z.B. die Grundrente in den Niederlanden. Jeder Einwohner erhält ab dem 65. Lebensjahr eine Grundrente vom Staat[171]. Auf diese Weise lassen sich die kritisierten Defizite - v.a. Altersarmut und soziale Ungleichheit im Alter - verringern. Dies ist weniger eine Frage eines höheren Mitteleinsatzes als einer Steigerung der Effizienz, da sich diese Nachteile etwa in Schweden, das über einen ähnlichen Ausgabenanteil für die Rente wie Deutschland verfügt, nicht eingestellt haben (Kohl 1999). Nicht nur Demographie und finanzielle Ressourcenausstattung, sondern auch die politische Gestaltung der Rentensysteme machen demnach einen Unterschied.

14.5 Zentrale Literatur

Behrendt, Ch. 2000: Bieten private Renten eine gangbare Alternative? In: Internationale Revue für Soziale Sicherheit. Nr. 3.
Bonoli, G. 2000: The Politics of Pension Reform: Institutions and Policy Change in Western Europe. Cambridge.
Hinrichs, K., 2008: Rentenreform in Europa - Konvergenz der Systeme? In: Busch, K. (Hrsg.), Wandel der Wohlfahrtsstaaten in Europa. Baden-Baden, S. 155-177.
Kohl, J. 1999: Gesicherter Lebensstandard im Alter? online unter: www.uni-heidelberg.de/uni/presse/RuCa1_99/kohl.htm; eine umfassende Version erscheint in der Zeitschrift für Sozialreform 4/2001.
Natali, D. 2008: Pensions in Europe, European Pensions. The Evolution of Pension Policies at National and Supranational Level. Brüssel u.a..
OECD 2007: Pensions at a Glance. Paris.
Rake, K. 2000: Accumulated Disadvantages? Welfare State Provision and Incomes of Older Women and Men in Britain, France and Germany. In: Claasen, J. (Hrsg.), Comparative Social Policy. Oxford
Schmid, J. 2006: Rentenreform: Überlebt der Wohlfahrtsstaat? In: Sturm, R./Pehle, H. (Hrsg), Wege aus der Krise? Die Agenda der zweiten Großen Koalition. Opladen u.a. S. 41-58.

---

170 Die Einführung privater Elemente der Altersvorsorge lässt sich ebenfalls unter dem Blickwinkel von „blame avoidance“ interpretieren, stellt er doch eine heimliche Erhöhung der Ausgaben für (nun öffentliche und private) Altersvorsorge dar.

171 Dabei ist es völlig unerheblich, ob ein eigener Rentenanspruch erworben wurde und ob Paare verheiratet sind oder nicht. Zwar ist die Grundrente nicht so hoch, als dass sie einen hohen Lebensstandard ermöglicht (Zusatzrentenversicherungen sind nötig), aber zumindest erwirbt jeder Einwohner einen eigenen Rentenanspruch.

Trampusch, C. 2003: Ein Bündnis für die nachhaltige Finanzierung der Sozialversicherungssysteme: Interessenvermittlung in der bundesdeutschen Arbeitsmarkt- und Rentenpolitik. MPIfG Discussion Paper 03/01. Köln.

15 Sozialversicherungszweig Unfall im Vergleich

15.1 Unfall als sozialpolitisches Feld

Die kollektive Absicherung gegen das Arbeitsunfallrisiko gehört zu den ältesten Bereichen des Systems sozialer Sicherung und war in vielen Fällen Ausgangspunkt für die Absicherung weiterer sozialer Risiken (vgl. etwa Ritter 1991). Allerdings hat das Thema angesichts der erheblich verringerten Unfallzahlen - in Deutschland z.B. ist die Zahl der tödlichen Arbeitsunfälle seit 1960 um rund zwei Drittel zurückgegangen - an Popularität und politischer Brisanz verloren[172].

In allen hier betrachteten Ländern sind die Risiken Arbeitsunfall und Berufskrankheit durch kollektive Versicherungssysteme abgedeckt, meist durch eine eigenständige Unfallversicherung. Variationen bestehen bei der jeweiligen Organisation und Finanzierung: Während z.B. in Deutschland die Unfallversicherung von selbstverwalteten Berufsgenossenschaften getragen wird, ist sie in Großbritannien ein Teil der allgemeinen Sozialversicherung und wird staatlich verwaltet. Demgegenüber gibt es in den Niederlanden keine spezielle Unfallversicherung. Die Risiken Arbeitsunfall und Berufskrankheit werden statt dessen durch die Krankenversicherung bzw. die Invaliditätsversicherung abgesichert[173]. Im Vergleich zur Organisationsstruktur ist die Finanzierung relativ einheitlich: Mit Ausnahme von Großbritannien und den Niederlanden wird die Unfallversicherung ausschließlich durch Arbeitgeberbeiträge finanziert.

---

172 Vgl. hierzu sowie zur aktuellen Reform des Unfallversicherungsrechts in Deutschland die Sozialpolitischen Informationen 6/1995 sowie Badura/Rosenbrock (2009); zur Entwicklung der europaweiten Unfallzahlen vgl. Kangas (2000), der die Entwicklung des Versicherungszweigs im Längs- und Querschnitt untersucht.

173 Zu den weiteren Besonderheiten des niederländischen Sozialversicherungssystems vgl. das Länderkapitel Niederlande (Kap. 7). Hier findet im übrigen eine Verkopplung von Krankenstand der Betriebe (d.h. auch Arbeitsbedingungen) mit dem Arbeitgeberbeitrag statt (MISSOC 1993), was Anreize zur Schaffung sicherer Arbeitsplätze schafft.

15.2 Vergleichender Überblick

15.2.1 *Sicherungsziele*

Bei der Charakterisierung der Sicherungsziele ist zwischen dem erfassten Personenkreis einerseits und dem Ausmaß, in dem Geldleistungen das vorangegangene Einkommen ersetzen (Lohnersatzquote) andererseits, zu unterscheiden. Grundsätzlich sind in den hier untersuchten Ländern alle Arbeitnehmer gegen die Risiken Arbeitsunfall und Berufskrankheit abgesichert.

In Bezug auf das Niveau der durch die Unfallversicherung gewährten Geldleistungen lassen sich grob drei Gruppen unterscheiden:

a) Die Geldleistungen ersetzen mindestens 75 Prozent des vorangegangenen Einkommens und sind somit weitgehend lebensstandardsichernd,
b) sie ersetzen mindestens 66 Prozent (zwei Drittel) des vorangegangenen Einkommens und ermöglichen damit eine eingeschränkte Lebensstandardsicherung,
c) die Lohnersatzquote beträgt weniger als zwei Drittel und stellt deshalb lediglich eine Mindestsicherung dar.

Schaubild 15-1: Sicherungsziele

Dänemark	Bedarfsgerechte Versorgung mit Sachleistungen; bei Geldleistungen weitgehend Lebensstandardsicherung
Deutschland	Bedarfsgerechte Versorgung mit Sachleistungen; bei Geldleistungen Lebensstandardsicherung (nur eingeschränkt bei endgültigen Geldleistungen)
Frankreich	Bedarfsgerechte Versorgung mit Sachleistungen; bei Geldleistungen weitgehend Lebensstandardsicherung
Groß-britannien	Bedarfsgerechte Versorgung mit Sachleistungen; bei Geldleistungen Mindestsicherung
Niederlande	Bedarfsgerechte Versorgung mit Sachleistungen; Geldleistungen mehrfach untergliedert und nur im Einzelfall einzuordnen
Schweden	Bedarfsgerechte Versorgung mit Sachleistungen; bei Geldleistungen weitgehend Lebensstandardsicherung
Spanien	Bedarfsgerechte Versorgung mit Sachleistungen; bei Geldleistungen weitgehend Lebensstandardsicherung

Quelle: Eigene Erstellung auf Basis von MISSOC Online Tabellen 2007

Werden die hier betrachteten Länder in diesem Raster verortet, so kristallisieren sich im wesentlichen drei Sicherungstypen heraus: Während in

Deutschland die vorübergehenden Geldleistungen (Verletztengeld) den bisherigen Lebensstandard sichern, sind die Renten als endgültige Geldleistungen nur eingeschränkt lebensstandardsichernd. Dagegen sind in Dänemark, Frankreich, den Niederlanden, Schweden und Spanien sowohl die vorübergehenden als auch die endgültigen Geldleistungen lebensstandardsichernd. In diesem Zusammenhang gibt es jedoch einige Ausnahmen, die mit der Dauer der Arbeitsunfähigkeit (Frankreich) oder mit der Art der Arbeitsunfähigkeit (Spanien) zusammenhängen. Im Gegensatz dazu haben die Geldleistungen in Großbritannien lediglich Mindestsicherungsfunktion.

15.2.2 Erfasster Personenkreis

Den Ländern ist gemeinsam, dass alle Arbeitnehmer gegen die Risiken Arbeitsunfall und Berufskrankheit abgesichert sind. Darüber hinaus sind in Dänemark, Deutschland und Schweden ebenfalls „Sondergruppen" wie beispielsweise Selbständige und Student versichert. Der erfasste Personenkreis in den Niederlanden hingegen ist gespalten, weil die Risikoabsicherung durch zwei verschiedene Versicherungszweige erfolgt: Während in der Krankenversicherung, welche Sachleistungen und vorübergehende Geldleistungen (Krankengeld) gewährt, alle Arbeitnehmer, ihre Familienangehörigen, Arbeitslose und Rentner versichert sind, werden durch die Invalidenversicherung lediglich Arbeitnehmer erfasst.

Schaubild 15-2: Erfasster Personenkreis

Dänemark	Arbeitnehmer, Praktikanten, aufgrund von Arbeitsunfällen der Eltern behinderte Kinder, freiwillig versicherte Selbstständige
Deutschland	Arbeitnehmer, einige Selbständige, Schüler, Studenten, Kindergartenkinder. Auf Antrag freiwillige Versicherung für nicht pflichtversicherte Unternehmer möglich. Ausnahmen u.a. für Beamte
Frankreich	Erwerbstätige mit Ausnahme bestimmter Selbstständiger. Freiwillige Versicherung möglich.
Großbritannien	Arbeitnehmer, keine Pflichtversicherung für Selbstständige.
Niederlande	Krankenversicherung (Geld- und Sachleistungen): Arbeitnehmer Invalidenversicherung (Geldleistungen): Arbeitnehmer
Schweden	Alle Arbeitnehmer und Selbstständigen.
Spanien	Arbeitnehmer. Freiwillige Versicherung für Selbstständige. Ausnahme u.a. bei geringfügiger Beschäftigung.

Quelle: MISSOC Online Tabellen 2007

15.2.3 *Finanzierung*

Die Unfallversicherung wird weitgehend durch Arbeitgeberbeiträge finanziert, lediglich Großbritannien und die Niederlande bilden in diesem Zusammenhang Ausnahmen. Die Beiträge richten sich meist nach der spezifischen Gefahrenklasse eines Unternehmens. In Frankreich wird darüber hinaus die Anzahl der Beschäftigten berücksichtigt, während sich in Deutschland die Beiträge auch nach der Entgeltsumme des Unternehmens richten. Dagegen wird in Schweden die Unfallversicherung über den allgemeinen Sozialversicherungsbeitrag der Arbeitgeber finanziert, der entsprechend der Anzahl der Beschäftigen variiert. Lediglich zwei Länder weichen von dem skizzierten Finanzierungsmodus ab: In Großbritannien wird die Unfallversicherung über Steuern finanziert; in den Niederlanden werden die Sachleistungen und die vorübergehenden Geldleistungen über die Krankenversicherungsbeiträge der Arbeitgeber sowie Arbeitnehmer und die endgültigen Geldleistungen über die Arbeitgeberbeiträge zur Invaliditätsversicherung getragen.

Schaubild 15-3: Finanzierung

Dänemark	Risikoabhängige Arbeitgeberbeiträge
Deutschland	Risikoabhängige Arbeitgeberbeiträge
Frankreich	Von der Beschäftigtenzahl und dem Risikograd abhängige Arbeitgeberbeiträge; Beitragsbemessung nach gesamten Einkommen
Großbritannien	Keine Beiträge, steuerfinanziert
Niederlande	Invaliditätsversicherung : Beiträge der Arbeitgeber
Schweden	Beiträge von Arbeitgebern und Selbstständigen
Spanien	Risikoabhängige Arbeitgeberbeiträge

Quelle: MISSOC Online Tabellen 2007

15.2.4 Leistungen, Leistungsniveau und -dauer

Die Leistungsgewährung im Rahmen der Unfallversicherung setzt generell voraus, dass Arbeitsunfälle bzw. (anerkannte) Berufskrankheiten ursächlich mit einer versicherten Tätigkeit zusammenhängen. Mit Ausnahme von Dänemark und Großbritannien sind darüber hinaus Unfälle auf dem Weg zur Arbeit (Wegeunfälle) versichert.

Die Leistungen der Unfallversicherung bestehen generell aus Sach- und Geldleistungen: Während die bedarfsorientierte medizinische Versorgung als Sachleistung gewährt wird, wird der durch den Risikoeintritt bedingte Einkommensausfall durch Geldleistungen kompensiert – wie bereits skizziert, variiert die Lohnersatzquote in den einzelnen Ländern jedoch nicht unerheblich. Bei den Geldleistungen sind das vorübergehende Verletztengeld sowie die endgültige Rente zu unterscheiden. Bei Arbeitsunfähigkeit aufgrund eines Arbeitsunfalls oder einer Berufskrankheit erhält der Betroffene in den meisten der hier betrachteten Länder[174] zunächst Entgeltfortzahlungen des Arbeitgebers bzw. Krankengeld, nach dessen Ablauf ein einkommensabhängiges Verletztengeld sowie anschließend eine ebenfalls einkommensabhängige Rente.

Die Dauer des Leistungsbezugs von Verletztengeld ist in manchen Ländern wie Schweden oder Frankreich nur allgemein geregelt (bis zur Heilung bzw. bis zum Beginn von Rentenzahlungen), wohingegen sie in allen anderen Ländern auf einen bestimmten Zeitraum begrenzt ist. Dieser bewegt sich zwischen einem halben Jahr (Großbritannien) und eineinhalb Jahren (Deutschland). Während das Verletztengeld als prozentualer Anteil des vorangegangenen Bruttoeinkommens berechnet wird, ergibt sich die Rente aus der Multiplikation von Bemessungsgrundlage – d.h. des Einkommens vor dem Arbeitsunfall – und dem Grad der Minderung der Arbeitsfähigkeit. Lediglich in Großbritannien werden pauschalierte Leistungen gewährt. Über die Rente und das Verletztengeld hinaus werden im Rahmen der Unfallversicherung – mit Ausnahme von Großbritannien – auch einmalige Abfindungen und/oder Hinterbliebenenrenten gezahlt.

174 Eine Ausnahme bildet hier Großbritannien.

Schaubild 15-4: Leistungen

DK	Abseits der Krankenversicherung keine speziellen Leistungsregelungen für Arbeitsunfälle, dabei z.T. Abdeckung von Wegunfällen; bei dauerhafter Arbeitsunfähigkeit Rente von 80 % des Arbeitsentgelts, im Falle teilweiser Erwerbsunfähigkeit verrechnet mit Grad der Beeinträchtigung; evtl. Abfindungen; Hinterbliebenenversorgung Karenztage: Keine.
D	Abdeckung von Berufskrankheiten, Arbeits- und Wegunfällen; Verletztengeld bis zur Heilung oder späterem Rentenbezug, max. 78 Wochen, in Höhe von 80 % des Bruttoverdienstes im letzten Monat vor Krankheit; anschließend Rente von mind. 60 % (unter 18-Jährige: mind. 40 %) der zum Zeitpunkt des Versicherungsfalls maßgeblichen Bezugsgröße; eventuell Abfindung; Hinterbliebenenversorgung. Karenztage: Keine.
F	Leistungen bei Arbeits- u. Wegunfällen sowie anerkannten Berufskrankheiten; Verletztengeld 60 % und nach 28 Tagen 80 % des Grundlohns; anschließend Rente auf Basis des Bruttoarbeitsverdientes des letzten Jahres; evtl. Abfindung; Hinterbliebenenversorgung Karenztage: Keine.
GB	Leistungen b. Arbeitsunfällen u. anerkannten Berufskrankheiten, Wegunfälle i.d.R. nicht abgedeckt; Geldleistungen bei Krankheit max. 28 Wochen, bei Arbeitsunfällen für die Dauer der Behinderung und bei vorübergehender Arbeitsunfähigkeit für ein Jahr. Höhe abhängig vom Grad der Beeinträchtigung (22 €-109 € wöchentlich). Keine Abfindung, in der Hinterbliebenenvorsorge keine besonderen Regelungen bzgl. Arbeitsunfällen. Arbeitsunfallsgeld zahlbar ab dem 91. Tag nach dem Unfall bei der Möglichkeit von dreimonatiger Rückdatierung.
NL	Abwicklung über andere Versicherungszweige, da keine spezielle Unfallversicherung besteht. Bei vorübergehender Arbeitsunfähigkeit siehe Ausführungen zur Krankenversicherung. Bei langfristiger Arbeitsunfähigkeit Zahlung von Invaliditätsrente (WIA).
S	Leistungen bei Arbeits- u. Wegeunfällen; keine spezifische Regelung für Berufskrankheiten; Krankengeld in Höhe von 80 % des Arbeitslohns; keine formelle zeitliche Begrenzung der Bezugsdauer, jedoch kann das Krankengeld durch den Aktivitätsausgleich (aktivitetsersättning) oder den Krankheitsausgleich (sjukersättning) abgelöst werden, wenn die Krankheit über einen langen Zeitraum andauert. Rentenhöhe von 100 % des Verdienstausfalls. Keine Abfindung möglich. Karenzzeit: 1 Tag.
E	Abdeckung von Berufskrankheiten, Arbeits- und Wegunfällen; Leistung in Höhe von 75 % der Berechnungsgrundlage für ein Jahr ab dem Tag der Arbeitsunfähigkeit. Danach Rente. Karenztage: Keine.

Quelle: MISSOC Online Tabellen 2007

15.2.5 Anspruchsvoraussetzungen

In allen Ländern setzt der Bezug von Leistungen im Rahmen der Unfallversicherung grundsätzlich Arbeitsunfähigkeit in Folge eines Arbeits- oder Wegeunfalls bzw. einer Berufskrankheit voraus. Überdies ist die Zahlung von Renten mit Ausnahme von Frankreich an ein Minimum an Erwerbsminderung gekoppelt. Dieses bewegt sich zwischen 6,6 Prozent in Schweden und 35 Prozent in den Niederlanden.

Schaubild 15-5: Anspruchsvoraussetzungen

Dänemark	Arbeitsunfähigkeit: mindestens 15 % Minderung der Erwerbsfähigkeit für den Rentenbezug
Deutschland	Arbeitsunfähigkeit: mindestens 20 % Minderung der Erwerbsfähigkeit über die 26 Woche nach dem Arbeitsunfall für den Rentenbezug
Frankreich	Arbeitsunfähigkeit; kein Mindestsatz
Großbritannien	Arbeitsunfähigkeit; mindestens 14 % Minderung der Erwerbsfähigkeit für den Rentenbezug, bei besonderen Krankheiten 1 %.
Niederlande	Arbeitsunfähigkeit; mindestens 35 % Minderung der Erwerbsfähigkeit für den Invalidenrentenbezug
Schweden	Arbeitsunfähigkeit; mindestens 6,6 % (1/15) Minderung der Erwerbsfähigkeit für den Rentenbezug
Spanien	Arbeitsunfähigkeit; mindestens 33 % Minderung der Erwerbsfähigkeit für den Rentenbezug

Quelle: MISSOC Online Tabellen 2007

15.3 Zusammenfassende Typologisierung und Bewertung

Wie aus den vorangegangenen Abschnitten ersichtlich, unterscheidet sich die kollektive Absicherung der Risiken Arbeitsunfall und Berufskrankheit lediglich in Details - eine allgemeinere Typologisierung ist daher kaum möglich. Interessante Varianzen bestehen lediglich im Bereich „Sicherungsziele"/„Leistungsniveau" die im folgenden Schaubild zusammengefasst sind.

Unabhängig von diesen kleineren Unterschieden zeigt sich im Laufe der rund hundertjährigen Entwicklung ein Wandel von der Absicherung (bzw. einer quasi „Entschädigung") des individuellen Unfallopfers hin zur Gewährleistung des Einkommens für die ganze Familie. Und es kommt wie Kangas (2000) es ausdrückt, zu einer Entwicklung von „Workmen´s Compensation to Working Women´s Insurance." Dies liegt zum einen an der Ausweitung der Leistungen bezüglich ihrer Höhe, zum anderen liegt es an der flächendeckende Wirkung dieses Versicherungszweiges, was zudem durch die Veränderungen in der Erwerbsstruktur (v.a. durch steigende Frauenerwerbstätigkeit) verstärkt wird.

Schaubild 15-6: Sicherungsziele und Leistungsniveau[175]

		Sicherungsziele / Leistungsniveau		
		lebens-standardsichernd (mind. 75 %)	eingeschränkt lebensstandard-sichernd (mind. 2/3)	Mindest-sicherung (bis 66 %)
Leistungs-art	*vorübergehende Leistungen*	Dänemark Deutschland Frankreich Schweden Spanien		Großbritannien
	endgültige Leistungen	Dänemark Frankreich Schweden Spanien	Deutschland	Großbritannien

Quelle: Eigene Darstellung

175 Seit 1967 haben die Niederlande als einziger Staat in der EG keine „Unfallversicherung" im klassischen Sinne einer Versicherung gegen das Risiko von Arbeitsunfällen und Berufskrankheiten mehr.

15.4 Aktuelle Diskussionen

Die kollektive Absicherung der Risiken Arbeitsunfall und Berufskrankheit steht in engem Zusammenhang mit Maßnahmen zum Arbeitsschutz, wobei insbesondere letztgenannter Bereich Gegenstand aktueller Diskussionen ist. Bisherige Ansätze zum Arbeitsschutz haben sich dabei vor allem auf die Verhütung von Arbeitsunfällen und Berufskrankheiten bezogen. Eine solche Verengung des Arbeitsschutzes erweist sich jedoch angesichts veränderter Belastungsmuster infolge der Einführung neuer Technologien und neuer Formen der Arbeitsorganisation sowie der Bedeutungszunahme von unspezifischen, vielfältigen Belastungen (kombinierte Mehrfachbelastungen) als problematisch. Vor diesem Hintergrund orientieren sich neuere Ansätze des Arbeitsschutzes an einer umfassenderen, beispielsweise in der Ottowa-Charta der Weltgesundheitsorganisation WHO (1986) formulierten Gesundheitsdefinition, die die Verhältnis- gegenüber der Verhaltensprävention sowie die Beteiligung der Betroffenen betonen. Der Arbeitsschutz wird somit zu einer präventiv orientierten „betrieblichen Gesundheitsförderung" erweitert, wobei letztere vor allem in Form von Gesundheitszirkeln in ersten Ansätzen umgesetzt wird (zu den Erfahrungen in Deutschland vgl. Satzer/Sturmfels 1995).

Ein weiterer Reformimpuls geht von den seit 1989 verabschiedeten Arbeitsschutzrahmenrichtlinien der EU aus, die auf einem ganzheitlichen Gesundheitsverständnis sowie dem Präventionsgedanken basieren[176]. Ausgehend von den skandinavischen Ländern wird derzeit die Einführung eines Monitoring-Systems („Scorebaord") geplant, das Aspekte wie Arbeitsinspektion, Präventionspotential auf Unternehmensebene und aufkommende Risiken antizipieren, beinhalten soll[177].

In Deutschland ist seit 2008 das Gesetz zur Modernisierung der gesetzlichen Unfallversicherung (Unfallversicherungsmodernisierungsgesetz, UVMG 2008) in Kraft. Das Hauptziel dieser Reform sind Anpassungen und Modernisierungen der Organisations- sowie Verwaltungsstrukturen in der Unfallversicherung.

---

176 Dabei ist jedoch einschränkend zu berücksichtigen, dass für die Umsetzung der hier formulierten Mindeststandards das Subsidiaritätsprinzip gilt und die konkrete Ausgestaltung somit den einzelnen Mitgliedsstaaten überlassen wird – nach dem Muster: Konvergenz statt Harmonisierung (vgl. Doll 1994). Allerdings hat sich seit den 90er Jahren die Regelungsintensität deutlich erhöht.

177 Score Board 2003 und 2005 sind dokumentiert unter: www.at.dk/sw12178.asp

Einzelpunkte sind

- Überaltlastausgleich, d.h. durch den Strukturwandel bedingte Altlasten werden umverteilt
- Drastische Reduktion der Zahl der Träger durch Fusionen und Verlagerung des Einzugs des Insolvenzgelds auf die Krankenkassen
- Betonung des Arbeitsschutzes und der Prävention
- Insolvenzgeld - wird zukünftig durch die Krankenkassen eingezogen

Die ursprünglich ebenfalls angestrebte Reform des Leistungsrecht wurde wegen politischer Differenzen in der Großen Koalition sowie kritischen Einwänden der Gewerkschaften und Sozialverbände verschoben (vgl. Steinbach u.a. 2007, Badura/Rosenbrock 2009).

15.5 Zentrale Literatur

Badura, B./Rosenbrock, R. 2009: Die gesetzliche Unfallversicherung im Reformprozess. Umsetzung und Weiterentwicklung des Präventionsauftrags in der Arbeitswelt. Gütersloh.

Kangas, O. 2000: From Workmen´s Compensation to Working Women´s Insurance. Institutional Development of Work Accident Insurance in OECD Countries. ZeS-Arbeitspapier Nr. 10. Bremen.

Steinbach, D. u.a. (Hrsg. 2007): 12. Münsterische Sozialrechtstagung. Reformen in der gesetzlichen Unfallversicherung. Karlsruhe.

IV. Aktuelle Probleme und ausländische Lösungen

16 Frauen am Rande des modernen Wohlfahrtsstaates? Wege zu mehr Gleichberechtigung

16.1 Allgemeiner Kontext: Privatheit und Öffentlichkeit

Frauen sind im Rahmen der Sozialpolitik bzw. des Wohlfahrtsstaates in den letzten Jahrzehnten speziell ins Bewusstsein gerückt (vgl. hierzu auch Kap. 3). Geschlecht wurde als zentraler Ungleichheitsfaktor identifiziert, der auch in den Institutionen des Wohlfahrtsstaates auszumachen ist. Im Zuge von Antidiskriminierungsbemühungen und dem Streben nach mehr Chancengleichheit wurde auch das Ziel „Geschlechtergerechtigkeit" formell verankert. Es ist auf der Ebene der EU u.a. als Zielvorgabe verankert, wird als ein Indikator für das Maß der sozialen Sicherung verwendet und soll durch Maßnahmen wie das Gender Mainstreaming umgesetzt werden. Die einzelnen Wohlfahrtsstaaten unterscheiden sich im Hinblick auf Geschlechtergerechtigkeit sehr stark voneinander und so wurde auch in diesem Bereich der Vergleich der Wohlfahrtsregime populär, um Best Practices zu identifizieren und die Möglichkeiten zu ihrer Adaption zu analysieren.

Die Ungleichheitsproblematik hängt wesentlich mit der klassischen Trennung von „öffentlich" und „privat" und der Herausbildung der zwei Sphären „Haushalt" und „Arbeitswelt" zusammen, die unser Wirtschafts- und Gesellschaftssystem seit dem 19. Jahrhundert ausmachen. Diese Trennung hat dazu geführt, dass Frauen in der Öffentlichkeit in gewisser Weise unsichtbar und auf reproduktive Tätigkeiten im „Privaten" beschränkt wurden (und noch werden), während Männer „draußen" für die Produktion tätig waren (und ebenfalls noch sind). Somit gründen sich moderne Industriegesellschaften auf die unbezahlte und jederzeit verfügbare – weil durch geschlechterdifferenzierende Arbeitsteilung naturalisierte – Arbeit von Frauen im häuslichen Bereich: Wäsche waschen, Kinder erziehen, ältere Personen versorgen, kochen, einkaufen, putzen, Sorgen vom Mann fernhalten, Sozialkontakte pflegen usw. Doch im häuslichen Bereich findet nicht nur reproduktive Arbeit statt; die produktive Arbeit in der privaten Sphäre wird allerdings oft nicht als solche anerkannt:

> „Das potentielle Abwälzen der ‚Wohlfahrtsproduktion' in den privaten Raum basiert auf der Anwendung des Subsidiaritätsprinzips. Diesem sozialpolitischen Konzept folgend soll staatliche Hilfe immer erst dann eingreifen, wenn private und/oder verbandlich organisierte Kräfte die Aufgaben nicht mehr bewältigen können. In der Realität wirkt sich dieses Prinzip so aus, daß

> die Grenze zwischen öffentlicher und privater Zuständigkeit für die Erfüllung psychischer und sozialer Bedürfnisse je nach ökonomischer Situation und politischem Willen verschoben werden kann. Dabei setzt der immer wieder zu beobachtende Mechanismus ein, nach dem umso mehr Arbeit in den privaten Raum geschoben wird, je leerer die öffentlichen Kassen sind. In diesem privaten Raum arbeiten aber vornehmlich Frauen unbezahlt" (Schunter-Kleemann 1992: 145).

Die Trennung zwischen „privat" und „öffentlich" ist immer noch einer der zentralen Hintergründe zum Verständnis der unterschiedlichen Situationen von Frauen und Männern in heutigen Wohlfahrtsstaaten. Die Arbeitsteilung zwischen Familie (wahrgenommen als der private Bereich), Ökonomie und Staat (als öffentliche Sphäre) kann als die wesentliche Frage bei der Beurteilung der Situation von Frauen angesehen werden. Diese drei Sphären und vor allem die jeweilige Form ihrer Verschränkung in nationalen Kontexten sind demnach nicht nur ein zentrales Kriterium zur Regimetypologisierung sondern auch Dreh- und Angelpunkt einer Analyse des Geschlechterverhältnisses im jeweiligen Wohlfahrtsstaat. Sie sollen deshalb auch den allgemeinen Rahmen des vorliegenden Kapitels bilden. Auf diese Dreiteilung wird im folgenden immer wieder Bezug genommen.

Nun ist die geschlechterdifferenzierende Arbeitsteilung, die Männern die bezahlte Produktionsarbeit im öffentlichen Raum von Markt und Staat und Frauen die unbezahlte Reproduktionsarbeit im privaten Raum der Familie zuweist, durch die sog. „zweite Frauenbewegung"[178] seit den 1970ern massiv kritisiert worden.[179] Diese Kritik wurde nicht nur auf einer theoretischen und normativen Ebene von Gleichheitsparadigma und Geschlechtergerechtigkeit, geäußert, sondern auch und gerade auf der Ebene der individuellen Lebensführung, der Teilhabe am Arbeitsmarkt, an Bildung, Politik usw. Frauen haben sich nicht mehr auf die Rollen Mutter und Hausfrau reduzieren lassen und für sich in Anspruch genommen, „all das zu können, was ein Mann auch kann." Dazu gehörte und gehört noch das Recht auf Erwerbsarbeit, auf angemessene Bezahlung, auf Absicherung im Alter, auf (staatliche) Unterstützung bei der Kindererziehung, auf soziale Sicherheit und anderes mehr. In den 80er und 90er Jahren ging es dann nicht mehr nur um die Teilhabe von Frauen an der produktiven (Lohn-)Arbeit, sondern auch darum, die reproduktive, unbezahlte Arbeit umzuverteilen bzw. diese zu entlohnen. Das heißt, Frauen forderten die Anerkennung ihrer Reproduktionstätigkeiten

178 Zweite, weil gemeinhin die Frauenbewegung Anfang des 20. Jahrhunderts, die beispielsweise das Wahlrecht für Frauen erkämpft hat, als die „erste" Frauenbewegung bezeichnet wird.

179 Als Stichwort sei in diesem Zusammenhang die „Hausarbeitsdebatte" der 1970/80er Jahre genannt. Siehe hierzu Ostner 1978; Wolf-Graaf 1985; Bock/Duden 1977.

als Arbeit ein und erwarteten von Männern, ihren Anteil an dieser Arbeit zu übernehmen.

Doch wie sieht es heute mit der Verwirklichung solcher Teilhaberechte und Forderungen nach Chancengleichheit aus? Inwieweit sind Frauen auf dem Arbeitsmarkt präsent? Was verdienen sie dort (vor allem im Vergleich zu den Männern)? Welche Tätigkeiten üben sie aus? Wie steht es mit der „Doppelbelastung," d.h. der gesellschaftlich erwarteten gleichzeitigen Erfüllung häuslicher bzw. familiärer und beruflicher Pflichten?

Für Frauen hat sich in Bezug auf ihre Einbindung in die Sphäre der Produktion im Zuge der allgemeinen Veränderungen und neuen Entwicklungen (post)industrieller Ökonomien viel verändert. Die Ausweitung des tertiären Sektors (Stichwort Dienstleistungsgesellschaft), die Einführung neuer Arbeitsformen und -inhalte (Stichwort Deregulierung), die Pluralisierung der Lebensstile (Stichworte Individualisierung, Auflösung der „Normalfamilie"), die andauernde Massenarbeitslosigkeit seit den 1970er Jahren und die entsprechenden staatlichen Strategien in Bezug auf diese neuen Phänomene haben spezifische und klar benennbare, wenn auch meist ambivalente Auswirkungen für Frauen.[180]

16.2 Wohlfahrtsstaat, Arbeitsmarkt und Geschlecht

16.2.1 Feministische Perspektiven des Wohlfahrtsstaatsvergleichs

Neben einer ausgiebigen Diskussion über vergleichende Wohlfahrtsstaatsforschung und Wohlfahrtsstaats-Typologien[181] gibt es inzwischen auch einige analog angelegte Ansätze zur feministischen Analyse moderner Wohlfahrtsstaaten. Besonders wichtig ist eine vergleichende Perspektive für diese Thematik deshalb, weil zwar inzwischen allgemein konstatiert wird, dass in allen westlichen (und östlichen) Ländern das Geschlecht (nach wie vor und neben anderen Faktoren wie Alter, Ethnie, Klasse) einen zentralen Faktor sozialer Ungleichheit darstellt. Allerdings ist man sich auch darüber einig, dass die nationalen bzw. kulturellen Unterschiede dabei beträchtlich sind. Sowohl Umfang als auch Struktur der Ungleichheit zwischen Frauen und Männern in Wohlfahrtsstaaten variieren von Land zu Land in erheblichem Ausmaß.

180 Wenn im Folgenden von „den Frauen" oder „den Männern" die Rede ist, so geht es um Tendenzen und statistische Durchschnittswerte, was angesichts der Heterogenität individueller Lebensverhältnisse eine vereinfachende Sicht darstellt.

181 Siehe hierzu ergänzend Kap. 3 in diesem Band.

Für diese Unterschiede gibt es eine Vielzahl von Ursachen, auf die hier nicht eingegangen werden kann. Allgemein sind wohl die Stärke der Frauenbewegung, die Form der ökonomischen Modernisierung, das Wohlstandsniveau sowie allgemeine kulturelle und politische Traditionen entscheidend.

Die neuere feministische Wohlfahrtsstaatsforschung (vgl. Kap. 3) beschäftigt sich mit einer entsprechenden Vielzahl von Themen, die die reale Bandbreite der Probleme und Dimensionen des Geschlechterverhältnisses widerspiegelt. Sie bemüht sich neuerdings ebenfalls stark um einen komparativen Ansatz und die Konstruktion einer plausiblen Typologie moderner Wohlfahrtsstaaten. Diese müsste in der Lage sein, die oben bereits erwähnte „Dreiteilung" von Staats-, Familien- und Erwerbssphäre sowie die Vielfalt der konkreten Phänomene, die Frauen im Zusammenhang mit dem Wohlfahrtsstaat besonders betreffen, analytisch zu erfassen.[182]

Schunter-Kleemann (1992, s.a. Woods 2009) unterscheidet folgende Dimensionen hinsichtlich der Situation von Frauen in modernen Wohlfahrtsstaaten:

- Lage der Frauen auf dem Arbeitsmarkt im Vergleich zu der von Männern
- Situation von Frauen in der Familiensphäre
- Staatliche Familienpolitik, z.B. Kinderlastenausgleich
- Stellung der Frau in den jeweiligen Arbeitslosen- und Rentenversicherungssystemen
- Sozialstaatliche Kultur bzw. wohlfahrtsstaatliches Selbstverständnis
- Chancen der Frauenemanzipation allgemein, Demokratisierungsgrad
- Beziehung zwischen nationaler und supranationaler (EU-)Politik.

Dabei beruht die Klassifizierung auf „Indikatoren, die Aufschluß über Veränderungen in der Erwerbssphäre, der Familiensphäre und der staatlichen Sozial-, Familien-, Renten- und Gleichstellungspolitik geben können. Wir unterstellen, daß die jeweilige staatliche Sozial-, Familien-, Arbeitsmarkt- und Steuerpolitik in einem sehr hohen Maß den inneren Zusammenhang zwischen produktiven und reproduktiven weiblichen Arbeiten vermittelt" (Schunter-Kleemann 1992: 197). Gerade die Verschränkung

---

182 Zunächst noch einige Anmerkungen zur feministischen kritischen Auseinandersetzung mit der „Mainstream"-Wohlfahrtsstaats-Typologie, am Beispiel Esping-Andersens Modell, die die Grundlage für die alternativen Forschungsansätze bildet. Hauptkritikpunkt waren die generelle Geschlechtsblindheit des Modells, das Voraussetzen einer Vollzeiterwerbstätigkeit als Normalfall im Zusammenhang mit dem Kriterium der Dekommodifizierung, die Konzentration auf die Beziehung von Markt und Staat zur Bewertung der Leistungsfähigkeit unter Nichtbeachtung der Familie sowie die exklusive Ableitung von Rechtsansprüchen auf Sozialleistungen aus der Erwerbstätigkeit. Dies sind Punkte, in denen das Modell nicht in der Lage war, die Lebenswirklichkeit von vielen Frauen und deren Position in Wohlfahrtsregime adäquat zu erfassen.

aller Ebenen ist besonders wichtig, weil es beispielsweise kaum Sinn ergibt, Frauen zum Eintritt in den offiziellen Arbeitsmarkt zu drängen, ihnen aber gleichzeitig die ganze Last der Hausarbeit und der Kinderversorgung aufzubürden. Somit ist bei der Analyse einzelner Daten – wie etwa der nationalen Frauenerwerbsquote – besondere Vorsicht geboten, denn die anderen „Sphären" spielen für das Verständnis der Lebensrealitäten von Frauen eine nicht zu unterschätzende Rolle.

Den oben angeführten Kriterien folgend, lassen sich sechs Wohlfahrtsstaatstypen unterscheiden:

- patriarchalische Länder mit Ansätzen zu egalitären Arbeits- und Sozialstrukturen (Dänemark, Finnland, Norwegen, Schweden)
- Länder des familienbezogenen Patriarchalismus (Belgien, Frankreich, Italien)
- Länder des ehebezogenen Patriarchalismus (Bundesrepublik Deutschland, Luxemburg, Österreich, Niederlande, Schweiz)
- Länder mit marktförmigem Patriarchalismus (Portugal, Großbritannien)
- Länder mit agrarisch-klerikalen Strukturen im Übergang zum marktförmigen Patriarchalismus (Griechenland, Spanien, Irland)
- Länder des sozialistischen Patriarchalismus im Übergang zum marktförmigen Patriarchalismus (Polen, Ungarn, DDR/Ostdeutschland nach der deutschen Einigung) (Schunter-Kleemann 1992: 201).

Es fällt auf, dass sämtliche Wohlfahrtsstaatsmodelle als „patriarchalistisch" bezeichnet werden. Es gibt zwar eine Gruppe von Ländern, in denen egalitäre Ansätze zu registrieren sind, letztendlich beruhen aber alle Wohlfahrtsstaaten weiterhin auf der oben beschriebenen unbezahlten Reproduktionsarbeit von Frauen, d.h. der „privaten Hausarbeit." Darüber hinaus (re)produzieren alle modernen Wohlfahrtsstaaten strukturelle Ungleichheiten zwischen Frauen und Männern – allerdings in erheblich unterschiedlichen Ausmaßen und Formen. Unterschiedlich sind vor allem die jeweiligen Schwerpunkte der geförderten bzw. geschützten Strukturen wie etwa Ehe, Familie oder Markt. Dies heißt allerdings nicht automatisch, dass der Staat die jeweiligen Schwerpunkte alleine setzt. Vielmehr ergeben sich die besonders geförderten Institutionen aus einer Vielzahl von Faktoren, die letztendlich auf die Wechselwirkungen zwischen den drei Sphären Staat, Familie, Erwerbsbereich hinauslaufen. Ein wichtiger Faktor in diesem Zusammenhang sind sicherlich die jeweiligen kulturellen und politischen Traditionen, auf denen die einzelnen Typen aufbauen. Die angesprochenen Unterschiede sollen in den weiter unten folgenden Länderübersichten und ihrem Vergleich im Detail beleuchtet werden.

16.2.2 Frauen am Arbeitsmarkt – Tendenzen und Ambivalenzen

Alle Untersuchungen – so lässt sich als erste Tendenz festhalten – stellen eine deutliche Zunahme weiblicher Erwerbsarbeit in den letzten Jahrzehnten bzw. eine wesentliche Steigerung der Frauenerwerbsquote fest. Die Frauenerwerbsquote stellt einen der zentralen Indikatoren für die Stellung von Frauen in modernen Ökonomien dar. Darüber hinaus ist die Frauenerwerbsquote der erste „Prüfstein" für die konkrete Umsetzung der ersten Dimension nach Schunter-Kleemann, nämlich der Stellung von Frauen auf dem Arbeitsmarkt im Vergleich zu der von Männern.[183] Der Europäische Rat von Lissabon hat im März 2000 als Ziel formuliert, die Beschäftigungsquote[184] von Frauen bis 2010 auf durchschnittlich über 60 Prozent anzuheben und die Mitgliedsstaaten aufgefordert, entsprechende nationale Maßnahmen zu treffen. Es gibt immer noch deutliche Unterschiede in der Erwerbsbeteiligung von Frauen in den verschiedenen Staaten (vgl. Schaubild 16-1).

Diese Unterschiede hängen mit einer Vielzahl von Ursachen zusammen. So hat die „Pluralisierung von Lebensstilen" (Beck 1986) dazu geführt, dass traditionelle Lebensformen und Biografiemuster aufbrechen und z.T. durch neue und reflexive (d.h. selbstbestimmtere) Formen der Lebensführung ersetzt werden. Konkret bedeutet dies, dass später geheiratet wird, die Scheidungsraten erheblich angestiegen sind und sich auf hohem Niveau eingependelt haben, vor allem Frauen sich verstärkt „gegen" die Familie bzw. Kinder entscheiden usw. Die traditionelle Einverdiener-Familie als „Solidargemeinschaft" wird zunehmend untergraben. Und da ein Gehalt nur selten den gewünschten Lebensstandard gewährleisten kann, werden Frauen zunehmend für den Arbeitsmarkt „freigesetzt." Diese Freisetzung korrespondiert mit der stark gestiegenen Erwartung (vor allem bei Jüngeren), dass Frauen ebenso wie Männer ganz selbstverständlich langfristig erwerbstätig sind.

Das zweite allgemeine Phänomen auf dem Arbeitsmarkt ist die starke Zunahme von Teilzeitarbeit und neuen Arbeitsformen zum Ende des 20. Jahrhunderts.[185] Diese Entwicklung verstärkt ein besonderes strukturelles

183 Gleichwohl reicht die Frauenerwerbsquote allein nicht aus, um eben diese Dimension vollständig zu erfassen; auch Struktur und Entlohnung der jeweiligen Erwerbstätigkeit von Frauen müssen untersucht werden.

184 Die Beschäftigungsquote („Employment/population rate") bezeichnet die Zahl der Frauen, die sich tatsächlich in einem Beschäftigungsverhältnis befinden im Verhältnis zur weiblichen Bevölkerung im arbeitsfähigen Alter (15-64 Jahre), während in der Erwerbsquote (Labour force participation rate) auch Arbeitsuchende etc. enthalten sind.

185 Man spricht in diesem Zusammenhang auch von „Patchwork," um die Diskontinuität der Erwerbsbiografie zu erfassen, die zwischen Ausbildung, Erwerbsarbeit, Familie, Weiterbildung, ggf. erneut Familie oder Arbeitslosigkeit und Rente oszilliert.

Phänomen der Frauenerwerbstätigkeit (die vergleichsweise geringe Quote an Vollzeiterwerbstätigkeit) und gehört somit zur Dimension der Stellung von Frauen auf dem Arbeitsmarkt im Vergleich zu der von Männern.

Schaubild 16-1: Frauenerwerbsquote (15-64 Jahre) und Teilzeitquote von Frauen und Männern (in %)

	EU 15	DK	D	F	GB	NL	S	E
***Frauenerwerbsquote* 2007**	*64,5*	*76,4*	*69,3*	*65,5*	*69,8*	*71,1*	*78,2*	*62,3*
Stand 2004	*62,3*	*76,1*	*65,8*	*64*	*69,6*	*67,3*	*76,6*	*57,7*
Stand 1994	*56,5*	*73,8*	*60,9*	*59,3*	*67,1*	*57,3*	*77*	*46,3*
Teilzeitquote von Frauen 2007	31,7	23,9	39,2	23,1	38,6	60	19,7	20,9
Teilzeitquote von Männern 2007	7,2	12,4	7,9	5	9,9	16,2	9,5	3,8

Quelle: OECD Employment Outlook 2008, S. 338, 351

Auch hier sind die nationalen Unterschiede beträchtlich; insbesondere die Niederlande haben ein „Beschäftigungswunder durch Förderung der Teilzeitarbeit" (Walwei 1995) erlebt. In Spanien hingegen wird trotz hoher Arbeitslosigkeit die Teilzeitbeschäftigung als Mittel der Arbeitsumverteilung noch kaum genutzt (Radke u.a. 1998). Bemerkenswert ist allerdings, dass Frauen in allen Nationen das Gros der Teilzeitbeschäftigten ausmachen. Dies hat auch wichtige Konsequenzen für männliche Arbeitnehmer, weil u.a. durch Teilzeitbeschäftigung das traditionelle Voll-Arbeitsverhältnis gelockert, wenn nicht gar dereguliert worden ist und nachfolgend eine Vielzahl neuer Beschäftigungsformen verstärkt auftrat (Saisonarbeit, „neue Selbstständige", Werkverträge, Leiharbeit, geringfügig Beschäftigte usw.).

Die Auswirkungen für Frauen sind dabei ambivalent. Einerseits verfestigen die neuen Teilzeitmodelle (und besonders die Branchen, in denen sie eingesetzt werden) das traditionelle Geschlechterverhältnis auf dem Arbeitsmarkt. Allein die Tatsache, dass Teilzeitarbeit zu so einem großen Teil von Frauen geleistet wird, ist ein Hinweis darauf. Teilzeitarbeit ist nicht dazu geeignet einen Haushalt zu versorgen und kommt deshalb oft nur als Zuverdienst zu einer (männlichen) Vollzeiterwerbstätigkeit vor. Ein weiterer Teil des Problems ist, dass sich Frauen sehr oft in Tätigkeiten wieder finden, die ihren angeblich „naturgegebenen" Fähigkeiten (Mütterlichkeit, Fürsorglichkeit, Einfühlungsvermögen, Kommunikationsfähigkeit) entsprechen. Dies bewirkt eine geschlechtliche Segregation des Arbeitsmarkts, d.h. eine besonders auffällige Konzentration von Frauen (bzw. Männern) in bestimmten Sparten und/oder Branchen. Bei Frauen sind dies üblicherweise Dienstleistungs- (Friseurin, Arzthelferin) und insbesondere Pflegeberufe (Krankenschwester, Kinderpflegerin, Altenpflegerin) und damit die tatsächlich schlechter entlohnten und mit geringen Aufstiegs- und Qualifikationschancen verbundenen Berufe. Neben dieser horizontalen Segregation nach Branchen hat die Teilzeitbeschäftigung von Frauen auch eine vertikale Segregation des Arbeitsmarkts zur Folge. Teilzeitarbeit wirkt sich negativ auf Aufstiegschancen aus und hat einen erheblichen Anteil am Mangel von Frauen in Führungspositionen. Hier setzt allerdings die auf nationaler und europäischer Ebene praktizierte Gleichstellungspolitik ein Fuhrmann 2005).

Ein weiterer negativer Aspekt hinsichtlich der Teilzeitarbeit von Frauen liegt in ihrer meist mangelhaften sozial- und arbeitsrechtlichen Absicherung. Hier sind die nationalen Unterschiede beträchtlich; es gibt Länder (Dänemark etwa), in denen auch geringfügig Beschäftigte vollen Sozialversicherungsschutz genießen. Andererseits stellen Teilzeitarbeitsverhältnisse für viele Frauen nach der Geburt eines Kindes die einzige Chance dar, (wieder) berufstätig zu werden und somit finanzielle Unabhängigkeit zu erlangen. Fakt ist, dass die Teilzeitarbeit die Eingliederung vieler Frauen in die Erwerbssphäre überhaupt erst möglich gemacht hat. Bedacht werden muss aber immer, dass Teilzeitarbeit für viele Frauen im Vergleich zu einer „vollen" Stelle oft die schlechtere Alternative darstellt. Zudem ist zu beachten, dass sich viele Mütter nach dem Wiedereinstieg in das Berufsleben in Teilzeitarbeitsverhältnisse gedrängt sehen, in denen sie weniger arbeiten, als sie eigentlich wollen.

Die dritte allgemeine Tendenz betrifft die geschlechtsspezifische Dimension der Arbeitslosigkeit. Generell ist es so, dass Frauen in wirtschaftlichen Rezessionsphasen als erste aus dem Arbeitsmarkt gedrängt werden. Die meist schlechtere arbeitsrechtliche Absicherung von Frauen im Verhältnis zu ihren männlichen Kollegen (vgl. hierzu auch den Abschnitt über Teilzeitbeschäftigung) sowie die gesellschaftlichen Rollenvorstellungen haben ihren Anteil daran. Der Druck, dem Frauen auf dem Arbeitsmarkt ausgesetzt sind, ist also ungleich höher als der, den Männer erleben.

Mit der geschlechtsspezifischen Dimension der Arbeitslosigkeit hängt die Stellung von Frauen in den Arbeitslosen- und Rentenversicherungssystemen eng zusammen. Da in den meisten Wohlfahrtsstaaten die jeweiligen Sicherungssysteme auf die (männliche) traditionelle Erwerbsbiografie zugeschnitten sind, sind Frauen einerseits weitaus stärker von Altersarmut betroffen und andererseits häufiger auf Sozialfürsorge (Sozialhilfe o.ä.) angewiesen als Männer, da sie oftmals keine Möglichkeit haben, ausreichende eigenständige Leistungsansprüche zu erwerben (vgl. zum Gesamten auch femina politica 2000).

Schaubild 16-2: Vereinbarkeit von Familie und Beruf

	Deutschland	Großbritannien	Schweden
Typus des Wohlfahrtsstaates	Konservativ / korporatistisch	Liberal	Sozialdemokratisch
Mutterschutzfrist (Dauer)	14 Wochen Mutterschutz (6 vor, 8 nach der Geburt)	26 Wochen Mutterschutz (nach der Geburt)	kein Mutterschutz als solcher; 50 Tage Schwangerschaftsgeld ab 60 Tage vor Geburt, danach 480 Tage Elterngeld
... bezahlter Anteil des bisherigen Lohns	100 % des Nettoverdienstes	90 % in den ersten 6 Wochen, danach 145 € Mutterschaftsgeld und 145 € -beihilfe 2 Wochen nach Geburt Vaterschaftsgeld	80 % des Nettolohns für 390 Tage 90 Tage Grundbetrag von 20 € pro Tag 60 Tage speziell für Vater oder Mutter
Elternzeit	12 Monate Elterngeld, 67 % des Nettolohns (max. 1800 € mtl.) plus 2 Vatermonate	insgesamt 10 Monate, ohne Lohnersatzleistungen oder staatl. Zuwendungen	18 Monate, siehe Elternschutzfrist, bis zum 8. Lebensjahr des Kindes möglich
öffentlich subventionierte Betreuungsmöglichkeiten für Kinder bis 3 Jahre	unter 5 %	unter 5 %	30 %
.... für Kinder ab 3 Jahren bis zur Einschulung	60 % (halbtags)	19 % (halbtags)	80 % (ganztags)
Einschulungsalter	6 Jahre	5 Jahre	7 Jahre, seit 1994 auch mit 6 Jahren
Dauer des Schultags	vormittags 4 bis 6 Stunden, ohne Mittagessen	6 bis 7 Stunden, Mittagessen in der Schule	3 bis 8 Stunden, Mittagessen in der Schule
Anteil der öffentl. Einrichtungen für Vor-/Schulkinder	5 %	unter 5 %	64 % Sechsjährige in der Vorschule

Quelle: Schulze Buschoff 1999: 16; Bundesministerium für Arbeit und Soziales 2006: 22-57; eigene Zusammenstellung

Die vierte allgemein feststellbare Tendenz in Bezug auf Frauenerwerbstätigkeit ist die zunehmende „Doppelbelastung“ der Betroffenen, d.h. die gleichzeitige Erfüllung von Pflichten und Aufgaben (und sozialen Erwartungen) im Erwerbs- wie im Privatleben. Die gestiegene Frauenerwerbsquote hat in den meisten Ländern nicht dazu geführt, dass Frauen von den häuslichen Aufgaben entlastet werden, sondern diese nun zusätzlich bewältigen. Es gibt allerdings einige staatliche Ansätze, dieser Doppelbelastung von Frauen entgegenzusteuern, welche zum Ziel haben, reproduktive Tätigkeiten wie Kindererziehung oder Altenpflege zu sozialisieren. Solche Ansätze sind das, was Schunter-Kleemann als „egalitäre Ansätze“ bezeichnet, weil damit die geschlechtsspezifische Zuweisung bestimmter Tätigkeiten aufzuheben versucht wird.[186] Die Doppelbelastung ist ein Indikator für die beiden von Schunter-Kleemann angeführten Ebenen, nämlich der Stellung der Frauen in der Familiensphäre sowie der staatlichen Familienpolitik.

Diese Doppelbelastung von Frauen wird häufig unter dem Stichwort der „Vereinbarkeit von Familie und Beruf“ diskutiert. Verschiedene staatliche Maßnahmen im Bereich der Familien- und Arbeitsmarktpolitik sollen zu einer Förderung der Vereinbarkeit beitragen (s. Schaubild 16.2). Einen umfassenden formalen Rahmen erhalten diese Aktivitäten durch Regulationen der Europäischen Union zum „Gender Mainstreaming“.[187] In einer Mitteilung der EU-Kommission zur "Einbindung der Chancengleichheit in sämtliche politischen Konzepte und Maßnahmen der Gemeinschaft" heißt es etwa:

> "Die Unterschiede zwischen den Lebensverhältnissen, den Situationen und Bedürfnissen von Frauen und Männern systematisch auf allen Politik- und Aktionsfeldern der Gemeinschaft zu berücksichtigen, das ist die Ausrichtung des Mainstreaming-Grundsatzes, den die Kommission verfolgt. Es geht dabei nicht nur darum, den Frauen den Zugang zu den Programmen und Finanzmitteln der Gemeinschaft zu eröffnen, sondern auch und vor allem darum, das rechtliche Instrumentarium, die Finanzmittel und die Analyse- und Moderationskapazitäten der Gemeinschaft zu mobilisieren, um auf allen Gebieten dem Bedürfnis nach Entwicklung ausgewogener Beziehungen zwischen Frauen und Männern Eingang zu verschaffen."

Dazu werden auch empirische Daten in Form eines EU-Gender Equality Index erhoben (vgl. dazu mit weiteren Indikatoren Leitner/Walenta 2008). Der Gleichstellungsindex orientiert sich an dem von Nancy Fraser

186 Gerade die deutsche Pflegeversicherung verfolgt mit der starken Betonung von Subsidiarität und der Pflege durch Familienangehörige allerdings keinen egalitären Ansatz.

187 Dieses Konzept beinhaltet, dass alle politischen Maßnahmen auf ihre unterschiedlichen Auswirkungen für Frauen und Männer hin untersucht werden sollen.

entwickelten Gleichheitsziel der Geschlechtergerechtigkeit und umfasst Dimension wie Beschäftigung, Einkommen, politische Partizipation und Betreuungsleistungen.

Schaubild 16-3: EU-Gender Equality Index

	DK	D	F	GB	NL	S	E
Index-Wert	0,63	0,57	0,55	0,45	0,60	0,68	0,47
Rang	2	4	5	7	3	1	6

Quelle: Eigene Darstellung nach Leitner/Walenta 2008

16.3 Exemplarische Länderanalysen

16.3.1 Dänemark: Politik der Gleichheit – auch der Geschlechter

Dänemark kann zur Familie der skandinavischen Länder gerechnet werden. Als Wohlfahrtsstaat ist es zwar „gemäßigter" als das hierfür paradigmatische Schweden,[188] aber es trägt gleichwohl viele Züge des sozialdemokratischen Modells und ist deshalb für die hier angestellten Überlegungen besonders interessant (vgl. auch Kap. 5). Dänemark wird von Schunter-Kleemann zu den „patriarchalischen Ländern mit Ansätzen zu egalitären Arbeits- und Sozialstrukturen" (Schunter-Kleemann 1992: 145) gerechnet und trägt einige Züge des von Sainsbury beschriebenen „Individual Model" (vgl. Sonderegger 2004, Marld 2009).

Für diese Typisierung als Wohlfahrtsstaat, der einer Gleichstellung der Geschlechter Vorschub leisten kann, sprechen folgende Charakteristika: Zum einen beruht das dänische Wohlfahrtssystem auf dem Universalprinzip, zum anderen auf dem sog. Individualrecht.

Ersteres meint, dass die staatlichen Sozialleistungen in Dänemark nicht an zunächst gezahlte Beiträge gekoppelt sind, sondern an den Staatsbürger-Status. Das zweite Merkmal, das Individualrecht, hängt eng mit diesem Universalprinzip zusammen und bezeichnet die Tatsache, dass die beanspruchten Sozialleistungen tatsächlich individuell einklagbar sind – sie stel-

188 Siehe hierzu auch die vergleichende Studie der Entwicklung des Geschlechterverhältnisses in Deutschland und Schweden von Theobald 1999, die den Zusammenhang zwischen weiblicher Erwerbsbeteiligung und der Veränderung des Geschlechterverhältnisses auf dem Arbeitsmarkt und in der Familie untersucht.

len ein Recht dar, d.h. sie müssen nicht durch vorherige Eigenleistungen, etwa Beiträge, erwirtschaftet werden und sie sind vor allem nicht an den Familienstand geknüpft. Anders ausgedrückt: Die Leistungen der Sozialversicherung sind nicht berufs- oder einkommensabhängig, sondern jeder Staatsbürger hat als Person das Recht auf (steuerfinanzierte) Sozialleistungen.[189] Ebenso werden Steuern personen- und nicht haushaltsbezogen erhoben.

Für Frauen bedeutet dies, dass beispielsweise Hausfrauen ebenso wie jahrzehntelang vollbeschäftigte Arbeitnehmerinnen einen automatischen Anspruch auf die gleiche Grundsicherung im Alter haben. Diese sog. „Volksrente" liegt mit ca. 4648 DKK bzw. 624 EUR (OECD 2007: 109) über dem Niveau der Sozialhilfe in Deutschland, das Risiko der Altersarmut ist also erheblich geringer. Selbstverständlich verfügen Frauen (ebenso wie Männer), die erwerbstätig waren, über eine zusätzliche Rente, die sich aus den vorher geleisteten Beiträgen ergibt. Aufgrund der hohen Frauenerwerbsquote ist diese Arbeitsmarktrente sozialpolitisch weniger problematisch als in einigen anderen Ländern. Diese - für Dänemark im übrigen insgesamt charakteristische - Mischung aus verschiedenen Typen und Finanzierungsformen sozialer Leistungen stellt eine besonders gelungene Strategie dar, um den neuen und sich verändernden Lebensformen von Frauen in modernen Wohlfahrtsstaaten gerecht zu werden. Als Konsequenz der ausreichenden Absicherung aller Individuen wurde 1984 die Hinterbliebenenrente abgeschafft.

Ein weiteres wichtiges Merkmal des dänischen Sozialstaates ist die Tradition einer relativ schwachen Trennung zwischen öffentlicher und privater Sphäre. Viele - traditionell private bzw. familiäre - Aufgaben sind sozialisiert, d.h. sie werden vom Staat übernommen. Dies kommt insbesondere Frauen zugute, hält man sich die obigen Ausführungen zur Rolle der unbezahlten (weil privaten) Haus(reproduktions)arbeit vor Augen - schließlich tun sich selbst die dänischen Männer immer noch schwer damit, Erziehungsurlaub zu nehmen und eine gerechte (gleiche) Verteilung der Hausarbeit zu praktizieren, insbesondere trifft das auf die älteren Generationen zu. Die genannte „Sozialisierung" (genauer: Verstaatlichung) ansonsten privater Pflichten ist vor dem Hintergrund der Erosion der traditionellen Familienstruktur besonders wichtig. Auch Dänemark hatte in den letzten Jahrzehnten eine steigende Scheidungsrate, eine sinkende Geburtenrate sowie eine Zunahme der Single-Haushalte und der Alleinerziehenden zu verzeichnen. Dies führt im Allgemeinen dazu, dass Frauen zwar

189 Brigitte Hansen (1990: 693) drückt dies folgendermaßen aus: „Der dänischen Sozialpolitik liegt der Gedanke zugrunde, daß die Gleichheit der Staatsbürgerschaft auch soziale Sicherheit und Lebensqualität bzw. Wohlfahrt erfordert, die die Teilnahme am gesellschaftlichen, politischen und kulturellen Leben für alle Staatsbürger erst ermöglichen."

z.T. in neuen Kontexten leben (d.h. beispielsweise alleine oder als Alleinerziehende), dabei aber staatlicher Unterstützung bedürfen.

Wenn die hohe Frauenerwerbsquote im Zusammenhang mit der Form der Beschäftigung gesehen wird, hat sie auch eine Schattenseite. Es ist nämlich festzustellen, dass die hohe dänische Frauenerwerbsrate durch eine massive Zunahme der Teilzeitarbeit „erkauft" worden ist. Für die Teilzeit-Beschäftigten kann dies – auch in Dänemark – bedeuten, dass sie sich in nicht karriereförderlichen und zudem niedriger bezahlten Arbeitsverhältnissen befinden. Allerdings sind Teilzeit-Arbeitsverhältnisse in Dänemark wesentlich regulierter und geschützter als etwa in der Bundesrepublik Deutschland. Und seit Mitte der 90er Jahre ist es das Ziel von Frauenbewegung, Gewerkschaften und Regierungsparteien, die Teilzeitarbeit nicht weiter auszubauen. Weiter wichtig ist der Umstand, dass die dänische Teilzeit überwiegend „lange Teilzeit," also 25-30 Stunden Arbeit, ist und nicht 10-20 Stunden. Allerdings war die geschlechtsspezifische Entgeltungleichheit mit 18 Prozent im Jahr 2005 relativ hoch (Eurostat). Es erscheint fast so, als seien diese – eher negativen – Aspekte der Preis für die erwähnten positiven Entwicklungen

Des Weiteren ist die geschlechtsspezifische Segmentierung des Arbeitsmarktes in Dänemark sehr auffällig, denn Frauen sind vorwiegend im Dienstleistungssektor beschäftigt. Dies trägt einerseits wesentlich zur Reproduktion des klassischen Rollenbildes bei, wonach Frauen für Fähigkeiten wie Fürsorge, Mütterlichkeit, Kommunikationsfähigkeit usw. bezahlt werden. Andererseits sind traditionell weibliche Dienstleistungsberufe wie Krankenschwester, Frisörin, Altenpflegerin, Kindergärtnerin usw. auch in Dänemark relativ schlecht bezahlte Tätigkeiten. Allerdings findet diese Dienstleistungsarbeit häufig im abgesicherten Öffentlichen Sektor statt.

In Bezug auf die staatliche Familienpolitik hat ebenfalls eine Entkoppelung von Leistungen und „Vorleistungen" stattgefunden. So erhält beispielsweise jedes Kind Kindergeld, das mit zunehmendem Alter der Kinder sinkt, und das prinzipiell unabhängig vom Einkommen der Eltern gezahlt wird. Das Kind selbst ist also Grundlage des Anspruchs auf die Leistung und nicht etwa das Einkommen der Familie. Zudem wird – anders als bei der Rente – das Kindergeld in Dänemark steuerfrei ausbezahlt. Erwähnenswert ist ferner noch, dass es in Dänemark keine steuerlichen Kinderfreibeträge gibt, die erfahrungsgemäß die Bezieher höherer Einkommen begünstigen. Die Leistungen bei der Geburt eines Kindes sind insgesamt recht großzügig gestaltet. So haben Mütter Anspruch auf 28 Wochen Mutterschaftsurlaub, in denen sie 90 Prozent des Höchstsatzes des Arbeitslosengeldes erhalten. Männliche Arbeitnehmer und Selbständige können innerhalb dieser Zeit zwei Wochen Urlaub in Anspruch nehmen. Während der Erziehungszeit werden max. 60 Prozent des Einkommens ersetzt, mindestens aber 900 EUR. Sie beträgt ein Jahr und ist bis zum 9. Geburtstag des Kindes frei einteilbar (Fuhrmann 2000). Der dänische Sozialstaat wendet vergleichsweise hohe Finanzmittel auf, um eine flächendeckende und qualitativ hochwertige Infrastruktur zu schaffen, die die Familien unterstützen soll. Hierzu gehören die schon erwähnten Kinderbetreuungseinrichtungen, aber auch staatliche Leistungen (monetärer und anderer Art) im Pflegefall, geschützte Wohneinrichtungen für alte und behinderte Menschen, Tagesmütter, Pflegehilfen usw. Dies deutet insgesamt darauf hin, dass in Dänemark tatsächlich der Versuch unternommen wird, „Hausarbeit" als gesellschaftlich notwendige Arbeit anzuerkennen und diese dementsprechend aus der unbezahlten Unsichtbarkeit herauszuholen. Über den Modus der Steuerfinanzierung beteiligt sich quasi die gesamte Bevölkerung an der Erbringung dieser Arbeit. Umgekehrt ist es auch so, dass die Erwerbstätigkeit von Frauen und Müttern als Reaktion auf Wirtschaftsboom und Arbeitskräftemangel Mitte des 20. Jahrhunderts explizit erwünscht war. Der starke Anstieg an Erwerbstätigkeit unter Frauen machte die Betreuungsfrage zu einem Problem, das von staatlicher Seite im eigenen Interesse gelöst werden musste.

Das dänische Wohlfahrtssystem ist in Bezug auf die Situation der Frauen wohl das erfolgreichste Modell im EU-Vergleich. Dänemark weist die relativ höchste Frauenerwerbsquote, die umfassendste Sicherung für Frauen (und Männer) im Alter und die am stärksten entwickelte staatliche Versorgung mit einer die Kinder- und Altenbetreuung umfassenden Infrastruktur auf. Ist nun der dänische Weg für Frauen der beste Weg? Oder ist er nicht vielmehr kontraproduktiv, weil er letztendlich das traditionelle Frauenbild doch wieder zu reproduzieren scheint? Ist er gar gänzlich falsch, weil er für Frauen „nur" einen Wechsel von einer privaten zu einer öffentlichen Abhängigkeit bedeutet? Bevor diese Fragen abschließend diskutiert werden, soll im nachfolgenden ein anderes Modell staatlicher Wohlfahrt hinsichtlich seiner Konsequenzen für die Situation von Frauen dargestellt werden.

16.3.2 Frankreich

Das französische Wohlfahrtssystem zeichnet sich vor allem durch seine Zersplitterung und Unübersichtlichkeit aus (vgl. auch Kap. 6).

> „Untersucht man die französische Wirtschafts-, Arbeitsmarkt-, Sozial- und Familienpolitik in ihrer Wirkung auf Frauen, so zeigt sich wenig Kohärenz; das Pendel schlägt in den genannten Politikfeldern in verschiedenen Richtungen

aus. Ganz offensichtlich existieren konkurrierende frauenpolitische Strategien, die in keine schlüssige Gesamtpolitik münden" (Schunter-Kleemann 1992: 197).

Wichtig ist in diesem Zusammenhang, dass die Geschichte des Wohlfahrtsstaates in Frankreich von einer strikten Trennung zwischen öffentlicher und privater Sphäre gekennzeichnet war. Jedenfalls herrschte in Frankreich sehr lange eine liberale Ideologie vor, die darauf abzielte, möglichst viel über privatwirtschaftliche Mechanismen zu regeln, statt den Staat intervenieren zu lassen. Gleichwohl besteht in der Gesellschaft ein breiter Konsens darüber, dass gerade die für die Vereinbarkeitsproblematik wichtigen Frage der Kinderbetreuung und allgemein die Familienpolitik in den Verantwortungsbereich des Staates gehören.

Frankreich ist somit ein interessanter Fall, weil hier scheinbar anscheinend zwei Modelle verschmolzen worden sind: einerseits der erwerbszentrierte und beitragsfinanzierte konservative Wohlfahrtsstaat und andererseits Elemente des Universalprinzips (bzw. Staatsbürger-Modells) nach skandinavischem Muster.[190] Der Vergleich mit Deutschland bietet sich geradezu an, da beide Staaten dem korporatistischen Wohlfahrtsstaatstyp zugeordnet werden, im Bereich der Erwerbstätigkeit von Frauen und der Familienpolitik aber deutliche Divergenzen auszumachen sind. Als Kennzahl sei nur die Geburtenrate genannt, bei der Frankreich 2005 mit 1,94 Kindern den Spitzenwert in der EU innehat, während Deutschland mit mittleren 1,34 Kindern pro Frau zu den Schlusslichtern zählt.

Im Folgenden soll nun auf einige politische Maßnahmen eingegangen werden, die Frauen im französischen Wohlfahrtsstaat besonders betreffen. Dafür sei zunächst als wichtiges Beispiel das 1988 eingeführte „Mindesteinkommen zur Wiedereingliederung" (RMI[191]) angeführt. Dieses entspricht in etwa der deutschen Sozialhilfe, ist allerdings großzügiger bemessen und zielt auf die möglichst schnelle berufliche Wiedereingliederung der Betroffenen ab. Des Weiteren gibt es in Frankreich eine Altersgrundrente, die ähnlich wie in Dänemark staatlich finanziert ist und jedem zusteht, allerdings an eine Bedürftigkeitsprüfung gebunden ist. Auch in Frankreich besteht über diese Grundrente hinaus eine Alterszusatzrente, die sich aus den Beiträgen der Erwerbstätigen finanziert. Für die konkrete Situation der Frauen bedeutet dies, dass sie eigenständig Renten erhalten können – unabhängig davon, ob sie berufstätig gewesen sind oder nicht. Des Weiteren sind die Anwartschaften bezüglich der Altersrente relativ günstig gestaltet, so dass sie auch für Frauen, die beispielsweise wenig oder Teilzeit gearbeitet haben, erreicht werden können. Insofern kann die Situation von Frauen bezüglich der Alterssicherung in Frankreich als

190 Wenn dies auch nicht explizit formuliert wird.
191 Siehe Kap. 6 zu Frankreich.

relativ gesichert gewertet werden (vgl. zur aktuellen Entwicklung Veil 2000, 2007).

Ein weiteres herausragendes Merkmal der französischen Sozialversicherung ist ihre betont familienfreundliche bis natalistische Ausrichtung: „Beide Varianten (Bevölkerungs- und Familienpolitik, d. V.) von Familienpolitik haben eine ausgeprägt pronatalistische, geburtenfördernde Grundausrichtung. Ihr primäres Motiv war und ist ein Wachstum der Bevölkerung und darum eine große Kinderzahl in den Ehen" (Schunter-Kleemann 1992: 201).[192]

Entsprechend dieser Ausrichtung ist die Familienpolitik in Frankreich besonders gut ausgebaut. Sie umfasst eine breite Vielfalt von Leistungen, die letztendlich darauf abzielen, die materielle Situation der Familien mit Kindern derjenigen von Familien ohne Kinder gleichzustellen und darüber hinaus die Geburt von Kindern durch spezielle Anreize zu fördern. So kommt es zustande, dass diverse Vergünstigungen und Zulagen (vor allem monetärer Art) nicht schon für das erste Kind in Anspruch genommen werden können. Kindergeld gab es in Frankreich z.B. lange Zeit erst nach dem dritten, inzwischen ab dem zweiten Kind, der Satz steigt dann mit jedem weiteren Kind an. Dies steht in deutlichem Kontrast zum oben besprochenen Fall Dänemarks, wo jedes Kind individuell und lediglich altersabhängig Kindergeld erhält. Auch Erziehungsurlaub gab es in Frankreich lange Zeit erst ab dem dritten Kind. Ab 1994 wurde er mit dem zweiten Kind möglich, seit 2004 können auch Eltern mit einem Kind Erziehungsurlaub nehmen. Allerdings ist der Erhalt von Erziehungsgeld in dieser Zeit von vorangegangener Erwerbstätigkeit abhängig. Dass eine solche Familienpolitik für Frauen ambivalente Wirkungen hat, liegt auf der Hand. Die geringe monetäre Unterstützung der Eltern mit einem Kind hatte großen Anteil an der vergleichsweise hohen Erwerbsquote unter Müttern in Frankreich. Nach der Ausweitung des Erziehungsurlaubs von 1994 sank die Erwerbsquote von Müttern mit zwei Kindern in den folgenden Jahren von 74 Prozent auf 56 Prozent, ähnliche Folgen sind bei der neuerlichen Reform zu erwarten. Zudem können Mütter, die Erziehungsurlaub nehmen, seit 2004 bis zu drei Jahre Rentenversicherungsbeiträge geltend machen, während diese Möglichkeit für Erwerbstätige stark gekürzt wurde (vgl. Salles 2005: 14). Hier zeigt sich eine Tendenz, die Doppelbelastung erwerbstätiger Mütter zu missachten und stattdessen den Erziehungsurlaub für Mütter attraktiver zu machen. Speziell für Geringverdienerinnen könnte das mit 500 EUR großzügig

192 Gleichlautend auch Lenoir (1991: 183). Die Ursachen reichen bis ins vorige Jahrhundert, in dem die Rivalität der Nationalstaaten, v.a. zwischen Deutschland und Frankreich, eine wichtige Rolle für die Sozialpolitik gespielt hat.

bemessene Erziehungsgeld als Alternative zum Lohn verlockend erscheinen.

Die Ambivalenz der französischen Familienpolitik in Bezug auf die Position der Frauen spiegelt sich auch in der relativ hohen Frauenerwerbstätigkeit wider. Hierbei ist zu beachten, dass die Frauenerwerbsquote (s. Schaubild 16-1) in Frankreich nicht überdurchschnittlich hoch ist und z.B. von Deutschland übertroffen wird. Allerdings sagt diese Quote nichts über die Art und Dauer der Beschäftigungsverhältnisse aus. Denn bei genauerer Betrachtung ist z.B. festzustellen, dass Frauen in Frankreich wesentlich häufiger in Vollzeit beschäftigt sind.[193] Zwar sind auch in Frankreich ca. 80 Prozent der vorhandenen Teilzeitarbeitsplätze von Frauen besetzt, diese sind aber durch die arbeitsrechtliche und die Entlohnung betreffende Absicherung in Frankreich relativ teuer und werden somit nicht ganz so stark wie in anderen Ländern der EU eingerichtet.[194] Ob die französische Familienpolitik die Steigerung der Frauenerwerbstätigkeit tatsächlich zum Ziel hatte (und hat), kann durchaus hinterfragt werden – sie ist aber zumindest ein eindeutiger Nebeneffekt. Dies stützt die These, wonach die Frauenerwerbstätigkeit gesteigert werden kann, wenn den Frauen staatlicherseits mit entsprechenden Entlastungsangeboten entgegengekommen wird Dabei kommen zur finanziellen Unterstützung noch erhebliche Steuervergünstigungen, administrative Hilfen (Vermittlung von Tagesmüttern oder Betreuungseinrichtungen, sog. Mutter-Kind-Schutz-Zentren, die freien Zugang zu Kinderärzten, Psychologen, Pädagogen bieten) sowie flächendeckende Kinderbetreuungsangebote.

Eine weitere Besonderheit der französischen Familienpolitik ist das garantierte Mindesteinkommen für Alleinerziehende (monatlich 542 EUR + 181 EUR je Kind). Dies bedeutet eine Abkoppelung der staatlichen Unterstützung von der traditionellen Ehe mit Kindern. Offensichtlich wird hier also von staatlicher Seite kein traditionelles Familienbild im Sinne eines „Male Breadwinner" vorausgesetzt oder speziell gefördert (s.a. Rüling/Kassner 2007).

---

193 Der Anteil von Teilzeitarbeit an der Gesamtzahl der Arbeitsverhältnisse von Frauen beträgt in Frankreich 2007 23,1 %, während er in Deutschland bei 39,2 % liegt. (OECD 2008: 351)

194 Dies trägt auch dazu bei, dass die Lohndifferenz zwischen Männern und Frauen in Frankreich relativ niedrig ausfällt, sie betrug 2004 ca. 12 % (Deutschland: 22 %). Dieser Tatbestand hängt aber auch eng mit der interventionistischen Rolle des französischen Staates bei der Tarifgestaltung zusammen – in Frankreich ist die Tarifautonomie, wie sie in der Bundesrepublik Deutschland praktiziert wird, weitgehend unbekannt. Anscheinend kommt dies Frauen (aber auch anderen am Arbeitsmarkt marginalisierten und bedrohten Gruppen wie Migranten) zugute, da Gewerkschaften ansonsten eher dazu neigen, das traditionelle „Normal-Arbeitsverhältnis" zu verteidigen.

16.4 Fazit und Überlegungen zur Anwendbarkeit

16.4.1 *Eine feministische Vision des postindustriellen Wohlfahrtsstaates: Überlegungen von Nancy Fraser*

Nancy Fraser, eine bekannte amerikanische feministische Theoretikerin, plädiert für die Analyse wohlfahrtsstaatlicher Modelle entlang mehrerer normativer Dimensionen:

- Bekämpfung der Armut
- Bekämpfung der Ausbeutung
- Gleichheit in Bezug auf Einkommen, Freizeit und Achtung
- Bekämpfung der Marginalisierung
- Bekämpfung des Androzentrismus (Fraser 1996).[195]

Anhand der aufgeführten Analyse- und Bewertungskriterien untersucht sie zwei mögliche Versionen des Wohlfahrtsstaates auf ihr Potenzial zur Geschlechtergerechtigkeit, nämlich: a) das Modell der allgemeinen Erwerbstätigkeit („Universal Breadwinner") und b) das Modell der Gleichstellung der Betreuungsarbeit („Caregiver Parity").

Im Rahmen des ersten Modells ist es das Ziel, Frauen und Männern den gleichen Zugang und die gleichen Chancen zum Arbeitsmarkt zu ermöglichen. Demnach wären die konkreten Ziele dieses Modells die Förderung der Berufstätigkeit von Frauen, eine umfassende Infrastruktur von professioneller Betreuung und die finanzielle Unabhängigkeit der Frauen. Es hieße aber auch, so lautet dann die Kritik, dass das gesamte Sozialversicherungssystem weiterhin einkommens- und erwerbszentriert gestaltet sein würde, und zwar u.U. noch ausgeprägter als dies heute schon der Fall ist. Dieses Modell führt demnach nicht zu einer Umverteilung von Hausarbeit zwischen Männern und Frauen.

Das zweite Modell hingegen setzt sich die Gleichstellung reproduktiver und produktiver Arbeit zum Ziel. Die „informelle Haus- und Betreuungsarbeit würde der formellen Erwerbstätigkeit gleichgesetzt" (Fraser 1996: 483), also bezahlt und sozial abgesichert. Das hätte entsprechende Konsequenzen für das System der sozialen Sicherung: Die jeweiligen Leistungen müssten hinsichtlich der Zugangsvoraussetzungen zumindest flexibilisiert werden. Die enge Koppelung von Erwerbsarbeit, Beiträgen und Leistungen müsste dann wesentlich gelockert werden, langfristig ginge es um die Gleichverteilung beider Arbeiten. Problematisch ist auch, dass die bisherige

195 Diese Kriterien sind offensichtlich sehr umfassend und folglich als normative Zielsetzung zu verstehen.

horizontale geschlechterdifferenzierende Segregation des Arbeitsmarktes damit weiter gefestigt würde und der soziale Bereich eventuell als paralleler Arbeitsmarkt hauptsächlich für Frauen formalisiert würde.

Da beide Modelle signifikante Nachteile haben und v.a. eine Veränderung des Bestehenden nur für Frauen vorsehen, plädiert Fraser (und mit ihr viele andere) für einen dritten Weg, nämlich für ein sog. „Integrationsmodell" („Universal Caregiver"), welches sie folgendermaßen beschreibt:

> „Im Gegensatz zum Modell der Gleichstellung der Betreuungsarbeit würde es den Beschäftigungssektor nicht in zwei verschiedene Teile spalten. Alle Arbeitsplätze würden für Arbeitnehmer zur Verfügung stehen, die auch Betreuungsaufgaben haben. Alle wären mit einer kürzeren Wochenarbeitszeit verbunden. Im Gegensatz zum Modell der allgemeinen Erwerbstätigkeit würde von den Arbeitnehmern jedoch nicht erwartet, daß sie die gesamte Betreuungsarbeit an soziale Dienste abgeben. Manche Teile der informellen Betreuungsarbeit würden staatlich unterstützt und wie die Erwerbsarbeit in ein einheitliches Sozialsystem integriert werden. Aber einige Teile dieser Arbeit würden in den Haushalten von Verwandten und Freunden geleistet werden" (Fraser 1996: 493).

Diese Vision stellt in Bezug auf die Gleichberechtigung der Geschlechter ein besonders interessantes Modell dar. Letztendlich läuft dieses „Integrationsmodell" auf eine Entgeschlechtlichung spezifischer Tätigkeiten hinaus: Betreuungs- und Reproduktions- (bzw. Haus-)arbeit würden nicht als weibliches Feld betrachtet sondern als universal, weil sie als gesellschaftlich notwendig und somit wertvoll (d.h. „bezahlungswürdig") anerkannt würden. Dies würde also auch Männer in die vielfältigen Sorgearbeiten miteinbeziehen und die Erwerbsarbeit dahingehend umstrukturieren. Die Möglichkeit Karriere zu machen, auch wenn man gleichzeitig Sorgearbeiten in der Familie übernimmt, müsste formalisiert werden. Frauen könnten durch die Entlastung von Reproduktionsarbeit mehr und angemessener in der Erwerbssphäre arbeiten und die entsprechenden Konsequenzen für sich nutzen: stärkeres Selbstbewusstsein, höherer Organisationsgrad und folglich Überwindung ihres tendenziell untergeordneten Status auf dem Arbeitsmarkt.

16.4.2 Fazit und Ausblick

Nachdem die allgemeine Situation von Frauen im Wohlfahrtsstaat sowie ihre Stellung in zwei Ländern dargestellt worden ist, gilt es nun – ausgehend von der Forderung nach Gleichberechtigung von Frauen und Männern in allen Bereichen des sozialen Lebens –, das skizzierte Bild zu bewerten. Das zuvor erörterte „Integrationsmodell“ (N. Fraser) soll einen Leitfaden zur Bewertung liefern.

Dänemark ist wohl das Land, das dem Integrationsmodell am nächsten kommt. Traditionell private und unbezahlte (Reproduktions-)Arbeiten sind im Vergleich zu anderen westlichen Staaten in hohem Maße verstaatlicht und z.T. als gesellschaftlich notwendige Arbeit anerkannt (z.B. durch das Tagesmütter-Modell). Das bedeutet für viele Frauen, dass die Doppelbelastung durch Familie und Beruf zumindest vermindert wird. Dem entspricht auch die überaus hohe Frauenerwerbsquote. Allerdings relativieren bestimmte Phänomene den Stellenwert des dänischen Modells als „Integrationsmodell.“ Hier sind zunächst die starke geschlechtsspezifische Segregation des Arbeitsmarktes und die nach wie vor bestehende Lohnungleichheit zu nennen. Oder anders ausgedrückt: Auch das dänische Modell reproduziert die traditionellen Geschlechtsrollen – allerdings auf anderem Niveau und in anderer Form (nämlich als eigenständige Klientinnen der Sozialpolitik) als in Deutschland.

In Frankreich hingegen scheint man bezüglich der Integration von Frauen in den Wohlfahrtsstaat einen anderen Weg eingeschlagen zu haben – wenn auch einen uneindeutigen und z.T. widersprüchlichen. Hier setzt man vor allem auf eine familien- und besonders kinderfreundliche Sozialpolitik, die ambivalente Auswirkungen für die Frauen hat. Frauen werden für ihre Reproduktionspflichten eher belohnt denn von ihnen befreit. Das traditionelle Frauenbild (und übrigens ebenso das traditionelle Männerbild) wird in Frankreich also – zumindest tendenziell und von Seiten der offiziellen Sozialpolitik – massiv reproduziert. Insgesamt zielt das französische System damit eher in Richtung des ersten Modells, nämlich der Anerkennung der Betreuungsarbeit.

Schräg dazu liegen die jüngeren Tendenzen in den Niederlanden, wo es zum einen zu erheblichen Reformen des Wohlfahrtsstaates gekommen ist und wo zum anderen eine beachtliche Steigerung der Erwerbstätigkeit von Frauen, v.a. in Teilzeit, zu beobachten ist; hier üben auch relativ viele Männer Teilzeitarbeit aus. Man könnte dies in Abgrenzung zu dem sozialdemokratischen und dem konservativen Modell, dem die beiden anderen Fälle zuzurechnen sind, als postmodern bezeichnen. Allerdings weist dieses Feld eine enorme Dynamik auf, so dass sich möglicherweise in anderen Ländern ebenfalls ähnliche Änderungen zeigen können und die Abgrenzungen bzw. typologischen Verortungen an Bedeutung verlieren.

Für die Bundesrepublik Deutschland sind solche internationalen Erfahrungen von hoher Bedeutung. Sie zeigen Vor- und Nachteile von Alternativen auf und belegen damit im Übrigen die Funktion der vergleichenden Methode als „Quasi-Experiment.“ Wichtig ist ebenfalls, sich vor Augen zu führen, dass die Modelle, die anderswo implementiert werden, oft auf anderen Traditionen und politisch-sozial-kulturellen Kontexten beruhen. Es ist beispielsweise fraglich, ob die (west-)deutschen Bürger mit ihrer spezifischen Geschichte und politisch-kulturellen Verankerung mit einer weitreichenden Sozialisierung der Erziehungsarbeit einverstanden wären.[196] Andererseits zeigt sich gerade im Vergleich zu Frankreich, dass in den neuen Bundesländern ähnliche Einstellungen zur Familienpolitik vorherrschen und gerade die staatlich organisierte Kinderbetreuung als einer der prinzipiell positiven Aspekte der DDR-Vergangenheit gesehen wird und zur Darstellung einer „modernen" Identität genutzt wird.

Schließlich kann der internationale Vergleich auch zu einer „Ent-Dogmatisierung" der politischen Diskussion beitragen. Was nämlich nicht mehr übersehen werden kann, ist, dass sich die Zeiten und mit ihnen die Funktion des Wohlfahrtsstaates für Frauen und Männer geändert haben (vgl. auch Kap.3). So muss beispielsweise die Tatsache anerkannt werden, dass sich viele Menschen flexiblere Arbeitsverhältnisse und -zeiten wünschen. Zurzeit wird in vielen Wohlfahrtsstaaten versucht, Väter über die Familienpolitik (u.a. durch „Vätermonate") stärker in den Reproduktionsbereich mit einzubeziehen. Hier zeigt sich allerdings, dass diese Maßnahmen nur zu einem geringen Teil auch tatsächlich genutzt werden und dies nicht, weil die Männer prinzipiell abgeneigt wären, sondern weil die Bedingungen auf dem Arbeitsmarkt dem nicht förderlich sind. Eine Veränderung in der Struktur des Arbeitsmarktes, wo Karrieremöglichkeiten immer noch am ununterbrochenen Vollzeiterwerb hängen, könnte positive Auswirkungen auf den familiären Bereich haben. Die Anerkennung der Tatsache, dass auch auf Führungs- und Verantwortungspositionen in Teilzeit gearbeitet werden kann, ohne dass dies einen Qualitätsverlust bedeutet, wäre ein erster Schritt in diese Richtung. Das Paradigma unter das solcherlei Maßnahmen gefasst werden können, ist das der „Optionserweiterung". Eine solche Optionserweiterung, die z.B. auf eine Entkopplung der Karrierewege vom Idealbild unbegrenzter zeitlicher Verfügbarkeit hinwirkt, wäre ein Schritt hin zu einer „Work Life Balance" für alle Arbeitnehmerinnen und Arbeitnehmer. Es geht dabei nicht mehr nur um Frauenförderung und die Beseitigung von Diskriminierung, sondern um eine Erweiterung der Optionen für Frauen und Männer gleichermaßen. Ob dies für Eltern in Dänemark bedeutet, dass sie mehr als bisher darin unterstützt werden, ihre Kinder auch privat betreuen zu können, für Eltern in Deutschland, dass sie den Anspruch haben, ihre Kinder in Betreuungseinrichtungen mit gesicherter

196 Für Ostdeutschland sieht es dagegen ganz anders aus.

Qualität geben zu können, bleibt offen und richtet sich nach den jeweiligen Vorausbedingungen.

16.5 Zentrale Literatur

Femina politica 2/2000: Beschäftigungserfolge und Geschlechtergleichheit. Schwerpunktheft.

Fraser, N. 1996: Die Gleichheit der Geschlechter und das Wohlfahrtssystem: Ein postindustrielles Gedankenexperiment. In: Nagl-Docekal, H./Pauer-Studer, H. (Hrsg.), Politische Theorie. Differenz und Lebensqualität. Frankfurt a.M., S. 469-498.

Huber, E./Stephens, J. D. 2000: Partisan Government, Women's Employment, and the Social Democratic Service State. In: American Sociological Review 65; S. 323-342.

Linke Sonderegger, M. 2004: Optionserweiterung und Geschlechterrollen in der aktuellen dänischen Familienpolitik. ZeS-Arbeitspapier Nr. 07/2004, Bremen.

Marold, J. 2009: Mütter im Spannungsfeld zwischen Kind und Beruf. Der Weg vom Ernährer- zum Zweiverdienermodell im Spiegel familienpolitischer und geschlechterkultureller Entwicklungen in Deutschland, Dänemark und den Niederlanden. In: Zeitschrift für Familienforschung, Heft 1, S. 54-85.

Rüling, A./Kassner, K. 2007: Familienpolitik aus der Gleichstellungsperspektive. Ein europäischer Vergleich, FES Studie. Bonn

Salles A. 2005: Familienpolitische Hilfen zur Arbeitsmarktintegration von Müttern – ein deutsch-französischer Vergleich. In: Achcar, G. u.a.: Arbeitsmarkt, Wohlfahrtsstaat, Familienpolitik und die Geschlechterfrage - deutsch-französische Konvergenzen und Divergenzen. Berlin, S. 11-27.

Schunter-Kleemann, S. (Hrsg.) 1992: Herrenhaus Europa - Geschlechterverhältnisse im Wohlfahrtsstaat. Berlin.

Veil, M. 2007: Geteilte Verantwortung. Neuere Entwicklungen in der französischen Familienpolitik. In: Dokumente. Zeitschrift für den deutsch-französischen Dialog 1/07, S. 29-37.

17 Reorganisation der Wohlfahrtsproduktion: Verbandlichung, Privatisierung und Dezentralisierung

17.1 Vom Wohlfahrtsstaat zum Wohlfahrtspluralismus

17.1.1 Sozialpolitische Verschiebungen und Spannungen zwischen Staat und Gesellschaft

In der Entwicklung des westeuropäischen Wohlfahrtsstaates wird seit einigen Jahren eine globale Tendenz immer sichtbarer, in der sich eine tiefgreifende institutionelle Reorganisation der Wohlfahrtsproduktion ausdrückt und die als Wohlfahrtspluralismus bezeichnet wird. Damit soll die grundsätzliche Verschiebung der politischen Verantwortlichkeit für soziale Sicherheit und Wohlfahrt signalisiert werden, die weit über eine Reduktion der Sozialausgaben und Deregulierungs- bzw. Privatisierungsstrategien hinausgeht. Zum einen stehen hier Tendenzen zur „Vermarktlichung des Sozialstaats" (Nullmeier 2004) im Mittelpunkt, v.a. der Entstehung von politisch stark regulierten Quasi-Märkten wie etwa bei der Riesterrente. Zum anderen – und das steht hier im Vordergrund – geht es um Wohlfahrtspluralismus.

Trotz unterschiedlicher politischer Zielvorstellungen im Einzelnen wird dabei vor allem eine Ausdifferenzierung der sozialpolitischen Trägerstrukturen jenseits des Staates sowie eine Wiederbelebung von Selbsthilfe und Gemeinsinn angestrebt. Ein ähnlicher Sachverhalt steht hinter Begriffen wie Welfare Mix, Dritter Sektor, Nonprofit Organisationen, intermediärer Bereich, neue Subsidiarität, Wohlfahrtsgesellschaft u.ä.; aber auch die jüngsten amerikanischen Beiträge zu Kommunitarismus und Zivilgesellschaft sind im weiteren Sinne dazuzurechnen (vgl. die Beiträge in: Forschungsjournal Neue Soziale Bewegung 1992 und 1998, Evers/Olk 1995 sowie Zimmer/Priller 2007). Noch weniger auf Organisationen und Politik bezogen sind Konzepte wie bürgerschaftliches Engagement und Volunteering (vgl. etwa Gaskin 1996, Deutscher Bundestag 2002, Olk 2009); Ausgangspunkt ist hier der einzelne Bürger und nicht der Wohlfahrtsstaat, weshalb im folgenden hierauf nur am Rande eingegangen wird.

Diese Wortschöpfungen sollen den Blick auf die bunte Szene von Selbsthilfeeinrichtungen, Soziallobbys, gemeinnützige Stiftungen und solidarische Formen der Hilfe lenken, die – zumeist aus dem sozialen Nahbereich stammend – neben dem Wohlfahrtsstaat in der Sozialpolitik anzutreffen sind.

In Deutschland wird dieser Bereich traditionell im Rahmen des Subsidiaritätsprinzips geregelt und weitgehend durch die Großverbände der freien Wohlfahrtspflege beherrscht. Darüber hinaus existieren Übergänge und Überschneidungen mit gewerblichen sozialen Dienstleistungsunternehmen, die sich v.a. auf Nischen wie die Altenpflege oder den Krankentransport konzentrieren sowie auf die umfangreichen Leistungen, die innerhalb der Familie erbracht werden.

Die hohe sozialpolitische Relevanz einer solchen Vielfalt an Trägerformen zwischen Markt und Staat (Welfare Mix) in der gegenwärtigen Debatte ist ein Indikator für drei Sachverhalte:

- Erstens liegt dem eine zunehmende Kritik an der überzogenen Bürokratisierung, Professionalisierung, Verrechtlichung und Monetarisierung des etablierten Wohlfahrtsstaates zugrunde.
- Zweitens wird in solchen „bürgernahen" (F. X. Kaufmann) Initiativen und Organisationen ein Weg aus der Krise des Wohlfahrtsstaates gesehen, weil diese zusätzliche Steuerungsressourcen mobilisieren und die Governance des Sektors verbessern können.
- Drittens gewinnen in diesem Kontext personenbezogene Dienste, deren Institutionalisierung und soziokulturellen Grundlagen stärker an Bedeutung.

Eine solche Stärkung des Wohlfahrtspluralismus soll nicht zuletzt dem Umstand Rechnung tragen, dass angesichts einer zunehmenden Pluralisierung und Individualisierung der Gesellschaft die einheitlichen, standardisierten und formalisierten Wohlfahrtskonzepte ebenfalls in Richtung einer größeren Vielfalt und Selbstbestimmung verändert werden müssen. Trotz der skizzierten Veränderungen ist freilich mit einigem Recht darauf beharrt worden, dass der klassische Wohlfahrtsstaat auch künftig noch immer ein prägendes Element westlicher Industriegesellschaften darstellen wird, da für ihn kein effektives funktionales Äquivalent existiert, das seine völlige Abschaffung erlauben würde.

Bei diesem Thema besteht zugleich im internationalen Vergleich mehr Variation – v.a. im Hinblick auf die politische Konflikthaltigkeit, die Innovationstätigkeit und die konkreten Organisationsstrukturen – als bei den Sozialversicherungsausgaben. Je nach Stand der „push and pull"-Kräfte, d.h. der gegebenen politischen Machtverhältnisse, der wohlfahrtsstaatlichen Traditionslinien und Typen sowie der gesellschaftlichen „Assoziationsverhältnisse" (C. Offe) schwanken die nationalen Diskurse zwischen

- marktliberaler Privatisierung und Deregulierung sozialer Dienste, was sowohl eine Rückverlagerung in die Familie wie auch ein Ein- und Freisetzen von erwerbswirtschaftlichen Einrichtungen bedeutet (v.a. im Falle von Großbritannien),

- Verbandlichung der Sozialpolitik, was insbesondere auf eine verstärkte Aufgabenwahrnehmung durch große Wohlfahrtsverbände hinausläuft und dem Konzept der Subsidiarität entspricht (so wie noch im Fall Deutschland und früher in den Niederlanden), wobei gewisse Auflockerungen und Verschiebungen zu beobachten sind,
- Förderung des Public-Private-Mix, also der verbesserten Zusammenarbeit von staatlichen und privaten Akteuren, d.h. kleiner gesellschaftlicher Initiativen und Vereine bzw. Ausbau eines Dritten Sektors aus Nonprofit Organisationen zwischen Markt und Staat (v.a. durch die Europäische Union, in Großbritannien sowie zunehmend auch in den Niederlanden),
- Dezentralisierung, Flexibilisierung und Demokratisierung der sozialen Dienste als Strategien der Effizienzsteigerung und Modernisierung des öffentlichen Dienstes. Zudem findet eine gewisse De-Institutionalisierung statt, d.h. ein Rückgang an Plätzen in Pflegeheimen bei gleichzeitiger Schaffung von anderen Pflegemöglichkeiten, aber auch die Verkleinerung von Großkrankenhäusern u.ä. (v.a. in Schweden und Dänemark).

In Deutschland hat sich die Diskussion lange auf die besondere Rolle der Wohlfahrtsverbände und des Subsidiaritätsprinzips konzentriert bzw. auf die festverwurzelte „Wahlverwandtschaft" zwischen dem deutschen Sozialstaatsmodell und den großen Wohlfahrtsverbänden. Wenn man auf nähere Differenzierungen verzichtet, dann sind nämlich die Wohlfahrtsverbände hierzulande Träger von rund einem Drittel aller Dienstleistungseinrichtungen; sie entfalten ihre Aktivitäten im Bereich der Fürsorgedienste, der ambulanten und teilstationären Einrichtungen, dem Gesundheitswesen sowie der Auslandshilfe – was ansonsten (von den Niederlanden abgesehen) in keinem Land der Fall ist (Schmid 1996, s.a. Evers/Svetlik 1993). Dies hat freilich sehr viel mit den vorhandenen Strukturen in diesem Feld zu tun, das eher durch sein historisches Erbe als durch sozialpolitische Innovation gekennzeichnet ist. Daher konzentriert sich die Diskussion hierzulande auf die ambivalente Funktion der Wohlfahrtsverbände.

Hier kann ein Blick in andere Staaten – vor allem nach Großbritannien – durchaus helfen, dieses in der vergleichenden wie in der sozialpolitischen Diskussion häufig vernachlässigte Phänomen besser „in den Griff" zu bekommen, also Potentiale und Restriktionen einer institutionellen Reform wohlfahrtsstaatlicher und -verbandlicher Arrangements abzuschätzen. Zugleich zeigt gerade der Vergleich mit Großbritannien, dass erhebliche Abweichungen zwischen neokonservativen bzw. neoliberalen Privatisierungspolitiken und in spezifischen Traditionen verankerte

Verbandlichungsstrategien bestehen, d.h. unterschiedliche Versionen einer (nicht-staatlichen) Wohlfahrtsgesellschaft existieren.

17.1.2 *Wohlfahrtspluralismus: Konzeptionelle Grundlagen und theoretische Bezüge*

Bei einer genaueren Betrachtung der vielfältigen privaten Vereine, Initiativen und Verbände, die wesentlicher Bestandteil des Wohlfahrtspluralismus sind, lassen sich einige gemeinsame Merkmale herausarbeiten. Im Vordergrund solcher Aktivitäten stehen das freiwillige Engagement, die Wechselseitigkeit der Hilfe, der privatrechtliche Status und die Gemeinnützigkeit der Institution. In einer Minimaldefinition sind die auch als Nonprofit Organisationen bezeichneten Gebilde weder profitorientierte Unternehmen noch staatliche Bürokratien. Sie basieren stattdessen in hohem Maße auf sozialen, normativen und affektiven Bindungen, die hier entfaltet werden können.

Adalbert Evers (1990, 1992; s.a. Evers/Svetlik 1993, Evers/Olk 1995) hat als Vertreter eines sozialwissenschaftlichen Ansatzes wichtige Definitionen und Differenzierungen entwickelt, die es ermöglichen, die Vielfalt an sozialen Trägern und Projekten „zwischen Haushalt, Staat und Markt" analytisch genauer zu verorten. Schaubild 17-1 gibt einen ersten Überblick.

Folgende Punkte sind seines Erachtens in diesem Zusammenhang von besonderem Interesse und bedürfen der Vertiefung:

a) Selbsthilfegruppen sind auf der Grenze zwischen sozialem und privatem Bereich vor allem durch die Elemente der Freiwilligkeit und unbezahlter Arbeit geprägt.
b) Sie haben aber als Sozialprojekte im Kontext staatlicher Förderung Leistungsverpflichtungen zu übernehmen, die sie in größere Distanz zum Wirkungskreis der Gemeinschaftlichkeit rücken lassen.
c) Wohlfahrtsverbände sind hingegen gekennzeichnet durch die prekäre „Balance zwischen staatlicher Verpflichtung und ihrer Rolle als Animateure sozialer Solidaritäten und freiwilliger Mitarbeit".
d) Die Übergänge und Spannungsfelder zwischen den Sektoren werden stärker als die klaren Abgrenzungen betont.

Das bedeutet zugleich, dass es hier zu Konflikten und Koordinationsproblemen kommt, was aber auch einer reformorientierten Weiterentwicklung des Wohlfahrtspluralismus dienen kann.

Schaubild 17-1: Soziale Träger und Organisationen im Spannungsfeld von Haushalt, Staat und Markt

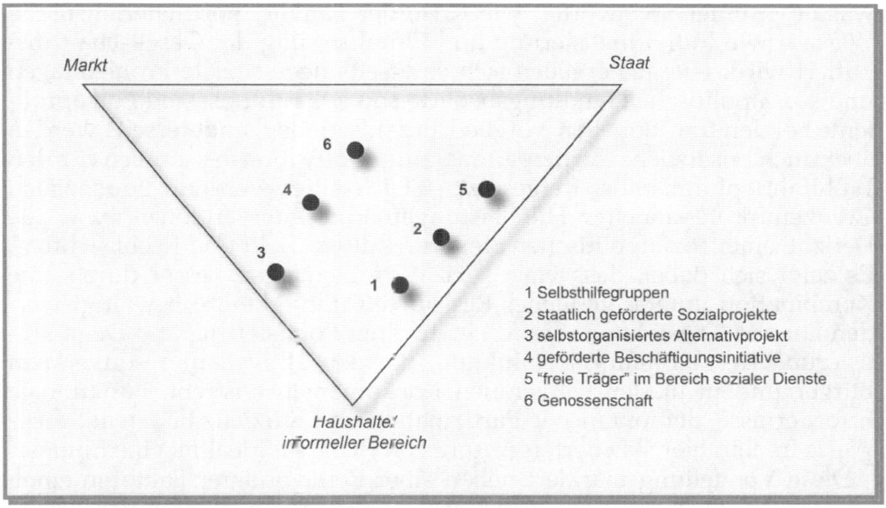

Quelle: Eigene Darstellung nach Evers 1990: 196

Unter stärker gesellschafts- und demokratietheoretischen Gesichtspunkten sind vier charakteristische Dimensionen dieses „Dritten Sektors der Wohlfahrtsproduktion" wichtig:

- Es handelt sich dabei um einen Teil des öffentlichen Raums der Civil Society, der neue Chancen für Partizipation und politische Kontrolle verheißt.
- Er ist im intermediären Spannungsfeld von Pluralismus, Demokratie und Marktwirtschaft angesiedelt und besteht aus hybriden und polyvalenten Organisationen.
- Es besteht ein Potential für synergetische Formen, wenn sich die Leistungen der verschiedenen Trägerformen richtig ergänzen und durch Vertragsbeziehungen zwischen staatlichen Instanzen und gesellschaftlichen Trägern stabilisiert werden.
- Die komplexen Arrangements zwischen Staat, Markt und privaten Haushalten unterliegen einer Veränderungsdynamik, die je nach gesellschaftlichen Rahmenbedingungen zur Assimilation in Richtung auf den Staat oder den Markt, aber auch zum Rückzug ins Private führen kann (Evers 1990, Dahme u.a. 2005).

Die institutionellen Mischungsverhältnisse, die im Wohlfahrtspluralismus etabliert werden, werden zudem beeinflusst durch den sozialen Wandel und die damit verbundene Erosion informeller Gemeinschaften, was etwa unter Stichworten wie Krise der Familie, postmaterialistische Werte sowie Individualisierung und Pluralisierung der Gesellschaft diskutiert wird. Hieraus ergeben sich einerseits neue soziale Problemlagen und sozialpolitische Handlungsbedarfe sowie Bindungs- und Folgeprobleme bei den traditionellen Mitgliedsorganisationen, andererseits werden aber auch zusätzliche Partizipations- und Motivationsressourcen für den Wohlfahrtspluralismus freigesetzt. Gleichzeitig werden die sozialen Grenzen professioneller Hilfeleistungen und Interventionen bzw. die Defizite einer sozialpolitischen Steuerung durch Geld und Recht sichtbar. Es zeigt sich dabei, dass viele soziale Problemlagen besser durch eine Kombination unterschiedlicher Ressourcen und Akteure bewältigt werden können. Dabei kommt es ferner zu einer Politisierung und Demokratisierung der Wohlfahrtsproduktion, die den aktiven und souveränen Bürger und nicht den souveränen Konsumenten anstrebt. Funktionale Erfordernisse, demokratische Partizipation und Effizienz bilden auf diese Weise in dem hier skizzierten Ansatz von Evers im Idealfall eine Einheit.

Diese Vorstellung markiert neben einer Reihe anderer Faktoren einen wichtigen Unterschied zu denjenigen Ansätzen des Wohlfahrtspluralismus, die stärker in der ökonomischen Diskussion verankert sind. Hier wird von strukturellen Leistungsgrenzen („failure") der Sozialleistungssysteme Markt und Staat ausgegangen und die Entstehung und Entwicklung des Dritten Sektors der Wohlfahrtsproduktion und seiner Organisationen vor allem aus einer kompensatorischen Funktionslogik begründet (vgl. Zimmer/Scholz 1992, Anheier 1995, Zimmer/Priller 2007). In einer simplen Form ergeben sich aus diesem Postulat deutliche Konvergenzannahmen, und dementsprechend haben sich die älteren vergleichenden Beiträge der Forschung zum Dritten Sektor auch darauf konzentriert, seine Existenz in allen Ländern nachzuweisen.

Wohlfahrtspluralismus, Dritter Sektor oder Welfare Mix bedeuten ferner, dass zwischen den verschiedenartigen Elementen und Trägerformen Wahlmöglichkeiten (i.S. von „institutional choice") bestehen, die durch ihre unterschiedliche Leistungsfähigkeit bzw. durch komparative Vorteile begründet werden. Im Einzelnen lassen sich dabei drei Argumentationslinien unterscheiden:

- Aus der neueren Institutionenökonomik stammen Vorstellungen über variierende Transaktionskosten (z.B. für Informationen, Kontrolle etc.) von Markt, Hierarchie und Netzwerk. Als wesentliche Determinanten für die Bestimmung einer effizienten Organisationsform gelten die Faktorspezifität, die Unsicherheit und die Häufigkeit des Austausches.

Die Regelungen des sogenannten „Principal-Agent-Problems" durch geeignete Verträge (wie es etwa zwischen Staat und privaten Trägereinrichtungen auftritt) gehören ebenfalls in diese Theorierichtung.

- Hierauf basieren die aus einer betrieblichen Anwendungsperspektive stammenden Versuche, eine optimale Leistungstiefe oder „Make or Buy-Entscheidung" im öffentlichen Sektor (bzw. hier im Sozialwesen) zu kalkulieren (vgl. Naschold 1993, Bogumil 2006). Analoge Überlegungen lassen sich für die Elemente des Wohlfahrtspluralismus anstellen: Je nach Art bzw. Eigenschaft der Hilfeleistungen lassen sich die richtigen Trägerorganisationen zuordnen.
- Eine ältere (eher verwaltungswissenschaftliche) Einteilung unterscheidet bei der Rechtsform der Organisation bzw. bei der Art der produzierten Güter zwischen „öffentlich" und „privat". Dabei werden normativ abgeleitete institutionelle Zuordnungen getroffen, die zentrale Handlungsparameter definieren (z.B. freier Zugang für alle), und zugleich spezifische Wirkungen (etwa Rechtssicherheit oder Flexibilität) erwartet.

Bislang fehlt es allerdings im Unterschied zur umfangreichen theoretischen Literatur an expliziten und differenzierten Messkonzepten, durch die konkrete Strukturen, Prozesse, In- und Outputs operationalisiert und detailliert bewertet sowie und konkrete Handlungsstrategien abgeleitet werden können. Vielfach werden nur simple Typologien und geordnete Deskriptionen verwendet, deren Anwendungsgehalt bzw. deren politische Entscheidungsfunktion begrenzt sind.

Ohne diese Problematik hier methodisch und theoretisch im Detail auszuloten, sollen doch einige kritische Aspekte aufgeführt werden. Gegen die Annahme der rationalen Wahl von Organisationsformen spricht aus der Sicht der vergleichenden Wohlfahrtsstaatsforschung, dass die Strukturen und „Mischungsverhältnisse" von sozialen Dienstleistungssystemen weitgehend durch historische Entwicklungspfade bestimmt sind. Das schränkt die in der Ökonomie unterstellten Annahmen von Rationalität und Effizienz ein, da es in historisch-politischen Zusammenhängen durchaus Formen von erfolgreicher Ineffizienz gibt. Diese Zufälligkeit zeigt sich ferner bei der Rechtsform; z.B. stellt beim Roten Kreuz nur der bayerische Landesverband eine öffentliche Körperschaft dar, während ansonsten die Vereinsform gilt. Zumindest bislang sind hier keine Effizienzunterschiede bekannt geworden.

Möglicherweise sind es ja gerade unscharfe Effizienzkriterien und opake Organisationsstrukturen, die die Politik vom Markt unterscheiden, so dass eher Institutionen der politischen Interessenvermittlung statt rationale Kalkulation von Organisationsformen gefragt sind. Politik lässt sich demnach nicht auf ökonomische Kalküle reduzieren; hier spielt Macht eine große Rolle, was in der institutionenökonomischen Theorie eine eigentümliche Leerstelle geblieben ist. Gerade gemeinnützige Organisationen können sich machtorientiert und eigennützig verhalten, indem sie (theoriewidrig) Gewinne maximieren; diese schütten sie dann nicht aus, sondern setzen sie zur Verbesserung ihres politischen Status und für das Wachstum der Organisation ein. So entstehen Großorganisationen mit einem „öffentlichen Status" (C. Offe) wie die deutschen Wohlfahrtsverbände.

17.1.3 Determinanten der Entwicklung des Wohlfahrtspluralismus

Einen interessanten Vorschlag zur systematischen Erfassung der unterschiedlichen Wohlfahrtsproduzenten und der politisch-ideologischen, demografischen und ökonomischen Faktoren, die deren Position beeinflussen, hat Joan Higgins (1986) vorgelegt. Einige Kategorien sind dabei sehr vereinfacht, wie etwa die Gegenüberstellung von markt- und staatswirtschaftlichen Systemen. Die postulierten Zusammenhänge haben einen hochgradig hypothetischen Charakter. Trotzdem wird aus der Grafik sichtbar, dass im Grunde der Staat als Produzent sozialer Güter und Dienstleistungen eine weniger geringe Rolle spielt als die Familie und das Feld der freiwilligen Vereinigungen (s. Schaubild 17-2).

Weitere Determinanten, die über den Umfang und die Strukturierung des Wohlfahrtspluralismus bestimmen, bilden das Rechtssystem, der Grad der politisch-administrativen Zentralisierung sowie der Faktor Religion (vgl. Anheier 1995, Schmid 1996). Die ersten beiden Argumente setzen an bei den massiven verwaltungsinternen Problemen einer konditionalen Steuerung, Kontrolle und Routinisierbarkeit der Produktion sozialer Dienstleistungen und der Behandlung konkreter und individueller Probleme, was Strategien einer Auslagerung bzw. Nicht-Übernahme von Aufgaben nahe legt. Dadurch entsteht eine Domäne der privaten Verbände, die durch hohe staatliche Transferzahlungen und Leistungsentgelte stabilisiert wird – und was als Nebeneffekt zu einer relativ geringeren Beschäftigung im öffentlichen Dienst führt.

Schaubild 17-2: Das plurale Modell der Wohlfahrtsanbieter

	Anbieter von Wohlfahrtsleistungen					
Bestimmende Faktoren des Welfare-mix	Staat	Arbeitgeber	Gewerkschaften	Familie	Freiwillige Verbände	kommerzielle Anbieter
Ideologisch						
1. starke Festlegung auf Arbeit für alle/ Arbeitsethik						
a) Marktsystem		*	*	*	*	*
b) staatl. org. System	*	?	*			
2. Politische Parteien						
a) sozialistisch/staatlich	*		*			
b) sozialdemokratisch	?	*	*	*	*	*
c) konservativ		*		*	*	*
3. Frauenfrage						
a) liberal/egalitär	*	*	*			
b) konservativ				*	*	*
4. Vorhandensein von großen religiösen Gemeinschaften				*	*	
5. pluralistisch organisierte Religionsgruppen				*	*	
Demografie						
6. hoher Altenanteil						
a) Marktsystem				*	*	*
b) staatl. org. System	*					
7. fallende Geburtenrate	*	?				
8. ethnischer Pluralismus				*	*	
Ökonomie						
9. starke Ökonomie und soziale Sicherheit	*					
10. schwache Ökonomie und keine soziale Sicherung	*	*	*	*	*	*
11. starke Ökonomie und keine soziale Sicherung		*		*	*	*
12. schwache Ökonomie und soziale Sicherheit				*	*	*

Quelle: Eigene Darstellung, modifziert nach Higgins 1986: 234

Der dritte Faktor ist unter zwei Gesichtspunkten von Bedeutung. Einerseits wird mikroanalytisch argumentiert, dass in religiösen, aber auch ethnisch und sprachlich heterogenen Gesellschaften die individuelle Nachfrage in partikularen Gruppen auftritt, so dass es zu einem entsprechend pluralen Angebot an sozialen Diensten und nicht zu universalen Lösungen kommt. Außerdem befördern solche Gesellschaftsstrukturen das Auftreten von „religiösen Unternehmern" (E. James), die danach drängen, eine spezialisierte Nachfrage zu erzeugen und zu befriedigen. Sozialpolitik wird so auch zum Mittel religiöser Werbung und Bindung. Andererseits können aus makroanalytischer Sicht die Existenz und Persistenz von starken Wohlfahrtsverbänden im modernen Wohlfahrtsstaat auf die Konstellation von gesellschaftlichen Konfliktlinien, genauer: die Spannungen zwischen Staat und Kirche im Modernisierungsprozess, zurückgeführt werden (ausführlicher dazu Schmid 1996, s.a Bahle 2002, Morgan 2002). Kulturkampf und Konkurrenz der Konfessionen im vorigen Jahrhundert – um zwei wichtige Stichworte zu nennen – bilden dann den machtpolitischen Hintergrund für das Agieren von soziopolitischen Großorganisationen und deren Bemühungen um den Erhalt und die Kontrolle von Organisationsdomänen – hier vor allem dem Fürsorgewesen.

Solche Thesen sind angesichts der Breite und Unübersichtlichkeit des Dritten Sektors der Wohlfahrtsproduktion und des eklatanten Mangels an Daten und internationalem Vergleich zum Wohlfahrtspluralismus kaum überprüft worden – und werfen auch massive methodische Probleme auf. Durch eine Beschränkung auf ein einzelnes Handlungsfeld (z.B. Gesundheitswesen), eine spezifische Organisation (z.B. Caritas) oder einen Teilsektor (wie freiwillige Vereinigungen) lässt sich das Problem aber erheblich verringern.

17.1.4 Organisationsformen und Leistungen im internationalen Vergleich

Wenn man sich nur auf den freigemeinnützigen – wie es in der deutschen steuerrechtlichen Terminologie heißt – Teilsektor der großen und politisch einflussreichen Verbände konzentriert und den Beitrag der anderen Anbieter nicht berücksichtigt, so ergibt sich im internationalen Vergleich folgendes Bild: Im Aggregat betrachtet zeigt sich ein positiver Zusammenhang zwischen der Sozialleistungsquote eines Landes und dem Umfang des Verbändesektors im Sozialwesen. Allerdings verläuft diese Beziehung nicht linear, sondern in Form einer U-Kurve. Anders formuliert: Der moderne Wohlfahrtsstaat hat in einem Teil der Länder eben nicht die traditionellen, freien Trägerformen verdrängt, sondern sie geradezu unterstützt - vor allem über massive Transfer- und Erstattungsleistungen. Umgekehrt existieren in den weniger stark entwickelten Wohlfahrtsstaaten in Südeuropa kaum verbindliche soziale Dienste. Gleiches gilt aus anderen Gründen für Skandinavien, wo sie hauptsächlich in staatlichen Einrichtungen erbracht werden.

Schaubild 17-3: Stellung von großen Wohlfahrtsverbänden in westlichen Ländern, um 1980

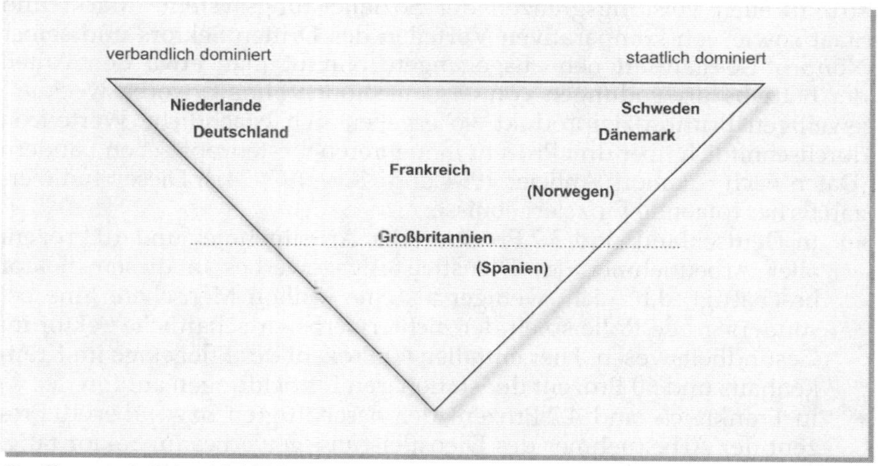

Quelle: nach Schmid 1996

Schaubild 17-4: Staat, Markt und freie Träger/NPO im Gesundheitswesen

	TRÄGERSTRUKTUR	BEDEUTUNG PRIVATER KRANKENHÄUSER	
Schweden, Dänemark	überwiegend öffentlich		einige wenige Häuser
Großbritannien	überwiegend öffentlich		ca. 8% der Betten
Polen	überwiegend öffentlich	18,6% der Häuser	4,2% der Betten
Belgien/Niederlande	überwiegend freigemeinnützig		einige wenige Häuser
Österreich	gemischt	19,3% der Häuser	7,8% der Betten
USA	überwiegend freigemeinnützig	17,6% der Häuser	14,0% der Betten
Deutschland	gemischt	27,8% der Häuser	13,6% der Betten
Frankreich	gemischt	36,8% der Häuser	20,5% der Betten

Quelle: Böhlke/Schulten: 27

Empirisch dichter zeigt sich diese vielfältige europäische Landschaft im Segment des Gesundheitswesens, wo in Deutschland knapp 40 Prozent der Krankenhäuser (bzw. gut ein Drittel der Betten und des Personals) bei Non Profit Organisationen bzw. freien Trägern liegen.

Neben diesem Blick auf die politischen Unterschiede in der europäischen Wohlfahrtsverbändelandschaft lassen sich ebenfalls wichtige Gemeinsamkeiten und Konvergenzen identifizieren. Im Rahmen des Johns Hopkins Projekts (Salamon/Anheier 1994) wird beispielsweise von strukturellen Leistungsgrenzen der Sozialleistungssysteme Markt und Staat sowie von komparativen Vorteilen des Dritten Sektors und seiner Nonprofit-Organisationen ausgegangen. Nimmt man etwa den Anteil der Betriebsaufwendungen von Organisationen ohne Erwerbszweck am jeweiligen Bruttosozialprodukt, so ergeben sich beachtliche Werte von durchschnittlich über drei Prozent in mehreren westeuropäischen Ländern (Daten nach Salamon/Anheier 1994 und KOM (97) 241). Diese Studie ergab ferner folgende Einzelergebnisse:

- In Deutschland sind 3,7 Prozent aller Arbeitnehmer und 10 Prozent aller Arbeitnehmer des Dienstleistungsgewerbes in diesem Sektor beschäftigt, d.h. nicht weniger als eine Million Menschen. Eine besonders große Rolle spielt der nichterwerbswirtschaftliche Sektor im Gesundheitswesen. Hier entfallen 40 Prozent der Pflegetage im Krankenhaus und 60 Prozent der stationären Einrichtungen auf ihn.
- In Frankreich sind 4,2 Prozent der Beschäftigten bzw. über 10 Prozent der Arbeitnehmer des Dienstleistungsgewerbes im Sektor tätig, alles in allem 800.000 Personen. Organisationen ohne Erwerbszweck kümmern sich um mehr als die Hälfte der stationär betreuten Personen und um etwa 20 Prozent der Grund- und Sekundarschüler. Besonders aktiv sind sie im Bereich der Sozialdienste sowie im Sport, wo 80 Prozent der Sporttreibenden gemeinnützigen Clubs angehören.
- In Großbritannien entfallen 4 Prozent aller Beschäftigten bzw. über 9 Prozent der Beschäftigten im Dienstleistungsgewerbe auf den Sektor, insgesamt etwa 900.000 Personen. Eine vorrangige Stellung nimmt er in der Forschung und im Bildungswesen ein. So werden sämtliche Colleges sowie 22 Prozent der Grundschulen von Organisationen ohne Erwerbszweck geleitet (vgl. Salamon/Anheier 1994, KOM (97) 241).

Die Kommission hat in ihrem Memorandum zur Förderung der gemeinnützigen Vereine und Stiftungen in Europa diese Ergebnisse übernommen und wohlwollend bewertet. Aus der Erhebung würde folgen, so die Kommission, dass

> „gemeinnützige Vereine und Stiftungen - obgleich sie einzeln zumeist recht klein sind - zusammen genommen über beträchtliche Vermögenswerte verfügen und umfangreiche Humanressourcen sowohl an bezahlten als auch an ehrenamtlichen Mitarbeitern mobilisieren. Wie andere Unternehmensformen, insbesondere kleine und mittlere Unternehmen, mit denen sie sich zumeist am genauesten vergleichen lassen, üben auch viele gemeinnützige Vereine und Stiftungen eine wirtschaftliche Tätigkeit im reinsten Sinne aus: Sie verkaufen Produkte, erbringen Dienstleistungen, für die sie bezahlt werden, und sie erzeugen Überschüsse, die sie dann reinvestieren" (KOM (97) 241: Ziff. 6).

Aus dem präsenierten Zahlenmaterial folgert die Kommission ferner, dass sich der Sektor als fähig erwiesen hat, „sich neue Möglichkeiten zu erschließen und dabei nicht nur einfach einen Beitrag zur Verbesserung der Lebensqualität, sondern auch im hohem Maße zur Entwicklung des Arbeitsmarkts und des Wirtschaftswachstum zu leisten" (ebd.; s.a. Schmid 2001 und 2009).

17.2 Wohlfahrtsverbände in Deutschland: Vorreiter oder Sonderfall kraft historischer Konstellation?

17.2.1 Begriff und Rolle von Wohlfahrtsverbänden

Angesichts des allgemein verbreiteten Informationsdefizits über die Stellung der Wohlfahrtsverbände im Wohlfahrtspluralismus scheint es angebracht, als Einstieg etwas näher auf ihre sozialpolitische Stellung und Struktur in Deutschland einzugehen. Unter den Sammelbegriff „Spitzenverbände der freien Wohlfahrtspflege" werden im allgemeinen

- die Arbeiterwohlfahrt,
- der Caritasverband,
- das Diakonische Werk,
- der Paritätische Wohlfahrtsverband,
- das Rote Kreuz und
- die Zentralwohlfahrtsstelle der Juden subsumiert.

Als wesentliche Eigenschaft dieser Verbändekategorie gilt, dass sich ihre Tätigkeit auf das „ganze Bundesgebiet" sowie auf das „gesamte Gebiet der Wohlfahrtspflege" erstreckt. Dabei müssen sie soziale Hilfen „selber leisten" und „nicht nur fordern und fördern" – so die Kriterien der Bundesarbeitsgemeinschaft der freien Wohlfahrtspflege.

Diese spezifische Struktur unterscheidet die Wohlfahrtsverbände von anderen Verbänden in der Sozialpolitik, etwa denjenigen, die nur Ansprüche von Klienten vertreten oder von Selbsthilfegruppen bzw. lokalen Vereinigungen. Ihre Finanzierung erfolgt nach eigenen Angaben etwa zu je einem Drittel aus öffentlichen Zuwendungen, aus Erstattungen der Sozialleistungsträger sowie aus Spenden, Mitgliederbeiträgen u.ä.- Kritiker schätzen dagegen die Eigenmittel erheblich niedriger ein. Hieraus resultiert ein hohes Maß an Kooperation, das die Beziehungen der Wohlfahrtsverbände untereinander und zum Staat prägt. In diesem Zusammenhang erfolgt ferner eine Verortung als Zwitter- und Scharnierorganisationen, die eine wichtige „intermediäre Stellung" zwischen dem formellen (Markt und Staat) und informellen Sektor (Familie, Nachbarschaft, Selbsthilfe etc.) einnehmen und im Zentrum von „Kooperationsringen" (Offe/Heinze 1990) stehen.

Einige Strukturdaten veranschaulichen schlaglichtartig die beachtliche Position der „Freien Träger" in Deutschland: Zusammen beschäftigen sie (um 2007) bundesweit über 1,3 Mio. hauptamtliche Mitarbeiter, davon rund zwei Drittel Vollzeitbeschäftigte. Dies entspricht rund einem Sechstel des gesamten öffentlichen Dienstes in Ost- und Westdeutschland und übertrifft damit beispielsweise den Bund mit seinen knapp 500.000 Mitarbeitern erheblich. (vgl. detaillierter Priller u.a. 1999, Schmid/Mansour 2007, Moos/Klug 2009).

Auch in politischer Hinsicht stellen die Wohlfahrtsverbände gewichtige Akteure dar, ohne deren Ressourcen und Einrichtungen sozialpolitische Programme kaum implementierbar wären. Selbst in den neuen Bundesländern sind im Zuge der Politik der deutschen Einheit schnell verbandliche Trägerstrukturen an die Stelle der alten staatlichen, kommunalen und betrieblichen Einrichtungen getreten (vgl. mit weiteren Nachweisen Backhaus-Maul/Olk 1994, Olk u.a. 1995, Schmid 1996, 2001). Zugleich ist diese Verbändelandschaft - mit Ausnahme der Niederlande - in Europa einmalig; in keinem anderen Land ist eine so intensive Privilegierung, Verflechtung und Finanzierung durch den Staat erreicht worden, was wiederum Rückschlüsse auf die Typik des hiesigen Wohlfahrtsstaatsmodells zulässt und eng mit seiner Geschichte und politischen Machtbasis verbunden ist. Diese Wechselwirkungen zeigen sich z.B. daran, dass der privaten (familiären und verbandlichen) und nicht der staatlichen Zuständigkeit für das soziale Problem der Pflege ein Vorrang zukommt oder auch an der geschlechtsspezifischen Segmentierung dieses sozialen Handlungsfeldes bzw. Teilarbeitsmarktes. Dadurch wird „Mütterlichkeit als Beruf" (Sachße) gefasst und zu - im Vergleich zum öffentlichen Dienst (bzw. der Situation in den skandinavischen Ländern) schlechteren Konditionen ausgeübt.

17.2.2 Aktuelle Entwicklungen und Veränderungen

Die Wohlfahrtsverbände haben die großen Herausforderungen der letzten Jahrzehnte gut überstanden: sowohl die Regierungswechsel (v.a. 1982 konservativ-liberale Wende; 1998 rot-grün) als auch die deutsche Einheit sowie die verstärkte europäische Integration haben an der Stabilität der spezifisch deutschen Version des Wohlfahrtspluralismus nicht wesentlich gerüttelt. Und auch unter der jetzigen Regierung sind keine entscheidenden Veränderungen in diesem Bereich zu erwarten. Ferner haben sich das Auftreten von Selbsthilfegruppen und die Anzeichen eines Wertewandels quantitativ als eher randständige und qualitativ als durchaus integrationsfähige Phänomene erwiesen (vgl. etwa die Diskussion bei Boll/Olk 1987, Thränhardt u.a. 1986); in ähnlicher Weise ergänzen die Aktivitäten im Kontext Bürgerschaftliches Engagement eher, als dass sie verdrängen.

Die folgende Tabelle fasst die wichtigsten Daten zusammen. Zumindest bislang ist davon auszugehen, dass die Expansionsphase der Wohlfahrtsverbände in Deutschland noch kein Ende gefunden hat (s.a. Priller u.a. 1999, Schmid/Manour 2007, Zimmer/Priller 2007, Moos/Klug 2009).

In jüngster Zeit werden jedoch vermehrt Thesen vertreten, die auf eine strukturelle Veränderung im Verhältnis zur staatlichen Sozialpolitik hinauslaufen: Neben der durchaus nicht konfliktfreien Öffnung des „Wohlfahrtsverbändekartells" durch weitere sozialpolitische Akteure wie Selbsthilfegruppen und kommerzielle Träger werden die Beziehungen versachlicht und zusehends auf eine Vertragsbasis gestellt. Holger Backhaus-Maul und Thomas Olk (1994; s.a. Olk u.a. 1995, s.a. Schmid/Mansour 2007) sprechen von einem „contracting out" nach Kriterien der Wirtschaftlichkeit und der Qualität der Leistungen, das die normativen Prioritätensetzung des Subsidiaritätsprinzips ablöst und so die quasi unhinterfragte Vorrangstellung der freien Wohlfahrtspflege ablösen könnte.

Die bisherigen Erfahrungen sprechen jedoch – zumindest aus vergleichender Sicht – für ein relativ hohes Maß an institutioneller Kontinuität, da die Stabilität der Wohlfahrtsverbände im „Modell Deutschland" vor allem auf ihre rechtliche und sozialpolitische Verankerung zurückzuführen ist. Allerdings läßt sich in der Verstärkung des Sozial- und Kontraktmanagements als Mittel zur Effizienzsteigerung und Kostensenkung durchaus eine Veränderung der organisatorischen Muster feststellen (vgl. Moss/Klug 2009); infolge dessen entstehen hybride Organisationsformen und Handlungsmuster (Schulz 2009). Gleichwohl dominieren – zumindest in vergleichender Perspektive – die bürokratischen und professionellen Charakteristika der Wohlfahrtsverbände.

Im Sozialrecht (BSHG, KJHG, PflegVg) sind seit den 90er Jahren ebenfalls einige Regelungen getroffen worden, die den Vorrang freier Träger zurückgenommen haben und die Elemente eines „contracting out" in sich bergen. Ob dies schon als „Wendemarke" (Backhaus-Maul/Olk 1994) in den Beziehungsmustern zwischen Verbänden und Staat zu interpretieren ist, kann aber aus international vergleichender Perspektive durchaus bezweifelt werden. Viel eher haben sich die ökonomischen und rechtstechnischen Details bei weitgehender Stabilität des politischen Umfeldes geändert und es ist einer faktisch schon längst tolerierten Öffnung gegenüber Selbsthilfegruppen und kommerziellen Einrichtungen durch rechtliche Anpassungen Rechnung getragen worden. Schließlich beginnen auch die Wohlfahrtsverbände selbst, Teile ihrer Einrichtungen in stärker betriebswirtschaftlich geführte GmbHs umzuwandeln. Am politischen Modus der Kooperation und Privilegierung hat sich dabei nichts geändert, man könnte in diesem Falle wohl eher von einer Spezifikation der korporatistischen Tauschkonditionen sprechen. Hinzu kommt, dass in vielen Handlungsfeldern so hohe soziale und ökonomische Eintrittsbarrieren bestehen, dass hier selbst bei einer rechtlichen Liberalisierung, die im Übrigen auch seitens der Europäischen Union gefordert wird, faktisch kaum Änderungen auftreten werden.

Kurzum: Das spezifische Modell der deutschen Wohlfahrtsverbände ist auch weiterhin wichtig, um als politisches Kartell zu funktionieren. In legitimatorischer und kultureller Hinsicht ist ihre die subsidiäre Rolle ebenfalls immer noch zentral. Veränderungen finden allerdings in ihren ökonomischen Aktivitäten statt. Der Kostendruck ist auch bei Wohlfahrtsverbänden in Deutschland allgegenwärtig, der wirtschaftliche Wettbewerb wird aber dadurch in vielen Feldern gemildert, dass die Handlungsfelder Pflege, Gesundheit und Hilfe zu den Wachstumsbereichen zählen.

Ganz generell kommen die Modernisierungsimpulse, die auf den deutschen Wolhlfahrtspluralismus einwirken aus:

- Der Globalisierung, d.h. die länderübergreifende Interdependenz von Märkten (Internationalisierung), der steigende Einfluss transnationaler und supranationaler Organisationen und Netzwerke (Transnationalisierung) und der zunehmende Austausch von Ideen, Wissen und Innovationen (Universalisierung) wirken sich bis auf die lokale Ebene sozialer Dienstleistungsproduktion aus.
- Der Staatsmodernisierung durch neue Regulierungs- und Steuerungsstrukturen, also besonders Public-Private-Partnerships und Kontraktierungsformen v.a. auf lokaler Ebene), die Entstehung unterschiedlicher Formen von Wettbewerbs-, Innovations- und Entscheidungsnetzen und die organisatorische Restrukturierung durch neue Steuerungs- und Managementmodelle (Verwaltungsreform).

- Der weiteren Individualisierung und Erosion informeller Gemeinschaften etc. (vgl. etwa Heinze u.a. 1997, Priller u.a. 1999, Zimmer/Priller 2007, Moos/Klug 2009).

Diese Trends lassen sich in Anlehnung an das Konzept von Higgins (Schaubild 17-2) so zusammenfassen:

Schaubild 17-5: Neue Trends im Wohlfahrtspluralismus

	Anbieter von Wohlfahrtsleistungen					
Bestimmende Faktoren des Welfare-mix	**Staat**	**Arbeitgeber**	**Gewerkschaften**	**Familie**	**Freiwillige Verbände**	**Kommerzielle Anbieter**
Demografie und Sozialstruktur						
Individualisierung		*	*	*	*	*
Ökonomie						
Globalisierung						
a) Internationalisierung		*	*			*
b) Transnationalisierung	*				*	*
c) Universalisierung	*	*	*			
Politische Steuerung						
Staatsmodernisierung						
a) Public-Private-Remix	*	*	*		*	*
b) Vernetzung	*				*	*
c) Binnenreform	*		*		*	

Quelle: Eigene Darstellung

17.3 Blick nach Großbritannien: Sozialstaatsabbau und Förderung eines Wohlfahrtspluralismus

17.3.1 Musterfall einer neokonservativen Wende

Im Unterschied zu den anderen westeuropäischen Ländern fand in Großbritannien das neokonservative Programm massiven Widerhall - mit wichtigen Konsequenzen für die Justierung des Verhältnis von Staat und Gesellschaft. Zugespitzt umfasste der Thatcherismus folgende Komponenten:

- politisch ein von wohlfahrtsstaatlichen Aufgaben entlasteter Staat bzw. ein „Minimalstaat" (Nozick);
- ökonomisch eine radikale Modernisierung der Wirtschaft durch den ‚freien' Markt und dessen Herstellung durch Privatisierung und Deregulierung;
- sozial ein Angriff auf die Stellung der Gewerkschaften, eine Umverteilung „von unten nach oben" und damit die Etablierung einer dualen Gesellschaft;
- institutionell eine Absage an den korporatistischen Interessengruppenkompromiss und statt dessen eine populistische Mobilisierung durch Bezug auf „viktorianische" Werte und Ideen nach außen sowie ‚strong leadership' im politisch-administrativen System.

Allerdings zeigt der britische Wohlfahrtsstaat bis heute immer noch ein bemerkenswertes Maß an „robustness" (Cochrane/Clarke 1993/2001: 54). Dies ist auf bürokratische und professionelle Widerstände und demografische Veränderungen (v.a. die Altersstruktur) ebenso zurückzuführen wie auf die Tatsache, dass innerhalb der einzelnen sozialpolitischen Bereiche und Programme erhebliche Unterschiede bestehen.

Gleichzeitig bemühte sich die konservative Regierung (1979 bis 1997) - stärker, als es in anderen Ländern der Fall war - um die Entwicklung einer Reihe von Instrumenten zur Förderung des Wohlfahrtspluralismus bzw. der Privatisierung sozialer Aufgaben. Dabei fand eine Betonung der Freiwilligenarbeit in einer Form statt, die stärker individualistisch orientiert war und sich von den kollektiven, ehemals staatlich regulierten Formen des Ehrenamtes kontinentaler Art unterschied. Damit eng verbunden war die Entwicklung von „Quasi-Märkten" durch die steuerliche Begünstigung von Spenden (v.a. Reform des Charities Act von 1992) und einem massierten „contracting out" (Cochrane/Clarke 1993/2001: 62ff., s.a. Olk 1991, Schmid 1996).

Dabei kam es zu einer ganzen Reihe von Initiativen zur Förderung des Dritten Sektors der Wohlfahrtsproduktion, die z.B. zwischen 1981/82 und 1987/88 eine Verdoppelung der staatlichen Zuwendungen beinhaltete (genauer: von 140,9 auf 292,9 Tsd. Pfd.). Damit verband sich ebenfalls die Befürchtung, dass der Eigenwert und die Autonomie der Freiwilligenarbeit zu verschwinden drohte, da sie für politische Ziele instrumentalisiert wurden.

Die Politik der Förderung eines Wohlfahrtspluralismus und die veränderten Finanzierungsmuster zugunsten gemeinnütziger oder auch gewinnorientierter Organisationen und Träger sowie das massiv propagierte Ethos von Wettbewerb und Effizienz schlugen sich auch auf der organisatorischen Ebene nieder. Norman Johnson (1992: 98) fasst die wesentlichen Entwicklungsmuster in folgenden Stichpunkten zusammen:

- Zunahme der Größe von Nonprofit Organisationen und ihres Handlungsspektrums,
- bürokratischere und komplexere Strukturen,
- stärkere Professionalisierung mit beruflich beschäftigten Mitarbeitern sowie größere funktionale Spezialisierung und Arbeitsteilung,
- erhöhte Marktorientierung mit einer Unternehmens- und Wettbewerbskultur sowie einer (pro-)aktiven Herangehensweise,
- stärkere Zusammenarbeit mit Unternehmen und der Regierung, oft auf der Basis von Verträgen, was das Entstehen einer „contract culture" fördert,
- Betonung der Qualität der Ergebnisse und Hervorhebung von Effizienz und Effektivität sowie
- Entwicklung von Kriterien und Verfahren der Bewertung der Performanz.

Hinzu kam, dass sich die Beziehungen zwischen Staat und Verbänden bzw. Nonprofit Organisationen grundlegend zu verändern begannen. Mit dem staatlich unterstützten Aufbau von intermediären Verbänden – „umbrella or federative organizations" (M. Brenton) – wie dem National Council for Voluntary Organization und der Charities Aid Fundation hatte sich ein „tripartistischer" Ansatz zur Koordinierung zwischen Staat, nationalen Verbänden und lokalen Gruppen entwickelt, der dem ansonsten an den Tag gelegten anti-korporativen Ethos der Regierung Thatcher widersprach. Diese Umbrüche in der Politik des Wohlfahrtsstaates und die sich daraus ergebenden Folgen für den Freiwilligen oder Dritten Sektor, die in der Ära Thatcher ihren Höhepunkt erreichten, wurden von Jennifer Wolch (1990: 41) zusammenfassend als Entwicklung zum „Shadow State" interpretiert:

> „‚Der Schattenstaat' übernimmt verschiedene Wohlfahrtsaufgaben, er erbringt zentrale Dienstleistungen, finanzieller wie auch sachlicher Art, und sorgt für die Überwachung der Klientel. Hinsichtlich dieser Aktivitäten wird er vom Staat gefördert, reguliert und subventioniert. Aber das Handeln des „Schattenstaates" ist formal nicht Teil des Staates. Es unterliegt deshalb nicht den gleichen Verantwortlichkeiten und Kontrollmechanismen wie die des in-

ternen Staatsapparates. Statt dessen werden sie staatlicherseits direkt oder indirekt in ihrer Unabhängigkeit beschränkt."

17.3.2 Aktuelle Entwicklungen unter Labour

Die Labour Regierungen unter Tony Blair und Nachfolger setzten noch stärker auf die Potenziale des Dritten Sektors und des Bürgerschaftlichen Engagements.

> „Ein Signal des Aufbruchs und des neuen Verhältnisses zwischen Staat und dem gemeinnützigen Dritten Sektor war die Verabschiedung des „Compacts", einer Art Grundsatzerklärung, um das Verhältnis zwischen Staat und gemeinnützigem Dritten Sektor auf eine stabile Basis zu stellen. Bereits im Herbst 1998 - weniger als 18 Monate nach Regierungsantritt - wurde dieser Vertrag ausgehandelt und vereinbart. (Epkenhans/Przybylski 2007: 1, s.a. Anheier/Toepler 2002).

Im Zuge der Aufwertung des Non Profit Sektor und der gemeinnützigen Aktivitäten wurde die junge Generation als besondere Zielgruppe der Politik entdeckt. Damit sollte zugleich der grassierenden Politikverdrossenheit und der Skepsis gegenüber Parteien und traditionellen Verbänden entgegengewirkt werden. In und außerhalb der Schule kam es zur „Citizenship Education". So wurden für Jugendliche zwischen 16 und 19 Jahren etwa 150 Projekte (z.B. Debattier-Clubs und Jugendparlamente in Universitäten sowie Jugendzentren) finanziert. Zudem stand die Erhöhung der Spendenbereitschaft auf der Agenda der „New Labour"-Regierung (vgl. ebd).

Unter dem Stichwort „Vom passiven Kunden zum aktiven Koproduzenten" erhalten die Patienten in britischen Krankenhäusern Patienten Trainingskurse, um die Folgen ihrer Krankheit besser zu bewältigen und um gleichzeitig ihre Erfahrungen mit der Krankheit an andere Patienten weiterzugeben. „Die Vorteile? Weniger Arztbesuche, Kostenersparnis im Gesundheitswesen und eine höhere Lebensqualität der Patienten und ihrer Familien" (Wiener Zeitung vom 7.1 2009).

Solche und ähnliche bürgerschaftliche Aktivitäten finden sich überall in Europa. Die Ausprägungen sind unterschiedlich, ebenso können die zugrunde liegenden Motive eher

- altruistische (Solidaritätsgefühl mit armen und notleidenden Menschen)
- instrumentelle (Persönliche Zufriedenheit und sinnvolle Beschäftigung)
- moralische (religiöse Pflichten, Gebot der Nächstenliebe) oder
- humanitäre sein (vgl. Anheier/Toepler 2002).

17.4 Fazit: Die normative Dimension des Wohlfahrtspluralismus – Bedeutung und Wandel

Zwischen Markt und Staat und die neue Rolle des Bürgers

Aus Vorstellung einer pluralistischen Zukunft der Sozialpolitik heraus gewinnen die schillernden Phänomene „zwischen Markt und Staat" erheblich an Gewicht. Sie werden mit einer Reihe von Konzepten untersucht, wobei ein beträchtliches Maß an politischen Ambivalenzen zutage tritt:

- Bei einigen Ansätzen geht es primär um reformerischen Orientierungen, die mit Aktivierung, Engagementförderung etc. verbunden werden.
- Bei anderen wird eher ein ökonomisches Kalkül ins Spiel gebracht, wonach die Wohlfahrtsproduktion im Dritten Sektor effizienter (als bei Staat und Markt) sei.
- Schließlich erweist sich die Betonung des Wohlfahrtspluralismus (vor allem in Großbritannien und Thatcher) als eine verkappte sozialpolitische Spar- und Abbaustrategie, die erhebliche staatliche Kontrollpotentiale beinhaltet, was aus sozial- und demokratietheoretischer Sicht als äußerst problematisch zu sehen ist.

Begleitet werden diese politisch-weltanschaulichen Veränderungen durch erhebliche Verschiebungen in den sozialen, ökonomischen und normativen Strukturen westeuropäischer Länder. Der soziale Wandel erzeugt grosso modo eine postkollektivistische, flexible Gesellschaft und Arbeitswelt mit neuen sozialen Problemen und Bedürfnissen, veränderten Erwartungen und Relevanzen gegenüber den traditionellen Formen des Wohlfahrtsstaates, die mit der Suche nach neuen, konkreten Inhalten für Programmformeln wie Solidarität, Bedürftigkeit und Gerechtigkeit verbunden sind. Dabei verweist die Konzeption des Wohlfahrtspluralismus (samt verwandter Begriffe) in allgemeinpolitischer Hinsicht auf die Grenzen staatlicher Leistungsfähigkeit bzw. die „Vergesellschaftung" des Wohlfahrtsstaates (W. Dettling, in: Zeit vom 21.7.1995); in sachlich-sozialpolitischer Hinsicht kommen vor allem die besonderen Qualitäten und Erstellungsprobleme personenbezogener Hilfe zum Ausdruck (vgl. etwa Evers/Svetlik 1993, Evers/Olk 1995). Ergänzend betont v.a. die EU die sozialintegrative und beschäftigungswirksame Rolle des Dritten Sektors der Nonprofit Organisationen und setzt sie etwa im Bereich der Arbeitsmarkt-und Beschäftigungspolitik um (Schulz 2009).

In diesen Zusammenhang gehört ebenfalls die neue sozialphilosophisch ausgerichtete Diskussion, die seit Beginn der 90er Jahre unter den Begriffen Kommunitarismus und Zivilgesellschaft geführt wird. Hier wird kritisch auf die Zerfallstendenzen der modernen Gesellschaft mit ihrer überzogenen Individualität und einer ungebundenen Marktökonomie, die zunehmend alle Formen von sozialer Solidarität unterminiert haben, eingegangen und die Forderung erhoben, die „Stimme der Gemeinschaft hörbar zu machen“ - so das Manifest amerikanischer Kommunitarier (FAZ vom 8.3.1994). Es werden insbesondere bürgerschaftliche Rechte und Pflichten verbunden, soziale Bindungen und Solidaritäten aufgewertet und der Wohlfahrtsstaat als eine alle Bürger direkt betreffende gemeinsame Angelegenheit verstanden. Hier wird ein dritter Weg zwischen Egoismus und Etatismus gesucht, bei dem die Selbsthilfe und Selbstorganisation in überschaubaren Gemeinschaften eine zentrale Rolle spielen.

In der Bundesrepublik hat die Diskussion und die Förderung des Bürgerschaftlichen Engagements größeren Einfluss genommen (vgl. Olk 2009). Folgt man den quasi-offziellen Konzeptualisierungen der Enquete-Kommission „Zukunft des bürgerschaftlichen Engagements“ (2002) des Deutschen Bundestages, so umfasst bürgerschaftliches Engagement folgende Merkmale:

- Bürgerschaftliches Engagement ist grundsätzlich freiwillig, selbst organisiert und selbst bestimmt. Dies entspricht dem Wandel des bürgerschaftlichen Engagements hin zu kurzfristigeren, normativ und milieumäßig weniger gebundenen Aktivitäten, was aber auch Berechenbarkeit und Verbindlichkeit und damit teilweise den Nutzen einschränkt. Diskutiert wird die Freiwilligkeit außerdem bezüglich verschiedener Modelle des unfreiwilligen Engagements, wie beispielsweise der Bürgerarbeit.
- Bürgerengagement ist nicht auf materiellen Gewinn gerichtet. Es wird nicht, wie Erwerbsarbeit, zeit- oder leistungsäquivalent bezahlt und findet daher auch nicht vorrangig aufgrund der Bezahlung statt. Neben völliger Nichtbezahlung sind aber Aufwandsentschädigungen oder Geringbezahlungen, wie beim freiwilligen sozialen Jahr, möglich.
- Bürgerschaftliches Engagement muss positive Effekte für Dritte aufweisen, also Gemeinwohlbezug haben. Das bedeutet aber nicht, dass nur altruistische Motive im Vordergrund stehen müssen, ebenso kann die Motivation zum bürgerschaftlichen Engagement einen Selbstbezug (z.B. Selbstverwirklichung) haben oder Formen der Selbsthilfe umfassen.

- Bürgerengagement findet im öffentlichen Raum statt. Öffentlichkeit ist einerseits wichtig für die Interessenvertretung der Engagierten, die Schaffung einer Anerkennungskultur und die Bereitstellung von Information für die Tätigkeit der Engagierten. Andererseits gewährleistet sie Transparenz, Dialog, Teilhabe und Verantwortung in den Organisationsformen des Engagements.
- In der Regel wird bürgerschaftliches Engagement gemeinschaftlich bzw. kooperativ ausgeübt. Es umfasst dabei aber nicht nur das traditionelle Ehrenamt, welches vor allem stark formalisiertes, langfristiges Engagement bezeichnet. Öffentliche Kritik und Widerspruch, sowie weitere neue Formen der Selbstorganisation zählen ebenfalls zum bürgerschaftlichen Engagement.

Ein solches weites Verständnis von bürgerschaftlichem Engagement ist auch ein Zeichen für ein Phänomen, das mit Ulrich Beck als „Entgrenzung des Politischen" bezeichnet werden kann. Die politische Macht, die soziale Wirklichkeit zu gestalten und den Zusammenhalt der Gesellschaft zu gewährleisten, ist nämlich durch die zunehmende „Reflexivität" des Modernisierungsprozesses abgewandert in andere Bereiche und die klare Unterscheidung von Politik und Nichtpolitik ist somit aufgehoben. Diese Entwicklungen stellen zweifelsohne eine wichtige Ergänzung zur traditionellen Praxis und Theorie der (etatistischen) Sozialpolitik dar; ein „Allheilmittel" zur Lösung für die gegenwärtigen Probleme des Wohlfahrtsstaates ist es freilich nicht.

17.5 Zentrale Literatur

Anheier, H. K./Toepler, S. 2002: Bürgerschaftliches Engagement in Europa. Überblick und gesellschaftspolitische Einordnung, in: Aus Politik und Zeitgeschichte B 9/2002, S. 31-38

Backhaus-Maul, H./Olk, T. 1994: Von der Subsidiarität zum „contracting out". Zum Wandel der Beziehungen zwischen Staat und Verbänden in der Sozialpolitik. In: W. Streeck (Hrsg.), Verbände und Staat. Opladen, S. 99-134.

Böhlke, N./Schulten, T. 2008: Unter Privatisierungsdruck, in: Mitbestimmung 6/2008, S. 27

Evers, A./Olk, T. (Hrsg.) 1995: Wohlfahrtspluralismus. Opladen.

Gaskin, K. u.a. 1996: Eine neues bürgerschaftliches Europa. Eine Untersuchung zur Verbreitung von Volunteering in zehn Ländern. Freiburg.

Heinze, R.G. u.a. 1997: Zur politischen Ökonomie der sozialen Dienstleistungsproduktion. In: Kölner Zeitschrift für Soziologie und Sozialpsychologie, H. 2.

Kuhnle, S /Selle, P. 1992: Government and Voluntary Organisations. Aldershot.

Olk, T./Rauschenbach, T./Sachße, C. (Hrsg.) 1995: Von der Wertegemeinschaft zum Dienstleistungsunternehmen. Frankfurt.
Olk, T. u.a. (Hrsg) 2009: Engagementpolitik: Die Entwicklung der Zivilgesellschaft als politische Aufgabe, Wiesbaden.
Salamon, L. M./Anheier, H. K. 1994: The Emerging Sector. The Nonprofit Sector in Comparative Perspective. Baltimore.
Schmid, J. 1996: Wohlfahrtsverbände in modernen Wohlfahrtsstaaten. Opladen.
Schmid, J./Mansour, J. (2007): Wohlfahrtsverbände: Interesse und Dienstleistung, In: Winter, Th. von/Willems, U. (Hrsg.), Interessenverbände in Deutschland, Wiesbaden, S. 244-270,
Zimmer, A./Priller, E. (2007): Gemeinnützige Organisationen im gesellschaftlichen Wandel. Ergebnisse der Dritte-Sektor-Forschung, Wiesbaden.

18 Aktive Arbeitsmarktpolitik: Das klassische Modell Schweden im Vergleich zu Deutschland

18.1 Allgemeine Einführung

Arbeitslosigkeit und Arbeitsmarktpolitik

Die Arbeitsmarktentwicklung ist seit Beginn der 70er Jahre – trotz wichtiger internationaler und phasenspezifischer Variationen – insgesamt von einem Anstieg der Arbeitslosigkeit gekennzeichnet, und es droht in einer Reihe von Ländern, dass Vollbeschäftigung nicht wieder erreicht werden kann. Immerhin hat sich während der vergangenen zehn Jahre die Situation EU-weit deutlich verbessert: Lag die Arbeitslosenquote in der EU15 1994 noch bei 10,4 Prozent so ist sie bis zum Jahr 2008 auf 7,1 Prozent gesunken. Ein ähnliches Bild ergibt sich für die EU27, in der zwischen 2000 und 2008 die Arbeitslosigkeit um 1,7 Prozent auf 7,0 Prozent gesunken ist. Mit bis zu 45 Prozent sind dabei knapp die Hälfte aller Betroffenen in der EU27 Langzeitarbeitslose (siehe Schaubild 18-1). Unter den hier näher behandelten Ländern war im Jahr 2008 Spanien mit einer Arbeitslosenquote von 11,3 Prozent am heftigsten betroffen, gefolgt von Frankreich (7,7 Prozent) und Deutschland (7,3 Prozent). Am besten stehen die Niederlande mit 2,5 Prozent da, was (je nach zu Grunde gelegter Definition) annähernd als Vollbeschäftigung zu verstehen ist (vgl. dazu Schaubild 11-1). Es bleibt abzuwarten, wie stark sich in den kommenden Jahren Effekte der aktuellen Weltfinanzmarktkrise (2008/9) nachhaltig negativ am Arbeitsmarkt bemerkbar machen werden (vgl. Bogedan u.a. 2009).

Bei einem Blick auf die Langzeitarbeitslosenstatistik fällt insbesondere das positive Abschneiden Spaniens auf, dem es trotz generellen Beschäftigungsproblemen gelungen ist, in acht Jahren den Anteil der Langzeitarbeitslosen an den Arbeitslosen insgesamt mehr als zu halbieren. Deutschland und Frankreich, die wie erwähnt bei der gesamten Arbeitslosenquote wie Spanien schlecht abschneiden, weisen auch bei den Langzeitarbeitslosen vergleichsweise schlechte Werte auf. Bemerkenswert ist ferner der stetige Anstieg der Sockel-Arbeitslosigkeit, d.h. die Arbeitslosigkeit konnte nach einer Schwächephase nicht mehr auf das Niveau zurückgeführt werden, das sie vor der jeweiligen Rezession aufgewiesen hatte.

Schaubild 18-1: Langzeitarbeitslosenquoten in Europa (12 Monate oder länger) als Prozentsatz der gesamten Arbeitslosigkeit

	EU 27	DK	D	E	F	GB	NL	S
2007	42,7	16,2	56,6	20,4	40,2	23,8	39,4	13,8
2003	45,6	19,9	50,0	33,6	37,7	22,7	29,2	16,2
1999	:	20,5	51,7	46,2	38,9	29,6	43,5	29,5

Quelle: Eurostat Online Statistiken.

In Anbetracht dessen stellt sich die Frage nach den Gründen für die unterschiedliche Höhe und Entwicklung der Arbeitslosigkeit in verschiedenen Ländern. Diese werden üblicherweise in zwei Gruppen zusammengefasst:

- Zum einen sind sozioökonomische Variablen wie Wirtschaftswachstum und Konjunktur für das Ansteigen bzw. Abschwächen der Arbeitslosigkeit verantwortlich. Jedoch zeigt unter anderem das Faktum der wachsenden Sockelarbeitslosigkeit, dass es noch weitere erklärende Faktoren geben muss - etwa die Wirtschaftsstruktur, die Produktivität, die außenwirtschaftliche Verletzlichkeit (einer der Indikatoren: der Exportanteil) sowie das Erwerbspersonenpotential.
- Zum anderen spielen politische Faktoren, v.a. der Rang des Zieles der (Voll)Beschäftigung, in der wirtschaftspolitischen Präferenzordnung eines Landes, eine Rolle. Von Bedeutung sind dann die Machtverhältnisse und der Politikstil zwischen relevanten Akteuren, vor allem zwischen Arbeitgeberverbänden, Gewerkschaften und Regierung, als den Hauptakteuren in den Arbeitsbeziehungen. In diesem Zusammenhang spielt auch die Organisation der Interessenvermittlung als Teil der insgesamt zu beachtenden Institutionalisierung des Arbeitsmarktes eine Rolle (Scharpf 1987; Schmid/Reissert/Bruche 1987; Schmid/Wiebe 1999, Schmid 2007, 2009, APUZ 27-2009).

Die Mittel, die der Politik zur möglichst wirksamen Verfolgung des Beschäftigungszieles zur Verfügung stehen, werden unter den jeweils uneinheitlich definierten Begriffen Beschäftigungspolitik und Arbeitsmarktpolitik zusammengefasst:

- Passive Arbeitsmarktpolitik beschränkt sich auf die Festlegung der Bezugsbedingungen, Höhe und Bezugsdauer von individuellen Lohnersatzleistungen, meist im Rahmen einer Arbeitslosenversicherung.

- Beschäftigungspolitiken sind makroökonomische Politiken wie Fiskal-, Geld- und Strukturpolitik, die überwiegend mit sozioökonomischen Variablen in einer Wechselwirkung stehen. Eine beschäftigungszielbezogen wirksame Beeinflussung der sozioökonomischen Variablen ist zunächst mit positiven Produktionsentscheidungen verbunden. Produktionsentscheidungen sind jedoch nicht proportional an Beschäftigungsentscheidungen gekoppelt.
- Demgegenüber sollen durch aktive Arbeitsmarktpolitik das Arbeitsangebot und die Arbeitsnachfrage in selektiver Weise – etwa bezüglich bestimmter Personengruppen (z.B. Langzeitarbeitslose) – zu einem qualifikatorisch und quantitativ besseren Ausgleich gebracht und so Beschäftigungsentscheidungen positiv beeinflusst werden.

Arbeitsmarktpolitiken sind hauptsächlich mit den politisch-institutionellen Variablen verknüpft. Eine weitere Annäherung an den Inhalt des Begriffes aktive Arbeitsmarktpolitik wird durch die Benennung ihrer Instrumente ermöglicht: Qualifizierungsmaßnahmen (Aus- und Weiterbildung, Umschulung), Arbeitsvermittlung, Lohnkosten- und Einstellungszuschüsse, Hilfen zur Existenzgründung und Einarbeitung sowie Arbeitsbeschaffungsmaßnahmen.

Beschäftigungs- und arbeitsmarktpolitische Unterschiede bewirken einen Teil der Differenzen bei der Arbeitslosigkeit – sowohl was das Niveau als auch die Struktur betrifft. Gerade der anhaltende Beschäftigungserfolg Schwedens in den 80er Jahren sowie in den letzten Jahren erneut wird insbesondere auf die Art der Institutionalisierung und die daraus resultierende starke Ausprägung aktiver Arbeitsmarktpolitik zurückgeführt. Dies hat das Land zu einem interessanten, ja modellhaften Fall gemacht. Zugleich wirft dies die Frage auf, inwiefern es möglich wäre, in Deutschland eine ähnlich institutionalisierte und ausgeprägte aktive Arbeitsmarktpolitik zu etablieren.

18.2 Das Modell Schweden: Blüte und Wandel

18.2.1 Maßnahmen, Institutionen und Finanzierung

Die Politik der Vollbeschäftigung spielte in Schweden bereits in den fünfziger und sechziger Jahren eine große Rolle. Grundlage dafür bildet das von den beiden Gewerkschaftsökonomen Rehn und Meidner entwickelte Modell einer restriktiven Finanzpolitik, solidarischen Lohnpolitik („Gleicher Lohn für gleiche Arbeit“) und aktiven Arbeitsmarktpolitik (Johannesson 1999, s.a. Hort 2008). Als Ergebnis dieser Strategien konnte man in Schweden einen beschleunigten Strukturwandel feststellen, in dessen Rahmen aber die durch Personalabbau und Betriebsauflösungen freigesetzten Arbeitskräfte durch Förderung der beruflichen und regionalen Mobilität wieder in den Arbeitsmarkt integriert wurden - vor allem in neuen Branchen (Czada 1987) und dem öffentlichen Sektor.[197] Dabei ist die Arbeitsmarktpolitik antizyklisch ausgerichtet; d.h. in Zeiten steigender Arbeitslosigkeit wird auch die aktive Arbeitsmarktpolitik ausgeweitet.

Zuständig für den größten Teil der aktiven Arbeitsmarktpolitik in Schweden ist die nationale Arbeitsmarktbehörde (arbetsförmedlingen), die im Rahmen einer Verwaltungsreform zum Jahresbeginn 2008 geschaffen worden ist. Die neue arbetsförmedlingen ersetzt die alte duale Struktur des Arbeitsmarktwerks AMV, welches sich wiederum aus dem zentral verankerten arbetsmarknadsstyrelse (AMS, dt: Arbeitsmarktkommittee) und 20 Regionalbehörden mit Bezirksarbeitsämtern und Vermittlungsbüros zusammensetzte. Unter dem Dach der neuen Behörde bestehen nun die vier großen Verwaltungsgebiete Nord, Süd, Ost und West, die wiederum in 15-20 Arbeitsmarktgebiete - so genannte arbetsmarknadsområden - untergliedert sind. Flankiert wird diese Struktur durch die Branchen- und Zielgruppen- Einrichtung, die das Serviceangebot der aktiven Arbeitsmarktpolitik auf ökonomisch bedeutsame Zielgruppen abstimmen soll. Die Generaldirektion der arbetsförmedlingen hat ihren Sitz in der Hauptstadt Stockholm, an ihrer Spitze steht wie auch in der vorangegangenen Behördenstruktur ein Verwaltungsrat.

Historisch auffällig ist die korporatistische Organisation der Arbeitsmarktbehörde, welche dem Ziel dienen sollte, Entscheidungen weniger mit langwierigeren Gesetzgebungsverfahren, sondern vielmehr mit kurzfristig zu Stande kommenden Vereinbarungen zwischen Gewerkschaften, Arbeitgeberverbänden und dem Staat zu realisieren. Doch schon seit Ende der 60er Jahre nahm die Konfliktintensität des Verhältnisses der Arbeitsbeziehungsakteure zu und die Einheitlichkeit der Tarifpolitik ab. Die solidarische Lohnpolitik als ein Pfeiler des „Modells Schweden“ erodierte mit zunehmender Krise. Dies hatte zum einen mit dem Desintegrationsprozess der Gewerkschaftsbewegung zu tun, der erst in den 90er Jahren wieder gebremst werden konnte. Zum anderen spielten die ablehnenden Reaktionen der Arbeitgeber auf die von den gewerkschaftlich kontrollierten „Arbeitnehmerfonds“ eine Rolle.

197 Nach ILO Statistiken umfasst der öffentliche Sektor in Schweden (2008) knapp 44 % der Beschäftigten (ähnlich in DK), in der BRD hingegen nur knapp 15 %.

In diesem Zusammenhang traten die Arbeitgeberverbände 1991/92 aus den korporatistischen Gremien einschließlich denen der Arbeitsmarktverwaltung aus. Unter der bürgerlichen Regierungskoalition (1991-94) wurde daraufhin die Gewerkschaftsseite aus der Arbeitsmarktverwaltung ausgeschlossen.[198] Daran kann sowohl eine Entkorporatisierung der Arbeitsmarktpolitik, als auch ein Wandel von einer eher nachfrageorientierten zu einer stärker angebots- bzw. unternehmensorientierten Wirtschaftspolitik abgelesen werden, der jedoch nicht erst in der Amtszeit der genannten bürgerlichen Koalition begann, sondern schon in den 80er Jahren von den Sozialdemokraten eingeleitet und nach erneuter sozialdemokratischer Regierungsübernahme 1994 nicht revidiert wurde – was sich an einem gewissen Wandel der Ausrichtung der Arbeitsmarktpolitik widerspiegelt. Während der ersten schwedischen Nachkriegsrezessionsjahre 1967/68, 1971/73 und 1978/79 standen auf die Güternachfrager bzw. Arbeitsanbieter abgestimmte Arbeitsbeschaffungsmaßnahmen sowie eine starke Ausweitung der Beschäftigung im öffentlichen Sektor im Vordergrund. Seit den 80er Jahren werden schwerpunktmäßig Maßnahmen betrieben, welche die Anpassung des Arbeitsangebots an die privatwirtschaftliche Arbeitsnachfrage zum Gegenstand haben. Unabhängig davon wurde in den 90er Jahren damit begonnen, die Arbeitsmarktpolitik verstärkt auf Jugendliche und ältere Arbeitslose sowie gesundheitlich beeinträchtigte und behinderte Menschen auszurichten. Dabei sind gerade im Bereich der Beschäftigung Älterer Spitzenwerte in Europe erreicht worden – ohne dass es zur Verdrängung anderer Gruppen (Jugendliche, Frauen) gekommen ist.

Die Finanzierung der aktiven Arbeitsmarktpolitik ist in Schweden folgendermaßen aufgeteilt[199] Unterhaltsgelder für Arbeitsmarktausbildung und berufliche Rehabilitation sowie Kurzarbeitergeld werden aus dem Staatshaushalt (ein Drittel) und dem Arbeitsmarktfonds (zwei Drittel) finanziert. Demgegenüber wird die personelle und sachliche Infrastruktur der staatlichen Ausbildungs- und Rehabilitationszentren fast vollständig aus dem Staatshaushalt finanziert. Ausschließlich über den Staatshaushalt finanzieren sich Arbeitsberatung und -vermittlung, Arbeitsbeschaffungsmaßnahmen und Lohnkostenzuschüsse (vgl. Schmid u.a. 1987).[200]

---

198 Vgl. zu den Arbeitsbeziehungen Kjellberg 1998.

199 Die passive Arbeitsmarktpolitik einschließlich ihrer Finanzierung wird in Kap. 9.3 und Kap. 11 behandelt.

200 Als weitere Besonderheit gibt es den durch Arbeitgeberbeiträge finanzierten Lohngarantiefonds zur Deckung von Lohnausgleichszahlungen im Fall von Konkursen.

Schaubild 18-2: Finanzierungssystem aktiver und passiver Arbeitsmarktpolitik in Schweden

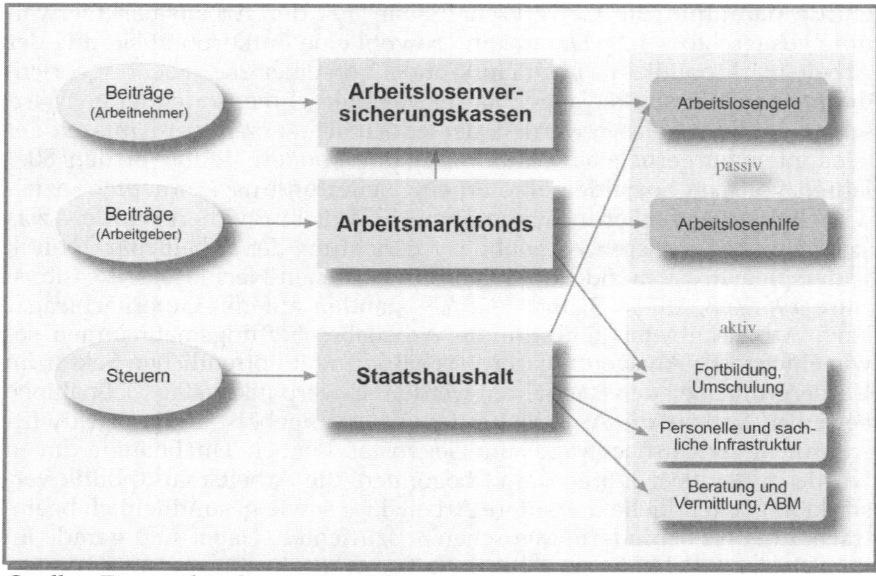

Quelle: Eigene aktualisierte Darstellung

18.2.2 Politische, institutionelle und ökonomische Voraussetzungen

Die institutionellen Voraussetzungen für die Durch- und Umsetzung einer aktiven Arbeitsmarktpolitik in Schweden unterscheiden sich erheblich von den deutschen Bedingungen. Der erste wichtige Punkt ist dabei das Finanzierungssystem. Aktive Arbeitsmarktpolitik wird in Schweden vorwiegend aus dem Staatshaushalt sowie über den Arbeitsmarktfonds finanziert. Gegenüber einer Finanzierung über Beiträge in eine Sozialversicherung wie in der BRD erhöht die schwedische Variante die Wahrscheinlichkeit der Institutionalisierung einer aktiven Arbeitsmarktpolitik. Dies deshalb, weil die Anreize für den Staat, Arbeitslosigkeit zu senken, bei Staatshaushaltsfinanzierung höher sind, da keine „Verschiebebahnhöfe" existieren. Das Argument für die Finanzierung des Arbeitsmarktfonds ausschließlich aus Beiträgen der Arbeitgeber besteht darin, dass in erster Linie die Unternehmen von einer besseren Qualifikation der Arbeitnehmer durch arbeitsmarktpolitische Maßnahmen profitieren.

Zum zweiten ist Schwedens (Arbeitsmarkt-)Politik von sozialdemokratischen Regierungen und starken Gewerkschaften mit einem sehr hohen Organisationsgrad geprägt worden. Dabei sind beide Faktoren für sich genommen keine ausreichende Erklärung für die Institutionalisierung der aktiven Arbeitsmarktpolitik in Schweden.[201] Nach Manfred Schmidt (1982, 2005) mussten in der Phase der Institutionalisierung drei Bedingungen hinzukommen:

- Es musste eine politisch präsente und stimmenmäßig starke Arbeitnehmerschaft existieren, deren wahlpolitisches und arbeitskampfpolitisches Desorganisationspotential (z.B. durch stabile korporatistische Arrangements) dauerhaft wirksam bleibt.
- Die Unternehmerschaft hat zuvor nie richtig Gelegenheit gehabt, eine ideologische Hegemonie zur Geltung zu bringen.
- Die Unternehmerschaft hat sich eine konzessionsbereite und kooperative Politik gegenüber der Arbeitnehmerschaft leisten müssen und gelernt, auch unter diesen Bedingungen profitabel zu wirtschaften.

Auf diesen Voraussetzungen basierte der gesellschaftlichen Konsens über das (bis 1990) gegenüber konkurrierenden wirtschaftpolitischen Zielen prioritäres (Voll-)Beschäftigungsziel. Vor dem Hintergrund, dass das Beschäftigungsziel immer noch einen höheren Stellenwert als in fast allen anderen EU-Ländern genießt und entsprechend institutionalisiert ist, fand bisher kein nennenswerter Rückbau der aktiven Arbeitsmarktpolitik statt.[202]

Die Arbeitsmarktpolitik war zwischen Ende der 60er und Anfang der 80er Jahre mit einer starken Ausweitung und seither mit einem hohen Anteil teilweise geschützter öffentlicher Beschäftigung verbunden. Dementsprechend war und ist zumindest vorerst die Arbeitsmarktpolitik schwedischer Prägung mit dem wirtschaftsinstitutionellen Rahmen eines großen öffentlichen Sektors verbunden. D.h. aber auch, dass der Wohlfahrtsstaat durch seine ausgebauten sozialen Dienste erheblich zur Vollbeschäftigung beiträgt (s.u.; vgl. zum, Gesamten etwa Hort 2008).

Das Streudiagramm (Schaubild 18-3) zeigt noch einmal die Position Schwedens im Ländervergleich: Überdurchschnittliche Ausgaben für aktive Arbeitsmarktpolitik (hier dargestellt als Zusammenfassung einschlägiger Eurostat-Kategorien) und unterdurchschnittliche Ausgaben

201 Es gibt demnach weder einen signifikanten statistischen Zusammenhang zwischen Arbeitslosenquoten und linken Regierungen, noch zwischen einem hohen Organisationsgrad der Gewerkschaften und den Arbeitslosenquoten (Schmidt 1982).

202 Auf Faktoren, die – etwa im Zuge des EU-Beitritts – zu einer Rückführung der aktiven Arbeitsmarktpolitik sowie zu einer generellen „Erosion" des Wohlfahrtsstaates führen könnten, wird im Länderkapitel zu Schweden eingegangen.

für (passive) Einkommensunterstützungsleistungen. Letzteres wird freilich durch vergleichsweise geringe Arbeitslosenzahlen, beispielsweise gegenüber Deutschland, Frankreich oder Spanien, mit beeinflusst. Es fällt hier ferner die relativ enge Gruppierung der konservativen Wohlfahrtsstaaten Deutschland und Frankreich zusammen mit dem rudimentären System Spanien sowie den schwer klassifizierbaren, in ihren Strukturen aber doch noch stark konservativ geprägten, Niederlanden um den Schnitt aller EU-Länder (hier EU25) herum auf. Abseits liegt der liberale Wohlfahrtsstaat Großbritannien mit weit unterdurchschnittlichen Ausgaben in beiden Kategorien. Das Ausgabenverhältnis des sozialdemokratischen Vertreters Dänemarks ist zwischen Schweden und der konservativen Gruppe zu platzieren.

Schaubild 18-3: Aktive und passive Arbeitsmarktpolitiken im Vergleich (2004)

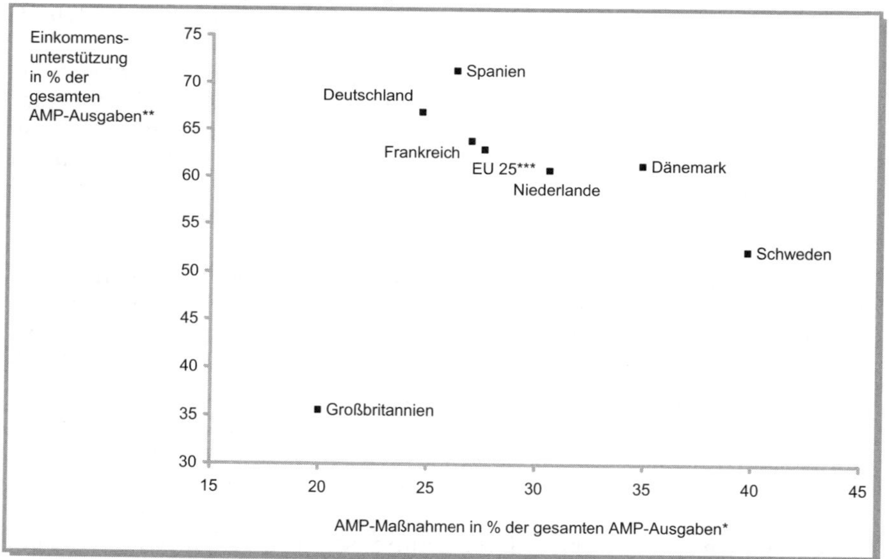

* Eurostat-Ausgabenkategorien 2-7 (Aus- und Weiterbildung; Arbeitsplatztausch und Jobsharing; Beschäftigungsanreize; geförderte Beschäftigung und Rehabilitation; direkte Schaffung von Arbeitsplätzen; Gründungsinitiativen)

** Eurostat-Ausgabenkategorien 8 und 9 (Einkommensunterstützung für Arbeitslose; Vorruhestand)

*** Für die EU25 musste ein Wert von 2003 herangezogen werden

Quelle: Eigene Erstellung auf Basis von Melis 2006: 4.

Streudiagramm 18-4 setzt demgegenüber die Gesamtsumme der Ausgaben für aktive Arbeitsmarktpolitik ins Verhältnis zur Anzahl der arbeitslos gemeldeten Personen. Der dargestellte Zusammenhang entspricht zunächst einmal der Erwartung: Am meisten geben die drei Staaten aus, bei denen die Gesamtzahl der Arbeitslosen am höchsten ist. Rechnet man die Ausgaben allerdings pro Arbeitslosem um, macht sich dennoch der geringe Problemdruck in Ländern wie insbesondere Dänemark, ferner den Niederlanden und eben Schweden, bemerkbar: Hier stehen pro Arbeitslosem deutlich mehr Mittel zur Verfügung als in Ländern mit höherer Arbeitslosenquote (vgl. hierzu Schaubild 18-5). Auf den Vergleich zwischen Deutschland und Schweden zugeschnitten bedeutet dies, dass die negativen prozyklischen Konjunktureffekte in der aktiven Arbeitsmarktpolitik in Deutschland (d.h.: hohe Arbeitslosenquote führt zu Mittelknappheit pro Betroffenem), so in Schweden nicht bestehen.

Schaubild 18-4: Aktive Arbeitsmarktpolitik und Arbeitslose (nach Zahlen) (2005)

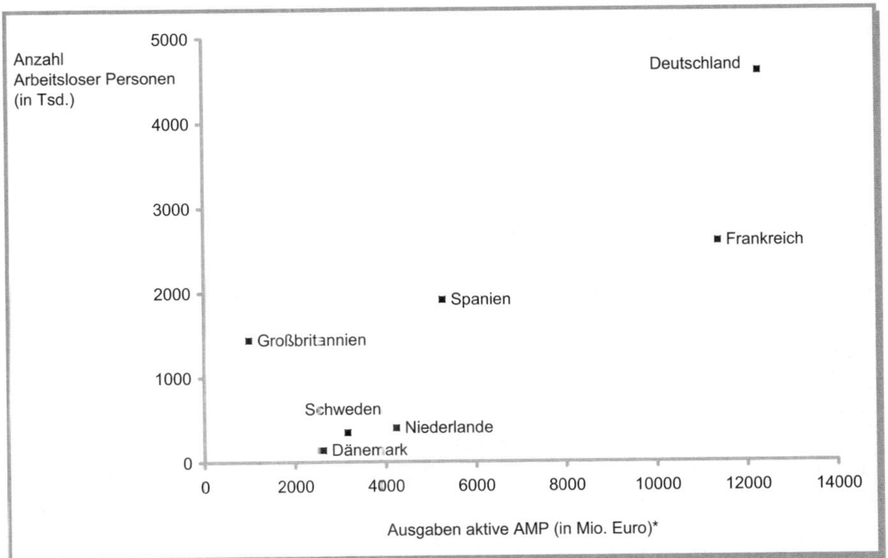

* Eurostat-Ausgabenkategorien 2-7 (Aus- und Weiterbildung; Arbeitsplatztausch und Jobsharing; Beschäftigungsanreize; geförderte Beschäftigung und Rehabilitation; direkte Schaffung von Arbeitsplätzen; Gründungsinitiativen).

Quelle: Eigene Erstellung auf Basis von Eurostat Online Statistiken.

Schaubild 18-5: Ausgaben für aktive Arbeitsmarktpolitik pro Arbeitslosem (2005).

	Ausgaben aktive AMP*	Zahl Arbeitslose**	Pro Arbeitslosem
Dänemark	2616,94	139,70	18,73
Deutschland	12274,09	4601,20	2,67
Frankreich	11370,36	2598,90	4,38
Großbritannien	987,15	1443,70	0,68
Niederlande	4232,74	402,10	10,53
Schweden	3157,01	349,10	9,04
Spanien	5275,02	1912,50	2,76

* Ausgaben für aktive Arbeitsmarktpolitik in Mio. Euro.
** Zahl der Arbeitslosen in Tsd. Personen.

Quelle: Eurostat Online Statistiken.

18.2.3 Trade-offs mit anderen Politikfeldern

Die Präferierung des Vollbeschäftigungszieles in der Zeit vor 1990, auf die sich die folgenden Aussagen beziehen, konnte leicht unerwünschte Auswirkungen auf die Entwicklung der konkurrierenden wirtschaftpolitischen Zielsetzungen haben. So war das wirtschaftliche Wachstum in dem Zeitraum insgesamt schwächer als in vergleichbaren Ländern. Auch lag die Inflationsrate in Schweden zwischen 1973 und 1984 im Jahresdurchschnitt bei 10 Prozent und damit weit über den Werten in Deutschland (Schmidt 1986). Die etwa im Vergleich mit Deutschland niedrigeren schwedischen Arbeitslosenquoten entsprechen deshalb der (umstrittenen) Logik der sog. Phillipskurve, wonach man nicht gleichzeitig die Arbeitslosenquote senken und die Inflationsrate niedrig halten kann.[203]

---

203 In vielen anderen Ländern kam es in den 70er und 80er Jahren sogar zu Stagflation, bei der Wachstumsschwäche mit steigender Inflation und zunehmender Arbeitslosigkeit einhergeht.

Neben dem positiven Abschneiden am Arbeitsmarkt findet man in Schweden einen relativ starken Wandel ökonomischer Strukturen. Roland Czada (1987) bezeichnete es deshalb als ein solidarkorporatistisches System, da die Ziele der industriellen Modernisierung und der Sicherung von Vollbeschäftigung gemeinsam umgesetzt wurden (das Rehn-Meidner-Modell). Dies konnte in der Zeit der noch nicht erodierten solidarischen Lohnbildung darauf zurückgeführt werden, dass Schweden ein kleines Land und auf den international wettbewerbsfähigen Exportsektor angewiesen ist.

Die Ziele eines zügigen Strukturwandels und einer niedrigen Arbeitslosigkeit ließen sich jedoch nur deshalb gleichzeitig umsetzen, weil mit Hilfe starker Gewerkschaften die Exportwirtschaft modernisiert und die Beschäftigung im Binnensektor zu gleichen Einkommensbedingungen „künstlich" (hier durch relativ arbeitsangebotsorientierte Arbeitsmarktpolitik) hochgehalten wurde. In Schweden wurde also anders als in Deutschland keine Rationalisierungsstrategie, die zur Freisetzung von Arbeitskräften führt, sondern eine Politik verfolgt, die beide Ziele miteinander vereinbaren wollte und dies auch geschafft hat.

Eng damit verbunden ist das Phänomen, dass Schweden auf dem Weg in die Dienstleistungsgesellschaft schneller vorangekommen ist als Deutschland. Dadurch sind die arbeitssparenden Folgen der Produktivitätssteigerungen im industriellen Bereich weitgehend kompensiert worden. Der öffentlich Dienst nimmt dabei eine Schlüsselrolle ein: er beschäftigt in den skandinavischen Ländern rund doppelt so viele Menschen wie in Deutschland. Damit zusammen hängt einerseits die starke Betonung personenbezogener Dienstleistungen als sozialpolitische Strategie (im Unterschied zu monetären Transferleistungen wie in Deutschland); andererseits spielt die aktive Förderung von Arbeitsmöglichkeiten für Frauen hier eine wichtige Rolle (vgl. Schettkatt 1994, Kolberg/Uusitalo 1992, Armingeon/Bonoli 2006).[204]

---

204 Vgl. dazu die Abschnitte zu den theoretischen Grundlagen, Frauen und Wohlfahrtspluralismus (Kap. 3, 15, 17); s.a. femina politica Nr. 2/2000.

Schaubild 18-6: Der Wohlfahrtsstaat als Arbeitgeber (um 1990)

	Beschäftigte im Gesundheits-, Erziehungs- und Wohlfahrtssektor...		
Land	*...im Staatsdienst als Anteil an der Gesamtbeschäftigung*	*...als Anteil an der Gesamtbeschäftigung*	*...im Staatsdienst als Anteil der Beschäftigten in diesen Bereichen*
Dänemark	25	28	90
Schweden	25	26	93
Großbritannien	12	16	77
Frankreich	11	15	75
Niederlande	8	20	38
Deutschland	7	11	58

Quelle: Kolberg/Uusitalo 1992: 90

Seit 1976 existierte in Schweden eine im Rahmen der 1998 beschlossenen Rentenreform auslaufende Regelung, die es allen Arbeitnehmern zwischen 60 und 65 Jahren ermöglichte, eine Teilzeitrente zu beziehen, wenn sie von einer Vollzeitbeschäftigung zu einer Teilzeitbeschäftigung mit mindestens 17 Stunden pro Woche wechseln. Bei der Inanspruchnahme von Teilrenten hat es sich ferner gezeigt, dass vor allem Frauen von dieser Möglichkeit Gebrauch machten (Olofsson/Petersson 1994). Eine solche arbeits- und sozialpolitische Regulierung basiert auf einem engen Ineinandergreifen von betrieblichen und staatlichen Strategien. Die wichtigsten Merkmale sind im folgenden Schaubild dargestellt. Dies ermöglichte es, einerseits die Produktivitätspotentiale älterer Arbeitnehmer besser zu nutzen, andererseits sollte so eine spürbare Entlastung der Rentenversicherungssysteme realisiert werden.[205]

In die gleiche Richtung zielen auch die Neuregelung im Rahmen der schwedischen Rentenreform: Hier wurde eine Alterszone von 61 bis 70 Jahren eingeführt, wobei im Falle eines Eintritts unter 65 Jahren Leistungsabschläge greifen, umgekehrt bei einem Renteneintritt zwischen 65 und 70 Jahren deutliche Aufwertungen (bis zu 157 Prozent der Normalrente) zu erwarten sind. Die Entscheidung über die Erwerbsgestaltung im Alter wurde damit individualisiert, zudem bestehen nun verstärkte Anreize für eine längere Lebensarbeitszeit. Insgesamt führt dies zu einer Strategie der Integration älterer Arbeitnehmer in Beschäftigung.

205 Der Ansatz, arbeits-, arbeitsmarkt- und sozialpolitische Aspekte zu integrieren, basiert auf umfangreichen Studien von Naschold/de Vroom 1994 und Rosenow/Naschold 1993, s.a. Schmid 2006.

Schaubild 18-7: Das schwedische Regulierungssystem an der Schnittstelle von Arbeit und Rente

Staat/Verbände
1. Tradition aktiver Arbeitsmarkt- und Beschäftigungspolitik
2. Arbeitsprinzip statt Transferprinzip in der Sozialpolitik
3. Steuerung durch monetäre Anreize und durch Kooperation von Arbeitsverwaltung, Unternehmensverbänden und Gewerkschaft
Unternehmen
1. Angebot von Teilzeitarbeitsplätzen im öffentlichen und privaten Sektor (Teilrente)
2. breit angelegte Arbeitsstrukturierungsmaßnahmen und Qualifizierungsmaßnahmen für alle Altersgruppen
3. umfassende arbeitsmedizinische Betreuung und breites Schonarbeitsplatzangebot

Quelle: Rosenow/Naschold 1993: 149

Die Arbeitsmarktpolitik der späten 1990er Jahre war zudem in Schweden stark von einem Ineinandergreifen der Politikfelder Arbeit und Bildung geprägt. Auf Basis eines Berichts des Arbeitsmarktkomitees aus dem Jahr 1996 wurde die Strategie entwickelt, die Beschäftigungsfähigkeit insbesondere von niedrigqualifizierten Arbeitssuchenden über Bildungsmaßnahmen herzustellen, welche über klassische Weiterbildungsansätze und Umschulungen der aktiven Arbeitsmarktpolitik hinausgehen sollten.[206] Schaubild 18-8 zeigt, dass sich kunskapslyft in der Tat in einer deutlichen Ausweitung der Teilnehmerzahlen in der Erwachsenenbildung niederschlug. Unterm Strich sollte mit dem Ansatz auch vormals niedrigqualifizierten Personen eine Perspektive auf Tertiärbildungschancen eröffnet

206 Für die Erwachsenenbildungsinitiative kunskapslyft wurden daher vom Zentralstaat für den Zeitraum 1997-2000 3,6 Mrd. SEK zur Verfügung gestellt, von denen Gemeinden Teilbeträge für die Weiterbildung niedrigqualifizierter Beschäftigter und Arbeitssuchender beantragen konnten. Ihre Bildungsträger konnten die Gemeinden dabei frei wählen, gemeinsames Ziel war gleichwohl, den Teilnehmern der Initiative einen Abschluss auf dem Niveau der oberen Sekundarstufe zu ermöglichen. Für Arbeitslose wurde mit einem Zusatzentgelt zum eigentlichen Arbeitslosengeld ein monetärerer Anreiz zur Teilnahme am Programm geschaffen.

werden, die von der SAP-geführten Regierung explizit als beschäftigungspolitisches Instrument begriffen wurde. (Vgl. Merkel u.a. 2006: 296/7.)

Schaubild 18-8: Teilnehmer an Bildungsprogrammen für Erwachsene in Schweden

Zeitpunkt	Winter 96/97	Winter 98/99	Winter 00/01	Winter 01/03
Teilnehmer (ca.)	178.000	298.000	272.000	238.000

Quelle: Merkel u.a. (2006): 297 auf Basis von Statistical Yearbook Sweden 2003 und 2004.

Zwei weitere Charakteristika des „Modells Schweden" sind zu nennen – und zeigen zugleich einige seiner Kosten auf.

- Zum einen wurde die schwedische Krone von der Regierung systematisch abgewertet und so eine nur künstliche Wettbewerbsfähigkeit der schwedischen Industrie erzeugt. Die Kosten für dieses „Trittbrett-Fahren (free-riding)" trugen die Länder, die mit Schweden Handel betrieben.
- Zum anderen herrscht in Schweden eine extreme Lohnkompression. D.h., dass der Unterschied zwischen Spitzenverdienern und den unteren Einkommensgruppen bemerkenswert gering ist. Dabei besteht allerdings das Problem darin, dass hochqualifizierte Personen abwandern.

18.3 Das Modell Deutschland: Probleme und Reformen

18.3.1 Maßnahmen, Institutionen und Finanzierung

Lange Zeit war die Arbeitsmarktpolitik in Deutschland auf die klassische Funktion der Arbeitslosenversicherung, die Arbeitsvermittlung und die Berufsberatung beschränkt; für die Bauwirtschaft existierten jedoch bereits besondere Unterstützungsmaßnahmen (Schlechtwetter- und Wintergeld). Gegen Ende der sechziger Jahre erfolgte ein grundlegender Wandel der Rollendefinition: „Vorausschauende" Arbeitsmarktpolitik sollte nun praktiziert werden, um die Wirtschaftspolitik aktiv mitzugestalten, den Strukturwandel zu unterstützen und zusätzliche Arbeitskräfte zu mobilisieren. Hauptansatzpunkt war dabei der Ausbau der beruflichen Weiterbildung und der beruflichen Rehabilitation.[207] Aus institutionellen wie auch aus politischen Gründen hat jedoch dieses Instrumentarium nie den Stellenwert einer aktiven Arbeitsmarktpolitik à la Schweden erreicht.[208]

Die wichtigste Institution in der Arbeitsmarktpolitik ist die Bundesagentur für Arbeit (BA, bis zu den Hartz-Reformen: Bundesanstalt für Arbeit). Die Zentrale der BA liegt in Nürnberg, ferner gliedert sich die Behörde in zehn Regionaldirektionen und 176 einzelne Agenturen für Arbeit mit gut 600 Geschäftsstellen auf.[209]

Der so genannte „Vermittlungsskandal" in der Bundesanstalt für Arbeit, bei dem es um gefälschte Vermittlungsbilanzen ging, gilt neben dem Scheitern des Bündnisses für Arbeit (s.u.) als ein wesentlicher Auslöser für die Einsetzung der Hartz-Kommission „Moderne Dienstleistungen am Arbeitsmarkt".[210] So ist es folgerichtig, dass neben einer Neuausrichtung arbeitsmarktpolitischer Ansätze im engeren Sinne auch eine Umgestaltung der Bundesanstalt Teil des aus der Kommission entstandenen Reformpakets wurde. Hiermit befasst war v.a. das Gesetzespaket Hartz III. Kernidee des Behördenumbaus war eine Ausrichtung am Leitbild des New Public Management: die Orientierung öffentlicher Verwaltung an der Effizienz privatwirtschaftlicher Strukturen. Verschiedene Maßnahmen sorgten u.a. für eine Vereinfachung des Aufbaus der Behörde (Wegfall der Landesarbeitsämter zugunsten der o.g. Regionaldirektionen), eine Schwächung der Selbstverwaltung, eine Modernisierung der verwendeten EDV und ein transparenteres Controlling. Zudem wurde das Kontraktmanagement eingeführt, d.h. eine Steuerung über Zielvereinbarungen zwischen den einzelnen Ebenen der Behörde (vgl. Vaut 2004, Schmid 2007 und 2009).

Das Resultat der Reformen sollte auf der Mikroebene, also bei betroffenen Mitarbeitern und Arbeitssuchenden, ein an individuellen Bedürfnissen orientiertes Fallmanagement sein, das mit einer passgenauen Betreu-

---

207 Vgl. zur Entwicklung der Arbeitsmarktpolitik in Deutschland Schmid/Wiebe 1999 und Schmid 2009.

208 Im Zuge der Wiedervereinigung hat sich aber gezeigt, dass auch in Deutschland die aktive Arbeitsmarktpolitik ausgebaut werden kann; allerdings bedurfte es einer historischen Ausnahmesituation – und die Maßnahmen waren nur von kurzer Dauer und flossen zum großen Teil in den zweiten Arbeitsmarkt (ABM-Stellen).

209 Quelle: Website der BA online unter: http://www.arbeitsagentur.de/nn_27298/zentraler-Content/A01-Allgemein-Info/A015-Oeffentlichkeitsarbeit/Allgemein/Organisation.html.

210 Die Summe der hier zusammen kommenden Einzelfaktoren lässt sich mit dem Begriff des „window of opportunity" beschreiben, welches sich für die damalige rot-grüne Bundesregierung zur Reform der Arbeitsmarktpolitik öffnete.

ung Arbeitslose schneller und unkomplizierter als bisher in Beschäftigung bringt. Auch wenn Kritikpunkte bestehen bleiben, liegen inzwischen positive Evaluationsergebnisse der Verwaltungsreform vor (vgl. Bieber u.a. 2005).[211]

Arbeitsmarktpolitik wird zum größten Teil aus dem Haushalt der BA finanziert, dessen Einnahmen aus den Beiträgen der Arbeitnehmer und Arbeitgeber zur Arbeitslosenversicherung bestehen, die auch in ihrer Höhe einkommensabhängig sind. Einnahmeüberschüsse gehen in eine Rücklage, die bei eventuellen Defiziten zur Deckung herangezogen wird. Falls diese nicht ausreichen, besteht eine Defizithaftung des Bundes aus allgemeinen Steuermitteln. Der Haushalt wird zwar grundsätzlich von der Bundesagentur für Arbeit aufgestellt; die Beitragshöhe und damit die Einnahmen werden aber durch das Parlament und die Ausgabenseite zu einem großen Teil durch gesetzliche Regelungen festgelegt. Dies macht die BA und die Arbeitsmarktpolitik anfällig für politische und fiskalische Eingriffe - in Krisenzeiten vor allem zum Zwecke der Haushaltssanierung.

Schaubild 18-9: Finanzierungssystem der deutschen Arbeitsmarktpolitik

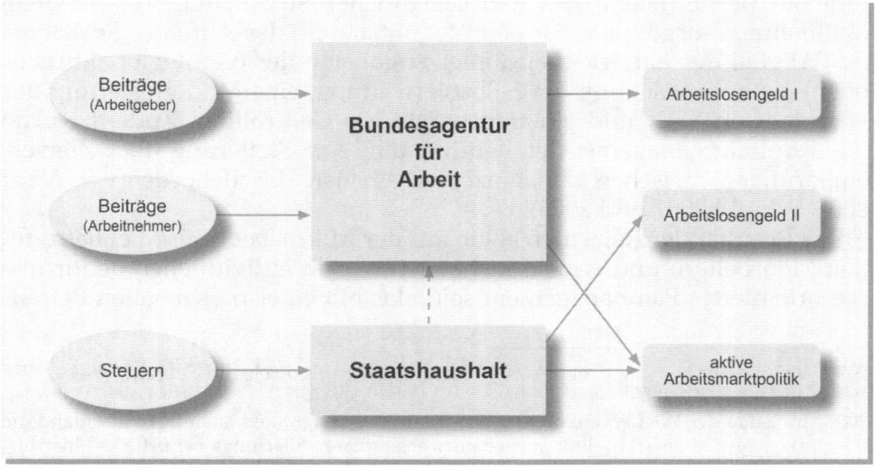

Quelle: Eigene Darstellung

211 Gleichwohl bestehen einige Kritikpunkte fort, so merkt der angeführte Evaluationsbericht etwa an, dass den Mitarbeitern der Bundesagentur/BA für Arbeit im Sinne einer Selbstaktivierung mehr Gelegenheit zur Beteiligung an dem Umbau hätte gegeben werden können (vgl. Bieber u.a. 2005: 6; 137ff.).

18.3.2 Politische, institutionelle und ökonomische Voraussetzungen

Die beschriebenen institutionellen Strukturen haben zur Folge, dass die aktive Arbeitsmarktpolitik stark von der konjunkturellen Entwicklung abhängig ist. Da sowohl aktive als auch passive Leistungen von der BA finanziert werden, müssen in Zeiten von hoher Arbeitslosigkeit verstärkt passive Leistungen gezahlt werden, was im gleichen Maße das Finanzvolumen für aktive Instrumente verkleinert (vgl. dazu Schmid/Reissert/Bruche 1987). Zudem ist das System Deutschland auf die rechtliche Privilegierung der Lohnersatzleistungen angelegt und schützt so die individuellen Unterstützungsmaßnahmen (Schmid 1987).[212]

Im Gegensatz zum Arbeitslosengeld I wird das darauf folgende Arbeitslosengeld II aus dem Bundeshaushalt mit Steuergeldern finanziert (siehe zu detaillierteren Regelungen Kapitel 11). In Zeiten jeweils gestiegener Arbeitslosigkeit und Aufwendungen für die Arbeitslosenhilfe (v.a. in den 80er und 90er Jahren) wurden Gesetzesänderungen durchgeführt, die nicht alleine mit Kürzungen verbunden waren, sondern auch mit einer Austeuerung in die Sozialhilfe verbunden waren. Die Sozialhilfe wiederum wurde von den Kommunen finanziert. Die föderalistische Organisation des politischen Systems als weitere Ausprägung des institutionellen Rahmens wurde demnach dazu benutzt, zumindest finanziellen Problemdruck auf die kommunale Ebene zu verlagern anstatt aktive Arbeitsmarktpolitik stabiler zu institutionalisieren (vgl. dazu Heinelt/Weck 1998: 39-56; s.a. Hassel/Schiller 2010). Mit der Einführung des durch die Zusammenlegung von Arbeitslosenhilfe und Sozialhilfe 2005 geschaffenen Arbeitslosengelds II (s.u.) mussten bisherige Bezieher der Arbeitslosenhilfe nach einem Jahr Bezug deutliche finanzielle Einbußen hinnehmen. Umgekehrt erweiterten sich die Ansprüche für diejenigen Empfänger von Sozialhilfe, die in diesen Regelungsbereich überführt worden sind. Überdies erfolgt nun die Trägerschaft über Arbeitsgemeinschaften aus Kommune und Arbeitsagentur, was wiederum für Kostenexternalisierungen neue Voraussetzungen schafft.[213]

Die parteipolitischen Bedingungen unterschieden sich in Deutschland aufgrund der bürgerlichen Dominanz lange deutlich von denen Schwedens. Ebenso haben die Gewerkschaften in Deutschland bei weitem nicht den

212 Im Unterschied zum Bund weisen die Länder keine prozyklischen Aktivitäten in der Arbeitsmarktpolitik auf; sie finanzieren ihre Maßnahmen nicht aus Beiträgen, sondern über den Haushalt und durch Mittel aus den Europäischen Strukturfonds (vgl. Kap. 2.3, s.a. Schmid u.a. 2007).

213 Zum Zeitpunkt der Bearbeitung stand aufgrund eines Bundesverfassungsgerichtsurteils die Reform dieser so genannten ARGEn oder Jobcenter an, jedoch war deren Ausgestaltung noch nicht absehbar.

hohen politischen Stellenwert und den Organisationsgrad, den sie in Schweden besitzen. Daher spielt der Korporatismus zwar eine nicht unwichtige Rolle, jedoch kann man weniger von einem solidarischen, sondern eher von einem „selektiven" Korporatismus (Esser u.a. 1993) sprechen.[214] Insgesamt gesehen ist der politische Stellenwert des Beschäftigungszieles in Deutschland erheblich geringer als in Schweden, vielmehr hat hier die Inflationsbekämpfung meist Vorrang vor der Bekämpfung von Arbeitslosigkeit. Ergänzt werden muss diese Einschätzung allerdings um einen Hinweis auf die zweite Legislaturperiode der rot-grünen Bundesregierung unter Gerhard Schröder (SPD) 2002-2005. Hier war unter sozialdemokratischer Führung mit den Hartz-Reformen ein deutliches Umschwenken arbeitsmarktpolitischer Traditionen in Richtung einer Aktivierungsstrategie festzustellen (vgl.etwa Schmid 2007, s.a. Hassel/ Schiller 2010), was für konservative Wohlfahrtsstaatsmodelle ein bemerkenswertes „Auftauen" bedeutet (Martin/Pallier 2008, Vail 2008, Clegg 2007).

Auch die ökonomischen Voraussetzungen sind in Deutschland in den letzten Jahrzehnten nur bedingt für die Arbeitsmarktentwicklung förderlich gewesen. Nach der zweiten industrieländerübergreifenden Nachkriegsrezessionsphase (die sog. 2. Ölkrise) am Beginn der 80er Jahre kam die Wirtschaft nur zögerlich in Schwung. Die jährlichen Wachstumsraten bis 1987 lagen bei durchschnittlich 2 Prozent und stiegen erst danach auf 3,5-5 Prozent an.[215] Im Zuge der deutschen Einheit haben sich weitere wirtschaftliche Lasten ergeben, die sich auf die Beschäftigungslage negative ausgewirkt haben.

18.3.3 Trade-offs mit anderen Politikfeldern

Wirtschaftliches Wachstum führt in Deutschland - wie in anderen Ländern - nicht zwangsläufig zu einem Abbau der Arbeitslosigkeit. Auch in den vergangenen Jahren machte sich eine stark gestiegene Sockelarbeitslosigkeit bemerkbar, wenngleich bei jüngst positiven Wachstumsbilanzen ein deutlicher Rückgang der Arbeitslosigkeit von 10,8 Prozent

---

214 Die Gewerkschaften können in der BRD kein Klassengleichgewicht herstellen und keinen Kooperationszwang auf das Unternehmerlager ausüben, andererseits sind sie aber auch nicht so schwach wie beispielsweise in den USA und in Großbritannien.

215 Eine wichtige Rolle spielte auch die Deutschen Bundesbank, die ihre Geldpolitik auf eine Rückführung der Inflationsrate ausrichtete, was zu Produktions- und Beschäftigungseinbußen führte (Scharpf 1987).

(2006) auf 7,8 Prozent (2008) feststellbar war.[216] Die mittel- und langfristige Wirkung der Weltfinanzmarktkrise (etwa ab viertem Quartal 2008) auf den Arbeitsmarkt in der Bundesrepublik bleibt hier freilich abzuwarten.

Der Zusammenhang zwischen Strukturwandel und Arbeitslosigkeit stellt sich in Deutschland anders als in Schweden dar. Während man bei Schweden vom solidarischen Korporatismus sprechen kann, zeichnet sich die deutsche Variante durch Selektivität aus. Zwischen dem Beschäftigungsstrukturwandel und der Produktivitätsentwicklung entsteht tendenziell eine negative Beziehung: Strukturwandel zum Preis von höherer Arbeitslosigkeit (Esser u.a. 1983). Die industrielle Modernisierung wird in Deutschland nicht durch eine gesamtwirtschaftlich ausgerichtete Strukturpolitik vorangetrieben, sondern durch eine Industriepolitik der schnellen Produktivitätssteigerung und Qualifizierung umgesetzt (Czada 1987). Das heißt, dass die Anpassung an den Strukturwandel vorwiegend über betriebliche Rationalisierungsstrategien und Entlassungen von Arbeitnehmern erfolgt.

In der Vergangenheit verfügte Deutschland zudem nicht über das Niveau von Dienstleistungsarbeitsplätzen wie Schweden. 1993 waren es dort 72 Prozent und hierzulande 61,4 Prozent, jedoch hat inzwischen eine Angleichung stattgefunden: Im Jahr 2007 betrug der Anteil der Dienstleistungsarbeitsplätze in Deutschland 72,4 Prozent und in Schweden 75,1 Prozent.[217] Nach wie vor allerdings fungiert der öffentliche Dienst in Deutschland im Gegensatz zu Schweden nicht als Auffangbecken für die Beschäftigungsprobleme im Industriesektor – ganz im Gegenteil ist die Zahl der Beschäftigten im öffentliche Dienst rückläufig: Waren Anfang der 1990er Jahre noch knapp sieben Millionen Menschen im öffentlichen Dienst beschäftigt, lag diese Zahl 2006 noch bei rd. 4,5 Millionen.[218] Dies deckt sich mit der bekannten Einschätzung, dass es sich bei Deutschland um einen „passiven" Wohlfahrtsstaat handle (Schettkatt 1994: 13; s.a. Schmidt 1982, 2005). Zu beachten ist dabei freilich ein vielfach unterschätztes Problem der Verzerrung von international vergleichenden Beschäftigungsstatistiken. Das deutsche Phänomen Wohlfahrtsverbände mit ihren 1,1 Mio. Arbeitsplätzen wird nur sehr ungenau erfasst (vgl. Kapitel 17).

Ein weiterer Zusammenhang besteht zwischen Arbeitslosigkeit und Rente: Im internationalen Vergleich fällt Deutschland mit seiner niedri-

216 Datenquelle: Genesis Online Datenbank des Statistischen Bundesamtes. Als Bezugsgröße zur Berechnung wurden hier alle Erwerbspersonen herangezogen.

217 Datenquelle: Eurostat Online Statistiken. Allerdings basiert ein Teil des deutschen Dienstleistungswachstums auf prekären Beschäftigungsverhältnissen.

218 Daten der Bundeszentrale für politische Bildung, online unter: http://www.bpb.de/files/YV8ESK.pdf.

gen Beschäftigungsquote älterer Personen auf: Mit 45,5 Prozent lag diese im Jahr 2005 deutlich unter dem OECD-Schnitt von 51,8 Prozent.[219] Auf dem deutschen Arbeitsmarkt sind lange Programme zur Frühverrentung älterer Arbeitnehmer durchgeführt worden - was einer Kostenexternalisierungen gleich kommt. Der Übergang von der Arbeit in die Rente erfolgt in Deutschland immer noch abrupt, aber auf relativ hohem Niveau an Versorgungsleistungen. Dies erweist sich besonders unter dem Blickwinkel der Entwicklung der Rentenversicherung als kritisch, denn aus demografischen Gründen wächst der Anteil der älteren Arbeitnehmer (und damit der potentiellen Rentner) ohnehin stark. Aber auch aus der Perspektive betrieblicher Personalpolitik gehen wichtige Produktivitätspotentiale verloren.Eine zukunftsgerechte Arbeits- und Arbeitsmarktpolitik, die diese Problematik entschärfen will, könnte nach dem schwedischen Modell bei einer Teilrente für ältere Arbeitnehmer mit reduzierter Arbeitszeit ansetzen. So lässt sich eine Beschäftigungsbrücke schaffen, die einen gleitenden Übergang in die Rente ermöglicht. Die Teilzeitarbeit für Ältere würde den Betrieben gleichzeitig die Erfahrungen und das Wissen der älteren Arbeitnehmer sichern (vgl. zu Integration älterer Arbeitnehmer etwa Bangali 2008, s.a Schmid 2006, Naschold/Oppen 1994: 117ff.).[220]

18.3.4 Exkurs: Der Sonderfall Ostdeutschland

Der Arbeitsmarkt in den neuen Bundesländern war direkt nach der Vereinigung außergewöhnlichen Belastungen ausgesetzt. Die Umwandlung einer zentralen Planwirtschaft in ein marktwirtschaftliches System hatte für den Arbeitsmarkt katastrophale Folgen. Im Herbst 1989 waren noch etwa 9,2 Mio. Personen in der DDR erwerbstätig, 1992 belief sich die Zahl der Erwerbstätigen nur noch auf 6,2 Mio. und 1999 auf 5,1 Mio. Innerhalb eines kurzen Zeitraums kam es im Gebiet der DDR zur Vernichtung von über einem Drittel der vorhandenen Arbeitsplätze und zum schnellen Anstieg der Arbeitslosigkeit (vgl. Blancke/Schmid 2000). Jüngst (im Jahr 2008) betrug die Arbeitslosigkeit in den ostdeutschen Bundesländern durchschnittlich immer noch 14,7 Prozent.

---

219 Datenquelle: OECD.

220 Derzeit wird in der BRD aber die Rente mit 67 weniger als eine solche Umorientierung wahrgenommen, sondern als Rentenkürzung.

Schaubild 18-10: Arbeitslosenquoten (Jahresdurchschnitte, in Prozent der abhängig Beschäftigten)

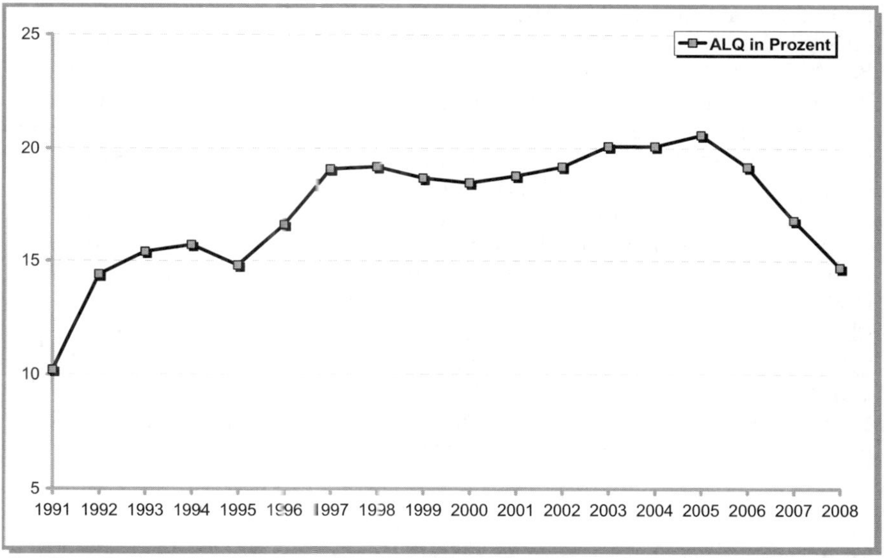

Quelle: Statistisches Bundesamt auf Basis von Daten der Bundesagentur für Arbeit.

Zur Bewältigung der Probleme der ökonomischen Transformation wurde v.a. auf drei Maßnahmenbündel zurückgegriffen: Reorganisation der Eigentumsrechte zur Schaffung der Voraussetzungen einer kapitalistischen Ökonomie und ihres Funktionierens (v.a. durch private Investitionstätigkeit); Förderung von Infrastrukturmaßnahmen und Steigerung der öffentlichen und privaten Nachfrage sowie der Ausweitung der aktiven Arbeitsmarktpolitik. Letztere erfüllt – damals wie heute – eine sogenannte „Feuerwehr-" oder „Brückenfunktion" (Brinkmann u.a. 1992). D.h. sie kann den Strukturwandel flankieren und das Entstehen dauerhafter Arbeitsplätze vorbereiten helfen, sie kann sie aber selbst nicht schaffen. So wurde der Arbeitsmarkt durch die aktive Arbeitsmarktpolitik in den Jahren 1991 und 1992 im Jahresdurchschnitt um 1,8 Mio. Personen entlastet. Im Laufe der Zeit sind jedoch die Aufwendungen erheblich gekürzt bzw. wieder an das niedrigere West-Niveau herangeführt worden.[221]

221 Die Aufwendungen für aktive Arbeitsmarktpolitik betrugen 1991 im Westen 9,5 € Mrd., im Osten dagegen15 Mrd. €, 1993 war das Verhältnis sogar 11 zu 20,5 Mrd. €, hingegen liegen die Werte 1998 bei 9,5 bzw. 10 Mrd. € Dies entspricht der These eines politischen Konjunkturzyklus zu Mehrung der Wahlchancen der amtierenden Regierung.

Ein in qualitativer Hinsicht innovatives Instrument, das in den neuen Bundesländern in hohem Maße Anwendung fand, bilden die sogenannten Beschäftigungsgesellschaften. Bisher orientierte sich die Förderung nach dem AFG am Individualprinzip, d.h. dass jeweils im Einzelfallprinzip entschieden wurde, ob und wie der Arbeitslose gefördert wird. In den Beschäftigungsgesellschaften wird jedoch davon abgewichen und die Förderung auf Beschäftigtengruppen oder ganze Belegschaften ausgedehnt.

Aber auch nach der Wendephase zeigen sich einige innovative Programme der aktiven Arbeitsmarktpolitik in den neuen Bundesländern auf, die häufig aus Mitteln der neuen Förderperiode des Europäischen Sozialfonds (ESF) 2007-2013 (ko-)finanziert werden. Manche dieser Programme versuchen, durch ganzheitlich orientiertes Ansetzen positive Effekte auf mehreren Politikfeldern zu verbinden; konkret zu nennen ist hier exemplarisch die seit 1999 in Sachsen bestehende Initiative TAURIS, die versucht über ehrenamtliches und per Aufwandsentschädigung nur geringfügig vergütetes Engagement die gesellschaftliche Integrationsfähigkeit und „employability" von Arbeitslosen zu erhöhen. Dies ist ein Beispiel für einen Ansatz, in dem sich die Kernideen der aktivierenden Arbeitsmarktpolitik wiederspiegeln (vgl. Schmid u.a. 2007: 279ff.).

18.4 Zur aktivierenden Arbeitsmarktpolitik

Seit Ende der 90er Jahre wird weniger von aktiver Arbeitsmarktpolitik als von Aktivierung geredet. Der Begriff Aktivierung zielt in einem allgemeinen Sinne auf die Steigerung der Erwerbs- oder auch Beschäftigungsquote durch politische Maßnahmen. Präziser ist damit gemeint, dass die Berechtigung zum Bezug wohlfahrtsstaatlicher Leistungen (grundsätzlich oder über eine bestimmte Dauer oder Höhe hinaus) an die Bedingung einer nach bestimmten Kriterien definierten aktiven Arbeitssuche, Teilnahme an (Qualifizierungs-) Maßnahmen oder die Annahme einer subventionierten Beschäftigung im Niedriglohnsektor geknüpft ist. Mit dem Ziel der Steigerung der Erwerbsquote sollen aus passiven Empfängern wohlfahrtsstaatlicher Leistungen aktive Erwerbstätige werden. Mit der teilweisen Koppelung des Bürgerrechts des Bezugs von Leistungen zur sozialen Mindestsicherung an die als Bürgerpflicht erachtete Erwerbsarbeit geht das Aktivierungskonzept über eine traditionellere wohlfahrtsstaatliche Erwerbszentriertheit hinaus, ja sie zeichnet sich in der Stoßrichtung durch eine „Re-Kommodifizierung" aus (zu den theoretischen Implikationen vgl. Kap. 3).[222]

---

222 Zu geschlechtsspezifischen Aspekten vgl. etwa die Beiträge in femina politca 2/2000.

Gründe für die Verfolgung einer Aktivierungsstrategie sind einmal (sozial-)ökonomischer Art. Im Falle einer Wirksamkeit dieser Strategie nehmen Steuer- und Beitragseinnahmen zu und wohlfahrtsstaatliche Ausgaben ab. Da sich Aktivierungsprogramme meist auf Problemgruppen wie Langzeitarbeitslose beziehen, wird zum anderen das Motiv der sozialen Inklusion durch die (Re-)Integration der aktivierten Personen in den Arbeitsmarkt betont. Von je nach Blickwinkel eher liberalistisch oder kommunitaristisch orientierten Aktivierungsverfechtern wird dies mit der These eines wahrscheinlichen Aufstiegs in der Erwerbsgesellschaft – etwa von einem atypischen in ein „Normal"-Beschäftigungsverhältnis – verknüpft (Cox 1998).

Westeuropäische Vertreter anhaltender und umfassender Aktivierung seit den 90er Jahren sind Großbritannien, die Niederlande und Dänemark.[223] Bei den Aktivierungsstrategien folgte in den letzten Jahren Deutschland mit den Hartz-Reformen, zudem kann jüngst auch für Schweden ein Ausbau von Aktivierungsstrategien festgestellt werden (Hvinden 2000, Dingeldey 2006).

In einer Evaluationsstudie (Fromm/Sproß 2008, s.a. Ochel 2005) zu den Maßnahmen und Wirkungen zeigen sich zum einen zwischen europäischen Ländern deutliche Differenzen hinsichtlich der Aktivierung von erwerbsfähigen Hilfeempfängern, die Ausdruck unterschiedlicher Typen von Wohlfahrtsstaaten sind. Die Auswertung von Programmen in Dänemark, den Niederlanden, Schweden und Großbritannien zeigt aber zum anderen Gemeinsamkeiten, die als „europäischer Weg" (ebd.) der Aktivierung verstanden werden können. Dazu gehört, dass in allen betrachteten Ländern

- die Aktivierungsmaßnahmen im Kern darauf abzielen, die Kompetenzen der Teilnehmer zu erhöhen und ihre Beschäftigungsfähigkeit (bzw. employability) zu verbessern
- die Gewährung von Sozialleistungen systematischer an „Gegenleistungen" geknüpft werden[224]
- Jugendliche und Langzeitarbeitslose die wichtigste Zielgruppe von Aktivierungsmaßnahmen darstellen.

---

223 Vgl. zur Aktivierung in Dänemark Abschnitt 5.4.; s.a. Lodovici 2000. Im Falle von Dänemark ist noch zu erwähnen, dass wie in Schweden die passive Arbeitsmarktpolitik nicht durch die Arbeitsämter, sondern durch die Gewerkschaften, erfolgt. Die hat günstige Folgen für aktive und aktivierende Maßnahmen.

224 Bei der Legitimation dieser verstärkten Reziprozitätsnorm knüpfen die Länder an ihre jeweiligen wohlfahrtsstaatlichen Traditionen an: So wird in den skandinavischen Ländern Erwerbsarbeit nicht nur als Sicherung des Lebensunterhalts betrachtet, sondern auch als Grundlage der aktiven Teilhabe am gesellschaftlichen Leben. In Großbritannien wird dagegen die Unabhängigkeit des Individuums stärker betont, eine „Kultur der Abhängigkeit" soll überwunden werden (from dole to dignity). In ähnliche Richtung zielt das neue Leitbild der Niederlande „Arbeit vor Transfereinkommen", das ebenfalls den Gedanken der Unabhängigkeit betont (Fromm/Sproß 2008: 2).

Bezogen auf die Wirkungen belegen die ausgewerteten Studien folgendes: Zum einen beeinflussen Aktivierungsprogramme (auf der Individualebene) sowohl den Abgang aus Leistungsbezug als auch die Erwerbsintegration von Leistungsbeziehern positiv - wenn auch in eher geringem Umfang. „Eine wichtige Erkenntnis dabei ist, dass für die meisten Teilnehmer Unterstützung bei der Arbeitssuche und gezielte Vermittlung größere Wirkungen haben als die Teilnahme an Beschäftigungs- oder Trainingsprogrammen" (Fromm/Sproß 2008:8). Zum anderen haben Aktivierungsprogramme (im Aggregat) geringere Wirkungen als makroökonomische Veränderungen und Maßnahmen; sie können aber deren Impulse verstärken. Allerdings wird in den europäischen betrachteten Ländern das Ziel weiter gefasst und meint über Erwerbsintegration hinaus soziale Teilhabe. „Dazu können Aktivierungsprogramme einen wichtigen Beitrag leisten, indem sie besonders benachteiligten Personen zu gesellschaftlicher Teilhabe verhelfen - und dabei zugleich ihre Beschäftigungsfähigkeit stärken" (ebd.).

18.4.1 Deutschland: Von der begrenzten Innovation zu den Hartz-Reformen

Die deutsche Arbeitsmarktpolitik ist - bis zu den Hartz-Reformen - durch eine hohe Kontinuität bei kleineren Anpassungen und begrenzten Innovationen charakterisiert. So zeigt die Praxis der Wiedervereinigung, dass eine massive Ausweitung und ein flexibler Einsatz der Instrumente der aktiven Arbeitsmarktpolitik durchaus möglich sind. Darüber hinaus zeigten sich auf der Ebene der lokalen und regionalen Arbeitsmarktpolitik aktive und innovative Elemente.[225] Zudem kommt in Deutschland örtlichen Beschäftigungsinitiativen eine wichtige Rolle zu, wobei sich hier vielfach Überschneidungen mit anderen Politikfeldern sowie zwischen staatlichen, marktlichen und informellen Trägern ergeben (vgl. Schaubild 18-12). Zugleich finden solche Maßnahmen eine Ergänzung im Rahmen der sogenannten „Lokalen Beschäftigungspakte", die von der EU lanciert werden. Ein weiteres Element der europäischen Beschäftigungsstrategie, bildet die Förderung der individuellen Beschäftigungsfähigkeit („Employability") und des lebenslangen Lernens (Klemmer 2000, Schmid 2009). Dabei verschwimmt jedoch vielfach die Grenze zwischen aktiver Arbeitsmarktpolitik und Aktivierungsstrategien bzw. zwischen den verschiedenen Politikfeldern, die das Problem der Arbeitslosigkeit tangieren.

225 Zur Arbeitsmarktpolitik der Bundesländer vgl. ausführlich Schmid/Blancke 2001 sowie Schmid u.a. 2007; s.a. Heinze/Schmid 1994.

Schaubild 18-11: Örtliche Beschäftigungsinitiativen im Feld staatlicher, marktlicher und informeller Träger

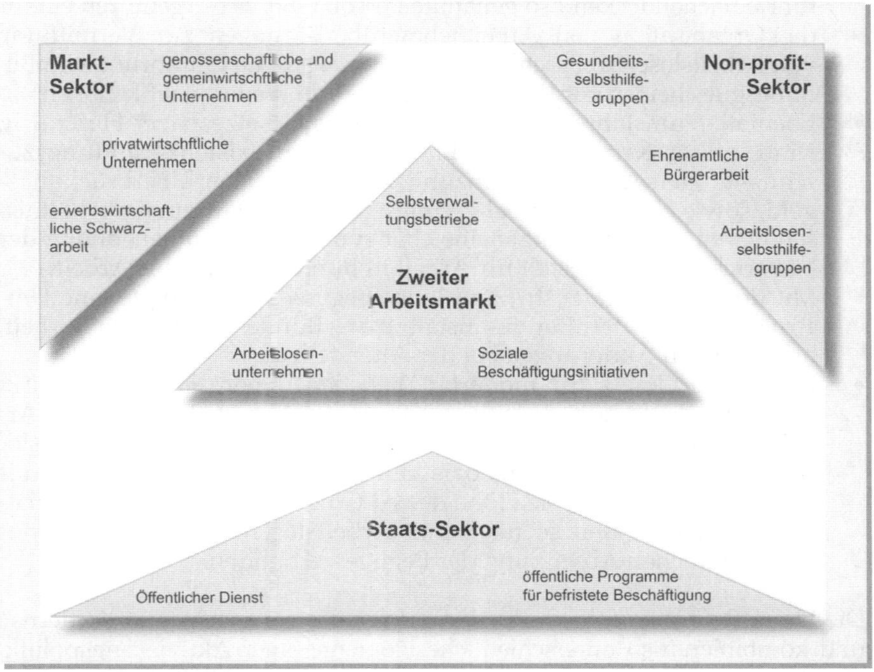

Quelle: nach Friedrich/Wiedemayer 1998: 302

Diese Aktivitäten erfordern meist eine Einbindung der Tarifparteien und anderer relevanter Akteure in die arbeitsmarktpolitischen Netzwerke. Mit dem Bündnis für Arbeit ist auf Bundesebene der Versuch unternommen worden, vom „Bremser" zum Impulsgeber und Moderator umzuschalten (vgl. etwa Schmid/Wiebe 1999, Schmid u.a. 2000). Die Strategie ist wegen der mangelnden Einigungsfähigkeit der beteiligten Akteure in der zweiten rot-grünen Legislaturperiode (ab 2002) nicht fortgesetzt worden (zu den Gründen siehe Heinze 2003). Als sich das Scheitern des Bündnisses für Arbeit abzeichnete, setzte die Bundesregierung die in der Öffentlichkeit nach ihrem Vorsitzenden Peter Hartz getaufte Kommission „Moderne Dienstleitungen am Arbeitsmarkt" ein. Deren Vorschläge fanden im Rahmen der Gesetzespakete Hartz I-IV zu etwa 2/3 (Jann/G. Schmid 2004: 14) ihre Umsetzung.

Folgende Eckpunkte sind zu nennen (vgl. Schmid 2007: 279ff., s.a. Kap. 4):

- Das zum Jahresbeginn 2003 in Kraft getretene Gesetzespaket Hartz I führte flächendeckend so genannte Personal-Service-Agenturen ein für die Organisation von Arbeitnehmerüberlassungen zur Vermittlung von Arbeitslosen in Beschäftigung. Hinzu kam die Einführung von Bildungsgutscheinen zur Kostenübernahme von Weiterqualifikationen.
- Ebenfalls zum Jahresbeginn 2003 trat das Gesetzespaket Hartz II in Kraft, dessen Kernpunkte die Einführung des Existenzgründungszuschusses „Ich-AG" in Ergänzung zum bisherigen Überbrückungsgeld, sowie eine Reform bei geringfügigen Beschäftigungsverhältnissen waren. Zudem erfolgte eine eher symbolische Umbenennung der bisherigen Bundesanstalt für Arbeit in Bundesagentur für Arbeit.
- Mit dem Paket Hartz III (zum Jahresbeginn 2004) erfolgte eine Umstrukturierung der Bundesanstalt bzw. Bundesagentur für Arbeit, hinzu kamen Änderungen bei der Altersteilzeit.
- Das vierte Gesetz für moderne Dienstleistungen am Arbeitsmarkt (Hartz IV) legte zum 1. Januar 2005 die bisher im Rahmen der Arbeitslosenversicherung gewährte Lohnersatzleistung der Arbeitslosenhilfe mit der bisherigen Sozialhilfe zum neuen Arbeitslosengeld II (ALG II) zusammen. Die Höhe des ALG II ist an das bisherige Sozialrecht angelehnt und so für bisher Arbeitslosenhilfe-Berechtigte mit einer deutlichen Absenkung der Bezüge verbunden.

Die Hartz-Reformen folgen dem Grundsatz des „Förderns und Forderns" und kombinieren so unterschiedliche Elemente einer Aktivierungspolitik: einerseits die Erhöhung des Drucks auf längere Zeit Arbeitssuchende und langzeitarbeitslose Personen durch eine Reduzierung des Lohnabstands bisheriger Ersatzleistungen; und andererseits den Ausbau fördernder Elemente wie beispielsweise durch Bildungsgutscheine und den Existenzgründungszuschuss „Ich-AG". Zu diesem Bereich zu rechnen ist auch die Tatsache, dass im Rahmen der ALG II-Einführung bisherige Sozialhilfeempfänger in die aktive Vermittlung durch die Bundesagentur re-integriert worden sind (vgl. auch APUZ B 16/2005 und B 27/2009).

Die Effekte der Hartz-Reformen sind umstritten. In der Öffentlichkeit wurden zunächst die höher als erwartet ausgefallenen Kosten kritisch wahrgenommen, die jedoch teilweise nur temporär anfallen und zum anderen eher Planungsdefiziten als der Reformidee an sich anzulasten sind (Schmid 2007: 284). Wissenschaftliche Evaluationen kommen zu einem verhalten positiven Ergebnis, so bemerkt etwa das Wissenschaftszentrums Berlin, dass mit den Reformen Flexibilitätselemente auf dem deutschen Arbeitsmarkt durchaus erfolgreich gestärkt worden seien, dies jedoch durch eine Ausweitung absichernder Elemente ergänzt werden müsse, um dem paradigmatischen Konzept von „flexicurity“[226] näher zu kommen (Leschke/G. Schmid/Griga 2006).

18.4.2 Schweden: Aktivierung durch bürgerliche Arbeitsmarktreformen

Im Fall Schwedens war ein auffälliger Wandel der traditionell aktiven Arbeitsmarktpolitik der 1990er und frühen 2000er Jahre mit dem Regierungswechsel von der sozialdemokratischen SAP unter Premierminister Göran Persson zur bürgerlichen Allianzregierung unter Fredrik Reinfeldt verbunden, der 2006 mit der Ankündigung ins Amt kam, eine Million Personen im erwerbsfähigen Alter, die sich außerhalb des Arbeitsmarkts befänden, in Beschäftigung bringen zu wollen.

Als zentrales Steuerungselement wurde zur Erreichung dieses Ziels die Gestaltung der Lohnersatzleistungen in der Arbeitslosenversicherung (A-Kassan) herangezogen. Das bisher obligatorische Ersatzniveau von 80 Prozent des vormals erhaltenen Lohns wurde deutlich gekürzt und besteht nunmehr nur noch bis zum 200. Tag der Arbeitslosigkeit, danach erfolgt eine stufenweise Herabsetzung auf bis zu 65 Prozent, wobei Sonderregelungen für vormals besonders niedrig entlohnte Personen bestehen. Ebenfalls wurde eine Senkung des täglichen Maximalbetrags von Lohnersatzleistungen von vormals 730 SEK (rd. 73 EUR) auf 680 SEK (rd. 68 EUR) durchgeführt, was eine Reduktion des Lohnersatzniveaus ab dem ersten Tag des Leistungsbezug auf unter 80 Prozent für Personen mit einem Einkommen ab 18.700 SEK (rd. 1.870 EUR) pro Monat bedeutet.[227] Hinzu kam eine Umgestaltung der Arbeitnehmerbeiträge zu den Arbeitslosenkassen, welche nun nach Risikogruppen variieren. Demnach sollen die Beiträge in jenen Branchen besonders stark steigen, wo auch das Risiko besonders hoch ist, arbeitslos zu werden; zudem wurden die Mitgliedsbeiträge um einen generellen Sonderbeitrag zur Erhöhung der Eigenleistung von Versicherten ergänzt (vgl. Kuhlmann 2008: 4/5, s.a. Kap. 9).

Diese Maßnahmen wurden durch steuerpolitische Neuregelung flankiert: Ein Einkommenssteuerfreibetrag wurde eingeführt, der Beschäftigung insbesondere im Fall niedriger und mittlerer Einkommen attraktiver machen sollte, hinzu kommen verschiedene Lohnsubventionen bei der Einstellung bestimmter Risikogruppen (z.B. Einwanderer, Langzeitarbeitslose, etc.).

---

226 Die vor allem auf die dänische Arbeitsmarktpolitik zurück gehende Idee von „flexicurity“ meint die Steigerung der Flexibilität von Arbeitssuchenden bei gleichzeitiger Absicherung im Falle von Marktversagen v.a. über Lohnersatzleistungen. S.a. Kapitel 5.

227 Datenquelle: „Nya A-Kassan slår mot flera grupper“, in: Dagens Nyheter online vom 11.03.2007, http://www.dn.se/ekonomi/nya-a-kassan-slar-mot-flera-grupper-1.456618.

Programmseitig ist v.a. auf zwei Neuregelungen zu verweisen, welche die unter der sozialdemokratischen Vorgängerregierung eingeführte und bereits aktivierende Elemente in sich tragende „aktivitetsgaranti" ablösten:

- Einerseits die „job- och utvecklingsgaranti" (Job- und Entwicklungsgarantie) für Langzeitarbeitslose, in deren Rahmen Jobsuchende mit verstärkten Aktivitätserwartungen bei der Beschäftigungssuche konfrontiert werden bei gleichzeitigen Bewerbungstrainings und einer Option auf den Einsatz in Beschäftigungsgelegenheiten, die dem Allgemeininteresse zu Gute kommen sollen.[228]
- Hinzu kommt die „jobbgaranti för ungdomar" (übersetzt: Jobgarantie für Junge), die speziell auf junge Arbeitssuchende ausgerichtet ist. Im Rahmen dieses Programms werden diese beispielsweise durch Bewerbungstrainings zwar verstärkt unterstützt, müssen aber im Gegenzug auch erhöhte Anstrengungen bei der Jobsuche nachweisen.

Zeitlich wurden diese Reformen nach den deutschen Hartz-Paketen umgesetzt. Inwieweit Elemente der Hartz-Gesetzgebung in Schweden als unmittelbares Vorbild herangezogen wurden, bleibt unklar. Deutlich erkennbar an der Ausrichtung der schwedischen Arbeitsmarktpolitik unter der bürgerlichen Allianzregierung ist gleichwohl ein deutliches Hinsteuern in Richtung einer Aktivierungsstrategie mit beiden Elementen des Grundsatzes von „Fördern und Fordern": Es bestehen einerseits erhöhte Forderungen durch Sanktionsmöglichkeiten sowie durch eine Herabsetzung des Lohnersatzniveaus (bzw. Erhöhung des Lohnabstandsgebots) ähnlich wie im Fall der deutschen ALG-II-Gesetzgebung, andererseits neue Fördermöglichkeiten, gerade für besonders von Arbeitsmarktrisiken betroffene Randgruppen (so beispielsweise im Fall der Jobgarantie für Junge oder auch bei den o.g. Lohnsubventionsmöglichkeiten).

18.5 Fazit: Traditionen und aktuelle Gemeinsamkeiten

Die Frage, welche politischen und ökonomischen Voraussetzungen einen wirtschaftspolitischen Erfolg im Sinne von Vollbeschäftigung oder zumindest einer niedrigen Arbeitslosenquote herbeiführen können, ist nur schwer zu beantworten. Eine erfolgreiche Arbeitsmarktpolitik ist zwar von einer Reihe von Faktoren abhängig, die durchaus benennbar sind, jedoch kann man hieraus kaum einen „besten Weg" ableiten. Zumal eine

228 Hierbei fallen Parallelen zu den in Deutschland eingeführten Arbeitsgelegenheiten mit Mehraufwandsentschädigung (so genannte „Ein-Euro-Jobs") auf.

Reihe dieser Determinanten historisch gewachsen ist und weitreichende institutionelle Änderungen kaum realisierbar sind. Was zeigt nun unter Berücksichtigung dieser Einschränkungen der Ländervergleich?

Die Traditionen der Arbeitsmarktpolitik in beiden Ländern basieren - wie dargestellt - auf grundlegenden Unterschieden in den institutionellen, politischen und ökonomischen Rahmenbedingungen. Diese Differenzen führen zu einem über lange Jahre stark unterschiedlichen Ergebnis auf dem Arbeitsmarkt - sowohl in Bezug auf die Arbeitslosenquote wie auf die Rolle des Wohlfahrtsstaates als Beschäftigungsfaktor. Als Eckpfeiler in der aktiven, sozialdemokratisch geprägten Arbeitsmarktpolitik Schwedens hatte sich der hohe Rang des (Voll-)Beschäftigungszieles in der Präferenzordnung wirtschaftspolitischer Ziele herausgestellt, was durch die etablierten Finanzierungsmodi noch verstärkt wurde, während in der Bundesrepublik die politischen Bedingungen und Präferenzen anders gelagert waren. Diese Differenzen lassen sich über die bisher genannten Aspekte hinaus mit den Wohlfahrtsstaatstypen von Esping-Andersen verbinden und folgendermaßen zusammenfassen.

Schaubild 18-12: Traditionelle Arbeitsmarktregime bei unterschiedlichen Typen des Wohlfahrtsstaates

Regime-Typ	*sozialdemokratisch*	*konservativ*	*liberal*
Vertreter	Schweden	Deutschland	Großbritannien
Arbeitsmarktregime in der Krise	Modern	institutionell	residual
zentrale regulative Idee	Universalismus	Status-Hierarchie	Selbstverantwortung
beschäftigungspolitisches Engagement	aktiv	selektiv	passiv
vorrangiger Bezugspunkt staatlicher Intervention	Sicherung der Vollbeschäftigung	Stabilität des Normalarbeitsverhältnisses	Wahrung der Vertragsfreiheit
vorrangige Rolle des Staates im Strukturwandel	Arbeitgeber	Kompensierer	Marktaktivierer
Typisches beschäftigungspolitisches Instrument	Öffentliche Dienste (Dienstleistungen)	Vorruhestand	'Neue' Selbständigkeit
Anpassungsmuster in der Beschäftigungskrise	full-employment	dis-employment	self-employment
wesentlicher gesellschaftlicher Strukturierungseffekt	Inklusion	Segmentierung	Exklusion

Quelle: Lessenich 1994: 53, 76; eigene Ergänzungen

Als ein entscheidender Faktor für die Prägung der Institutionen im Ländervergleich hat sich dabei die Stellung der Gewerkschaften erwiesen. Das Kräfteverhältnis zwischen Kapital und Arbeit ist in Schweden besonders geartet. Dies hat sich auch bei der Umsetzung des Strukturwandels gezeigt, wo die starke Stellung der Gewerkschaften eine Strategie der betrieblichen Rationalisierung verhindert hat. Die Unterschiede in der Arbeitsmarktpolitik lassen sich umgekehrt nicht so sehr durch die verschiedenen parteipolitischen Machtkonstellationen erklären (die sich auch in den beiden Ländern verändert haben). Zwar hat die sozialdemokratische Regierung in Schweden die solidarische Lohnpolitik in entscheidendem Maße mitgeprägt und unterstützt, es ist aber eher die politische, ökonomische und institutionelle Konfiguration als Ganzes, die zu dem länderspezifischen Entwicklungsmuster geführt hat.

Daran zeigt sich, dass Ergebnisse und Inhalte von Politik ganz wesentlich von ihrem institutionellen Rahmen abhängen und dementsprechend zum Beispiel eine aktive Arbeitsmarktpolitik nach schwedischem Vorbild nicht ohne fundamentale Veränderungen auf Deutschland übertragbar ist (vgl. auch Kap. 22). Inhaltliche Teilelemente von Politiken können eher übernommen werden, was dann - nicht zuletzt durch den Einfluß internationaler Faktoren (wie die EU und der OECD, s. dazu etwa Armingeon 2007) zu gewissen Annäherungen und Konvergenzen führen kann. Dies zeigen insbesondere die arbeitsmarktpolitischen Entwicklungen der vergangenen Jahre in Deutschland wie Schweden: Nicht nur war Schweden - teils politisch intern verursacht, teils dem Druck der Globalisierung geschuldet - während der sozialdemokratischen Regierung unter Premier Göran Persson Veränderungen unterworfen, auch in Deutschland lässt sich für die Zeit der rot-grünen Koalition ein Umsteuern feststellen, gleichwohl dieses mit den Hartz-Reformen in der Bundesrepublik wesentlich deutlicher als die Reformen in Schweden ausgefallen ist. Die Kontraste zwischen den beiden traditionellen Arbeitsmarktpolitiken werden weiter verwässert, wenn man sich die aktuellsten Gesetzesprojekte in Schweden ansieht: Nach dem Wechsel von der sozialdemokratischen zur bürgerliche Allianzregierung wurden wie dargestellt Aktivierungselemente deutlich verschärft. Eine weitere Parallele wäre der Umbau von AMV und AMS zur arbetsförmedlingen in Schweden und die Reform der Bundesanstalt/Bundesagentur für Arbeit in Deutschland. Auch bei der Struktur des Arbeitsmarkts ist das Bild nicht mehr ganz so gegensätzlich wie noch vor einigen Jahren, was sich wie dargestellt an der in Deutschland erhöhten Zahl an Dienstleistungsarbeitsplätzen zeigt.

Nichtsdestoweniger sollten diese Gemeinsamkeiten nicht über fortbestehende Pfadabhängigkeiten hinwegtäuschen, wie beispielsweise anhand der oben präsentierten Schwerpunktsetzung zwischen aktiven Elementen und Transferleistungen oder auch beim Sonderweg der gewerkschaftlich dominierten Arbeitslosenkassen in Schweden deutlich wird.

18.6 Zentrale Literatur

Aus Politik und Zeitgeschichte B 16/2005: Themenheft Arbeitsmarktreformen, Bonn

Aus Politik und Zeitgeschichte B 27/2009: Themenheft Arbeitsmarktpolitik, Bonn

Bernhard, S. u.a. 2008: Aktive Arbeitsmarktpolitik in Deutschland und ihre Wirkungen. IAB-Forschungsbericht 2/2008. Nürnberg.

Bogedan, C. u.a. 2009: Vom Schutzschirm zum Bahnbrecher – Anforderungen an die Arbeitsmarkt- und Be-schäftigungspolitik in der Wirtschaftskrise. WSI – Diskussionspapier Nr. 167, Düsseldorf

Cox, R.H. 1998: From Safety Net to Trampoline. Labour Market Activation in the Netherlands and Denmark. WIP-Occasional Paper Nr. 2/1998, Tübingen (auch in Governance 4/1998).

Eurostat 2007: Labour Market Policy. Statistical Yearbook. Straßburg.

Kuhlmann, A. 2008: Das schwedische Modell: Eine Säule bröckelt – der Umbau der Arbeitslosen-versicherung. Reihe Nordic Countries der Friedrich Ebert Stiftung, 3-2008.

Lodovici, M.S. 2000: The Dynamics of Labour Market Reformin European Countries. In: Esping-Andersen, G./Regini, M. (Hrsg.), Why deregulate Labour Markets? Oxford.

Merkel, W./Egle, C./Henkes, C./Ostheim, T./Petring, A. 2006: Die Reformfähigkeit der Sozialdemokratie. Herausforderungen und Bilanz der Regierungspolitik in Westeuropa. Wiesbaden.

Schmid, J. 2007: Arbeitsmarkt- und Beschäftigungspolitik – große Reform mit kleiner Wirkung? In: Egle, C./Zohlnhöfer, R. (Hrsg.): Ende des rot-grünen Projekts. Eine Bilanz der Bundesregierung Schröder 2002-2005. Wiesbaden. 271-294.

Schmid, J. u.a. (Hrsg.) 2000: Arbeitsmarkt und Politik. Themenheft der Zeitschrift SOWI, Nr. 1.

Sproß, C./Lang, K. 2008: Länderspezifische Ausgestaltung von Aktivierungspolitiken. Chronologie und gesetzliche Grundlagen. IAB-Forschungsbericht 9/2008. Nürnberg.

Vail, M. 2008: From welfare without work to buttressed liberalizaton. The shifting dynamics of labor market adjustments in France and Germany, in: European Journal of Political Research 47, S. 334-358

Wintermann, O. 2005: Vom Retrenchment zur Krisenreaktionsfähigkeit. Ein empirischer Vergleich der Wohlfahrtsstaaten Schweden und Deutschland 1990-2000. Wiesbaden.

19 Von der Rente zur Pflege: Seniorenpolitik als Aufgabe des Wohlfahrtsstaates

19.1 Einleitung

Sieht man als zentrales Anliegen eines modernen Wohlfahrtsstaates die Absicherung seiner Bevölkerung gegen materielle Armut und soziale Verelendung, so geraten gerade die alten Menschen einer Gesellschaft schnell in den Mittelpunkt des Interesses. Aus unterschiedlichen Gründen sind diejenigen Bürgerinnen und Bürger, die nicht mehr zur Erwerbsbevölkerung gehören, vermehrt dem Risiko ausgesetzt, an den Rand der Gesellschaft gedrängt zu werden. Zudem deuten verschiedene Entwicklungen, die unter dem Schlagwort „demografischer Wandel" diskutiert werden, auf eine Verstärkung solcher Risiken hin. Demografische Veränderungen sorgen in allen westlichen Industriestaaten dafür, dass die Zahl der älteren Menschen und vor allem der Hochbetagten immer weiter zunimmt.

Schaubild 19-1: Entwicklung der Hochbetagten in Europa (Anteil der 80jährigen und älteren Menschen an der Gesamtbevölkerung in %)

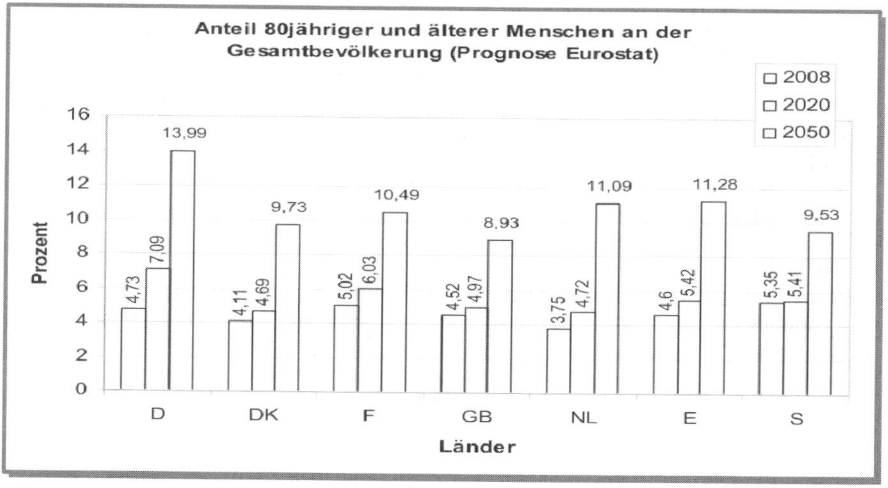

Quelle: Eurostat 2008

Wie aus der Grafik ersichtlich wird, ist der Anteil der Menschen über 80 Jahren in den aufgeführten Ländern zwar unterschiedlich groß. In allen Fällen lässt sich jedoch eine deutlich steigende Tendenz beobachten, die sich den Prognosen nach in Zukunft noch stärker fortsetzen wird.

Betrachtet man die Maßnahmen gegen soziale Einschränkungen im Alter näher, können zwei grundlegende Sicherungsformen unterschieden werden: Rente und Pflege (zur Rente vgl. Kap. 14).

Die Basis aller Bemühungen liegt in der materiellen Absicherung der Betroffenen nach ihrem Ausscheiden aus dem Erwerbsleben bzw. in ihrer zumindest grundlegenden Absicherung unabhängig von Erwerbstätigkeit. Historisch betrachtet stellt die Einführung einer Rentenversicherung – nicht nur in Deutschland – eine der ältesten sozialstaatlichen Maßnahmen dar.

In den letzten beiden Jahrzehnten rückt als zweiter Pfeiler der Vorsorge für die ältere Generation zunehmend die Sicherung der Versorgung von Pflegebedürftigen in den Fokus. Die Maßnahmen zur Absicherung von Pflegebedürftigkeit betreffen generell zwar Menschen aller Altersgruppen. Pflegebedürftig sind z.B. nach dem deutschen Pflegegesetz allgemein „Personen, die wegen einer körperlichen, geistigen oder seelischen Krankheit oder Behinderung für die gewöhnlichen und wiederkehrenden Verrichtungen im Ablauf des täglichen Lebens auf Dauer, voraussichtlich für mindestens sechs Monate, in erheblichem oder höherem Maße der Hilfe bedürfen". Allerdings ist es, der steigende Bedarf an professioneller geriatrischer Langzeitpflege, der das Problem akut macht und in allen Wohlfahrtsstaaten auf die politische Agenda bringt. Denn das Risiko Pflegebedürftigkeit betrifft die Gruppe der Hochbetagten wesentlich stärker als die Gruppe der 60-80 Jährigen. In Deutschland lag das Risiko 2006 für Hochaltrige bei 28,3 Prozent gegenüber 3,9 Prozent bei der jüngeren Altersgruppe. Bei gleich bleibender alterspezifischer Wahrscheinlichkeit einer Pflegebedürftigkeit geht das Statistische Bundesamt in seinen Prognosen von einem Anstieg der Zahl Pflegebedürftiger um ca. die Hälfte bis 2030 aus. Das wären dann 3,09 Mio. Menschen im Vergleich zu 1,97 Mio. 2005.

Die Ausgestaltung und der Umfang der Versorgung dieser Menschen hängen in hohem Maße von der materiellen Situation der Betroffenen ab. Darüber hinaus wirken die institutionellen Voraussetzungen (z.B. ambulante Dienste, Pflegeheime etc.) eines Landes (zu allgemeinen Problemen und Perspektiven sozialer Dienstleistungen vgl. Heinze/Naegele 1994, Schmid 2009).

Um die Grundversorgung einkommensunabhängig gewährleisten zu können, wurde im Jahr 1994 in Deutschland die Pflegeversicherung als umlagefinanzierte gesetzliche Pflichtversicherung beschlossen.

Schaubild 19-2: Übersicht über die Nutzung verschiedener Formen von Pflege in der Bundesrepublik Deutschland, 2007

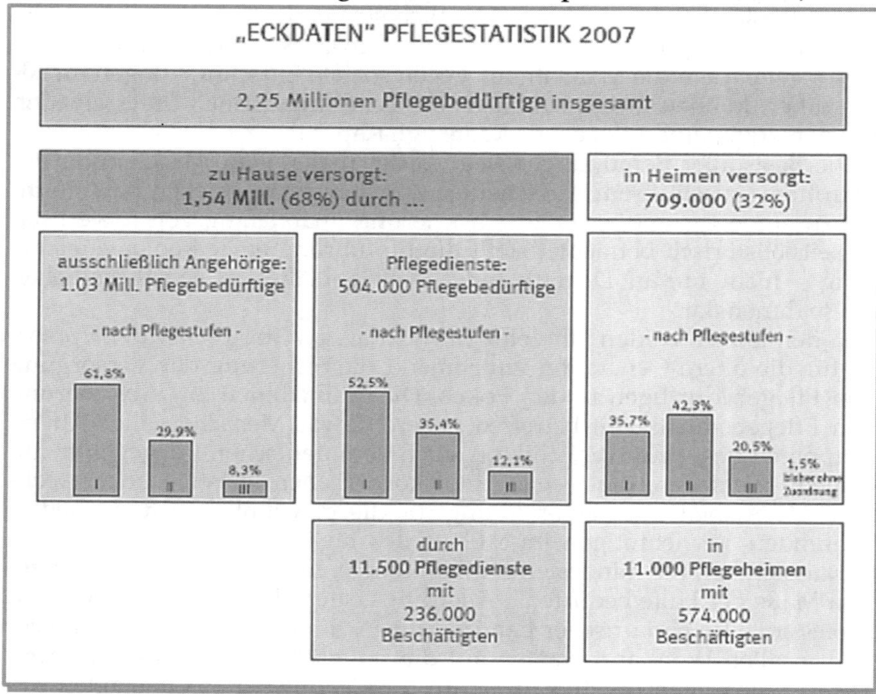

Quelle: Statistisches Bundesamt 2008: 12

Für die folgenden Ausführungen zur Pflege sind im wesentlichen die zwei Bereiche der institutionellen Pflege durch Pflegedienste zu Hause und Pflegeheime interessant, wobei der Aspekt, inwieweit alle Bereiche nach außen hin und untereinander durchlässig sind, ebenfalls Beachtung findet. Die verschiedenen Einzelelemente sozialer Sicherungssysteme in mehreren Ländern werden dabei nebeneinander gestellt. Diese Darstellung darf jedoch nicht zu dem Schluss verleiten, dass eine „Ideallösung" wie in einem Puzzle durch das Zusammensetzen dieser sinnvoll erscheinenden nationalen Lösungen herstellbar wäre.

19.2 Problemlagen und Herausforderungen für die soziale Sicherung im Alter

Die Feststellung, dass in vielen Ländern ähnliche Problemlagen vorliegen, darf nicht über die Bedeutung der Institutionen der jeweiligen Wohlfahrtsstaaten für die jeweils spezifische Ausformung der Alterssicherung hinwegtäuschen. Die Einrichtungen der sozialen Sicherung, aber auch gesamtgesellschaftliche Besonderheiten in den einzelnen Ländern, wirken gewissermaßen wie ein Filter, der die Auswirkungen einiger „Basisprobleme" fast oder ganz bewältigen kann, andere hingegen eher verschärft. So wird im Ergebnis beispielsweise die materielle Absicherung von Frauen im Alter nur dann zu einem Problem, wenn diese nur zu einem geringen Teil durch eigene Erwerbstätigkeit Rentenansprüche erworben haben und wenn zusätzlich der Bezug einer Rente bzw. deren Höhe vom Einkommen in der Erwerbsphase abhängt.[229]

Vor diesem Hintergrund soll die folgende Aufzählung von strukturellen Problemlagen nur als Erläuterung von allgemeinen Ausgangslagen verstanden werden; erst durch die jeweiligen wohlfahrtsstaatlichen Institutionen sind sie jedoch – in sehr unterschiedlichem Maß – auch Probleme in der sozialen Realität:

- Die Massenarbeitslosigkeit in (fast) allen europäischen Ländern hat gravierende Auswirkungen auf die Alterssicherung. Zum einen entstehen zukünftige Probleme für längerfristig von Arbeitslosigkeit Betroffene durch das verringerte Einkommen im Laufe der Erwerbstätigkeit, wenn die Höhe der Rente sich nach dem Lebenseinkommen richtet. Zum anderen führt Arbeitslosigkeit zu Finanzierungsproblemen für das Gesamtsystem, sowohl bei Steuer- als auch bei Beitragsfinanzierung.
- In besonderem Maße von unzureichender materieller Absicherung bedroht ist der weibliche Teil der Bevölkerung; dies gilt besonders dann, wenn die Erwerbsbeteiligung der Frauen niedrig ist. Aus diesem Grund sind häufig gerade alleinerziehende Mütter, die keine Hinterbliebenenrente beziehen können, in späteren Jahren von zu niedrigen Renten bedroht.
- Allgemein führt die relative Zunahme der Zahl der älteren Menschen zu Finanzierungsschwierigkeiten für Rentensysteme und die Absicherung von Pflegeleistungen, die durch Steuern oder ein Umlageverfahren[230] finanziert werden.

---

229 Dieses Beispiel wird im dritten Abschnitt dieses Kapitels noch einmal aufgegriffen.

230 Beim Umlageverfahren finanziert die aktuell erwerbstätige Bevölkerung die Renten der Alten, um später selbst auf gleiche Weise von der nachfolgenden Generation versorgt zu werden – Stichwort „Generationenvertrag."

- Die genannten demografischen Entwicklungen sowie einige andere soziale Entwicklungen verringern darüber hinaus die ehrenamtlichen und informellen Ressourcen zur Pflege älterer Menschen. Diese Versorgung erfolgt immer noch vorwiegend durch die eigenen Familien, allerdings unter erschwerten Bedingungen durch die stärker werdende Erwerbsbeteiligung von Frauen (den hauptsächlichen Trägerinnen informell geleisteter Pflegearbeit) und die Ausdünnung familiärer Netzwerke aufgrund von gesunkenen Kinderzahlen, geringerer Heiratshäufigkeit und Zunahme der Scheidungsraten. Dies führt zu einer steigenden Inanspruchnahme professioneller Hilfeleistungen bis hin zur stationären Versorgung, besonders bezüglich der Zunahme der Zahl sehr alter Menschen (vgl. Schaubild 19-1).
- Die steigende Nachfrage nach professioneller Pflege stößt in fast allen Ländern auf Probleme bei der Rekrutierung und der längerfristigen Bindung des Personals. Der Anteil an Teilzeitarbeitsverhältnissen und geringfügiger Beschäftigung ist außerordentlich hoch und die Arbeitsbedingungen sind durch die hohe physische und psychische Belastung ungünstig. Dadurch entstehen bei den Pflegekräften eine hohe Fluktuation und eine Häufung vorzeitiger Berufsaustiege. Da die Attraktivität der Pflegeberufe gering bleibt und die Arbeitsbedingungen immer schwieriger werden, ist eine Knappheit des Pflegepersonals zu befürchten. Allerdings entsteht diese unter sehr unterschiedlichen Ausgangsbedingungen hinsichtlich der bereits vorhandenen Pflegekräfte. Deutschland steht hier im europäischen Vergleich eher hinten.[231]

Dieses Nachhinken der Bundesrepublik hinter den anderen westeuropäischen Ländern beruht vor allem auf drei Faktoren: Erstens sind Pflegeberufe im Unterschied zu den Ärzten wenig professionalisiert; vielfach wird pflegerische Tätigkeit als Laien- und „Jedermannkompetenz" dargestellt. Zweitens sind Pflegekräfte schlecht organisiert und arbeiten zum großen Teil in kirchlichen Einrichtungen, was die Interessenvertretung zusätzlich erschwert (vgl. Kap. 18.). Dazu kommt die Privatisierung im Gesundheitssektor im letzten Jahrzehnt, die u.a. im Pflegebereich disparate Lohnabschlüsse zur Folge hatte und die Arbeitsbedingungen insgesamt verschlechterte. Drittens richtet sich das deutsche Sozialversicherungsmodell weniger auf personenbezogene Dienstleistungen, sondern

231 Schölkopf (1999) berichtet für die erste Hälfte der 90er Jahre, dass in DE2,9 Betten auf eine Pflegekraft kommen (F: 2,8; GB: 1,7, S: 1, DK: 1, NL 0,9). Leider sind keine neueren Daten verfügbar. Grobe Schätzungen über die Größe des öffentlichen Dienstes sowie der Beschäftigten im Bereich Health, Social Care, Education (nach ILO) weisen auf ähnliche Unterschiede

mehr auf monetäre Sicherheit und Transfers hin aus. Diese institutionelle Logik liegt auch der Einführung einer Pflegeversicherung zugrunde; die Alternative wäre ein Ausbau der öffentlichen Dienstleitungen.

19.3 Darstellung der Praxis in verschiedenen westeuropäischen Ländern

Die folgende Darstellung von europäischen Lösungswegen orientiert sich an den unter Kapitel 19.2 aufgeführten allgemeinen Problemen. Die jeweiligen Regelungen und Grundgedanken werden immer auch in Verbindung gebracht mit der Gesamtlage im jeweiligen wohlfahrtsstaatlichen System und seiner historischen Entwicklung.

19.3.1 Materielle Absicherung

Wie bereits angesprochen, ist das zentrale Anliegen der materiellen Absicherung des Alters die Vermeidung von Armut. In allen untersuchten Sicherungssystemen erfolgt diese Absicherung über die Gewährung eines existenzsichernden Grundeinkommens.

Während die Regelungen etwa in Deutschland oder Spanien dieses Ziel über allgemeine Sozialhilferegelungen erreichen wollen, wird beispielsweise in Schweden eine allgemeine Grundrente an alle Personen ausgezahlt, die seit einer bestimmten Frist in Schweden leben, also zunächst unabhängig von einer Erwerbsbeteiligung und dem bisherigen Einkommen.[232] Im Gegensatz zu Sozialhilfeleistungen entfällt hier zum einen die Bedarfsprüfung und die damit ggf. verbundene Heranziehung von eigenem Vermögen/Einkommen und dem der nächsten Angehörigen. Zum anderen erfordert die Gewährung der Leistungen einen für den Empfänger selbst sehr viel geringeren Aufwand an Behördengängen, die z.T. als entwürdigend empfunden werden. Diese Erleichterungen verhindern das Phänomen der „verschämten Armut“,[233] wenn Anspruchsberechtigte die Prüfungsprozeduren scheuen und deshalb auf ih-

232 Für nähere Einzelheiten vgl. den Länderbericht über Schweden.

233 Ob dies jedoch tatsächlich ein „Phänomen“ oder ob es nicht vielmehr eine beabsichtigte oder zumindest gebilligte Folge eher zurückhaltender Hinweise auf den Anspruchscharakter von Sozialhilfe fern jeder erbettelten Fürsorgeleistung des Staates ist, sei dahingestellt.

re Ansprüche verzichten. Ergänzt wird die allgemeine Grundrente durch einkommensabhängige Zusatzrenten.

Beim Betrachten des schwedischen Beispiels muss allerdings auch auf die insgesamt sehr hohen Steuer- und Sozialversicherungsabgaben hingewiesen werden, die die weitgehend erfolgreiche Verhinderung von Einkommensarmut im Alter – neben anderen wohlfahrtsstaatlichen Leistungen – erst möglich bzw. finanzierbar machen. Zudem ist zu bedenken, dass in Skandinavien die Renten besteuert werden.

Eine größere Ähnlichkeit mit dem deutschen System weist dasjenige der Schweiz auf. Das dortige Alterssicherungskonzept besteht aus drei Säulen (Schneider 1993, Obinger 2000):

- Umlage- und steuerfinanzierte Grundsicherung durch eine solidarische Zwangsversicherung mit Mindest- und Höchstrenten bei einkommensorientierten Beiträgen. Alle Bürger sind damit anspruchsberechtigt.
- Berufliche Vorsorge per Kapitaldeckungsverfahren,[234] die bei geringer Minimalrente ein ansonsten in seiner Höhe von Erwerbstätigkeit und Einkommen abhängiges Einkommen ergibt.
- Private Vorsorge nach Kapitaldeckungsverfahren, also im Wesentlichen Lebensversicherungen u.ä.

Neben den bereits genannten Vorzügen der bedarfsunabhängigen Grundsicherung[235] hat diese Gestaltung des Rentensystems den Vorteil, dass den verschiedenen Säulen unterschiedliche Finanzierungsformen zugrunde liegen. Dies macht das schweizerische System insgesamt weniger anfällig für zukünftige Entwicklungen, die eine der Finanzierungsformen gefährden könnten.[236]

19.3.2 Absicherung im Pflegefall – Pflegeversicherung

Betrachtet man die verschiedenen denkbaren und praktizierten Formen der Absicherung gegen das Pflegerisiko, so kann man zwei prinzipielle Vorgehensweisen unterscheiden, die einander jedoch nicht ausschließen.

234 Beim Kapitaldeckungsverfahren wird im Rahmen einer Versicherung mit den Beiträgen ein Kapitalsockel gewissermaßen angespart, der dann später auf einmal oder in Form einer Rente ausbezahlt wird; ein typisches Beispiel für dieses Verfahren ist die Lebensversicherung.

235 Allerdings liegt es auf einem niedrigeren Niveau als in Schweden, das inzwischen ebenfalls ein solches Drei-Säulen-System etabliert hat.

236 Einen allgemeinen Vergleich der Alterssicherungsformen in verschiedenen europäischen Ländern bietet Kapitel 14.

sondern in Einzelfällen in Ergänzung zueinander eingesetzt werden können. Man könnte diese Prinzipien als „Unterstützung formeller Pflege" und „Unterstützung informeller Pflege" bezeichnen (wobei „Unterstützung" oft Finanzierung beinhaltet).

Bevor jedoch auf Beispiele aus anderen europäischen Ländern eingegangen wird, soll zunächst ein Überblick über die deutsche Pflegeversicherung gegeben werden, die 1995 in Kraft trat. (s. Schaubild 19-5).

Musste für die Zeit vor dem Inkrafttreten der Pflegeversicherung in Deutschland eine erhebliche Unterversorgung in Teilen der formellen Pflege konstatiert werden, so hat sich in der Zeit danach geradezu ein Gründungsboom ergeben. Sowohl im ambulanten als auch im stationären Bereich (v.a. Kurzzeitpflege und teilstationäre Pflege) kam es zu einer wesentlichen Ausweitung und Verbesserung der Pflegeinfrastruktur. Im Gegensatz zur bisher stark defizitären Finanzierung häuslicher Pflege durch die Krankenversicherungen decken die Leistungen der Pflegeversicherung diesen Bereich nun besser ab. Die Verstärkung der Hauspflege und der längstmögliche Verbleib Pflegebedürftiger im eigenen Haushalt ist auch erklärtes Paradigma der deutschen Pflegeversicherung geworden. Die politische gewollte Subsidiarität in der Pflege, die Priorität der Pflege durch Familienangehörige hat allerdings auch problematische Auswirkungen. Häufig übernehmen Frauen (Töchter und Schwiegertöchter) Pflegetätigkeiten und geben dafür Erwerbstätigkeiten auf bzw. nehmen keine Erwerbstätigkeit auf. Dies hat wiederum negative Folgen für die Leistungsansprüche dieser Frauen im Alter. Zudem deckt die familiäre Pflege nicht den Bedarf an „kleinen Lösungen." Immer noch ist dies ein Mangel im deutschen Pflegesystem. Die umgangssprachliche Einführung einer „Pflegestufe 0" (für niederschwelligere Bedarfe, die nicht zur Einstufung in die offizielle Pflegestufe 1 genügen) ist deutliches Indiz hierfür. Die bisherige Praxis bei der Bewilligung von Leistungen der Pflegeversicherung deutet auch darauf hin, dass die Ärzte[237] des medizinischen Dienstes zu einer restriktiven Auslegung des Begriffs der Pflegebedürftigkeit neigen. Dies wurde mit dem Pflegeweiterentwicklungsgesetz von 2008 neu geregelt, künftig sollen auch Pflegebedürftige, die unter der Zeitaufwandschwelle der Pflegestufe I liegen, Versorgungsleistungen erhalten.

237 Ärzte und nicht etwa Pflegekräfte entscheiden über die Pflegebedürftigkeit eines Antragstellers.

Schaubild 19-3: Leistungen der deutschen Pflegeversicherung[238]

Maximale monatliche Leistungen der deutschen Pflegeversicherung 2008			
	Häusliche Pflege (Pflegegeld)	*Ambulante/ Teilstationäre Pflegedienste (Sachleistung)*	*Stationäre Pflege (Sachleistung)*
Pflegestufe I	215 €	420 €	1023 €
Pflegestufe II	430 €	980 €	1279 €
Pflegestufe III	675 €	1470 €	1470 €
Härtefälle		1918 €	1750 €

Quelle: Bundesministerium für Gesundheit 2009

Problematisch bleibt, dass weiterhin ein erheblicher Teil der stationär zu Versorgenden sozialhilfebedürftig wird, da sehr viele Renten die so genannten „Hotelkosten" in Pflegeeinrichtungen nicht abdecken können.

Eine Lösung für das Problem, dass die Rekrutierung von qualifizierten Pflegekräften zunehmend schwierig wird, bietet die Pflegeversicherung allerdings nicht an. Es sind keinerlei Maßnahmen vorgesehen, die die Attraktivität des Pflegeberufs steigern könnten; die Vergrößerung des Stellenangebots kann kaum als geeignete Vorgehensweise angesehen werden, wenn das eigentliche Problem darin liegt, eine ausreichende Anzahl qualifizierter Altenpflegerinnen und pfleger zu gewinnen und im Beruf zu halten. Neue Vorstöße der Politik, die Zugangsvoraussetzungen für Ausbildungsberufe in der Pflege zu senken und die Pflegeberufe generell für Hauptschulabsolventen zu öffnen, werden vor diesem Hintergrund von den Verbänden kritisiert. Denn derlei Maßnahmen bewirken keine Steigerung des Images der Pflege als hochvoraussetzungsvoller professioneller Tätigkeit. Ein Schritt in diese Richtung könnte hingegen ein Aufweichen der strikten Trennung zwischen Arzt- und Pflegeberufen sein. Durch das Einführen einer Zwischenstufe der Qualifikation könnten Pflegekräfte, die faktisch viele Aufgaben ausführen müssen, die offiziell Ärzten vorbehalten sind (z.B. Entscheidung über Medikamente), diese in Zukunft auch abrechnen können und dafür anerkannt werden.[239]

---

238 Eine weitgehend analoge Regelung existiert seit 25 Jahren in den Niederlanden, was interessante Lern- und Vergleichsmöglichkeiten eröffnet; siehe dazu Winters 1994.

239 Dies wird beispielweise in den USA mit sog. „nurse practitioners" und „physician assistants" praktiziert.

Die folgende Übersicht (Schaubild 19-6) soll nun die Grundzüge der Pflegesicherungssysteme in verschiedenen westeuropäischen Ländern zeigen.

Schaubild 19-4: Übersicht über Pflegesicherungssysteme in ausgewählten europäischen Ländern

Land	Existenz eines Pflegesicherungssystems	Art der Finanzierung	Hauptleistungsformen
DK	Teil des universellen Sicherungssystems in kommunaler Trägerschaft (Gesetz über die Leistungen der Sozialdienste).	Leistungen werden aus dem Steueraufkommen finanziert (bei Selbstbeteiligung).	Umfassende Sachleistungen. U.U. Geldleistungen für Pflegebedürftige zwischen 18 und 67 Jahren.
D	Gesetzliche (soziale und private) Pflegeversicherung seit 1995 (SGB XI). Sozialhilfe (SGB XII).	Pflegeversicherungsbeiträge von 1,7 % des monatl. Bruttoeinkommens; Bemessungsgrenze.	Ambulant-häuslich: Geld- und Sachleistungen Stationäre Pflege: nur Sachleistungen. Geld- und Sachleistungen in der Höhe begrenzt; nach drei Pflegestufen gestaffelt.
E	Kein eigenständiges und umfassendes Pflegesicherungssystem.	Hauptsächlich durch allgemeine Steuermittel; geringe Eigenbeteiligung.	Sachleistungen im Rahmen von Krankenversicherung und Mindestsicherung. Geldleistungen: Mindest- bzw. Invalidenrente.
F	.Kein eigenständiges Pflegesicherungssystem. Bestimmte Leistungen über Invaliditäts-, Arbeits- oder Unfallversicherung, Allgemeines System bzw. Sozialhilfe. Persönliche Pflegebeihilfe	Keine eigenen Beiträge (aber Solidaritätsbeitrag der Arbeitgeber von 0,3 % des Lohns), ggf. in Beiträgen anderer Zweige der sozialen Sicherung enthalten. Zuschüsse aus Steueraufkommen.	Persönliche Pflegebeihilfe: Abhängig von Pflegekosten und Mitteln des Empfängers. Geldleistungen: Rentenzusätze, Ausgleichszulagen.
GB	Kein eigenständiges Pflegesicherungssystem.	Allgemeine Steuermittel (für die Mindestsicherung).	Häuslicher Sektor: Sach- und Geldleistungen. Stationärer Sektor: Sachleistungen.
NL	Allgemeine Pflegeversicherung (AWBZ)	AWBZ: 12,55 % des Bruttoeinkommens (alle Einwohner)	Umfassendes Spektrum an Sachleistungen für ambulant-häusliche und stationäre Pflege. Keine Geldleistungen.

Quelle: Sozial-Kompass Europa 2007, eigene Zusammenstellung

19.3.3 Soziale Dienste für Senioren – Beispiele

Auch im Bereich der Pflege lassen sich die untersuchten Wohlfahrtsstaaten in Europa typisieren. Die südeuropäischen Länder delegieren die Verantwortung für Pflege fast komplett an die Familien, die informelle Pflege steht also im Vordergrund. In Deutschland hat zwar auch die informelle Pflege Priorität, allerdings wird diese vom Staat teilweise durch Geldleistungen unterstützt. Dagegen weisen Frankreich, die Niederlande und Großbritannien genau wie die skandinavischen Länder einen hohen Anteil formeller Pflegearrangements auf.

Unter „formeller Pflege" oder allgemeiner: formellen sozialen Diensten können alle professionell erbrachten Leistungen verstanden werden, wobei vor allem der durch formelle Pflege dominierte Bereich der stationären Pflege zu nennen wäre. Dabei stellt sich die zentrale Frage, in welcher Form die Finanzierung der stationären Versorgung von Pflegebedürftigen geschieht. Zwar sind die Pflegebedürftigen bzw. ihre Angehörigen in allen genannten Wohlfahrtsstaaten dazu verpflichtet einen Anteil der Unterbringungs- und Verpflegungskosten zu bezahlen, darüber hinaus jedoch unterscheiden sich die Systeme in der Finanzierung der Langzeitpflege doch stark.

Herauszuheben ist an dieser Stelle das Beispiel Schwedens. Der Anspruch auf Pflegeleistungen wird hier als universal und nicht beitragsabhängig verstanden. Die formelle Pflege steht klar im Vordergrund, Geldleistungen gibt es dabei gar nicht, der Staat agiert gewissermaßen als Familienersatz. Sämtliche Leistungen werden vom Staat aus dem allgemeinen Haushalt finanziert, die Zuständigkeit für die Pflege liegt seit 1992 bei den Kommunen. Die Betroffenen kommen soweit möglich selbst für die Finanzierung der „Hotelkosten" im Fall eines stationären Aufenthalts auf, die Pflegeleistungen aber sind kostenfrei. Armut wegen stationärer Pflege oder gar das Angewiesensein auf Sozialhilfeleistungen werden durch diese Regelungen ausgeschlossen (für eine detaillierte Darstellung der schwedischen Regelungen vgl. Johansson/Thorslund 1991, zu sozialen Diensten generell vgl. Schmid 2009).

Auch die Wahlfreiheit der Betroffenen wurde berücksichtigt. Die Möglichkeiten der pflegebedürftigen Menschen, neben den vorherrschenden kommunalen Einrichtungen auch andere Anbieter von Dienstleistungen in Anspruch nehmen zu können, wurden gestärkt. Zum anderen sollen eben dieser Konkurrenz größere Möglichkeiten gegeben werden, z.B. private Altenheime u. ä. einzurichten. Die Verantwortung dafür, dass Pflegeeinrichtungen in ausreichendem Maße vorhanden sind, bleibt jedoch bei den Gemeinden, die z.B. regresspflichtig sind, wenn durch fehlende Dienste ein längerer Krankenhausaufenthalt notwendig wird.

Insgesamt ist zu konstatieren, dass das schwedische System verstärkt auf ambulante, dezentrale Versorgung statt auf große stationäre Einrichtungen setzt (Fernow 1992).

Das größte Problem dieser direkten staatlichen Finanzierung liegt in der steigenden Nachfrage nach solchen Leistungen aus den oben ausgeführten soziologischen und demografischen Gründen und die dadurch steigenden Kosten. Dieses Problem stellt sich aber auch dann, wenn erst nach der Aufzehrung der eigenen Mittel der Pflegebedürftigen eine öffentliche Finanzierung durch Sozialhilfeleistungen erfolgt.

Weitere Kritikpunkte an der in vielen Ländern zwischenzeitlich zu beobachtenden Konzentration auf stationäre Pflege sind zum einen die relativ hohen Kosten im Vergleich zu anderen Formen der Pflege, zum anderen die mögliche Überversorgung nur teilweise hilfebedürftiger Menschen in Ermangelung „kleiner" Alternativen. Eine Stärkung dieser Alternativen, also im Wesentlichen der ambulanten Versorgung, sowie die bessere Verzahnung von ambulanten und stationären Versorgungssystemen stand im Zuge der Ökonomisierungsbestrebungen im Gesundheitssektor Anfang der 90er Jahre im Mittelpunkt vieler Reformaktivitäten in europäischen Wohlfahrtsstaaten. Es wurden beispielsweise Maßnahmen getroffen, die Verweildauer in Krankenhäusern zu verringern, Finanzierungsgrundlagen und die Leistungsabrechnung verändert. Kritisch ist in diesem Kontext allerdings zu sehen, dass Produktivitätssteigerungen im Pflegebereich nur in geringem Maße zu erreichen sind, da es sich um äußerst personalintensive Tätigkeiten handelt. Die Tendenz zur Ausdünnung der Personaldecke durch den Ökonomisierungsdruck und der resultierende Qualitätsverlust bleibt ebenso problematisch wie die hohen Reibungsverluste beim Wechsel in andere Pflegearrangements.

Die Niederlande können auf historisch gewachsene, privat organisierte Strukturen zurückgreifen. 1972 waren 80 Prozent aller Niederländer Mitglied in einer der über 1.000 lokalen Pflege-Gesellschaften (Kruiswerk), die gegen einen geringen Mitgliederbeitrag ambulante Pflege für die Bedürftigen organisierten. Seit 1980 erhalten diese Organisationen staatliche Unterstützung, die die weiterhin bestehende Mitgliedschaft mehr oder weniger bedeutungslos macht. Mehr auf gegenseitige Hilfe angelegt sind die in den Niederlanden relativ früh populär gewordenen Alten-Wohngemeinschaften (Der Spiegel 24/1994), die im Wesentlichen aus privater Initiative mit kommunaler Unterstützung resultieren. Das zentrale Anliegen der Menschen, die sich meist schon vor dem Eintritt ins Rentenalter zu Interessengemeinschaften zusammenfinden, ist es, möglichst lange unabhängig zu leben. Gleichzeitig wollen sie jedoch durch die Einbindung in eine größere Gruppe bei Hilfsbedürftigkeit möglichst lange ohne fremde Hilfe – d.h. möglichst lange mit der Hilfe der

Mitbewohner - zurechtkommen. Viele dieser Wohngemeinschaften stützen sich allerdings weiterhin auf die Kruiswerk-Stationen, falls professionelle Hilfe notwendig wird.

Die Leistungen dieser Gemeindepflegestationen sind vielfach auf die normalen Bürostunden beschränkt und somit nur begrenzt wirksam; hier deuten sich jedoch Änderungen an. Eine weitere wichtige Säule der nicht-stationären Versorgung ist die staatlich bzw. städtisch finanzierte, professionelle Haushaltshilfe. Sie trägt dem Umstand Rechnung, dass sich die Hilfebedürftigkeit älterer Menschen nicht selten wesentlich im Bereich der Haushaltsführung ansiedelt, davon abgesehen ein selbstständiges Leben jedoch möglich und erwünscht ist (zum niederländischen System vgl. die Darstellung bei Tunissen/Knapen 1991 sowie Eisen/Mager 1999 und Sieveking 1998).

Da in den meisten europäischen Staaten - so auch in den Niederlanden - die Verantwortung für die Versorgung der alten Menschen bei den Kommunen liegt, sind auch innovative Projekte in diesem Bereich in der Regel auf lokaler Ebene angesiedelt. Mit Unterstützung des Zentralstaats und der Provinzen wurden in sechs Gemeinden Pilotprojekte gestartet, die neue Formen der Ausgestaltung kommunaler Altenhilfe demonstrieren sollen. Eines dieser Projekte startete 1988 in Venlo (Tunissen/Knapen 1991: 110ff). Das Problem, das mit dem Programm gelöst werden soll, ist in vielen Ländern bekannt. Die historisch gewachsene, unübersichtliche Struktur der verschiedensten Hilfeeinrichtungen hinsichtlich Trägerschaften, Zugangsvoraussetzungen und Finanzierung führte dazu, dass die vorhandenen Hilferessourcen nicht bedarfsgerecht verteilt und teilweise die falschen Adressaten erreicht wurden, teilweise hingegen die wirklich Bedürftigen unversorgt blieben. Die Ziele des Venloer Projekts waren folgende:

- Verkleinerung des stationären Sektors,
- Entwicklung einer neuen Einrichtung für die Allokation der Angebote,
- Koordination von Pflegeleistungen in „Nachbarschaften,"
- Etablierung einer Projektorganisation.

Die Einbeziehung bereits vorhandener gemeinnütziger Hilfsorganisationen erforderte von diesen ein grundsätzliches Umdenken. Ein bloßes Zusammentragen der von den verschiedenen Trägern angebotenen Leistungen hätte nicht die erforderlichen Koordinationsmöglichkeiten geschaffen. Schon bei der Planung des Angebots mussten die Organisationen zusammenarbeiten und außerdem gemeinsame Kriterien für die Leistungsgewährung erarbeiten. Zu diesem Zweck wurde Venlo (ca. 65.000 Einwohner) in acht „Nachbarschaften" eingeteilt, in denen jeweils eine zentrale Anlaufstelle (wijksamenwerkingsverbanden) für alle Hilfesuchenden eingerichtet wurde. In eine ähnliche Richtung geht Deutschland heute mit der geforderten Einrichtung sogenannter Pflegestützpunkte, die Angebote bündeln und deren informierte Auswahl erleichtern sollen.

Laufende Forschungen am Institut für Gerontologie an der Universität Dortmund zeigen exemplarische Unterschiedlichkeit der Entwicklungspfade in der Pflege für neun Länder.

Schaubild 19-5: Unterschiedliche Wichtigkeit von Methoden und Instrumenten

	A	D	DK	EL	F	FIN	I	NL	UK
Case management / Pflegemanagement	◆	◆	◆◆◆		◆	◆◆	◆	◆◆	◆◆◆
Übergangspflege	◆	◆	◆◆			◆◆	◆	◆◆	◆◆
Multiprofessionelle individuelle Bedarfs-erhebung und –planung			◆◆		◆◆	◆◆	◆◆	◆◆	◆◆◆
Pflegegeld	◆◆◆	◆◆◆	◆		◆◆			◆◆◆	◆
Kooperatives Arbeiten	◆	◆	◆◆◆		◆	◆◆	◆	◆◆	◆◆
Prävention und Beratung		◆	◆◆◆	◆◆				◆◆	◆◆

Quelle: http://www.ffg.uni-dortmund.de

19.4 Schlussbetrachtung und Folgerungen

19.4.1 Innovationen, Trends und Unterschiede

Zusätzlich zur Koordination formeller Pflege lässt sich in vielen Ländern das Bestreben erkennen, auch das vorhandene Potential informeller Hilfe auszuschöpfen.[240] Diese kann sowohl in Form von gelegentlichen Besorgungen im Rahmen von Nachbarschaftshilfe geschehen, reicht jedoch bis zur Pflege von Bettlägerigen durch Angehörige. Sicher ist ein nicht unwesentlicher Teil der Kostenvorteile ambulanter gegenüber stationärer Pflege

240 Vgl. zum Aspekt des welfare mix aus öffentlichen und privaten Trägern auch Kapitel 17.

auf informelle Anteile zurückzuführen, die im stationären Bereich fast ausgeschlossen sind. In Dänemark wurde 1988 der Bau neuer stationärer Einrichtungen sogar gesetzlich verboten, und fortan konsequent der Bau alten- und behindertengerechter Wohnungen gefördert.[241] Von den Kommunen wurde zusätzlich eine 24-Stunden-Betreuung eingerichtet, in der häusliche Pflegedienste und auch Hauspflegepersonal ein Team bilden, das in selbstbestimmter Arbeitsteilung Patienten versorgt. Dieses „Empowerment" für das Pflegepersonal zusammen mit neuen Zuschussmöglichkeiten sollte den Schwarzmarkt im Pflegebereich eindämmen.

Ein anderer Ansatz besteht darin, die informelle Pflege durch staatliche Maßnahmen zu ermutigen, zu unterstützen oder auch finanziell zu vergüten. Die Voraussetzung für eine solche Unterstützung ist eine umfassende Koordination der verschiedenen formellen und informellen Pflegeformen. Ein Manko bei der Pflege alter Menschen durch Angehörige, also durch Laien, liegt häufig in der mangelnden professionellen Anleitung und Beratung. Zudem wird diese Pflege häufig durch ebenfalls betagte Eheleute oder Töchter geleistet, die selbst schon im Rentenalter sind und somit körperlich nicht mehr allzu belastbar. Und auch die psychische Belastung in der Angehörigenpflege ist enorm. Hier ist z.B. die Rund-um-die-Uhr-Bereitschaft ein Problem für die Pflegenden - jedenfalls in Deutschland werden keine freien Wochenenden und auch nur vier Urlaubswochen im Jahr durch Bereitstellung von Ersatzkräften ermöglicht.

In Großbritannien kann auf die Tradition des „volunteering" zurückgegriffen werden, also auf die verbreitete Bereitschaft, im direkten sozialen Umfeld zu helfen (ohne zwangsläufige Einbindung in kirchliche oder andere Organisationen). Diese Bereitschaft soll durch geringe, eher symbolische Entschädigungen ermutigt werden (Walker 1993; s.a. Schmid 1996).

Weitergehende Formen bezahlter ehrenamtlicher Hilfe sind häufig verbunden mit der Gewährung von Pflegegeldleistungen. Man kann hier von einer gewissen Verschiebung der Pflegeleistungen aus dem informellen (also in der Regel familiären) Bereich in den formellen Bereich sprechen. Damit wird dem Umstand Rechnung getragen, dass die pflegenden Familienangehörigen (i.d.R. Frauen) häufig durch ihre freiwillige Hilfe neben den sozialen Einbußen auch finanzielle Nachteile haben, etwa durch entgangene Einkommen aus Erwerbstätigkeit. Um dem aus diesen Gründen befürchteten

241 Die Verantwortung für die Gewährleistung der notwendigen Hilfen für die alten Menschen liegt bei den Kommunen. Daher ist eine Gesamtbewertung der Situation bei unserem nördlichen Nachbarn nicht einfach. Insgesamt ist eine Tendenz zu beobachten, die Versorgung der Hilfsbedürftigen möglichst lange in den eigenen vier Wänden bzw. in eigens errichteten Altenwohnungen zu ermöglichen. Die dazu notwendigen Dienste von Haushaltshilfe bis hin zu ambulanter Pflege werden in lokalen Anlaufstellen, etwa dem örtlichen Pflegeheim, koordiniert.

Rückgang der Bereitschaft zu informeller Pflege entgegenzuwirken sollen durch Pflegegeldleistungen zumindest die finanziellen Benachteiligungen (teilweise) aufgefangen werden. Die alleinige Unterstützung durch Pflegegeld ist zwar nicht als Erwerbstätigkeit zu verstehen. Als Nebeneffekt soll so allerdings eventuell auch die Erwerbsquote der Frauen gesteigert werden, da unter dem Eindruck des zunehmenden Bedarfs an Pflege hier auch entsprechende formale Dienste entstehen können. Dies ist jedoch ambivalent zu bewerten, da ein pauschales Kanalisieren von Frauen in Pflegeberufe zu einer fortgesetzten geschlechterdifferenzierenden Segregation führen könnte. Solche Tendenzen leisten wiederum dem Missverständnis Vorschub, das Anforderungsprofile für Pflegeberufe nicht besonders hoch seien.

In Finnland gibt es zwei Formen dieser Art von Pflegegeld. Zum einen besteht die Möglichkeit, Hauspflegegeld zu beziehen, das direkt auf das Konto der pflegenden Person überwiesen wird. Diese steht in einem Vertragsverhältnis mit der Kommune (die Träger der Leistung ist). In diesem Vertrag werden die Rechte und Pflichten der Pflegepersonen festgehalten. Die zweite Möglichkeit trägt stärker dem Gedanken des Erhalts der Selbstbestimmung des pflegebedürftigen Menschen Rechnung. Hier ist der Hilfsbedürftige selbst der Vertragspartner, der sogenannte „persönliche Assistent“ steht in einem normalen Arbeitsverhältnis mit ihm.[242] Seit 2004 gibt es das System der „Dienstleistungsschecks“ um noch mehr Wahlfreiheit zu bewirken. Dabei vergibt die Kommune Schecks mit vorher definierten Leistungen an die Pflegebedürftigen, mit denen diese sich dann die gewünschte Leistung kaufen. Die Leistungserbringer (auch private Anbieter) reichen den Scheck bei der Kommune ein und werden entsprechend bezahlt.

Auch die Versorgung mit professionellen Pflegeleistungen wird in verschiedenen europäischen Ländern mittels eines Pflegegeldes ermöglicht. Im Gegensatz zu dem in der deutschen Pflegeversicherung weiterhin vorherrschenden Sachleistungsprinzip[243] können die Betroffenen in Belgien über das ihnen nach verschiedenen Kriterien zuerkannte Pflegegeld frei verfügen, indem sie beispielsweise ambulante Pflegedienste – sowohl gewinnorientierte wie gemeinnützige – bezahlen. Eine Kontrolle der Mittelverwendung findet nicht statt.

---

242 Diese Form der „formellen informellen Hilfe“ stellt sehr hohe Anforderungen an die pflegebedürftige Person und dürfte eher für jüngere Körperbehinderte als für alte Menschen in Frage kommen; die Institution des persönlichen Assistenten (die recht häufig aus der eigenen Familie stammt und die Hilfe möglicherweise auch ohne Bezahlung geleistet hätte) stellt jedoch einen interessanten und aufschlussreichen Extremfall der Unterstützung informeller Ressourcen dar.

243 Dies gilt trotz einiger neuer Strukturmerkmale der Pflegeversicherung, vgl. hierzu Evers 1995. Die Strukturkontinuität der Pflegeversicherung betont hingegen Hinrichs 1994.

Insgesamt ist in Westeuropa eine große Differenz beim Versorgungsgrad der pflegebedürftigen Menschen zu konstatieren. Auch bei den Ausgaben für Pflegeleistungen sind im europäischen Vergleich große Unterschiede erkennbar. Deutschland liegt hier, anders als vielleicht von vielen erwartet, keineswegs an der Spitze (Schaubild 19-6).

Schaubild 19-6: Ausgaben für Langzeitpflege im europäischen Vergleich (in Prozent des BIP, 2000)

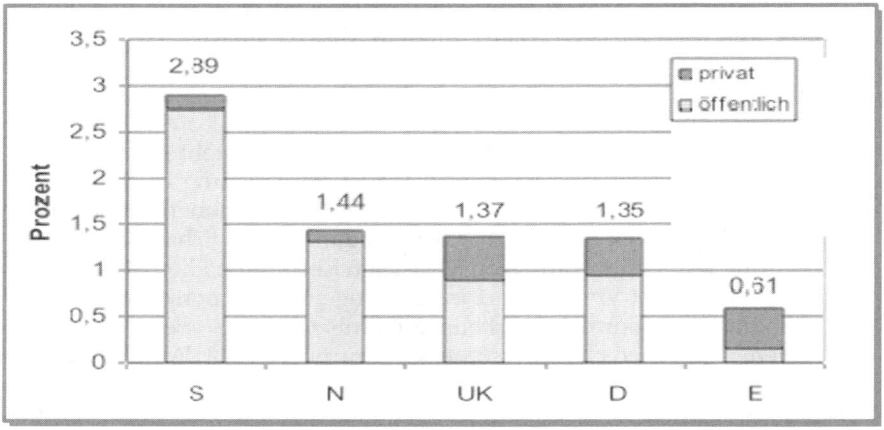

Quelle: OECD 2005, eigene Zusammenstellung

Über Ländergrenzen hinweg besteht allerdings das Problem des drohenden Mangels an qualifiziertem Pflegepersonal. Durch niedrige Löhne und schwierige Arbeitsbedingungen verlieren Pflegeberufe trotz des steigenden Bedarfs weiterhin an Attraktivität. Auch Migration von Pflegekräften und Schwarzarbeit in der Pflege sind Problemlagen, die auf EU- und OECD-Ebene thematisiert werden.

Schließlich ist in allen Ländern ist das Bemühen erkennbar, dem Wunsch der Pflegebedürftigen, möglichst lange selbständig und in der eigenen Wohnumgebung verbleiben zu können, Rechnung zu tragen. Dazu werden Konzepte zum „betreuten Wohnen" gefördert, wobei durch Unternehmen oder öffentlich-private Partnerschaften Wohnanlagen gebaut werden, in denen die Bewohner auch eine Vielzahl sozialer Pflegeangebote nutzen können. Dazuhin wird mit neuen, technischen Hilfsmitteln experimentiert, z.B. Konsultationen per Video („TeleHealth"), Call Centern und Informationsdiensten, speziellen Notrufsystemen etc.

Auf diese Weise kommt es zu einem weiterer Lösungspfad für das Pflegeproblem, wenn versucht wird, technische Hilfsmittel statt bzw. als

Ergänzung zur Betreuung anzubieten, um Älteren länger eine selbständige Lebensführung zu erlauben. Hierbei geht es um mehrere technische Linien und Felder (Haushalt und Wohnen, Kommunikation, Sicherheit und Kontrolle, Gesundheit und Pflege, Medizin). Die entsprechende politisch-administrative Förderterminologie stammt aus der EU-Kommission und lautet AAL (=Altersgerechte Assistenzsysteme für ein gesundes und unabhängiges Leben). Sie basiert auf den Strategien der Etablierung der Informationsgesellschaft und deren problemlösende Potentiale auch im Bereich der sozialen Dienste (hier für ältere oder kranke Menschen). Auch hier sind die skandinavischen Länder führend, bzw. sie weisen den besten „goodness of fit" (Wasner 2005: 266ff, s.a. zum Fall Finnland Castells/Himanen 2002) auf, während die kontinentalen/konservativen und mediterranen Wohlfahrtsstaaten Nachzügler sind.

Hier liegen denn auch die Chancen der Entwicklung einer „Seniorenwirtschaft" oder „Silver Economy" mit enormen Wachstums- und Beschäftigungspotenzialen. Gemeint sind etwa Gesundheitsmärkte in Bereichen wie Prävention, Wellness und Anti-Aging, aber auch Biomedizin und Medizintechnik sowie die Immobilienwirtschaft. Hier liegen vielfältige Möglichkeiten für innovative Produkte und Dienstleistungen. Bis zum Jahr 2035 wird z.B. erwartet, dass in diesen Branchen die Ausgaben der privaten Haushalte um 40 Prozent ansteigen werden (vgl. etwa Heinze u.a. 2005).

19.4.2 Postulate für eine ‚gute" Seniorenpolitik und Lehren für Deutschland

Insgesamt zeigt sich der Bereich der Pflege und der Seniorenpolitik im internationalen Vergleich als sehr heterogen, was nicht zuletzt damit zusammenhängt, dass das Handlungsfeld relativ jung ist. Insofern ist die Übertragbarkeit von „good practices" schwer, trotz der ausgesprochenen hohen Ähnlichkeit der Problemlagen. Jedoch ist es möglich und sinnvoll doch sind einige normative Prinzipien und Forderungen darzustellen, die auch für die Debatten in Deutschland von Bedeutung sind.

- Die materielle Absicherung des Alters sollte strukturelle Benachteiligungen von Frauen wenn nicht aufheben, so doch wenigstens nicht verschärfen.
- Die Sicherung des Existenzminimums im Alter sollte unabhängig vom Einkommen im Erwerbsleben gesichert sein.
- Die vielfach vor allem von alten Menschen als entwürdigend empfundene bedarfs- und antragsabhängige Auszahlung eines existenzsichernden Einkommens sollte zugunsten einer unbürokratisch ausgezahlten Grundsicherung aufgegeben werden.

- Die Inanspruchnahme von notwendigen pflegerischen Leistungen sollte nicht zu einer Verarmung der betroffenen alten Menschen führen.
- Um den möglichst langen Verbleib alter Menschen in ihrer gewohnten Umgebung zu sichern, sollten gemäß der vielfältigen Arten von Hilfsbedürftigkeit verschiedene Einrichtungen die ausreichende ambulante Versorgung bei enger Verzahnung und Übergangsmöglichkeiten zu stationären Einrichtungen ermöglichen.
- Die Einbindung informeller Hilfe sollte die Selbstausbeutung pflegender Angehöriger nicht fördern, sondern Unterstützung von Beratung bis hin zur bezahlten Hilfe beinhalten.
- Dabei sollte, soweit möglich, das Selbstbestimmungsrecht der zu Pflegenden gewahrt bleiben.

19.5 Zentrale Literatur

Alber, J. 1990: Ausmaß und Ursachen des Pflegenotstands in der Bundesrepublik. In: Staatswissenschaften und Staatspraxis, 1. Jg., Heft 3, S. 335-362.

Backes, G. u.a. 2008: Gender in der Pflege. Herausforderungen für die Politik. Bonn.

Baldock, J./Evers, A. 1991: Beiträge zu einer neuen Dienstleistungskultur. Beispiele aus dem Bereich der Altenpflege in den Niederlanden, Schweden und England. In: Soziale Welt, Jg. 42, H. 2, S. 232-257.

Bauer, U./Büscher, A. (Hrsg.) 2008: Soziale Ungleichheit und Pflege. Wiesbaden.

Eisen, R./Mager, H-C. (Hrsg.) 1999: Pflegebedürftigkeit und Pflegesicherung in ausgewählten Ländern. Opladen.

Flösser, G/Otto, H.-U. (Hrsg.) 1998: Towards More Democracy in Social Services. Models and Culture of Welfare. New York.

Lister, R. 2000: The Social Relations of Care. In: Lewis, G. u.a. (Hrsg), Rethinking Social Policy. London.

OECD 2005: Long Term Care for Older People.

Skuban, R. 2003: Pflegesicherung in Europa. Sozialpolitik im Binnenmarkt. Wiesbaden 2003

Schmid, J. 2009: Soziale Dienste und die Zukunft des Wohlfahrtsstaates, in: Heinze, R./Evers/Olk, Th. (Hrsg.), Handbuch Soziale Dienste, Wiesbaden

Schölkopf, M./Alber, J. (Hrsg.) 1999: Seniorenpolitik. Die soziale Lage älterer Menschen in Deutschland und Europa. Amsterdam.

Sieveking, K. (Hrsg.) 1998: Soziale Sicherung bei Pflegebedürftigkeit in der Europäischen Union. Baden-Baden.

Tester, S. 1999: Comparative Approaches to Long-term Care. In: Claasen, J. (Hrsg.), Comparative Social Policy. Oxford.

Woods, D. 2009: Stratification in Policies of Employment and Care Work. In: Koistinen, P. u.a (Hrsg.): Emerging Systems of Work and Welfare. Brüssel, S. 115-144.

20 Bildung im Wohlfahrtsstaat: Neue Wachstumsimpulse und Konfliktzonen

20.1 Einleitung: Einige Aspekte der Bildungsdebatte

Abseits der Sozialversicherungen stellt das Politikfeld Bildung eines der wichtigsten Zukunftsfelder wohlfahrtsstaatlichen Handelns dar: Eine hohe gesellschaftliche Bildung und ein möglichst gut funktionierendes Bildungssystem entscheiden maßgeblich über das Innovationspotenzial von Wirtschaftssystemen und damit langfristig auch über Wachstumsdynamik und standortpolitische Konkurrenzfähigkeit. Für die globalisierten Wissensökonomien Westeuropas, die vom Strukturwandel und immer wichtiger werdenden Hightech-Industrien geprägt sind, ist gute Bildungspolitik eine Grundvoraussetzung zur Wahrung ihrer Schlüsselstellung und Wettbewerbsfähigkeit.

Auf individueller Ebene ist Bildungspolitik ein wichtiger Beitrag zur „Inklusion in alle gesellschaftlichen Funktionssysteme" und somit eine Zentralkategorie von Sozialpolitik (Opielka 2005: 127). Bildung kann dabei als die Basis erwerbsbiografischer Pfadabhängigkeit verstanden werden: Schon in der Schule werden marktwirtschaftliche Partizipationschancen von Menschen wesentlich geprägt, denn hier entscheidet sich, wer studieren darf und wer nicht. Die Bildungsexpansion der 1970er Jahre hat in der BRD dafür gesorgt, dass insgesamt weit mehr Menschen als noch in der Nachkriegszeit und den ersten beiden Jahrzehnten der Bundesrepublik die Chance auf eine Hochschulbildung haben: Besuchten 1950 noch 13 Prozent aller Jungendlichen in Deutschland das Gymnasium, so sind es 2003 mit 33 Prozent fast dreimal so viele. Inzwischen ist das Gymnasium damit die meist besuchte Schulform[244]. Die Folge dieser gesellschaftlichen Ausdehnung der Hochschulzugangsberechtigung ist ein deutliches Anwachsen der Studierendenzahl gewesen, was sich im durchaus negativ besetzten Begriff der Massenuniversität niederschlägt. Die Ausweitung der Bildung geht deshalb einher mit neuartigen Steuerungs- oder governance-Herausforderungen, die unter dem Begriff „new public management" diskutiert werden (vgl. Oehler 2000, Mühlenbein 2006).

---

244 Vgl. http://www.bpb.de/publikationen/UQTRKX,0,Bildungsexpansion_und_Bildungschancen.html

Doch nicht nur verwaltungswissenschaftliche Fragen drängen sich durch die Bildungsexpansion auf. Als besonders für Deutschland kritischer Impuls haben sich in der Reformdebatte gerechtigkeitstheoretische Überlegungen herauskristallisiert: Dass eine Ausweitung von Bildung den gesamtgesellschaftlichen wirtschaftlichen Nutzen erhöht, liegt auf der Hand. Abseits dieses klassisch utilitaristischen Aspekts darf jedoch die problematische Gruppendynamik der Bildungsexpansion nicht übersehen werden: So hat John Rawls in seiner bekannt gewordenen Gerechtigkeitstheorie die Vorstellung entworfen, dass gesellschaftliche Umbrüche immer auch zu einer Besserstellung der besonders Benachteiligten führen sollten (vgl. Rawls 1979: 336.s.a. Merkel 2004). Genau dies scheint die Bildungsexpansion insbesondere in Deutschland nicht leisten zu können. So kritisiert beispielsweise die OECD im Rahmen ihrer viel beachteten jährlich erscheinenden Studie „Bildung auf einen Blick" stets die in Deutschland zu große Abhängigkeit der Bildungschancen vom sozioökonomischen Hintergrund. Dies sowie der Umstand, „dass Deutschland mittlerweile nur noch einen deutlich geringeren Anteil eines Jahrgangs zu einem akademischen Abschluss führt als die OECD-Länder im Schnitt" gebe „einigen Grund zur Sorge" (OECD 2007b: 1).

In der Tat belegt ein Blick in die Statistik die mahnenden Worte aus Paris: Mit 32,4 Prozent nimmt in Deutschland ein weit kleinerer Anteil eines für den Studienanfang in Frage kommenden Jahrgangs an der Tertiärbildung teil als in anderen OECD-Ländern (Hradil 2004: 145). Das Kind einer Akademikerin wird in Deutschland zudem mit einer weit größeren Wahrscheinlichkeit das Gymnasium besuchen als die Tochter oder der Sohn einer Arbeiterfamilie: Im Jahr 2000 besuchten 52 Prozent der Kinder von Eltern, die in der oberen Dienstklasse[245] beschäftigt sind, das Gymnasium. Dagegen gingen im gleichen Jahr nur 16 Prozent der Facharbeiterkinder aufs Gymnasium und im internationalen Vergleich ist der Unterschied zwischen der Lesekompetenz von 15-Jährigen aus besser gestellten Elternhäusern und Gleichaltrigen aus sozioökonomisch schwächeren Familien frappierend hoch (vgl. Geißler 2004: 16; Hradil 2004: 154/156). Dies schlägt sich in einer beachtlichen sozialen Selektivität beim Hochschulzugang nieder (siehe Schaubild 20-1): Hier offenbart der Längsschnittvergleich, wie Kinder von Beamten und Selbstständigen in Deutschland überproportional gewinnen, während Arbeiterkinder offensichtlich „abgehängt" werden.

245 Hierunter fallen führende Angestellte, höhere Beamte, freiberufliche Akademiker und Selbstständige mit zehn oder mehr Mitarbeitern.

Schaubild 20-1: Studienanfängerquoten an Universitäten in Westdeuschland (nach Beruf des Vaters)

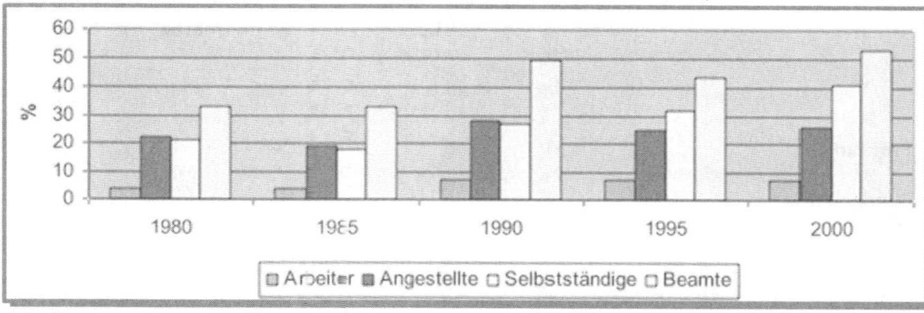

Quelle: Eigene Erstellung auf Datenbasis von Hradil 2004: 155.

Eine weitere OECD-Publikation hat in Deutschland für enormes Interesse gesorgt: Als der OECD und ihrem Netzwerk an Wissenschaftlern die begrenzte Aussagefähigkeit der amtlichen Daten in „Bildung auf einen Blick" bewusst wurde, fand Mitte der 1990er Jahre die Entwicklung des „Programme for International Student Assessment" statt, das in der Öffentlichkeit unter dem Akronym „PISA" bekannt geworden ist (vgl. Leibfried/Martens 2008: 8/9). Seit 2000 erscheint die einschlägige Studie über die Fähigkeiten von Schulkindern im dreijährigen Rhythmus mit einer jeweils anderen Schwerpunktsetzung, wobei in der ersten Durchführung das Hauptaugenmerk auf dem Bereich Lesekompetenz, drei Jahre später auf Mathematik und in der jüngsten Auflage von 2006 auf den Naturwissenschaften lag. Als die erste PISA-Studie erschien, trat dies in Deutschland eine neue Bildungsdebatte los: Die Einordnung der Lesekompetenz deutscher Schulkinder im hinteren Viertel des Feldes sorgte, in Anlehnung an den historischen Sputnik-Schock, für einen „PISA-Schock" und eine engagierte Debatte über mögliche Reformen von verschiedenen bildungspolitischen Einzelaspekten. Synonym für erfolgreiche Bildungspolitik indes wurde im Rahmen der PISA-Studien Finnland - ein Land, dessen Bildungssystem unter anderem von der Gesamtschule bis zur neunten Klasse, einem weitgehenden Verzicht auf Sonderschulen, obligatorischem Vorschulunterricht und einer im internationalen Vergleich elitären Lehrerausbildung geprägt ist (s.u.). Auch in den PISA-Folgestudien mit Schwerpunkt auf Mathematik bzw. Naturwissenschaften fand sich Finnland stets in der Spitzengruppe. Deutschland derweil schnitt mit einem 13. Platz im Durchschnitt bei 57 teilnehmenden Ländern in der jüngsten PISA-Studie von 2006 besser ab als noch in den Vorjahren (siehe Schaubild 20-2).

Schaubild 20-2: Ergebnisse der PISA-Studie 2006 nach ausgewählten Ländern (gerankt nach Platzierung).

	Naturwissenschaften		Lesekompetenz		Mathematik		Durchschnittsplatzierung *
	Punkte	Platz	Punkte	Platz	Punkte	Platz	
Finnland	563	1	547	2	548	1	1
Niederlande	525	6	507	8	531	5	6
Deutschland	516	10	495	12	504	16	13
Schweden	503	20	507	7	502	17	15
Großbritannien	515	12	495	14	495	22	16
Dänemark	496	22	494	14	513	13	16
Frankreich	495	22	488	18	496	21	20
USA	489	24	:	:	474	32	28
Spanien	488	26	461	34	480	31	30
OECD-Schnitt	500		492		498		

* Hier dargestellt ist der so genannte obere Rangplatz aller teilnehmenden Länder (nicht nur der der OECD-Mitglieder; vgl. zum Verfahren: OECD 2006).

Quelle: Eigene Darstellung

Ganz offensichtlich zeichnet sich eine Transnationalisierung nicht nur des Diskurses über Bildungspolitik, sondern auch der bildungspolitischen Lösungsfindung ab (vgl. zur Rolle der OECD: Parreira do Aramal 2006: 75-90 und zum Europäischen Hochschulraum Witte 2006a). Eine der dringendsten Fragen in diesem Zusammenhang ist die der Übertragbarkeit von Politikstrategien. Um sich hier einer Antwort zu nähern, ist es unerlässlich, nationale Pfadabhängigkeiten zu verstehen, die stets den Handlungskorridor für aktuelle Reformen abgeben. In diesem Zusammenhang fallen einerseits die anhaltende Divergenz nationaler Bildungssysteme sowie andererseits einige dennoch interessante Lösungsansätze auf. Im Folgenden soll vor diesem Hintergrund ein kurzer Überblick über die Bildungsstrukturen der in diesem Buch behandelten Staaten sowie Finnlands, das im Lichte der PISA-Studie besonders erfolgreich war, gegeben werden. Hierbei finden einige Exkurse zu interessant erscheinenden Aspekte statt. Diese sind: Das Vorschulwesen in Frankreich, das Schulsystem in Finnland, der Dualismus privater und öffentlicher Ausbildungsstrukturen in England und den Niederlanden sowie die Konvergenz von Hochschulpolitiken im Rahmen des Bologna-Prozesses. Am Ende des Kapitels erfolgt der theoretische Rückbezug zur vergleichenden Wohlfahrtsstaatsforschung.

20.2 Bildungssysteme in ausgesuchten Wohlfahrtsstaaten

20.2.1 Vorschule

Die Einrichtungen des elementaren Bildungsbereichs zur Vorbereitung auf den Schulbesuch wie auch als familienpolitisches Element zur besseren Vereinbarkeit von Familien- und Privatleben sind in Europa unterschiedlich stark ausgeprägt und von nationalen Entwicklungstraditionen wie Bildungskultur und Wertvorstellungen über Kinder und Familie gekennzeichnet. Dies bestätigt auch ein Blick auf die in diesem Band näher behandelten Länder. In Deutschland gehen getrennte Vorschuleinrichtungen immer stärker in Kindergärten auf, die ab einem Alter von drei Jahren besucht werden. Die Vorschule in England ist, genau wie das englische Sekundarschulsystem (s.u.) von einem öffentlich-privaten Dualismus aus staatlich geförderten und so für Eltern kostenlosen nursery schools sowie privaten Einrichtungen geprägt (vgl. Hensgen ohne Datum). Besucht werden die Vorschulen in England in der Regel von Kindern im Alter von drei bis fünf Jahren, wobei hier die im internationalen Vergleich sehr frühe Einschulung auffällt, die gleichwohl in den Niederlanden in der Regel noch früher erfolgt: Hier ist der Besuch der Vorschule Basisschool für Kinder im Alter ab vier Jahren obligatorisch, getrennte Vorschulen oder Kindergärten bestehen darüber hinaus nicht. Die Vorschulen in Spanien sind als öffentliche Einrichtungen zumeist in die Primarschulen integriert, ihr Besuch ist wie der des deutschen Kindergartens freiwillig. Die von Zweiverdiener-Haushalten geprägten skandinavischen Länder Dänemark und Schweden sind demgegenüber von stark ausgebauten Betreuungs- und Bildungseinrichtungen im elementaren Bereich gekennzeichnet: So bestehen in Dänemark Kinderkrippen für Kinder im Alter von bis zu drei Jahren und Kindergärten für drei- bis siebenjährige Kinder, zudem ist der Besuch der Vorklasse der Gesamtschule folkeskole obligatorisch. Auch in Schweden, das wie Dänemark ein Paradebeispiel für die Betreuung von Kleinkindern in Tagesstätten darstellt, besuchen mit über 80 Prozent die meisten Kinder im Alter von sechs Jahren die Vorschule. (Vgl. als Übersicht Gries et al. 2005 sowie zu Deutschland und Schweden Veil 2003.)

20.2.1.1 Vorschule mit Tradition: Frankreich

Einen genaueren Blick wert ist, neben den nordischen Beispielen, Frankreich, das als nicht-nordisches Land durch ein äußerst ausgeprägtes Betreuungssystem im Vorschulalter auffällt. Die écoles maternelles, die französischen Vorschulen, sind hier zu einer „sozialen Norm" geworden, die von „großer gesellschaftlicher Wertschätzung" gestützt wird (Veil 2003: 18), was nicht zuletzt durch ihre lange, bis ins 19. Jahrhundert zurückreichende Tradition (vgl. Fix ohne Datum) zu erklären ist. Die Vorschulen sind „strukturell, administrativ und pädagogisch Teil des Schulsystems" (Gries et. al 2005: 27) und somit - wie die Primar- und Sekundarschulen auch - der zentralistischen Verwaltung untergeordnet.[246] Besucht werden die Vorschulen in Frankreich von Kindern im Alter von zwei bis fünf Jahren, der Beginn der gesetzlichen Schulpflicht liegt bei sechs Jahren. Inhaltlich sollen vor allem die Bereiche Sprachentwicklung und individuelle Kreativität gefördert werden, um so insbesondere zur bildungspolitischen Chancengleichheit von Kindern aus benachteiligten Familien beizutragen (vgl. Veil 2003: 18). Insgesamt steht der „schulvorbereitende Charakter ... gegenüber dem Aspekt der Aufbewahrung und der Betreuung im Vordergrund" (Veil 2002: 31). Ein öffentlich-privater Dualismus besteht im Fall der französischen Vorschulstrukturen nicht, vielmehr gelten die écoles maternelles als dominantes und kulturell durchgesetztes Bildungsangebot. Ihr hoher gesellschaftlicher Stellenwert spiegelt sich ferner im Ausbildungsniveau der Betreuenden wider, die voll ausgebildete Vorschullehrer, etwa mit Spezialisierung auf Vorschulpädagogik oder Kinderpflege, sind.

Frankreich fällt mit seinem Ansatz der Vorschule durchaus auf, sind es doch ansonsten eher die nordischen Länder, welche ausgebaute vorschulische Betreuungsstrukturen aufweisen. Zu verstehen ist dies gleichwohl unter Heranziehung der bildungspolitischen Historie Frankreichs: Die écoles maternelles sollten insbesondere nach dem deutsch-französischen Krieg 1870/71 und nach dem Ersten Weltkrieg mit gesundheitlicher und hygienischer Erziehung helfen, die Säuglingssterblichkeit zu reduzieren und so positive demografische Effekte erzielen. Einen Ausbau erfuhren die Vorschulen dann in der zweiten Hälfte des 20. Jahrhunderts mit einem deutlichen Anwachsen der Schülerzahl. Ihre prinzipielle pädagogische Zielsetzung der Schaffung von Grundvoraussetzungen für spätere Aufgaben wie z.B. den Besuch der Primar- und Sekundarschule hat sich seit Bestehen der écoles maternelles quasi nicht verändert, gleichwohl werden diese Ziele nun über

246 Gleichwohl gilt dies nur für die in den écoles maternelles eingestellten Lehrerinnen und Lehrer. Das hinzukommende Hilfspersonal ist bei der jeweiligen Kommune angestellte, welche auch für Bau und Unterhaltung der Vorschulen auf ihrem Gebiet verantwortlich ist. (Vgl. Veil 2001: 33.)

eher zeitgemäße Mittel realisiert: So sind an die Stelle von hygienischer Erziehung und Gesundheitsvorsorge andere Inhalte getreten, die wie die bereits erwähnten Elemente der Sprach- und Kreativitätsförderung stärker kognitive – als wie früher körperliche – Voraussetzungen für den weiteren Bildungsweg schaffen sollen. (Vgl. Ebd.: 33/34, s.a. Länderkapitel Frankreich)

20.2.2 Schulsysteme in Europa

Vereinfacht lassen sich die Schulsysteme in Europa in drei Typen einordnen, welche sich an der institutionellen Ausdifferenziertheit und damit auch an der in den Typen erbrachten Integrationsleistung orientieren (Immerfall 2006: 63).

Ein erster Typ kann als gesamtschulartiges System charakterisiert werden, in dem Schülerinnen und Schüler sehr lange eine einheitliche Grundschule besuchen. Neben den nordischen Ländern Dänemark, Finnland und Schweden, wo neun Jahre lang eine gemeinsame Schule besucht wird, sind diesem Typ auch Frankreich mit ebenfalls neun und als Grenzfall Spanien mit acht Gesamtschuljahren zuzurechnen.

Ein zweiter Typ von Schulsystemen zeichnet sich durch eine kürzere Phase (sechs oder sieben Jahre) des gemeinsamen Schulbesuchs aus, an die sich jedoch häufig vergleichsweise integrative Sekundarschulen anschließen. Unter diesen Typ fällt neben Griechenland, Irland und Italien etwa England mit sechs Jahren gemeinsamem Schulbesuchs.

Der dritte Typ weist im Vergleich dazu sehr kurze gemeinsame Schulzeiten und ein ausdifferenziertes Sekundarschulwesen auf; als prototypisch gilt hier Deutschland mit seinem – inzwischen unter Reformdruck geratenen - dreigliedrigem Schulsystem, wo nach Kindergarten und der im Verschwinden begriffenen optionalen Vorschule vier gemeinsame Schuljahre und danach die Aufteilung in Haupt- und Realschule bzw. Gymnasium folgen. Auch die Niederlande können diesem dritten Typ zugerechnet werden, wenngleich hier die Einteilung durch die lange andauernde niederländische Grundschule Basisschool, die Kinder häufig ab dem vierten Lebensjahr besuchen, und die hohe Autonomie der holländischen Schulen (s.u.) deutlich schwerer fällt. (Vgl. zur Typologie Immerfall 2006: 63/64 und als Überblick über europäische Bildungssysteme Gries et al. 2005.)

20.2.2.1 Finnland: Beispiel eines integrativen Schulmodells

Einen Exkurs wert ist vor dem Hintergrund der gegenwärtigen öffentlichen Debatte das Schulsystem Finnlands, das in den PISA-Studien der vergangenen Jahre kontinuierlich exzellent abgeschnitten hat (s.o.). Dabei stand und steht die finnische Bildungspolitik im Kontext spezifisch nordischer Voraussetzungen. Dies ist zum einen die mit rund fünf Millionen im Vergleich zu den größeren europäischen Staaten deutlich geringere Einwohnerzahl, die in den nordischen Ländern ungleich auf Ballungsräume wie im finnischen Süden Helsinki und zum anderen auf dünn besiedelte Gegenden wie den mittleren Norden oder Lappland verteilt sind. Bildungspolitisch gewendet bedeutet die finnische Sozialstruktur damit auf der einen Seite im Vergleich beispielsweise mit Deutschland geringere quantitative Anforderungen, zum anderen aber ebenso spezielle Herausforderungen, die in dieser Form in tiefer liegenden Breitengraden Europas nicht bestehen. Dies hat charakteristische institutionelle Arrangements zur Folge. Ein Beispiel hierfür ist das Ganztagesschulwesen, das im finnischen Schulsystem aufgrund der langen Schulwege gerade im Norden des Landes bereits früh institutionalisiert worden ist, da wegen des langen Heimweges für viele Kinder die Notwendigkeit eines warmen Mittagessens bestand. Diese Regelungstradition hat heute wiederum ihre (positive) Auswirkung, wenn es darum geht, durch Betreuungsangebote die Berufstätigkeit beider Elternteile zu fördern (vgl. Matthies 2002: 40).

Kern des in den 1970er Jahren grundlegend reformierten finnischen Schulsystems ist die neunjährige Grundschule Perusskoulu, in der die Klassenstufen 1 bis 6 den Primarbereich und die Stufen 7 bis 9 den Sekundarbereich darstellen. Eine Übergangsprüfung zwischen Primar- und Sekundarbereich findet nicht statt. Am Ende des Gesamtschulbesuchs steht in Klasse 9 gleichwohl eine Abschlussprüfung, nach deren Bestehen Schülerinnen und Schüler in die Sekundarstufe II wechseln, wo wiederum zwischen einem allgemeinbildenden und einem beruflichen Zweig gewählt werden kann. Der allgemeinbildende Zweig (Lukio) endet mit der zentral geprüften allgemeinen Hochschulreife, die durch zusätzliche Prüfungen zur Verbesserung der Zulassungschancen an Hochschulen ergänzt werden kann. Im beruflichen Zweig kann entweder eine berufsbildende Einrichtung besucht oder eine Lehre im Rahmen des dualen Systems absolviert werden. (Vgl. Gries et al. 2005: 24-26, Matthies 2002: 40-42.)

Neben Lehrerinnen und Lehrern verfügen finnische Schulen über zusätzliches pädagogisches Personal wie beispielsweise Schulpsychologinnen und -psychologen oder Lehrkräfte speziell für lernschwache Kinder (vgl. Freymann 2004). Die Option der Klassenwiederholung besteht in Finnland zwar, in der Praxis bleiben Kinder dennoch nur äußerst selten sitzen: Lernprobleme werden stattdessen durch individuelle Förderstunden und den Einsatz von Sonderpädagogen auszugleichen versucht (Matthies 2002: 41), was auch einen weitgehenden Verzicht auf Sonderschulen zur

Folge hat. Die Integration lernschwächerer Kinder wird durch die vergleichsweise kleine durchschnittliche Klassengröße von knapp 20 Schülerinnen und Schülern zusätzlich erleichtert. In diesem Zusammenhang interessant ist auch der in Finnland äußerst zurückhaltende Umgang mit bezifferten Noten, welche erst ab Klassenstufe 5 vergeben werden.

Eine Ganztagsschulstruktur im engeren Sinn besteht in Finnland vor allem für ältere Schüler, während in den unteren Klassen der eigentliche Schultag in der Regel um 13 oder 14 Uhr endet. Die so entstehende Betreuungslücke der sieben- bis neunjährigen wird durch verschiedenartige Ansätze wie beispielsweise am Nachmittag stattfindende Arbeitsgemeinschaften, Nachmittagsbetreuung in Kindertagesstätten oder Angebote freier Träger aufgefangen (vgl. ebd.: 42).

Das finnische Bildungssystem zeichnet sich des Weiteren durch einen besonderen Status der pädagogischen Ausbildung aus, die einerseits ein hohes Sozialprestige genießt und andererseits für Studierende als besonders herausforderungsreich gilt: Jährlich werden nur rund zehn Prozent der ca. 5.000 Bewerberinnen und Bewerber zum Lehramtsstudium zugelassen, welches im internationalen Vergleich durch „Tiefe und Reichweite" (Sahlberg 2007: 154; eigene Übersetzung) hervorsticht. Auch außerhalb des Schuldienstes gelten die Berufschancen für Lehramtsstudierende in Finnland als ausgezeichnet. (Vgl. ebd.: 154/155.)

Unabhängig von der Diskussion um die mögliche Übertragbarkeit finnischer Elemente auf andere Schulsysteme (speziell auf das deutsche) stellt sich trotz aller interessanten Aspekte der Schule in Finnland die Frage, inwieweit überhaupt die institutionelle Ausgestaltung das kleine Land im Norden zum PISA-Erfolgsmodell gemacht hat. Die finnisch-deutsche Erziehungswissenschaftlerin Thelma von Freymann jedenfalls weist in der Debatte zu Recht auf diverse weitere, „weiche" Erfolgsfaktoren hin, die das zweifellos essentielle institutionelle Arrangement flankieren:

> „Jeder Analyse des Schulsystems müssen die Faktoren vorausgestellt werden, die in der Eigenart des Landes, seiner Gesellschaft und Kultur liegen. Vor allem für die guten Ergebnisse der finnischen PISA-Probanden im Lesen gibt es Gründe, die kaum übertragbar sein dürften: So verfügt Finnland aufgrund der langen Winter über eine Lesetradition, für die es südlich der Ostsee keine Entsprechung gibt. Wer lieber fernsieht, schult aufgrund der Untertitelung ausländischer Filme ebenfalls nebenbei sein Lesevermögen. In der Schule gibt es aufgrund intensiver staatlicher Sprachförderung kaum Ausländerkinder, die dem Unterricht aus sprachlichen Gründen nicht folgen können. Und last but not least sind die finnische Gesellschaft und ihr Wertegefüge in weiten Bereichen noch immer sehr homogen." (Freymann 2004.)

Zusammenfassend lässt sich also sagen: Das finnische Bildungsmodell mit seiner Gesamtschule, dem weitgehenden Verzicht aufs Sitzenbleiben und der elitären pädagogischen Ausbildung mag interessante, und immer im Lichte nationaler Verwaltungstraditionen in Grenzen übertragbare, Reformanregungen bereit halten. Als Allheilmittel darf eine pure institutionelle Umgestaltung der Schulstruktur dennoch nicht gelten.

20.2.2.2 England und die Niederlande: Öffentlich-privater Dualismus

Die Diskussion um das finnische Schulsystem illustriert mit der Thematisierung des Gesamtschulmodells sicherlich eine der wesentlichen Konfliktlinien in der europäischen Bildungsdebatte - dennoch gibt es weitere interessante Aspekte, die im internationalen Vergleich den Blick auf deutliche Divergenzen lenken: So beispielsweise die Frage nach dem Status von Privatschulen gegenüber öffentlichen Bildungseinrichtungen.

England ist traditionell bekannt für seine privaten Schulen. Prominentestes Beispiel ist hier das von Mitgliedern der Königsfamilie und verschiedenen späteren Premierministern besuchte Elite-Internat Eton westlich von London. In der Tat waren Privatschulen für die Entwicklung des Bildungssystems in England von herausragender Bedeutung, so befand sich bis ins ausgehende 19. Jahrhundert fast die gesamte englische Schullandschaft in privater Trägerschaft. Dies hat sich gleichwohl mit einem deutlichen Ausbau der öffentlichen Schulen dramatisch gewandelt: Ende der 1970er Jahre sank der Anteil von Privatschülern an den Schülern insgesamt auf gute fünf Prozent, wobei die Quote der Privatschüler seitdem wieder leicht ansteigt[247]. (Vgl. Glowka 1996: 68.)

Neben Steuergeldern finanzieren sich die englischen Privatschulen v.a. aus den hohen von Eltern zu entrichtenden Schulgeldern. Gleichwohl bestehen als Sonderfall staatlich geförderte und von privaten Sponsoren getragene academies, die vor allem in von benachteiligten Bevölkerungsgruppen dominierten Gebieten breit gefächerte Bildungsangebote zur Verfügung stellen und kein Schulgeld erheben (Schaub/Zenke 2007: 195). Inhaltlich decken die privaten Schulen ein breites Spektrum wie beispielsweise auch reformpädagogische oder künstlerische Ansätze ab (vgl. Glowka 1996: 68). Dabei fällt auf, dass der Schulalltag in den englischen Privatschulen im Lauf der vergangenen Jahrzehnte liberalisiert worden ist, was sich an verschiedenen Beispielen wie etwa der Abkehr von der getrennt-geschlechtlichen Erziehung in vielen Einrichtungen belegen lässt (vgl. ebd.: 69).

---

247 Datenquelle: Glowka 1996: 68, National Statistics UK online: http://www.statistics.gov.uk/STATBASE/ssdataset.asp?vlnk=7297 .

Als Sonderfall der (Privat-)Schulstruktur gelten die Niederlande. Auch hier besteht ein Dualismus zwischen öffentlichen und privaten Schulen, doch ist die Entwicklungsgeschichte eng mit der historisch dominanten katholisch-protestantischen Konfliktlinie und dem für die Niederlanden paradigmatischen Modell der versäulten Gesellschaft verknüpft (vgl. Becker/Kersbergen 1986 bereits in LV; s.a. Kapitel „Der niederländische Wohlfahrtsstaat" in diesem Buch). Das im Jahr 1848 gesetzlich verankerte Recht der freien Schulwahl und Schulgründung sowie insbesondere ein aus dem Jahr 1917 stammendes Gesetz zur gleichgestellten Finanzierung von Privatschulen sorgten in den Niederlanden für einen deutlichen Ausbau der außerordentlichen, d.h. privaten, Bildungseinrichtungen. Für die gesellschaftlichen Gruppen der Versäulung, v.a. die protestantische und katholische Säule, bot sich so die Möglichkeit, „eigene anerkannte Schulen zu gründen und ihre Auffassung im Unterricht zur Geltung zu bringen" (Brinkmann 1996: 126), wodurch eine sektorale konfessionelle Gliederung im niederländischen Schulsystem entstand.

Rund 70 Prozent der niederländischen Schulkinder besuchen heute eine Privatschule. Träger der Privatschulen sind Stiftungen, kirchliche Organisationen oder Elternvereine, deren berechtigte weltanschauliche Autonomie jedoch durch bestimmte staatliche Vorgaben wie in Richtlinien festgelegte wesentliche Unterrichtsinhalte, Leistungsanforderungen und zentrale Abschlussprüfungen an Grenzen stößt (vgl. Schaub/Zenke 2007: 453). Das niederländische Schulsystem ist, so analysiert Alderik Visser, damit „auf [der] Makro-Ebene (...) genauso einheitlich und verstaatlicht wie dasjenige von etwa Deutschland und Frankreich, wenn nicht sogar mehr. Auf Mikro-Ebene aber, auf dem Niveau einer einzelnen Schule, kreieren ganz andere formelle und informelle Hierarchien eine andere Schulkultur, die wesentlich von ganz anderen (...) institutionellen Arrangements geprägt wird" (Visser 2004: 4). Ersichtlich wird dies unter anderem an der Rolle der Eltern in protestantischen Privatschulen. Während katholische Einrichtungen zumeinst von Stiftungen getragen werden, sind die Träger protestantischer Schulen in der Regel Elternvereine, die Schulverwaltung und Lehrer anstellen und über Gremien an der Gestaltung des Schullebens maßgeblich mitwirken (vgl. ebd.: 4/5).

20.2.3 Hochschulsysteme in Europa

Ähnlich wie im Fall der anderen Bildungsbereiche Vorschule und Schule fällt es auch im Bereich der Hochschulbildung schwer, die bestehenden Systeme auf eine einzige schlanke Typologisierung herunterzubrechen. Eine Reihe von Studien wie z.B. von Clark (1977) oder Trow (1984) haben die Divergenzen von Hochschulsystemen vielmehr entlang ganz unterschiedlicher Bruchlinien untersucht (einen Überblick bietet Teichler 1990). Gleichwohl haben die Hochschulforscher (v.a. Teichler 1990, 2005a, 2005b) mit dem Unterscheidungskriterium des Diversifizierungsgrads von Hochschulsystemen wenn auch keine Typologie im eigentlichen Sinne so doch zumindest einen aussagekräftigen institutionellen Gradmesser[248] geschaffen, der es uns erlaubt, eine Vorstellung vom höchst unterschiedlichen Charakter der international anzutreffenden Universitätslandschaften zu bekommen. Diversifizierung meint, kurz gesagt, die Ausdifferenziertheit von Hochschulsystemen. So sollen in einem stark diversifizierten Modell „zwar möglichst viele die Chance zum studieren haben, aber innerhalb des tertiären Bereichs soll eine Vielfalt getrennter Institutionen bestehen, die sich sowohl in ihren spezifischen Zielsetzungen als auch in ihrem wissenschaftlichen Niveau unterscheiden." (Teichler 1990: 34.) Der Begriff der Diversifizierung lässt sich auf Basis dieser Definition in die beiden Elemente der horizontalen wie der vertikalen Diversifizierung zerlegen. In einem horizontal diversifizierten Hochschulsystem bestehen unterschiedliche Teilsysteme von Tertiärbildung wie z.B. in Deutschland Universitäten und Fachhochschulen mit ihren spezifischen Zielsetzungen, wobei jedoch noch nichts über Hierarchien innerhalb der jeweiligen Teilsysteme ausgesagt werden kann. Genau das wiederum wird durch den Begriff der vertikalen Diversifizierung erfasst, welcher auf teilsysteminterne Statusunterschiede beispielsweise zwischen einzelnen Universitäten abzielt.

Horizontale Diversifizierung lässt sich daran ablesen, wie viele unterschiedliche Arten von Hochschulen in einem System bestehen. Teichler (2005) verortet hier auf dem einen Ende des Kontinuums integrierte, d.h. gering diversifizierte Systeme wie etwa Italien mit der starken Stellung staatlicher Volluniversitäten[249] oder Schweden, wo im Rahmen einer Hochschulreform 1977 alle tertiären Bildungseinrichtungen zur högskolan zusammengefasst worden sind. Binäre Hochschulsysteme dagegen sind von zwei dominierenden Arten der Hochschule gekennzeichnet – dies ist etwa gegeben im Fall Deutschlands mit dem schon erwähnten Dualismus aus Universität und Fachhochschule, die regional durch die Berufsakademien ergänzt werden, oder Englands mit Universitäten einerseits und stärker berufsbezogenen Colleges und Insitutes of Higher Education andererseits. Am Ende der Skala ist u.a. das horizontal äußerst ausdifferenzierte Hochschulwesen Frankreichs einzuordnen, wo mit den elitären grand écoles, Universitäten und der Einrichtung der institut universitaire

248 Der Begriff Indikator ist hier aufgrund bislang fehlender Quantifizierungsbemühungen bewusst vermieden.

249 Die gleichwohl regional auseinanderfallen (vgl. Brinkmann 1996: 120).

de technologie (IUT) eine ganze Reihe unterschiedlicher tertiärer und, im Falle der IUT, semitertiärer Bildungsinstitutionen nebeneinander bestehen.

Vertikale Ausdifferenzierung dagegen lässt sich an Statusunterschieden beim wissenschaftlichen Niveau, dem öffentlich wahrgenommenen Ruf etc. aufzeigen. Neben den USA gilt England mit seinen traditionellen Eliteuniversitäten wie Oxford und Cambridge als vertikal ausdifferenziertes System. Der Charakter Deutschlands scheint sich in dieser Hinsicht zu wandeln, soll doch die so genannte Exzellenzinitiative des Bundes und der Länder gerade auf die Herausstellung einzelner Universitäten gegenüber anderen abzielen (vgl. als kritischen Beitrag Münch 2007).

20.2.3.1 Der Bologna-Prozess: Policy-Konvergenz im Hochschulsektor

Mögen andere Bildungsbereiche wie beispielsweise das oben beschriebene Feld der Schulbildung zwar mittlerweile ebenfalls von transnationalen Akteuren wie der OECD geprägt sein, am auffälligsten ist der Mehrebenencharakter von (Bildungs-)Politikformulierung dennoch im Hochschulsektor, wo international vereinbarte Richtlinien die tertiären Bildungssysteme des 1999 neu geschaffenen Europäischen Hochschulraums (s.u.) in eine Politikkonvergenz hineinsteuern. So nannte bereits die 1998 im wesentlichen von Frankreich beförderte Sorbonne-Erklärung die Einführung des two cycle system von Studiengängen, bestehend aus den aufeinander aufbauenden Abschlüssen Bachelor und Master, als Entwicklungsziel für die europäischen Universitäten. Auf dieses von lediglich vier Staaten unterzeichnete Papier (neben Frankreich unterschrieben die Bildungsminister Deutschlands, Großbritanniens und Italiens) folgte eine von den Verfassern zunächst nicht für möglich gehaltene Entwicklung. So berichtet Witte (2006a: 126, eigene Übersetzung): „Was sie [die Unterstützer der Sorbonne-Erklärung, JS] nicht erwartet hatten, war der Eifer, mit dem andere europäische Bildungsminister auf die Erklärung antworteten, und die daraus resultierende Dynamik." Dies kann durch ein Zusammentreffen von in einzelnen Staaten national schon bestehenden und international durch die Sorbonne-Erklärung neu ausgehandelten Reformpräferenzen erklärt werden, wobei weiterhin als unabdingbare Voraussetzung für einen Reformprozess die nationalstaatlich geprägten Zielvorstellungen gelten sollten. Gerade für Deutschland kann dies mit Verweis auf eine schon vor dem Papier von Sorbonne geplante Novelle des Hochschulrahmengesetzes zur probeweisen Einführung von Bachelor und Master erklärt werden. (Vgl. Witte 2006a: 483-487, Witte 2006b: 22.)

Einige andere Staaten schlossen sich nachträglich der Sorbonne-Erklärung an, weitere Unterstützer kamen im Rahmen der Nachfolgeerklärung von Bologna (1999), Titel: „Der europäische Hochschulraum", hinzu, in der es heißt:

> „[Es bedarf] kontinuierlicher Impulse, um das Ziel größerer Kompatibilität und Vergleichbarkeit der Hochschulsysteme vollständig zu verwirklichen. (...) Insbesondere müssen wir uns mit dem Ziel der Verbesserung der internationalen Wettbewerbsfähigkeit des europäischen Hochschulsystems befassen. Die Vitalität und Effizienz jeder Zivilisation lässt sich an der Attraktivität messen, die ihre Kultur für andere Länder besitzt. Wir müssen sicherstellen, dass die europäischen Hochschulen weltweit ebenso attraktiv werden wie unsere außergewöhnlichen kulturellen und wissenschaftlichen Traditionen." (Erklärung „Der Europäische Hochschulraum".)

Auf Basis dieser dem Reformdruck durch möglicherweise mangelnde Wettbewerbsfähigkeit geschuldeten Überlegungen entschlossen sich die Bildungsminister erstens zum Aufbau eines vergleichbar unterteilten Studiengangsystems, dem erwähnten two-cycle-system, und zweitens zur Flankierung dieses Abschlusssystems durch ein vergleichbares Bewertungsschemata, den ECTS-Leistungspunkten des European Credit Transfer and Accumulation System, zur Erhöhung der Vergleichbarkeit und der internationalen Austauschfähigkeit von Studierenden[250].

Die Genese des europäischen Hochschulraums lässt sich vor dem Hintergrund gängiger Ansätze der Politikfeldanalyse recht gut fassen: Die Konvergenz der Hochschulpolitik scheint mehreren in diesem Zusammenhang von der Forschung als einschlägig erachteten Faktoren für die Angleichung nationaler Lösungswege geschuldet zu sein. Hierunter fallen etwa ein Regulierungswettbewerb nationaler Hochschulpolitiken, in dessen Rahmen eigene universitäre Standorte für Wirtschaft, Forschung sowie in- und ausländische Studierende möglichst attraktiv gestaltet werden sollen, andererseits auch eine transnationale Kommunikation durch diverse international beachtete Bildungsstudien wie verschiedene Hochschulrankings oder die bereits erwähnte OECD-Publikation „Bildung auf einen Blick" (vgl. Holzinger/Knill 2007).

Dennoch kann die offensichtliche Konvergenz von Hochschulpolitiken durch die Einführung des two-cycle-system nicht über weiterhin bestehende individuelle Eigenheiten hinwegtäuschen, wurde doch, so schreibt Witte, die Einführung von Bachelor und Master „vielfach herangezogen, um nationale Ausgestaltungen zu legitimieren, die auf europäischer Ebene nicht festgelegt sind". (vgl. Witte 2006b: 22) So wurde etwa in

---

250 In einigen europäischen Staaten wurden die ECTS-Leistungspunkte bereits seit 1989 im Rahmen des ERASMUS-Programms zum Studierendenaustausch erprobt.

Deutschland der Bachelor in Anlehnung an das angelsächsische Modell explizit als erster berufsqualifizierender Abschluss und nicht etwa als eine neue Art der Zwischenprüfung eingeführt. In anderen Ländern ist dies anders, so in den Niederlanden, wo gewünscht wird, dass möglichst viele Studierende auf Master-Niveau abschließen und wo deshalb jede Universität für ihre Bachelor-Studierenden auch ausreichend Master-Plätze bereitstellten muss. (Vgl. ebd.: 23/24).

20.3 Wohlfahrtstheoretische Zugriffe auf Bildungspolitik

20.3.1 Drei Welten der Bildung?

Die als Dreh- und Angelpunkt der vergleichenden Wohlfahrtsstaatsforschung bekanntgewordene Theorie Gøsta Esping-Andersens der drei Welten von Wohlfahrtsstaaten (Esping-Andersen 1990) ist mit ihrem zentralen Unterscheidungskriterium der Dekommodifizierung (sozialdemokratische Regime: hoch; liberale Regime: niedrig; konservative Regime: mittleres Niveau) bisher vor allem auf klassisch wohlfahrtspolitische Felder wie etwa Renten- oder Gesundheitspolitik angewendet worden (siehe Teil I dieses Buches). Reizvoll ist nunmehr, die Kompatibilität des Ansatzes mit anderen Politikbereichen wie etwa hier der Bildungspolitik zu prüfen und so die zentralen Annahmen Esping-Andersens vor einem neuen Hintergrund zu beleuchten. Sowohl der Blick auf die oben dargestellten institutionellen Ausgestaltungen von Bildungspolitik als auch einige schon seit geraumer Zeit vorliegende Forschungsergebnisse demonstrieren in diesem Zusammenhang bemerkenswerte Möglichkeiten der Übertragbarkeit.

Zunächst fallen insbesondere die im Sinne Esping-Andersens sozialdemokratischen Regime, sprich die nordischen Länder, durch ihre integrativ ausgerichteten Bildungsinstitutionen auf: Unter den hier näher behandelten Fällen sind es Schweden und Dänemark, ferner Finnland mit seinem im Rahmen der PISA-Studie ins Blickfeld der Öffentlichkeit gerückten Gesamtschulsystem, die eine offene, integrative Ausgestaltung des Bildungssystems aufweisen. Deutlich wird dies zunächst an den ausgebauten Kinderbetreuungsstrukturen, die zur Durchsetzung des im Norden vorherrschenden Familienbilds der Zweiverdienerhaushalte wichtig waren und sind. Hinzu kommen die nordischen Gesamtschulmodelle, die, speziell im Fall Finnlands, integrative Wirkung zu entfalten und so als Motor für Chancengleichheit zu wirken scheinen. Aber auch im tertiären Bildungsbereich bestehen Übertragungsmöglichkeiten der

Drei-Welten-These, ist es doch Schweden, das als Beispiel für ein vergleichsweise integratives Hochschulsystem gilt (vgl. Teichler 2005a: 73ff).

Deutschland als konservatives Wohlfahrtsmodell weist demgegenüber diverse Merkmale auf, die für eine deutlich größere Ausdifferenzierung und Selektion im Bildungsbereich sprechen. Dies macht sich nicht nur an der vergleichsweise hohen Abhängigkeit der Bildungschancen vom sozialen bzw. familiären Hintergrund bemerkbar, sondern kann ebenfalls am dreigliedrigen Schulsystem und der im Vergleich zu Schweden stärker zerklüfteten Hochschullandschaft illustriert werden. Und anhand des liberalen Wohlfahrtsmodells in England lässt sich schließlich idealtypisch ein stark diversifiziertes Bildungsmodell illustrieren: Durch den vergleichsweise hohen Status von Privatschulen werden hier bildungspolitisch relevante Weichenstellungen den Mechanismen des freien Marktes übertragen – was konform geht mit dem von Esping-Andersen postulierten hohen Stellenwert marktnaher sozialpolitischer Arrangements in liberalen Regimen.[251] Dennoch bestehen in nahezu allen Bildungssystemen institutionelle Besonderheiten, die eine Einordnung in das Drei-Welten-Schema zwar grundsätzlich ermöglichen, durchaus aber keine absolute Deckungsgleichheit erreichen – was angesichts der teils stark an Idealtypen orientierten Herangehensweise Esping-Andersens auch nicht verwundert.

Eine bessere Passform zur These der drei Regime liefert die Betrachtung von Finanzindikatoren: So kommen Flora/Heidenheimer (1981), Heclo (1985), Castles (1989) und in jüngerer Zeit Hega/Hokenmaier (2002) zu dem Schluss, dass ein positiver Zusammenhang zwischen Bildungsausgaben und Sozialversicherungsausgaben im engen Sinne existiert. Hega/Hokenmaier (2002: 105) vermuten:

> „Where there is not a political will to maintain existing socioeconomic stratification, the pursuit of educational opportunities – particularly post-primary – may be publicly supported as an agent of social mobility."

In der Tat kommen empirische Untersuchungen zu dem Ergebnis, dass – monetär gesehen – Bildungspolitik in Wohlfahrtsstaaten mit geringer Stratifikationsneigung einen höheren Stellenwert besitzt als in denen mit hoher Stratifikationsneigung. In konservativen Systemen wird demnach ein geringerer Aufwand für Bildung betrieben als in liberalen oder sozialdemokratischen. (Vgl. Hega/Hokenmaier 2002: 116.) So liegt etwa Deutschland als Vertreter des konservativen Wohlfahrtsstaates mit Bildungsausgaben in Höhe von 5,2 Prozent des Bruttoinlandsprodukts hinter England (5,9 Prozent) und den USA (7,14 Prozent) als liberale Regime

---

251 Als Beispiel für eine vom privat-öffentlichen Dualismus geprägte Schulstruktur gelten neben England ferner die Niederlande (s.o.), deren Einordnung in die Dreiertypologie Esping-Andersens gleichwohl schwerfällt.

sowie ebenfalls hinter Dänemark (7,2 Prozent), Finnland (6,1 Prozent) und Schweden (6,7 Prozent) als sozialdemokratische Modelle. Man kann daraus eine weitere Hypothese ableiten: Bildungspolitik und Sozialpolitik sind hier eher negativ korreliert, denn es wird um knappe Mittel konkurriert und gerade in den konservativen Ländern gibt es eine starke Sozialversicherungs-Lobby.

Etwas verschoben, dennoch prinzipiell erhalten bleibt dieses Bild bei einer Aufsplittung nach Ausgaben pro Schüler bzw. Student und Bildungsbereich. (Siehe Schaubild 20-3.)

Schaubild 20-3: Jährliche Ausgaben pro Schüler/Student in Euro (2004) in ausgewählten Ländern (geordnet nach Regimetypen).

	Bildungsausgaben in % BIP	*Primarschulbildung*	*Sekundarschulbildung*	*Hochschulbildung*	*Gesamt*
Sozialdemokratische Regime					
Dänemark	7,2	6.998	7.663	13.185	27.846
Finnland	6,1	4.833	6.444	10.829	22.106
Schweden	6,7	6.469	6.962	14.045	27.476
Schnitt	*6,7*	*6.100*	*7.023*	*12.686*	*25.809*
Konservtive Regime					
Deutschland	5,2	4.285	6.561	10.613	21.459
Frankreich	6,1	4.401	7.566	9.238	21.205
Niederlande	5,1	5.388	6.531	11.991	23.910
Schnitt	*5,5*	*4.691*	*6.886*	*10.614*	*22.191*
Liberale Regime					
Großbritannien	5,9	5.145	6.140	9.945	21.230
USA	7,4	7.626	8.607	19.464	35.697
Schnitt	*6,7*	*6.386*	*7.374*	*14.705*	*28.464*
Rudimentäre Regime					
Spanien	4,7	4.299	5.803	8.121	18.223
OECD-Schnitt	***5,8***	***5.051***	***6.301***	***9.613***	***20.965***

Quelle: Eigene Zusammenstellung auf Basis von OECD 2007a.

Schaubild 20-4: Studiengebühren im akademischen Jahr 2004/2005 in ausgewählten Ländern in EUR.

	Studiengebühren pro Jahr in Euro	*Höhe der Studiengebühren im Vergleich*	*Dekommodifizierung nach Esping-Andersen*
Sozialdemokratische Regime			
Dänemark	0	--	+
Finnland	0	--	+
Schweden	0	--	+
Konservative Regime			
Deutschland*	0-1.077	O	O
Frankreich	120-368	O	O
Niederlande	843	O	O
Liberale Regime			
Großbritannien	1.650-4.501	+	--
USA	3.771	+	--
Rudimentäre Regime			
Spanien	596	O	unklar

* Daten des akademischen Jahres 2007/2008.

Legende: -- = niedrig
O = mittleres Niveau
+ = hoch

Quelle: OECD 2007a: 244, http://www.studieren.de/studium-studiengebuehren.0.html sowie Bundesvereinigung der Deutschen Arbeitgeberverbände auf Basis von DAAD und eigene Berechnungen.

Ein von diesem Muster abweichendes aber dennoch in sich konsistentes Bild ergibt sich, wenn man die finanzielle Belastung von Bildungsempfängern (also Schülern und Studierenden sowie deren Familien) betrachtet. Hier ist es nicht die Stratifikation als klassenpolitische Implikation des Wohlfahrtsstaates, anhand derer sich Unterschiede in der Bildungsfinanzierung ordnen lassen, sondern die Dekommodifizierung als die in den drei Wohlfahrtsregimen je unterschiedliche finanzielle Abhängigkeit bzw. Unabhängigkeit der Betroffenen vom Markt. Je nach Wohlfahrtsregime ergibt sich so abseits der prinzipiellen stratifikatorischen Zielsetzung von Bildungspolitik eine spezielle Lastenverteilung. Dies lässt sich nicht nur anhand der bereits erwähnten hohen Bedeutung von privaten Bildungseinrichtungen und damit verbundenen Ausgaben in liberalen Modellen wie England, sondern für den Tertiärbereich von Bildung auch anhand bestehender Regelungen zu Studiengebühren belegen. Bildungsregime können hier analog zum Dekommodifizierungsniveau der drei Welten Esping-Andersens gruppiert werden: In sozialdemokratischen Regimen wie Dänemark, Finnland und Schweden werden keine Studiengebühren erhoben. In konservativen Systemen wie Deutschland oder Frankreich bestehen mit Werten von bis zu guten 1.000 EUR pro Studienjahr vergleichsweise moderate Regelungen. Liberale Wohlfahrtsstaaten wie England und ferner die USA weisen mit bis zu durchschnittlichen 4.500 EUR im Jahr[252] dagegen weitaus höhere Werte auf (s. Schaubild 20-4).

Insgesamt also lässt sich eine hohe Übertragbarkeit der Wohlfahrtsstaatentheorie Esping-Andersens auf das Politikfeld Bildung feststellen:

- Erstens können den drei Regimetypen wie dargestellt grob je unterschiedlich ausgestaltete Institutionensysteme im Bildungssektor zugeordnet werden.
- Zweitens scheint sich die Stratifizierungsleistung von Wohlfahrtsregimen auch in den Bildungsausgaben zu manifestieren.
- Und drittens spricht einiges für die Hypothese, dass nur gering dekommodifizierende Wohlfahrtsstaaten „betroffene" Bürger wie Familien und Studierende zu einem hohen Maß an den Kosten von Bildung beteiligen, während dies dagegen in stark dekommodifizierenden Regimen nicht der Fall ist.[253]

20.3.2 *Determinanten von Bildungsausgaben*

Das Heranziehen der Theorie von den drei Welten der Wohlfahrtsstaaten mag helfen, international unterschiedliche Regime von Bildungspolitik zu ordnen und deren Handlungslogik zu verstehen. Über die Ursachen insbesondere der jeweils verschiedenen Ausgabendynamiken lässt sich gleichwohl auch im Lichte Esping-Andersens nur vermuten, dass es nationale Institutionen, Pfadabhängigkeiten und Akteurskonstellationen sein müssen, die Bildungspolitik so und nicht anders ausgestalten. Diesen Hintergrund von Ausgabenentwicklungen im Bildungssektor klären, will die Heidelberger Forschergruppe um Manfred G. Schmidt, die bereits für die Sozialausgaben in den Ländern der OECD-Welt eine prägnante Liste von Determinanten präsentieren konnte, darunter institutionelle Faktoren wie etwa die Zahl von Veto-Spielern und politische Faktoren wie beispielsweise regierungsdominierende Parteien (s. Kap. 3s, vgl. ferner etwa Schmidt 2001).

---

252 Zu betonen ist, dass es sich hier um Durchschnittswerte aller öffentlichen Bildungseinrichtungen handelt. Die Werte von Privatuniversitäten können beträchtlich abweichen.

253 Par excellence lässt sich das am Beispiel der Studiengebühren belegen.

Einige Hypothesen konnten dabei am Beispiel Deutschlands empirisch verifiziert werden (hier nach Schmidt 2002, ders. 2003 und Busemeyer 2006). Demnach sind die Bildungsausgaben in einem untersuchten Land umso höher,...

- ...je größer die Altersgruppen im bildungswichtigen Alter sind.
- ...je höher die Bildungsbeteiligung im Teritärsektor, also an Universitäten und Fachhochschulen, ausfällt. (Der Grund ist hier ein negatives „Abstrahlen" auf die gesamten Bildungsfinanzen.[254])
- ...je stärker der gewerkschaftliche Organisationsgrad ist.[255]
- ...je größer der Anteil der protestantischen Bevölkerung ist.
- ...wenn Linksparteien die Regierung stellen. (Dieser Effekt wird noch verstärkt in zentralistischen Systemen.[256])

Die genannten Faktoren geben auch Aufschluss über die nur mittelmäßigen – um mit Esping-Andersen zu sprechen – typisch konservativen, Bildungsausgaben in Deutschland, wobei für diesen Fall weitere Faktoren hinzukommen:

> „Die Bildungsausgaben in Deutschland stehen (...) in direkter und besonders harter Konkurrenz um knappe, überwiegend steuerfinanzierte Haushaltsmittel der Länder. Hinzu kommt die Konkurrenz mit landespolitisch wichtigen bodenständigen Politikfeldern, vor allem mit Polizei und Sicherheit, Landwirtschaft, regionaler Wirtschaftsförderung und sozialpolitischen Aufgaben der Länder und Kommunen." (Ebd.: 16)

Ferner neigen die in Deutschland bestehenden beiden klassischen Sozialstaatsparteien SPD und Union zu einem sozialpolitischen Überbietungswettbewerb, in dem sie „bei knappen Finanzmitteln Vorfahrt vor allem für die Sozialpolitik geben". (Ebd.: 18)

Die Logik der genannten Determinanten lässt sich von den gesamten Bildungsausgaben mit einigen Änderungen und Anpassungen auf einzelne Bildungsbereiche übertragen – so auch auf die Hochschulbildungsausgaben, die, in Relation gesetzt zum Bruttoinlandsprodukt, in

254 Der hier in Deutschland nur geringe Wert, so argumentiert Schmidt (2002: 11), lässt sich vor allem mit der hohen Bedeutung der beruflichen Bildung in Deutschland erklären. Ein ähnliches System der dualen Ausbildung mit ihrem hohen Stellenwert der Berufsschulen gibt es sonst nur in wenigen Ländern (so Österreich, die Niederlande und die Schweiz).

255 Unter Heranziehung von Mancur Olsons Werk „Rise and Decline of Nations" (1982) verweist Schmidt darauf, dass hochgradig organisierte Gewerkschaften zu langfristigen, ganzheitlichen politischen Lösungen neigen. Mittelstarke Gewerkschaften wie etwa in Deutschland setzen sich demgegenüber, übertragen auf den Bildungsbereich, partiell für einen Ausbau der beruflichen Bildung ein. (Vgl. Schmidt 2002: 11.)

256 Hier werden Interdependenzen zwischen den einzelnen Determinanten deutlich, hängt doch die Entwicklung einer starken Machtbasis von Linksparteien auch mit einer hohen Bedeutung des Protestantismus zusammen.

Deutschland „nicht einmal Mittelmaß“ (Schmidt 2007) sind. Zur obigen Liste hinzu kommen in diesem Zusammenhang wirkungsvolle Pfadabhängigkeiten (d.h. traditionell hohe Hochschulausgabenquoten werden mit einer hohen Wahrscheinlichkeit auch zum Zeitpunkt der Messung überdurchschnittlich sein) und die Relation zwischen privaten und öffentlichen Ausgaben für Hochschulbildung. So gilt speziell für Deutschland, dass die privaten Hochschulausgaben ganz im Gegensatz zur Summe der privaten Ausgaben in allen Bildungsbereichen international verglichen unterdurchschnittlich sind, was sich bei der Höhe der Hochschulausgaben negativ bemerkbar macht (vgl. ebd.: 468.)

Wie bei Studien zur Höhe der Sozialausgaben kann auch bei den Arbeiten von Schmidt u.a. zum Bildungsbereich kritisiert werden, dass Finanzindikatoren zwar viel, aber doch nicht alles aussagen – sind doch Fälle denkbar, in denen durchaus gute Strukturen bestehen, die ob ihrer Effizienz aber nicht so finanzaufwendig sind wie andere. Die Erklärung solcher Phänomene bleibt zwar „der blinde Fleck“ (Luhmann) der Determinanten-Schule, dennoch ist ihr Verdienst, die Denklogiken sozioökonomischer und politischer Ansätze nicht nur für die Sozialpolitik im eigentlichen Sinne, sondern nunmehr auch für die Bildungspolitik versöhnt zu haben (vgl. Schmid 2003: 247).

20.3.3 Ausblick: Bildungspolitik als in die Zukunft gerichtete Sozialpolitik

Bildungspolitik kann analytisch als Teil wohlfahrtsstaatlicher Politik begriffen werden, denn es zeigt sich, dass sich zum einen spezifische Ausprägungen von Bildungspolitik nach Mustern wohlfahrtsstaatlicher Regelungstraditionen, den viel diskutierten „Welten“ Esping-Andersens, gliedern lassen, und zum anderen offensichtlich ähnliche Determinanten für die Ausgabendynamik im Bildungswesen bestehen wie bei den Sozialausgaben. Nur konsequent ist deshalb, dass auch sozialpolitische Akteure Bildung als wohlfahrtsstaatliches Instrument auffassen. „Education, education, education“ kündigte beispielsweise der ehemalige britische Premierminister Tony Blair als Leitideal seiner New-Labour-Regierung an. Bildung wird so zur conditio sine qua non des aktivierenden Sozialstaats, der nicht mehr nur durch Leistungszuweisungen Betroffene im Sinne Esping-Andersens vom Marktgeschehen unabhängig macht, sondern sie im Spannungsfeld zwischen Fördern und Fordern in die Pflicht nimmt, eigene Chancen wahrzunehmen und zu verbessern. Anders gesagt: Wer heute gut ausgebildet wird, muss morgen nicht von den Sozialsystemen finanziert werden. Diese und ähnliche Überlegungen sind nicht zuletzt für die Außenwirkung von Politik bedeutsam, wenn es darum geht, Reformpolitik im Kampf um Wählerstimmen der Öffentlichkeit zu vermitteln - im Sinne des new-politics-Theorems von Pierson (s. Kap. 3) kann eine von expansiven Reformen geprägte Bildungspolitik deshalb als Baustein zur politstrategischen blame-avoidance verstanden werden (vgl. Pierson 2001).

Doch Expansion ist nicht alles. Bildungsreformen nach dem Motto „Viel hilft viel" könnten vielmehr wirkungslos verpuffen, wenn ihre Konzepte nicht im Lichte nationaler institutioneller Gegebenheiten und Pfadabhängigkeit ausgestaltet werden. So mag zwar der durch neue Akteure wie die OECD angeregte internationale Vergleich zur eigenen Standortbestimmung hilfreich sein, eine blinde „Skandinavisierung" mitteleuropäischer Bildungssysteme ist jedoch wegen ganz anderer politischer und sozioökonomischer Herausforderungen eine eher naive Vorstellung.

Nicht zuletzt die deutsche Reformdebatte zeigt, dass sich Umgestaltungen im Bildungssektor an gesellschaftlichen Realitäten orientieren müssen. So fordert die postmoderne Informationsgesellschaft Qualitäten und Qualifikationen, die jenseits fachlicher Fähigkeiten ein neues Maß an Flexibilität, Methodenkenntnis und so genannten soft skills wie etwa Teamfähigkeit oder Präsentationskompetenz umfassen. Der Gedanke von Bildung als Grundsteinlegung von Humankapital greift dies auf und ist so nicht nur zum Leitbild des new public management von Bildungsinstitutionen, sondern auch wesentlicher Motivator des Bologna-Prozesses mit seiner Einführung von Bachelor- und Master-Studiengängen geworden.

20.4 Zentrale Literatur:

Anweiler, O. u.a. 1996: Bildungssysteme in Europa. 4., völlig überarb. u. erw. Aufl. Weinheim u.a.. (2. Aufl. 2009)

Geißler, R. 2004: Bildung für wen? Die Benachteiligten der Bildungsexpansion, in: SOWI 2/2004, S. 12-22.

Hega, G. M./Hokenmaier, K. G. 2002: The Welfare State and Education: A Comparison of Social and Educational Policy in Advanced Societies, in: German Policy Studies 2, S. 143-173.

Leibfried, S./Martens, K. 2008: PISA - Internationalisierung von Bildungspolitik. Oder: Wie kommt die Landespolitik zur OECD?, in: Leviathan, Vol. 36 (1), S. 3-14.

Matthies, A.-L. 2002: Finnisches Bildungswesen und Familienpolitik - ein „leuchtendes" Beispiel?, in: APuZ B 41, S. 38-45.

Opielka, M. (Hrsg.) 2005: Bildungsreform als Sozialreform. Zum Zusammenhang von Bildungs- und Sozialpolitik. Wiesbaden.

Sahlberg, P. 2007: Education Policies for raising student learning: the Finnish approach, in: Journal of Education Policy, Vol. 22 (2), S. 147-171.

Schmidt, M. G. 2003: Ausgaben für Bildung im internationalen Vergleich, in: APuZ B 21-22, S. 6-11.

Schmidt, M. G. 2007: Warum nicht einmal Mittelmaß? Die Finanzierung der deutschen Hochschulen im internationalen Vergleich. In: GWP, S. 465-480.

Teichler, U. 2005: Hochschulsysteme und Hochschulpolitik. Quantitative und strukturelle Dynamiken, Differenzierungen und der Bologna-Prozess. Münster.

Veil, Mechthild 2002: Ganztagsschule mit Tradition: Frankreich, in: APuZ B 41, S. 29-37.

Veil, M. 2003: Kinderbetreuungskulturen in Europa: Schweden, Frankreich, Deutschland, in: APuZ B 44, S. 12-22.

Visser, A. 2004: Versäulung, Schulautonomie und die Macht der Wahl. Historische und aktuelle Entwicklungen im niederländischen Bildungswesen, in: Jahresbericht des Kongresses „Schule und Familie – Perspektiven einer Differenz" der schweizerischen Gesellschaft für Bildungsforschung. online verfügbar unter: http://www.xs4all.nl/~allie/teksten/VISSER.PDF

Witte, J. 2006: Die deutsche Umsetzung des Bologna-Prozesses In: APuZ 48/2006, S. 21-27. (Zit. als Witte 2006b)

V. Erträge und Ausblicke für Deuschland

21 Zukünftige Entwicklungstendenzen des Wohlfahrtsstaates: Deutsche Diskussionen im internationalen Kontext

21.1 Grundlinien einer Sozialpolitik für das 21. Jahrhundert

21.1.1 Umbau des Wohlfahrtsstaates – ein Blick auf anhaltende Debatten

Zweifelsohne steht der Wohlfahrtsstaat in Deutschland – wie andernorts auch – vor gravierenden Herausforderungen. Als zentrale Restriktion erweisen sich die ökonomischen Probleme der Sozialpolitik, da sich

- einerseits angesichts einer aktuell gravierenden Finanzkrise das Wachstum abgeschwächt hat, was die öffentlichen und privaten Einnahmen verringert[257] und
- andererseits durch Kostensteigerungen in den Gesundheits- und Rentensystemen sowie der Arbeitslosenversicherung die Ausgaben erheblich erhöhen.

Freilich stellt die Problematik der Finanzierung der sozialen Sicherheit, um die sich in der deutschen parteipolitischen Debatte so vieles dreht, nur eine Facette in dem breiten Diskurs dar (vgl. etwa Kaufmann 1997, Blanke u.a 2000, Frech/Schmid 2004, Jochem 2009, Schmidt 2005; s.a. Kap. 2). Ja, im Grunde genommen handelt es sich bei dieser Fokussierung um eine strukturkonservative Variante, in der sich nicht zuletzt die für die Bundesrepublik typische „Politik des mittleren Weges" (M. G. Schmidt) widerspiegelt

Der fortschreitende sozialstrukturelle Wandel, Veränderungen in der politischen Machtverteilung, aber auch die negativen Begleiterscheinungen des etablierten Wohlfahrtsstaates wie Bürokratisierung und Monetarisierung erzeugen jedoch zugleich neuartige sozialpolitische Handlungsimperative, die über die Finanzierungsprobleme hinausgehen. Im Unterschied zu den 50er, 60er und 70er Jahren kann das typische Arbeits- und Familienleben in den 90er Jahren kaum mehr als „Normalitätsstan-

257 Vgl. zur aktuellen Lage Busch 2009, Bogedan u.a. 2009 und Döhring u.a. 2009. Die Financial Times Deutschland (vom 20.9.2009) bezieht sich auf EU-Kreise und meldet: „Brüssel befürchtet Kollaps der Sozialsysteme". Die Schwächung der Einnahmeseite des Wohlfahrtsstaates ist allerdings nicht nur krisenbedingt, sondern strukturell (Standortwettbewerb, angebotsorientierte Politiken etc.).

dard" herangezogen werden, da es auf empirischer wie auch auf normativer Ebene dramatische Erosionen erlebt. Auf diesen Maßstab und Fokus hat sich allerdings die Sozialpolitik bislang in hohem Maße bezogen, und diese Vorstellungen haben als Grundlage der finanziellen Kalkulationen, der pragmatischen Orientierungen und politischen Legitimationen fungiert. Darüber hinaus haben sie nicht zuletzt zu einer gewissen Konsistenz in und zwischen den Systemen der sozialen Sicherheit geführt, die es erlaubt hat, sie in Form von Typen zusammen zu betrachten.

In diesem Verlust der „Normalität" und der Entkoppelung elementarer Relationen und Zurechnungen im System der sozialen Sicherung und darüber hinaus in den Sozial- und Beschäftigungsstrukturen, die die (post-)moderne „Arbeitsgesellschaft" ausmachen, liegt die eigentliche politische und gesellschaftstheoretische Herausforderung. Die Trias aus Normalarbeitsverhältnis–Normalfamilie–normaler Sozialpolitik war in der Lage, zu definieren, wie soziale Risiken, individuelle Einkommenschancen und Formen der Wohlfahrtsproduktion verteilt werden. Der moderne Wohlfahrtsstaat musste auf diese Weise nur in einem begrenzten („normalen") Umfang einerseits eine „Ausfallbürgschaft" übernehmen, andererseits die Konstitution und Reproduktion dieser Elemente gewährleisten. Dies weist auf erheblich komplexere Wechselbeziehungen zwischen Staat, Ökonomie und Gesellschaft (bzw. den Familien) hin, als es die „Sprache des Geldes", die in vielen politischen Debatten vorherrscht, vermuten lässt.[258]

Vor diesem hier nur knapp skizzierten Hintergrund ist der Umbau des Wohlfahrtsstaates zu verorten, und es wird zugleich deutlich, dass die Sozialpolitik durchaus unter anderen Rahmenbedingungen noch wichtige Funktionen wahrnimmt. Zweifellos werden hierbei alternative, d.h. plurale und flexiblere staatliche Regulierungen, sozialpolitische Leistungen und institutionelle Strukturen benötigt. Zur Verbesserung der sozialen Lage der Frauen werden z.B. mehr Flexibilität und ein Wechsel von der „Status- zur Passagensicherung" (Ostner) gefordert, um Übergänge und Mischformen zwischen Vollerwerbs- und Hausarbeit einzurichten und wohlfahrtsstaatlich abzusichern.

Weitere Beispiele aus verschiedenen sozialen Problemfeldern – etwa die (Wieder-)Erreichung einer hohen Beschäftigung oder der Abbau des Pflegenotstandes bei älteren Menschen – belegen nachhaltig, dass die Bereitstellung einer ausreichenden sozialen Infrastruktur und die Allokation entsprechender Ressourcen ohne den (umgebauten) Wohlfahrtsstaat nur schwer vorstellbar sind. Daran ändern auch die (z.T. überzogenen,

---

258 Zugleich spricht dies für einen weiten Begriff des Wohlfahrtsstaates (vgl. hierzu Kap. 1 und 3).

z.T. aber auch interessanten) Vorschläge für einen Wohlfahrtspluralismus und Bürgerarbeit oder die kommunitaristische Aufwertung der Zivilgesellschaft und des Bürgerschaftlichen Engagements nur wenig (vgl. zum Gesamten Blanke u.a. 2000, Evers/Heinze 2008, Olk 2009, Heinze 2009; s.a. die Ausführungen zu Wohlfahrtspluralismus in Kap. 17).

Hier trifft vielmehr die von Claus Offe geprägte Formel von der „staatlich veranstalteten Entstaatlichung von Staatsaufgaben" zu. Das heißt, es geht im Sinne einer „Verschlankung" darum, die staatliche Steuerungsintensität in den Fällen zurückzunehmen, in denen ein staatsunmittelbares Handeln nicht erforderlich ist. Diese Strategie verzichtet also nicht auf Steuerung und Regulierung per se, sondern sie setzt vor allem auf parastaatliche und dezentrale Lösungen und ergänzt diese um Formen der Aktivierung. Annäherungen an das alte Konzept der Subsidiarität sind dabei nicht zufällig. Die stärkere Einbeziehung des Bürgers (alleine und in sozialen Gruppen) und die Modernisierung der Sozialverwaltungen sind dabei zwei Seiten einer Medaille.

Entsprechend lassen sich Aktvierungs- und Reduzierungsstrategien im Wohlfahrtsstaat unterscheiden. Vor allem dann, wenn sich der Staat nicht aus der Verantwortung begibt, finden Maßnahmen zur Stärkung der Eigenverantwortung durchaus Zustimmung in der Bevölkerung (Sachweh u.a. 2009)

Schaubild 21-1: Aktvierungs- und Reduzierungsstrategien im Wohlfahrtsstaat[259]

	Aktivierung durch Staat	Rückzug des Staates
Markt	Sozialliberales Modell: Ausstattung des Individuums mit Ressourcen, Unterstützung von Engagement (positive Freiheit)	Liberales Modell: Dominanz des Marktes (negative Freiheit)
Gemeinschaft	Kommunitaristisches Modell: Förderung von Gemeinschaften und Familien (neues Subsidiarität)	Konservatives Modell: Dominanz traditioneller gemeinschaftlicher Institutionen (alte Subsidiarität)

Quelle: nach Ulrich 2004: 147

259 Die ersten beiden Positionen lassen sich durch einen Blick in die Wahlprogramme von Bündnis 90/Grüne und FDP veranschaulichen. So heißt es bei den Erstgenannten: „Bürgerschaftliches Engagement ist nicht der »billige Jakob« des Wohlfahrtsstaates, sondern hat die Stärkung von Gemeinsinn, gesellschaftlicher Solidarität und die Erneuerung der Demokratie von unten zum Ziel. Hingegen im zweiten Fall: „Denn individuelle Freiheit bedeutet auch die Bereitschaft, Mitverantwortung für andere zu übernehmen."

Insofern hat der Wohlfahrtsstaat angesichts der vielfältigen sozialen Problemlagen und Herausforderungen durchaus eine Zukunft vor sich – wenngleich diese in der konkreten Ausgestaltung noch weitgehend offen ist. Das ist freilich angesichts seiner historischen Entwicklungsdynamik, der Unterschiedlichkeit seiner Bewegungsmomente und politischen Konstellationen sowie der externen Einflüsse und nicht-intendierten Effekte im Grunde genommen nichts Neues. Die eigentlich zentrale Frage ist daher entgegen allen modischen Debatten um seine strukturelle Krise und Ablösung nicht: Werden wir künftig überhaupt noch einen Wohlfahrtsstaat haben? – ja, nicht einmal, wieviel er denn kosten wird bzw. darf –, sondern sie lautet: Welche institutionelle Form und sachliche Ausgestaltung wird er haben? Oder mit Bezug auf die eingangs dargestellten theoretischen Grundlagen der vergleichenden Sozialpolitikforschung: Mit welchem Typus bzw. Regime des Wohlfahrtsstaates werden wir es in Zukunft zu tun haben? Wohl kaum mit einem der drei von Esping-Andersen genannten – weder dem sozialdemokratischen, noch dem liberalen, noch dem konservativen (vgl. aus unterschiedlicher Sicht Pierson 1991: Kap. 6; Pierson 2001, Schmid 2000, Butterwegge 2006, Giddens 2006).[260]

21.1.2 *Soziale Grundsicherung als Lösungsvorschlag*

Einen der Fluchtpunkte, der in der sozialpolitischen Debatte in Deutschland immer wieder auftaucht ist und diese geprägt hat, bilden die soziale Grundsicherung bzw. das garantierte Mindesteinkommen („Bürgergeld"), die an die Stelle der Sozialhilfe treten sollen; ja in radikalen Vorstellungen alle Transferleitungen ersetzten kann. Die Grundidee lässt sich durch die Funktionsweise der sogenannten „negativen Einkommensteuer" illustrieren: Normal- und gutverdienende Bürger werden wie bisher steuerlich belastet; Bezieher niedriger oder gar keiner Einkommen erhalten vom Finanzamt hingegen Geld ausbezahlt („negative Einkommensteuer"), mit dem die lebensnotwendigen Aufwendungen abgedeckt werden können. Dadurch sollen zum einen administrative Vereinfachungen und Einsparungen erreicht werden, zum anderen sollen auch und vor allem Anreize gesetzt

260 Hierbei gilt es, sich die selbstkritische Feststellung, die Harold Wilensky (in: Kramer 1981: xiv) einmal in Bezug auf den Wohlfahrtspluralismus getroffen hat, vor Augen zu halten: „In der Art, wie sie diese Frage angegangen sind, haben Sozialwissenschaftler und Politikanalytiker einen Überfluß an ideologischer Leidenschaft, ein Minimum an seriöser Analyse und nur wenige international vergleichende Studien geliefert."

werden, zusätzliches Einkommen durch schlechtbezahlte Arbeit zu erzielen.[261]

Damit sind das garantierte Mindesteinkommen und die weitere Ausgestaltung des Wohlfahrtspluralismus, der Bürgerarbeit und des Bürgerschaftlichen Engagements eng miteinander verbunden. Einkommen ohne Arbeit wirft schließlich ebenfalls die Frage nach dessen gesellschaftlicher und ökonomischer Funktion auf. Claus Offe (1994) hat z.B. den Vorschlag gemacht, angesichts der Knappheit an Stellen den Ausstieg aus dem Arbeitsmarkt nicht zu bestrafen, sondern hierfür adäquate soziale Sicherungsstrategien zu entwickeln. Solche Möglichkeiten sind in den skandinavischen Ländern sehr viel stärker vorhanden als in Deutschland.

Aus vergleichender Sicht ist in diesem Zusammenhang darauf hinzuweisen, dass die Zentralität und die Brisanz dieses Themas nicht zuletzt mit der Struktur des deutschen Wohlfahrtsstaates zusammenhängen, d.h. seiner charakteristischen Ausprägung als „Sozialversicherungsstaat" (Riedmüller/Olk 1994) bzw. „Erwerbspersonen-Sozialstaat" (M. G. Schmidt 1988) und den daraus resultierenden spezifischen Leistungsdefiziten bei denjenigen Personen, die eben nicht über eine „normale" Biografie verfügen. Neben Langzeitarbeitslosen sind dies besonders Frauen, Jugendliche ohne Berufserfahrung und Arme unterschiedlicher Art, also soziale Problemgruppen, die angesichts der wirtschaftlichen und sozialstrukturellen Veränderungen durchaus noch zunehmen werden.

Die mit einer sozialen Mindestsicherung verbundene Abkehr von Beitragsbezug und Sozialversicherung stellt sowohl eine erhebliche Veränderung des tradierten sozialpolitischen Institutionengefüges dar, wie sie andererseits zugleich eine Möglichkeit darstellt, eine systemische – d.h. eng mit der Typik des deutschen Wohlfahrtsstaates verbundene – Sicherungslücke zu schließen. Dass dies durchaus auch ohne „institutionelle Revolutionen" machbar ist, belegt das französische Beispiel der Mindestsicherung (RMI).[262] Systeme der Staatsbürgerversorgung tendieren hingegen weniger dazu, solche Lücken zu produzieren.

Die Forderung nach einem garantierten Mindesteinkommen ist breit begründet, aber auch kritisiert und differenziert worden (vgl. etwa die

---

261 Frühe Berechnungen des DIW haben bezüglich der Ausstattung einer solchen alternativen sozialen Sicherungsform Folgendes ergeben: „Saldiert man alle finanziellen Komponenten einer negativen Einkommenssteuer, so fallen bei den hier angenommenen Rahmenbedingungen voraussichtlich Nettokosten an, die sich – je nach Ausgestaltung – in einer Größenordnung von etwa 55 Mrd. DM bis 173 Mrd. DM bewegen. Ein Teil der Kosten entstünde bereits durch Umsetzung des Verfassungsgerichtsurteils zur steuerlichen Freistellung des Existenzminimums" (Meinhart u.a. 1994: 630).

262 Vgl. hierzu den Abschnitt zu Frankreich (Kap. 6).

älteren Beiträge in Opielka/Vobruba 1986, s.a. Blanke u.a. 2000, Heinze u.a. 1988 und 1999 sowie neuerdings Wagner 2009 und Rößler 2008). Björn Wagner (2009) hat den Versuch unternommen, die breitere aktuelle Reformdebatte zu strukturieren (zur älteren Debatte vgl. Nissen 1990). Er unterscheidet dabei verschiedene Diskurse, denen sich durchaus konkrete Vorschläge zuordnen lassen. Bekannt geworden sind die Konzepte des Unternehmers Götz Werner oder des Ministerpräsidenten Althaus. Inzwischen haben auch alle politischen Parteien dazu eine Position entwickelt. Sie gehen von einem bedingungslosen Mindesteinkommen aus, das bei etwa 500 EUR pro Person liegt und aus Steuern finanziert werden soll. Die Details variieren je nach Vorschlag – bei Werner liegt das Mindesteinkommen sogar bei 1500 EUR –, daher ist es interessanter, sich auf die basalen Argumentationslinien zu konzentrieren

Schaubild 21-2: Idealtypische Kategorisierung von Grundeinkommensdiskursen

	Neoliberaler Diskurs	**Sozialliberaler Diskurs**	**Sozial-egalitärer Diskurs**	**Emanzipatorischer Diskurs**
Leitmotiv	Kompensation: Arbeitsanreize	Kompensation: flexicurity	Kompensation: Umverteilung	Arbeitsumverteilung
Interessen	• Niedriglohnsektor und Arbeitsmarktflexibilisierung; • Senkung von Löhnen und Lohnnebenkosten; • ‚diskursive Hegemonie'	• Entbürokratisierung; • Armutsbekämpfung; • Anpassung des Sozialstaats an ökonomischen und gesellschaftlichen Strukturwandel	• Demokratisierung und Partizipation; • Stärkung alternativer Tätigkeitsformen; • Dekommodifizierung	• Stärkung der Autonomie und Verhandlungsmacht der abhängig Beschäftigten; • Einschränkung der gesellschaftlichen Abhängigkeit vom Markt
Sozialstaatsverständnis	aktivierender Sozialstaat	aktivierender und ausgleichender Sozialstaat	versorgender Sozialstaat	sozialstrukturelles Umverteilungs- und Ordnungsinstrument zur Reduzierung kapitalistischer Entfremdung
Höhe des Grundeinkommens	niedrig, evtl. unter gesetzlichem Existenzminimum	Höhe des gesetzlichen Existenzminimums	gesetzliches bis sozio-kulturelles Existenzminimum	großzügig geschätztes soziokulturelles Existenzminimum

Verhältnis zu bisherigen Sozialleistungen	substitutiv bis auf Krankenversicherung und evtl. Rente	partiell subtitutiv: Sonderleistungen für bestimmte Lebenslagen	partiell substitutiv: Sonderleistungen für bestimmte Lebenslagen	größtenteils additiv, ersetzt nur Arbeitslosen- und Sozialgeld
Verhältnis zur Lohn- und Tarifstruktur	• keine gesetzlichen Mindestlöhne; • Flexibilisierung des Tarifvertragrechts; • Abschaffung von Flächentarifverträgen	• keine gesetzlichen Mindestlöhne; • Erhaltung der Tarifautonomie, aber starke Flexibilisierung des Tarifvertragsrechts	• Erhaltung von Tarifautonomie und Flächentarifvertrag; • evtl. allgemeiner gesetzlicher Mindestlohn	• Erhaltung und Stärkung der Tarifautonomie; • Einführung allgemeiner gesetzlicher Mindestlöhne
Subjekt des Transfers	Evtl. Bedarfsgemeinschaft	Evtl. Bedarfsgemeinschaft	Individuum	Individuum
Potenzielle Auswirkungen auf Arbeitszeitverteilung und Reproduktionssphäre	Individualisierung: Zu erwarten wären Doppelverdienerhaushalte bei relativ niedrigen Löhnen und hoher Mobilität.	weitere Flexibilisierung der individuellen Lebensführung, vermutlich wenig Auswirkungen auf Arbeitsverteilung	steigende Autonomie der individuellen Lebensführung, evtl. Anstieg freiwilliger Teilzeitarbeit	Autonomie und Emanzipation: zu erwarten wären Doppelverdienerhaushalte auf Teilzeitbasis
Alternativen zum Grundeinkommen	Ausdehnung steuerfinanzierter Sozialleistungen à la Hartz IV auf andere Bereiche, weitere Flexibilisierung des Arbeits- und Tarifvertragsrechts	Fortführung der Agenda 2010-Reformen, aber Erhöhung der Freibeträge beim ALG II, evtl. verbunden mit Lockerung der Pflicht zur Arbeitsbereitschaft	Modifizierung der Hartz-Reformen: steigende Sätze und Abschaffung der Pflicht zur Arbeitsbereitschaft, Investitionen in aktive Arbeitsmarktpolitik	Reregulierung des Arbeitsmarktes, Anheben der Sozialleistungssätze (finanziert durch Gewinn- und Kapitalsteuern und ggf. Staatsverschuldung), allgemeiner Mindestlohn.

Quelle: Eigene Darstellung nach Wagner 2009: 20

21.2 Neugestaltung der problematischen Schnittstelle von Sozialpolitik und Ökonomie

21.2.1 *Kapitalismus versus Sozialpolitik – ein klassischer Widerspruch?*

Eine weitverbreitete Ansicht über den moderne Wohlfahrtsstaat ist, dass er seine eigenen Bestandsvoraussetzungen untergräbt und an den aktuellen sozialen Verwerfungen wie Arbeitslosigkeit und Armut erhebliche Mitschuld trägt. Konservative Kritiker gehen davon aus, dass seit einiger Zeit die Leistungsfähigkeit der Wirtschaft überfordert wird, ja, die hohen Steuern und Sozialabgaben die Wettbewerbsfähigkeit des Standorts Deutschland beeinträchtigen und die Flucht in die Schattenwirtschaft fördern. Darüber hinaus unterminieren die üppigen Sozialleistungen die Arbeitsmoral und fördern im Gegenzug personalsparende Rationalisierungsstrategien. Ähnliche Beschwerden sind auch in anderen westlichen Ländern zu vernehmen und haben sich besonders in den USA und Großbritannien als politisch folgenreich erwiesen.

Aber auch von links wird Kritik am Wohlfahrtsstaat laut; hier sind es vor allem die inneren Widersprüche und Krisen einer kapitalistischen Gesellschaft, die der dauerhaften sozialen Integration über eine staatliche Sozialpolitik im Wege stehen. So wird der Wohlfahrtsstaat etwa von Jürgen Habermas der „Kolonialisierung der Lebenswelt" verdächtigt, die „Phänomene der Entfremdung und der Verunsicherung kollektiver Identitäten" hervorrufen. Hieraus erwachsen neue soziale und politische Konflikte, aber auch subtile Formen der Arbeits- und Konsumverweigerung – trotz oder besser: gerade wegen eines immer größeren Einsatzes finanzieller Mittel. Zum anderen bedarf es zur „Pazifizierung des unmittelbar in der Produktionssphäre auftretenden Klassenkonflikts" eines anhaltenden Wirtschaftswachstums.

Diese beiden Interpretationsmuster der Beziehungen zwischen Ökonomie und Sozialpolitik sind jedoch empirisch äußerst umstritten. Die Widersprüche hängen mit methodischen und theoretischen Differenzen zusammen (vgl. Kap. 1 und 3).

- Wichtig ist hier erstens die Art der Operationalisierung (z.B. ist die Höhe der Staatseinnahmen im Unterschied zu den Sozialtransfers ohne Einfluss auf das Wirtschaftswachstum).
- Die Ergebnisse hängen zweitens massiv von der Auswahl der Länder und des Untersuchungszeitraums ab, wobei sich häufig das Weglassen bzw. Hinzunehmen der Fälle Japan und USA als verzerrend auswirkt.
- Drittens gibt es gute Gründe, anzunehmen, dass die Zusammenhänge zwischen ökonomischer Performanz und Wohlfahrtsstaat im

Zeitverlauf nicht konstant sind und dass die Einflüsse auch danach zu bewerten sind, welches Element des Wohlfahrtsstaates untersucht wird (z.B. wirken Bildungsausgaben und aktive Arbeitsmarktpolitik eher wachstumsfördernd als progressive Steuern).

Gerade der internationale Vergleich kennt ausreichend abweichende Fälle: Beispielsweise ist in den 80er Jahren die wirtschaftliche Lage Großbritanniens trotz der Thatcherschen Radikalkuren am Wohlfahrtsstaat kaum verbessert worden, während Italien sogar bei steigenden Sozialausgaben seine Position am Weltmarkt verbessern konnte. Oder, um einen Vorschlag aus Deutschland, nämlich die Forderung nach Streichung eines Feiertages zur Finanzierung der Pflegeversicherung, kritisch zu hinterfragen: Wie kommt es, dass die süddeutschen Länder ökonomisch besser dastehen, obwohl sie doch mehr Feiertage haben? Auch die systematisch vergleichenden wissenschaftlichen Studien kommen nach der Analyse einer Vielzahl von Indikatoren zu dem Ergebnis, dass es keine signifikante und stabile Korrelation zwischen der Entwicklung des Wohlfahrtsstaates und der Wettbewerbsfähigkeit bzw. der Produktivität eines Landes gibt (Vgl. etwa Alber 2000, Kolberg/Uusitalo 1992, Pfaller u.a. 1991, Schmidt 2005, Schmidt 2006, Evers/Heinze 2008; s.a. Kap. 2 und 3).

Ferner ist das Verhältnis zwischen Ökonomie und Sozialpolitik nicht bloß als Einbahnstraße zu sehen, auf der primär über Geld vermittelt wird. Der moderne Wohlfahrtsstaat hat inzwischen eine äußerst enge Verflechtung und strukturelle Wechselwirkung mit dem ökonomischen System erreicht, die den Austausch beider Systeme weit über monetäre Transfers hinausreichen lässt. Wie vor allem Georg Vobruba (1991) herausgearbeitet hat, nützt der Wohlfahrtsstaat den einzelnen Unternehmen wie auch der Wirtschaft im Ganzen. Die aktive Arbeitsmarktpolitik in Schweden oder das System der beruflichen Bildung in Deutschland können als Beispiel dafür herangezogen werden, dass der Wohlfahrtsstaat dem Interesse der Unternehmen an einem ausreichenden Angebot an qualifizierten, fachlich und regional mobilen Arbeitskräften entgegen kommt. Die sich in mehreren Ländern abzeichnende Aufwertung des Bildungswesens dürfte diesen Effekt noch verstärken. So postuliert auch Esping-Andersen:

> „The key to life chances in a knowledge economy lies, virtually by definition, in strong cognitive skills and these are sown very early in life – the critical window of cognitive stimulation and developing learning abilities lies in the years prior to school age. For reasons of efficiency, welfare and equality we therefore need to prioritize, first and foremost, early childhood investments". Und : "It may appear paradoxical but a strategy of investing in our children must be the flagship of our recast retirement policies. The future working age cohorts will be small so they had better be maximally

Auch die neuere Diskussion über die globale Wettbewerbsfähigkeit von Nationalstaaten weist auf die zentrale Rolle ihrer politischen, ökonomischen und sozialen Institutionen hin. Soziale Marktwirtschaft, starke Gewerkschaften, hohe Löhne und Sozialleistungen sind als Basis des Modells Deutschland gelobt worden und unterscheiden den „rheinischen Kapitalismus" (M. Albert) von anderen nationalen Formen der politischen Ökonomie. Allerdings lassen sich einzelne Fehlentwicklungen nicht verhehlen; so existiert in Deutschland nicht zuletzt durch hohe Sozialabgaben eine „perverse" Struktur der Belastung, die Teilzeitarbeit teuer und Überstunden billig macht. Ähnliche unerwünschte externe Effekte werden durch die Art der Nutzung von Frühverrentungsmöglichkeiten als Instrument der betrieblichen Personalpolitik erzeugt. In Fällen wie diesen werden betriebliche Rationalisierungsstrategien nur unzureichend mit einer staatlichen Steuerung des Strukturwandels und der Sozialpolitik verkoppelt. Auf diese Weise entsteht Wohlfahrt ohne Arbeit. Inzwischen ist es jedoch in allen Ländern (v.a. des konservativen Wohlfahrtsstaatstyps) zu einer Abkehr von dieser Politik gekommen (vgl. Kap. 18).

Nimmt man einige weitere Faktoren der Regulierung von Arbeit hinzu, so zeigt sich im internationalen Vergleich folgende Dreiteilung der westlichen Industrieländer:

- In Skandinavien (bzw. im sozialdemokratischen Wohlfahrtsstaat) herrscht eine Kombination aus niedriger Frühverrentung, niedriger Arbeitslosigkeit, hohen, nicht krankheitsbedingten Ausfallzeiten[263] und einer beträchtlichen Beschäftigung im öffentlichen Dienst.
- In den kontinentalen Ländern (bzw. im konservativen Wohlfahrtsstaat) sind die Frühverrentung hoch, die Ausfallzeiten und die Beschäftigung im Staatssektor niedrig und die Arbeitslosigkeit hoch.
- In den angelsächsischen Ländern (bzw. im liberalen Wohlfahrtsstaat) nehmen die Frühverrentung und die Arbeitslosigkeit einen mittleren Wert ein, Ausfallzeiten und Beschäftigung im Staatssektor sind sehr niedrig (vgl. Kolberg/Uusitalo 1992, s.a. Frerichs 2007, Bäcker u.a. 2009, Bangali 2008).

Eine eigene kleine Studie (s. Schaubild) bestätigt den Eindruck der Unterschiedlichkeit und der Uneindeutigkeit der Zusammenhänge: Die europäischen Länder weisen zwar ein geringeres Wachstum auf, allerdings bei unterschiedlichen Sozialleistungsquoten. Im Übrigen ist die Differenz zu den USA nicht so groß und Spanien ein Sonderfall. Diese Komplexität

263 Hier v.a. im Sinne eines zeitlich befristeten Rückzugs vom Arbeitsmarkt (z.B. Erziehungsurlaub) verstanden.

und Variabilität der Beziehungen zwischen Wohlfahrtsstaat und Ökonomie wird von den neokonservativen bzw. liberalen Kritiken ebenso wie von den traditionellen Anhängern wohl erheblich unterschätzt.[264]

Schaubild 21-3: Veränderungen im Wirtschaftswachstum und im Niveau der Sozialausgaben[265]

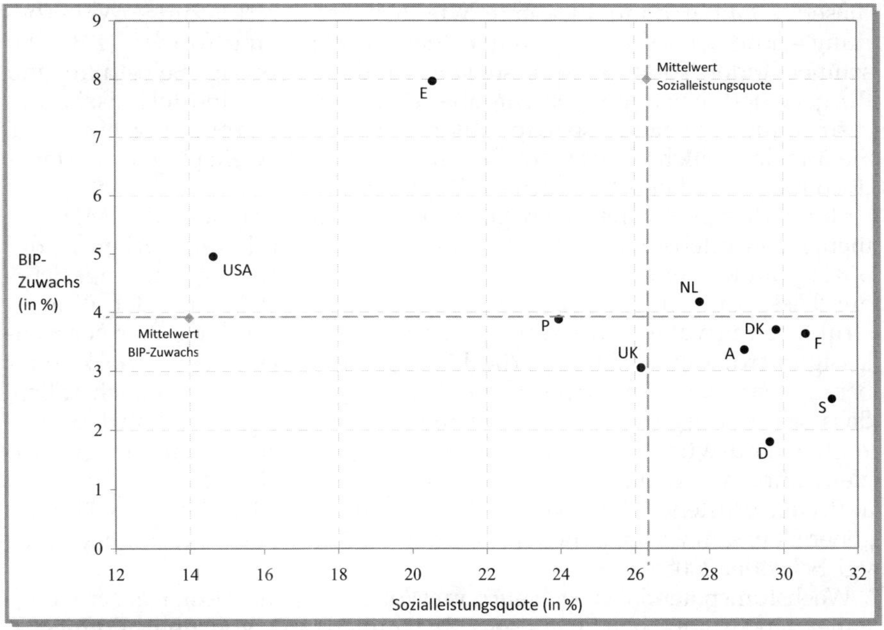

Quelle: Eurostat Online Statistiken

264 Das hängt nicht zuletzt mit einer gewissen Wahlverwandtschaft von Wohlfahrtsstaatstypen mit den Varanten des Kapitalismus zusammen; s. dazu neuerdings Schröder 2008.

265 Die Linien markieren die jeweiligen Mittelwerte der Größen.

21.2.2 *Ansatzpunkte für eine Perspektive der Integration von Ökonomie und Wohlfahrtsstaat*

Angesichts des gegenwärtig erreichten hohen Niveaus und der vielfältigen Formen flexibler Produktions- und Sozialverhältnisse sind neue Verknüpfungen notwendig, die weit über Geld und Recht hinausgehen. In diesen könnten dann Elemente wie Arbeitszeitverkürzung, Weiterbildungs- und Qualifizierungszeiten, neue Besteuerungsformen (z.B. Maschinen- oder Tobin-Steuer), soziale Mindestsicherung, Selbsthilfe und Bürgerschaftliches Engagement, aber auch Beratung und technische Infrastruktur, eine neue, sozialpolitisch fruchtbare Verbindung eingehen. Sie ähneln freilich eher einem Patchwork als dem vielfach geforderten – doch meist gescheiterten – großen Wurf.

Unter diesen Bedingungen gewinnt dann das Problem des Managements von interorganisatorischen Beziehungen und Netzwerken in der Sozialpolitik ebenfalls eine hohe praktische Bedeutung, die angesichts der Diskussionen um die (jeweils isolierte) Optimierung der Binnenstrukturen privater und staatlicher Organisationen bislang eher vernachlässigt wird. Denn hier liegt die Lösung nicht alleine beim Markt oder beim Staat, sondern dazwischen. Allerdings ist es unwahrscheinlich, dass sich ein organisierter Pluralismus an vernetzten Wohlfahrtsproduzenten naturwüchsig einstellt und sich veränderten Bedingungen effizient anpasst, so dass hier erhebliche politische Koordinierungsbedarfe auftreten dürften (Blanke u.a. 2000, Heinze u.a. 1999, Heinze 2009; zum generellen Konnex zwischen Typen der Wohlfahrt und des Kapitalismus vgl. Schröder 2008).

Wachstumspotentiale liegen auch im Wohlfahrtsstaat selbst. Häusermann/Palier (2008) sprechen in diesem Zusammenhang von den „Politics of employment-friendly Welfare Reforms". Der Ausbau der sozialen Infrastruktur z.B. in der Altenpflege, aber auch bei Kindergärten und anderen sozialen Diensten, kostet nicht nur, sondern schafft auch Arbeitsplätze und ermöglicht dabei vor allem Frauen einen besseren Zugang zum Arbeitsmarkt. Alleine für die Pflegeberufe werden in den nächsten Jahren in Deutschland rund 300.000 neue Stellen erwartet; der Gesundheitsbereich gilt ebenfalls als Wachstumsbranche – allerdings vorwiegend außerhalb der traditionellen Organisation Krankenhaus. So konstatiert Josef Hilbert (2007: 14): „Die Gesundheitswirtschaft ist eine außergewöhnlich große und dynamische Wirtschaftsbranche. Dazu zählen nicht nur Ärzte, Krankenhäuser und Altenheime, sondern Gesundheit ist auch ein wichtiger Motor für eine Fülle von Zulieferern (etwa Medizintechnik) und benachbarten Wirtschaftsbereichen (etwa gesunde Ernährung und Wellness)".

Schaubild 21-4: Gesundheitswirtschaft im Wachstum

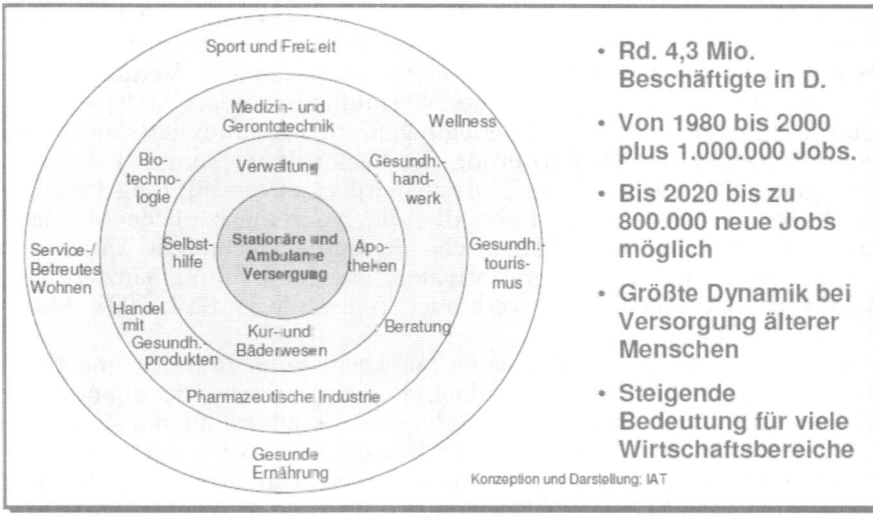

Quelle: aus Hilbert 2007: 4.

Und er geht davon aus, dass das Interesse an gesundheitsbezogenen Produkten und Dienstleistungen auch in den kommenden Dekaden weiter steigen wird. Denn zum einen lassen das Altern der Gesellschaft und der medizinisch-technische Fortschritt den Bedarf nach solchen Angeboten steigen. Zum anderen wird dies durch ein wachsendes Gesundheitsbewusstsein – insbesondere bei gut gebildeten Bürgerinnen und Bürgern mit mittleren und höheren Einkommen – verstärkt, was dazu führt, dass sie auch bereit sind, privat für ihre Gesunderhaltung zu investieren

Diese strukturellen Arbeitsmarkteffekte im Dienstleistungssektor sind in die Diskussion um die Modernisierung des öffentlichen Dienstes mit einzubringen. Neben Kostensenkung und Effizienzsteigerung ist nämlich zu bedenken, dass solche „Verschlankungsmaßnahmen" zur Entwicklung ansehnlicher Branchen in der privaten Wirtschaft mit enormen Wachstumsaussichten führen – vor allem im Gesundheits- und Pflegewesen, aber auch in weiteren Bereichen, die im Allgemeinen dem Wohlfahrtsstaat zugeschrieben werden.[266] In diesem Falle sind ggf. zur Stärkung der Stellung des „Kunden" Verbraucherschutzmaßnahmen und Qualitätssicherungssys-

266 In diesem Zusammenhang ist daran zu erinnern, dass sich in Schweden und Dänemark rund ein Viertel der Arbeitskräfte im öffentlichen Dienst befindet.

teme (wie z.B. im Pflegegesetz oder der Riester-Rente vorgeschrieben) zu entwickeln, um Missbrauch zu vermeiden.

Eine weitere Facette in diesem Bild stellt der Einsatz neuer Informations- und Kommunikationstechnologien dar, die etwa in Vorstellungen wie dem „virtuellen Altersheim" einmünden könnten. Vergleichbares gilt für den „Haushalt als dritter Gesundheitsstandort" (Heinze u.a. 2009), Hier verbinden sich Überlegungen zur Produktivitätssteigerung, Reorganisation und Qualifizierung des Personals im Bereich personenbezogener Dienstleistungen. Zugleich wird eine Verknüpfung komplementärer Leistungen angestrebt, die z.B. wohnungsbauliche Maßnahmen, medizinische und pflegerische Betreuung, technische Unterstützungssysteme, (öffentliche und private sowie gemischte) Finanzierungskonzepte usw. miteinander verbinden (vgl. Hilbert 1994, 2007, Malanowski 2007).

Wie solche komplexen Kreisläufe zwischen Wohlfahrtsstaat und Ökonomie, Arbeit und Freizeit, Industrie und privaten wie öffentlichen Diensten im Detail funktionieren oder, wie sie zu optimieren sind, darüber gibt es kaum wissenschaftliche Erkenntnisse. Auch mit den aufgeführten Überlegungen sind allenfalls einige erste Konturen skizziert worden. Diesem Manko entspricht auf der Ebene der sozialen Praxis eine weitgehende Leerstelle in der Diskussion, nicht zuletzt, weil solche Ideen quer zur „Departementalisierung des Geistes" (Adorno) stehen. Zudem bergen solche komplizierten Systeme auch einige Risiken und können sogar scheitern - freilich gibt es auch erhebliche Problemlösungspotenziale –, was die politischen Karrieren und Wiederwahlchancen von Politikern stärker gefährdet als status quo-Denken und Durchwursteln.

21.2.3 Mehr Beschäftigung – um jeden Preis? Niedriglohnsektor, Beschäftigungsfähigkeit und Ältere Arbeitnehmer

Im Rahmen des Bündnisses für Arbeit ist ein Beitrag von Streeck und Heinze diskutiert worden (s. Schmid u.a. 2000, Heinze 2003), in dem die Überlegungen zu einem Rearrangement der Beziehungen zwischen Sozialpolitik und Arbeitsmarkt, zwischen Rechten und Pflichten aufgenommen und auf die Problematik des Niedriglohnsektors fokussiert worden sind. Ausgangspunkt ihrer Thesen ist das Scheitern der konventionellen Arbeitsmarktpolitik und eine Kritik der mangelnden Aktivierung (vgl. Kap. 18). Darauf aufbauend fordern Streeck und Heinze:

> „Aufgabe einer von der neuen Bundesregierung und dem Bündnis einzuleitenden innovativen Beschäftigungspolitik wäre, das Beschäftigungssystem

durch Umbau unserer arbeitspolitischen Institutionen zu öffnen und das Beschäftigungspotenzial des Dienstleistungssektors für den ersten und legalen Arbeitsmarkt zu erschließen. Dies erfordert unter anderem, dass die Regulierung des Beschäftigungsverhältnisses stärker auf die Bedürfnisse kleiner und neuer Unternehmen eingestellt wird, auf differenzierte Wettbewerbs- und Ertragslagen, auf neuartige Rationalisierungszwänge, verminderte Umverteilungsspielräume, veränderte Autoritätsstrukturen am Arbeitsplatz, neue Formen und Methoden der Arbeitsmotivation, neuartige Qualifikationsanforderungen, einen häufigeren Arbeitsplatzwechsel usw. Als realistisches operatives Ziel könnte das Bündnis sich eine laufende Erhöhung der Erwerbsquote von einem Prozentpunkt pro Jahr, nach holländischem Beispiel, vornehmen. Schon bei einer Steigerung um fünf Prozentpunkte, also ein kanadisches Niveau, wären im übrigen die meisten aktuellen Finanzierungsprobleme unserer Systeme der sozialen Sicherung lösbar, wenn nicht bereits gelöst." [267]

Dazu bedarf es einer grundlegenden Erneuerung des Modells Deutschland – also der Ökonomie, des Arbeitsmarktes und des Wohlfahrtsstaates. D.h. etwa einen effizienteren und flexibleren Einsatz der Ressourcen der Arbeitsmarktverwaltung (einfachere Programme, mehr Wettbewerbselemente, schnellere und individuellere Vermittlung), bessere Kooperation zwischen Arbeits- und Sozialämtern etc. Zugleich gehört eine Absicherung – im Sinne der Flexicurity – in Form von Mindestlöhnen oder Mindesteinkommen in diesen Kontext (vgl. WSI-Mitteilungen 05/2000, Kronauer/Linne 2005).

Bei Beschäftigungsfähigkeit („Employability") geht es um lebenslanges Lernen, um Flexibilität und die Bereitschaft zur Abkehr vom „Normalarbeitsverhältnis" (d.h. reguläre, unbefristete Anstellung in einem Unternehmen und lebenslange Beschäftigung in einem Beruf). Lernen soll als permanenter Prozess begriffen werden – durchaus auch im „Übergang" zwischen zwei Beschäftigungsverhältnissen –, für den das Individuum, die Unternehmen und der Staat gleichermaßen verantwortlich sind. Übergeordnetes Ziel ist es, möglichst allen Erwerbspersonen das Rüstzeug an fachlichen, kognitiven und sozialen Kompetenzen für die Beschäftigung in einem Beruf, bei einem Arbeitgeber, bei wechselnden Arbeitgebern oder auch als Selbständige mitzugeben. Beschäftigungsfähigkeit soll damit zur Dynamisierung der Arbeitsmärkte beitragen und zugleich neue Beschäftigungsfelder eröffnen – indem die Erwerbspersonen ihre Leistungen selbstständig anbieten, sich Arbeit suchen und Nachfrage nach ihren Leistungen schaffen (Schmid u.a. 2000, Dingeldey 2007, Kraus 2008).

Ein wichtiger Ausgangspunkt der Überlegungen ist der sog. „entstandardisierte Lebenslauf", wonach das klassische Drei-Phasen-Modell des Lebenslaufs (Jugend, Erwachsenenalter, Alter) mit den dazugehörigen Er-

267 Zur breiteren und auch kritischen Debatte des Themas „Mehr Beschäftigung durch einfache Dienstleistungen" s.a. WSI-Mitteilungen 4/1999.

werbsstadien (Berufsausbildung, Erwerbstätigkeit, Rente) abgelöst worden ist. In den Veränderungen von Lebensläufen spiegeln und bündeln sich gesellschaftliche Entwicklungen: So nehmen z.B. Kontinuitätserwartungen ab, es kommt zu einer Vervielfältigung von Übergängen, zu einer Individualisierung von Lebensläufen, deren Gestaltung weniger vorstrukturiert ist und vielmehr als Aufgabe und Entscheidungsgegenstand von Individuen gesehen werden muss. Demnach sind nun nicht mehr allein am Beginn und Ende von Beschäftigung, sondern vielfach im Verlauf des Erwerbslebens weitreichende Veränderungen der beruflichen Anforderungen zu meistern.

Employbility-Konzepte müssen also die konkrete Lebenssituation des Individuums berücksichtigen und Erweiterung von Optionen als Ziel verfolgen. Das führt zu einer weiteren Dimension des Phänomens, die ideologisch und politisch stark aufgeladen ist. Soziale Probleme und Risiken gelten unter modernen Sozialstaats-Bedingungen als kollektive und gesellschaftliche. Nun aber wird der Fokus stärker auf das Individuum gelegt. Zugleich erfolgt ein Wechsel in der Strategie der Problemlösung von passiven und kompensatorischen Maßnahmen zu aktiven bzw. aktivierenden. Auf diese Weise entsteht eine Grauszone zwischen moderner Staatsintervention und Neoliberalismus. Daher ist das Employability- Konzept auch umstritten – wobei es schon einen Unterschied macht, ob wir uns bei den Good Practice Beispielen auf Dänemark oder auf die USA beziehen (vgl. Serrano Pascual 2007, s.a. G. Schmid 2004 zu den normativen und sozialtheoretischen Grundlagen eines solchen sozialen Risikomanagements).

Schaubild 21-5: Sozialstaatlicher Kontext von Employability

	Problemlösung:	
Problementstehung	***aktiv/aktivierend***	***passiv/kompensatorisch***
gesellschaftlich	Globalsteuerung	Arbeitslosengeld, Rente
individuell	Employability	private Vorsorge oder Weiterbildung

Quelle: Eigene Darstellung

Ein weiterer Aspekt von „mehr Arbeit" betrifft die Älteren Arbeitnehmer, deren verlängerter Verbleib im Arbeitsleben nicht nur die Rentenversicherung entlastet, sondern auch das Problem des demografisch bedingten Facharbeitsmangels verringert. Dies impliziert auch eine Abkehr von einer jugendorientierten Personal-, Qualifizierungs- und Beschäftigungspolitik in den Betrieben, hinter denen ein – wissenschaftlich weitgehend widerlegtes – Defizitmodell älterer Arbeitnehmer steht. An dessen Stelle ist inzwischen ein Kompetenzmodell getreten, das auf besondere Potenziale älterer Arbeitnehmer verweist. Diese sind nämlich besonders in der Lage, persönliche, soziale und betriebsspezifisch-organisatorische Erfahrungen einzubringen, komplexere Aufgaben zu lösen und Arbeits- und Entscheidungsprozesse handlungsorientiert zu optimieren; ferner sind sie meist toleranter und – angesichts ihrer familiären Situation – zeitlich flexibler.

Wesentlich ist es schließlich, dass die Personalpolitik die älteren Arbeitnehmer nicht aus den Fort- und Weiterbildungsmaßnahmen ausnimmt – wie es bislang häufig der Fall ist. Daneben ist eine Anpassung von Arbeitsorganisation und Arbeitszeit unter Einbeziehen des Gesundheitsschutzes nötig. Kompetenz und Qualifikation sind dabei intergenerativ zu entwickeln und sollten auf einer systemischen Analyse des Unternehmens und seiner Potenziale aufbauen, damit auch neue Tätigkeitsfelder erschlossen werden können und somit das Spektrum für ältere Arbeitnehmer erweitert werden kann (vgl. Frerichs 2007, Bäcker u.a. 2009, Bangali 2008, Schmid 2006, Sporket 2007).

Die ganze Tragweite der künftigen Entwicklungen – ja geradezu eine erneute „Große Transformation" (Polanyi) von Wirtschaft, Gesellschaft und Staat wie zu Beginn der industriell-kapitalistischen Ära – lässt sich möglicherweise im Lichte der Vergangenheit und mit Blick auf die Praxis anderer Länder besser einschätzen. An diesem Punkt beginnt im Grunde genommen die eigentliche Frage nach der Zukunft des Wohlfahrtsstaates erst (vgl. Vobruba 1991, Hausermann/Palier 2008). Christopher Pierson ist deshalb zuzustimmen, wenn er Folgendes betont:

> „Die Fragen nach dem Zusammenhang zwischen Wirtschafts- und Sozialpolitik, zwischen Beschäftigung und Einkommen, zwischen politischen und ökonomischen Entscheidungen, zwischen Staat und Markt, zwischen dieser und den nachfolgenden Generationen, müssen aufs Neue gestellt werden. Wenn sie beantwortet sind, kann es sein, daß die gegenwärtig dominierende Anerkennung der überragenden Leistungsfähigkeit des Marktes nicht mehr stärker ist als jener Konsens, der einst den Wohlfahrtsstaat umschlossen hat" (Pierson 1991: 222).

21.3 Alte und neue politische Akteure im Wohlfahrtsstaat

21.3.1 Sozialpolitischer Niedergang der Arbeiterbewegung?

Im Weiteren wollen wir uns auf die Frage konzentrieren, wer denn in Zukunft die politischen Akteure sind, die den weiteren „sozialen Fortschritt" bewirken werden. Dieser Terrainwechsel ist um so wichtiger, als die Fragen nach den institutionellen Zwängen und Möglichkeiten, nach der Verteilung politischer Machtressourcen mindestens genauso wichtig für die Entwicklung des Wohlfahrtsstaates ist, wie es die sachlich richtigen Lösungskonzepte sind. Vor diesem Hintergrund ergibt sich das folgende - sicherlich sehr holzschnittartige - Szenario. D.h. es finden strukturelle und funktionale Verschiebungen im klassischen System der sozialpolitischen Interessenvertretung statt (vgl. etwa Winter 1997 und Schroeder 2006; s.a. Kap. 17 Wohlfahrtspluralismus).

Schaubild 21-6: Klassische Akteure und Interessenvermittlungsmuster in der Sozialpolitik

Akteure	Vermittlung und Bezug von Interessen	Anbindung an das politische System
Gewerkschaften	erwerbswirtschaftlich, auch advokatorisch, auch direkt, auch professionspolitisch	sehr hoch (v.a. in den Sozialversicherungsgremien)
Arbeitgeberverbände	erwerbswirtschaftlich	sehr hoch (v.a. in den Sozialversicherungsgremien)
Wohlfahrtsverbände	advokatorisch, auch professionspolitisch	eher hoch (v.a. im Bereich Sozialer Dienste)
Soziale Berufsverbände	professionspolitisch	unterschiedlich (je nach Status des Berufs)
Selbsthilfeorganisationen /Bürgerschaftliches Engagement	direkt	eher niedrig

Quelle: Eigene Darstellung

Die traditionelle Klassenbasis wohlfahrtsstaatlicher Politiken wird sich künftig erheblich relativieren, denn die postmoderne Risikogesellschaft bzw. die postindustrielle Gesellschaft - und, hier nicht mehr näher verfolgt, die Globalisierung nicht nur der Ökonomie, sondern auch der Kultur und Sozialstruktur (via Migration) - erzeugt neue soziale Problemlagen, die quer zu etablierten Beschäftigungsverhältnissen verlaufen. Wolfgang Streeck (1993, s.a. Trampusch 2008 und Jarley 2005) hat noch einmal darauf hingewiesen, dass Beruf, Unternehmen und Distrikt alternative Formen von Solidargemeinschaften gegenüber dem Modell der nationalen Klassensolidarität, das dem traditionellen Wohlfahrtsstaat zugrunde liegt, bilden - und dass diese in Zukunft an Bedeutung gewinnen können. Regionalistische und betriebssyndikalistische Tendenzen oder neue Formen der Selbsthilfe sind jedoch sozialpolitisch problematisch, weil sie häufig zu Lasten Dritter gehen[268] – zumal sich diese Strategien in funktionaler Hinsicht der gewachsenen internationalen Verflechtung und Globalisierung nicht entziehen können. Freilich stellt sich hier ebenfalls eher die Frage nach intelligenten Verbindungen und Mischungsverhältnissen sowie adäquaten Gewerkschaftsstrategien als nach einer vorschnellen politischen Verdammung oder nach einer Akzeptanz des stummen Zwangs der ökonomischen Verhältnisse.[269]

An die Stelle der Akteure und Probleme der alten Industriegesellschaft werden daher grosso modo verstärkt neue soziale Konflikte und Bewegungen treten, die sich primär an Kategorien des Status festmachen und etablierte Formen der Privatheit (besonders Familie und Ehe) kritisch reflektieren. Demnach werden sich die neuen Konflikte weniger an materiellen Verteilungsfragen entzünden, sondern an Fragen der „Grammatik von Lebensformen" (J. Habermas), also an Fragen der (sozial-)politischen Form und der sozialen Anerkennung, wie sie sich etwa im Selbstverständnis von Selbsthilfegruppen manifestieren. Das heißt z.B., dass sich Frauen, Alte und Junge als zusätzliche Motoren bzw. konkrete Trägerschichten und potenzielle politische Bündnispartner eines Wandels des Wohlfahrtsstaates erweisen könnten. Umgekehrt impliziert dies einen sozialpolitischen Bedeutungsrückgang von Gewerkschaften; vor allem dann, wenn sie sich als traditionelle Klassenorganisationen oder Interessenvertretungen von Arbeitsplatzbesitzern verstehen (was jedoch keine zwangsläufige Entwicklung darstellt). Gerade die Fähigkeit, übergreifend zu agieren – freilich auf der Basis von Organisationsgraden von über 80 Prozent – sichert in den skandinavischen Ländern den Einfluß der Gewerkschaften. Hinzu kommt, dass sich in vielen Ländern die etablierten engen Bindungen zwischen Gewerkschaften und sozialdemokratischen Parteien gelockert haben; diese Parteien agieren vielfach stärker als Stimmenmaximierer, was dann deren wohlfahrtsstaatliche Politiken kontingent werden lassen.

Die Frage, welche Interessen gesellschaftliche Großorganisationen und hier insbesondere die Gewerkschaften vertreten, lässt sich nicht so einfach beantworten. Der Kampf für eine ausreichende soziale Sicherung basiert nicht nur auf uneigennützigen Solidarnormen und Nächstenliebe, sondern auch auf den aufgeklärten Eigeninteressen der Organisation.

---

268 So könnten florierende Betriebe und Wachstumsregionen erhebliche höhere Löhne bezahlen, was die soziale Ungleichheit vergrößern würde. Dem steht bislang das auf einen gewissen solidarischen Ausgleich zielende System des Flächentarifvertrages entgegen.

269 Um nicht missverstanden zu werden: Hier wird nicht das Ende der Arbeiterbewegung in Deutschland prognostiziert oder propagiert, sondern ihr relativer Bedeutungsverlust in der Sozialpolitik. Zudem kommt es in breiten Zukunftsdebatten auch zu selbstkritischen Reflexionen und strategisch-programmatischen Erneuerungen.

Jenseits der unmittelbaren Mitgliederinteressen bilden zum Beispiel Arbeitslosenunterstützung und Sozialhilfe, aber auch das garantierte Mindesteinkommen, eine Barriere gegen Lohnsenkung und -differenzierung. Sozialpolitik verringert damit die lohnsenkende Wirkung einer industriellen Reservearmee bzw. von hoher Arbeitslosigkeit – jedoch ist der Schluss vom kollektiven Nutzen auf die politischen Ziele prekär. Wegen des berüchtigten Trittbrettfahrersyndroms des kollektiven Handelns wird häufig eine im Grunde sinnvolle Position deswegen nicht vertreten, weil sie nach individuellen Kosten-Nutzen-Kalkülen wenig bringt, bzw. die Leistung auch ohne eigenes Zutun zu erhalten ist. Warum sollte also ein Facharbeiter auf Teile seines Lohnes verzichten, um seine Position am Arbeitsmarkt zu stabilisieren, fällt das Problem doch „dem Staat" zu.

Freilich sind diese Probleme und deren Lösungsmöglichkeiten auch durch die institutionelle Struktur des Wohlfahrtsstaates geprägt. In beitragsfinanzierten Systemen wird leicht die im Verhältnis zu steuerfinanzierten Modellen kleinere Schicht von Zahlern überfordert und mit systemfremden Leistungsanforderungen konfrontiert (wie jüngst im Falle der deutschen Einheit). Dies gilt nicht nur monetär, sondern auch normativ, da gerade die Versichungskonstruktion eine erhebliche Entlastung von Moralfragen darstellt und sich damit die Möglichkeiten, an Solidarität zu appellieren, verringern (Offe 1990; zum Genter Modell s. Clasen/ Viebrock 2006 und Schroeder 2006).

Andererseits schafft etwa die Konstruktionslogik der deutschen Rentenversicherung eine Verbindung von Rentenempfängern mit aktiv Beschäftigten (inklusive deren Interessenorganisationen), was die Gewerkschaften so zu wichtigen, generationsübergreifenden Interessenvertretungen macht. Umgekehrt unterbleiben in diesem Falle eigene Organisationsformen der Älteren wie in Skandinavien (Stichwort: Rentnergewerkschaft) weitgehend. Möglicherweise begünstigt gerade die eigentümliche Formation des deutschen „Sozialversicherungsstaates" (Riedmüller/Olk 1994, s.a. Schroeder 2006) die alten Akteure und erzeugt somit eine gewisse strukturkonservative Tendenz in der Sozialpolitik. Insofern weist die Zukunft des Wohlfahrtsstaates bezogen auf seine strukturell angelegten Selektionsmechanismen durchaus Parallelen mit seiner Vergangenheit auf.

21.3.2 *Neue Akteure und Konfliktlinien für einen neuen Wohlfahrtsstaat?*

Aus der veränderten Topografie von Wirtschaft, Gesellschaft und Politik – Stichworte sind vor allem Individualisierung, Pluralisierung, Ende der Arbeitsgesellschaft – resultieren neuartige Forderungen, die sowohl den

Umfang, die rechtliche Verankerung und die konkreten Organisations- und Trägerformen der sozialen Leistungen, als auch die etablierten Strukturen der politischen Interessenvermittlung betreffen. Der Diskurs um die zukünftige Sozialpolitik hat demnach auch etwas mit der Krise der Parteien oder der Gewerkschaften zu tun.[270]

Dabei zeigt sich ferner, dass zwischen der Charakteristik des alten Wohlfahrtsstaates einerseits und seiner Kritik bzw. dem Entstehen neuer sozialpolitischer Themen und Akteure andererseits durchaus beachtliche Zusammenhänge bestehen. Am Beispiel der Gleichberechtigung von Frauen am Arbeitsmarkt lässt sich dies illustrieren (vgl. Taylor-Gooby 1991; s.a. Schmidt 1993, 2005, Kolberg/Uusitalo 1992, Esping-Andersen 1999, Pfau-Effinger 2004):

- Im sozialdemokratischen Typus des Wohlfahrtsstaates wie im Fall Schweden dreht sich alles um den öffentlichen Dienst. D.h. die derzeit praktizierten Lösungen und Instrumente sowie die darauf bezogene Kritik betreffen vor allem das Ausmaß der Steuerlasten, die zur Finanzierung der hohen Frauenbeschäftigung im Staatsdienst benötigt werden. Ferner wird das Verhältnis zwischen dem industriellen, weltmarktorientierten und dem geschützten, binnenmarktorientierten Sektor (inklusive Staat) davon berührt. Die Wirtschaftskrise, aber auch der Beitritt zur Europäischen Union werden hier vielfach als Bedrohung des erreichten Zustands bzw. als sozialer Rückschritt und „Christdemokratisierung" (Spiegel (41/1992: 220, s.a. Seeleib-Kaiser et al 2005) des Wohlfahrtsstaates verstanden.
- In liberalen Regimen wie in den USA und Großbritannien (seit Thatcher) treten diese Konflikte am privaten Arbeitsmarkt auf bzw. gelten formale Gleichbehandlungsvorschriften als Lösung des Problems. Hier überschneiden sich die geschlechtsspezifischen Probleme mit klassenspezifischen Fragen sozialer Ungleichheit und Armut; das typische Beispiel sind die schlecht bezahlten Jobs von Frauen in den Familien Reicher. Hier spielt der öffentliche Dienst keine wesentliche Rolle, und insofern verlaufen die politischen Konfliktlinien auch anders bzw. bestehen günstige Koalitionsoptionen mit Gewerkschaften und sozialdemokratischen Parteien.
- In konservativen Wohlfahrtsstaaten mit einer starken christdemokratischen Färbung wie in Deutschland verlaufen die Konfliktlinien vor allem zwischen denen, die Arbeit haben und denjenigen, die keine haben, also arbeitslos oder ungewollt „Hausfrauen" sind. Zudem

270 Ein negatives Beispiel hierfür sind die Steuerprotestparteien in Skandinavien, die als Reaktion auf den Ausbau des Wohlfahrtsstaates entstanden sind. In diesem Kontext zählen aber auch die programmatischen Aktivitäten der Parteien und Gewerkschaften zum Thema Zukunft und Umbau des Wohlfahrtsstaates.

hängt die Gleichstellung von Frauen nicht nur von der Schaffung von Arbeitsplätzen (besonders im öffentlichen Dienst) ab, sondern auch mit der Thematisierung der Arbeitsverhältnisse in den Wohlfahrtsverbänden. Die großen, kirchennahen Organisationen wie Caritas und Diakonisches Werk unterliegen als sog. „Tendenzbetriebe" großenteils nicht den Regelungsmechanismen des kollektiven und individuellen Arbeitsrechts. Verringerte Mitbestimmung, schlechtere Löhne und Kündigung wegen Konfessionswechsels sind einige Schlagworte, die diese Problematik anreißen. Insofern handelt der Kampf um Verbesserungen für Frauen auch von der (verzögerten) Normalisierung und Modernisierung in diesem Bereich der Gesellschaft.

Hinzu kommt die Bedeutungszunahme der Europäische Union: sei es direkt in Form der Sozialfonds, mit deren Mitteln Beschäftigungs-, Struktur- und Sozialpolitik finanziert wird, oder über neue Regulationen, die entweder nationalstaatliche Interventionen als Wettbewerbsverzerrung verbieten oder die, wie im Bereich der Gleichstellungspolitiken, Maßnahmen „erzwingen". Etwas vereinfacht bewegt sich die Sozialpolitik der EU in drei Arenen:

- der Zähmung des Binnenmarktes /(auch unter Einbeziehung der Organisationen von Kapital und Arbeit
- der Sicherung von Bürgerrechten
- der (weichen) Koordination der nationalen Wohlfahrtsstaaten (vgl. auch Kap. 2).

Hieraus ergibt sich eine nur schwer abschätzbare und heterogene Dynamik, die zwischen Sozial-Dumping und Diffusion innovativer Sozialpolitiken oszilliert.[271]

Diese Beispiele illustrieren zugleich die grundlegende Logik der langfristigen Entwicklung des Wohlfahrtsstaates: Sie erweist sich als Kette politischer Auseinandersetzungen, die immer wieder zu neuen institutionellen Verdichtungen und zu (zeitlich begrenzten) stabilen Strukturen des Wohlfahrtsstaates (im Sinne von Polity, Policy und Politics) führen. Manchmal werden auf diese Weise aus den Verlierern von heute die Sieger von morgen.

271 Hinzu kommt – nicht nur durch die Politik der EU vorangetrieben –, dass sich der neue Wohlfahrtsstaat des 21. Jahrhundert stärker durch Regulation als durch Extraktion (d.h. Steuern) und möglichweise stärker durch Transfers als durch direkte staatliche Dienstleistungen auszeichnen wird. Damit ändert sich das Bild erheblich, freilich mit kaum absehbaren Auswirkungen auf Verteilungsgerechtigkeit, soziale Inklusion und Effizienz.

Da dann in der Regel immer noch system-typische Strukturen existieren werden, wird dies ferner mit hoher Wahrscheinlichkeit dazu führen, dass die Unterschiede zwischen europäischen Wohlfahrtsstaaten zumindest in den institutionellen Merkmalen und Bereichen jenseits von Geld und Recht erhalten bleiben. Das alles macht auch künftig internationale Vergleiche notwendig und sinnvoll, allerdings wird das Vergleichen angesichts der Komplexität der Probleme und Strukturen des Wohlfahrtsstaates nicht einfacher (vgl. Immerfall 1994, Heinze u.a. 1999, Frech/Schmid 2004, Schmid 2008, Oorschot et al 2008). So halten Köppe u.a. (2008: 17f.) fest:

> „Wohlfahrtsstaaten sind keine fixen Systeme, die Jahrhunderte überdauern, sondern unterliegen ständigem Wandel. Während die unmittelbaren Nachkriegsjahrzehnte in praktisch allen OECD-Ländern unter dem Vorzeichen eines massiven Ausbaus der sozialen Sicherungssysteme standen, ist das Klima seit den späten 1970er Jahren rauer geworden. Rückbau in Form von Leistungskürzungen und Einschränkungen des Zugangs sind an der Tagesordnung. Allerdings haben sich vorschnelle Prognosen über einen umfassenden Sozialabbau als falsch erwiesen. Kürzungen waren oft punktuell begrenzt – wenn auch für die Betroffenen schmerzhaft. Radikale Einschnitte waren äußerst selten … . Die Institutionen des Wohlfahrtsstaates wurden dadurch zwar verändert, aber nicht grundsätzlich untergraben. Darüber hinaus haben einige Bereiche tendenziell einen weiteren Ausbau, sowohl qualitativer als auch quantitativer Art, erlebt, so etwa die Familienpolitik."

21.4 Zentrale Literatur

Armingeon , K./Bonoli (Hrsg.) 2006: The Politics of Post-Industrial Welfare States: Adapting Post-War Social Policies to New Social Risks; Oxon.

Aus Politik und Zeitgeschichte B 8-9/2006: Themenheft Reform des Sozialstaats, Bonn

Blanke, B. u.a. 2000: Sozialstaat im Wandel. Düsseldorf, online verfügbar unter: http://www.iatge.de/aktuell/veroeff/ds/brandel01a.pdf

Esping-Andersen, G. 1999: Social Foundations of Postindustrial Economies. Oxford.

Ferrera, M./Rhodes, M. (Hrsg.) 2000: Recasting European Welfare States. London.

Häusermann, S./Palier, B 2008: The politics of employment-friendly welfare reforms in post-industrial economies, in: Socio-Economic Review 6, S. 559-586.

Kolberg, J. E./Uusitalo, H. 1992: The Interface between the Economy an the Welfare State. In: Ferge, Z./Kolberg, J. E. (Hrsg.), Social Policy in a Changing Europe. Frankfurt a.M., S. 77-94.

Leibfried, St./Wagschal, U. (Hrsg.) 2000: Der deutsche Sozialstaat. Bilanzen, Reformen, Perspektiven. Frankfurt a.M.

Pierson, C. 1991: Beyond the Welfare State. The New Political Economy of Welfare. Cambridge.
Pierson, P. (Hrsg.) 2001: The New Politics of the Welfare State. Oxford.
Schmid, J. Der Wohlfahrtsstaat als Standortfaktor, in: St. Empter/ R. Vehrkamp (Hg.), Wirtschaftsstandort Deutschland, Wiesbaden 2006
Schmidt, M.G. (Hrsg.) 2001: Wohlfahrtsstaatliche Politik. Institutionen, politischer Prozess und Leistungsprofil. Opladen.
Vobruba, G. 1991: Jenseits der sozialen Frage. Modernisierung und Transformation von Gesellschaftssystemen. Frankfurt a.M.

22 Sozialpolitische Schlussfolgerungen und Chancen des Politik-Transfers: Ein Fazit

22.1 Wohlfahrtsstaatesvergleiche: Von Theorie und Methode zur politischen Praxis

Im Selbstverständnis der international vergleichenden Wohlfahrtsstaatesforschung (als akademischer Disziplin) stellt die Auseinandersetzung mit anderen Ländern vor allem ein methodisches Instrument dar, um die Tragfähigkeit konkurrierender Theorien zu prüfen und Hypothesen auf ihre Verallgemeinerbarkeit hin zu testen. Darüber hinaus ist mit dieser Herangehensweise jedoch auch eine praktisch-politische Verwendungsmöglichkeit verbunden, da unter bestimmten Bedingungen vom Ausland „gelernt" und Lösungen von dort übernommen werden können.[272] Zugleich trägt der Blick auf andere Länder (und andere Zeiten) vielfach zu einer Abschwächung von Kontroversen und Krisenszenarien bei und erlaubt eine genauere Bestimmung der eigenen Position. Dieser Relativismus, wonach in einer vergleichenden Perspektive eben „viele Wege nach Rom" führen, heißt jedoch nicht, dass es überhaupt keine besseren oder schlechteren Ansätze gäbe, sondern nur, dass die „idealen" Lösungen in Theorie und Praxis eher selten sind.

In Bezug auf die praktisch-politischen Aspekte wohlfahrtsstaatlicher Politiken lehrt der internationale Vergleich vor allem, dass sich sozialpolitische Veränderungen in der Regel nur sehr langsam vollziehen. So wird beispielsweise darauf verwiesen, dass sich zwischen 1960 und 1980 – also in der „Blütezeit" des Wohlfahrtsstaates – die Sozialausgaben gemessen am BSP in westlichen Industriestaaten im Durchschnitt lediglich um knapp zehn Prozentpunkte erhöht haben. Folglich bestehen nicht nur parteipolitische, sondern vor allem starke institutionelle Reformbarrieren, und umgekehrt gesehen impliziert dies ebenfalls einen beachtlichen Stabilisationsmechanismus gegen Spar- und Abbaumaßnahmen etwa durch eine hohe Verrechtlichung von Sozialpolitik (wie in Deutschland, wo z.B. die Rentenbeiträge Eigentumsrechte darstellen, die nicht einfach verändert werden kön-

272 Dieser Aspekt wird im Rahmen der Diffusionsforschung in den Mittelpunkt gestellt; in der vergleichenden Wohlfahrtsstaatesforschung ist die Bedeutung diese Phänomens jedoch umstritten und wird etwa bei Alber (1982) und Schmidt (1988) mit großer Skepsis betrachtet, während v.a. Ritter (1989) solche Imitationsprozesse stärker hervorhebt (vgl. hierzu auch Kap. 1 und 3). Neben Lernen spielt die soziale Konstruktion, Zwang und Wettbewerb (etwa im Rahmen der EU) eine Rolle (vgl. Dobbin u.a. 2007)

nen (vgl. etwa Obinger/Starke 2007).[273] Nimmt man die Sozialleistungsquoten der europäischen Länder, so bleiben diese bemerkenswert stabil, ja steigen sogar seit 1980 noch leicht an. Neben der institutionellen Trägheit spielen dabei zwei weitere Faktoren eine Rolle: Zum einen führt der Druck der wachsenden Probleme und neuer Risiken (v.a. die Arbeitslosigkeit und die Demografie; s. dazu Armingeon/Bonoli 2006, Häusermann/Palier 2008) zu erhöhten Ausgaben und zum anderen sind selbst anti-wohlfahrtsstaatlich eingestellte Parteien gezwungen, zwecks Wahrung der Wahlchancen ein gewisses Maß an sozialen „Wohltaten" zu verteilen. In der einprägsamen Formel von Manfred G. Schmidt (1988), nach der ein Regierungswechsel nur zu politischen Kurskorrekturen von 5 Prozent führt, kommt die Beständigkeit der wohlfahrtsstaatlichen Entwicklungen treffend zum Ausdruck.

Dessen ungeachtet kann es jedoch über einen längeren Zeitraum betrachtet in einzelnen Handlungsfeldern oder unter besonders günstigen Bedingungen zu signifikanten Veränderungen kommen (siehe etwa die jüngste Rentenreform in Schweden) – wenn auch eine grundsätzliche Wende bzw. ein Wechsel des Wohlfahrtsstaatstypus aufgrund der „Pfadabhängigkeit" (s. Beyer 2006, Pierson 2000) der Systeme wenig wahrscheinlich ist. Die deutsche Geschichte ist dafür bezeichnend, weil hier trotz aller politischen Regimewechsel vom Kaiserreich bis zur Wiedervereinigung ein überaus hohes Maß an Kontinuität in der institutionellen Grundstruktur und der Typik der Sozialpolitik feststellbar ist (vgl. Schmidt 2005, Schmid 1996, Pierson 2001, Jochem 2009). Dies ist entgegen allen modischen Krisendebatten und Thesen vom Ende des deutschen Modells des Wohlfahrtsstaates nach der Einheit oder gegenüber dem Druck der Globalisierung festzuhalten.[274]

Diese Beharrlichkeit wohlfahrtsstaatlicher Arrangements kann einerseits als Reformhindernis gewertet werden, andererseits bietet sie jedoch auch die Gelegenheit, über aktuelle Herausforderungen gründlich sowie in institutionellen Kategorien zu reflektieren und eben nicht nur kurzfristiges Krisenmanagement und status quo-Erhalt zu betreiben.[275] Dies ist

---

273 Dabei kommt es durchaus zu Unterschieden zwischen den Wohlfahrtsstaaten. Weniger verrechtlichte sowie steuerfinanzierte Systeme sind, wie das englische Beispiel mit M. Thatcher eindringlich belegt hat, leichter im Leistungsniveau abzusenken, da in diesem Fall keine „Eigentumsrechte" (qua Beitragszahlung) tangiert sind.

274 Im Falle der Niederlande wird wegen der weitreichenden Reformen des Wohlfahrtsstaates und den Veränderungen des Beschäftigungssystems ein Wechsel in Richtung eines postmodernen Typus diskutiert. Allerdings ist die Zeit zu kurz, um dies schon abschließend beurteilen zu können; zudem waren die Niederlande schon in der Typologie Esping-Andersens wegen der Mischung unterschiedlicher Elemente nur schwer zur verorten (vgl. Kap. 3).

275 Die „Entdeckung der Langsamkeit" und ihre Vorzüge geht auf den Schriftsteller Sten Nadolny zurück. Z.B. heißt es in dem Tagebuch des Kapitäns John Franklin, den Nadolny in seinem Roman beschreibt: „Die langsamere Arbeit ist die wichtigere. Alle normalen, schnellen Entscheidungen trifft der Erste Offizier."

eine Chance, die aber in der sozialpolitischen Rhetorik und Programmatik von Parteien und Verbänden in Deutschland bisher kaum genutzt worden ist. Gerade weil es hierzulande (wie fast überall) an langfristigen, über die Tagespolitik hinausgehenden Überlegungen sowie dem Mut zu einem Projekt eines „neuen Wohlfahrtsstaates" fehlt, sind die gegenwärtigen sozialpolitischen Zukunftsfragen noch weitgehend unbehandelt bzw. unbeantwortet geblieben. Zu diesen Zukunftsfragen zählen etwa:

- das Zusammenwirken von zunehmender Individualisierung und Pluralisierung von Lebensentwürfen, die insbesondere die Grenzen eines auf „Normalerwerbsbiografien" basierenden Versicherungssystems deutlich machen;
- Veränderungen im Altersaufbau der Bevölkerung, die vor allem die Finanzierungsmodalitäten der Rentenversicherung in Frage stellen;
- die z.T. negativen Rückwirkungen einzelner sozialpolitischer Regelungen (bzw. das Ausbleiben von Korrekturen und intelligenter Ausgestaltung) auf Wirtschaft und Gesellschaft (z.B. die in Deutschland teure Teilzeitarbeit);
- die generellen Finanzierungsgrenzen aufgrund des geringeren wirtschaftlichen Wachstums;
- die verbesserten Synergieeffekte einer neu organisierten Integration von Ökonomie und Sozialpolitik (etwa im Bereich personenbezogener Dienste oder der produktiven Regulierung von Verrentung);
- die Veränderungen des internationalen Wettbewerbs sowie von Produktionsstrukturen und Arbeitsverhältnissen;
- die Probleme bei der Erreichung von Vollbeschäftigung und Chancengleichheit zwischen den Geschlechtern sowie der Vermeidung von Armut und Ausgrenzung;
- das Entstehen neuer Risiken und Sicherungsbedürfnisse durch den technisch-ökonomischen Wandel (etwa durch das Internet, Gentechnik usw.), internationale Migrationsbewegungen usw. (vgl. dazu ausführlich Kaufmann 1997, s.a. Armingeon/Bonoli 2006, Bonoli 2007, Häusermann/Palier 2008).

Diese konkreten Einzelaspekte lassen sich auf die generellere Frage der Modernität oder Zukunftsorientierung der Wohlfahrtsstaaten zuspitzen. Was sich dahinter verbirgt, zeigt ein Blick auf die Ressourcenallokation des deutschen Wohlfahrtsstaates. Indem man sich hierzulande auf die Renten konzentriert, ist der Wohlfahrtsstaat stark vergangenheitsorientiert, was zu Lasten der Aufgaben in Gegenwart und Zukunft geht. Diese wiederum lassen sich als aktive Arbeitsmarktpolitik und Bildungspolitik operationalisieren.

Schaubild 22-1: Radarcharts zu Zukunftsfähigkeit des Wohlfahrtsstaates

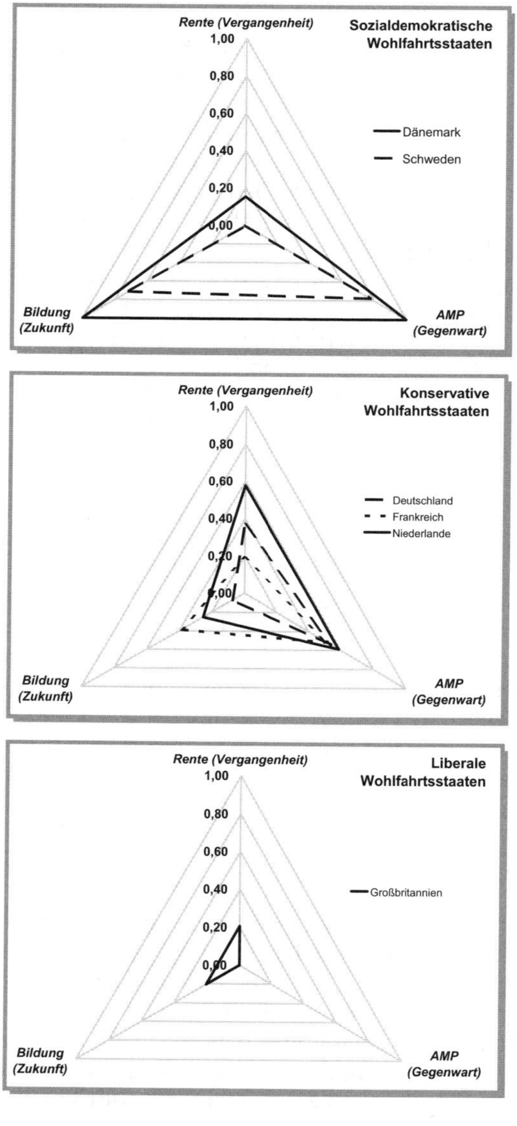

Quelle: Eigene Darstellung auf der Basis standardisierter SMOP-Werte und Daten von Eurostat

Angesichts der Herausforderungen der Informationsgesellschaft ist dies eine bemerkenswerte Konstellation, wobei sich dies grosso modo in die Typik der Welten von Esping-Andersen einordnen läßt (zum technischen Verfahren vgl. Förster u.a. 2009). Bemerkenswert ist übrigens, dass die Niederlande eine konservative Kontur aufweisen.

22.2 Europäische Möglichkeiten der Problemlösung

22.2.1 *Good Practices*

Bei der Auseinandersetzung mit diesen und weiteren Zukunftsfragen sind jedoch gerade Lösungsansätze in anderen Ländern von Interesse. Beispielhaft sei in diesem Zusammenhang auf die Alternativen verwiesen, die bereits in Dänemark und den Niederlanden in den Bereichen Frauenpolitik bzw. Pflege bestehen. Interessant sind ferner die ebenfalls in den beiden Ländern sowie in Großbritannien praktizierten Strategien der Aktivierung am Arbeitsmarkt.[276]

Dabei ist die dänische Frauenpolitik vor allem in folgenden vier Aspekten zukunftsweisend:

- Sozialleistungen, hier insbesondere die Grundrente, sind nicht berufs- oder einkommenszentriert, sondern orientieren sich am Bürgerstatus. Aufgrund ihrer z.B. wegen Kindererziehung unterbrochenen Erwerbsbiografien kommt dies vor allem auch Frauen zugute.
- Die schwache Trennung zwischen öffentlichem und privatem Bereich hat zu einer Sozialisierung traditionell privater und familiärer Arbeit geführt. Dies wiederum ermöglicht eine verbesserte Vereinbarkeit von Familie und Beruf und daher eine höhere Erwerbsquote.
- Die Familienpolitik ist dementsprechend vergleichsweise breit ausgerichtet und umfasst vor allem auch die Bereitstellung einer flächendeckenden sowie qualitativ hochwertigen Infrastruktur zur Unterstützung von Familien.[277]

---

276 Diese Strategien passen im übrigen sehr gut zum Employability-Konzept der EU, in dem eine individuelle, flexible und permanente Anpassung an die Anforderungen des dynamischen Arbeitsmarktes gefordert und gefördert wird.

277 Im Unterschied dazu verläuft die durchaus beachtliche Ausweitung der deutschen Familienpolitik in der Ära Kohl in den Bahnen des konservativen Wohlfahrtsstaates- und Geschlechterarrangements (vgl. Alber 2000).

- Der öffentliche Dienst, in dessen Rahmen diese Leistungen erbracht werden, ist stark ausgebaut worden und fungiert auch als für Frauen günstiger Arbeitsmarkt (vgl. Kap. 16 u. Rüling/Kassner 2007, Lykketoft 2009:).

Im Bereich der Pflege nehmen die Niederlande nicht nur aufgrund der bereits in den 70er Jahren eingeführten Pflegeversicherung eine Vorreiterrolle ein. Wegweisend sind in diesem Zusammenhang ferner die lokalen Pflegegesellschaften, die die ambulante Betreuung der Bedürftigen übernehmen und die seit den 80er Jahren staatlich unterstützt werden, die kommunale Förderung von privat initiierten „Alten-Wohngemeischaften“[278] sowie die Bereitstellung professioneller, kommunal finanzierter Haushaltshilfen. Auch existieren hier Pilotprojekte zur (medizin- und sorge-) technischen Unterstützung privater Haushalte.

Im Bezug auf die Arbeitsmarktpolitik ist bei beiden Ländern (plus Großbritannien) festzuhalten, dass die schnelle (Wieder-)Eingliederung seit den 90er Jahren Vorrang vor passiven Leistungen hat. Damit wird die von Esping-Andersen betonte Dekommodifizierungsstrategie, die für das traditionelle Bild des Wohlfahrtsstaates wesentlich ist, verlassen. Im Gegenteil, diese Länder zeichnen sich in der Tendenz eher dadurch aus, dass die Sozialleistungsquoten trotz der Beendigung der konservativen Regierungstätigkeit leicht rückläufig sind, allerdings hat sich zugleich die Lage an den Arbeitsmärkten erheblich entspannt. Wohlfahrt entsteht durch Arbeit - so lautet das neue Credo der Aktivierungsstrategen (vgl. Serrano Pascual 2007 und Dingeldey 2006; s.a. Scruggs/Allan 2006).[279]

Diese „best practices“ sind für die deutsche Reformdiskussion gerade deshalb besonders relevant, da Dänemark und die Niederlande den wohlfahrtsstaatlichen Arrangements in Deutschland weitaus näher stehen als beispielsweise das vielbeachtete „Musterland“ Schweden.[280] Deshalb ist es durchaus empfehlenswert, sich mit diesen beiden Fällen und ihrer institutionellen und politisch-ökonomischen Logik intensiver zu beschäftigen. Dabei sind es häufig Details, die große Wirkung erzeugen: Z.B. wird in den Niederlanden versucht, aus gesundheitspolitischen Gründen Anreize zu einer Verbesserung der betrieblichen Arbeitsbedingungen zu geben,

278 Erwähnenswert ist in diesem Zusammenhang auch die Regelung in Schweden, wo die Kommunen für die Krankenhauskosten aufkommen müssen, wenn Patienten aufgrund fehlender Pflegeeinrichtungen „zu lange“ im Krankenhaus verweilen müssen (vgl. Kap. 19).

279 Eine einfaches Verfahren, das den neuen Zielen Rechnung trägt, ist die Bildung eines Quotienten aus Sozialleistungsquote und Arbeitslosigkeit (bzw. besser noch der Nichtbeschäftigung). Ansonsten wird der Wechsel der Ziele empirisch nicht adäquat abgebildet, v.a. wenn man weiterhin die Sozialleistungsquote zum Maßstab macht.

280 Dasselbe gilt im übrigen für das konträre Beispiel der USA. Auch hier sind die Bedingungen derart unterschiedlich, dass nur wenig von diesem Land gelernt werden kann.

indem der Arbeitgeberbeitrag mit dem Krankenstand verkoppelt wird.[281] In Schweden zeigen sich ähnliche positive Verstärkungsmechanismen zwischen Frauenerwebstätigkeit, sozialer Infrastruktrur, Beschäftigung im öffentlichen Dienst und universeller sozialer Sicherung.

Schaubild 22-2: Folgen und Voraussetzungen hoher Frauenerwerbstätigkeit

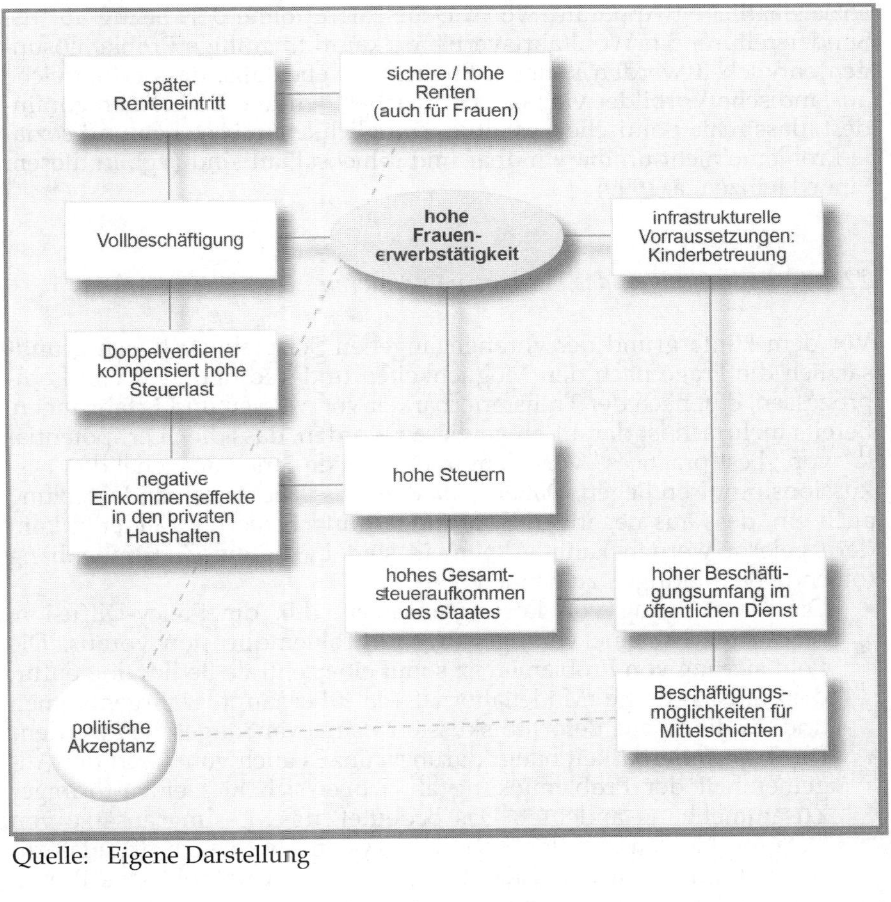

Quelle: Eigene Darstellung

281 Dies ist zugleich ein gutes Beispiel dafür, dass sich das ökonomische Interesse an einer langfristigen Nutzung des Humankapitals, gewerkschaftliche Initiativen zur Humanisierung der Arbeit sowie sozialpolitische Ziele der Prävention und Kostendämpfung durchaus unter einen Hut bringen lassen.

Von solchen und anderen ausländischen Erfahrungen zu lernen, erfordert jedoch zugleich eine intensive Auseinandersetzung mit den unhinterfragten Selbstverständlichkeiten des eigenen Landes, um die Spezifik des nationalen Wohlfahrtsstaatesmodells klarer zu erkennen und - mit diesen Kenntnissen besser gerüstet - nach konkreten Politiken und Handlungsinstrumenten zu suchen. Dies gilt z.B. für das aktuell diskutierte Thema des Wohlfahrtspluralismus und der Modernisierung der sozialstaatlichen Apparate, wo in Deutschland ohne den Bezug auf die Sonderstellung der Wohlfahrtsverbände kaum tragfähige Problemlösungen entwickelt werden können. Freilich gilt ebenfalls, dass erfolgreiche ausländische Vorbilder vielfach als „Stachel“ wirken; sie belegen zumindest, dass reale politische Gestaltungsmöglichkeiten bestehen und soziale Probleme nicht unüberwindbar und schicksalhaft sind (vgl. in diesem Sinne Heinze u.a. 1999).

22.2.2 *Bedingungen des Lernens von anderen*

Vor dem Hintergrund der vorangegangenen Beispiele stellt sich grundsätzlich die Frage nach den Möglichkeiten und Bedingungen von Lernprozessen, d.h. nach der Transferierbarkeit von Wissen und Erfahrungen. Bereits mehrfach ist darauf hingewiesen worden, dass die „Lernpotentiale“ von „best practices“ vor allem in denen von ihnen ausgehenden Diskussionsimpulsen liegen. Dabei schließt eine solche Auseinandersetzung auch ein, dass aus negativen Erfahrungen und Fehlern in anderen Ländern gelernt werden kann. Allgemein sind in diesem Zusammenhang folgende Bedingungen zu nennen:

- Die Übertragung von Lösungsansätzen, d.h. die Policy-Diffusion, setzt zunächst eine vorangegangene Problemdiffusion voraus. Die Politisierung von Problemen ist somit eine zentrale Bedingung dafür, dass ausländische Modellalternativen überhaupt wahrgenommen und für die eigene Reformdiskussion als relevant angesehen werden.
- Die Transferierbarkeit hängt darüber hinaus auch vom Grad der Allgemeinheit der Problemlösung ab, wobei sich hier ein u-förmiger Zusammenhang andeutet. Das bedeutet, dass Lösungsansätze von Detailproblemen sozialer Sicherungssysteme wie auch grundsätzliche ordnungspolitische Zielsetzungen sowie sozialpolitische Prinzipien tendenziell besser übertragbar sind als dazwischenliegende sozialpolitische Programme (wie z.B. das System der aktiven Arbeitsmarktpolitik in Schweden oder das Gesetzespaket der Gesundheitsreform in Deutschland).

- Schließlich ist anzunehmen, dass sich sozialpolitische Problemlösungen um so eher transferieren lassen, je stärker sich Wohlfahrtsstaaten in ihrer grundlegenden Typik ähneln. Dementsprechend sind beispielsweise die niederländischen Modellalternativen im Bereich der Pflege aufgrund der in vielen Aspekten vergleichbaren wohlfahrtsstaatlichen Regime (vor allem wegen der starken verbandlichen Trägerstrukturen) auf den deutschen Problemzusammenhang übertragbar. Demgegenüber spiegeln die wettbewerbsorientierten Gesundheitsreformen in Großbritannien in starkem Maße die liberale Grundausrichtung des dortigen Wohlfahrtsstaates wider und sind deshalb für die gesundheitspolitische Reformdebatte in Deutschland von geringer Relevanz (vgl. grundsätzlich Dobbin u.a. 2007, Holzinger u.a. 2007 und G. Schmid 2004).

Schaubild 22-3: Möglichkeiten und Grenzen der Übertragbarkeit erfolgreicher Politik

Inhalt der Politik	**Rahmenbedingungen ähnlich**	**Rahmenbedingungen verschieden**
Globale Problemdefinitionen und Lösungsstrategien	(1) Möglichkeit des Lernens ist hoch	(2) Konsensdefizite (keine Übertragung)
spezifische Programme und konkrete Instrumente	(4) Effizienzdefizite (technische Probleme)	(3) Wahrscheinlichkeit einer Diffusion ist niedrig

Quelle: Eigene Darstellung

Allerdings ist die Klassifikation der Fälle nach Esping-Andersen (1990), auf die in diesem Band vielfach Bezug genommen wird, nicht ohne (theoretische und praktische) Probleme, da v.a. Spanien – wie übrigens auch die anderen Mittelmeerländer – nicht in das Schema passt und deshalb eine neue Kategorie („rudimentärer Wohlfahrtsstaat") gebildet worden ist. Auch die Niederlande und Deutschland weisen wegen ihrer hohen Anteile an verbandlichen sozialen Dienstleistungsstrukturen, den hohen Sozialausgaben und der Stärke und politischen Ambivalenz christdemokratischer Parteien Eigenschaften aus, die der vorgegebenen Typologie nicht voll entsprechen, was ebenfalls zu Modifikationen („christdemokratischer Wohlfahrtsstaat") geführt hat. Diese Unübersichtlichkeit zeigt sich noch deutlicher bei der systematischen Betrachtung einzelner Sozialversicherungszweige und konkreter Interventionsfelder. Die Problematik der empirischen Identifikation hat Esping-Andersen (1990: 49) bereits gesehen und zugegeben, dass bei einer genauen Betrachtung "every country today presents a system mix" - weshalb zu Vergleichszwecken etwas abstrahiert werden muss. Die kritische Frage ist freilich, in welchem Maße dies geschieht, und ab wann die adäquate Stufe der Abstraktion überschritten wird (vgl auch Kap. 2 und 3).

Hinsichtlich der Frage nach der Übertragbarkeit von Problemlösungen verweisen die skizzierten Beispiele letztendlich auf Aspekte, denen in der Theorie des Wohlfahrtsstaates allgemein keine große Bedeutung zugemessen wird. Hiermit sind insbesondere Faktoren wie politischer Wille, Fähigkeit zur Gestaltung sowie die handelnden Personen gemeint - nach dem Motto: politicians matter. Zugleich ist davon auszugehen, dass Lernprozesse und sich daran anschließende sozialpolitische Veränderungen nicht unbedingt „rational" erfolgen, d.h. aufgrund der „Passgenauigkeit" einzelner Modellalternativen; sie sind vielmehr Ergebnis komplexer politischer Entscheidungen und Auseinandersetzungen.[282] Dieser Umstand mag unter praktischen Gesichtspunkten als Aufforderung zum Handeln wie als Kompliment an einige politische Akteure interpretiert werden, die gehandelt haben - eventuell auch, weil sie vom Ausland gelernt haben.[283]

22.2.3 *Innovative Dynamik des europäischen Mehrebenensystems*

Neben solchen Lernprozessen „von unten," also auf der Ebene einzelner Länder, gewinnt die Annäherung „von oben," d.h. auf europäischer Regulierungsebene, zunehmend an Bedeutung. Die sich hierin andeutende „Europäisierung" wird zwar keineswegs zu einer massiven Konvergenz europäischer Wohlfahrtsstaaten führen - wohl aber ist eine Abschwächung von (extremen) Divergenzen zu erwarten. So lagen 1990 die Sozialleistungen (in Relation zum BIP) in der Europäischen Union zwischen 15,8 Prozent (Portugal) bzw. 20,5 Prozent (Spanien) auf der einen Seite und 32,4 Prozent (Niederlande) auf der anderen, während die Werte 1998 bei 23,4 Prozent (Portugal) bzw. 21,6 Prozent (Spanien) und 28,5 Prozent (Niederlande) bzw. 33,3 Prozent (Schweden) liegen. Im Jahr 2004 zeigt sich eine weitere Verringerung der Abstände bei den hier untersuchten Fällen: Nun liegt

---

282 Will man solche Faktoren in die vergleichende Forschung über den modernen Wohlfahrtsstaat integrieren, so erfordert dies eine sehr viel stärkere Kontextspezifik als bisher üblich; freilich lassen sich so nur anwendungsnahe Theorien mit geringer Reichweite formulieren, was dem wissenschaftstheoretischen Ideal nicht entspricht.

283 Bei politischen Praktikern wird es durchaus als normal angesehen, von Anderen „abzukupfern" - freilich ohne Quellenangaben.

Spanien (20,0 Prozent) hinter Portugal (24,9 Prozent), während Schweden (32,9 Prozent) und Frankreich (31,2 Prozent) führen (vgl. Eurostat 2007).[284]

Zudem führen gemeinsame Sachzwänge (wie demografische Entwicklung und Kostenanstieg im Gesundheitswesen) zu Angleichungseffekten, ohne jedoch zwingende institutionelle Konvergenzen zu erzeugen, wie es etwa die Formel von „dem" europäischen Wohlfahrtsstaat (im Singular) impliziert. Hierzu lassen die institutionellen Unterschiede und abweichenden machtpolitischen Verhältnisse zuviel Wahlfreiheit in der Sache.

Umgekehrt wird jedoch das Tempo der europäischen Integration in diesem Bereich auch von der Vielfalt bzw. der wachsenden Ähnlichkeit nationaler Sozialpolitikmuster abhängen. Dabei sind auf mittlere Sicht folgende Szenarien denkbar:

- Zum einen kommt es – ähnlich wie in der Geschichte der Nationalstaaten – zu einer allmählichen Ausweitung sozialpolitischer Kompetenzen und Aktivitäten sowie zur Harmonisierung von Leistungen und Strukturen in den Mitgliedsländern. Dies führt langfristig gesehen zur Entwicklung eines „Wohlfahrtsstaates Europa."
- Zum anderen führt der derzeit erreichte Integrationsstand Europas zu einer strukturellen Blockade sozialpolitischer Aktivitäten: Die Nationalstaaten verlieren infolge gewachsener politisch-ökonomischer Verflechtungen an Souveränität, ohne dass die Europäische Union entsprechend dazugewinnt.
- Dieser Zustand öffnet zugleich die vorhandenen Sperren gegen ein Dumping-Syndrom, das eine sozialpolitische Abwärtsspirale in Gang setzt. Sozialpolitik kann, so interpretiert, über bestimmte Systemgrenzen des weltweit agierenden Kapitalismus nicht hinausgehen. Dies gilt vor dem Hintergrund des Europäischen Binnenmarktes und den daraus resultierenden Zwängen und Restriktionen für eine Europäische Sozialpolitik.[285]
- Schließlich können die westeuropäischen Länder mit ihren unterschiedlichen Wohlfahrtstaatsmodellen als „Laboratorium" für sozialpolitische Möglichkeiten gesehen werden. Sozialpolitische Reformen basieren demnach nicht zuletzt auf transnationalen Diffusions- und Imitationsprozessen, die gerade durch das politische, ökonomische und informationstechnische Zusammenwachsen Europas vorangetrieben werden.

Bisher fehlt jedoch eine ausgearbeitete und politisch tragfähige Konzeption, die eine langfristige Annäherung der nationalen Sozialpolitik in

---

284 Dabei ist Konvergenz weniger eine Folge zentraler Eingriffe, sondern Folge einer deliberativen Strategie der Abstimmung, wechselseitiger Anregung und Imitation (Kowalsky 1999).

285 Dasselbe Argument trifft für die Problematik der internationalen Konkurrenz und Globalisierung der Produktion zu.

Deutschland (und anderswo) auf den Weg bringen und die sich zwischen den Gemeinsamkeiten und Unterschieden der nationalen Wohlfahrtsstaatestraditionen durchmanövrieren könnte. Alle Maßnahmen der EU sind bislang bruchstückhaft geblieben. Aus der Fülle von Diskussionen und Vorschlägen einer längerfristigen Entwicklung sind zwei Aspekte hervorzuheben: Zum einen hat die Überlegung, dass sich die EU auf die Bekämpfung von Armut und die Sicherung der sozialen Integration konzentrieren solle, eine gewisse Plausibilität. So ließe sich eine funktionale Komplementarität zu den nationalen Wohlfahrtsstaaten herstellen und das Legitimationsdefizit der Gemeinschaft reduzieren (vgl. dazu auch Kap. 2). Zum anderen sind Verfahren des Benchmarking oder Monitoring[286] Ausdruck eines Wechsels von der Distribution zur Regulation bzw. zu einer weichen politischen Steuerung. Damit entzieht sich die EU dem direkten Vergleich mit den nationalen Modellen, ohne aber deshalb für wohlfahrtsstaatliche Politiken bedeutungslos zu sein. Denn bislang sind die Elemente eines europäischen Sozialmodells vorwiegend prozedural und weniger materiell.

22.3 Zukunft des Wohlfahrtsstaates

22.3.1 Trend der Entwicklung – eine Zusammenfassung

Über die Identifikation von „good practices“ und die systematische Erfassung nationaler Modelle bzw. funktionaler Sicherungssysteme hinaus, soll abschließend der Versuch unternommen werden, einige der wichtigsten Trends der Entwicklung zusammenzufassen. Folgt man der Darstellung von Ferrera und Rhodes (2000: 3ff, s.a. Köppe u.a. 2008) und vieler anderer Autoren, so ergibt sich folgendes Bild:

- Insgesamt gesehen entfaltet der Wohlfahrtsstaat viele der beabsichtigten positiven Wirkungen; insbesondere die sozialen Ziele der Reduzierung von Armut und Ungleichheit sind erreicht worden (- und das weitgehend ohne die befürchteten negativen wirtschaftlichen Folgen). Gleichzeitig bestehen Ambivalenzen wie Rolle der Sozialpolitik als Instrument der Konfliktlösung und gleichzeitig Ursache neuer Konflikte.

286 Dazu gehören auch die Berichtssysteme zur Arbeitsmarkt- und Sozialpolitik (MISEP und MISSOC), die wichtige Informationen für den Vergleich in wissenschaftlicher wie politischer Hinsicht beinhalten). Zudem entsteht ein Berichtssystem für Familienpolitik; ähnliche Netzwerke werden für die Bereiche Gesundheit und Industrielle Beziehungen unterstützt (vgl. Liste der Links).

- Zwar ist das Thema „Globalisierung“ allgegenwärtig (kritisch dazu Streeck 2004), doch gilt es auch zu sehen, dass eigentliche Problem die mangelnde Anpassung von Programmen und Maßnahmen an die neuen Herausforderungen darstellt.[287] Der Wohlfahrtsstaat muss daher „anreizkompatibel“ und „beschäftigungsfreundlich“ werden.[288]
- Viele Probleme sind interne (bzw. hausgemacht) wie die oben beschriebenen Zukunftsfragen, v.a. der demografische Wandel und die sich daraus ergebenden Folgen für Rente, Pflege und Gesundheit. So berichtet die EU-Kommission (2000:10), dass zum Jahr 2040 das Verhältnis von Rentnern zu Erwerbstätigen etwa 1:2 betragen wird, derzeit steht die Quote bei 4:1. Zugleich wird daraufhin gewiesen, dass es aber irreführend sei, sich nur auf diese Abhängigkeitsrate mit Blickpunkt auf die Zahl der Älteren zu beziehen; nicht minder wichtig wäre es, die faktische Erwerbstätigkeit und das Wirtschaftswachstum zu erhöhen.
- Eine wichtige Gemeinsamkeit in den Politiken der europäischen Länder – trotz der weiter bestehenden Strukturdifferenzen der Systeme – zeigt sich v.a. in den Bereichen Gesundheit und Alterssicherung. Hier kommt es zu unterschiedlichen Formen des „Public-Private-Mix;“ sei es institutionell durch die Aufwertung privater (gemeinnütziger oder profitorientierter) Einrichtungen oder sei es funktional durch die Einführung von Leistungskontrakten, neuen, mehr wettbewerblichen Steuerungsformen und „New Public Management.“[289]
- Weiter kommt es in (fast) allen Ländern zu einer Verschiebung von passiven zu aktiven Strategien – oder plakativer: vom Sicherheitsnetz zum Trampolin (Cox 1998). Ein neues Element ist dabei die sich abzeichnende Integration des Bildungswesens in den wohlfahrtsstaatlichen Diskurs – sei es aus Gründen der gleichen Startchancen wie etwa bei New Labour oder sei es als Element von Employability und Förderung des Weges in die Informationsgesellschaft.[290] Hinzu kommt die Bereitstellung familiärer Unterstützungseinrichtungen,

---

287 Globalisierung wird leicht zur Ausrede: „Wir sind es nicht gewesen, der Weltmarkt ist es gewesen“ (FAZ vom 7.6.2001: 58).

288 Letzteres führt bei einem politisch unverdächtigen Autoren wie Esping-Andersen zur ernst gestellten Frage, warum (bzw. wo und wie) denn Arbeitsmärkte zu deregulieren wären (vgl. Esping-Andersen/Regini 2000). In diesem Zusammenhang ist in Deutschland auf die äußerst kontroversen Debatten im Kontext des Bündnisses für Arbeit über Aktivierung und Niedriglohnsektor zur verweisen. Vgl. grundlegend Häusermann/Palier 2008. In der Formulierung der EU-Kommission (2000:4) heißt es etwa, dass dafür Sorge zu tragen ist, dass Arbeit sich lohnt und das Einkommen gesichert ist.

289 Umgekehrt kommt es ebenfalls zu Forderungen, die die gesellschaftlichen Pflichten von Unternehmen betonen („Corporate Citizenship“) und eine Relativierung der „Shareholder Values“ fordern (vgl. auch Kap. 17).

290 Dies führt im übrigen zu einer Relativierung der schlechten Position liberaler Regime wie den USA.

d.h. also Kindergärten und Betreuungseinrichtung für Ältere, um den Frauen den Zugang zum Arbeitsmarkt zu erleichtern. Man könnte diesen Weg geradezu als „Modernisierung" des Wohlfahrtsstaates interpretieren (vgl. den o.a. Zukunftsindex sowie Kap. 16).

- Ebenfalls überall verbreitet ist es, das „targeting", d.h. die Zielgenauigkeit von Maßnahmen zu erhöhen. Zur Vermeidung von Mitnahmeeffekten und anderen Allokationsdefiziten wird dabei die Selektivität wohlfahrtsstaatlicher Programme größer und umgekehrt die universale Ausrichtung geringer.[291] Bislang wenig untersucht, aber auch in diesem sachlichen Komplex anzusiedeln, ist die Frage nach den Verwaltungskosten für soziale Leistungen. Dies könnte ein zusätzliches Argument für garantierte Mindesteinkommen oder Mindestlöhne sein.[292]
- Gefordert wird vielfach auch eine größere Flexibilität der Sozialversicherungen (wegen einer besseren Passform zur entstandardisierten Problem- und Sozialstruktur) sowie eine Individualisierung der Sozialleistungen (Castel 2005: 97ff).
- Ferner belegt ein Blick auf die Entwicklung der Sozialausgaben folgendes: Diese sind (laut Eurostat und anderen Quellen) zwischen 1990 und heute angestiegen, wobei sie sich je nach konjunktureller Lage im Verhältnis zum BIP etwas langsamer entwickelt haben, v.a. weil sich die Lage am Arbeitsmarkt verbessert hat.
- Schließlich zeigen sich strukturelle Verschiebungen und leichte Angleichungen in der Finanzierung des Wohlfahrtsstaates: Die Anteile aus dem steuerfinanzierten Staatshaushalt nehmen tendenziell zu, bzw. umgekehrt wird versucht, die Lohnnebenkosten zu senken.[293] Zugleich existieren markante Unterschiede zwischen steuerfinanzierten (Dänemark, Großbritannien, Schweden) und beitragsfinanzierten Systemen, wobei letztere noch weiter in paritätische (Deutschland), arbeitgeberlastige (Spanien und Frankreich) und arbeitnehmerlastige (Niederlande) differenziert werden können.

---

291 Dies führt freilich nicht nur zu normativen Problemen, sondern die Strategie, „nur denen zu helfen, die es wirklich nötig haben," kann politisch problematische Folgen erzeugen, weil so die Mittelschichten aus vielen Leistungen ausgeschlossen werden. Als bloße Zahler sinkt jedoch ihre Loyalität und Solidarität zum System. Zudem besteht die Gefahr, dass die Mehrheit der Wohlhabenden über eine Minderheit der Armen herrscht (bzw. deren Sicherungsniveaus äußerst knapp definieren).

292 Zu ergänzen ist die Debatte um die „Faulheit" der Leistungsempfänger, die durch zielgenauere Instrumente bekämpft werden soll (vgl. etwa Spiegel 21/2001: 96ff).

293 Exemplarisch hierfür ist die jüngste Rentenreform in Deutschland, bei der die Impulse für den Arbeitsmarkt, die durch sinkende bzw. stabile Beiträge erreicht werden sollten, eine große Rolle gespielt haben.

Schaubild 22-4: Zusammensetzung der Einnahmen des Wohlfahrtsstaates

	Leistungen aus dem Staatshaushalt		Sozialversicherungsbeiträge		.... der Arbeitgeber		... der Versicherten		andere Einnahmen	
	1996	*2004*	*1996*	*2004*	*1996*	*2004*	*1996*	*2004*	*1996*	*2004*
DK	68,9	63,5	25,0	29,8	10,0	10,2	15,0	19,6	6,2	6,7
D	30,4	34,5	66,9	63,8	38,1	36,3	28,8	27,6	2,8	1,7
E	27,8	30,3	69,3	67,2	51,7	52,4	17,6	16,3	2,9	2,4
F	21,9	30,4	74,8	66,0	46,8	46,0	28,0	19,9	3,2	3,5
NL	16,9	19,2	63,9	68,7	22,4	34,0	41,3	34,7	19,5	12,1
S	46,6	48,7	46,1	49,4	39,5	40,8	6,6	8,6	7,3	1,9
UK	49,6	49,7	49,7	48,7	25,8	32,5	23,9	16,2	0,7	1,7

Quelle: Eurostat 2000 und 2007; s.a. EU-Kommission 2000:18f.,

22.3.2 Perspektiven und neue Orientierungen jenseits der Krisendiskurse

Abschließend ist zu der vieldiskutierten „Krise" des Wohlfahrtsstaates festzustellen, dass es dafür zwar durchaus einige Belege gibt, so in Gestalt steigender Lohnnebenkosten, Problemen des Standorts usw. Hierbei handelt es sich aber im Grunde um lösbare technische Probleme, um Leistungs- und Anpassungsdefizite, die überdies in starkem Maße von den politischen Machtverhältnissen und der institutionellen Eigenart des jeweiligen Wohlfahrtsstaatesmodells geprägt sind. So ist beispielsweise die Erosion der Finanzierungsgrundlage angesichts hoher Arbeitslosigkeit vor allem ein Problem von lohnarbeitszentrierten Versicherungssystemen (samt ihrer Belastung durch systemfremde Aufgaben wie etwa im Rahmen der deutschen Einheit) und keineswegs ein systemlogisch zwingendes Ende des Wohlfahrtsstaates. Zudem ist der moderne Wohlfahrtsstaat durchaus international wettbewerbsfähig, wenngleich sein Umbau zwingend ist. Auch zeigen Studien, dass zwischen dem Umfang der sozialen Sicherheit, der Wettbewerbsfähigkeit und der Dynamik der Arbeitsmärkte zumindest kein eindeutig negativer Zusammenhang erkennbar ist (vgl. Kap. 2 und 3).

Vor diesem Hintergrund ist mit Jens Alber (s.a. Schmidt 2005, Obinger/Starke 2007, Köppe u.a. 2008,) besser von einer sozialpolitischen Konsolidierung zu sprechen. Weiterhin ist in diesem Zusammenhang zu berücksichtigen, dass eine Vielzahl von Problemen, wie z.B. Pflegebedürftigkeit oder bessere Vereinbarkeit von Familie und Beruf, durch die Bereitstellung entsprechender Infrastruktur auf sozialpolitische Regulierung drängen und somit eine weitere bzw. erneute wohlfahrtsstaatliche Wachstumsdynamik erzeugen. Gerade der rasante technisch-ökonomische Wandel, aber auch die fortschreitende Pluralisierung und Individualisierung sozialer Strukturen erfordern auch künftig eine Absicherung gegenüber den neuen Risiken der Verarmung und Ausgrenzung - auch um die Integration der Gesellschaft insgesamt aufrechtzuerhalten, was bekanntlich zur ökonomischen Leistungsfähigkeit beiträgt. Antony Giddens (2006, s.a. Heinze 2009) hat dazu eine ganze Reihe von interessanten Vorschlägen entwickelt (s. Kasten).

Welche Lektionen gelernt werden müssen. Von Anthony Giddens (2006, gekürzt)

1. Es ist richtig, Arbeitsplätzen und Wachstum die höchste Bedeutung beizumessen. Ein hohes Beschäftigungsniveau oberhalb eines anständigen Mindestlohns ist aus mehr als einem Grund wünschenswert. Je größer der Anteil von berufstätigen Menschen, desto mehr Geld steht für soziale Investitionen und sozialen Schutz zur Verfügung. Einen Arbeitsplatz zu besitzen ist außerdem der beste Weg aus der Armut.
2. Flexible Arbeitsmärkte sind ein grundlegender Bestandteil des politischen Grundmusters in den erfolgreichen Staaten. Das bedeutet kein „Hire and Fire" nach amerikanischem Muster. Im Zeitalter eines sich beschleunigenden technischen Wandels wird die „Beschäftigungsfähigkeit" der Menschen jedoch zu einem Erfordernis ersten Ranges.
3. Die viel zitierte Wissensökonomie ist mehr als ein Schlagwort. Allerdings sollte anstelle von Wissensökonomie eher von Wissens- und Dienstleistungsökonomie die Rede sein. Mehr als 80 Prozent aller Menschen in Europa beziehen ihr Einkommen inzwischen aus wissensbasierter Arbeit oder aus der Tätigkeit in Dienstleistungsberufen. Vollbeschäftigung in der Wissensökonomie ist möglich - in einigen der besser funktionierenden europäischen Volkswirtschaften hat man diesen Zustand erreicht. Aber diese Entwicklung hat ihren Preis. Mehr als zwei Drittel der Arbeitsplätze, die in der Wissensökonomie geschaffen werden, erfordern gute Fachkenntnisse.
4. Arbeitsplätze für Menschen mit geringen Qualifikationen nahmen dagegen von 34 auf 25 Prozent ab. Zugleich aber müssen viele Arbeitnehmer noch immer genau solche Tätigkeiten ausüben - in Läden oder Supermärkten, in Tankstellen oder Schnellrestaurants. Der Mindestlohn darf nicht so hoch angesetzt werden, dass diese lausigen Jobs unmöglich werden, weil wir sonst zugleich die guten Jobs einbüßen würden, die mit ihnen einhergehen. Wir müssen also zum einen versuchen, die Höhe des Mindestlohns so festzulegen, dass niemand trotz Erwerbsarbeit in Armut lebt. Und wir müssen zum anderen dafür sorgen, dass Menschen nicht für alle Zeit in diesen Tätigkeiten hängen bleiben.
5. Investitionen in Bildung, der Ausbau von Universitäten sowie die Verbreitung von Informations- und Kommunikationstechnologie sind unabdingbare Bestandteile der Modernisierung des Europäischen Sozialmodells. Finnland ist das aufschlussreiche Beispiel einer Gesellschaft, die auf dem Gebiet der Informations- und Kommunikationstechnologie an der Spitze des Fortschritts steht und gleichzeitig einen starken Wohlfahrtsstaat besitzt.

6. Oft wird erklärt, „unsere Gesellschaften werden immer ungleicher", doch in vieler Hinsicht stimmt diese Behauptung nicht. Die Stellung von Frauen, Homosexuellen oder Behinderten zum Beispiel hat sich im Verlauf der vergangenen drei Jahrzehnte nahezu überall verbessert. Wahr ist, dass in vielen Industriegesellschaften die Ungleichheit der Einkommen zugenommen hat, aber es gibt Anzeichen dafür, dass dieser Prozess inzwischen im Abklingen begriffen ist. Einigen Staaten ist es gelungen, bemerkenswerte gesellschaftliche Gleichheit zu bewahren – wobei wieder einmal die nordischen Länder an der Spitze liegen
7. Ökologische Fragen müssen weit deutlicher als in der Vergangenheit in den Vordergrund treten. Dies gelingt dann am besten, wenn das Thema unter dem Leitmotiv der ökologischen Modernisierung behandelt wird. Das bedeutet, wo immer möglich, ökologische Innovationen zu finden, die mit wirtschaftlichem Wachstum vereinbar sind. Dazu können grüne Technologien gehören, ebenso der Griff zu marktbasierten und steuerlichen Anreizen für Konsumenten, Unternehmen und andere Institutionen, in ihrem Handeln umweltfreundlicher zu werden.
8. Das Altern der Gesellschaft sollte als Möglichkeit begriffen werden und nicht bloß als ein weiteres „Problem". Wir wissen, was geschehen muss. Wir müssen jüngere Menschen davon überzeugen, dass sie mehr Geld zurückzulegen haben. Die Hauptursache für das Altern der Gesellschaft ist nicht, dass die Menschen immer länger leben. Das tun sie zwar, doch entscheidend ist die niedrige Geburtenrate. Der Staat muss den Menschen Anreize geben, mehr Kinder zu bekommen, und er muss dafür sorgen, dass zeitgemäße Formen von Sozialstaatlichkeit verwirklicht werden.
9. Es gibt nur eine einzige Möglichkeit, das Problem unfinanzierbarer Rentenverpflichtungen zu lösen. Wir müssen ältere Menschen davon überzeugen und dazu motivieren, länger zu arbeiten. Solch ein Ziel ist mitnichten nur negativ. Wir müssen sowohl in der Arbeitswelt wie auch sonst gegen die Diskriminierung Älterer kämpfen. Für Menschen über 55 oder sogar über 65 besitzt „Alter" heute nicht mehr dieselbe be- und verhindernde Wirkung wie einst.
10. Die fortgesetzte Erneuerung des Staates und seiner öffentlichen Dienstleistungen ist für die Zukunft des Europäischen Sozialmodells genauso wichtig wie die bereits genannten Punkte. Die Leitlinien heißen dabei Dezentralisierung und Diversifizierung. Natürlich ist die Frage, ob öffentliche Dienste privatisiert oder in die Hände gemeinnütziger Organisationen gelegt werden sollten, weiterhin Gegenstand heftiger Debatten. Auf jeden Fall sollten öffentliche Dienstleistungen genauso sehr wie kommerzielle Organisationen an den Bedürfnissen derer ausgerichtet werden, für die sie da sind.
11. Der traditionelle Sozialstaat hat versucht, einen Risikotransfer vom Individuum auf den Staat oder die Gemeinschaft zu organisieren. Sicherheit wurde als Verringerung oder Abwesenheit von Risiken definiert. Tatsächlich jedoch wohnen dem Risiko auch viele positive Aspekte inne. Häufig müssen Menschen Risiken eingehen, um ihr Leben zu verbessern. Ohnehin ist es in einer sich schnell bewegenden Umgebung wichtig, ob Menschen in der Lage sind, sich auf Veränderungen einzustellen, ob sie den Wandel aktiv für ihre Zwecke zu nutzen verstehen.
12. Der kreative Umgang mit Risiken bedeutet jedoch nicht die Abwesenheit von Sicherheit – ganz und gar nicht! Zu wissen, dass Hilfe zur Verfügung stehen wird, wenn die Dinge schief gehen sollten, kann oft die Bedingung dafür sein, dass Menschen überhaupt ein Risiko einzugehen bereit sind. Dies scheint mir ein Bestandteil der Logik des Prinzips der „Flexicurity" auf dem Gebiet der aktiven bzw. aktivierenden Arbeitsmarktpolitik zu sein.

Demgegenüber ist jedoch die Krise des Wohlfahrtsstaates in normativer Hinsicht, im Sinne des Verlustes seines sozialphilosophischen Gehalts bzw. der „Erschöpfung utopischer Energien“ (Habermas), erheblich weiter fortgeschritten. Die alten moralischen Fundamente und Ideale haben an Bedeutung verloren, und die neuen Vorschläge (wie Wohlfahrtspluralismus, soziale Grundsicherung usw.) fügen sich bislang noch nicht in ein sozialpolitisches Gesamtbild ein, das eine politisch wie normativ stärker mobilisierende Kraft entfalten könnte.[294] Damit verbunden ist das Fehlen langfristig angelegter Politikkonzepte und innovativer Steuerungsstrategien, um einen Umbau des Wohlfahrtsstaates zu bewerkstelligen. So konstatiert Diether Döring (1993: 406) zu Recht folgendes: „Die deutsche Sozialpolitik bedarf eines Zukunftsprojekts, das einen neuen gesellschaftlichen Konsens unter schwierigen Rahmenbedingungen ermöglicht. Ein solches Projekt wird die schrittweise Europäisierung ihres Bezugsrahmens mitdenken müssen.“ Zugleich sind die gesellschaftlichen „Vetowerte“ (so Köpper u.a. 2007 in Anlehnung an das Theorem von Tsebelis) zu beachten, um eine normative Integration und Akzeptanz eines solchen Reformprojektes zu gewährleisten.

Eng damit verbunden sind die Debatten über die fehlenden Gerechtigkeit – sowohl sozial als auch bezogen auf Generationen (vgl. dazu APUZ 47/2009 und 41/2008, Sachweh 2009, Nullmeier/Wrobel 2005, Merkel 204 und 2008, Lippl 2008 sowie klassisch Rawls 1978)[295]. Wolfgang Merkel (2008: 13) fasst das Problem so zusammen:

> „Die Gerechtigkeitslücke in Deutschland lässt sich auf Markt- wie Staatsversagen zurückführen. Der Hauptgrund der ethischen Blindheit des Marktes liegt in den ungleichen Zugangsbedingungen, der nicht leistungsbezogenen Bemessung von Kapital- und Arbeitseinkünften, Spekulationsgewinnen, Managereinkommen und der zyklischen Produktion von Arbeitslosigkeit. Das Staatsversagen lässt sich erkennen im Festhalten eines anachronistischen, konservierenden, passiven Sozialstaates, einer Bildungspolitik, die soziale Mobilität kaum fördert, wenn nicht verhindert, einer Arbeitsmarktpolitik die outsider diskriminiert, eine Steuer- und Familienpolitik, die Frauen benachteiligt, sowie eine Immigrations- und Integrationspolitik, die zielsicher eine entfremdete, marginalisierte und zunehmend anomische Unterschicht produziert.

---

294 Zugleich ist zu berücksichtigen, dass der Wohlfahrtsstaat in allen westeuropäischen Ländern immer noch auf breite Zustimmung stößt, doch die Angst vor den Kosten und die Skepsis gegenüber der Wirksamkeit seiner Leistungen wachsen. Möglicherweise führt gerade diese Ambivalenz dazu, dass trotz grundsätzlicher Unterstützung dennoch Parteien gewählt werden, die die Demontage des Wohlfahrtsstaates propagieren – wie etwa im britischen Fall.

295 Sowie als ältere Debattenbeiträge Döring u.a. 1995, Mezger/West 1998 und vergleichend Mau 1998. Zu unterscheiden sind die soziale Gerechtigkeit, die Bedarfsgerechtigkeit, die Startchancengerechtigkeit und die Generationengerechtigkeit.

Die hartnäckige Weigerung der Politiker aller Parteien die international bemerkenswerte Unterfinanzierung der Bildung zu beenden, die steuerliche Bestrafung von Zweitverdienern durch die Haushaltsveranlagung, die monetäre Prämie auf die Erziehung der Kleinkinder zuhause, die systematisch die Zukunftschancen von Unterschichtskindern beeinträchtigt, sowie die Überregulierung der Arbeitsmärkte, Unternehmensgründungen und Handwerkerordnungen sind Beispiele einer ängstlichen und gestaltungsvergessenen Politik. Misst man sie an der Fairness- Elle des Differenzprinzips von John Rawls so nützt diese gerade nicht den am wenigsten Privilegierten, sondern droht deren Abstand zu den Saturierten zu vergrößern."

Gerechtigkeit läßt sich auch empirisch ermitteln und führt zu einem mittleren Platz für die BRD; vorne sind die sozialdemokratischen Regime, während die liberalen Modelle weit abgeschlagen hinten rangieren.

Schaubild 22-5: Die westlichen Industrienationen im Ranking Sozialer Gerechtigkeit (gewichtet)

	Armut (5)	Bildung (4)	Arbeitsmarkt (3)	Sozialstaat (2)	Einkommensverteilung (1)	Multiplikatorsumme
Finnland	75	64	28,1	32	17	216,1
Dänemark	55	58	40,5	30	12	195,5
Schweden	42,5	58	42,8	34	14	191,3
Frankreich	50	48	19,5	26	8	151,5
Niederlande	70	16	19,5	28	10	143,5
Schweiz	42,5	42	43,9	8	5	141,4
Deutschland	80	4	23,3	20	11	138,3
USA	5	34	40,9	4	1	84,9
Großbritannien	10	24	27,8	14	2	77,8
Spanien	35	16	7,5	12	6	76,5
Italien	30	16	6,0	16	7	75,0
Irland	25	28	9,0	10	3	75,0

Anmerkung: Die Werte in Klammern geben die Multiplikatoren an, d.h. die jeweiligen Werte ergeben sich aus der Gewichtung des Rangplatzes mit dem jeweiligen Multiplikator

Quelle: Eigene Darstellung nach Frech/Schmid 2004: 62.

Die „Leidenschaft für Gleichheit und Gerechtigkeit" (S. R. Graubard) muss in weiten Teilen neu geweckt und definiert werden, um einer veränderten sozialpolitischen Landschaft Sinn zuzuschreiben und entsprechende Motivationen und Legitimationen freisetzen zu können. Die Rolle von handlungsleitenden Prinzipien, von normativ geprägten Selbstverständnissen des modernen Sozialstaates wird leicht unterschätzt, doch lassen sich Verteilungskonflikte und sozialpolitische Auseinandersetzungen, aber auch freiwilliges Engagement nur dann erfolgreich politisieren und kollektivieren, wenn sie kulturell eingebunden sind, also mit normativer Bedeutung versehen werden können. Denn für abstrakte Sozialversicherungssysteme oder einigen Milliarden Euro mehr an Sozialausgaben an sich hat - frei nach Esping-Andersen - noch niemand gekämpft, sondern nur für die ihnen zugeschriebenen positiven (individuellen und kollektiven) Wohlfahrtseffekte.

Dabei kann es keinesfalls darum gehen, die Diskussion auf ein Entweder-Oder von Norm, Anreiz oder Zwang zu fokussieren, denn auch der Wohlfahrtsstaat der Zukunft braucht neben seiner moralischen Orientierung auch eine ökonomische Basis und politische Stabilisierung. Analoges gilt für die Debatte um die Rolle, die der Staat in der Sozialpolitik weiterhin wahrnehmen soll. Auf der einen Seite steht die gemäßigte Programmformel von der „Modernisierung des Staates," d.h. die Stärkung seiner aktivierenden, kooperativen Funktionen und dezentralen Strukturen sowie der Entwicklung bürgernaher und beweglicher Verwaltungskulturen (vgl. etwa Bogumil 2006, Olk 2009, Heinze 2009). Auf der anderen Seite steht die radikalere These von der „Sozialisierung des Wohlfahrtsstaates," die teilweise an kommunitaristische und zivilgesellschaftliche Ideen anknüpft und eine Entwicklung hin zur primär norm- und marktgesteuerten Wohlfahrtsgesellschaft propagiert. Gemeinsam ist beiden Positionen, dass sie die Problematik der tiefgreifenden institutionellen Reorganisation der Sozialpolitik - von Privatisierung über Verbandlichung bzw. Förderung der Ehrenamtlichkeit und Hilfe zur Selbsthilfe bis hin zur Reform der öffentlichen Verwaltung - in den Vordergrund rücken (s.a. Kap. 17).[296]

Nicht von ungefähr nimmt die Debatte um Gerechtigkeit eine zentrale Rolle in den normativen Fundierungen des Wohlfahrtsstaates ein und wirkt sich in konkreten Optionen aus. Ist es wirklich gerechter, Arbeitslosigkeit (bei hohen sozialen Transferleistungen) zu haben oder ist es

---

296 Als Konsequenz hieraus ergibt sich ein Vorrang von Fragen der Produktion sozialer Güter und Dienstleistungen und deren „wohlfahrtskultureller" Einbettung; Probleme der Finanzierung und (Um-)Verteilung sowie (sozial-)versicherungstechnische Aspekte treten demgegenüber in den Hintergrund - was freilich nicht heißt, dass sie unwichtig werden (vgl. Schmid 2009).

gerechter, Beschäftigung in schlechteren Bereichen zu organisieren? Ist es wirklich sozial, dem Staat alle Verantwortung zuzuweisen, oder ist der Bürger nicht nur im Sinne der individuellen Sicherung, sondern auch der gemeinschaftlichen „Bürgerarbeit" (Ulrich Beck) stärker in die Pflicht zu nehmen, ja ist es nicht die wesentliche Aufgabe von Verbänden, Vereinen und Non-Profit-Organisationen, die normativen Grundlagen der Gesellschaft zu reproduzieren – neben ihren ebenfalls nicht zu unterschätzenden Funktionen im Bereich der Produktion sozialer Dienste? Sind die gesellschaftspolitischen Prioritäten richtig gestellt, wenn der Wohlfahrtsstaat vor allem die Alten begünstigt bzw. den Schwerpunkt der Ausgaben im Bereich Rente tätigt? (vgl. auch den o.a. Zukunftsindex). Unabhängig davon, wie diese Fragen beantwortet werden, weisen die Bedeutungsverschiebungen von Gleichheit zu Gerechtigkeit auf weitreichende Veränderungen im politischen Links-Rechts-Gefüge hin (vgl. dazu Giddens 1999).

Der internationale Vergleich von Wohlfahrtsstaaten kann hier freilich nur einige positive Beispiele für „neue" Sozialpolitiken oder die Relativierung sozialpolitischer Horrorszenarien anbieten, er kann jedoch keineswegs Ersatz für Politik und Sinngebung sein. Allerdings steigen die sozialpolitische Bedeutung und die Beratungskompetenz von sozialwissenschaftlicher Forschung besonders dann, wenn sie sich stärker auf die Veränderungsmöglichkeiten im als auf das Ende des Wohlfahrtsstaates konzentrieren – auch wenn die Thesen und Theorien dann weniger spektakulär ausfallen. Das bedeutet darüber hinaus, dass für diesen Zweck eine stärkere Öffnung der theoretisch orientierten Sozialwissenschaften gegenüber den anwendungsnahen Disziplinen (auch an den Fachhochschulen) ebenso wie eine integrierte Bearbeitung von Akteuren, Ebenen und Feldern der Sozialpolitik hilfreich und sinnvoll wäre, ja eigentlich – wenn man die Forschungslandschaft in anderen Ländern anschaut – hierzulande längst überfällig ist. Gleichwohl sind hierzulande in den vergangenen Jahren deutliche Fortschritte zu erkennen; die Zunahme an Literatur insgesamt und vor allem der deutschsprachigen belegt, dass der Wohlfahrtsstaat nicht nur ein wichtiges politisches, sondern auch wissenschaftlich relevantes und ertragreiches Thema darstellt.

22.4 Zentrale Literatur

Aus Politik und Zeitgeschichte B 47/2009: Themenheft Soziale Gerechtigkeit, Bonn

Cousins, M. 2007: European Welfare States. Comparative Perspectives, London (2. Aufl.)

Esping-Andersen, G. 2006: Warum brauchen wir eine Reform des Sozialstaats?, in: Leviathan 34, S. 61-81

Ferrera, M./Rhodes, M. (Hrsg.) 2000: Resting European Welfare States. London.

Giddens, A. 1999: Der dritte Weg. Die Erneuerung der sozialen Demokratie. Frankfurt.

Heinze, R. G. 2009: Rückkehr des Staates? Politische Handlungsmöglichkeiten in unsicheren Zeiten, Wiesbaden

Heinze, R. G. u.a. 1999: Vom Wohlfahrtsstaat zum Wettbewerbsstaat? Arbeitsmarkt- und Sozialpolitik in den 90ern. Opladen.

Holzinger, K. u.a. (Hrsg.) 2007: Transfer, Diffusion und Konvergenz von Politiken. PVS-SH 38, Wiesbaden.

Immerfall, Stefan 2006: Europa – politisches Einigungswerk und gesellschaftliche Entwicklung. Eine Einführung. Wiesbaden.

Lippl, B. 2008: Klare Mehrheiten für den Wohlfahrtsstaat. Gesellschaftliche Wertorientierungen im internationalen Vergleich Gutachten im Auftrag der Friedrich-Ebert-Stiftung, Bonn 2008

Merkel, W. 2004: Arbeitsmarkt, Beschäftigungspolitik und soziale Gerechtigkeit, in: Siegfried Frech und Josef Schmid (Hrsg.): Der Sozialstaat. Reform, Umbau, Abbau?, Schwalbach, S. 58-77.

Pierson, C. 2001: Hard Choices. Social Democracy in the 21. Century. Cambridge.

Schmid, J. 2004: Referenzstaaten, Politikdiffusion und das Auflösen von Reformblockaden, in: Frech, S./Schmid, J. (Hrsg.), Der Sozialstaat in der Krise, Schwalbach 2004, S. 114-134

23 Links

Wichtige Links zum Thema
(Alle Links abgerufen Oktober 2009)

Deutschland:

Bund

Bundestag	http://www.bundestag.de
Bundesrat	http://www.bundesrat.de
Bundesregierung	http://www.bundesregierung.de
Bundesgesundheitsministerium	http://www.bmgesundheit.de
Bundesministerium für Arbeit und Sozialordnung	http://www.bma.de
Bundesministerium für Familie, Senioren, Frauen und Jugend	http://www.bmfsfj.de
Bundesministerium für Bildung und Forschung	http://www.bmbf.de
Bundesagentur für Arbeit	http://www.arbeitsamt.de
Institut für Arbeitsmarkt- und Berufsforschung	http://www.iab.de
Beauftragter der Bundesregierung für Belange der Behinderten	http://www.behindertenbeauftragter.de
Bundeszentrale für gesundheitliche Aufklärung	http://www.bzga.de
Arbeitsgemeinschaft der Spitzenverbände der Gesetzlichen Krankenkassen	http://www.g-k.com
Verband deutscher Rentenversicherungsträger	http://www.vdr.de
Spitzenverband der deutschen Unfallversicherungsträger	http://www.hvbg.de
Bundesarbeitsgemeinschaft der Freien Wohlfahrtsverbände	http://www.freiewohlfahrtspflege.de
Deutscher Berufsverband für Pflegeberufe	http://www.dbfk.de

Deutscher Pflegeverband	http://www.dpv-online.de
Deutscher Gewerkschaftsbund	http://www.dgb.de

Länder

Bayern:

Staatsministerium für Arbeit und Sozialordnung, Familie, Frauen und Gesundheit	http://www.stmas.bayern.de

Baden-Württemberg:

Sozialministerium	http://www.sozialministerium-bw.de

Brandenburg:

Ministerium für Arbeit, Soziales, Gesundheit und Frauen	http://www.brandenburg.de/land/masgf

Berlin:

Senatsverwaltung für Integration, Arbeit und Soziales	http://www.berlin.de/sen/ias/

Bremen:

Senat für Arbeit, Frauen, Gesundheit, Jugend und Soziales	http://www.soziales.bremen.de

Hamburg:

Behörde für Soziales, Familie, Gesundheit und Verbraucherschutz	http://www.hamburg.de/bsg/
Behörde für Wirtschaft und Arbeit	http://www.hamburg.de/bwa/

Hessen:

Ministerium für Arbeit, Familie und Gesundheit	http://www.hmafg.hessen.de/

Mecklenburg-Vorpommern:

Ministerium für Arbeit und Bau	http://www.am.mv-regierung.de
Ministerium für Soziales und Gesundheit	http://www.regierung-mv.de/cms2/Regierungsportal_prod/Regierungsportal/de/sm/index.jsp

Niedersachsen:

Ministerium für Soziales, Frauen, Familie und Gesundheit	http://www.ms.niedersachsen.de/master/C675_L20_D0.html

Ministerium für Wirtschaft, Arbeit und Verkehr	http://www.mw.niedersachsen.de/master/C713_L20_D0.html
Nordrhein-Westfalen:	
Ministerium für Arbeit, Gesundheit und Soziales	http://www.mags.nrw.de/
Ministerium für Generationen, Familie, Frauen und Integration	http://www.mfifg.nrw.de/home.htm
Landesinstitut für den öffentlichen Gesundheitsdienst	http://www.liga.nrw.de/
Rheinland-Pfalz:	
Ministerium für Arbeit, Soziales und Gesundheit	http://www.masg.rlp.de
Saarland:	
Ministerium für Frauen, Arbeit, Gesundheit und Soziales	http://www.soziales.saarland.de
Sachsen-Anhalt:	
Ministerium für Frauen, Arbeit, Gesundheit und Soziales	http://www.ms.sachsen-anhalt.de
Sachsen:	
Staatsministerium für Soziales und Verbraucherschutz	http://www.sms.sachsen.de/index.html
Staatsministerium für Wirtschaft, Arbeit und Verkehr	http://www.smwa.sachsen.de/de/index_smwa.html
Thüringen:	
Ministerium für Wirtschaft, Technologie und Arbeit	http://www.th-online.de

Österreich:

Bundesministerium für Wirtschaft, Familie und Jugend	http://www.bmwa.gv.at
Bundesministerium für Arbeit, Soziales und Konsumentenschutz	http://www.bmsg.gv.at
Österreichisches Institut für Familienförderung	http://www.oif.ac.at/online.htm

Großbritannien:

Health and Safety Executive	http://www.hse.gov.uk
Health and Safety Laboratory	http://www.hsl.gov.uk
Department of Health	http://www.doh.gov.uk
National Health Service	http://www.nhs.uk
Health Development Agency	http://www.hda-online.org.uk
General Social Care Council	http://www.gscc.org.uk/Home/
General Medical Council	http://www.gmc-uk.org
Care Quality Commission	http://www.cqc.org.uk/
Royal Commission On Long Term Care for the Elderly	Keine website mehr
Department for Work and Pensions	http://www.dwp.gov.uk/
Social Security Advisory Committee	http://www.ssac.org.uk/
Office of the Parliamentary Commissioner of Administration and the Health Service Commissioners	http://www.ombudsman.org.uk
Social Security and Child Support Commissioner	http://www.osscsc.gov.uk/index.htm
Employment Appeal Tribunal	http://www.employmentappeals.gov.uk

Frankreich:

Gesundheitsministerium, Sozialministerium und Arbeitsministerium	http://www.gouvernement.fr/gouvernement/travail-economie-emploi
Arbeitsanstalt für Beschäftigung	http://www.anpe.fr
Nationale Anstalt zur Verbesserung der Arbeitsverhältnisse	http://www.anact.fr/index.html
Nationale Anstalt der Gesundheitsbewertung und -kreditierung	http://www.anaes.fr
Nationales Institut der Gesundheit und medizinischen Forschung	http://www.inserm.fr

Spanien:

Gesundheitsministerium	http://www.msc.es
Arbeits- und Sozialministerium	http://www.mtas.es
Staatssekretariat für soziale Sicherheit	http://www.seg-social.es
Institut für Migration und Soziale Sicherheit	http://www.seg-social.es/imserso
Nationale Institut für Arbeit	http://www.inem.es
Wirtschafts- und Sozialrat Spaniens	http://www.ces.es

Niederlande:

Gesundheitsministerium	http://www.minvws.nl
Ministerium für Arbeit und Soziales	http://www.minszw.nl
Ministerium für öffentliche Gesundheit, Wohlergehen und Sport	http://www.minvws.nl
Staatsinstitut der öffentlichen Gesundheit und Umwelt	http://www.rivm.nl
Gesundheitsrat	http://www.gezondheidsraad.nl
Rat für Gesundheit und Wohlergehen	http://www.rvz.net
Rat für Soziales und Wirtschaft	http://www.ser.nl

Schweden:

Gesundheits- und Sozialministerium	http://www.regeringen.se/sb/d/1474
Social Welfare Agency	http://www.sos.se
Institut für Gesundheit	http://www.fhi.se/
Institut zur Entwicklung der Gesundheitsdienste	Keine website mehr

Dänemark:

Gesundheitsministerium	http://www.sum.dk/sum/
Arbeitsministerium	http://www.bm.dk/
Anstalt für Arbeitsmarkt	http://www.ams.dk
Gesundheitsinstitut	http://www.ami.dk
Sozialministerium	http://www.sm.dk

Internationale Organisationen

Europäische Union	http://europa.eu/
Weltgesundheitsorganisation	http://www.who.int
Weltgesundheitsorganisation, Europa-Büro	http://www.who.dk
International Labour Organization	http://www.ilo.org
OECD	http://www.oecd.org
Internationale, regionale Institutionen weltweit	http://www.gksoft.com/govt/en/world.html

Daten und Netzwerke

Eurostat	http://ec.europa.eu/eurostat
MISSOC, Gegenseitiges Informationssystem zur Sozialen Sicherheit in den Mitgliedstaaten der Europäischen Union	http://ec.europa.eu/employment_social/spsi/missoc_de.htm
OECD	http://www.oecd.org/statsportal/0,3352,en_2825_293564_1_1_1_1_1,00.html
European Social Welfare Information Network	http://www.eswin.org
European Observatory on Health Care Systems	http://www.euro.who.int/observatory
Europäische Beobachtungsstelle für nationale Familienpolitiken	http://ec.europa.eu/employment_social/spsi/european_observatory_de.htm
International Reform Monitor, Bertelsmann Stiftung	http://www.reformmonitor.de
Policy Library	http://www.policylibrary.com

Forschung& Lehre

Homepage Prof. Josef Schmid	http://www.wip-online.org/
WZB – Wissenschaftszentrum Berlin für Sozialforschung	http://www.wzb.eu
Zentrum für Sozialpolitik	http://www.zes.uni-bremen.de

Projekt Einstellungen zum Wohlfahrtsstaat im europäischen Vergleich	http://www.uni-bielefeld.de/~hjawww/Forsch/ewv
Studie „Sozialstaat im Wandel" von B. Blanke u.a.	http://www2.hs-fulda.de/fb/sw/projekte/sozrbibliothek/material/sopo/sozstaatswandel.pdf
Sozialpolitik aktuell	http://www.sozialpolitik-aktuell.de
Introduction to Social Policy	http://www2.rgu.ac.uk/publicpolicy/introduction/index.htm?CFID=30618197&CFTOKEN=12120947&jsessionid=5031d1ebd94d323b6b295023f1413393eb7aTR
Centre for Labor Market and Social Research	http://www.cls.dk
Almanac of Policy Issues: Social Welfare (USA)	http://www.policyalmanac.org/social_welfare/index.shtml
Nonprofit and Voluntary Sector Quarterly	http://www.evans.washington.edu/nsvq
Sozialpolitik – Unterrichtsmaterialien zur sozialen Sicherung, Ausbildung und Arbeitswelt in Deutschland und Europa	http://www.sozialpolitik.com

24 Literaturverzeichnis

Abel-Smith, B. 1984: Cost Containment in Health Care: The Experience of 12 European Countries 1977-1983. Luxemburg.

Adema, W./Ladaique, M. 2009: How Expansive is the welfare State. Gross and Net Indicators in the OECD Social Expenditure Datebase, OECD Working Paper 92, Paris.

Adolph, H. 1997: Entwicklung zum modernen Sozialstaat in Spanien. Münster.

Alber, J. 1982: Vom Armenhaus zum Wohlfahrtsstaat. Analysen zur Entwicklung der Sozialversicherung in Westeuropa. Frankfurt a.M./New York.

Alber, J. 1988: Die Gesundheitssysteme der OECD-Länder im Vergleich. In: Schmidt, M. G. (Hrsg.), Staatstätigkeit. International und historisch vergleichende Analysen. PVS-Sonderheft 19, S. 116-150.

Alber, J. 1989: Der Sozialstaat in der Bundesrepublik Deutschland 1950-1983. Frankfurt a.M./New York.

Alber, J. 1990: Ausmaß und Ursachen des Pflegenotstands in der Bundesrepublik. In: Staatswissenschaften und Staatspraxis, Jg. 1 (3), S. 335-362.

Alber, J. 1992: Stichwort Wohlfahrtsstaat. In: Pipers Lexikon der Politik, Band 3: Die westlichen Länder. Hrsg. von M. G. Schmidt. München.

Alber, J. 1996: Soziale Dienstleistungen. Die vernachlässigte Dimension vergleichender Wohlfahrtsstaat-Forschung. In: Bentele, K. H. (Hrsg.), Die Reformfähigkeit der Industriegesellschaft. Frankfurt a.M., S. 277-293.

Alber, J. 1998: Der deutsche Sozialstaat im Licht international vergleichender Daten. In: Leviathan, Vol. 26 (2), S. 199-227.

Alber, J. 2000: Der deutsche Sozialstaat in der Ära Kohl. Diagnosen und Daten. In: Leibfried, S./Wagschal, U. (Hrsg.) 2000: Der deutsche Sozialstaat. Bilanzen, Reformen, Perspektiven. Frankfurt a.M., S. 235-275.

Alber, J. 2000: Sozialstaat und Arbeitsmarkt: Produzieren kontinentaleuropäische Wohlfahrtsstaaten typische Beschäftigungsmuster? – Gleichzeitig eine Abhandlung über einige Probleme komparativer statistischer Analyse. In: Leviathan, Vol. 28 (4), S. 535-569.

Alber, J./Standing, G. 2000: Social dumping, catch-up, or convergence? Europe in a comparative global context. In: Journal of European Social Policy, Vol. 10 (2), S. 99-119.

Alcock, P. 2008: Social Policy in Britain, Houndmills, 3. Aufl., Basingstoke.

Althalen, K. S./Dimmel, N. 1993: Sozialpolitische Handlungsfelder der experimentellen Arbeitsmarktpolitik. In: Österreichische Zeitschrift für Politikwissenschaft (ÖZP), Jg. 22 (3), S. 343-360.

Ambler, J. 1991: The French Welfare State: Surviving social and ideological change. New York/London.

Andersen, J. G./Pedersen, J. J. 2007: Continuity and change in Danish active labour market policy: 1990-2007. The battlefield between activation and workfare. Centre for Comparative Welfare Studies (CCWS), Working Paper No. 54.

Andersen, T. M./Svarer, M. 2007: Flexicurity – Labour Market Performance in Denmark. CESifo Working Paper No. 2108. München

Anderson, K. M. 2004: Pension Politics in Three Small States: Denmark, Sweden and the Netherlands. In: Canadian Journal of Sociology, Vol. 29 (2), S. 289-312.
Andrain, C. F. 1985: Social Policies in Western Industrial Societies. Berkeley/ California.
Anheier, H. K. 1995: Vergleichende Forschung zum Nonprofit Sektor: Vier Fragestellungen? In: Journal für Sozialforschung, Jg. 35 (1), S. 15-26.
Anheier, H. K./Toepler, S. 2002: Bürgerschaftliches Engagement in Europa. Überblick und gesellschaftspolitische Einordnung. In: Aus Politik und Zeitgeschichte, B 9/2002. S. 31-38.
Anweiler, O. 1996: Deutschland, In: Ders. u.a.: Bildungssysteme in Europa. 4., völlig überarb. u. erw. Aufl Weinheim u.a., S. 31-56.
Armingeon, K. 1993: Auf dem Weg zu einem europäischen politischen System. In: Journal für Sozialforschung 33, S. 255-271.
Armingeon, K. 1999: Globalisierung und der Handlungsspielraum der nationalen Arbeitsmarktpolitik. In: Honegger, C./Hradil, S./Traxler, F. (Hrsg.), Grenzenlose Gesellschaft? Teil 1. Opladen, S. 558-573.
Armingeon, K. 2007: Active labour market policy, international organizations and domestic politics. In: Journal of European Public Policy 14 (6), S. 905-932.
Armingeon, K./Bonoli (Hrsg.) 2006: The Politics of Post-Industrial Welfare States: Adapting Post-War Social Policies to New Social Risks, Oxon.
Aschenbaum, W. 1986: Social Security: Visions and Revisions. Cambridge.
Ashford, D. E. 1986: The Emergence of the Welfare States. Oxford.
Ashford, D. E. 1991: Bringing the Welfare State Back. In: Comparative Politics 23, S. 351-375.
Ashford, D. E./Kelley, E. W. (Hrsg.) 1986: Nationalizing Social Security in Europe and America. Greenwich (Con)/London.
Aus Politik und Zeitgeschichte, B 16/2005: Themenheft Arbeitsmarktreformen, Bonn.
Aus Politik und Zeitgeschichte, B 24-25/2005: Themenheft Familienpolitik, Bonn.
Aus Politik und Zeitgeschichte, B 27/2009: Themenheft Arbeitsmarktpolitik, Bonn.
Aus Politik und Zeitgeschichte, B 42/2007: Themenheft Gesundheit und soziale Ungleichheit, Bonn.
Aus Politik und Zeitgeschichte, B 47/2009: Themenheft Soziale Gerechtigkeit, Bonn.
Aus Politik und Zeitgeschichte, B 49/2008: Themenheft Bildung und Chancen, Bonn.
Aus Politik und Zeitgeschichte, B 8/2005: Themenheft Generationengerechtigkeit, Bonn.
Aus Politik und Zeitgeschichte, B 8-9/2006: Themenheft Reform des Sozialstaats, Bonn.
Aust, A./Leitner, S./Lessenich, S. (Red.) 2000: Sozialmodell Europa: Konturen eines Phänomens. Jahrbuch für Europa- und Nordamerikastudien 4, herausgegeben vom Zentrum für Europa- und Nordamerikastudien. Opladen.
Avers, A./Heinze, R G. (Hrsg.) 2008: Sozialpolitik. Ökonomisierung und Entgrenzung. Wiesbaden.
Ayala, L. 1994: Social Needs, inequality and the welfare state in Spain: Trends and Prospects. In: Journal of European Social Policy, Vol. 4 (3), S. 159-179.
Bäcker, G. 1998: Zukunft der Arbeit und Herausforderungen für das System der Sozialen Sicherung. Das Beispiel Alterssicherung. In: Bosch, G. (Hrsg.), Zukunft der Erwerbsarbeit Frankfurt a.M., S. 359-388.

Bäcker, G. u.a. 2007: Sozialpolitik und soziale Lage in Deutschland. 4. Aufl., Opladen.
Bäcker, G. u.a. 2009: Ältere Arbeitnehmer. Erwerbstätigkeit und soziale Sicherheit im Alter, Wiesbaden.
Backhaus-Maul, H./Olk, T. 1994: Von der Subsidiarität zum „contracting out". Zum Wandel der Beziehungen zwischen Staat und Verbänden in der Sozialpolitik: In: Streeck, W. (Hrsg.), Verbände und Staat. Opladen, S. 99-134.
Badura, B./Rosenbrock, R. 2009: Die gesetzliche Unfallversicherung im Reformprozess. Umsetzung und Weiterentwicklung des Präventionsauftrags in der Arbeitswelt. Gütersloh.
Bahle, T. 2002: Staat, Kirche und Familienpolitik in westeuropäischen Ländern, In: Minenberg, M./Willems, U. (Hrsg.), Religion und Politik. PVS-Sonderheft 33, Wiesbaden, S. 390-411.
Baldock, J./Evers, A. 1991: Beiträge zu einer neuen Dienstleistungskultur. Beispiele aus dem Bereich der Altenpflege in den Niederlanden, Schweden und England. In: Soziale Welt, Jg. 42 (2), S. 232-257.
Baldwin, P. 1990: Die sozialen Ursprünge des Wohlfahrtsstaates. In: Zeitschrift für Sozialreform (ZSR), Jg. 36, S. 677-692.
Baldwin, P. 1990: The Politics of Social Solidarity. Class Bases of the European Welfare State 1875-1975. Cambridge.
Bambra, C. 2005: Worlds of Welfare and the Health Care Discrepancy. In: Social Policy and Society, Vol. 4 (1), S. 31-41.
Bambra, C. 2006: Decommodification and the world of welfare revisited. In: Journal of European Social Policy, Vol. 16 (1), S 73-80.
Bandelow, N. 2003: Chancen einer Gesundheitsreform in der Verhandlungsdemokratie. In: Aus Politik und Zeitgeschichte, B 33-34/2003, S. 14-20.
Bandelow, N. 2006: Gesundheitspolitik in der Bundesrepublik Deutschland: Zielkonflikte und Politikwechsel trotz Blockaden. In: Schmidt, M. G./Zohlnhöfer, R. (Hrsg.), Politik in der Bundesrepublik Deutschland. Wiesbaden, S. 159-176.
Bangali, L. 2008: Active Ageing between Labour Market and Retirement: Externalization and Integration – two Contradictory Patterns for Ageing Workforce in Germany. WiP Working Paper Nr. 39, Tübingen. Online verfügbar unter: http://www.wip-online.org/public/47a839c2e1316WiP%2039_Aeltere%20Arbeitnehmer.pdf.
Basch, P. F. 1990: Textbook of International Health. New York/Oxford.
Bauer, R. (Hrsg.) 1993: Intermediäre Nonprofit-Organisationen in einem Neuen Europa. Rheinfelden.
Bauer, R./Thränhardt, A.-M. (Hrsg.) 1987: Verbandliche Wohlfahrtspflege im internationalen Vergleich. Opladen.
Baum-Ceisig, A./Busch, K./Hacker, B./Nospickel, C. (Hrsg.) 2008: Wohlfahrtsstaaten in Mittel- und Osteuropa. Entwicklungen, Reformen und Perspektiven im Kontext der europäischen Integration, Baden-Baden.
Becker, A./Bode, I. 1998: Die Renaissance der nationalen Solidarität. Solidarischer Konservatismus in Frankreich und seine Grenzen. In: Zeitschrift für Sozialreform, Jg. 44 (11/12), S. 769-792.

Becker, U. 1998: Beschäftigungswunderland Niederlande?. In: Aus Politik und Zeitgeschichte, B 11/1998, S. 12-21.

Becker, U. 1999: Deltamodell, Gemeinwohlkultur und Frauenbeschäftigung in den Niederlanden im europäischen Vergleich. In: Zeitschrift für Sozialreform, Jg. 45 (10), S. 821-842.

Becker, U. 2007: The Scandinavian Model: Still an Example for Europe? In: IPG (Internationale Politik und Gesellschaft) 4/2007, S. 41-57.

Becker, U./Kersbergen, K. van 1986: Der christliche Wohlfahrtsstaat der Niederlande. In: Politische Vierteljahresschrift (PVS), Jg. 27 (1), S. 61-77.

Behning, U. 1999: Zum Wandel der Geschlechterrepräsentation in der Sozialpolitik: Ein policy-analytischer Vergleich der Politikprozesse zum österreichischen Bundespflegegeldgesetz und zum bundesdeutschen Pflege-Versicherungsgesetz. Opladen.

Behrendt, C. 2000: Lücken im sozialen Netz und Armutsrisiken in vergleichender Perspektive: Alleinerziehende und alleinstehende ältere Frauen in Deutschland, Großbritannien und Schweden. In: Zeitschrift für Sozialreform, Jg. 46 (2), S. 137-173.

Berger, J./Offe, C. 1984: Die Zukunft des Arbeitsmarktes. In: Offe, C. (Hrsg.), Arbeitsgesellschaft. Frankfurt a.M., S. 87-117.

Bernecker, W.L. 2008: Spanien heute. Politik, Wirtschaft, Kultur, 5. Aufl., Frankfurt a.M.

Bernhard, S. u.a. 2008: Aktive Arbeitsmarktpolitik in Deutschland und ihre Wirkungen. IAB-Forschungsbericht 2/2008. Nürnberg.

Bertelsmann Stiftung (Hrsg.) 2000: Internationaler Reformmonitor. Sozialpolitik – Arbeitsmarktpolitik – Tarifpolitik, Ausgabe 2. Gütersloh.

Bertelsmann Stiftung/Schmid, J. (2007): Die Bundesländer im Focus – Aktive Arbeitsmarkt- und Beschäftigungspolitik. Gütersloh: Verlag Bertelsmann-Stiftung.

Berthold, N./Brunner, A. 2007: Gibt es ein europäisches Sozialmodell? In: Wirtschaftswissenschaftliche Beiträge des Lehrstuhls für Volkswirtschaftslehre, Nr. 100, Würzburg.

Betzelt, S. 2007: „Gender Regimes“: Ein ertragreiches Konzept für die komparative Forschung. Literaturstudie. Bremen. ZeS-Arbeitspapier, Nr. 12/07. Zentrum für Sozialpolitik der Universität Bremen. Bremen Online verfügbar unter: http://www.zes.uni-bremen.de/xml/arbeitspapierDownload.php?ID=268&SPRACHE=DE&TYPE=PDF

Beyer, J. 2006: Pfadabhängigkeit: Über institutionelle Kontinuität, anfällige Stabilität und fundamentalen Wandel, Frankfurt/New York.

Beyme, K. von 1988: Der Vergleich in der Politikwissenschaft. München.

Blancke, S. u.a. 2000: Employability als Herausforderung für den Arbeitsmarkt. Akademie für Technikfolgenabschätzung, Arbeitsberichte, Nr. 157, Stuttgart.

Blancke, S./Schmid, J. 2001: Arbeitsmarktpolitik der Bundesländer. Berlin.

Blaschke, D./Buttler, F./Karr, W./Klauder, W./Leikeb, H. 1992: Der Arbeitsmarkt in den neuen Ländern. Zwischenbilanz und Herausforderungen. In: Mitteilungen aus der Arbeitsmarkt- und Berufsforschung, Jg. 25 (2), S. 119-135. Online verfügbar unter: http://doku.iab.de/mittab/1992/1992_2_MittAB_Blaschke_Buttler_Karr_Klauder_Leikeb.pdf

Bleses, P./Seeleib-Kaiser, M. 1999: Zum Wandel wohlfahrtsstaatlicher Sicherung in der Bundesrepublik Deutschland: Zwischen Lohnarbeit und Familie. In: Zeitschrift für Soziologie, Jg. 28 (2), S. 114-135.

Bock, G./Duden, B. 1977: Arbeit aus Liebe - Liebe als Arbeit. Zur Entstehung der Hausarbeit im modernen Kapitalismus. In: Gruppe Berliner Dozentinnen (Hrsg.), Frauen und Wissenschaft. Beiträge zur Berliner Sommeruniversität für Frauen Juli 1976. Berlin, S. 118-199.

Bode, I. 1991: Französische Armutspolitik im Spannungsfeld organisierter Interessen. In: Zeitschrift für Sozialreform, Jg. 37 (4), S. 229-253.

Bode, I. 1998: Aus alt mach neu? Arbeitsmarktpolitik und Gewerkschaftsstrategien in Frankreich. In: Aus Politik und Zeitgeschichte, B 11/1998, S. 22-31.

Bode, I. 1999: Solidarität im Vorsorgestaat. Der französische Weg sozialer Sicherung und Gesundheitsversorgung. Frankfurt/New York.

Bogedan, C. u.a. 2007: Vom Dritten Weg zum Vorsorgenden Sozialstaat Thesen zur Bilanz Sozialdemokratischer Wohlfahrtsstaatspolitik. Friedrich-Ebert-Stiftung, WISO direkt, Bonn. Online verfügbar unter: http://library.fes.de/pdf-files/fo-wirtschaft/04711.pdf

Bogedan, C. u.a. 2009: Vom Schutzschirm zum Bahnbrecher - Anforderungen an die Arbeitsmarkt- und Beschäftigungspolitik in der Wirtschaftskrise. WSI-Diskussionspapier, Nr. 167, Düsseldorf.

Bogumil, J. 2006: Ökonomisierung der Verwaltung. Auswirkungen zunehmender Vermarktlichung der Verwaltung auf die kommunale Steuerungsfähigkeit, In: Neues Verwaltungsmanagement, 06/06, B 12, S. 1-32.

Bohmann, G. 1993: Paradigmata im Verständnis des Wohlfahrtsstaates. Zum Wiederaufleben der Staatstheorie in den Sozialwissenschaften. In: Österreichische Zeitschrift für Politikwissenschaft, Jg. 22 (1), S. 5-21.

Böhnke, P./Köhler, U. 2007: Determinanten des Glücks: Lebenszufriedenheit in Europa, In: WSI-Mitteilungen, Jg. 60 (7/2007), S. 373-386.

Bolderson H./Mabbett, D. 1991: Social Policy and Social Security in Australia, Britain and the USA. Aldershot, Brookfield USA u.a.

Boll, F./Olk, T. (Hrsg.) 1987: Selbsthilfe und Wohlfahrtsverbände. Freiburg i.Br.

Bomsdorf, C. 2007: Dänemark. In: Das Parlament vom 31.07.2007.

Bonoli, G. 2000: The Politics of Pension Reform: Institutions and Policy Change in Western Europe. Cambridge.

Bonoli, G. 2007: Time Matters. Postindustrialization, New Social Risks, and Welfare State Adaption in Advanced Industrial Societies. In: Comparative Political Studies, Vol. 40 (5), S. 495-5270.

Bonoli, G./Palier, B. 1998: Changing the politics of social programmes: innovative change in British and French welfare reforms. In: Journal of European Social Policy, Vol. 8 (4), S. 317-330.

Borchert, J./Lessenich, S./Lösche, P. (Red.) 1997: Standortrisiko Wohlfahrtsstaat? Jahrbuch für Europa- und Nordamerikastudien 1, herausgegeben vom Zentrum für Europa- und Nordamerikastudien. Opladen.

Boreham, P./Compston, H. 1992: Labour movement organization and political intervention. The politics of unemployment in OECD countries 1974-1986. In: European Journal of Political Research, Vol. 22 (2), S. 143-170.

Börsch-Supan, A. u.a. 2009: Ruhestandseinkommen und Renteneintrittsalter im europäischen Vergleich, Wiesbaden.

Börzel, T./Risse, T. 2003: Conceptualizing the Domestic Impact of Europe. In: Featherstone, K./Radaelli, C. (Hrsg.), The Politics of Europeanization, Oxford, S. 57-80.

Bossert, A./Merk, H.-J. 1981: Die Systeme sozialer Sicherung in den OECD-Ländern – ein Vergleich ihrer Gestaltungsprinzipien. In: Vierteljahresschrift für Sozialrecht 9 (H. 1/2), S. 149-164.

Bouget, D. 1998: The Juppe Plan and the Future of the French Social Welfare System. In: Journal of European Social Policy, Vol. 8 (2), S. 155-172.

Bradshaw, J./Millar, J. 1990: Einelternfamilien im Vereinigten Königreich: Herausforderungen für die Politik der sozialen Sicherheit. In: Internationale Revue für Soziale Sicherheit, Jg. 43, S. 472-487.

Braun, D. 1987: Political Immobilism and Labour Market Performance. The Dutch Road to Mass Unemployment. In: Journal of Public Policy, Vol. 7 (3), S. 307-335.

Braun, T. 2006: Erfolgreiche arbeitsmarktpolitische Konzertierung: Dänemarks Reformweg vom Rande des Abgrundes zum Flexicurity-Modell. In: Sozialer Fortschritt, Jg. 55 (6), S. 133-155.

Breit, G. (Hrsg.) 1996: Sozialstaatsprinzip und Demokratie. Schwalbach/Ts.

Brinkmann, C. u.a. 1991: Arbeitsmarktpolitik in den neuen Bundesländern: Braucht der ostdeutsche Arbeitsmarkt arbeitsmarktpolitische Sonderregelungen? In: WSI-Mitteilungen, Jg. 44 (8/1991), S. 420-430.

Brinkmann, G. 1996: Niederlande. In: Anweiler, O. u.a.: Bildungssysteme in Europa. 4. völlig überarb. u. erw. Aufl. Weinheim u.a., S. 125-142.

Brown, M. K. (Hrsg.) 1988: Remaking the Welfare State. Retrenchment and Social Policy in America and Europe. Philadelphia.

Bundesministerium für Arbeit und Soziales (BMAS) 2008: Statistisches Taschenbuch 2008. Arbeits- und Sozialstatistik. Bonn. Online verfügbar unter: http://www.bmas.de/coremedia/generator/28736/statistisches__taschenbuch__2008.html

Bundesministerium für Arbeit und Soziales (BMAS) online, www.bmas.de . (Abgerufen: Artikel „Das ändert sich zum 1. Januar 2009" unter http://www.bmas.de/coremedia/generator/29774/2008__12__17__aenderungen__2009.html9

Bundesministerium für Arbeit und Soziales (BMAS), diverse Jahrgänge: Euroatlas. Soziale Sicherheit im Vergleich. Bonn.

Burrows, R./Loader B. (Hrsg.) 1994: Towards a Post-Fordist Welfare State? London/New York.

Busch, K. (Hrsg.) 2008: Wandel der Wohlfahrtsstaaten in Europa, Baden-Baden.

Busch, K. 2009: Weltwirtschaftskrise und Wohlfahrtsstaat. FES Internationale Politikanalyse, Berlin.

Busemeyer, Marius 2006: Die Bildungsausgaben der USA im internationalen Vergleich. Wiesbaden.

Butterwegge, C. 2006: Krise und Zukunft des Sozialstaates, 3. Aufl., Wiesbaden.

Campbell, D. C. 1989: Worksharing and Labour Market Flexibility: A Comparative Institutional Analysis. In: Gladstone, A. u.a. (Hrsg.), Current issues in Labour Relations: An International Perspective. Berlin/New York, S. 174-192.
Carroll, E. 1993: Swedish Austerity. Benefits at Risk. In: International Journal of Health Services, Vol. 23 (3), S. 475-482.
Castel, R. 2005: Die Stärkung des Sozialen. Leben im neuen Wohlfahrtsstaat, Hamburg.
Castles, F. G. (Hrsg.) 1989: The Comparative History of Public Policy. Cambridge.
Castles, F. G. (Hrsg.) 1993: Families of Nations. Patterns of Public Policy in Western Democracies. Aldershot.
Castles, F. G. 1978: The Social Democratic Image of Society. A study of the achievments and origins of Scandinavian Social Democracy in comparative perspective. London/Henley/Boston.
Castles, F. G. 1989: Explaining Public Education Expenditures in OECD Nations. In: European Journal of Political Research, Vol. 17 (4), S. 431-48.
Castles, F. G. 1994: On religion and public policy: Does Catholicism make a difference? In: Journal of Political Research, Vol. 25 (1), S. 19-40.
Castles, F. G./Mitchel, D. 1993: Worlds of Welfare and Families of Nations. In: Castles, F. G. (Hrsg.), Families of Nations. Patterns of Public Policy in Western Democracies. Aldershot, S. 93-128.
Casula Vifell, Å. 2009: Speaking with forked tongues - Swedish public administration and the European employment strategy. In: European Integration Online Papers, Vol. 13. online verfügbar unter:
http://eiop.or.at/eiop/index.php/eiop/article/view/2009_002a
CDU ohne Datum: Das solidarische Gesundheitsprämien-Modell. Fragen und Antworten. Online verfügbar unter:
http://www.cdu.de/doc/pdf/11_19_04_faq_gesundheitspraemie.pdf
Chamberlayne, P. 1991: New Directions in welfare? France, West Germany, Italy, Britain in the 1980s. In: Critical Social Policy, Vol. 11 (3), S. 5-21.
Chamberlayne, P. 1992: Income maintenance and institutional forms: a comparison of France, West Germany, Italy and Britain 1945-90. In: Policy and Politics, Vol. 20 (4), S. 299-318.
Chatterjee, P. 1996: Approaches to the Welfare State. Washington D.C.
Christensen, E. 2007: Einstellungen zum Sozialstaatsabbau. In: Forschungsjournal Neue Soziale Bewegungen, Jg. 20 (4), S. 72-86.
Claasen, J. (Hrsg.) 1999, Comparative Social Policy. Concepts, Theories and Methods. Oxford.
Claramunt, C. O./Arroyo, S. C. 2000: The Role of 'The Resources of the Power Hypothesis' in Explaining the Spanish Welfare State between 1975-1995. In: European Journal of Political Research, Jg. 38 (2), S. 261-284.
Clark, B. R. 1977: Problems of Access in the Context of Academic Structures. In: Burn, B. B. (Hrsg.), Access, Systems, Youth and Employment. New York, S. 39–52.
Clarke, J./Langan, M. 1993: Restructuring Welfare: The British Welfare Regime in the 1980s. In: Cochrane, A./Clarke, J. (Hrsg.), Comparing Welfare States: Britain in International Context. London (2. Aufl. 2001), S. 35-47.

Clasen, J. 1999: Unemployment Compensation and other Labour-Market Policies. In: Claasen, J. (Hrsg.), Comparative Social Policy. Oxford, S. 159-178.
Clasen, J. 2000: Motives, Means and Opportunities. Reforming Unemployment Compensation in the 1990. In: West European Politics, Vol. 23 (2), S. 89-112.
Clasen, J./Viebrock, E. 2006: Das Genter System der Arbeitslosenversicherung – immer noch gewerkschaftliches Rekrutierungsinstrument oder sozialpolitisches Auslaufmodell? In: Zeitschrift für Sozialreform (ZSR), Jg. 52 (3), S. 351-372.
Clayton, R./Pontusson J. 1998: Welfare-State Retrenchment Revisited. Entitlement Cuts, Public Sector Restructuring, and Inegalitarian Trends in Advanced Capitalist Societies. In: World Politics, Vol. 51 (1), S. 67-98.
Clegg, D. 2007: Continental Drift. On Unemployment Policy change in Bismarckian Welfare States. In: Social Politics & Administration, Vol. 41 (6), S. 597-617.
Cochrane, A./Clarke, J. (Hrsg.) 2001: Comparing Welfare States: Britain in International Context. London (2. Aufl).
Collier, D./Messick, R. E. 1975: Prerequisites versus Diffusion. Testing Alternative Explanations of Social Security Adoption. In: American Political Science Review, Vol. 69 (4), S. 1299-1315.
Conrad, C. 1990: Gewinner und Verlierer im Wohlfahrtsstaat: Deutsche und internationale Tendenzen im 20. Jahrhundert. In: Archiv für Sozialgeschichte, Band 30, S. 297-325.
Cousins, M. 2007: European Welfare States. Comparative Perspectives, 2. Aufl., SAGE Publications Ltd., London.
Cox, R. H. 1992: After Corporatism. A Comparison of the Role of Medical Professionals and Social Workers in the Dutch Welfare State. In: Comparative Political Studies, Vol. 24 (4), S. 532-552.
Cox, R. H. 1993: The Development of the Dutch Welfare State. From Workers' Insurance to Universal Entitlement. Pittsburgh/London.
Cox, R. H. 1997: The Consequences of Welfare Retrenchment in Denmark. In: Politics & Society, Vol. 25 (3), S. 303-326.
Cox, R. H. 1998: From Safety Net to Trampoline. Labour Market Activation in the Netherlands and Denmark, WiP Working Paper Nr. 2, Tübingen (auch in Governance 4/1998). Online verfügbar unter: http://www.wip-online.org/downloads/Cox_Robert_1998_a.pdf
Cox, R. H. 1999: Ideas, Policy Borrowing and Welfare Reform, Schwerpunktheft: Reformen in westeuropäischen Wohlfahrtsstaaten – Potentiale und Trends, WiP Working Paper Nr. 5, Tübingen (auch in Governance 4/1998). Online verfügbar unter: http://www.wip-online.org/downloads/Cox_Schmid_1999_a.pdf
Czada, R. 1987: Wirtschaftlicher Strukturwandel und Arbeitslosigkeit. In: Abromeit, H./Blanke, B. (Hrsg.), Arbeitsmarkt, Arbeitsbeziehungen und Politik in den 80er Jahren. In: Leviathan, Sonderheft 8, S. 57-73.
Czada, R. 1989: Traditionslinien wohlfahrtsstaatlicher Politik: Von der Politikfeldanalyse zum neuen Institutionalismus. In: Bandemer, S. v./Wewer, G. (Hrsg.), Regierungssystem und Regierungslehre. Opladen, S. 275-287.

Czada, R. 1999: Welten der Wohlfahrt. Probleme der Sozialpolitik in einer entgrenzten Welt. In: Calließ, J. (Hrsg.), Aufstieg und Fall des Sozialstaates. Oder: Wie der Sozialstaat zum Fall wurde, Dokumentation einer Tagung der Evangelischen Akademie Loccum vom 5. bis 7. Juni 1998, Rehburg-Loccum, S. 77-87.

Czada, R./Lehmbruch, G. 1989: Parteienwettbewerb, Sozialstaatspostulat und gesellschaftlicher Wertewandel. In: Bermbach, U. u.a. (Hrsg.), Ökonomische, politische und kulturelle Spaltung der Gesellschaft als Herausforderung für den demokratischen Sozialstaat. Opladen, S. 55-84.

Daalder, H. 1987: Countries in comparative European politics. In: European Journal of Political Research, Vol. 15 (1), S. 3-21.

Daatland, S. O. 1992: Ideals Lost? Current Trends in Scandinavian Welfare Policies on Ageing. In: Journal of European Social Policy, Vol. 2 (1), S. 33-47.

Dagens Nyheter Online, www.dn.se . (Abgerufen: Artikel „Nya A-Kassan slår mot flera grupper" vom 11.03.2007. online verfügbar unter: http://www.dn.se/ekonomi/nya-a-kassan-slar-mot-flera-grupper-1.456618.)

Dahme, H.-J. u.a. 2005: Zwischen Wettbewerb und Subisidiarität. Wolhlfahrtsverbände unterwegs in die Sozialwirtschaft, Edition Sigma, Berlin.

Dallinger, U. 2008: Sozialstaatliche Umverteilung und ihre Akzeptanz im internationalen Vergleich: Eine Mehrebenenanalyse. In: Zeitschrift für Soziologie, Sonderheft, Jg. 37 (2), S. 137-157.

Dearlove, J./Saunders, P. 1991: Introduction to British Politics. Analysing a Capitalist Democracy. 2nd ed., Cambridge.

Dettling, D./Becker, M. 2009: Wie sozial ist Europa? Eine vergleichende Analyse der wichtigsten Indikatoren zur gesellschaftlichen Zukunftsfähigkeit der EU, berlinpolis, Berlin.

Deutsche Bank Research 2007: Spanien 2020 - die Erfolgsgeschichte geht weiter. Akuelle Themen 394, Frankfurt.

Deutscher Bundestag 2002: Bericht der Enquete-Kommission „Zukunft des Bürgerschaftlichen Engagements". Bürgerschaftliches Engagement: auf dem Weg in eine zukunftsfähige Bürgergesellschaft. Bundestags-Drucksache 14/8900.

Deutschmann, C. 1997: Zur Kritik am Wohlfahrtsstaat. In: Müller, S./Otto, U. (Hrsg.), Armut im Sozialstaat. Neuwied/Kriftel/Berlin, S. 157-170.

Dickens, R. 2006: Staatliche Lohnzuschüsse in Großbritannien. Reihe Blickpunkt Großbritannien der Friedrich-Ebert-Stiftung, Ausgabe Mai 2006.

Die europäischen Bildungsminister 1999: Der europäische Hochschulraum. Gemeinsame Erklärung der europäischen Bildungsminister vom 19.06.1999, Bologna.

Dieckmann, A. 2003: Empirische Sozialforschung: Grundlagen, Methoden, Anwendungen. 10. Aufl., Rowohlt, Hamburg.

Dienel, C, 2007: Die Betreuung älterer Familienangehöriger im europäischen Vergleich. In: Berliner Journal für Soziologie (BJS), Jg. 17 (3), S. 281-300.

Dingeldey, I. 1998: Arbeitsmarktpolitische Reformen unter New Labour. In: Aus Politik und Zeitgeschichte, B 11/1998, S. 32-38.

Dingeldey, I. 2006: Aktivierender Wohlfahrtsstaat und sozialpolitische Steuerung. In: Aus Politik und Zeitgeschichte, B 8-9/2006, S. 3-9

Dingeldey, I. 2007: Wohlfahrtsstaatlicher Wandel zwischen „Arbeitszwang" und „Befähigung. In: Berliner Journal für Soziologie (BJS), Jg. 17 (2), S. 189-209.

Dingeldey, I./Rothgang, H. (Hrsg.) 2009: Governance of Welfare State Reform. A Cross National and Cross Sectoral Comparison of Policy and Politics, Cheltenham/Northampton.
Dobbin, F. u.a. 2007: The Global Diffusion of Public Policies. Social Construction, Coercion, Competition or Learning. In: Annual Review of Sociology, Vol. 33, S. 449-472.
Dogan, M./Pelassy, D. 1984: How to compare nations. Strategies in comparative politics. Chatham/New Jersey.
Dohle, A./Kiewel, A. 1989: Das System der sozialen Sicherung in Frankreich. In: Arbeit und Sozialpolitik Jg. 43 (11), S. 328-333.
Döhring, D. u.a. 2009: Kurzfristige Auswirkungen der Finanzmarktkrise auf die sozialen Sicherungssysteme und mittelfristiger Handlungsbedarf, Friedrich-Ebert-Stiftung, WISO Diskurs, Bonn. Online verfügbar unter: http://library.fes.de/pdf-files/wiso/06667.pdf
Doll, A. 1994: Konvergenzen des Arbeitsschutzes in Europa: Chancen, Risiken und rechtliche Grenzen. In: Sozialer Fortschritt, Jg. 43 (10), S. 229-232.
Döring, D. (Hrsg.) 1999: Sozialstaat in der Globalisierung. Frankfurt a.M.
Döring, D. 1989: Soziale Sicherung bei Arbeitslosigkeit. Bemerkungen zu Entwicklungen, gegenwärtigen Problemen und möglichen Reformansätzen. In: Riedmüller, B./Rodenstein, M. (Hrsg.), Wie sicher ist die soziale Sicherung? Frankfurt a.M., S. 68-99.
Döring, D. 1997: Is the German Welfare State Sustainable? In: Koslowski, P./Follesdal, A (Hrsg.) 1997: Restructuring the Welfare State. Berlin.
Döring, D. 1999: Die Alterssicherung in der Europäische Union und veränderte Erwerbsbiographische Muster. In: WSI-Mitteilungen, Jg. 52 (1/1999), S. 48-57.
Döring, D. 1999: Sozialstaat in der Globalisierung. Frankfurt a.M.
Döring, D./Hauser, R. (Hrsg.) 1995: Soziale Sicherheit in Gefahr. Frankfurt a.M.
Döring, D./Hauser, R./Tibitanzl, F. 1993: Zur Alterssicherung von Frauen in sechs Ländern der EG. Inwieweit sind Beveridges Grundsätze der Universalität und des garantierten Minimums erfüllt? In: Sozialer Fortschritt, Jg. 42 (6/7), S. 142-146.
Döring, D./Nullmeier, F./Pioch, R./Vobruba, G. 1995: Gerechtigkeit im Wohlfahrtsstaat. Marburg.
Dörre, K. 2005: Prekarität – Eine arbeitspolitische Herausforderung. In: WSI-Mitteilungen, Jg. 58 (5/2005), S. 250-258.
Dror, D. M. 2000: Die Reform der Krankenversicherung: Eine Frage der Grundsätze. In: Internationale Revue für Soziale Sicherheit, Jg. 53 (2), S. 87-118.
Dryzek, J./Goodin, R. 1986: Risk-Sharing and social justice. The motivational foundations of the post-war welfare state. In: British Journal of Political Science, Vol. 16 (1), S. 1-34.
Dumon, W. (Hrsg.) 1990: Family Policy in EEC countries. Luxemburg.
Dunleavy, P. 1989: The United Kingdom. Paradoxes of an Ungrounded Statism. In: Castles, F. G. (Hrsg.), The Comparative History of Public Policy. Cambridge, S. 242-291.
Eckardt, F. 2007: Nicolas Sarkozy. Präsident einer polarisierten Gesellschaft. In: IPG (Internationale Politik und Gesellschaft) 3/2007, S. 53-68.
Economistas 1992: Seguridad Social: una mala gestion permanente. Madrid.

Egle, C. 2006: Deutschland. In: Merkel, W./Eggle, C./Henkes, C./Ostheim, T./Petring, A.: Die Reformfähigkeit der Sozialdemokratie. Herausforderung und Bilanz der Regierungspolitik in Westeuropa. Wiesbaden. S. 154-196.

Egle, C./Zohlnhöfer, R. (Hrsg.) 2007: Ende des rot-grünen Projekts. Eine Bilanz der Regierung Schröder 2002-2005. Wiesbaden.

Ehling, M. 1982: Theoretische Ansätze in der Sozialpolitik: Untersuchung zum geschichtlichen und aktuellen Einfluss der Soziologie auf die Sozialpolitik. Frankfurt a.M.

Ehrke, M. 1999: Der Dritte Weg und die europäische Sozialdemokratie. Ein politisches Programm für die Informationsgesellschaft. Friedrich-Ebert-Stiftung. Bonn.

Eichenhofer, E. 1999: Der Thatcherismus und die Sozialpolitik: Wohlfahrtsstaatlichkeit zu marktwirtschaftlichen Bedingungen. Baden-Baden.

Eicker-Wolf, K. u.a. (Hrsg.) 2009: In gemeinsamer Verantwortung. Die Sozial und Wirtschaftspolitik der Großen Koaliton 2005-2009, Marburg.

Einhorn, E./Logue, J. 1989: Modern Welfare States. Politics and Policies in Social Democratic Scandinavia. New York.

Eitrheim, P./Kuhnle, S. 2000: Nordic welfare states in the 1990: Instutional stability, signs of divergence. In: Kuhnle, S. (Hrsg.), Survival of the European Welfare State. London, S. 39-57.

Empter, S./Vehrkamp, R. B. (Hrsg.) 2007: Soziale Gerechtigkeit - eine Bestandsaufnahme. Gütersloh.

Epkenhans, I./Przybylski, J. 2007: Vorbild Großbritannien - Politik fördert Engagement. Vortrag zum Carl Bertelsmann Preis 2007. Online verfügbar unter: http://www.bertelsmann-stiftung.de/bst/de/media/xcms_bst_dms_22450_22451_2.pdf

Erichsen, V. 1993: States and health care. Scandinavian Welfare State research. In: European Journal of Political Research, Vol. 23 (4), S. 387-405.

Eriksson, R./Aberg, R. (Hrsg.) 1987: Welfare in Transition. Oxford.

Esche, A. 1998: Ein neuer Ausgleich von Eigenverantwortung und Solidarität. Internationale Beispiele zur Sozial- und Tarifpolitik. In: Aus Politik und Zeitgeschichte, B 11/1998, S. 3-11.

Esping-Andersen, G. (Hrsg.) 1996: Welfare States in Transition. National Adaptations in Global Economies. London.

Esping-Andersen, G. 1985: Der Einfluß politischer Macht auf die Entwicklung des Wohlfahrtsstaates im internationalen Vergleich. In: Naschold, F. (Hrsg.), Arbeit und Politik. Frankfurt a.M., S. 467-503.

Esping-Andersen, G. 1985: Politics against Markets. Princeton.

Esping-Andersen, G. 1990: Three worlds of Welfare Capitalism. Cambridge.

Esping-Andersen, G. 1997: Towards a Post-industrial Welfare State. In: Internationale Politik und Gesellschaft, Jg. 51 (3), S. 237-245.

Esping-Andersen, G. 1999: Social Foundations of Postindustrial Economies. Oxford.

Esping-Andersen, G. 2000: Multi-dimensional decommodification: a reply to Graham Room. In: Policy and Politics, Vol. 28 (3), S. 353-359.

Esping-Andersen, G. 2002: Why we need a new Welfare State. Oxford.

Esping-Andersen, G. 2006: Warum brauchen wir eine Reform des Sozialstaats? In: Leviathan, Vol. 34 (1), S. 61-81.

Esping-Andersen, G./Regini, M. 2000: Why Deregulate Labor Markets? Oxford.
Esping-Andersen, Gøsta 1990: The three worlds of welfare capitalism. Cambridge.
Esser, J./Fach, W./Väth, W. 1983: Krisenregulierung. Frankfurt a.M.
Eurostat (2008): Statistics in focus (No 46). Social protection in the European Union, Luxemburg.
Eurostat 2007: Sozialschutz in der Europäischen Union. Statistik kurz gefasst Nr. 99. Luxemburg.
Eurostat Online Statistiken. Abgerufen im Zeitraum Januar bis Juli 2009. Online verfügbar unter: http://epp.eurostat.ec.europa.eu/portal/page/portal/eurostat/home
Evers, A. 1990: Im Intermediären Bereich. Soziale Träger und Projekte zwischen Haushalt, Staat und Markt. In: Journal für Sozialforschung, Jg. 39 (2), S. 189-210.
Evers, A. 1992: Soziale Bewegungen und soziale Ordnung im Konzept des Wohlfahrtsmix. In: Forschungsjournal Neue Soziale Bewegungen, Jg. 5 (4), S. 49-58.
Evers, A. 1995: Die Pflegeversicherung. Ein mixtum compositum im Prozess der politischen Umsetzung. In: Sozialer Fortschritt, Jg. 44 (2), S. 23-28.
Evers, A./Leichsenring, K./Pruckner, B. 1993: Alt genug, um selbst zu entscheiden. Internationale Modelle für mehr Demokratie in Altenhilfe und Altenpflege. Freiburg i.Br.
Evers, A./Nowotny, H./Wintersberger, H. (Hrsg.) 1987: The Changing Face of Welfare. Aldershot.
Evers, A./Olk, T. (Hrsg.) 1995: Wohlfahrtspluralismus. Opladen.
Evers, A./Svetlik, I. (Hrsg.) 1993: Balancing Pluralism. New Welfare Mixes in Care for the Elderly. Aldershot.
Ewald, F. 1993: Der Vorsorgestaat. Frankfurt a.M.
Fagan, C./O'Reilly. J./Rubery. J. 1999: Teilzeitarbeit in den Niederlanden, Deutschland und dem Vereinigten Königreich: Eine Herausforderung für den Geschlechtervertrag?. In: WSI-Mitteilungen, Jg. 52 (1/1999), S. 58-69.
FAZ vom 20.08.2003: Privatsvorsorge in Großbritannien, S. 10.
FAZ vom 21.08.2003: Große Reform in Schweden. S. 10.
Feick, J./Jann, W. 1988: „Nations matter". Vom Eklektizismus zur Integration in der vergleichenden Policy-Forschung? In: Schmidt, M. G. (Hrsg.), Staatstätigkeit. PVS-Sonderheft 19, S. 196-220.
Feld, R. 2000: Schweden. Vom „Dritten Weg" der achtziger Jahre zur „globalisierten Sozialdemokratie" des 21. Jahrhunderts? In: Prokla 30 (2).
Femina Politica, Zeitschrift für feministische Politik-Wissenschaft 9 (2), 2000: Themenheft Beschäftigungserfolge und Geschlechtergleichheit – internationale Erfahrungen.
Ferge, Z./Kolberg, J. E. 1992: Social Policy in a Changing Europe. Frankfurt a.M.
Ferrarini, T. 2006: Families, States and Labour Markets. Institutions, causes and consequences of family policy in post-war welfare states. Cheltenham u.a.
Ferrera, M. 1998: The Four 'Social Europes': Between Universalism and Selectivity. In: Rhodes, M./Mény, Y. (Hrsg.), The Future of European Welfare. A New Social Contract? London, S 79-96.
Ferrera, M./Rhodes, M. (Hrsg.) 2000: Recasting European Welfare States. London.
Fetchenhauer, D./Fischer, L. (2007): Psychologie des Wohlfahrtsstaats, Lengerich.

Finn, D. 2000: Welfare to Work: The local dimension. In: Journal of European Social Policy, Vol. 10 (1), S. 43-57.
Fix, B. ohne Datum: Kindertagesbetreuung in Frankreich, Finnland und Schweden. In: Textor, M. R. (Hrsg.), Kindergarten-Pädagogik. Online Handbuch. online verfügbar unter: http://www.kindergartenpaedagogik.de/913.html
Fleckenstein, T. 2008: Restructuring welfare for the unemployed: the Hartz-legislation in Germany. In: Journal of European Social Policy, Vol. 18 (2), S. 177–188.
Flora, P. (Hrsg.) 1986: Growth to Limits. The Western European Welfare States Since World War II. Berlin (insgesamt fünf Bände).
Flora, P. u.a. 1977: Zur Entwicklung der westeuropäischen Wohlfahrtstaaten. In: Politische Vierteljahresschrift, Jg. 18 (4), S. 707-772.
Flora, P./Heidenheimer, A. J. (Hrsg.) 1981: The Development of Welfare States in Europe and America. New Brunswick/London.
Flora, P./Noll, H.-H. (Hrsg.) 1999: Sozialberichterstattung und Sozialstaatsbeobachtung. Individuelle Wohlfahrt und wohlfahrtsstaatliche Institutionen im Spiegel empirischer Analysen. Frankfurt a.M./New York.
Flora, Peter/Heidenheimer, Arnold J. (Hrsg.) 1981: The Development of Welfare States in Europe and America. New Brunswick, NJ.
Försäkringskassan 2007: The Scope and Financing of Social Insurance in Sweden 2005-2008. Ohne Ort. Online verfügbar unter:
http://www.forsakringskassan.se/irj/go/km/docs/fk_publishing/Dokument/Rapporter/The%20Scope%20and%20Financing%20of%20Social%20Insurance%20in%20Sweden/The%20Scope%20and%20Financing%20of%20Social%20Insurance%20in%20Sweden%202005_2008.pdf
Forschungsjournal Neue Soziale Bewegungen 1992 (Jg. 5): Themenschwerpunkt „Zwischen Markt und Staat".
Forschungsjournal Neue Soziale Bewegungen 1998: Vom Sozialstaat zur Wohlfahrtsgesellschaft? (Themenheft), H. 2.
Förster, C. 2007: Troja oder Bologna? Die Reform des Hochschulwesens zwischen Pfadabhängigkeit und Angleichung. WiP Working Paper Nr. 37, Tübingen. Online verfügbar unter: http://www.wip-online.org/public/476c321312426Troja_Bologna_WiP.pdf
Förster, C./Hedrich. H./Schmid, J. 2009: Benchmarking mit Radar-Charts und SMOP-Werten. Methodenoptimierung und Anwendung in MS Excel. WiP Working Paper Nr. 44, Tübingen. Online verfügbar unter: http://www.wip-online.org/public/49 d5d5d05af1cWiP%20v4.pdf
Francis G. C./Obinger, H. 2006: Towards More Comprehensive Measures of Social Support: Adding in the Impact of Taxes and Private Spending or Netting Out the Impact of Politics on Redistribution? ZeS-Arbeitspapier Nr. 04/06, Zentrum für Sozialpolitik der Universität Bremen. Bremen Online verfügbar unter: http://www.zes.uni-bremen.de/xml/arbeitspapierDownload.php?ID=249&SPRACHE=DE&TYPE=PDF
Fraser, N. 1994: Die Gleichheit der Geschlechter und das Wohlfahrtssystem: Ein postindustrielles Gedankenexperiment. In: Honneth, A. (Hrsg.), Pathologien des Sozialen: Die Aufgaben der Sozialphilosophie. Frankfurt a.M., S. 351-376.
Frech, S. u.a. (Hrsg.) 2009: Handbuch Europapolitik, Stuttgart.

Frech, S./Schmid, J. 2004: Der Sozialstaat in der Krise, Schwalbach (auch als Bürger im Staat 4/2003 erschienen)
Frerichs, F. 2007: Arbeitsmarktpolitik für ältere Arbeitnehmer im Wohlfahrtstaatenvergleich. In: WSI-Mitteilungen, Jg. 60 (2/2007), S. 78-85.
Freymann, Thelma von 2004: Bemerkungen zum finnischen Schulwesen. In: Lehrerinfo 2/2004. Online verfügbar unter:
http://www.km.bayern.de/km/lehrerinfo/positionen/2004/01219/
Fricke, W. (Hrsg.) 1995: 1995 – Jahrbuch Arbeit + Technik. Zukunft des Sozialstaats. Bonn.
Friedrich, H./Wiedemayer, M. 1998: Arbeitslosigkeit – ein Dauerproblem im vereinten Deutschland? Opladen.
Friedrich-Ebert-Stiftung (Hrsg.) 2000: Welches Modell wird zur Leitidee von Reformen? Gesprächskreis Arbeit und Soziales Nr. 96. Bonn.
Fromm, S./Sproß, C. 2008: Wie wirken Programme für erwerbsfähige Hilfeempfänger in anderen Ländern? IAB-Kurzbericht 4, Institut für Arbeitsmarkt- und Berufsforschung, Nürnberg. Online verfügbar unter:
http://doku.iab.de/kurzber/2008/kb0408.pdf
Fuhrmann, N. 2000: Dänemark: Arbeitsmarkterfolge im universalistischen Wohlfahrtsstaat. In: Femina politica, Jg. 9 (2), S. 18-26.
Fuhrmann, N. 2005: Geschlechterpolitik im Prozess der europäischen Integration. Wiesbaden.
Gallouj, C./Gallouj, K. 2008: Auf Kurs in Richtung liberal-residualer Wohlfahrtsstaat? Das französische Wohlfahrtssystem. In: Schubert, K. u.a. (Hrsg.), Europäische Sozialsysteme, Wiesbaden, S. 207-238.
Ganßmann, H. 2000: Politische Ökonomie des Sozialstaates. Münster.
Ganßmann, H./Haas, M. 1999: Arbeitsmärkte im Vergleich. Rigidität und Flexibilität auf den Arbeitsmärkten der USA, Japans und der BRD. Marburg.
Geissler, B./Oechsle, M. 2000: Die Modernisierung weiblicher Lebenslagen. In: Aus Politik und Zeitgeschichte, B 31-32/2000, S. 11-17.
George, V./Stathopoulos, P./Garcés, J. 1999: Die "Quadratur des sozialpolitischen Kreises": Griechenland und Spanien in den neunziger Jahren. In: Internationale Revue für Soziale Sicherheit, Jg. 52 (4), S. 55-79.
Gerhard, U. 1996: Feministische Sozialpolitik in vergleichender Perspektive. In: Feministische Studien, Jg. 14 (2), S. 6-17.
Gerlach, G. 2000: Politikgestaltung durch das Bundesverfassungsgericht am Beispiel der Familienpolitik. In: APuZ, B 3-4, S.21-30.
Gerlach, I. 2004: Familienpolitik. Wiesbaden.
Gesellschaft für Versicherungswissenschaft und -gestaltung e.V. 2007: Familienpolitik und soziale Sicherung in Europa. Köln.
Geyer, R. R. 2000: Exploring European Social Policy. Cambridge.
Giddens, A. 2006: Die Zukunft des Europäischen Sozialmodells, Friedrich-Ebert-Stiftung, Internat. Politikanalyse, Europäische Politik (03/2006), Studie, Bonn. Online verfügbar unter:
http://library.fes.de/pdf-files/id/03600.pdf
Giddens, Anthony 1999: Der dritte Weg. Die Erneuerung der sozialen Demokratie. Frankfurt a.M.

Gidron, B./Kramer, R. M./Salamon, L. M. (Hrsg.) 1992: Government and the Third Sector. Emerging Relationships in the Welfare States. San Francisco.
Gil-Escoin, P./Vázquez, S. 2008: Work in Progress: Das spanische Wohlfahrsystem. In: Schubert, K. (Hrsg.), Europäische Wohlfahrtssysteme, Wiesbaden, S. 169-186.
Ginsburg, N. 1992: Divisions of welfare: A critical introduction to comparative social policy. London.
Glennerster, H. u.a. 1991: A new era for social policy. In: Journal of Social Policy, Vol. 20 (3), S. 389-414.
Glennerster, H./Midgley, J. (Hrsg.) 1991: The Radical Right and the Welfare State: An international assessment. Hemel Hempstead.
Glowka, D. 1996: England. In: Anweiler, O. u.a.: Bildungssysteme in Europa. 4., völlig überarb. u. erw. Aufl. Weinheim u.a., S. 57-82.
Glyn, A./Wood, S. 2000: New Labour`s Economic Policy. In: Glyn, A. (Hrsg.), Social Democracy in advanced societies. Oxford.
Goldthorpe, J. H. 1984: The „End of Convergence“: Corporatist and Dualist Tendencies in Modern Western Countries. In: Goldthorpe, J. H. (Hrsg.), Order and Conflict in contemporary capitalism. Oxford, S. 315-343.
Goodin, R. E./Headey, B./Muffels, R./Dirven, H.-J. 1999: The Real Worlds of Welfare Capitalism. Cambridge.
Goodin, R./LeGrand, J. u.a. 1987: Not Only the Poor. London.
Gordon, L. (Hrsg.) 1990: Women, the State, and Welfare. Madison (Wisc.).
Gordon, M. S. 1988: Social Security Policies in Industrial Countries: a Comparative Analysis. Cambridge.
Gornick, J. C./Jacobs, J. A. 1998: Gender, the Welfare State, and Public Employment: A Comparative Study of Seven Industrialized Countries. In: American Sociological Review, Vol. 63 (5), S. 688-710.
Götting, U. 1998: Transformation der Wohlfahrtsstaaten in Mittel- und Osteuropa. Opladen.
Gottschall, K./Pfau-Effinger, B. (Hrsg.) 2002: Zukunft der Arbeit und Geschlecht. Diskurse, Entwicklungspfade und Reformoptionen im internationalen Vergleich. Opladen.
Gould, A. 1988: Control and Conflict in Welfare Policy: The Swedish experience. Harlow.
Gould, A. 1993: Capitalist Welfare Systems: A Comparison of Japan, Britain and Sweden. Harlow.
Gould, A. 1999: The erosion of the welfare state: Swedish social policy and the EU. In: Journal of European Social Policy, Vol. 9 (2), S. 165-174.
Green-Pedersen, C./Baggesen Klitgaard, M. 2008: Im Spannungsfeld von wirtschaftlichen Sachzwängen und öffentlichem Konservatismus: das dänische Wohlfahrtssystem. In: Schubert, K. (Hrsg.), Europäische Wohlfahrtssysteme, Wiesbaden, S. 149-168.
Greß, S. 2000: Regulierter Wettbewerb im Krankenversicherungswesen der Niederlande. In: Sozialer Fortschritt, Jg. 49 (2/3), S. 37-41.
Gries, Jürgen u.a. 2005: Bildungssysteme in Europa. Kurzdarstellungen. Berlin. Online verfügbar unter: http://www.bertelsmann-stiftung.de/bst/de/media/xcms_bst_dms_11327_11328_2.pdf

Griffin, L./Walters, P. B./O'Connell, P./Moor, E. 1986: Methodological Innovations in the Analysis of Welfare-State Development. In: Furniss, N. (Hrsg.), Futures of the welfare state. Bloomington, S. 101-138.
Groser, M. 1989: Beschäftigung und Arbeitsmarktpolitik im internationalen Vergleich. In: Aus Politik und Zeitgeschichte, B 29/1989, S. 3-12.
Guillén, A. M./Matsaganis, M. 2000: Testing the 'social dumping' hypothesis in Southern Europe: Welfare policies in Greece and Spain during the last 20 years. In: Journal of European Social Policy, Vol. 10 (2), S. 120-145.
Guldimann, T./Rodenstein, M./Rödel, U./Stille, F. 1978: Sozialpolitik als soziale Kontrolle. Frankfurt a.M.
Gutmann, A. (Hrsg.) 1988: Democracy and the Welfare State. Princeton.
Haber, L. D. 1973: Some Parameters for Social Policy in Disability: A Cross-National Comparison. In: Milbank Memorial Fund Quarterly, Vol. 51 (3), S. 319-340.
Hage, J./Hanneman, R. A. 1980: The Growth of the Welfare State in Britain, France, Germany, and Italy: A Comparison of Three Paradigms. In: Comparative Social Research, Vol. 3, S. 45-70.
Hanesch, W. (Hrsg.) 1995: Sozialpolitische Strategien gegen Armut. Opladen.
Hanesch, W. 1999: Der Sozialstaat in der Globalisierung. In: Aus Politik und Zeitgeschichte, B 49/1999, S. 3-10.
Hansen, B. 1990: Die Entwicklung des dänischen Sozialstaates aus der Sicht der Frauen. In: Das Argument, Jg. 83 (5), S. 693-708.
Harrop, M. (Hrsg.) 1992: Power and Policy in Liberal Democracies. Cambridge.
Hartwich, H.-H. 1990: Gefährdungen des demokratischen Sozialstaates in historischer Perspektive. In: Bernbach, U. u.a. (Hrsg.), Spaltungen der Gesellschaft und die Zukunft des Sozialstaates. Opladen, S. 11-24.
Hassel, A./Schiller, C. 2010: Sozialpolitik im Finanzföderalismus. Hartz IV als Antwort auf die Krise der Kommunalfinanzen. Erscheint In: Politische Vierteljahresschrift, Jg. 51 (1).
Hauser, R. (Hrsg.) 1996: Sozialpolitik im vereinten Deutschland III. Berlin.
Hauser, R. u.a. 1996: Ungleichheit und Sozialpolitik (Bericht der KSPW Bd. 2). Opladen.
Häusermann, S./Palier, B. 2008: The politics of employment-friendly welfare reforms in post-industrial economies In: Socio-Economic Review, Vol. 6 (4), S. 559-586.
Health Consumer Powerhouse 2008: Euro Health Consumer Index 2008. Brüssel. Online verfügbar unter: http://www.healthpowerhouse.com/files/2008-EHCI/EHCI-2008- report.pdf
Health Consumer Powerhouse: Euro Health Consumer Index 2006
Heclo, H. 1974: Modern Social Politics in Britain and Sweden. New Haven/London.
Heclo, H. 1985: The welfare state in Hard Times. Washington DC.
Heclo, H./Madsen, H. 1987: Policy and Politics in Sweden. Principled Pragmatism. Philadelphia.
Hegelich, S. 2006: Reformkorridore des deutschen Rentensystems. Wiesbaden.
Heidenheimer A. J./Heclo, H./Adams, C. T. 1983: Comparative Public Policy. The Politics of Social Choice in America, Europe, and Japan. New York.

Heidenheimer, A./Elvander, N. 1980: The Shapening of the Swedish Health System. London.
Heinelt, H. 1991: Frühverrentung als politischer Prozess. Institutionelle Bedingungen, soziale Effekte und finanzielle Verteilungswirkungen im internationalen Vergleich. Wiesbaden.
Heinelt, H. 1991: Lokale Arbeitsmarktpolitik in einem sich wandelnden Wohlfahrtsstaat. In: Blanke, B. (Hrsg.), Staat und Stadt. PVS-Sonderheft 22. Opladen.
Heinelt, H./Bosch, G./Reissert, B. (Hrsg.) 1994: Arbeitsmarkt nach der Vereinigung. Berlin.
Heinelt, H./Weck, M. 1998: Arbeitsmarktpolitik. Vom Vereinigungskonsens zur Standortdebatte. Opladen.
Heinze, R. G. 2003: Das „Bündnis für Arbeit" – innovativer Konsens oder insitutionelle Erstarrung? In: Egle, C./Ostheim, T./Zohlnhöfer R. (Hrsg.), Das rot-grüne Projekt. Eine Bilanz der Regierung Schröder 1998-2002. Wiesbaden, S. 137-161.
Heinze, R. G. 2009: Der Haushalt als dritter Gesundheitsstandort. In: Hilbert, J./Goldschmidt, D. (Hrsg.), Gesundheitswirtschaft in Deutschland, Wegscheid, S. 772-802.
Heinze, R. G. 2009: Rückkehr des Staates? Politische Handlungsmöglichkeiten in unsicheren Zeiten, Wiesbaden.
Heinze, R. G. u.a. (2005): Freizeitverhalten älterer Menschen und potenzielle Impulse für die Seniorenwirtschaft. In: WIS-Berichte 33. Bochum.
Heinze, R. G./Hinrichs, K./Offe, C./Olk, T. 1980: Sind die Gewerkschaften für „alle" da? In: Jacobi, O. u.a. (Hrsg.), Moderne Zeiten – alte Rezepte. Kritisches Gewerkschaftsjahrbuch 1980/81. Berlin, S. 62-77.
Heinze, R. G./Naegele, G. 1994: Neue Anforderungen an die sozialen Dienste. In: Ministerium für Arbeit, Gesundheit und Soziales des Landes NRW (Hrsg.), Zukunft des Sozialstaates. Düsseldorf, S. 199-224.
Heinze, R. G./Olk, T. 1981: Die Wohlfahrtsverbände im System sozialer Dienstleistungsproduktion. Zur Entstehung und Struktur der bundesrepublikanischen Verbändewohlfahrt. In: Kölner Zeitschrift für Soziologie und Sozialpsychologie, Jg. 33 (1), S. 94-114.
Heinze, R. G./Olk, T. 1984: Rückzug des Staates - Aufwertung der Wohlfahrtsverbände? In: Bauer, R./Dießenbacher, H. (Hrsg.), Organisierte Nächstenliebe. Wohlfahrtsverbände und Selbsthilfe in der Krise des Sozialstaats. Opladen, S. 173-187.
Heinze, R. G./Olk, T./Hilbert, J. 1988: Der neue Sozialstaat. Analysen und Reformperspektiven. Freiburg.
Heinze, R. G./Schmid, J. 1994: Mesokorporatistische Strategien im Vergleich. Industrieller Strukturwandel und die Kontingenz politischer Steuerung in drei Bundesländern. In: Streeck, W. (Hrsg.), Verbände und Staat. Opladen, S. 65-99.
Heinze, R. G./Schmid, J./Strünck, C. 1997: Zur politischen Ökonomie der sozialen Dienstleistungsproduktion. Der Wandel der Wohlfahrtsverbände und die Konjunkturen der Theoriebildung. In: Kölner Zeitschrift für Soziologie und Sozialpsychologie, Jg. 40 (2), S. 242-271.
Heinze, R. G./Schmid, J./Strünck, C. 1999: Vom Wohlfahrtsstaat zum Wettbewerbsstaat? Arbeitsmarkt- und Sozialpolitik in den 90er Jahren. Opladen.

Helm, T. 2008: New job rules „threaten lone parents". In: The Observer vom 2. November 2008.
Hemerijck, A. 2006: Recalibrating Europe's Semi-Sovereign Welfare States. Berlin.
Hemerijck, A. u.a. 2000: Welfare without work? Divergent experiences of reform in Germany and the Netherlands, In: Kuhnle, S. (Hrsg.), Survival of the European Welfare State. London.
Henningsen, B. 1986: Der Wohlfahrtsstaat Schweden. Baden-Baden.
Hennock, E. P. 2007: The Origin of the Welfare State in England and Germany. 1850-1914: Social Policies Compared. Cambridge.
Hensgen, M. ohne Datum: Vorschulische Erziehung und Betreuung in England und Wales. In: Textor, M. R. (Hrsg.), Kindergarten-Pädagogik. Online Handbuch. Online verfügbar unter: http://www.kindergartenpaedagogik.de/1551.html.
Hentschel, V. 1983: Geschichte der deutschen Sozialpolitik 1880-1980. Frankfurt a.M.
Herbert, H./Rieger, E. (Hrsg.) 2009: Wohlfahrtsstaatlichkeit in entwickelten Demokratien, Frankfurt/New York.
Hernes, H. 1989: Wohlfahrtsstaat und Frauenmacht. Baden-Baden.
Hervé, F. 1991: Frauenzimmer im Haus Europa. Köln.
Hicks, A./Mistra, J. 1993: Two Perspectives on the Welfare State. Political Resources and the Growth of Welfare in Affluent Capitalist Democracies, 1960-1982. In: American Journal of Sociology, Vol. 99 (3), S. 668-710.
Hicks, A./Swank, D./Ambuhl, M. 1989: Welfare expansion revisited. Policy routines and their mediation by party, class and crisis 1957-1982. In: European Journal of Political Research, Vol. 17 (4), S. 401-430.
Higgins, J. 1981: States of Welfare. Comparative Analysis and Social Policy. Oxford.
Higgins, J. 1986: Comparative Social Policy. In: The Quarterly Journal of Social Affairs, Vol. 2 (3), S. 221-242.
Hilbert, J. 2000: Vom Kostenfaktor zur Beschäftigungsoffensive – Zur Zukunft der Arbeit in der Gesundheits- und Sozialwirtschaft, WZB Discussion Paper P 00-509. WZB – Wissenschaftszentrum Berlin für Sozialforschung. Berlin. Online verfügbar unter: http://bibliothek.wzb.eu/pdf/2000/p00-509.pdf
Hilbert, J. 2007: Gesundheitswirtschaft – Innovationen für mehr Lebensqualität als Motor für Arbeit und Wettbewerbsfähigkeit. In: Jahrbuch des IAT, S. 10-24.
Hilbert, J./Schmid, J. 1994: Wirtschaftsstandort und Zukunft des Sozialstaats. Mitbestimmung vor neuen Herausforderungen. Marburg.
Hills, J. (Hrsg.) 1990: The State of Welfare: The Welfare State in Britain since 1974. Oxford.
Himmelmann, G. 1983: Sozialstaat als Politikprozess. Entstehung, Durchsetzung, Wirkung und Zukunftsperspektiven der Sozialpolitik. In: Gegenwartskunde, Jg. 32 (1), S. 101-129.
Hinrichs, K. 2007: Reforming Labour Market Policy in Germany. In: Benefits. Vol. 15 (3), S. 221-231.
Hinrichs, K., 2008: Rentenreform in Europa - Konvergenz der Systeme? In: Busch, K. (Hrsg.), Wandel der Wohlfahrtsstaaten in Europa. Baden-Baden, S. 155-177.
Hinrichs, K./Merkel, W. 1987: Der Wohlfahrtsstaat Schweden: Was bleibt vom Modell? In: Aus Politik und Zeitgeschichte, B 51/1987, S. 23-38.

Hishow, Ognian N. 2005: Das Wirtschafts- und Sozialmodell der nordischen EU-Mitglieder. Wachstum, Innovation und gesunde Haushalte trotz hoher Staatsquote. SWP-Aktuell 47/2005. Berlin.

HM Customs & Revenue Online, www.hmrc.gov.uk . (Abgerufen: Artikel „Rates and Allowances – Tax Credits/Child Benefits unter http://www.hmrc.gov.uk/rates/taxcredits.htm.)

Holzinger, K. u.a. (Hrsg.) 2007: Transfer, Diffusion und Konvergenz von Politiken. PVS-Sonderheft 38, Wiesbaden.

Holzinger, K./Knill, C. 2007: Ursachen und Bedingungen internationaler Politikkonvergenz. In: Holzinger, K./Jörgens, H./Knill, C. (Hrsg.), Transfer, Diffusion und Konvergenz von Politiken. PVS-Sonderheft 38. Wiesbaden, S. 85-106.

Hood, Ch./Schuppert, G. F. (Hrsg.) 1988: Delivering Public Services in Western Europe. London u.a.

Horgby, P.-J. 1998: Wohlfahrtsorganisationen im Wohlfahrtsstaat. Zur Voice-Funktion in Schweden. In: Sozialer Fortschritt, Jg. 47 (3), S. 77-79.

Horgby, P.-J./Wittkau-Horgby A. 1998: Das Beispiel Schweden. Freie Wohlfahrtspflege in einem dominanten Wohlfahrtsstaat. In: Soziale Sicherheit, Jg. 47 (2), S. 57-61.

Hort, S. E. 2008: Sklerose oder ständig in Bewegung? Das schwedische Wohlfahrtssystem. In: Schubert, K. (Hrsg.), Europäische Wohlfahrtssysteme, Wiesbaden, S. 525-547.

Hradil, S. 2004: Die Sozialstruktur Deutschlands im internationalen Vergleich. Wiesbaden.

Huber, E./Ragin, Ch./Stephens, J.D. 1993: Social Democracy, Christian Democracy, Constitutional Structure, and the Welfare State. In: American Journal of Sociology, Vol. 99 (3), S. 711-749.

Huber, E./Stephens J. D. 1998: Internationalization and the Social Democratic Model. Crisis and Future Prospects. In: Comparative Political Studies, Vol. 31 (3), S. 353-397.

Huber, E./Stephens, J. D. 2000: Partisan Government, Women's Employment, and the Social Democratic Service State. In: American Sociological Review, Vol. 65 (3), S. 323-342.

Huf, S. 1998: Sozialstaat und Moderne: Modernisierungseffekte staatlicher Sozialpolitik. Berlin.

Hülsmann, J./Schmid, J./Schöll, S. 2001: Rentenreform in sechs westeuropäischen Ländern. WiP Working Paper Nr. 15, Tübingen. Online verfügbar unter: http://www.wip-online.org/downloads/Huelsmann_Schoell_Schmid_2001_a.pdf

Hupe, P. L. 1993: Beyond pillarization. The (post-) Welfare State in the Netherlands. In: European Journal of Political Research, Vol. 23 (4), S. 359-386.

Immerfall, S. 1991: Der Vergleich als Methode der empirischen Sozialforschung. Anmerkungen zu Status und Strategien vergleichender Vorgehensweisen. In: Journal für Sozialforschung, Jg. 31 (4), S. 551-568.

Immerfall, S. 1994: Einführung in den europäischen Gesellschaftsvergleich. Passau.

Immerfall, S. 2006: Europa – politisches Einigungswerk und gesellschaftliche Entwicklung. Eine Einführung. Wiesbaden.

Informationsportal „The Local", www.thelocal.se. (Abgerufen: Artikel „Swedish trade unions lament rapid loss of memebers unter http://www.thelocal.se/13868/20080822.)

Informationsportal www.der-gesundheitsfonds.de. (Abgerufen: Artikel „Wer zahlt ein?" unter http://www.der-gesundheitsfonds.de/index.php?id=40.)

Instituto Sindical de Estudios 1988: Evolucion social en Espana 1977-87. Madrid.

Jahn, D. 1992: Schweden. Kontinuität und Wandel einer postindustriellen Gesellschaft. In: Aus Politik und Zeitgeschichte, B 43/1992, S. 22-35.

Jann, W./Schmid, G. (Hrsg.) 2004: Eins zu eins? Eine Zwischenbilanz der Hartz-Reformen am Arbeitsmarkt. Berlin.

Janoski, Th./Hicks, A.M. (Hrsg.) 1994: The Comparative Political Economy of the Welfare State, Cambridge Studies in Camparative Politics. Cambridge.

Jarley, P 2005: Unions as social capital: renewal through a return to the logic of mutual aid? Labor Studies Journal, Vol. 29: (4), S. 1-26.

Jasper, J. M. 1987: Two or twenty countries. Contrasting styles of comparative research. In: Comparative Social Research, Vol. 10, S. 205-229.

Jasso, G. 1999: How much justice is there in the world? Two new justice indexes. In: American Sociological Review, Vol. 64 (1), S. 133-168.

Jessop, B. 1991: The welfare state in the transition from Fordism to post-Fordism. In: Pierson, B./Kastendiek, H./Nielsen, K./Pederson, O. (Hrsg.), The Politics of Flexibility: Restructuring state and industry in Britain, Germany and Scandinavia. Aldershot, S. 82-105.

Jessop, B. 1992: Thatcherismus und die Neustrukturierung der Sozialpolitik - Neoliberalismus und die Zukunft des Wohlfahrtsstaates. In: Zeitschrift für Sozialreform, Jg. 38 (11/12), S. 709-734.

Jessop. B. 1994: Politik in der Ära Thatcher. Die defekte Wirtschaft und der schwache Staat. In: Grimm, D. (Hrsg.), Staataufgaben. Baden-Baden, S. 353-389.

Jochem, S. 1999: Sozialpolitik der Ära Kohl: Politik des Sozialversicherungsstaates. In: ZeS-Arbeitspapier Nr. 12/99, Zentrum für Sozialpolitik der Universität Bremen. Bremen. Online verfügbar unter: http://www.zes.uni-bremen.de/xml/arbeitspapierDownload.php?ID=20&S PRACHE=DE&TYPE=PDF

Jochem, S. 2009: Reformpolitik im Wohlfahrtsstaat. Deutschland im internationalen Vergleich, Münster.

Jochem, S./Siegel, N. A. 2000: Wohlfahrtskapitalismen und Beschäftigungsperformanz – Das ‚Modell Deutschland' im Vergleich. In: Zeitschrift für Sozialreform, Jg. 46 (1), S. 38-64.

Johannesson, J. 1999: Schwedische Arbeitsmarktpolitik: Eine Politik, die ihre Grenzen überschritten hat" In: Riegler, C. H./Schneider O. (Hrsg.), Schweden im Wandel. Berlin, S. 287-302.

Johansson, L./Thorslund, M. 1991: Beiträge zu Schweden. In: Kraan, R.J. u.a. (Hrsg.), Care for the Elderly. Significant Innovations in three European Countries. Frankfurt a.M., S. 28-44 und 121-140.

Johnson, N. 1987: The Welfare State in Transition. Hemel Hempstead.

Johnson, N. 1990: Reconstructing the Welfare State. Hemel Hempstead.

Johnson, N. 1992: The changing role of the voluntary sector in Britain from 1945 to the present day. In: Kuhnle, S./Selle, P. (Hrsg.), Government and voluntary organizations: A relational perspective. Aldershot, S. 87-107.
Jones, C. (Hrsg.) 1993: New Perspectives on the Welfare State in Europe. London/New York.
Jones, C. 1985: Patterns of Social Policy. An Introduction to Comparative Analysis. London.
Kaelble, H. 1987: Auf dem Weg zu einer europäischen Gesellschaft. Eine Sozialgeschichte Westeuropas 1880-1980. München.
Kaelble, H./Schmid, G. (Hrsg.) 2004: Das europäische Sozialmodell. Auf dem Weg zum transnationalen Sozialstaat. WZB-Jahrbuch 2004. Berlin.
Kamerman, S./Kahn, A.F. 1988: Social Policy and Children in the United States and Europe. In: Palmer, J. L./Sawhill, I. V. (Hrsg.), The Vulnerable. Washington D.C., S. 351-380.
Kangas, O. 1994: The merging of welfare state models? Past and present trends in Finnish and Swedish social policy. In: Journal of European Social Policy, Vol. 4 (2), S. 79-94.
Kangas, O./Palme, J. 2009: Making social policy work for economic development: the Nordic experience. In: International Journal of Social Welfare, Vol. 18, S. 62-72.
Karamessini, Maria 2007: The Southern European social model: Changes and continuities in recent decades. Geneva.
Kaufmann, F.-X. 1986: Nationale Traditionen der Sozialpolitik und Europäische Integration. In: Albertin, L. (Hrsg.), Probleme und Perspektiven der europäischen Einigung. Düsseldorf, S. 69-82.
Kaufmann, F.-X. 1994: Diskurse über Staatsaufgaben. In: Grimm, D. (Hrsg.), Staatsaufgaben. Baden-Baden. S. 15-41.
Kaufmann, F.-X. 1994: Staat und Wohlfahrtsproduktion. In: Derlien, H.-U./Gerhardt, U./Scharpf, F. W. (Hrsg.), Systemrationalität und Partialinteresse. Festschrift für Renate Mayntz. Baden-Baden, S. 357-380.
Kaufmann, F.-X. 1997: Herauforderungen des Sozialstaats. Frankfurt.
Kaufmann, F.-X. 2006: Varianten des Wohlfahrtsstaats. Der deutsche Sozialstaat im internationalen Vergleich. Frankfurt.
Kaufmann, O. 1994: Schutz bei Arbeitslosigkeit und Beschäftigungspolitik in Frankreich. In: Zeitschrift für ausländisches und internationales Arbeits- und Sozialrecht, Jg. 8 (3), S. 163-174.
Keithley, J. 1989: United Kingdom. In: Dixon, J./Scheurell, R. (Hrsg.), Social welfare in developed market countries. London.
Keman, H. 1993: Politik der Mitte in den Niederlanden: Konsens und Kooperation ohne Politikproduktion. In: Kleinfeld, R./Luthardt, W. (Hrsg.), Westliche Demokratien und Interessenvermittlung. Zur aktuellen Entwicklung nationaler Parteien- und Verbändesysteme. Marburg, S. 144-159.
Keman, H. 1993: Proliferation of the Welfare State. Comparative Profiles of Public Sector Management, 1965-90. In: Eliassen, K./Kooimann, J. (Hrsg.), Managing Public Organizations. London, S. 13-33.

Kersbergen, K. van 1991: Social Capitalism. A Study of Christian Democracy and the Post-War Settlement of the Welfare State. Florence: Dissertation thesis at the European University Institute (publiziert 1995).
Kickbusch, I./Riedmüller, B. (Hrsg.) 1984: Die armen Frauen. Frauen und Sozialpolitik. Frankfurt a.M.
Kjellberg, A. 1998: Sweden. Restoring the Model? In: Ferner, A./Hyman, R. (Hrsg.), Changing Industrial Relations in Europe. Oxford, S. 74-117.
Kleinfeld, R. 1993: Interessenvermittlung im politischen System der Niederlande. In: Kleinfeld, R./Luthardt, W. (Hrsg.), Westliche Demokratien und Interessenvermittlung. Marburg, S. 233-260.
Kleinfeld, R. 1998: Was können die Deutschen vom niederländischen „Poldermodell" lernen? In: Schmid, J./Niketta, R. (Hrsg.), Wohlfahrtsstaat. Krise und Reform im Vergleich. Marburg.
Kleinfeld, R. 2001: Der niederländische Sozialstaat auf dem Weg zum postindustriellen Wohlfahrtsstaat. In: Geisen, T./Kraus, K. (Hrsg.), Sozialstaat in Europa. Geschichte, Entwicklungen, Perspektiven. Wiesbaden, S. 117-142.
Kleinhenz, G. (Hrsg.) 1991: Sozialpolitik im vereinten Deutschland I. Berlin.
Kleinhenz, G. (Hrsg.) 1992: Sozialpolitik im vereinten Deutschland II. Berlin.
Klemmer, P. (Hrsg.) 2000: Preventive Labour Market Policy in Europe. Experiences and Learning Perspectives. London.
Kloosterman, R. C. 1994: Three Worlds of Welfare Capitalism? The Welfare State and the Post-Industrial Trajectory in the Netherlands after 1980. In: West European Politics, Vol. 17 (4), S. 166-189.
Knappe E./Optendrenk, S. 2000: Reform des Gesundheitswesens bleibt aktuell. In: Aus Politik und Zeitgeschichte, B 35-36/2000, S. 23-29.
Knelangen, W. 2005: Sozialstaatswerdung Europas? Integrationstheoretische Überlegungen zur Entwicklung der EU-Sozialpolitik. In: Baum-Ceisig, A./Faber, A. (Hrsg.), Soziales Europa? Perspektiven des Wohlfahrtsstaates im Kontext von Europäisierung und Globalisierung. Wiesbaden, S. 20-44.
Knudsen, T./Rothstein, B. 1994: State Building in Scandinavia. In: Comparative Politics, Vol. 26 (2), S. 203-220.
Koch, C. 1995: Die Gier des Marktes. Die Ohnmacht des Staates im Kampf der Weltwirtschaft. München/Wien.
Kodré, P./Leibfried, S. 1999: Was ist das soziale Europa? In: Gewerkschaftliche Monatshefte, Jg. 50 (5), S. 289-296.
Kohl, J. 1985: Staatsausgaben in Westeuropa. Analysen zur langfristigen Entwicklung der öffentlichen Finanzen. Frankfurt.
Kohl, J. 1993: Der Wohlfahrtsstaat in vergleichender Perspektive. Anmerkungen zu Esping-Andersen's „The Three Worlds of Welfare Capitalism". In: Zeitschrift für Sozialreform, Jg. 39 (2), S. 67-82.
Kohl, J. 1999: Gesicherter Lebensstandard im Alter? Online verfügbar unter: http://www.uni-heidelberg.de/uni/presse/RuCa1_99/kohl.htm
Kohl, J. 2000: Der Sozialstaat: Die deutsche Version des Wohlfahrtsstaats. Überlegungen zu seiner typologischen Verortung. In: Leibfried, S./Wagschal, U. (Hrsg.), Der deutsche Sozialstaat. Frankfurt a.M., S. 115-152.

Köhler, P. A. 1987: Det svenska folkhem - Vom „Volksheim" zum Wohlfahrtsstaat Schweden. In: ZIAS - Zeitschrift für ausländisches und internationales Arbeits- und Sozialrecht, Jg. 1 (1), S. 203-209.
Köhler, P. A. 1997: Dänemark und Schweden: Der „skandinavische Wohlfahrtsstaat" auf Reformkurs. In: Sozialer Fortschritt, Jg. 46 (1/2), S. 25-30.
Köhler, P. A. 1999: Die Reform der gesetzlichen Rentenversicherung in Schweden. In: Die Angestellten-Versicherung, Jg. 46 (2), S. 78-87.
Köhler, P. A./Zacher, H. F. (Hrsg.) 1981: Ein Jahrhundert Sozialversicherung in der Bundesrepublik Deutschland, Frankreich, Großbritannien, Österreich und der Schweiz. Berlin.
Kolberg, J. E. (Hrsg.) 1991: The Welfare State as Employer. Armonk/London.
Kolberg, J. E./Uusitalo, H. 1992: The Interface between the Economy and the Welfare State. In: Ferge, Z./Kolberg, J. E. (Hrsg.), Social Policy in a Changing Europe. Frankfurt a.M., S. 77-94.
Konle-Seidl, R. 2000: Hilfereformen und Aktivierungsstrategien im internationalen Vergleich. IAB-Forschungsbericht 7/2008. Nürnberg.
Köppe, S. u.a. 2007: Legitimationswandel des bundesdeutschen Sozialstaats. In: Sozialer Fortschritt, Jg. 56 (9-10), S. 227-236
Köppe, S. u.a. 2008: Sozialpolitik. Konzepte, Theorien und Wirkungen. ZeS-Arbeitspapier Nr. 06/08, Zentrum für Sozialpolitik der Universität Bremen. Bremen. (erscheint In: Otto, H. U./Thiersch, H. (Hrsg.), Handbuch Sozialarbeit/Sozialpädagogik), Online verfügbar unter: http://www.zes.uni-bremen.de/xml/arbeitspapierDownload.php?ID=277&SPRACHE=DE&TYPE=PDF
Korban, C. 1992: Staatsbürgerversorgung im Gesundheitswesen: Effizienz alternativer Steuerungsmechanismen am Beispiel des National Health Service und der Gesetzlichen Krankenversicherung. Regensburg.
Körner, B. 1993: Vom residualen zum institutionellen Wohlfahrtsstaat in Italien: Sozialsystem im Wandel - zwischen dem Glanz der Gesetze und den Schatten der Realität. Baden-Baden.
Korpi, W. 1978: The Working Class in Welfare Capitalism. Works, Unions and Politics in Sweden. London.
Korpi, W. 1982: The Historical Compromise and its Dissolution. In: Rydén, B./Bergström, V. (Hrsg.), Sweden. Choices for Economic and Social Policy in the 80s. London, S. 124-141.
Korpi, W./Palme J. 1998: The paradox of redistribution and strategies of equality: Welfare state institutions, inequality, and poverty in the western countries. In: American Sociological Review, Vol. 63 (5), S. 661-687.
Kosonen, P. 1992: National Welfare State Models in the face of European Integration. In: History of European Ideas, Vol. 15 (1-3), S. 47-54.
Kowalsky, W. 1999: Europäische Sozialpolitik: Ausgangsbedingungen, Antriebskräfte und Entwicklungspotentiale. Opladen.
Kraan, R. J. u.a. (Hrsg.) 1991: Care for the Elderly. Significant Innovations in three European Countries. Frankfurt a.M.
Kramer, R. M. 1981: Voluntary Agencies in the Welfare State. Berkeley.

Kramer, R. M. 1992: The roles of voluntary social service organizations in four European states. Policies and Trends in England, The Netherland, Italy and Norway. In: Kuhnle, S./Selle, P. (Hrsg.), Government and voluntary organizations: a relational perspective. Aldershot, S. 34-52.
Kraus, K. 2008: Beschäftigungsfähigkeit oder Maximierung von Beschäftigungsoptionen? Expertisen und Dokumentationen zur Wirtschafts- und Sozialpolitik der FES. Berlin.
Kremer, S. 1998: Soziale Sicherungssysteme und Beschäftigung im Vergleich: Deutschland, USA und Japan. In: Kleinhenz G./Kühlewind, G. (Hrsg.), Mehr Beschäftigung in Deutschland: Ordnungs- und wirtschaftspolitische Ansätze, Beiträge zur Arbeitsmarkt- und Berufsforschung 224, Nürnberg, S. 43-60.
Krömmelbein, S. u.a. 2007: Einstellungen zum Sozialstaat, Opladen.
Kronauer M./Linne G. 2005: Flexicurity. Die Suche nach Sicherheit in der Flexibilität. Berlin.
Kronauer, M. 1998: „Exklusion" in der Systemtheorie und in der Armutsforschung. Anmerkungen zu einer problematischen Beziehung. In: Zeitschrift für Sozialreform, Jg. 44 (11/12), S. 755-768.
Kronauer, M./Neef, R. 1997 "Exklusion" und "soziale Ausgrenzung". Neue soziale Spaltungen in Frankreich und Deutschland. In: Frankreich Jahrbuch 1996. Opladen, S. 35-58.
Kropp, S./Minkenberg, M. (Hrsg.) 2005: Vergleichen in der Politikwissenschaft.
Krumm, T./Noetzler, T. 2006: Das Regierungssystem Großbritanniens. München.
Kuhlmann, A. 2008: Das schwedische Modell: Eine Säule bröckelt – der Umbau der Arbeitslosenversicherung. Reihe Nordic Countries der Friedrich Ebert Stiftung, 3-2008. Stockholm/Bonn. Online verfügbar unter: http://library.fes.de/pdf-files/bueros/stockholm/05356.pdf
Kuhnle, S. (Hrsg.) 2000: Survival of the European Welfare State. London.
Kuhnle, S. 1981: The Growth of Social Insurance Programs in Scandinavia: Outside Influences and Internal Forces. In: Flora, P./Heidenheimer, A. J. (Hrsg.), The Development of Welfare States in Europe and America. New Brunswick/London, S. 125-160.
Kuhnle, S. 1991: Das skandinavische wohlfahrtsstaatliche Modell im Zeitalter der europäischen Einigung. In: Zeitschrift für Sozialreform, Jg. 37 (10), S. 606-619.
Kuhnle, S./Selle, P. (Hrsg.) 1992: Government and Voluntary Organizations. Aldershot.
Kulawik, T. 1992: Die Krise des produktivistischen Universalismus zur Zukunft wohlfahrtsstaatlicher Politik in Schweden. In: Zeitschrift für Sozialreform, Jg. 38 (11/12), S. 746-786.
Kulawik, T. 1999: Wohlfahrtsstaat und Mutterschaft. Schweden und Deutschland 1870-1912. Frankfurt a.M./New York.
Lampert, H. 1998: Der Sozialstaat: Auslaufmodell oder Leitbild für die Zukunft? In: Kleinhenz, G./Kühlewind, G. (Hrsg.), Mehr Beschäftigung in Deutschland: Ordnungs- und wirtschaftspolitische Ansätze, Beiträge zur Arbeitsmarkt- und Berufsforschung 224, Nürnberg, S. 11-42.
Lampert, H./Althammer, J. 2007: Lehrbuch der Sozialpolitik. 8. Aufl. Berlin.

Lamping, W. 2000: „The grass is always greener". Die institutionelle Reorganisation von Wohlfahrtsstaatlichkeit, der Blick über die Grenzen und das Lernen aus Vergleichen, Diskussionspapiere und Materialien Nr. 10, Abteilung Sozialpolitik und Public Policy der Universität Hannover.
Lamping, W. Auf dem Weg zu einem postnationalen Sozialstaat? Die Sozialpolitik der Europäischen Union. In: Schubert, K. (Hrsg.), Europäische Wohlfahrtssysteme.Wiesbaden, S. 595-620.
Lane, J.-E./Ersson, S. O. 1987: Politics and Society in Western Europe. Beverley Hills (3. Aufl. 1994).
Lang, W./Schmid, J. 1998: Arbeitsmarkt und Beschäftigung auf der iberischen Halbinsel. Dr. Jekyll und Mr. Hyde. In: Scherrer, P. u.a. (Hrsg.), Von den Nachbarn lernen. Wirtschafts- und Beschäftigungspolitik in Europa. Marburg.
Laparra, M./Aguilar, M. 1998: Soziale Exklusion und Programme zur Etablierung eines Mindesteinkommens in Spanien. In: Zeitschrift für Sozialreform, Jg. 44 (3), S.401-417.
Lass, K. 2006: Die Gesundheitsreform in den Niederlanden - ein Vorbild für Deutschland? Reihe Politikinfo der Friedrich-Ebert-Stiftung, August 2006.
Lavalette, M./Pratt A. (Hrsg.) 1997: Social Policy. A Conceptual and Theoretical Introduction. London/Thousand Oaks/New Dehli.
Leede, L. J. M. de/Schulte, B. 1979: Zur Entwicklung der niederländischen Sozialversicherung. In: Vierteljahresschrift für Sozialrecht 7, S. 23-41.
LeGrand, J./Winter, D. 1987: The middle classes and the welfare state under Conservative and Labour governments. In: Journal of Public Policy, Vol. 6 (4), S. 399-430.
Lehmbruch, G./Singer, O./Grande, E./Döhler, M. 1988: Institutionelle Bedingungen ordnungspolitischen Strategiewechsels im internationalen Vergleich. In: Schmidt, M. G. (Hrsg.), Staatstätigkeit. PVS-Sonderheft 19, S. 251-283.
Lehner, F./Widmaier, U. 1995: Vergleichende Regierungslehre. Opladen.
Leibfried, S. 1990: Sozialstaat Europa? Integrationsperspektiven europäischer Armutsregimes. Nachrichten des Vereins für öffentliche und private Fürsorge 70, S. 295-305.
Leibfried, S. 1992: Towards a European Welfare State? On Integrating Poverty Regimes into the European Community. In: Ferge, Z./Kolberg, J. E. (Hrsg.), Social policy in a changing Europe. Frankfurt a.M., S. 245-278.
Leibfried, S./Ostner, I. 1991: The Particularism of West German Welfare Capitalism. The Case of Women's Social Security. In: Adler, M. u.a. (Hrsg.), The Sociology of Social Security. Edinburgh, S. 164-186.
Leibfried, S./Voges, W. (Hrsg.) 1992: Armut im modernen Wohlfahrtsstaat. Opladen.
Leibfried, S./Wagschal, U. (Hrsg.) 2000: Der deutsche Sozialstaat. Bilanzen, Reformen, Perspektiven. Frankfurt a.M.
Leisering, L. 1999: Der deutsche Sozialstaat, In: Ellwein, T./Holtmann, E. (Hrsg.), 50 Jahre Bundesrepublik Deutschland. PVS-Sonderheft 30, S. 181-192.
Leitner, A./Walenta, C. 2008: Gleichstellungsindikatoren im Gender Mainstreaming. Qualitätsentwicklung Gender Mainstreaming. abz.austria, Chancen für Frauen - Chancen der Wirtschaft. Wien. Online verfügbar unter: http://www.qe-gm.at/produkte/downloads/Band%205/Leitner-Walenta_Gleichstellungsindikatoren-im-GM.pdf

Leitner, S. u.a. (Hrsg.) 2004:. Wohlfahrtsstaat und Geschlechterverhältnis im Umbruch. Was kommt nach dem Ernährermodel, Wiesbaden.
Leitner, S. (2002): Katholizismus und Sozialpolitik. In: Minenberg, M./Willems, U. (Hrsg.), Religion und Politik. PVS-Sonderheft 33, Wiesbaden, S. 369-390.
Lenoir, R. 1991: Family Policy in France since 1938. In: Ambler, J. S. (Hrsg.), The French Welfare State. Surviving Social and Ideological Change. New York/London, S. 144-186.
Leschke, J./Schmid, G./Griga, D. 2006: On the Marriage of Flexibility and Security: Lessons from the Hartz-reforms in Germany. WZB Discussion Paper SP I 2006-108. WZB – Wissenschaftszentrum Berlin für Sozialforschung. Berlin. Online verfügbar unter: http://bibliothek.wzb.eu/pdf/2006/i06-108.pdf
Lessenich, S. (Hrsg.) 2003: Wohlfahrtsstaatliche Grundbegriffe. Historische und aktuelle Diskurse, Frankfurt/New York.
Lessenich, S. 1994: Three Worlds of Welfare Capitalism – oder vier? Strukturwandel arbeits- und sozialpolitischer Regulierungsmuster in Spanien. In: Politische Vierteljahresschrift, Jg. 35 (2), S. 224-244.
Lessenich, S. 1995: Wohlfahrtsstaat, Arbeitsmarkt und Sozialpolitik in Spanien. Eine exemplarische Analyse postautoritären Wandels. Opladen.
Lessenich, S. 1997: Spanien: Arbeitsmarkt- und Sozialpolitik im "postautoritären Wohlfahrtsstaat". In: Bieling, H.-J./Deppe, F. (Hrsg.), Arbeitslosigkeit und Wohlfahrtsstaat in Westeuropa, S. 281-310.
Lessenich, S./Ostner, I. 1998: Welten des Wohlfahrtskapitalismus. Der Sozailstaat in vergleichender Perspektive. Frankfurt a.M./New York.
Levine, D. 1988: Poverty and Society. The Growth of the American Welfare State in International Comparison. New Brunswick/London.
Levy, D.C. 1986: Private Education. Studies in Choice and Public Policy. New York/Oxford.
Lewis, G. u.a. 2000: Rethinking Social Policy. London.
Lewis, J./Ostner, I. 1994: Gender and the Evolution of European Social Policies. ZeS-Arbeitspapier Nr. 04/94. Zentrum für Sozialpolitik der Universität Bremen. Bremen.
Lijphart, A. 1975: The Comparable-Cases Strategy in Comparative Research. In: Comparative Political Studies, Vol. 8 (2), S. 158-177.
Lindner, U. 2007: Die Krise des Wohlfahrtsstaats im Gesundheitssektor. Bundesrepublik Deutschland, Großbritannien und Schweden im Vergleich. In: Archiv für Sozialgeschichte,Jg. 47, 2007, S. 207-324.
Linos, K. 2007: How can international organizations shape national welfare states? In: Comparative Political Studies, Vol. 40, S. 547-570.
Lippl, B. 2008: Klare Mehrheiten für den Wohlfahrtsstaat. Gesellschaftliche Wertorientierungen im internationalen Vergleich. Gutachten im Auftrag der Friedrich-Ebert-Stiftung, Bonn 2008.
Lißner, L./Wössner, J. 1999: Umbau statt Abbau. Sozialstaaten im Vergleich. Deutschland, Österreich, Schweden. Frankfurt a.M.
Lockart, C. 1984: Explaining Social Policy Differences among Advanced Industrial Societies. In: Comparative Politics 16 (3), S. 335-350.

Lodovici, M. S. 2000: The Dynamics of Labour Market Reform in European Countries. In: Esping-Andersen, G./Regini, M. (Hrsg.), Why deregulate Labour Markets? Oxford, S. 30-66.

Loges, F. 1992: Wohlfahrtsorganisationen in Europa. Gemeinsamkeiten und Unterschiede. In: Theorie und Praxis der Sozialen Arbeit, Jg. 43 (10), S. 381-386.

Lohkamp-Himminghofen, M. 1993: Ansätze zur Förderung von Vereinbarkeit von Familie und Beruf. In: Neubauer, E. u.a. (Hrsg.), Wege der Familienpolitik in Europa. Bonn, S. 313-367.

Lohkamp-Himminghofen, M. 1994: Vereinbarkeit von Familie und Beruf: Die Situation in den zwölf Ländern der Europäischen Gemeinschaft. In: Aus Politik und Zeitgeschichte, B 7-8/1994, S. 3-13.

Lottes, G. (Hrsg.) 1993/1997: Soziale Sicherheit in Europa. Renten- und Sozialversicherungssysteme im Vergleich. Regensburg.

Luhmann, N. 1981: Politische Theorie im Wohlfahrtsstaat. München.

Lykketoft, M. 2009: Das Dänische Modell. Eine europäische Erfolgsgeschichte. FES Internationale Politikanalyse, Berlin

Mackscheidt, K. 1991: Finanzierung der Arbeitslosigkeit. In: Aus Politik und Zeitgeschichte, B 34-35/1991, S. 26-35.

Maelicke, B. (Hrsg.) 1998: Freie Wohlfahrtspflege im Übergang zum 21. Jahrhundert. Baden-Baden.

Maes-Beier, M. 1993: Organisation und Finanzierung familienpolitischer Maßnahmen. In: Neubauer, E. u.a. (Hrsg.), Wege der Familienpolitik in Europa. Bonn, S. 161-204.

Maier, F./Schmid, G. L. 1990: Bilanz schwedischer Arbeitsmarkt- und Beschäftigungspolitik. In: Bundesarbeitsblatt 2, S. 13-16.

Malanowski, N. 2007: Zukunftstechnologien für aktives Altern. WSI-Mitteilungen, Jg. 60 (11/2007), S. 624-627.

Manow, P. 2003: „The Good, the Bad, and the Ugly": Esping-Andersen's Regime Typology and the Religious Roots of the Western Welfare State. MPIfG Working Paper 04/3. Max-Planck-Institut für Gesellschaftsforschung. Köln. Online verfügbar unter: http://www.mpi-fg-koeln.mpg.de/pu/workpap/wp04-3/wp04-3.html

Marold, J. 2009: Mütter im Spannungsfeld zwischen Kind und Beruf. Der Weg vom Ernährer- zum Zweiverdienermodell im Spiegel familienpolitischer und geschlechterkultureller Entwicklungen in Deutschland, Dänemark und den Niederlanden. In: Zeitschrift für Familienforschung. Heft 1, S. 54-85.

Marshall, T. H. 1992: Staatsbürgerrechte und soziale Klassen. In: ders., Bürgerrechte und soziale Klassen: Zur Soziologie des Wohlfahrtsstaates, (Orig. in engl. Sprache, 1950), Frankfurt a.M./New York, S. 33-94.

Martin, C./Palier, B. (Hrsg.) 2008: Reforming the Bismarckian Welfare Systems. Broadening Perspectives on Social Policy, London.

Mattik, U./Meyer, P.-H. 1995: Betriebliche Strategien zum Arbeits- und Gesundheitsschutz. Handlungsansätze und Perspektiven. In: WSI-Mitteilungen, Jg. 48 (2/1995), S. 111-121.

Mau, S. 1998: Zwischen Moralität und Eigeninteresse. Einstellungen zum Wohlfahrtsstaat in internationaler Perspektive. In: Aus Politik und Zeitgeschichte, B 34-35/1998, S. 27-37.

Mau, S. 1998a: Akzeptanzbedingungen des wohlfahrtsstaatlichen Umbaus: Ein internationaler Vergleich. In: Zeitschrift für Sozialreform, Jg. 44 (11/12), S. 856-872.
Mau, S. 1998b: Zwischen Moralität und Eigeninteresse: Einstellungen zum Wohlfahrtsstaat in internationaler Perspektive. In: Aus Politik und Zeitgeschichte, B 34-35/1998, S. 27-37.
McBride, S. 1988: The Comparative Politics of Unemployment. Swedish and British Responses to Economic Crisis. In: Comparative Politics, Vol. 20 (4), S. 303-332.
McLaughlin, E./Cochrane, A./Clarke, J. (Hrsg.) 1994: Managing Social Policy. London.
Meinhardt, V. 2000: Sozialpolitik. In: Weidenfeld, W./Wessels, W. (Hrsg.), Europa von A-Z. Bonn, S. 315-320.
Meinhart, V./Teichmann, D./Wagner, G. 1994: „Bürgergeld": Kein sozial- und arbeitsmarktpolitischer deus ex machina. In: WSI-Mitteilungen, Jg. 47 (10/1994), S. 624-635.
Melis, A. 2006: Ausgaben für die Arbeitsmarktpolitik 2004. Eurostat Statistik kurz gefasst 12/2006. Luxemburg.
Merkel, W. 1993: Ende der Sozialdemokratie? Machtressourcen und Regierungspolitik im westeuropäischen Vergleich. Frankfurt a.M.
Merkel, W. 2000: Die Dritten Wege der Sozialdemokratie ins 21. Jahrhundert. In: Berliner Journal für Soziologie, Jg. 10 (1), S. 99-124.
Merkel, W. 2004: Arbeitsmarkt, Beschäftigungspolitik und soziale Gerechtigkeit. In: Frech, S./Schmid, J. (Hrsg.), Der Sozialstaat. Reform, Umbau, Abbau? Schwalbach, S. 58-77.
Merkel, W. 2008: Lebenschancen. Soziale Gerechtigkeit im 21. Jahrhundert. WZB Mitteilungen Nr. 120. WZB – Wissenschaftszentrum Berlin für Sozialforschung Berlin. S. 6-11. Online verfügbar unter: http://www.wzb.eu/publikation/pdf/wm120/6-10.pdf
Merkel, W. u.a. 2006: Die Reformfähigkeit der Sozialdemokratie. Herausforderungen und Bilanz der Regierungspolitik in Westeuropa, Wiesbaden.
Messu, M. 1992: Familienpolitik und soziale Einkommenspolitik: Kindergeld für Alleinerziehende in Frankreich. In: Internationale Revue für Soziale Sicherheit, Jg. 45 (3), S. 79-91.
Meyer, T. 1994: The German and British Welfare States as Employers, WZB discussion paper FS I 94-211. WZB – Wissenschaftszentrum Berlin für Sozialforschung. Berlin.
Meyer, T. 1998: Die Erosion des starken deutschen Brotverdienermodells. Sozioökonomische und institutionelle Faktoren. In: Zeitschrift für Sozialreform, Jg. 44 (11/12), S. 818-837.
Meyer, T. 2005: Die Zukunft der Sozialen Demokratie, Bonn.
Meyer, T./Breyer, N. 2005: Die Zukunft der Sozialen Demokratie, Bonn.
Mezger, E./West, K. W. (Hrsg.) 1998: Neue Chancen für den Sozialstaat. Soziale Gerechtigkeit, Sozialstaat und Aktivierung. Marburg.
Mezger, E./West, K. W. (Hrsg.) 2000: Aktivierender Sozialstaat und politisches Handeln. Marburg.

Mikaelsson, B./Lister, C. 1991: Die schwedische Versicherung gegen Arbeitsunfälle und Berufskrankheiten: ein lobenswertes, aber reformbedürftiges System. In: Internationale Revue für Soziale Sicherheit, Jg. 44 (3), S. 43-56.

Ministerium für Frauen, Jugend, Familie und Gesundheit des Landes Nordrhein-Westfalen (Hrsg.) 2000: Sozialstaat im Wandel: Herausforderungen, Risiken, Chancen, neue Verantwortung. Eine wissenschaftliche Untersuchung, koordiniert von B. Blanke und J. Hilbert. Düsseldorf.

Mishra, M. 1990: The Welfare State in Capitalist Society: politics of retrenchement and maintenance in Europe, North America and Australia. Hemel Hempstead.

MISSOC Online Datenbank. Abgerufen im Zeitraum Januar bis Juli 2009. Online unter: http://ec.europa.eu/employment_social/missoc/db/public/compareTables.do?lang=en

MISSOC Online Tabellen. Abgerufen im Zeitraum Januar bis Juli 2009. Online unter: http://ec.europa.eu/employment_social/spsi/missoc_tables_de.htm

Mitbestimmung 5/2002: Die Arbeitgeber und der Wohlfahrtsstaat, Düsseldorf, S. 52-55.

Mitton, L. 2008: Vermarktlichung zwischen Thatcher und New Labour: Das Britische Wohlfahrtssystem. In: Schubert, K. (Hrsg.), Europäische Wohlfahrtssysteme, Wiesbaden, S. 525-547.

Mommsen, W. J. (Hrsg.) 1982: Die Entstehung des Wohlfahrtstaates in Großbritannien und Deutschland 1850-1950. Stuttgart.

Moos, G./Klug, W. 2009: Basiswissen Wohlfahrtsverbände. München/Basel.

Moran, M. 1999: Governing the Health Care State. A Comparative Study of the United Kingdom, the United States and Germany. Manchester.

Moran, M. 1999: Governing the Health Care State: A Comparative Study of the United Kingdom, the United States and Germany. Manchester/New York.

Moreno, L. 2000: The Spanish development of Southern Welfare. In: Kuhnle, S. (Hrsg.), Survival of the European Welfare State. London, S. 146-165

Morgan, K. 2002: Forging the Frontiers Between State, Church, and Family: Religious Cleavages and the Origins of Early Childhood Education and Care Policies in France, Sweden, and Germany. In: Politics & Society, Vol. 30 (1), S. 113-148.

Mosley, H./Schmid, G. 1992: Public Services and Competitiveness. WZB Paper FS I 92-5. WZB – Wissenschaftszentrum Berlin für Sozialforschung. Berlin.

Mühlenbein, K. 2006: Fehlsteuerung von Hochschulreform in Deutschland. Eine Untersuchung der Informationssysteme über das Hochschulwesen. Bern.

Münch, R. 2009: Das Regime des liberalen Kapitalismus. Inklusion und Exklusion im neuen Wohlfahrtsstaat, Frankfurt.

Münch, Richard 2007: Die akademische Elite. Zur sozialen Konstruktion wissenschaftlicher Exzellenz. Frankfurt a.M..

Münch, U. 1997: Sozialpolitik und Föderalismus: Zur Dynamik der Aufgabenverteilung im sozialen Bundesstaat. Opladen.

Münder, J./Kreft, D. (Hrsg.) 1990: Subsidiarität heute. Münster.

Naschold, F. 1993: Modernisierung des Staates. Zur Ordnungs- und Innovationspolitik des öffentlichen Sektors. Berlin.

Naschold, F. 1994: Wachstum, Beschäftigung und Organisation der Arbeit. Einige Anmerkungen aus dem Japan-Deutschland-Vergleich. Arbeitsbericht Nr. 31 der Akademie für Technikfolgenabschätzung. Stuttgart.
Naschold, F./de Vroom, B. (Hrsg.) 1994: Regulating Employment and Welfare: Company and National Policies of Labor Force Participation at the End of Worklife in Industrial Countries. Berlin/New York.
Naschold, F./Oppen, M. u.a. 1994: Germany: The Concerted Transition from Work to Welfare. In: Naschold, F./de Vroom, B. (Hrsg.), Regulating Employment and Welfare. Berlin/New York, S. 117-183.
National Insurance Board 1999: Social insurance expenditure in Sweden 1997-200. Who gets the money and how is the insurance financed?
Navarro, V. 1989: Why some Countries have National Health Insurance, others have National Health Services, and the U.S. has neither. In: Social Science Medical, Vol. 28 (9), S. 887-898.
Nissen, S. 1990: Zwischen lohnarbeitszentrierter Sozialpolitik und sozialer Grundsicherung. Sozialpolitische Reformvorschläge in der parteipolitischen Diskussion. In: Vobruba, G. (Hrsg.), Strukturwandel der Sozialpolitik. Frankfurt a.M., S. 233-299.
Nollmann, G. 2006: Erhöht Globalisierung die Ungleichheit der Einkommen? In: Kölner Zeitschrift für Soziologie und Sozialpsychologie, Jg. 58 (4), S. 638-659.
Nordic-Social-Statistic-Committee 2003: Social Protection in the Nordic Countries 2003. Scope, expenditure and financing. Kopenhagen. Online verfügbar unter: http://nososco-eng.nom-nos.dk/filer/publikationer/Trygtext%202003%20GB.pdf
Nullmeier, F. 2004: Vermarktlichung des Sozialstaats. WSI-Mitteilungen, Jg. 57 (9/2004), S. 495-500.
Nullmeier, F./Rüb, F. W. 1993: Die Transformation der Sozialpolitik: Vom Sozialstaat zum Sicherungsstaat. Frankfurt a.M./New York.
Nullmeier, F./Wrobel, S. 2005: Gerechtigkeit und Demographie. In: Kerschbaumer, J./Schroeder, W. (Hrsg.), Sozialstaat und demographischer Wandel. Wiesbaden, S. 21-41
Oberender, P. u.a.: Wachstumsmarkt Gesundheit. Stuttgart 2002.
Obinger, H. 2000: Der schweizerische Sozialstaat in den 90er Jahren. Sozialpolitik unter institutionellen Bedingungen der Direktdemokratie. In: Zeitschrift für Politikwissenschaft, Jg. 10 (1), S. 43-64.
Obinger, H./Starke, P. 2007: Sozialpolitische Entwicklungstrends in den OECD-Ländern 1980-2001. In: Holzinger, K. u.a. (Hrsg.) 2007: Transfer, Diffusion und Konvergenz von Politiken. PVS-Sonderheft 38, Wiesbaden, S. 470-495.
Obinger, H./Wagschal, U. (Hrsg.) 2000: Der gezügelte Wohlfahrtsstaat: Sozialpolitik in reichen Industrienationen. Frankfurt a.M./New York.
Obinger, H./Wagschal, U. 1997: Drei Welten des Wohlfahrtsstaates? Eine clusteranalytische Überprüfung des Stratifizierungskonzeptes von Esping-Andersen, ZeS-Arbeitspapier Nr. 20/97, Zentrum für Sozialpolitik der Universität Bremen. Bremen.
Ochel, W. 2005: „Welfare-to-Work“: Erfahrungen mit spezifischen beschäftigungsorientierten Programmen in ausgewählten Ländern. In: Internationale Revue für Soziale Sicherheit, Jg. 58 (4), S. 83-116.

O'Connor, J. S. 1988: Convergence or divergence? Change in welfare effort in OECD countries 1960-1980. In: European Journal of Political Research, Vol. 16 (3), S. 277-299.
O'Connor, J. S./Brym, R. J. 1988: Public welfare expanditure in OECD countries. Towards a reconciliation of inconsistent findings. In: British Journal of Sociology, Vol. 39 (1), S. 47-68.
OECD (Hrsg.) 2007: Renten auf einen Blick: Staatliche Politik im OECD-Ländervergleich 2007. Paris.
OECD (Hrsg.) 2008: OECD Employment Outlook 2008. Paris.
OECD 1989-2007 und folgend: Employment Outlook. Paris. Jährlich aktualisiert und online verfügbar unter: http://www.oecd.org/document/0/0,3343,en_2649_33927_40774656_1_1_1_37457,00.html
OECD 2006: PISA 2006. Naturwissenschaftliche Kompetenz für die Welt von morgen. Kurzzusammenfassung. Online verfügbar unter: http://www.pisa.oecd.org/dataoecd/59/10/39731064.pdf
OECD 2007: Bildung auf einen Blick 2007, Pressemitteilung zu Deutschland. Paris. Online verfügbar unter: http://www.oecd.org/document/54/0,3343,de_34968570_35008930_39283702_1_1_1_1,00.html (Zit. als OECD 2007b.)
OECD 2007: Education at a glance, Paris. (Zit. als OECD 2007a.)
Oehler, C. 2000: Staatliche Hochschulplanung in Deutschland. Rationalität und Steuerung in der Hochschulpolitik. Neuwied.
Offe, C. 1990: Akzeptanz und Legitimation strategischer Optionen in der Sozialpolitik. In: Sachße, C./Engelhart, H. T. (Hrsg.), Sicherheit und Freiheit. Zur Ethik des Wohlfahrtsstaates. Frankfurt a.M., S. 179-202.
Offe, C. 1993: Zur Typologie von sozialpolitischen „Regimes“. In: Zeitschrift für Sozialreform, Jg. 39 (2), S. 83-86.
Offe, C. 1994: Vollbeschäftigung. Zur Kritik einer falsch gestellten Frage. In: Gewerkschaftliche Monatshefte, Jg. 45 (12), S. 796-806.
Offe, C. 1998: Der deutsche Wohlfahrtsstaat: Prinzipien, Leistungen, Zukunftsaussichten. In: Berliner Journal für Soziologie, Jg. 8 (3), S. 359-380.
Offe, C./Heinze, R. G. 1990: Organisierte Eigenarbeit. Das Modell Kooperationsring. Frankfurt a.M.
Olea, A. 1992: Instituciones de Seguridad Social. Madrid.
Olk, T. 1991: Ehrenamtliche Arbeit in England. Freiburg.
Olk, T. u.a. (Hrsg) 2009: Engagementpolitik: Die Entwicklung der Zivilgesellschaft als politische Aufgabe, Wiesbaden.
Olk, T./Rauschenbach, T./Sachße, C. (Hrsg.) 1995: Von der Wertegemeinschaft zum Dienstleistungsunternehmen. Frankfurt.
Olk, T./Rothgang, H. 1999: Demographie und Sozialpolitik, In: Ellwein, T./Holtmann, E. (Hrsg.), 50 Jahre Bundesrepublik Deutschland, PVS-Sonderheft 30.
Olli, K. 1994: The merging of welfare state models. Past and present trends in Finnish and Swedish social policy. In: Journal of European Social Policy, Vol. 4 (2), S. 79-94.
Olofson, G./Petersson, J. 1994: Sweden: Policy Dilemmas of the changing age. Structure in a „Work Society“. In: Naschold, F./de Vroome, B. (Hrsg.), Regulating Employment and Welfare. Berlin/New York, S. 183-246.

Olson, M. 1982: The Rise and Decline of Nations. Economic Growth, Stagflation and social rigidities. New Haven.

Olson, S. 1987: Die Volksrente in Schweden: Einst, heute und künftig. In: Internationale Revue für Soziale Sicherheit, Jg. 40 (4), S. 296-409.

Olson, S. 1987: Towards a transformation of the Swedish welfare state? In: Friedman, R. M./Gilbert, N./Sherer, M. (Hrsg.), Modern Welfare States. Brighton, S. 44-82.

Olson, S. 1990: Social Policy and Welfare State in Sweden. Lund.

Olson, S. 1992: Sozialpolitik und politischer Wandel – Schweden nach den Wahlen im Jahre 1991. In: Zeitschrift für Sozialreform, Jg. 38 (11/12), S. 734-746.

Oorschot, W. van u.a. (Hrsg.) 2008: Culture and Welfare. Cheltenham/Northhampton.

Opielka, M. 2000: Das Konzept "Erziehungsgehalt 2000". In: Aus Politik und Zeitgeschichte, B 3-4/2000, S. 13-20.

Opielka, M. 2005: Bildungsreform und Sozialreform. Der Zusammenhang von Bildungs- und Sozialpolitik. In: Opielka, M. (Hrsg.), Bildungsreform als Sozialreform. Zum Zusammenhang von Bildungs- und Sozialpolitik. Wiesbaden, S. 127-155.

Opielka, M./Vobruba, G. (Hrsg.) 1986: Das garantierte Grundeinkommen. Entwicklung und Perspektiven einer Forderung. Frankfurt a.M.

Ordeig Fos, J. M. 1989: El sistema espanol de Seguridad Social. Madrid.

Orenstein, M. A. 2005: The New Pension Reform as Global Policy. In: Global Social Policy, Vol. 5 (2), S. 175-202.

Orloff, A. S. 1993: The Politics of Pensions. A Comparative Analysis of Britain, Canada, and the United States, 1880-1940. Madison (Wisc.).

Orloff, A. S.1993: Gender and the Social Rights of Citizenship: The Comparative Analysis of Gender Relations and the Welfare State. In: American Sociological Review, Vol. 58 (3), S. 303-328.

Ostner, I. 1978: Beruf und Hausarbeit. Frankfurt a.M.

Ostner, I. 1995: Arm ohne Ehemann. Sozialpolitische Regulierung von Lebenschancen für Frauen im internationalen Vergleich. In: Aus Politik und Zeitgeschichte, B 36-37/1995, S. 16-25.

Ostner, I. 2000: Soziale Mindestsicherungen und Beschäftigungsförderung in Europa – Konvergenz der Ziele, Divergenz der Lösungen. In: Schneider, H. (Hrsg.), Europas Zukunft als Sozialstaat: Herausforderungen der Integration. Baden-Baden, S. 67-83.

Ottnad, A./Wahl, S./Miegel, M. 2000: Zwischen Markt und Mildtätigkeit. Die Bedeutung der Freien Wohlfahrtspflege für Gesellschaft, Wirtschaft und Beschäftigung. München.

Oyen, E. (Hrsg.) 1986: Comparing Welfare States and their Futures. Aldershot.

Page, R. M./Silburn, R. (Hrsg.) 1999: British Social Welfare in the Twentieth Century. Houndsmills.

Palmer, J. L./Smeeding, T./Boyle Torrey, B. (Hrsg.) 1988: The Vulnerable. Washington D.C.

Pankoke, E. 1995: Grenzen der Solidarität. Vom Mit-Leid zur Solidar-Partnerschaft. In: Rechtsphilosophische Hefte 4, S. 81-105.

Papadakis, E./Bean, C. 1993: Popular Support for the Welfare State: A Comparison Between Institutional Regimes. In: Journal of Public Policy, Vol. 13 (3), S. 227-254.

Parreira do Aramal, M. 2006: The Influence of Transnational Organizations on Naitonal Education Systems. Frankfurt a.M.

Petersen, K. 1998: Legitimität und Krise. Die politische Geschichte des dänischen Wohlfahrtsstaates 1945-1973. Berlin.

Petrasova, A. 2007: Sozialschutz in der Europäischen Union. EUROSTAT Statistik kurz gefasst 99/2007. Luxemburg.

Pettersson, G. 1997: Wohlfahrtsstaat ade? Das „Modell Schweden" im Umbau. Hamburg.

Pfaffenzeller, D./Reich, H. 1990: Rentenversicherung in Großbritannien. In: Versicherungswirtschaft, Jg. 45 (1), S. 40.

Pfaller A. 1999: Führt internationale Konkurrenz zum Sozialabbau? Elf Argumentationsfiguren. Reihe ‚Globalisierung und Gerechtigkeit. Materialien zur Modernisierung sozialer Demokratie' der Friedrich-Ebert-Stiftung. Bonn.

Pfaller, A./Gough, I./Therborn,G. 1991: Can the Welfare State Compete? London.

Pfau-Effinger, B. 2000: Kultur und Frauerwerbstätigkeit in Europa: Theorie und Empirie der internationalen Vergleichs. Opladen.

Pfau-Effinger, B. 2004: Development of Culture, Welfare States and Women's Employment in Europe, Aldershot.

Pfau-Effinger, B. 2009: Entwicklungspfade und Zukunft der Kinderbetreuung. Zeitschrift für Familienforschung, Sonderheft 6.

Pfau-Effinger, B. u.a. (Hrsg.) 2009: The hidden work regime. Informal work in Europe, London, New York.

Pierson, C. 2001: Hard Choices. Social Democracy in the 21. Century. Cambridge.

Pierson, C. 2006: Beyond the Welfare State. The New Political Economy of Welfare. 3. Aufl. Cambridge.

Pierson, P. (Hrsg.) 2001: The New Politics of the Welfare State. Oxford.

Pierson, P. 1995: The New Politics of the Welfare State. ZeS-Arbeitspapier Nr. 03/95, Zentrum für Sozialpolitik der Universität Bremen. Bremen.

Pierson, P. 1998: Irrestible Forces, Immovable Objects: Post-Industrial Welfare States Confront Permanent Austerity. In: Journal of European Public Policy, Vol. 5 (4), S. 539-560.

Pierson, P. 2000: Increasing Returns, Path Dependence, and the Study of Politics. In: American Political Science Review, Vol. 94 (2), S. 251-267.

Pierson, P. 2001: Coping with permanent austerity. Welfare state restructering in affluent democracies. In: Ders (Hrsg.), The New Politics of the Welfare State. Cambridge, S. 410-456.

Platzer, H.-W. (Hrsg.)1997: Sozialstaatliche Entwicklung in Europa und die Sozialpolitik der Europäischen Union. Baden-Baden.

Poelchau, D. 2007: Altersvorsorge im internationalen Vergleich. Eine Analyse der Rentenreformen in reifen Wohlfahrtsstaaten 1990-2000. Münster.

Pontusson, J. 1984: Behind and beyond Social Democracy in Sweden. In: New Left Review 143 (1984), S. 69-96. Online verfügbar unter: http://www.newleftreview.org/?getpdf=NLR13904&pdflang=en

Pontusson, J. 1987: Radicalization and retreat in Swedish Social Democracy. In: New Left Review 165 (1987), S. 5-32. Online verfügbar unter: http://www.newleftreview.org/?getpdf=NLR16101&pdflang=en

Powell M./Barrientos, A. 2004: Welfare regimes and the welfare mix, In: European Journal of Political Research, Vol. 43 (1), S. 83-105.

Powell, M. (Hrsg.) 1999: New Labour, New Welfare State? The 'third way' in British social policy. Bristol.

Priller, E./Zimmer, A./Anheier, H. K. 1999: Der Dritte Sektor in Deutschland. Entwicklungen, Potentiale, Erwartungen. In: Aus Politik und Zeitgeschichte, B 9/1999, S. 12-21.

Quadango, J. 1987: Theories of the Welfare State. In: Annual Review of Sociology, Vol. 13, S. 109-128. Online verfügbar unter: http://arjournals.annualreviews.org/doi/pdf/10.1146/annurev.so.13.080187.000545

Rabe, B./Schmid, G. 1999: Eine Frage der Balance: Reform der Arbeitsmarktpolitik. In: Aus Politik und Zeitgeschichte, B 37/1999, S. 21-30.

Ragin, C. 1987: The Comparative Method. Moving Beyond Qualitative and Quantitative Strategies. Berkely.

Ragin, C. 1994: A qualitative comparative analysis of pension systems. In: Janoski, T./Hicks, A.M. (Hrsg.), The Comparative Political Economy of the Welfare State, Cambridge Studies in Camparative Politics. Cambridge, S. 320-345.

Rainey, H. G. u.a. 1976: Comparing public and private organizations. In: Public Administration Review, Vol. 36 (2), S. 233-244.

Rawls, J. 1979: Eine Theorie der Gerechtigkeit. Frankfurt a.M.

Recio, E. M./Nunez-Cortés, P. 2000: Spain. In: J. van Vugt/J. Peet (Hrsg.), Social Security and solidarity in Europe. Berlin u. a, S. 163-181.

Rehm, P./Schmid, J. 2001 Die vier Welten der Beschäftigung – eine Längsschnittanalyse arbeitsmarktpolitischer Perfcrmanz. WiP Working Paper Nr. 13, Tübingen. Online verfügbar unter: http://www.wip-online.org/downloads/Rehm_Schmid_2001_a.pdf

Reich, N. 2008: Deusche Familienpolitik im internationalen Vergleich. In: Wirtschaftsdienst, Jg. 88 (12), S. 816-822.

Rein, M./Rainwater, L. 1985: Die Interdependenz öffentlicher und privater Systeme der sozialen Sicherung. In: Naschold, F. (Hrsg.), Arbeit und Politik. Frankfurt, S. 405-432.

Rein, M./Rainwater, L./Esping-Andersen, G. (Hrsg.) 1987: Renewal and Stagnation in Social Policy. The Rise and Fall of Policy-Regimes. Armonk (NY).

Reinhard, H.-J. 1997: Der Sozialstaat in Spanien: Sparen für Maastricht. In: Sozialer Fortschritt, Jg. 46 (1/2), S. 21-24.

Reuter, N. 2000: Das 'Modell Niederlande' oder: Von kurzfristigen Erfolgen und langfristigen Gefahren. In: Wirtschaft und Gesellschaft, Jg. 26 (3), S. 343-365.

Rhodes, M. (Hrsg.) 1997: Southern European Welfare States. Between Crisis and Reform. London/Portland, OR.

Rhodes, M. 1995: 'Subversive liberalism': market intergration, globalization and the European welfare state. In Journal of European Public Policy, Vol. 2 (3), S. 384-406

Rhodes, M./Mény, Y. (Hrsg.) 1998: The Future of European Welfare. A New Social Contract? London.
Riedmüller, B./Olk, T. (Hrsg.) 1994: Grenzen des Sozialversicherungsstaates. Leviathan Sonderheft 14. Opladen.
Riedmüller, B./Rodenstein, M. (Hrsg.) 1989: Wie sicher ist die soziale Sicherung? Frankfurt a.M.
Rieger, E. 1992: Die Institutionalisierung des Wohlfahrtsstaates. Opladen.
Rieger, E./Leibfried,St. 2004: Kultur versus Globalisierung, Frankfurt.
Riegler, C. H./Schneider, O. (Hrsg.) 1999: Schweden im Wandel. Berlin.
Ritter, G. A. 1989: Der Sozialstaat. Entstehung und Entwicklung im internationalen Vergleich. München.
Roebroek, J. M. 1989: Netherlands. In: Dixon, J./Scheurell, R. (Hrsg.), Social Welfare in developed countries. London, S. 147-190.
Rolle, C./van Suntum, U. 1997: Langzeitarbeitslosigkeit und soziale Absicherung: Deutschland, Österreich, Schweiz, USA. Gütersloh.
Roller, E. 1999: Shrinking the Welfare State: Citizens` Attitudes towards Cuts in Social Spending in Germany in the 1990s. In: German Politics, Vol. 8 (1), S. 21-39.
Roller, E. 2006, Das Bildungs- und Gesundheitssystem im Urteil der Bürger. In: Aus Politik und Zeitgeschichte, B 30-31/2006, S. 23-30.
Room, G. 2000: Commodification and decommodification: a developmental critique. In: Policy and Politics, Vol. 28 (3), S. 331-351.
Rose, R. 1986: Common goals but different roles. The state's contribution to the welfare mix. In: Rose, R./Shiratori, R. (Hrsg.), The Welfare State East and West. New York.
Rosenow, J./Naschold, F. 1993: Ältere Arbeitnehmer – Produktivitätspotential oder personalwirtschaftliche Dispositionsmasse. In: Sozialer Fortschritt, Jg. 42 (9), S. 146-152.
Ross, F. 2008: The Politics of Path-Breaking Change: The Transformation of the Welfare State in Britain and Germany. In: Journal of Comparative Policy Analysis. Vol. 10 (4), S. 365-384.
Ross, G. 1988: The Mitterand Experiment and the French Welfare State: An Interesting Uninteresting Story. In: Brown, M. K. (Hrsg.), Remaking the Welfare State: retrenchment and social policy in America and Europe. Philadelphia.
Rößler, S. 2008: Das garantierte Grundeinkommen als Radikalreform für den deutschen Sozialstaat: Konzepte und Positionen der Bundestagsparteien. Saarbrücken.
Roth, C. 1999: Perspektiven einer europäischen Arbeitsmarkt- und Beschäftigungspolitik zwischen Koordination und Redistribution, In: Heise, A. (Hrsg.), Makropolitik zwischen Nationalstaat und Europäischer Union. Marburg, S. 209-232.
Roth, C./Schmid, J., 2001: Steuerungsprobleme in der europäischen Arbeitsmarkt- und Beschäftigungspolitik. Zur Dialektik von Mehrebenenpolitik. In: Burth, H.-P./Görlitz, A. (Hrsg.), Politische Steuerung in Theorie und Praxis. Baden-Baden, S. 395-416.
Rothgang, H. 1994: Die Einführung der Pflegeversicherung - Ist das Sozialversicherungsprinzip am Ende? In: Riedmüller, B./Olk, T. (Hrsg.), Grenzen des Sozialversicherungsstaates. Leviathan Sonderheft 14. Opladen, S. 164-187.

Roy, K.-B. 1999: Demokratie und Sozialstaatlichkeit in Europa – Legitimationsprobleme und Politikperspektiven. In: Zeitschrift für Sozialreform, Jg. 45 (1), S. 39-63.

Rüling, A./Kassner, K. 2007 Familienpolitik aus der Gleichstellungsperspektive. Ein europäischer Vergleich, FES Studie. Bonn.

Sachße, C./Engelhardt, H. T (Hrsg.) 1990: Sicherheit und Freiheit. Zur Ethik des Wohlfahrtsstaates. Frankfurt a.M.

Sackweh, P. u.a. 2009: Wandel und Reform des deuthscne Sozialstats aus Sicht der Bevölkerung. In : WSI-Mitteilungen, Jg. 62 (11/2009), S. 612-618.

Saekel, R. 1985: Gesundheitssysteme – Gesundheitsökonomie. Einige Lehren des Auslands. In: Sozialer Fortschritt, Jg. 34 (12), S. 241-249.

Sainsbury, D. (Hrsg.) 1999: Gender and Welfare State Regimes. Oxford.

Sainsbury, D. 1991: Analysing Welfare State Variations: The Merits and Limitations of Model Based on the Residual-Institutional Distinction. In: Scandinavian Political Studies, Vol. 14 (1), S. 1-30.

Sainsbury, D. 2003: Gender, Equality and Welfare States. Cambridge.

Saint-Jours, Y. 1981: Landesbericht Frankreich. In: Köhler, P. A./Zachert, H. F. (Hrsg.), Ein Jahrhundert Sozialversichrung in der Bundesrepublik Deutschland, Frankreich und der Schweiz. Schriftenreihe für Internationales und Vergleichendes Sozialrecht, Bd. 6. Berlin, S. 181-268.

Sapir, A. 2005: Globalisation and the Reform of European Social Models, bruegelpolicybrief, Issue 2005/01, Nov. 2005, Online verfügbar unter: http://www.bruegel.org/uploads/tx_btbbreugel/PB200501_SocialModels.pdf

Saraceno, C./Negri, N. 1994: The Changing Italian welfare state. In: Journal of European Social Policy, Vol. 4 (1), S. 19-34.

Sartori, G. 1991: Comparing and Miscomparing. In: Journal of Theoretical Politics, Vol. 3 (3), S. 243-257.

Scarbrough, E. 2000: West European Welfare States: The Old Politics of Retrenchment. In: European Journal of Political Research, Vol. 38 (2), S. 225-259.

Schaier, A. 2005: Die „Riester-Rente": Anspruch und Potential. In: Schmähl, W. (Hrsg.), Beiträge zur Sozial- und Verteilungspolitik, Band 4. Münster.

Scharpf, F. W. 1987: Sozialdemokratische Krisenpolitik in Europa. Frankfurt.

Scharpf, F. W. 1994: Negative Einkommenssteuer – ein Programm gegen Ausgrenzung. In: Die Mitbestimmung, Jg. 40 (3), S. 27-32.

Scharpf, F. W. 1999: The Viability of Advanced Welfare States in the International Economy: Vulnerabilities and Options, MPIfG Working Paper 99/9, Max-Planck-Institut für Gesellschaftsforschung. Köln. Online verfügbar unter: http://www.mpi-fg-koeln.mpg de/pu/workpap/wp99-9/wp99-9.html

Scharpf, F. W. 2000: Sozialstaaten in der Globalisierungsfalle? Lehren aus dem internationalen Vergleich. Vortrag auf der 51. Ordentliche Hauptversammlung der Max-Planck-Gesellschaft, Köln (MS; auch in DIE ZEIT vom 8.7.2000)

Schaub, H./Zenke, K. G. 2007: Wörterbuch der Pädagogik, grundlegend überarbeitete, aktualisierte und erweiterte Neuausgabe. München.

Scheil-Adlung, X. 1995: Soziale Sicherheit bei Pflegebedürftigkeit in Deutschland und im internationalen Vergleich: zwischen Innovation und Tradition. In: Internationale Revue für Soziale Sicherheit, Jg. 48 (1), S. 21-37.

Scheiwe, K. 1994: Labour market, welfare state and family institutions: the links to mother's poverty risks. A comparison between Belgium, Germany and the United Kingdom. In: Journal of European Social Policy, Vol. 4 (3), S. 201ff.

Scherrer, P./Simons, R./Westermann, K. (Hrsg.) 1998: Von den Nachbarn lernen: Wirtschafts- und Beschäftigungspolitik in Europa. Marburg.

Schmähl, W. (Hrsg.) 1993: Mindestsicherung im Alter. Erfahrungen, Herausforderungen, Strategien, Frankfurt a.M.

Schmähl, W. 2005: Nationale Rentenreformen und die Europäische Union – Entwicklungslinien und Einflusskanäle. ZeS-Arbeitspapier Nr. 03/05, Zentrum für Sozialpolitik der Universität Bremen. Bremen. Online verfügbar unter: http://www.zes.uni-bremen.de/xml/arbeitspapierDownload.php?ID=236&SPRACHE=DE&TYPE=PDF

Schmid, G. 1986: Flexibilisierung des Arbeitsmarkt durch Recht. Beschäftigungswirksame und sozialverträgliche Regulierung von Teilzeitarbeit, Überstunden und Kurzarbeit. In: Aus Politik und Zeitgeschichte, B 23/1986, S. 22-38.

Schmid, G. 1989: Modell Schweden ein Vorbild? In: Mitteilungen aus der Arbeitsmarkt- und Berufsforschung, Jg. 22 (1), S. 75-84.

Schmid, G. 1993: Übergänge in die Vollbeschäftigung. Formen und Finanzierung einer zukunftsgerechten Arbeitsmarktpolitik. Berlin.

Schmid, G. 1997: Beschäftigungswunderland Niederlande? Ein Vergleich der Beschäftigungssysteme in den Niederlanden und in Deutschland. In: Leviathan, Vol. 25 (3), S. 302-337.

Schmid, G. 1999: Weiterbilden und Einstellen. Ein Beispiel für ein realistisches Bündnis für Arbeit. In: Fricke, W. (Hrsg.), Jahrbuch Arbeit und Technik. Bonn.

Schmid, G. 2004: Soziales Risikomanagement durch Übergangsarbeitsmärkte. WZB Paper SP I 2004-110, WZB – Wissenschaftszentrum Berlin für Sozialforschung. Berlin.

Schmid, G. u.a. 1991: Die Frauen und der Staat. Beschäftigungspolitische Gleichstellung im öffentlichen Sektor aus internationaler Perspektive. WZB Discussion Paper FS I 91-12. WZB – Wissenschaftszentrum Berlin für Sozialforschung. Berlin.

Schmid, G./Reissert, B./Bruche, G. 1987: Arbeitslosenversicherung und aktive Arbeitsmarktpolitik. Finanzierungssysteme in internationalen Vergleich. Berlin.

Schmid, G./Schömann K. (Hrsg.) 1999: Von Dänemark lernen. Learning from Denmark, WZB Discussion Paper FS I 99-201, Wissenschaftszentrum Berlin für Sozialforschung, Dokumentation der Veranstaltung „Berlin: Beschäftigungspolitische Zukunftswerkstatt im Lichte internationaler Erfahrungen" im Rahmen der Forumsreihe „Berlins Zweite Zukunft", Berlin. Online verfügbar unter: http://bibliothek.wzb.eu/pdf/1999/i99-201.pdf

Schmid, G./Wiebe, N. 1999: Die Politik der Vollbeschäftigung im Wandel. Von der passiven zur interaktiven Arbeitsmarktpolitik. In: Kaase, M./Schmid, G. (Hrsg.), Eine lernende Demokratie. Berlin, S. 357-396.

Schmid, J. 1990: Thatcherismus und die Conservative Party. Ambivalenzen und Widersprüche der parteipolitischen Basis eines neokonservativen Modellfalls. In: Sturm, R. S. (Hrsg.), Thatcherismus: Eine Bilanz nach zehn Jahren. Bochum, S. 49-65.

Schmid, J. 1991: Der Machtwechsel und die Strategie des konservativ-liberalen Bündnisses. In: Süß, W. (Hrsg.), Die Bundesrepublik Deutschland in den achtziger Jahren. Opladen, S. 19-34.

Schmid, J. 1994: Der Wohlfahrtsstaat Europa und die deutschen Wohlfahrtsverbände. In: Eichener, V./Voelzkow, H. (Hrsg.), Europäische Integration und verbandliche Interessenvermittlung. Marburg, S. 453-483.

Schmid, J. 1996: Wohlfahrtsverbände in modernen Wohlfahrtsstaaten. Entwicklungen und Vergleich nationaler Konfigurationen in Deutschland, den Niederlanden, Großbritannien und Schweden. Opladen.

Schmid, J. 1998: Verbände. Interessenvermittlung und Interessenorganisationen. Ein Lehr- und Arbeitsbuch München.

Schmid, J. 1999: Wohlfahrtsstaaten im internationalen Vergleich: One Bad Way? In: Lüdtke, J./Lamnek, S. (Hrsg.), Sozialpolitik zwischen Globalisierung und Hedonismus. Opladen, S. 93-114.

Schmid, J. 2000: Germany. In: van Vugt, J./Peet, J. (Hrsg.), Social Security and solidarity in Europe. Berlin u.a.

Schmid, J. 2001: Europäische Integration und die Zukunft der kirchlichen Wohlfahrtsverbände in Deutschland. In: Gabriel, K. (Hrsg.), Herausforderungen kirchlicher Wohlfahrtsverbände. Perspektiven im Spannungsfeld von Wertbindung, Ökonomie und Politik. Berlin, S. 177-199.

Schmid, J. 2003: Vergleichende Wohlfahrtsstaatsforschung. In: Berg-Schlosser, D./Müller-Rommel, F. (Hrsg.), Vergleichende Politikwissenschaft, 4., überarb. u. erw. Aufl. Opladen, S. 229-260.

Schmid, J. 2004: Referenzstaaten, Politikdiffusion und das Auflösen von Reformblockaden. In: Frech, S./Schmid, J. (Hrsg.), Der Sozialstaat in der Krise, Schwalbach, S. 114-134.

Schmid, J. 2006: Der Wohlfahrtsstaat als Standortfaktor. In: Empter, S./Vehrkamp, R. (Hrsg.), Wirtschaftsstandort Deutschland, Wiesbaden.

Schmid, J. 2006: Rentenreform. Überlebt der Wohlfahrtsstaat? In Sturm, R./Pehle, H. (Hrsg.) 2006: Wege aus der Krise. Die Agenda der Großen Koalition, Opladen.

Schmid, J. 2007: Arbeitsmarkt- und Beschäftigungspolitik – große Reform mit kleiner Wirkung? In: Egle, C./Zohlnhöfer, R. (Hrsg.) 2007: Ende des rot-grünen Projektes. Eine Bilanz der Regierung Schröder 2002-2005. Wiesbaden, S. 271-294.

Schmid, J. 2007: Wohlfahrtsverbände: Interesse und Dienstleistung (mit Mansour, J.). In: Von Winter, T. (Hrsg.), Verbände in Deutschland, Wiesbaden.

Schmid, J. 2008: Der Wohlfahrtsstaat in Europa – Divergenz und Integration. In: Gabriel, O./Kropp, S. (Hrsg), Die EU-Staaten im Vergleich, Wiesbaden.

Schmid, J. 2008: Der Wohlfahrtsstaat in Europa – Divergenz und Integration. In: Gabriel, O./Kropp, S. (Hrsg.), Die EU-Staaten im Vergleich. Strukturen, Prozesse, Politikinhalte. Wiesbaden. S. 711-740.

Schmid, J. 2009: Entwicklung der Arbeitsförderung, In: Aus Politik und Zeitgeschichte, B 27/2009, S. 3-8.

Schmid, J. 2009: Soziale Dienste und die Zukunft des Wohlfahrtsstaates. In: Heinze, R./Evers/Olk, T. (Hrsg.), Handbuch Soziale Dienste, Wiesbaden.

Schmid, J./2009: Arbeitsmarkt und Beschäftigungspolitik der Europäischen Union. In: Frech, S. u.a. (Hrsg.) 2009: Handbuch Europapolitik, Stuttgart, S. 82-98.

Schmid, J./Blancke, S. 1998: Arbeitsmarktpolitik in Ostdeutschland: Aufstieg und Niedergang einer Policy. In: Deutschland Archiv, Jg. 31 (6), S. 938-947.

Schmid, J./Blancke, S./Roth, C. (Hrsg.) 2000: Arbeitsmarkt und Politik. Themenheft der Zeitschrift SOWI (Sozialwissenschaftliche Informationen für Studium und Unterricht), Jg. 29 (1), Bielefeld.

Schmid, J./Buhr, D./Roth, C./Steffen, C. 2006: Wirtschaftspolitik für Politologen, 1. Aufl., UTB, Paderborn.

Schmid, J./Kohler, H. 2008: Arbeitsbeziehungen und Sozialer Dialog im alten und neuen Europa: Unterschiede, Gemeinsamkeiten, Kooperationen, Baden-Baden.

Schmid, J./Kohler, H./Hedrich, H. 2007: Bundesländer im Focus: Aktive Arbeitsmarkt- und Beschäftigungspolitik. Herausgegeben von der Bertelsmann-Stiftung, Verlag Bertelsmann-Stiftung, Gütersloh.

Schmid, J./Mansour, J. 2007: Wohlfahrtsverbände: Interesse und Dienstleistung. In: von Winter, T./Willems, U. (Hrsg.), Interessenverbände in Deutschland, Wiesbaden, S. 244-270.

Schmid, J./Niketta, R. (Hrsg.) 1998: Wohlfahrtsstaat. Krise und Reform im Vergleich. Marburg.

Schmidt, M. G. (Hrsg.) 2001: Wohlfahrtsstaatliche Politik. Institutionen, politischer Prozess und Leistungsprofil. Opladen.

Schmidt, M. G. 1983: Wohlfahrtsstaatliche Politik unter bürgerlichen und sozialdemokratischen Regierungen. Frankfurt a.M./New York.

Schmidt, M. G. 1986: Politische Bedingungen erfolgreicher Wirtschaftspolitik. In: Journal für Sozialforschung, Jg. 26 (3), S. 251-273.

Schmidt, M. G. 1990: Die Politik des mittleren Weges. Besonderheiten der Staatstätigkeit in der Bundesrepublik Deutschland. In: Aus Politik und Zeitgeschichte, B 9-10/1990, S. 23-31.

Schmidt, M. G. 1993: Erwerbsbeteiligung von Frauen und Männern im Industrieländervergleich. Opladen.

Schmidt, M. G. 1998: Die Gesundheitsausgaben und die Staatsquote. Befunde des Vergleichs demokratisch verfasster Länder. ZeS-Arbeitspapier Nr. 03/98, Zentrum für Sozialpolitik der Universität Bremen. Bremen.

Schmidt, M. G. 1999: Warum die Gesundheitsausgaben wachsen. Befunde eines Vergleichs demokratisch verfasster Länder. In: Politische Vierteljahresschrift, Jg. 40 (2), S. 229-245.

Schmidt, M. G. 2001: Ursachen und Folgen wohlfahrtsstaatlicher Politik. Ein internationaler Vergleich. In: Ders. (Hrsg.), Wohlfahrtsstaatliche Politik. Insitutionen, politischer Prozess und Leistungsprofil. Opladen, S. 33-53.

Schmidt, M. G. 2002: Warum Mittelmaß? Deutschlands Bildungsausgaben im internationalen Vergleich. In: Politische Vierteljahresschrift, Jg. 43 (1), S. 1-19.

Schmidt, M. G. 2005: Sozialpolitik. Historische Entwicklung und internationaler Vergleich, 3. Aufl., Wiesbaden.

Schmidt, M. G./Ostheim, T./Siegel, N. A. 2007: Der Wohlfahrtsstaat. Eine Einführung in den historischen und internationalen Vergleich, Wiesbaden.

Schölkopf, M. 1999a: Altenpflegepolitik – an der Peripherie des Sozialstaats? Die Expansion der Pflegedienste zwischen Verbändewohlfahrt, Ministerialbürokratie und Parteien. In: Politische Vierteljahresschrift, Jg. 42 (2), S. 246-278.

Schölkopf, M. 1999b: Altenpflegepolitik in Europa: Ein Vergleich sozialpolitischer Strategien zur Unterstützung pflegebedürftiger Senioren, In: Sozialer Fortschritt, Jg. 48 (11), S. 282-291.

Schröder, M. 2008: Integrating Welfare and Production Typologies: How Refinements of the Varieties of Capitalism Approach call for a Combination of Welfare Typologies. In: International Social Policy, Vol. 23 (1), S. 19-43

Schroeder, W. 2006: Selbstverwaltungskorporatismus und neuer Sozialstaat. In: Zeitschrift für Sozialreform (ZSR), Jg. 52 (2), S. 253-271.

Schroeder, W./Esser, J. 1999: Modell Deutschland: Von der Konzertierten Aktion zum Bündnis für Arbeit. In: Aus Politik und Zeitgeschichte, B 37/1999, S. 3-12.

Schubert, K./Hegelich, S./Bazant U. (Hrsg.) 2008: Europäische Wohlfahrtssysteme. Ein Handbuch. Wiesbaden.

Schulte, B. 1991: Die Folgen der EG-Integration für die wohlfahrtsstaatlichen Regimes. In: Zeitschrift für Sozialreform, Jg. 37 (9), S. 548-579.

Schulte, B. 1998: Europäische Sozialpolitik und die Zukunft des Sozialstaates in Europa. Herausforderungen und Chancen. Bonn.

Schultheis, F. 1988: Sozialgeschichte der französischen Sozialpolitik. Frankfurt a.M.

Schultheis, F. 1999: Familien und Politik. Formen wohlfahrtsstaatlicher Regulierung von Familie im deutsch-französischen Gesellschaftsvergleich. Konstanz.

Schunter-Kleemann, S. (Hrsg.) 1990: EG-Binnenmarkt: EuroPatriarchat oder Aufbruch der Frauen? Bremen

Schunter-Kleemann, S. (Hrsg.) 1992: Herrenhaus Europa. Geschlechterverhältnis im Wohlfahrtsstaat. Berlin.

Schut, F. T. 1994: Health care reform in the Netherlands: striking a balance between corporatism, etatism and market mechanism. Paper preprared for the workshop „The State and the health care system" at the ECPR Joint Sessions in Madrid (Ms.).

Schwartz, H. M. 2001: The Danish ‚Miracle': Luck, Pluck, or Stuck? In: Comparative Political Studies, Vol. 34 (2), S. 131-155.

Scruggs, L./Allan, J. 2006: Welfarestate decommodification in 18 OECD countries: a replication and revision. In: Journal of European Social Policy, Vol. 16 (1), S. 55-72.

Seeleib-Kaiser, M. 1994: Sozialpolitik: USA ideenreich, Japan traditionell und Deutschland im Kürzungsfieber. In: Die Mitbestimmung, Jg. 40 (3), S. 50-54.

Seeleib-Kaiser, M. 1999: Wohlfahrtssysteme unter Bedingungen der Globalisierung: Divergenz, Konvergenz oder divergente Konvergenz? In: Zeitschrift für Sozialreform, Jg. 45 (1), S. 3-23.

Seeleib-Kaiser, M. u.a. 2005: What Do Parties Want? An analysis of Programmatic Social Policy Aims in Austria, Germany, and the Netherlands. In: ZeS-Arbeitspapier Nr. 01/05. Zentrum für Sozialpolitik der Universität Bremen. Bremen. Online verfügbar unter: http://www.zes.uni-bremen.de/xml/arbeitspapier Download.php? D=225&SPRACHE=DE&TYPE=PDF

Seibel, W. 1990: Verbindungsmuster zwischen Öffentlichem und Drittem Sektor im Ländervergleich. In: Ellwein, T. u.a. (Hrsg.), Jahrbuch zur Staats- und Verwaltungswissenschaften. Baden-Baden, S. 113-142.

Serrano Pascual, A. 2007: Activation Regimes in Europe: A Clustering Exercise. In: Serrano Pascual, A./Magnusson, L. (Hrsg.), Reshaping Welfare States and Activation Regimes in Europe, Brüssel, S. 275-316.

Shalev, M. 1983: The Social Democratic Model and Beyond: Two Generations of Comparative Research on the Welfare State. Comparative Social Research, Vol. 6, S. 315-351.

Siegel N. (2007), When (only) money matters: The pros and cons of expenditure analysis. In: Clasen, J./Siegel, N. (Hrsg.), Investigating State Change. The 'Dependent Variable Problem' in Comparative Analysis, Cheltenham, S. 43-71.

Sipilä, J. (Hrsg.) 1997: Social Care Services. The Key to the Scandinavian Model. Aldershot.

Skuban, R. 2003: Pflegesicherung in Europa. Sozialpolitik im Binnenmarkt. Wiesbaden.

Smith, T. B. 2004: France in Crisis. Welfare, Inequality, and Globalization since 1980, Cambridge.

Solf-Leipold, B. 2009: Schafft der Sozialstaat neue Klassenlagen? Über Ursache, Entwicklung und Bedeutung von Versorgungsklassen, Hamburg.

SPD 2004: Die Bürgerversicherung. Fakten und Argumente. Reihe Materialien Willy-Brandt-Haus.

Spier, T./Butzlaff, F./Micus, M./Walter, F. 2007: Die Linkspartei. Zeitgemäße Idee oder Bündnis ohne Zukunft? Wiesbaden.

Spieß, K. 2006: Familienbezogene Politiken in Deutschland, Dänemark, Frankreich und Großbritannien - eine Systematisierung unter Berücksichtigung der Geschlechtergleichstellung. Online unter: http://web.fu-berlin.de/gpo/katharina_spiess.htm

Sporket, M. 2007: Länger arbeiten. Das positive Beispiel Finnland, In: Soziale Sicherheit, 8/2007, S. 268-272.

Statistisches Bundesamt 2008: Statistisches Jahrbuch 2008. Wiesbaden.

Statistisches Bundesamt online, http://www.destatis.de . (Abgerufen: Tabelle Sozialbudget und Sozialleistungsquote 2007 unter: http://www.destatis.de/jetspeed/portal/cms/Sites/destatis/Internet/DE/Content/Statistiken/Sozialleistungen/Sozialbudget/Aktuell,templateId=renderPrint.psml.)

Steinbach, D. u.a. (Hrsg.) 2007: 12. Münsterische Sozialrechtstagung. Reformen in der gesetzlichen Unfallversicherung, Karlsruhe.

Stephens, J. 1979: The Transition from Capitalism to Socialism. London.

Stiegler, B. 1993: Zur Zukunft der Hausarbeit. Hrsg. vom Forschungsinstitut der Friedrich-Ebert-Stiftung. Bonn.

Stillich, K. 1999: Das Rentensystem in den Niederlanden - ein Vorbild für Deutschland?. In: Die Angestellten-Versicherung, Jg. 46 (3), S. 140-144.

Streeck, W. 1993: Klasse, Beruf, Unternehmen, Distrikt. In: Strümpel, B./Dierkes, M. (Hrsg.), Innovation und Beharrung in der Arbeitspolitik, Stuttgart, S. 39–68.

Streeck, W. 2004: Globalisierung: Mythos und Wirklichkeit, MPIfG Working Paper 04/4, Max-Planck-Institut für Gesellschaftsforschung. Köln. Online verfügbar unter: http://www.mpi-fg-koeln.mpg.de/pu/workpap/wp04-4/wp04-4.html

Streeck, W./Schmitter, P. 1985: Gemeinschaft, Markt und Staat – und die Verbände? Der mögliche Beitrag von Interessenregierungen zur sozialen Ordnung. In: Journal für Sozialforschung, Jg. 25 (2), S. 133-157.
Süddeutsche Zeitung online vom 24.09.2007: Brown verspricht „klassenlose Gesellschaft". online unter: http://www.sueddeutsche.de/politik/614/419378/text/
Swaan, A. de 1988: In Care of the State. Health Care, Education and welfare in Europe and the USA in the Modern Era. Cambridge.
Swedish Ministry of Health and Social Affairs 1998 (June): The Pension Reform in Sweden. Final Report.
Sykes, R./Alcock, P. (Hrsg.) 1998: Developments in European Social Policy: Convergence and Diversity. Bristol.
Tálos, E. (Hrsg.) 1992: Der geforderte Nationalstaat: Traditionen – Herausforderungen – Perspektiven. Wien.
Tálos, E. (Hrsg.) 1998: Soziale Sicherung im Wandel: Österreich und seine Nachbarstaaten. Ein Vergleich. Wien/Köln/Weimar.
Tálos, E./Falkner, G. 1994: Sozialpolitik auf dem Rückzug? Tendenzen in westeuropäischen Sozialstaaten. In: Wirtschaft und Gesellschaft, Jg. 20 (2), S. 247-279.
Tamanes, R. 1986: The spanish economy. Madrid.
Taylor-Gooby, P. 1991: Welfare State Regimes and Welfare Citizenship. In: Journal of European Social Policy, Vol. 1 (2), S. 93-105.
Taylor-Gooby, P. 1999: 'Hollowing out' versus the New Interventionism: Public Attitudes and Welfare Futures. In: Svallfors, S./Taylor-Gooby, P. (Hrsg.), The End of the Welfare State? Responses to State Retrenchment. London/New York, S. 1-12.
Taylor-Gooby, P. 1999: Policy Change at a Time of Retrenchement: Recent Pension Reform in France, Germany, Italy and the UK. In: Social Policy & Administration, Vol. 33 (1), S. 1-19.
Teichler, U. 1990: Europäische Hochschulsysteme. Die Beharrlichkeit vielfältiger Modelle. Frankfurt a.M..
Tennstedt, F. 1995: Napoleon III. oder Zitelmann & Co., Frankreich oder Braunschweig? Anmerkungen zu möglichen Vorbildern der Alterssicherungspolitik Bismarcks. In: Zeitschrift für Sozialreform, Jg. 41 (8), S. 543-551.
Therborn, G. 1989: 'Pillarization' and 'Popular Movements'. Two Variants of Welfare State Capitalism. The Netherlands and Sweden. In: Castles, F. G. (Hrsg.), The Comparative History of Public Policy. Cambridge, S. 192-241.
Therborn, G./Roebroek, J. 1986: The Irreversible Welfare State: Its Recent Maturation, its Encounter with the Economic Crisis, and its Future Prospects. In: International Journal of Health Services, Vol. 16 (3), S. 319-338.
Thränhardt, D./Gernert, W./Heinze, R. G./Koch, F./Olk, T. (Hrsg.) 1986: Wohlfahrtsverbände zwischen Selbsthilfe und Sozialstaat. Freiburg i. Br.
Tiemann, A. 2006: Stability of Gøsta Esping-Andersen's „The Three Worlds of Welfare Capitalism". Luxembourg Income Study (LIS), Working Paper Series, No. 449, Luxembourg. Online verfügbar unter: http://www.lisproject.org/publications/liswps/449.pdf
Toft, C. 2000: Jenseits der Dreiweltendiskussion. In: Zeitschrift für Sozialreform, Jg. 46 (1), S. 68-86.

Torfing, J. 1997: Die Zukunft des skandinavischen Wohlfahrtskapitalismus: Der Fall Dänemark. In: Becker, S./Sablowski, T./Schumm, W. (Hrsg.), Jenseits der Nationalökonomie? Weltwirtschaft und Nationalstaat zwischen Globalisierung und Regionalisierung. Berlin, S. 214-231.
Torfing, J. 1998: Politics, Regulation and the Modern Welfare State. London.
Trampusch, C. 2008: Jenseits von Anpassungsdruck und Lernen. Die Europäisierung der deutschen Berfusbildung. In: Zeitschrift für Staats-und Europawissenschaften, Nr. 6, S. 577-605.
Trampusch, Christine 2008: Warum und wie Industrielle Beziehungen den Parteieneffekt auf wohlfahrtsstaatliche Retrenchmentpolitik beeinflussen. In: Zeitschrift für Vergleichende Politikwissenschaft, Jg. 2 (1), S. 52-77.
Treib, O. 2004: Der EU Verfassungsvertrag und die Zukunft des Wohlfahrtsstaates in Europa, AP 99 der Reihe Politikwissenschaft am Institut für Höhere Studien (IHS), Wien.
Trow, M. 1984: The Analysis of Status. In: Clark, B. R. (Hrsg.), Perspectives on higher education. Berkeley, S. 132–164.
Tunissen, C./Knapen, M. 1991: Beiträge zu den Niederlanden. In: Kraan, R. J. u.a. (Hrsg.), Care for the Elderly. Significant Innovations in three European Countries. Frankfurt a.M./Boulder (Col.), S. 7-27 und 93-120.
Ulrich, C. G 2004: Aktivierende Sozialpolitik und individuelle Autonomie. In: Soziale Welt, Jg. 55 (2), S. 145-158.
Ulrich, C. G. 1999: Reziprozität und die soziale Akzeptanz des ‚Sozialversicherungsstaates'. In: Soziale Welt, Jg. 50 (1), S. 7-34.
Vahlpahl, T. 2007 : Europäische Sozialpolitik. Institutionalisierung, Leitideen und Organisationsprinzipien. Deutscher Universitätsverlag. Wiesbaden.
Vail, M. 2008: From welfare without work to buttressed liberalization. The shifting dynamics of labor market adjustments in France and Germany, In: European Journal of Political Research, Vol. 47, S. 334-358.
van der Veen, R./Trommel, W. 1999: Managed Liberalization of the Dutch Welfare State: A Review and Analysis of the Reform of the Dutch Social Security System, 1985-1998. In: Governance: An International Journal of Policy and Administration, Vol. 12 (3), S. 289-310.
van Oorschot, W. 2008: Public perceptions of the economic, moral and social consequences of the welfare state. An empirical analysis of welfare state legitimacy. CCWS Working Paper No. 2008-61. Tilburg. Online verfügbar unter: http://vbn.aau.dk/fbspretrieve/16384893/2008-61-WIM.pdf
van Vugt, J./Peet, J. (Hrsg.) 2000: Social Security and Solidarity in the European Union. Heidelberg/New York.
Vaubel, R. 2005: Sozialpolitische Konsequenzen der Globalisierung: Theorie und Empirie". In: Freytag, A. (Hrsg.) 2005: Weltwirtschaftlicher Strukturwandel, Nationale Wirtschaftspolitik und Politische Rationalität, Köln, S. 143-158.
Vaut, S. 2004: Umbau der BA. In: Eins zu eins? Eine Zwischenbilanz der Hartz-Reformen am Arbeitsmarkt. Berlin.
Veil, M. 1996: Debatten zur Zukunft des bundesdeutschen Sozialstaats – Feministische Einwände. In: Feministische Studien, Jg. 14 (2), S. 61-74.

Veil, M. 1999: Wohlfahrtsstaat und Geschlechterbeziehungen: Wie revisionsbedürftig sind feministische Theorien? In: Stolz-Willig, B./Veil, M. (Hrsg.), Es rettet uns kein höh'res Wesen: Feministische Perspektiven der Arbeitsgesellschaft. Hamburg, S. 192-214.
Veil, M. 2000: Konfrontation oder Konsens? Rentensystem und Rentenreform in Frankreich. In: Frankreich-Jahrbuch. Opladen.
Veil, M. 2007: Geteilte Verantwortung. Neuere Entwicklungen in der französischen Familienpolitik. In: Dokumente. Zeitschrift für den deutsch-französischen Dialog 1/07, S.29-37.
Vis, B. 2007: States of welfare or states of workfare? Welfare state restructuring in 16 capitalist democracies, 1985-2002. Policy & Politics, Vol. 35 (1), S. 105-122.
Visser, J./Hemerijck, A. 1997: A Dutch Miracle. Job Growth, Welfare Reform and Corporatism in the Netherlands. Amsterdam.
Vobruba G. 1995: Sozialpolitik im inszenierten Eurokorporatismus. In: Zeitschrift für Sozialreform, Jg. 41 (1), S. 1-17.
Vobruba, G. (Hrsg.) 1990: Strukturwandel der Sozialpolitik. Lohnarbeitszentrierte Sozialpolitik und soziale Grundsicherung. Frankfurt a.M.
Vobruba, G. 1984: Der Wohlfahrtsstaat in Krisenperspektive. In: Soziologische Revue, Jg. 7 (3), S. 230-239.
Vobruba, G. 1991: Jenseits der sozialen Frage. Modernisierung und Transformation von Gesellschaftssystemen. Frankfurt a.M.
Vogel, B. 2009: Wohlstandkonflikte. Soziale Fragen, die aus der Mitte kommen, Hamburg.
Wagner, B. 2009: Das garantierte Grundeinkommen in der deutschen Debatte. Leitbilder, Motive und Interessen. Friedrich-Ebert-Stiftung, WISO Diskurs, Bonn. Online verfügbar unter: http://library.fes.de/pdf-files/wiso/06194.pdf
Walker, A. 1993: A Cultural Revolution? Shifting the UK's Welfare Mix in the Care of Older People. In: Evers, A./Svetlik, I. (Hrsg.), Balancing Pluralism. Aldershot u.a., S. 67-88.
Walker, J. L. 1981: Public vs. Private Policy: Agenda Setting, Decision Making and Power. The diffusion of Knowledge, Policy Communities and Agenda Setting: The Relationship of Knowledge and Power. In: Tropman, J. E./Dluhy, M. J./Lind, R. M. (Hrsg.), New Strategic Perspectives on social Policy. New York u.a., S. 75-96.
Walwei, U. 1996: Aktive Arbeitsmarktpolitik in OECD-Ländern – Entwicklungstendenzen und Effekte. In: Mitteilungen aus der Arbeitsmarkt- und Berufsforschung, Jg. 29 (3), S. 349-362.
Walwei, U. 2009: Finanzkrise und Arbeitslosenversicherung. Wie weit darf sozialer Schutz gehen? Friedrich-Ebert-Stiftung, WISO Diskurs, Bonn. Online verfügbar unter: http://library.fes.de/pdf-files/wiso/06755.pdf
Wasner, B. 2005: Alterssicherung in Europa. Institutionenwandel durch Europäisierung? Münster.
Watson, S./Doyal, L. 1999: Engendering social policy. Buckingham.
Weber, A. 1987: Die spanische Sozialversicherung – Grundzüge und Probleme. In: Arbeit und Sozialpolitik, Jg. 41 (10), S. 286-291.

Weber, A./Leienbach, V. 2000: Die Systeme der Sozialen Sicherung in der Europäischen Union. Herausgegeben von der Gesellschaft für Versicherungswirtschaft und -gestaltung e.V. – GVG. Baden-Baden.
Weber, U./Schaeffer-Hegel, B. 2000: Geschlechterarrangements in der Bundesrepublik. Kontinuität und Wandel. In: Aus Politik und Zeitgeschichte, B 31-32/2000, S. 5-10.
Weede, E. 1999: Kapitalismus und Solidarität, Arbeit und Wachstum in westlichen Industriegesellschaften: Einfache Berechnungen und widersprüchliche Resultate. In: Zeitschrift für Politik, Jg. 46 (1), S. 30-49.
Wehlau, Diana 2009: Lobbyismus und Rentenreform. Der Einfluss der Finanzdienstleistungsbranche auf die Teil-Privatisierung der Alterssicherung. VS Verlag für Sozialwissenschaften. Wiesbaden.
Weinkopf, C./Krone, S. 1995: START Zeitarbeit. Erste Erfahrungen und konzeptionelle Überlegungen zum Einsatz von sozialverträglicher Arbeitnehmerüberlassung als arbeitsmarktpolitisches Instrument. Gelsenkirchen/Düsseldorf.
Wendt, C. 2005: Der Gesundheitssystemvergleich: Konzepte und Perspektiven. Arbeitspapiere des Mannheimer Zentrum für Europäische Sozialforschung Nr. 88. Mannheim.
Weßels, B 2007: Organisierte Interessen und Rot-Grün. In: Egle, C./Zohlnhöfer, R. (Hrsg.), Ende des rot-grünen Projekts. Eine Bilanz der Regierung Schröder 2002-2005. Wiesbaden, S. 151-167.
West European Politics 1991 (14): Understanding the Swedish Model. Themenheft.
Wewer, G. (Hrsg.) 1998: Bilanz der Ära Kohl: Christlich-liberale Politik in Deutschland 1982-1998. Opladen.
Whiteley, P. 1984: Inflation, Unemployment and Government Popularity. Dynamic Models for the United States, Britain and West Germany. In: Electoral Studies, Vol. 3 (1), S. 3-24.
Wielenga, F. 2008: Die Niederlande. Politik und politische Kultur im 20. Jahrhundert. Münster u.a.
Wiesendahl, E. 2004: Parteien und die Politik der Zumutungen. In: Aus Politik und Zeitgeschichte B 40/2004. S. 19-24.
Wilensky, H. L. 1975: The Welfare State and Equality. Structural and Ideological Roots of Public Expenditures. Berkeley.
Wilensky, H. L./Luebbert, G. M./Hahn, S. R./Jamieson, A. M. 1987: Comparative Social Policy. In: Dierkes, M. u.a. (Hrsg.), Comparative Policy Research: Learning from Experience. Brookfield, Vermont, S. 381-457.
Wilson, D. 1979: The Welfare State in Sweden. A study in comparative social administration. London.
Wilson, G. 1993: The challenge of an ageing electorate: changes in the formation of social policy in Europe? In: Journal of European Social Policy, Vol. 3 (2), S. 91ff.
Wilson, T./Wilson, D. (Hrsg.) 1991: The State and Social Welfare. Harlow.
Windhoff-Héritier, A. 1989: Institutionelle Interessenvermittlung im Sozialsektor. Strukturmuster verbandlicher Beteiligung und deren Folgen. In: Hartwich, H. H. (Hrsg.), Macht und Ohnmacht politischer Institutionen. Opladen, S. 158-176.

Windhoff-Héritier, A. 1993: Wohlfahrtsstaatliche Interventionen im internationalen Vergleich Deutschland - Großbritannien. Regulative Sozialpolitik am Beispiel des Arbeitsschutzes. In: Leviathan, Vol. 21 (1), S. 103-126.

Winter, T. v. 1997: Sozialpolitische Interessen: Konstituierung, politische Repräsentation und Beteiligung an Entscheidungsprozessen. Baden-Baden.

Winterberg, J. u.a. 1996: Der Sozialstaat im Umbruch. Erfahrungen mit der Reform des Sozialstaates in Großbritannien, Schweden und Frankreich und ihre Bedeutung für die bundesdeutsche Diskussion, Interne Studien Nr. 120 der Konrad-Adenauer-Stiftung, Sankt Augustin.

Wintermann, O. 2005: Vom Retrenchment zur Krisenreaktionsfähigkeit. Ein empirischer Vergleich der Wohlfahrtsstaaten Schweden und Deutschland 1990-2000. Wiesbaden.

Winters, S. 1994: Fossil oder Vorbild - 25 Jahre Gesetzliche Pflegeversicherung in den Niederlanden. In: Arbeit und Sozialpolitik, Jg. 48 (11/12), S. 10-18.

Witte, J. 2006: Change of degrees and degrees of change. Comparing adaptations of European higher education systems in the context of the Bologna process. Enschede. (Zit. als Witte 2006a.)

Witte, J. 2006: Die deutsche Umsetzung des Bologna-Prozesses In: Aus Politik und Zeitgeschichte 48/2006, S. 21-27. (Zit. als Witte 2006b.)

Wolch, J. R. 1990: The Shadow State. Government and Voluntary Sector in Transition. New York.

Wolf, M. 2007: Sozialpolitik und Soziale Arbeit jenseits des Wohlfahrtsstaats: Leben auf eigenes Risiko, In: UTOPIE kreativ, H. 206 (Dezember 2007), S. 1153-1170.

Woods, D. 2007: Shadow worlds of the welfare state: Examining the European informal domestic sector. Conference Paper „Gender, Work and Organization Conference", Keele University, UK.

Woods, D. 2007: The Welfare State and Pressures to Reform, WiP Working Paper Nr. 36, Tübingen. Online verfügbar unter: http://www.wip-online.org/downloads/Woods_Dorian_2007_a.pdf

Woods, D. 2009: Stratification in Policies of Employment and Care Work. In: Koistinen, P. u. a (Hrsg.), Emerging Systems of Work and Welfare. Brüssel, S. 115-144.

Woyke, W. 1992: Französische Sozialpolitik unter Mitterrand. In: Kevenhörster, P./Thränhardt, D. (Hrsg.), Herausforderungen an den Wohlfahrtsstaat. Münster/Hamburg, S. 31-46.

WSI-Mitteilungen 01/2009 Themenheft. Das nordische Modell unter Anpassungsdruck. Düsseldorf.

WSI-Mitteilungen 03/2008: Themenheft. Armut, Reichtum und Sozialstaat. Düsseldorf.

WSI-Mitteilungen 05/2000: Themenheft. „Flexicurity" - Arbeitsmarkt- und Sozialpolitik in Zeiten der Flexibilisierung. Düsseldorf.

Wübbels, M. 1984: Zum Verhältnis von Interessengruppen und Selbstverwaltung. Eine Analyse am Beispiel der Bundesanstalt für Arbeit. Graue Reihe Nr. 14 der Hans-Böckler-Stiftung. Düsseldorf.

Zacher, H. F./Kessler, F. 1990: Die Rollen der öffentlichen Verwaltung und der privaten Träger in der sozialen Sicherheit. In: Zeitschrift für internationales Arbeits- und Sozialrecht, Jg. 4 (4), S. 97-157.

Zapf, W. 1986: Die deutsche Version des Wohlfahrtsstaates. In: Hanau, K./Heijer, R./Neubauer, W. (Hrsg.), Wirtschafts- und Sozialpolitik. Göttingen, S. 379-403.

Zapf, W./Dierkes, M. (Hrsg.) 1994: Institutionenvergleich und Institutionendynamik. WZB-Jahrbuch 1994. Berlin.

Zentrum für Niederlande-Studien 2007: Dossier Arbeitsmarktpolitik. Online unter: http://www.uni-muenster.de/HausDerNiederlande/zentrum/ Projekte/NiederlandNet/Dossiers/Politik/Arbeitsmarktpolitik/wao.html.

Zimmer, A./Priller, E. 2007: Gemeinnützige Organisationen im gesellschaftlichen Wandel – Ergebnisse der Dritte-Sektor-Forschung, Wiesbaden.

Zimmer, A./Scholz, M. 1992: Der Dritte Sektor zwischen Markt und Staat. Ökonomische und politologische Theorieansätze. In: Forschungsjournal Neue Soziale Bewegungen, Jg. 5 (4), S. 21-39.

Zinn, K. G. 2007: Warum sind die Schweden die besseren Sozialdemokraten? Diskussionspapier der Keynes-Gesellschaft, Nr. 4., online verfügbar unter: http://www.keynes-gesellschaft.de/pdf/downloads/ZinnSchweden3.pdf

Zohlnhöfer, R. 2009: Globalisierung der Wirtschaft und finanzpolitische Anpassungsreaktionen in Westeuropa. In: Busch, A. u. a (Hrsg.), Internationale Politische Ökonomie, Band 8. Baden-Baden.

Züchner, I. 2007: Aufstieg im Schatten des Wohlfahrtsstaates. Expansion und aktuelle Lage der Sozialen Arbeit im internationalen Vergleich, Weinheim/München.

Zühlke-Robinet, K. 1991: Gewerkschaften zwischen Kollektivinteressen und Individualinteressen. Soziale Grundsicherung als Voraussetzung gewerkschaftlicher Handlungsfähigkeit. In: Zeitschrift für Sozialreform, Jg. 37 (2), S. 115-130.